Skorzeny · Meine Kommandounternehmen

# OTTO SKORZENY

# Meine Kommandounternehmen

## Krieg ohne Fronten

Limes Verlag

Herausgegeben von Herbert Greuél
Bildredaktion Peter Strassner

D
757
.S5 S1s
1977
Dec. 1997

3. Auflage (11.–14. Tsd.) 1977

Alle Rechte vorbehalten
© Edition Albin Michel, 1975; für die deutsche Ausgabe:
Limes Verlag, Wiesbaden und München, 1976
Umschlagentwurf: Klaus Neumann
Satz und Druck: Graph. Kunstanstalt Jos. C. Huber KG, Dießen
Printed in Germany
ISBN 3-8090-2100-8

# Inhalt

# Teil IV

*Bildnachweis*

Abb. 1, 6, 7, 8, 9, 10, 11, 15, 16, 17, 18, 19, 20, 21, 22, 25
Süddeutscher Verlag, München
Abb. 2, 3, 4, 5, 23, 24 Karl Radl, Frankfurt
Abb. 13, 14 Archiv Vopersal

DIESES BUCH WIDME ICH
DEN WAHREN HELDEN
DES
ZWEITEN WELTKRIEGES
DEM EINFACHEN
RUSSISCHEN UND DEUTSCHEN LANDSER

# Teil I

# ERSTES KAPITEL

# Vom Selbstbestimmungsrecht der Völker

Ein erfundenes Triumvirat: Borghese-de Marchi-Skorzeny — Jugendjahre in Wien —
Die Tragik eines deutschen Volkes in einem österreichischen Staat — Der Student:
Zeit der Duelle — Verbot der Studentenverbindungen durch Baldur v. Schirach —
Der Ingenieur: Arbeit, Sport und politische Bindung zugunsten einer Vereinigung
mit Deutschland — Goebbels in Wien — Dollfuß bezeichnet Marxisten und Nationalsozialisten als außerhalb des Gesetzes stehend — Ungeklärtes bei einem miß-
glückten Putsch — Hochzeitsreise nach Italien — Die Unterdrückung.

Seit fast dreißig Jahren geben mich gewisse Berichterstatter, Journalisten,
Radio- und Fernsehreporter als den »gefährlichsten Mann Europas« aus.
Ende November 1973 zum Beispiel arbeitete ich in meinem Büro in Madrid,
als ich beim Überfliegen italienischer und spanischer Zeitungen erfuhr, daß
ich gerade einen Staatsstreich in Rom vorbereitete. Ich war darüber nicht
einmal erstaunt; denn in der Phantasie zahlreicher Journalisten hatte ich bereits unzählige Staatsstreiche, Komplotte und Entführungen nicht nur in
Europa — Adel verpflichtet schließlich —, sondern auch in Afrika und beiden Teilen Amerikas organisiert. Diesmal war die römische Verschwörung
von einem Triumvirat gelenkt worden, das aus dem Prinzen Valerio Borghese, dem Rechtsanwalt de Marchi, Führer des M.S.I., und mir bestand.
Nach Beendigung der Vorarbeiten hätte ich den italienischen Aufständischen
vier Flugzeuge vom Typ *Fokker* besorgen müssen. Woher hätte ich die nehmen sollen?
Ich erklärte Manuel Alcala, von der Madrider Tageszeitung *Informaciones*,
am 23. 11. 73 auf Befragen folgendes:
»Es ist schon komisch: Immer wenn sich die italienische Regierung ernsthaften Schwierigkeiten gegenübersieht, entdeckt sie ein Komplott, das sie
bedroht. Es ist nicht weniger merkwürdig, daß es innerhalb kurzer Zeit
das zweite Mal ist, daß die italienische Regierung, nachdem sie ein Komplott aufgedeckt hat, angibt, ich sei daran beteiligt gewesen. Vor mehr als
einem Jahr hat man bei dem Prinzen Borghese Briefe gefunden, die ich
ihm geschrieben hatte, die aber nichts Erstaunliches darstellten. Uns verbindet nämlich eine alte Kriegskameradschaft seit 1943. Der erwähnte
Briefwechsel hat aber nichts mit einem Komplott oder einer Verschwörung
gegen die italienische Regierung zu tun. Seit mehr als sechs Monaten habe
ich nicht den geringsten Kontakt zu Valerio Borghese, und was den Herrn
de Marchi betrifft, so habe ich ihn nie im Leben gesehen und nicht einmal gewußt, daß es ihn gibt. Ich möchte noch einmal klarstellen, daß ich

nach Kriegsende niemals in irgendeine politische oder militärische Angelegenheit irgendeines Staates verwickelt war und daß ich jeden Vorschlag, der mir in dieser Richtung gemacht werden sollte, ablehnen würde.«

Dieses Mal konnte ich dementieren, und das Dementi wurde veröffentlicht. Aber ich besitze Tausende von Artikeln aus Zeitungen und Zeitschriften — die meisten wurden mir von Freunden zugesandt —, die mir die phantastischsten, niedrigsten und bestürzendsten Aktionen und Planungen zuschreiben. In der ganzen Welt haben Tausende von anderen Veröffentlichungen ebenfalls Gerüchte und Verleumdungen verbreitet und dadurch manchmal ein politisches System sehr stark unterstützt.

Indessen: nicht nur ich bin davon betroffen. Ich denke an die Kameraden, an deren Seite ich gekämpft habe, an die tapferen Soldaten, die ich befehligte und die in den Kriegswirren untergegangen sind: manche auf dem Felde der Ehre gefallen oder für immer in den Steppen, den Wäldern oder den Gefangenenlagern Sowjetrußlands verschwunden. Ich glaube, daß man wissen muß, daß diese Männer, auch wenn sie in einen schmutzigen Krieg verwickelt waren, persönlich niemals unfair gekämpft haben. Selbst der Gegner hat das anerkannt.

Trotz aller Bespöttelung glaube ich fest daran, daß es die militärische Ehre gibt und daß sie weiterbestehen wird, solange es Soldaten gibt oder bis die eine Hälfte unseres Planeten die andere zerstört haben wird. Aber es ist immer möglich, aus der Vergangenheit zu lernen.

Dieses Buch will kein »Dementi« aufbauen. Es ist das Buch eines Zeugen der jüngsten Vergangenheit, der die Zeit zum Nachdenken hatte über Ereignisse und Menschen, über Zustände und Planungen; eines Zeugen, dessen Haupt-Mißgeschick es ist, ein patriotischer Deutscher gewesen zu sein, der 1908 in Wien, der Hauptstadt von Österreich-Ungarn, geboren wurde.

Als ich oben von dem angeblichen Triumvirat Borghese-de Marchi-Skorzeny sprach, erinnerte ich mich nicht ohne eine gewisse Wehmut an zwei andere Triumvirate, die ich im Jahre 1919 am Gymnasium in Wien in meiner *Römischen Geschichte* studieren mußte. Das erste bildeten Cäsar, Crassus und Pompejus, das zweite Octavian, Antonius und Lepidus: *Triumviri rei publicae constituendae* ...

Ich war damals zehn Jahre alt. Das Habsburger Reich war gerade zusammengebrochen. Österreich war nur noch ein Staat mit 6 Millionen Einwohnern (von denen nahezu 2 Millionen in Wien lebten) und einer Größe von 83 000 qkm. Man hatte ihm die Industrien in Böhmen und das Agrarland in Ungarn genommen und ihm keinen Zugang zum Meer gelassen. Es war also gezwungen, entweder im Elend zu leben oder sich mit Deutschland zu vereinigen.

Man spricht immer von der »Vergewaltigung durch Hitler« im März 1938. Aber wie Hitler, der selbst in Österreich geboren war, *waren wir Deutsche!*

Und zwar mit demselben Recht wie die Sachsen, die Bayern, die Schwaben, die Württemberger und alle anderen Mitglieder des Deutschen Bundes, aus dem Österreich erst nach der Schlacht von Königgrätz (1866) ausgeschlossen wurde.

Während neuneinhalb Jahrhunderten war Österreich — Reich des Ostens — ein Teil des Deutschen Reiches. Daraus erklärt sich auch, daß der überwiegende Teil der Österreicher für den Anschluß stimmte. Von 1918 bis 1922, im Notstand der Besiegten wendeten wir uns aus einer Art Selbsterhaltungstrieb dem »Reich« zu. *Alle* Parteien setzten sich so stark für eine Wiedervereinigung mit Deutschland ein, daß am 12. November 1918 und am 12. März 1919 zwei Gesetze durch die österreichische Nationalversammlung verabschiedet wurden. Sie besagten: »Österreich ist ein wesentlicher Teil des Deutschen Reiches.« Dieser Satz wurde in die Verfassung aufgenommen. Der neue Staat hieß außerdem offiziell *Deutsch-Österreich.*

Trotz dem »Selbstbestimmungsrecht der Völker« weigerten sich die Alliierten in Versailles und St.Germain, den Willen der Österreicher zu berücksichtigen. Wir wurden dem Reich nicht angegliedert. Im September und Oktober 1919 wurden die deutsche und die österreichische Republik von den Alliierten ultimativ aufgefordert, die entsprechenden Artikel ihrer Verfassungen, die den Zusammenschluß der beiden Länder betrafen, aufzuheben. Die österreichische Regierung versuchte, »die demokratische Meinung aufzurütteln« und organisierte regionale Volksentscheide in Tirol und Salzburg; das war im April und Mai 1921. Ergebnis: 145 302 Tiroler stimmten für den Anschluß, 1805 dagegen. In Salzburg gab es 98 546 Stimmen für die Rückgliederung ins Reich, 877 waren dagegen. Doch es war vergebens. Dabei waren diese Volksbefragungen nicht etwa »von den Nazis kontrolliert«. Die gab es damals noch gar nicht.

Als es 1931 dem damaligen Außenminister Schober gelang, mit der Weimarer Republik eine Zoll- und Handelsvereinbarung zu treffen, erklärten der Völkerbund und der Internationale Gerichtshof auch diese Vereinbarung, eine Art wirtschaftlichen Anschluß, »als unvereinbar mit Artikel 85 des Vertrages von St. Germain«. Jedoch brachten die Abkommen von 1931 Aristide Briands Plan eines europäischen Staatenbundes ins Rollen. Alle diese Widersprüchlichkeiten und willkürlichen Entscheidungen nahmen keine Rücksicht auf die wirtschaftlichen, sozialen, völkischen und historischen Gegebenheiten; sie mußten ins Chaos und zu einer blutigen Revolution führen. Die Geschichte Österreichs von 1918 bis 1938 ist eine Tragödie, die die Menschen meiner Generation erleiden mußten.

Mein Vater, Ingenieur-Architekt und Reserveoffizier der Artillerie in der k.u.k. Armee, hatte das Glück, aus dem Krieg wiederzukommen[1]. Obwohl

---

[1] Die österreichisch-ungarische Armee zählte während des Ersten Weltkrieges ca. 1 200 000 Tote.

mich die Medizin anzog, entschloß ich mich, Ingenieur zu werden, und folgte damit dem Beispiel meines älteren Bruders. Ich schrieb mich 1926 an der Technischen Hochschule Wien ein, wo ich mich in Gesellschaft alter Frontkämpfer befand, die viel älter waren als ich und die ihre durch den Krieg und die darauffolgende schreckliche Krise unterbrochenen Studien beenden wollten. Diese Männer, die im Kampf gestanden und eine Erfahrung hatten, die wir nicht besaßen, übten auf uns einen starken Einfluß aus.

Mein Vater, ein liberaler Mann, glaubte, daß ein demokratisches Regime gegenüber einer nicht mehr zeitgemäßen Doppelmonarchie einen Fortschritt darstellen würde. Seiner Meinung nach mußte die Politik von ausgewählten Spezialisten mit höchster Befähigung und von tadelloser Moral geführt werden, ohne daß sich die Bürger an Regierungsgeschäften beteiligen müßten. Aber eine solche ideale Regierung gab es weder bei den Sozialdemokraten noch bei den Christlich-Sozialen, die ihnen folgten. Ich muß gestehen, daß Politik meine Generation nur mäßig interessierte.

Was mich zunächst begeisterte, war die Tätigkeit der Studentenverbindung, der ich angehörte, »der schlagenden Burschenschaft Markomannia«. Diese Verbindungen, wie die Saxo-Borussia, die Burgundia und die Teutonia, sind in Deutschland und Österreich seit den revolutionären Bewegungen von 1848 berühmt, bei denen sie die aktivste und hervorragendste Rolle spielten. Tradition dieser alten studentischen Verbindungen waren die Mensuren auf dem »Paukboden« mit langer zweischneidiger Klinge.

Nach meiner Ansicht war das eine Stätte, um Mut, Kaltblütigkeit und Willen zu schulen. Ich selbst habe mich vierzehnmal geschlagen. Daher rühren auch meine Schmisse. Es sind traditionsreiche, ja ich wage zu sagen, ehrenhafte Wunden, deretwegen mich Journalisten »Den mit den Schmissen« oder auch »Narbengesicht« nannten.

Diese Traditions-Verbindungen wurden in Deutschland ab 1935 auf Betreiben von Baldur v. Schirach, dem späteren Gauleiter von Österreich, verboten. Er war damals der Führer der Hitlerjugend.

Die Mitglieder der Burschenschaften und Studentenkorps waren weder Snobs noch Trunkenbolde, sie setzten sich für das Vaterland ein. Da ich von Schirachs nationalsozialistischer Reform enttäuscht war, nahm ich nach 1938 die Gelegenheit wahr, es ihm zu sagen, später sagte ich es dem Reichsstudentenführer Gustav Scheel. Er stimmte mit mir darin überein, daß die alten Studentenverbindungen wieder aufleben müßten. Denn die Reform Baldur von Schirachs hatte nichts besonders Positives in bezug auf die Erziehung der studentischen Jugend gebracht.

Die Sache lag mir am Herzen. Am Ende des Jahres 1943 legte ich in einer Unterredung Hitler dar, daß die studentischen Verbindungen 1848 im ganzen Reich entstanden waren, in dem Augenblick also, als die deutsche Jugend ihren Willen zum Umschwung bekundete, und daß diese Tradition in

Österreich im guten Sinne beibehalten worden war. In ihren Ferien leisteten die Studenten der Verbindungen zusammen mit Arbeitern und Bauern einen freiwilligen Arbeitsdienst, was von einem wirklichen sozialistischen und nationalen Geist zeugte. Die große Mehrheit hatte auf der Straße gegen die Rote Front gekämpft, und sie hatten nie verstanden, daß man sie wie Snobs behandelte.

Es schien unmöglich zu sein, Hitler Gedanken vorzutragen, die im Gegensatz zu seinen eigenen standen. Dieses Mal hörte er mir jedoch mit größter Aufmerksamkeit zu. Abschließend sagte er dann: »Ihre Gründe sind richtig und annehmbar, Skorzeny. Ich danke Ihnen, daß sie sie so freimütig vorgetragen haben. Aber im Augenblick ist das Duell nicht von solcher Wichtigkeit. Zuerst müssen wir diesen Krieg gewinnen. Danach werden wir wieder über Ihre Fragen sprechen.«

Bei der *Markomannia* trugen wir weiße Mützen, schwarze Bänder, und Weiß und Gold schmückte unsere Brust. Jedes Jahr am ersten Sonntag im September vereinigten sich die Verbindungen der Schüler, Gymnasiasten und Studenten mit der Menschenmenge am Heldenplatz, um unter den schwarz-weiß-roten Fahnen offiziell für die Vereinigung mit Deutschland zu demonstrieren. Das war die einzige politische Kundgebung, an der ich von 1920 bis 1934 regelmäßig teilnahm.

Dagegen betrieb ich sehr viel Sport: Fußball, Leichtathletik, Skilaufen, Kajakfahren auf unserer schönen Donau und Segeln auf den Seen unseres Alpengebietes.

1931 legte ich mein Abschlußexamen zum Diplomingenieur ab. Jedoch war die Zukunft sehr dunkel, die sich vor den jungen Österreichern auftat, welcher Klasse sie auch immer angehörten. Wie viele andere Familien des österreichischen Bürgertums hatten auch wir den Mangel, manchmal sogar die Not, während und gleich nach dem Krieg kennengelernt; ebenso in der Inflationszeit, wo es an Lebensmitteln, Kohle und Rohstoffen fehlte. Zu lange war für eine halbe Million Österreicher die Arbeitslosigkeit zum Beruf geworden.

Nach einer deutlichen Verbesserung während der Jahre 1926 bis 1930 kam es zur weltweiten Wirtschaftskrise. Österreich fiel in eine Wirtschaftskatastrophe, gerade als ich zu arbeiten anfangen wollte. Bevor ich in dieser Hinsicht etwas gezielt unternahm, fand ich zufällig, wenn auch schlechtbezahlt, eine Arbeit, und später wurde ich Teilhaber bei einem bedeutenden Gerüstbau-Unternehmen.

Wie im Baugewerbe üblich, waren meine Angestellten und Arbeiter teils Sozialisten-Marxisten, teils Kommunisten, was uns aber nicht daran hinderte, eng zusammenzuarbeiten.

Währenddessen verschlechterte sich die wirtschaftspolitische Lage immer mehr. Von Anleihen lebend, war die Nation abhängig von fremden, habgierigen Gläubigern, die immer anspruchsvoller wurden, und von denen die christlich-demokratische Regierung sich nicht befreien konnte oder wollte. Die ungeheure Tragödie des Zweiten Weltkrieges ist nicht zu verstehen, wenn man sich nicht mit dem Drama meiner Heimat beschäftigt hat. Die Vierteilung Österreichs in Versailles ließ im Herzen Europas ein gefährliches Vakuum entstehen. Die kommunistische Bedrohung war dort keine Einbildung. Ich war neunzehn Jahre alt, als die *Arbeiterzeitung*, das Organ der Sozialisten-Marxisten, ihren Befehl zur allgemeinen Mobilmachung in Wien veröffentlichte. Das war im Juli 1927, und ich sehe noch diese Massendemonstrationen während zweier Tage in eine blutige Meuterei ausarten. Ich sehe noch, wie die Kommunisten die Polizeidirektion stürmten und den Justizpalast in Brand steckten, der bald nur noch eine riesige Feuersäule war. Alle Grundbucheintragungen, die dort verwahrt wurden, verbrannten. Das war ohne Zweifel eines der Ziele der marxistischen Mobilmachung. Diese gewaltsamen Straßenschlachten erschienen mir als äußerst stumpfsinnig. Eines aber stand fest: die Bürger waren in Angst versetzt.

Die Marxisten waren die ersten, die eine bewaffnete Bürgerwehr organisiert hatten, und zwar den Republikanischen Schutzbund. Im Gegensatz dazu standen die Heimwehr des schwärmerischen Prinzen Starhemberg und der Heimatschutz des Majors Fey. Die beiden Verbände, die überparteilich hätten sein sollen, wurden aber selbst politische, umstürzlerische Gruppen. In Wirklichkeit war der Ehrgeiz von Starhemberg und Fey nicht gerade gering. Sie unterstützten die Herrschaft des Kanzlers Dollfuß nur, um ihn einmal zu ersetzen. Dank der Unterstützung durch Mussolini träumte Starhemberg davon, Regent von Österreich zu werden, so wie Admiral Horthy Regent von Ungarn war. Seine Hoffnungen wurden jedoch bald enttäuscht. Schließlich tröstete er sich mit der Filmschauspielerin Nora Gregor, in die er heftig verliebt war. Der Kanzler Schuschnigg, der nach Ansicht des Duce das Aussehen eines »melancholischen Meßners« hatte, zog seinen Nutzen daraus und setzte ihn im Mai 1936 politisch außer Gefecht.

Die Marxisten hatten nach den Unruhen von 1927 versucht, auch die Universität zu beherrschen. Wir wollten aber in Frieden arbeiten, und so wurde die Akademische Legion gegründet, deren Fahnenträger ich im September 1927 anläßlich der üblichen Kundgebung am Heldenplatz war. Aber die Legion wurde bald politisch unterwandert, von Starhembergs Heimwehr geschluckt und schließlich zum »Heimatblock«. Da verließ ich diese Bewegung.

Gegen Ende des Jahres 1929 machte die Nationalsozialistische Deutsche Arbeiter-Partei (NSDAP) in Österreich deutliche Fortschritte. Sehr viele junge

Anhänger der Wiedervereinigung mit Deutschland betrachteten diese Bewegung mit Sympathie. Man hat geschrieben, daß ich »ein Nazi der ersten Stunde« gewesen sei. Das stimmt nicht. Offen gesagt, ich zweifelte daran, daß meine Landsleute eine so grundlegende Revolution, wie sie von den Rednern gefordert wurde, wünschten. Als indessen Dr. Joseph Goebbels im September 1932 nach Wien kam, um dort eine Rede zu halten, war das ein entscheidendes Ereignis. Die Partei war noch nicht verboten, und die Versammlung im Eislaufpalast Engelmann hatte einen ungeheuren Widerhall. War die Ordnung draußen durch die österreichische Polizei gesichert, so war die Ordnung im Innern Sache der SA in Uniform. Die Hakenkreuzfahnen, die Gesänge und das Zeremoniell verliehen dem Treffen einen eindrucksvollen Anstrich.

Goebbels sprach zwei Stunden, wie er es in seinen besten Tagen verstanden hatte. Die Analyse, die er von der internationalen Lage gab, dem beklagenswerten Zustand Europas seit Versailles, den fruchtlosen Kämpfen der Parteien, der Stellung Österreichs hinsichtlich Deutschlands, all das war stichhaltig, vollkommen vernünftig und gründete sich auf Tatsachen und den Willen zur konstruktiven Arbeit in einem endlich vereinten Volk. Der Redner hatte einen ungeheuren Erfolg.

Ich gebe zu, daß ich einige Wochen später, gefolgt von zahlreichen Landsleuten, meinen Beitritt erklärte. Die nationalsozialistische Partei machte in Österreich einen gewaltigen Satz nach vorn. Im nächsten Jahr, am 19. Juni 1933, fand der Kanzler Dollfuß nur ein Mittel, um ihr Anwachsen zu verhindern: er verbot sie. Und das war sein erster Fehler.

Tatsächlich errichtete der unselige Kanzler mit der sogenannten Vaterländischen Front eine richtige Diktatur, wobei er sich auf die Heimwehr von Starhemberg und Fey stützte. Er löste das Parlament auf, geriet mit den Organisationen der Linken in Streit und verwechselte den Kampf gegen den Marxismus mit der Jagd auf die Arbeiter. In den entsetzlichen Februartagen von 1934 floß das Blut in Linz, Graz und Wien in Strömen.

Die Opfer? Mehr als 400 Tote und 2000 Verwundete, davon ungefähr 280 Tote und 1300 Schwerverletzte auf seiten der Arbeiter. Die sogenannte Vaterländische Front hat sich auf diese Weise endgültig die Arbeiter zu Feinden gemacht. Sozialdemokraten und Nationalsozialisten, gleichermaßen verboten, standen sich nun gegenseitig bei. Seit Beginn des vorhergegangenen Jahres war Hitler deutscher Reichskanzler, und einige meiner Kameraden glaubten, daß »es jetzt soweit sei«, daß also die nationalsozialistische Revolution in Österreich nurmehr eine Frage von Wochen sei. Das war nicht meine Meinung. Genauer gesagt, war meine Tätigkeit innerhalb der nationalsozialistischen Partei von September 1932 bis Juni 1933 nicht besonders beachtlich.

Nach der Auflösung der nationalsozialistischen Bewegung in Österreich beschränkte ich mich darauf, den Kameraden beizustehen, die eingesperrt waren oder gesucht wurden oder im Untergrund lebten. Meine Hilfe galt ebenso zahlreichen Mitgliedern des *Schutzbundes*, denen die Verhaftung drohte. Es handelte sich nicht darum, eine marxistische Ideologie mitzuverteidigen, sondern darum, tapferen Leuten aus der Verlegenheit zu helfen, die in ein unheilvolles Abenteuer hineingezogen worden waren. Einer meiner Werkmeister namens Oehler, ein waschechter Kommunist, der auf den Barrikaden gekämpft hatte, tat später in Rußland so tapfer seine Pflicht, daß er als einfacher Soldat mit dem Eisernen Kreuz I. Klasse ausgezeichnet wurde. So stand man von 1934 bis 1938 im Zeichen der Untergrundbewegung einer wirklichen Union der Verstoßenen aus dem marxistischen und dem nationalsozialistischen Lager bei.

Aber sehr wenige unter den Anhängern der Wiedervereinigung mit Deutschland konnten das unglaubliche Ereignis voraussehen, das sich zu Beginn des Monats Juli 1934 anbahnte: es war der nationalsozialistische Putsch, in dessen Verlauf Bundeskanzler Dollfuß den Tod finden sollte.

Wir wissen heute, daß Hitler am 9. April 1934 an die Gesandten des Reiches im Ausland einen Geheimbericht geschickt hatte (siehe *Documents on German Foreign Policy*, Vol. II, Serie C-459), in dem er genau angab:

»Im Augenblick ist offensichtlich das Problem Österreich nicht im Sinne eines Anschlusses zu regeln. Man muß die österreichischen Dinge ihren Lauf nehmen lassen; denn jeder Versuch dieser Art würde die europäischen Mächte der Kleinen Entente als Gegner auf den Plan rufen. Unter diesen Umständen scheint es uns angebrachter abzuwarten.«

Die Führer der nationalsozialistischen österreichischen Partei im Untergrund konnten nicht vorgeben, diese Direktiven nicht zu kennen. Trotzdem wurde eine Verschwörung angezettelt, die Dollfuß zur Abdankung zwingen sollte. Statt seiner sollte ein Mann ihres Vertrauens zum Kanzler ernannt werden, und zwar Anton Rintelen, österreichischer Botschafter in Rom. Es gab Indiskretionen, und Major Fey wurde benachrichtigt. Nach offiziellen Angaben wurde Dollfuß von einem unserer Kameraden, Otto Planetta, in einem dunklen Gang des Bundeshauses tödlich verwundet, wo sich der Diktator in Begleitung von Major Fey, Generalmajor Wrabel, dem neuen Staatssekretär für Sicherheit Karwinsky und dem Türwächter Hedvicek aufhielt. Das war am 25. Juli 1934. Später glaubte ich zu erkennen, daß es die Rolle des Ministers Fey und die Autopsie der Leiche des Kanzlers, die übereilt und unter seltsamen Umständen vorgenommen wurde, erlaubten, diese »undurchsichtige Angelegenheit« von einer anderen Seite zu betrachten.

Diejenigen, die entgegen den Anweisungen aus Berlin »das Reich vor vollendete Tatsachen« stellen wollten, waren sicherlich besten Glaubens. Was sie nicht wußten, war, daß viele höhere Funktionäre ein doppeltes Spiel trieben. Die jungen Verschwörer, die nicht die Absicht hatten, den Kanzler zu ermorden, wußten überdies nicht, daß alle ihre Bewegungen seit dem Morgen des 25. Julis von Feys Agenten beobachtet wurden. Es wäre also leicht gewesen, sie aufzuhalten, bevor sie das Kanzleramt und das Haus des Rundfunks stürmen konnten. Man ließ sie jedoch gewähren. Sie hatten den Befehl, von ihren Waffen nur im äußersten Notfall Gebrauch zu machen und dann auf die Füße zu zielen. Es war 13 Uhr, als Planetta auf einen Schatten im Gang, der zu den Archiven des Palais führte, schoß. Planetta hätte aber schon mindestens drei Stunden früher festgenommen werden können. Älter als ich, waren die Putschisten bereits vor der Auflösung der Partei erfahrene Aktivisten. Ich habe sie nicht persönlich gekannt. Was ich herausfinden konnte, war, daß Planetta immer wieder versicherte, er habe *nur einmal geschossen*. Aber den Kanzler hatten zwei Kugeln getroffen, deren eine, die in der Wirbelsäule steckenblieb, offenbar tödlich war. Als Planetta sich freiwillig meldete, um dadurch die Hinrichtung seiner Kameraden zu vermeiden, gab er sich keiner Illusion hin: er wußte, daß seine Tage gezählt waren. Auch wenn einer der Kameraden an seiner Seite geschossen hätte, hätte er, um ihn zu retten, bestimmt erklärt, er habe zweimal gefeuert. Es gibt an diesem Fall einiges sehr Undurchsichtige, das nie aufgeklärt wurde. Gewissen Historikern sei gesagt, daß ich weder an der Organisation der Verschwörung noch am Putsch teilgenommen habe. In Wirklichkeit hatte ich im Mai gerade ein junges Mädchen namens Gretl geheiratet, das ich schon seit vier Jahren kannte und das damals neunzehn Jahre alt war. Wir waren im Motorrad mit Beiwagen nach Italien aufgebrochen. Im Verlauf dieser sehr sportlichen Hochzeitsreise besuchten wir Bologna, Venedig, Ravenna, Pisa, Florenz, Rom und fuhren durch die Abruzzen.

An der Piazza Venezia in Rom hörte ich zum erstenmal Benito Mussolini, der vom Balkon der 1916 beschlagnahmten alten österreichischen Botschaft feierlich zur Menge sprach. Da mir der Duce einen guten Eindruck machte, stellte ich plötzlich auch fest, daß hier unter den Italienern meine Vorurteile gegen Italien verschwanden. Bei meinen Reisen durch verschiedene Länder Europas machte ich im übrigen eine ähnliche Feststellung und fand: Wir sind wie eine große Familie und könnten uns leicht mit jedermann verstehen unter der Bedingung, daß wir uns gegenseitig respektieren und daß jeder von uns das, was seine Besonderheit ausmacht, bewahrt. Europa ist wie ein Regenbogen aus Nationen, deren Farben klar und getrennt bleiben müßten. Aber schließlich, kaum daß ich von dieser Italienreise zurückgekehrt war, fand ich mich mitten im politischen Aufruhr. Er hatte die Steiermark, Kärnten und Tirol erfaßt, nachdem das Radio angesagt hatte, daß der Putsch erfolgreich gewesen und daß Dr. von Rintelen beauftragt worden sei, eine neue Regierung zu bilden. In Wahrheit hatte Rintelen, der in die Falle gegangen war, Selbstmord zu verüben versucht.

Was die Wiener Putschisten betrifft, so hatten sie nach zweimaliger Zusicherung, daß sie gesund an Leib und Leben an die bayerische Grenze geführt werden würden, ihre Waffen abgegeben und — wurden dann sofort eingesperrt! Die amtlich veröffentlichten Verlustzahlen betrugen: 78 Tote und 165 Verwundete auf seiten der Regierung und mehr als 400 Tote und 800 Verletzte bei unseren Freunden. Viele der politisch aktiven Nationalsozialisten konnten nach Deutschland entkommen. Weniger glücklich, trafen Tausende anderer ihre Kameraden sowie Marxisten in den Konzentrationslagern wieder, die am 23. September 1933 von Dollfuß eingerichtet worden waren und die man scheinheilig »administrative Internierungslager« nannte. Diejenigen von Woellersdorf und Messendorf bei Graz sind in trauriger Erinnerung geblieben. Mehr als zweihundert Verschwörer wurden vor das Kriegsgericht gestellt und sofort abgeurteilt. Bei sechzig von den zum Tode Verurteilten wurde die Strafe durch den Präsidenten der Republik, Miklas, in lebenslängliche Zwangsarbeit umgewandelt; aber sieben nationalsozialistische Führer, darunter Franz Holzweber, der mit der Einnahme des Kanzleramtes beauftragt war, Otto Planetta, Hans Domes, Franz Leeb und Ludwig Maitzen, wurden gehängt, zusammen mit zwei jungen Mitgliedern des Schutzbundes, Rudolf Ansböck und Joseph Gerl, bei denen man Sprengstoff gefunden hatte.

Das Ausmaß der Unterdrückung durch die »autoritäre und christliche« Diktatur wird enthüllt durch das im Juli 1936 von Bundeskanzler Schuschnigg, dem Nachfolger von Dollfuß, erlassene Amnestiegesetz: 15 583 politische Häftlinge wurden damals freigelassen.

Zwei Jahre früher waren die zur Hinrichtung Verurteilten tapfer in den Tod gegangen. Als sie zum Galgen gingen, riefen sie:

»Es lebe Deutschland! Heil Hitler!«

An jenem 25. Juli 1934 nahm Hitler in Bayreuth an einer Vorstellung von Richard Wagners *Rheingold* teil. Voller Bestürzung und Zorn vernahm er den Bericht von den tragischen Ereignissen. Zur gleichen Zeit erfuhr er, daß Mussolini fünf Divisionen auf dem Brenner zusammenzog und daß Jugoslawien Truppen entlang der Grenze zur Steiermark und Kärnten aufstellte.

»Großer Gott, schütze uns vor unseren Freunden!« sagte er zu Göring. »Das wird ein neues Sarajewo . . .«.

Sogleich schickte er mit Zustimmung der Präsidentschaftskanzlei des Feldmarschalls v. Hindenburg den Geheimkämmerer des Papstes, Franz v. Papen, nach Wien. Wesentlich war, daß die Beziehungen zwischen Wien und Berlin nicht abgebrochen wurden. Sie wurden in der Tat aufrechterhalten, aber die österreichische Tragödie war unglücklicherweise nicht beendet.

# ZWEITES KAPITEL

# Der Anschluß

Leibesübungen im Deutschen Turnerbund. — Schuschnigg schlägt eine eigenartige Volksabstimmung vor oder »Geheim ohne Stimmzellen«. — Die Nacht vom 11. März 1938. — Seyss-Inquart, Kanzler. — Im Präsidentenpalais: Ein Drama zwischen der SA und dem Gardebataillon wird vermieden. — Hitler von unserem Gerüst aus gesehen. — Widerrufe und Triumph der Abstimmung. — Die Männer von jenseits des Mains.

Am 11. Juli 1936 erkannte Kurt v. Schuschnigg, der Nachfolger von Dollfuß, offiziell an, daß »Österreich im Grunde ein deutscher Staat« sei. Nichtsdestoweniger war er gegen eine Vereinigung mit Deutschland und mobilisierte seine Polizei, um alle, die eine deutschfreundliche Gesinnung äußerten, rücksichtslos zu unterdrücken.

Die Zusammenkunft Hitler-Schuschnigg vom 12. Februar 1938 in Berchtesgaden gab uns nur Hoffnung auf eine Normalisierung der Beziehungen Österreichs zu Deutschland, ohne daß es uns jedoch möglich erschienen wäre, bald in unser deutsches Vaterland einverleibt zu werden. Die Nationalsozialistische Partei wurde wieder unter gewissen Bedingungen erlaubt. Ich war aber seit 1935 Mitglied des Deutschen Turnerbundes, eines Sportverbandes, den es sowohl in Deutschland als auch in Österreich gab. Wie durch Zufall hatte ich dort zahlreiche frühere Mitglieder und Gesinnungsfreunde der aufgelösten Partei wiedergetroffen. Es ist wohl nicht nötig, anzuführen, daß die 60 000 Mitglieder des Turnerbundes alle die Vereinigung mit Deutschland wünschten.

Innerhalb unseres Turnerbundes waren wir in Form von Wehrzügen organisiert. Ich war Führer eines solchen. Wir waren uns ganz klar darüber, daß die Kommunisten und Sozialdemokraten Meister in der Tarnung ihrer Truppen geworden waren. Wir wußten vor allem, daß Moskau den österreichischen Anführern strikte Anweisungen gegeben hatte, eine Volksfront unter kommunistischer Leitung vorzubereiten und in Wien Rache für Berlin zu nehmen. Gewiß, nach seiner Rückkehr aus Berchtesgaden hatte Schuschnigg sein Kabinett neu besetzt und Seyss-Inquart zum Innenminister ernannt. Dieser war ein brillanter Rechtsanwalt, ein Katholik, der wie die Mehrzahl aller Österreicher für den Anschluß war, ohne jedoch zu jener Zeit der nationalsozialistischen Partei anzugehören. Gleichzeitig bemühte sich der Kanzler aber außerordentlich, sich mit den Führern der äußersten Linken gegen uns ins Einvernehmen zu setzen. Der Druck Moskaus wurde bald stärker, und Schuschnigg entschloß sich, sich in ein Abenteuer zu stürzen, das für das Schicksal Österreichs entscheidend werden sollte.

Am Mittwoch, dem 9. März 1938, ein Donnerschlag! In Innsbruck kündigt der Kanzler für Sonntag, den 13. März, eine Volksabstimmung für oder gegen ein »freies, deutsches, unabhängiges, soziales, christliches und einiges Österreich« an!

Unverzüglich beschuldigt ihn Berlin, »vorsätzlich die Vereinbarungen von Berchtesgaden nicht eingehalten zu haben«, »Moskau in die Hand zu spielen« und »in Wien eine Sowjetrepublik ausrufen zu wollen«. Wie der französische Historiker Jacques Benoist-Méchin (*Històire de l'Armée allemande*, Band IV) feststellt, »hat man tatsächlich ein eigenartiges Schauspiel vor Augen, das sich die Propaganda Hitlers bald zunutze macht: Außer der Vaterländischen Front werben nur die Kommunisten offen für die Volksabstimmung.«

Wir wissen heute, daß der Kanzler das Opfer verschiedener Täuschungen geworden war, sowie von Versprechen, die nicht gehalten werden konnten. Er hatte sich der monarchistischen Ansprüche durch die Ablehnung eines Vorschlags zur Restauration entledigt, der ihm von dem Erzherzog Otto von Habsburg gemacht wurde, welcher sein Manifest mit »Otto, I.R.«, das heißt mit Imperator Rex, unterzeichnet hatte — ganz wie Karl der Fünfte. Neun Tage später, am 26. Februar, gab der Außenminister, Yvon Delbos, vor dem französischen Parlament dem österreichischen Kanzler seine Befriedigung mit folgenden Worten kund:

»Frankreich kann Österreich nicht seinem Schicksal überlassen: es bestätigt heute, daß die Unabhängigkeit Österreichs ein unumgängliches Element des europäischen Gleichgewichtes darstellt.«

In seinen *Erinnerungen* schreibt Franz v. Papen, daß »der französische Gesandte in Wien, Puaux, ein persönlicher Freund Schuschniggs, der Vater der Idee der Volksabstimmung gewesen« sei. •

Um den Anschluß mittels einer erfolgreichen Volksabstimmung zu verhindern oder doch wenigstens hinauszuschieben, rechnete der Kanzler mit ausländischer Unterstützung, die jedoch versagte. In London war Anthony Eden, der Außenminister, gerade zurückgetreten. Chamberlain, der Lord Halifax an dessen Stelle gesetzt hatte, hielt das Projekt für *a hazardous business*. Dr. Masty, tschechoslowakischer Gesandter in Berlin, versicherte Göring, daß Präsident Benesch nicht beabsichtige, sich in die österreichischen Angelegenheiten einzumischen.

Am späten Vormittag des 7. März überreichte Oberst Liebitsky, österreichischer Militärattaché in Rom, Mussolini eine Kopie der Rede, die Schuschnigg in Innsbruck halten wollte. Ehrlich erschrocken griff der Duce sofort ein, um den Kanzler zu bewegen, dieses Vorhaben, »das sich unverzüglich gegen ihn wenden könnte«, fallenzulassen. Aber Schuschnigg schlug diesen

Ratschlag gänzlich in den Wind. Sollte er vielleicht offiziell feste Zusagen von französischer Seite erhalten haben? Das wäre zu bezweifeln. Einige Wochen vorher war der Regierung Chautemps das Vertrauen des Parlaments mit 439 gegen 2 Stimmen ausgesprochen worden. Einen Tag nach der Innsbrucker Rede, am Vormittag des 10. März, richtete Camille Chautemps einige kurze Worte an die Kammer. Er stieg von der Tribüne herab und verließ den Saal; seine Minister folgten ihm schweigend; das Kabinett Chautemps war zurückgetreten, ohne in Minderheit geraten zu sein.

Unsere körperlichen Übungen im Turnerbund hinderten uns nicht daran, viele ausländische Zeitungen zu lesen: die *Times*, den *Daily Telegraph*, die *Frankfurter Zeitung*, den *Temps* und die Schweizer Presse. Am Abend des 10. März erfuhren wir, daß Schuschnigg den Mut verloren, daß er sich selbst isoliert hatte.

Man muß wissen, daß die Volksabstimmung wie folgt vor sich gehen sollte: Da die letzten Wahlen für die Nationalversammlung im Jahre 1929 stattgefunden hatten, waren keine Wählerlisten vorhanden; man erklärte uns, daß dieselben auch nicht nötig wären. Die Vaterländische Front, die als einzige die Volksabstimmung organisierte, würde sich um alles kümmern. Zunächst wären die Beamten verpflichtet, an ihren Arbeitsplätzen abzustimmen; jeder Staatsbürger über 25 Jahre in Wien und über 24 in der Provinz könnte seine Stimme abgeben, wozu er nur das Familienbuch, eine Miet-, Gas- oder Lichtquittung, ein Sparkassenbuch, einen Ausweis der Vaterländischen Front oder des Landbundes und so weiter vorzuzeigen brauchte. Die den Wahlaufsehern bekannten Wähler hätten nicht einmal einen Personalausweis nötig! Es wurde gesagt, daß die Abstimmung öffentlich sei, und daß in den Abstimmungslokalen nur Stimmzettel mit JA vorhanden wären.

Es gab keine Abstimmzellen. Diejenigen Bürger, die verneinend wählen wollten, mußten einen Stimmzettel mit NEIN mitbringen und von den Wahlaufsehern einen offiziellen Umschlag verlangen, um ihren Stimmzettel hineinzutun!

Unter diesen Umständen war es für eine Bande von fünfzig Spaßvögeln ein Leichtes, Schuschnigg mehrere Tausend Stimmen zukommen zu lassen, wenn sie ihre Route über die verschiedenen Abstimmungslokale, von den Wahlaufsehern nicht ungern gesehen, am frühen Morgen begannen. Zur gleichen Zeit wiederholten der Rundfunk und die Regierungspresse in einem fort: »Jeder Bürger, der NEIN abstimmt, ist ein Hochverräter.« Wer also so naiv gewesen sein sollte, einen Stimmzettel mit NEIN mitzubringen, würde sich selbst als Verräter bezeichnet haben.

Solche Verfahren sind natürlich nicht sehr ehrenhaft; trotzdem wurden sie von den Organisatoren für wundervoll gehalten.

In der Nacht vom 10. März erließ Schuschnigg einen Mobilisierungsbefehl für den Jahrgang 1935. Die Milizen der Vaterländischen Front waren einsatzbereit. Was aber mehr Besorgnis erregte, war, daß die alten Schutzbundtruppen, die Ultra-Marxisten waren, wieder auftauchten, einige von ihnen in der Tarnung — hellgraue Uniform — der Ostmärkischen Sturmscharen, die die Kampfeinheiten der Vaterländischen Front darstellten. Was man auch über diese Dinge gesagt haben mag, Schuschnigg hatte alle Scheite in das Feuer geworfen, und auf den Lastwagen, die am Morgen dieses 11. März in Wien herumfuhren, konnte man die Propagandisten der Vaterländischen Front mit erhobener Faust sehen. Wir wissen, daß Schmitz, der Bürgermeister von Wien, die Führer der Fabrikmilizen zusammengerufen hatte, und wir sind überzeugt davon, daß Waffen verteilt worden waren. Aus den Vorstädten kamen außerdem Lastwagenkolonnen unter roten Fahnen mit Sichel und Hammer. Arbeiter erhoben ihre Fäuste, sangen die Internationale und brüllten:

*Stimmt JA für die Freiheit!*
*Nieder mit Hitler! Es lebe Moskau!*

Währenddessen warfen Flugzeuge mit der rot-weißen Kokarde Tonnen von Flugblättern mit der Weisung *»Stimmt JA«* ab.

Was konnte solch eine bizarre, in zweiundsiebzig Stunden organisierte Abstimmung für eine Regierung bedeuten, die jeder populären Basis entbehrte? Seit dem Vorabend nahmen die Diskussionen im Kanzleramt einen immer bitterer werdenden Charakter an. Ein Theater-Coup: Die *Wiener Neuesten Nachrichten* veröffentlichen ein Manifest des Dr. Jury, Adjutant von Seyss-Inquart im Innenministerium, in dem »die Abstimmung als willkürlich und ungesetzlich« erklärt und die Bevölkerung aufgefordert wird, dieselbe zu boykottieren. Es war unmöglich, ein Exemplar der Zeitung zu bekommen.

Was wird geschehen? Nach langen Zweifeln, gegen ein Uhr mittags, erklärte der Kanzler, daß er die Formulierung der Abstimmung ändern werde. Er wollte Zeit gewinnen, aber Göring verlangte telefonisch einfach den Rücktritt der Regierung (vier Uhr dreißig nachmittags). Es war bekannt, daß deutsche Truppen längs der Grenze zusammengezogen waren. Schuschnigg fragte hierauf Dr. Zehner, Staatssekretär der Verteidigung, ob das Heer und die Polizei zum Widerstand bereit wären. Er sah bald ein, daß nichts die deutschen Truppen daran hindern könnte, bis nach Wien vorzustoßen, »es sei denn die übergroße Begeisterung der Bevölkerung«.

Bei Bekanntwerden der Mobilisierung der Arbeitermilizen riefen die Leiter des Deutschen Turnerbundes die Wehrzüge zusammen. Wir wollten unter keinen Umständen die blutigen Tage von 1927 und 1934 noch einmal erleben.

Vor dem Kanzleramt hatte sich gegen Abend eine gewaltige Menschenmenge versammelt. Auch meine Kameraden und ich waren da, bedrückt oder hoffnungsvoll, je nach den Nachrichten, die in der Menge umliefen. Plötzlich, um acht Uhr abends, rief Seyss-Inquart alle zur Ruhe auf und bat »die Polizei und den Nationalsozialistischen Ordnungsdienst, sich für die Aufrechterhaltung von Ruhe und Ordnung einzusetzen«. Zu meiner großen Verwunderung sah ich, daß eine große Anzahl von Leuten, einschließlich Polizisten, eine Hakenkreuzarmbinde angelegt hatten. Alle waren gute Nationalsozialisten geworden, nachdem sie erfahren hatten, daß der Präsident der Republik den Rücktritt Schuschniggs angenommen hatte.

Der Präsident Miklas weigerte sich zunächst, Seyss-Inquart zu Schuschniggs Nachfolger zu ernennen, obwohl er der einzige Minister war, der auf Ersuchen des Präsidenten selbst im Amt geblieben war. Letzterer war ein ehrwürdiger Mann, der Grundsätze und vierzehn Kinder hatte. Was er nicht wußte, war, daß zwei von ihnen der Untergrund-SA angehörten!

Was man die »Vergewaltigung Österreichs« genannt hat, begann in jener Nacht in Form eines prächtigen Fackelzuges durch die Straßen Wiens und vor dem Kanzleramt. Auf dem Heldenplatz weinten, lachten und umarmten sich die Menschen. Als die Hakenkreuzfahnen gegen elf Uhr auf den Balkons der Kanzlei erschienen, gab es kein Halten mehr, es war wie in einem Delirium.

Während seine Kinder auf dem Platz »Heil Hitler!« riefen, suchte Präsident Miklas hartnäckig noch lange nach einem Nachfolger des zurückgetretenen Schuschnigg. Seyss-Inquart sagte ihm nicht zu. Dieser war ihm zuerst von Göring, der zwei österreichische Schwäger unterzubringen hatte, empfohlen und anschließend aufgezwungen worden. Miklas richtete sich in der Kanzlei ein und sondierte ein Dutzend Persönlichkeiten, die sich aber ablehnend alle entschuldigten, unter ihnen der Staatssekretär, Dr. Skubl; der ehemalige Chef einer christlich-sozialen Regierung, Dr. Ender; und schließlich auch der Generalinspekteur des Heeres, Schilkawsky. Alle wollten in erster Linie eine Konfrontation unter Brüdern vermeiden. Gegen Mitternacht gab Miklas nach und ernannte schließlich Seyss-Inquart, der ihm unverzüglich eine Liste der neuen Minister vorlegte.

Meine Kameraden und ich befanden sich noch immer vor dem Kanzleramt, als Seyss-Inquart auf dem Balkon erschien: Ein enormes Jubelgeschrei begrüßte ihn, und wir sahen, daß er Kanzler geworden war. Er richtete eine kurze Ansprache an die Menge, von der wir bei dem Tumult jedoch kein Wort verstehen konnten. Plötzlich trat ein großes Stillschweigen ein, und mit entblößtem Kopf stimmten alle die deutsche Nationalhymne an. Ich werde diesen Augenblick nie vergessen, der uns für viele Leiden, Opfer und Demütigungen entschädigte.

Ich habe gelesen, daß bei dieser Gelegenheit »die demokratischen Grundsätze verletzt wurden«. In Österreich hatte aber kein Schatten einer Demokratie bestanden. Der Kanzler Dollfuß hatte das Parlament im März 1933 liquidiert. Schuschnigg war von Miklas nach dem tragischen Tod von Dollfuß ohne jede Befragung der Österreicher zum Kanzler ernannt worden. Um unsere Haltung zu verstehen, bedarf es des guten Glaubens und einer, wenn auch oberflächlichen Kenntnis der geschichtlichen Begebenheiten.

Ich sehe mich noch immer während dieser denkwürdigen Nacht in Begleitung meiner Kameraden vom Deutschen Turnerbund. Seit den ersten Nachmittagsstunden waren wir einsatzbereit, mit Bergsteigermänteln bekleidet, die notfalls als Uniform angesehen werden konnten; außerdem trugen wir Reit- oder Skihosen. Wir hatten keine Armbinden.

Wir waren so glücklich, daß wir weder Hunger noch Kälte verspürten. Auf dem Heldenplatz war aber für uns nichts mehr zu tun, so daß ich mich mit meinen Kameraden nach einer kleinen Straße hinter dem Kanzleramt begab, denn ich hatte meinen Wagen dort in der Nähe. Nachdem die erste Begeisterung abgeebbt war, glaubten wir fast zu träumen. Sollte Seyss-Inquart wirklich ein echter Nationalsozialist sein? Bisher hatten wir ihn für einen Mittelsmann gehalten. Wie würde die äußerste Linke reagieren? War es wahr, daß Hitler den deutschen Truppen den Befehl zum Einmarsch in Österreich gegeben hatte, wie das Gerücht verlautete?

In diesem Augenblick fuhr aus einer Torausfahrt der kleinen Straße eine schwarze Limousine heraus, und als wir beiseite traten, um sie durchzulassen, hörte ich, daß mich jemand anrief, der in Begleitung einiger anderer Männer ebenfalls aus dem Palais herauskam. Diese Person kam schnell auf mich zu, und ich erkannte in ihr Bruno Weiß, den Vorsitzenden unseres Deutschen Turnerbundes. Er schien nervös zu sein und fragte mich, ob ich über einen Wagen verfüge.

»Sehr gut«, sagte er zu mir. »Ein Glück, daß ich Sie hier treffe. Wir brauchen einen Mann mit Ruhe und gesundem Menschenverstand! Haben Sie die große Limousine gesehen, die eben herausgefahren ist? Schön, da sitzt nämlich der Präsident Miklas drin. Er fährt zu seinem Palais in der Reisnerstraße, das von einer Abteilung des Gardebataillons besetzt ist. Wir haben eben erfahren, daß auch eine SA-Abteilung aus Floridsdorf den Befehl erhalten hat, sich in die Reisnerstraße zu begeben, denn der Bundespräsident soll auch den Schutz der neuen Regierung erhalten. Es muß also auf jeden Fall verhindert werden, daß die beiden Formationen zusammenstoßen. Verstehen Sie mich?«

»Vollkommen, lieber Herr Weiss. Ich habe aber keine Vollmacht . . .«
Er unterbrach mich mit einer Handbewegung:
»Im Namen des neuen Kanzlers beauftrage ich Sie persönlich, sich sofort in die Reisnerstraße zu begeben und ruhig aber energisch einzugreifen, um

jeden Zwischenfall zu vermeiden. Rufen Sie einige Kameraden zusammen, aber verlieren Sie keine Minute. Ich werde den Kanzler davon benachrichtigen, daß ich Sie mit dieser Mission beauftragt habe. Ich werde versuchen, telefonisch eine Verständigung herbeizuführen, es wäre aber besser, wenn Sie dort sein könnten. Telefonieren Sie der Kanzlei, sobald Sie dort angekommen sind. Nun machen Sie sich auf den Weg, mein Lieber. Die Minuten sind kostbar.«

Und sie waren es! Glücklicherweise konnte ich an Ort und Stelle ein Dutzend Kameraden rekrutieren, die in zwei oder drei Wagen verladen wurden oder auf ihre Motorräder sprangen. Wir stürzten uns in die Nacht, quer durch die Menschenmenge, die uns Platz machte und kamen in dem Augenblick vor dem Palais an, in dem der Präsident hineinfuhr. Wir hielten uns dicht hinter ihm, und ich befahl, das große Eingangstor zu schließen.

Der Präsident wollte gerade die Treppe emporsteigen, als wir in die Halle eindrangen. An der Brüstung der ersten Etage erschien ein junger Gardeleutnant und zog seine Pistole. Die Konfusion erreichte ihren Höhepunkt, als sich die lauten Rufe der Gardesoldaten mit denen des Gefolges des Präsidenten mischten und schließlich auch Frau Miklas erschien, die völlig außer sich war.

Ich schrie noch lauter als die anderen:

»Ruhe!«

»Waffen schußbereit!« befahl der Leutnant.

Dieser Offizier, der später mein Freund wurde, und den ich drei Wochen später als Hauptmann der Wehrmacht wiedertraf, hatte nur seine Pflicht getan. Glücklicherweise hatten wir weder Waffen noch Armbinden, aber unsere ungewöhnliche Aufmachung sprach kaum zu unseren Gunsten. Die Situation war folgende: längs der Galerie der ersten Etage stehend und von den oberen Stufen der Treppe herab, hielten uns ungefähr zwanzig Gardesoldaten in Schach; mitten auf der Treppe war der Präsident stehengeblieben und sah seine Frau an, ohne ein Wort zu sagen; von der Straße her war ein immer lauter werdender Tumult zu hören. Die von ihren Lastwagen herunterspringenden SA-Leute verlangten, daß man ihnen das Tor öffne. Ich wünschte, daß dasselbe standhalten würde.

»Ruhe, meine Herren!,« rief ich nochmals, »Herr Präsident, ich bitte Sie, mich anzuhören . . .«

Er wendete sich mir zu und betrachtete mich überrascht:

»Wer sind Sie, mein Herr, und was wünschen Sie?«

»Gestatten Sie mir, mich vorzustellen: Ingenieur Skorzeny. Kann ich den Kanzler ans Telefon rufen? Er wird Ihnen bestätigen, daß ich in seinem Auftrage hier bin.«

»Gewiß, aber sagen Sie, was bedeutet der ganze Lärm da draußen?«

Ich wußte, was dieser Lärm bedeutete, konnte es aber noch nicht sagen.

Man hätte gedacht, daß die SA das Präsidentenpalais im Sturm nehmen wolle, und das hätte wahrscheinlich ein Feuergefecht ergeben.

»Bitte, entschuldigen Sie mich einen Moment, Herr Präsident, ich werde sofort nachsehen.«

Mit meinem Freund Gerhard und unseren Kameraden vom Turnerbund konnten wir schließlich die einen und die anderen beruhigen. In Gegenwart des Präsidenten Miklas rief ich das Kanzleramt an und bekam auch sofort Dr. Seyss-Inquart an den Apparat: Bruno Weiss hatte glücklicherweise die nötigen Schritte getan, und der neue Kanzler unterhielt sich einige Minuten mit dem Bundespräsidenten, der mir den Hörer überreichte. Seyss-Inquart beglückwünschte mich zu meiner entschlossenen Haltung und bat mich, bis zu neuen Anweisungen im Palais zu bleiben, den Befehl über die Abteilung des Gardebataillons zu übernehmen und mit demselben die Ordnung im Innern des Palais aufrechtzuerhalten, während der SA die Aufrechterhaltung der Ordnung außerhalb des Palais zufiel.

Drei Tage und Nächte lang erfüllte ich gewissenhaft meinen Auftrag zur allgemeinen Zufriedenheit und ohne jeden Vorfall. Zum Schluß dankte mir der Kanzler Seyss-Inquart mit einem herzlichen Händedruck. Ich war damals noch jung und etwas naiv: so glaubte ich, nun in die aktive Politik eingetreten zu sein, nicht nur durch Zufall, sondern durch das große Tor.

Den triumphalen Einzug Hitlers in Wien sah ich von einem sehr erhöhten Standpunkt aus, nämlich von einem der hohen Gerüste, die für die Überholung eines an der Ringstraße gelegenen Museums errichtet worden waren. Meine Arbeiter waren sogar noch begeisterter als ich, und ich verstand sie. Sie empfingen einen der Ihrigen, einen der Unsrigen. Von der Höhe unseres Gerüstes aus betrachteten wir diesen außerordentlichen Mann. Was man auch heute von ihm sagen möchte, er hatte in Wien Hunger gelitten. Hier, unter unseren Augen, nahm er in der Geschichte den Platz der größten österreichischen Herrscher ein: den Platz eines Rudolf, Maximilian, Karl, Ferdinand, Joseph, die deutsche Kaiser gewesen waren. Es war unmöglich, und trotzdem war es wahr. Mit uns riefen Hunderttausende aus, daß es wahr war.

Das Schauspiel auf dem Ring selbst entsprach der Bedeutung des Ereignisses: es war prächtig, wundervoll, mit einem Meer von Fahnen und Blumen, endlosem Beifall, Militärmusik, die deutschen Truppen bejubelt, wie es keine andere Armee in Österreich je erfahren hatte. In einem gegebenen Augenblick war in dieser Menge eine allgemeine Bewegung und Neugier zu spüren: Die *SS-Leibstandarte Adolf Hitler* war erschienen.

Ihre Haltung war eindrucksvoll. Ich hatte keine Ahnung, daß ich binnen kurzem dazugehören würde.

Ich habe mir niemals erklären können, wo meine Landsleute die Zehntausende von Hakenkreuzfahnen aufgetrieben hatten. Es war anzunehmen, daß jede Familie eine oder zwei solcher Fahnen heimlich in Erwartung der »Vergewaltigung Österreichs« vorbereitet hatte. Viele andere Sachen überraschten mich auch, die aber heutzutage etwas in Vergessenheit geraten sind. So zum Beispiel hatte der Kardinal Innitzer, Erzbischof von Wien, am 10. März die Volksabstimmung Schuschniggs warm befürwortend erklärt:

»Als österreichische Bürger kämpfen wir für ein freies, unabhängiges Österreich!«

Acht Tage später, am 18. März, erklärten der Kardinal Innitzer, der Fürstbischof von Salzburg Hefter, der Bischof von Klagenfurt Pawlikowski, der Bischof von Graz Gföllner und der Bischof von Linz öffentlich das Gegenteil, nämlich:

»Daß sie es für ihre Pflicht als Deutsche hielten, sich zugunsten des Deutschen Reiches auszusprechen.«

Sie sagten wörtlich:

»Aus innerster Überzeugung und mit freiem Willen erklären wir unterzeichnenden Bischöfe der österreichischen Kirchenprovinz anläßlich der großen geschichtlichen Geschehnisse in Deutsch-Österreich:
Wir erkennen freudig an, daß die nationalsozialistische Bewegung auf dem Gebiet des völkischen und wirtschaftlichen Aufbaues sowie der Sozialpolitik für das Deutsche Reich und Volk und namentlich für die ärmsten Schichten des Volkes Hervorragendes geleistet hat und leistet. Wir sind auch der Überzeugung, daß durch das Wirken der nationalsozialistischen Bewegung die Gefahr des alles zerstörenden, gottlosen Bolschewismus abgewehrt wurde.
Die Bischöfe begleiten dieses Wirken für die Zukunft mit ihren besten Segenswünschen und werden auch die Gläubigen in diesem Sinne ermahnen.
Am Tage der Volksabstimmung ist es für uns Bischöfe selbstverständliche Pflicht, uns als Deutsche zum Deutschen Reich zu bekennen, und wir erwarten von allen gläubigen Christen, daß sie wissen, was sie ihrem Volk schuldig sind.«

Was soll man aber zu der Haltung des sozialdemokratischen Leiters Dr. Karl Renner, erster Kanzler Österreichs in den Jahren 1918/1919 und Präsident des Nationalrats bis 1933, sagen?

Am 3. April 1938 erklärte er der Wiener *Illustrierten Kronenzeitung:*

»Nun ist die 20-jährige Irrfahrt des österreichischen Volkes beendet, und es kehrt geschlossen zum Ausgangspunkte, zu seiner feierlichen Willenserklärung vom 12. November 1918 zurück. Das traurige Zwischenspiel des halben Jahrhunderts 1866 bis 1918 geht hiermit in unserer tausendjährigen gemeinsamen Geschichte unter.«

»Als Sozialdemokrat und somit als Vertreter des Selbstbestimmungsrechtes der Nation und als gewesener Präsident ihrer Friedendelegation zu St. Germain werde ich mit JA stimmen«

Am selben 3. April bestätigte Herr Dr. Renner außerdem dem *Neuen Wiener Tageblatt:*

»Ich müßte meine ganze Vergangenheit als theoretischer Vorkämpfer des Selbstbestimmungsrechts der Nationen wie als deutsch-österreichischer Staatsmann verleugnen, wenn ich die große geschichtliche Tat des Wiederzusammenschlusses der deutschen Nation nicht freudigen Herzens begrüßen würde. Als Sozialdemokrat und somit als Vertreter des Selbstbestimmungsrechts der Nationen, als erster Kanzler der Republik Deutsch-Österreich und als gewesener Präsident ihrer Friedensdelegation in St. Germain werde ich mit JA stimmen.«

Diesen Erklärungen stimmte auch Karl Seitz, ein alter Führer der Sozialdemokraten und ehemaliger Bürgermeister von Wien bei.

Nach dem Anschluß Österreichs wohnte Dr. Karl Renner in Goggnitz am Fuße des Semmerings und überlebte dank der ihm anstandslos bewilligten Pension friedlich und ungehindert den Zweiten Weltkrieg. Die einmarschierende Rote Armee stieß auf Renner und bewog ihn, einen Brief nach Moskau zu schreiben. Er hatte, auszugsweise, folgenden Wortlaut:

»Seiner Exzellenz Marschall Stalin, Moskau
Sehr geehrter Genosse!

In der Frühzeit der Bewegung haben mich mit vielen russischen Vorkämpfern enge persönliche Beziehungen verknüpft... Die Rote Armee hat mich bei ihrem Einmarsch in meinem Wohnort angetroffen, wo ich mit Parteigenossen vertrauensvoll die Besetzung abwartete. ... Dafür danke ich der Roten Armee und Ihnen, deren ruhmbedeckten Obersten Befehlshaber, im persönlichen wie im Namen der Arbeiterklasse Österreichs aufrichtig und ergebenst. ... Die Österreichischen Sozialdemokraten werden sich mit der KP brüderlich auseinandersetzen und bei der Neugründung der Republik auf gleichem Fuße zusammenarbeiten. Daß die Zukunft des Landes dem Sozialismus gehört, ist fraglos und bedarf keiner Betonung.«

Das Ergebnis der in Wirklichkeit freien und geheimen Volksabstimmung vom 10. April 1938 war wie folgt:

| | |
|---|---|
| *Für den Anschluß Österreichs an das Reich:* | 4 284 295 Stimmen |
| *Dagegen:* | 9 852 Stimmen |
| *Ungültige Wahlzettel:* | 559 |

Warum mußten wir aber nun enttäuscht werden? Einige von denen, die wir mit so viel Begeisterung empfangen hatten, behandelten uns mit einem Mangel an Einsicht und einer Herablassung, die unter anderen Umständen komisch gewirkt hätte.

Von dem Glorienschein des Triumphes umgeben, den er vor drei Jahren im

Saargebiet errungen hatte, war der Gauleiter Joseph Bürckel, ein Rheinländer, dem es weder an gesundem Menschenverstand noch an politischem Verständnis gebrach. Aber nicht alle, die von jenseits des Mains kamen, waren wie er. Es wäre nötig gewesen, erstklassige Leute nach Österreich zu schicken, was aber leider nicht immer der Fall war, und der Funktionärstyp, den wir bekamen, glich häufig einem bayerischen Volksschullehrer aus dem Jahre 1900 oder einem Dorfpolizisten. Aber auch wir hatten unsere Fehler. Wir bemühten uns zu lächeln und die zu verstehen, die uns nicht verstanden. Die übertriebene Strenge und manchmal auch die Taktlosigkeit der Preußen und Sachsen waren oft Hindernisse für die wirklich brüderliche Vereinigung, die wir ersehnten. Diese Schwierigkeiten wurden von den Historikern je nach ihrer persönlichen Einstellung zum Teil übertrieben oder vergessen.

DRITTES KAPITEL

# Waffen-SS

Danzig und der deutsch-russische Vertrag. — »Wenn wir jemals diesen Krieg verlieren sollten ...« — Zur Luftwaffe eingezogen und in die Waffen-SS aufgenommen. — Irrtümer und Verwirrungen. — Ursprung der SS und der Waffen-SS. — Die Totenkopf-Formationen. — General Paul Hausser. — Korpsgeist und Ideologien. — Europäische Kämpfer, die von Himmler keine Befehle erhielten. — Enquête der Historischen Abteilung der israelitischen Armee: Eine Studie zur Klassifizierung der Soldaten in beiden Weltkriegen. — Fürst Valerio Borghese.

Am 27. September 1938 richtete Sir Neville Chamberlain über die BBC folgende Worte an das englische Volk:

>»Es wäre furchtbar, phantastisch und unglaublich, wenn wir wegen eines Streites, der in einem fernen Land unter Leuten, von denen wir nichts wissen, ausgebrochen ist, Schützengräben ausheben und Gasmasken anlegen müßten! Und es erscheint noch unwahrscheinlicher, daß dieser im Prinzip schon beigelegte Streit zu einem Kriege führen könnte!«

Offen gesagt, im Laufe des folgenden Sommers glaubte ich noch an keinen Krieg. Die Münchener Abkommen schienen uns das Vorspiel eines allgemeinen Übereinkommens der europäischen Mächte zwecks einer Revision der Verträge von 1919/1920 zu sein, die, wie der brillante französische Staatsmann Anatole de Monzie schrieb, »im Herzen Europas ein halbes Dutzend Elsaß-Lothringen geschaffen hatten«. Es erschien mir unmöglich, daß die Europäer, die eine so hohe Kultur und Zivilisation gemeinsam haben, nicht zu einer Verständigung gelangen sollten: es lag doch im Interesse aller. Die tschechische Frage war gelöst, Polen hatte das Gebiet von Teschen wiedererlangt — ein Punkt, der immer vergessen wird —, und die 3 500 000 Sudetendeutschen waren wieder Reichsbürger geworden. Ihre Rückkehr ins Reich hatte meinen Vater, dessen Familie aus Eger in Böhmen[1] stammte, tief ergriffen. Wir alle dachten, daß man es den Deutschen Danzigs nicht länger verwehren würde, unsere Mitbürger zu sein.

Alle Welt wußte, daß das die Heimat von Fahrenheit und Schopenhauer

---

[1] Eger, eine alte Festungsstadt des österreich-ungarischen Kaiserreiches. Die Familie Skorzeny war nach dort von Posen, aus der Nähe des Skorzenczin-Sees gekommen; daher ihr Name. Posen, in Westpolen, war bis 1918 deutsch. Laut den in deutscher Sprache geschriebenen Familienurkunden waren die Skorzenys, zuerst Landbesitzer und Landwirte, Stammväter eines Geschlechts geworden, das sich bis Ende des 16. Jahrhunderts zurückverfolgen ließ.

war, im Jahre 1918 die Hauptstadt Westpreußens und im folgenden Jahre dem Reiche genommen, und daß es eine deutsche Bevölkerung hatte, woran die 448 Artikel des Versailler Vertrages nichts ändern konnten. Es schien uns, daß unser zerstreutes, zerrissenes Volk, das von 1918 bis 1925 furchtbar gelitten hatte, nicht für immer für die von seiner Regierung von 1914 bis 1918 begangenen Fehler verantwortlich gemacht werden könnte.

Im August 1939 verbrachte ich meine Ferien mit der Familie des Professors Porsche, Konstrukteur des Volkswagens, am Wörthersee in Österreich, als uns die Nachricht von der Unterzeichnung des deutsch-russischen Vertrages in tiefste Bestürzung versetzte. Es gibt in der Geschichte nur wenige Beispiele eines so sensationellen Wechsels der Bündnisse. Wenn jemand ein Jahr zuvor gesagt hätte, daß Hitler eines Tages mit Stalin paktieren würde, hätte ich das bestimmt nicht geglaubt. Gewiß, beide Regierungen erklärten, daß sie ihre Ideologien nicht als Exportartikel betrachteten, aber wir erkannten sehr bald, was dieser Pakt bedeutete.

Vergeblich machte Mussolini am 31. August den Vorschlag, eine internationale Konferenz für den 5. September einzuberufen, um die Klauseln des Versailler Vertrages zu überprüfen, die, wie er sagte, die Ursache der gegenwärtigen Unruhe waren. Niemand hörte auf ihn. Am 1. September um 5 Uhr 45 drang die Wehrmacht in Polen ein. Am nächsten Tage um 12 Uhr erklärte Großbritannien Deutschland den Krieg, um 17 Uhr von Frankreich sekundiert, »um die Unabhängigkeit Polens zu wahren«.

Kein Deutscher war erfreut, und ich glaube, daß Göring die Gedanken eines jeden von uns richtig zum Ausdruck brachte, als er in der Nacht des 31. Augusts zu Ribbentrop sagte: »Gnade uns Gott, wenn wir jemals diesen Krieg verlieren sollten!«


Ich hatte meinen Militärdienst noch nicht geleistet. Als ich gerade vor meinen letzten Prüfungen als Flugzeugführer stand, wurde ich zur Luftwaffe einberufen, wo man jedoch der Meinung war, daß ich mit meinen einunddreißig Jahren zu alt zum Fliegen sei. Ich hatte aber durchaus nicht die Absicht, den Krieg in einer untergeordneten Stellung in einem Büro mitzumachen. Ich beantragte meine Überstellung in die Waffen-SS, und nach einer Reihe von äußerst strengen körperlichen Prüfungen und ärztlichen Untersuchungen wurden von hundert Bewerbern zehn — darunter ich — angenommen.

Unzählige Bücher sind über die SS veröffentlicht worden und werden wahrscheinlich auch noch weiterhin veröffentlicht werden, viele sind jedoch weit davon entfernt, ein klares Bild von dieser Organisation zu geben. In den letzten Jahren haben ernstzunehmende Historiker eingeräumt, daß die SS eine sehr komplizierte Struktur aufwies, und daß ihre verschiedenen Zweige von ganz unterschiedlichem Geist beseelt waren und ganz verschiedene Rollen spielten. Trotzdem besteht die Verwirrung weiterhin fort, und man setzt die Waffen-SS immer noch häufig dem *Sicherheitsdienst* (SD) gleich. In Wirklichkeit war jede Verwechslung ausgeschlossen, denn man konnte einen Angehörigen des SD auf den ersten Blick an seiner Uniform erkennen: auf dem linken Ärmel war ganz groß und klar zu lesen: SD (Sicherheitsdienst), und auf dem rechten Kragenabzeichen fehlten die beiden Zeichen SS.

Es sind noch weitere Aufklärungen nötig: Man schreibt immer, daß Heinrich Himmler der Gründer und Befehlshaber der SS gewesen sei. Das ist ein doppelter Irrtum. Er ist stets nur ihr erster Funktionär gewesen.

Vom politischen und militärischen Standpunkt aus gesehen war Hitler offensichtlich der Befehlshaber der Schutz-Staffel, und ihm hatten wir, die Soldaten der Waffen-SS, Treue geschworen.

Es war Ende des Jahres 1924, als Hitler das Gefängnis von Landsberg verließ, daß das Problem einer Neuorganisierung der nationalsozialistischen Partei akut wurde. In den meisten Provinzen des Reiches waren die Sturm-Abteilungen (SA) verboten. Hitler rief seinen Chauffeur Julius Schreck herbei und trug ihm auf, im Einvernehmen mit Rudolf Hess eine kleine motorisierte Formation vertrauenswürdiger Leute zu bilden, die imstande wären, unter allen Umständen die Leiter und Redner der Partei zu schützen und einen Saal zu verteidigen. Solche Gruppen erschienen in den größeren Städten, und zwar zuerst im Innern der Versammlungssäle, woher auch der Name Schutz-Staffel kommt. In den Städten, in denen das Tragen einer Uniform nicht verboten war, trugen sie ein weißes Hemd mit Armbinde, eine Krawatte, Reithosen, Stiefel und eine schwarze Mütze. Auf dieser einen Totenkopf, womit wir den Tod jederzeit vor Augen hatten.

Man hat den Totenkopf als ein barbarisches und fürchterliches Symbol bezeichnet. In Wirklichkeit hat es Totenkopfhusaren seit 1741 in der deutschen Kavallerie gegeben, damals standen sie unter dem Befehl Friedrichs des Großen. Bei Waterloo wurden die furchterweckenden Kürassiere des Generals Delort tapfer von den Schwarzen Ulanen des Befehlshabers von Lützow angegriffen, die auch den Totenkopf als Abzeichen trugen. In Großbritannien trägt das 17. Lanzenreiterregiment gleichfalls den Totenkopf als Abzeichen, das es 1854 in der Schlacht von Balaklawa erwarb. Die Silhouette des Marschalls v. Mackensen in seiner großen Uniform der Totenkopfhusaren ist noch vielen im Gedächtnis; das Gesicht des ruhmreichen Marschalls war so furchterregend und so fleischlos, daß man glaubte, unter dem Totenkopf seiner Mütze einen zweiten zu sehen.

Die ersten SS-Männer waren aber keine Menschen aus einer anderen Welt. Sie leisteten mutig einen Dienst, der manches mal schwierig war, und mancher von ihnen ist in den Kämpfen gegen die Rote Front gefallen. Gegen Ende 1928 waren es ungefähr 300, und erst im folgenden Jahr beauftragte Hitler Himmler, diese Formation zu organisieren, und zwar unter dem völlig

neuen Konzept von militärisch-politischen Kämpfern, die sich von der Masse der SA-Männer abheben sollten.
Nach der Machtübernahme und dem sehr ernsten Versuch, eine Zweite Revolution herbeizuführen, der von dem Stabschef der SA, Röhm und den SA-Führern Heines (Schlesien) Karl Ernst (Berlin-Brandenburg), Heydebreck (Pommern), Hayn (Sachsen), Schneidhuber (Bayern) und anderen gegen Ende Juni 1934 unternommen wurde, spielte die SS eine ganz besondere Rolle.
Die erste bewaffnete Einheit der SS war die *Leibstandarte Adolf Hitler* unter dem Befehl eines rauhen Bayern, eines alten Tankkämpfers des großen Krieges, Sepp Dietrich. Dieses Paraderegiment mit weißem Lederzeug, das wir tadellos vorbeimarschierend in Wien gesehen hatten, war die persönliche Schutzgarde Hitlers.
Kurz danach wurden zwei weitere Regimenter unter der Bezeichnung *SS-Verfügungstruppen* geschaffen; das waren aktive militarisierte Verbände der SS. Gegen Ende 1937 gab es drei SS-Infanterieregimenter, das Regiment *Deutschland*, das allein vollständig war, das Regiment *Germania* und die *Leibstandarte*. Die Verwaltung und militärische Ausbildung waren dem Generalleutnant a.D. der Reichswehr und Leiter der Junkerschule Braunschweig Paul Hausser anvertraut worden.
Die militärische Ausbildung der Waffen-SS wies interessante Neuerungen auf. Nach einer äußerst strengen körperlichen Auswahl mußten die Rekruten, ganz gleich ob es sich um Offiziere, Unteroffiziere oder einfache Soldaten handelte, intensiv Sport treiben. Die Disziplin war noch strenger als normal in der Wehrmacht. Die Offiziere nahmen hundertprozentig am Leben der Mannschaften teil. Kameradschaft, Vertrauen und gegenseitiger Respekt waren die Regel. Die Beziehungen innerhalb der Hierarchie der Waffen-SS waren einfacher, menschlicher als bei der Wehrmacht, und den Karikaturentyp des dünkelhaften Offiziers gab es bei uns nicht.
Man wird vielleicht davon überrascht sein, zu hören, daß die Gewissensfreiheit in der Waffen-SS absolut war. Man konnte dort Agnostiker, praktizierende Katholiken und Protestanten finden[1]. Der Feldprediger der französischen SS-Brigade *Charlemagne* war Monsignore Mayol de Lupé, persönlicher Freund des Papstes Pius XII., und ich habe in einer meiner Einheiten einen rumänischen katholischen Priester gehabt, der als einfacher Soldat diente.
Während die Mehrzahl der SA-Männer Mitglieder der nationalsozialistischen Partei waren, war die Parteizugehörigkeit in der Waffen-SS nicht Pflicht, sie wurde nicht einmal empfohlen. Das wollen die Leute nicht ver-

---

1 An sich war zumindest für SS-Führer der Kirchenaustritt vorgeschrieben; doch ließ sich diese Vorschrift nicht allgemein durchsetzen (A. d. Red.).

stehen. Wir waren ohne Zweifel politische Soldaten, wir verteidigten jedoch eine Ideologie, die über der Politik und den Parteien stand.

Unser auf das Koppelschloß gravierter Wahlspruch lautete: »Meine Ehre heißt Treue.« Und sie ist es geblieben.

Wir hielten uns nicht für Soldaten, die den anderen überlegen wären; wir bemühten uns jedoch von ganzem Herzen, unserem Vaterland so gut, wie es in unseren Kräften stand, zu dienen.

Es kann nicht geleugnet werden, daß es in der Waffen-SS einen Korpsgeist gegeben hat, das ist aber keine neue Erscheinung, denn einen Korpsgeist konnte man von jeher in allen Armeen der Welt feststellen. Ich glaube, daß er selbst bei der Roten Garde bestanden hat und bei gewissen sibirischen Divisionen, den Elitetruppen der Sowjetarmee.

Eine Besonderheit der Waffen-SS bestand darin, daß sie eine Freiwilligenarmee war, in der seit 1942 *europäische* Soldaten vieler Länder zu finden waren, und in der folgende Völker gekämpft haben:

Albanier, Bosnier, Briten, Bulgaren, Kosaken, Kroaten, Dänen, Esten, Finnen, Flamen, Franzosen, Georgier, Griechen, Holländer, Ungarn, Italiener, Letten, Litauer, Norweger, Rumänen, Russen, Serben, Slowaken, Schweden, Schweizer, Ukrainer, Wallonen; auch Armenier, Bielorussen, Hindus, Kirgisen, Tartaren, Turkmenen und Usbeken dienten unter ihren eigenen Fahnen in der Waffen-SS. In meinen Einheiten waren fast alle diese Völker vertreten. Es fehlten nur die Albanier, Bosnier, Briten, Kosaken, Georgier, Griechen und Serben.

Es bleibt nur noch zu sagen, daß wir als Bestandteil des Heeres von Himmler im Krieg weder Einsatzbefehle zu erhalten hatten, noch solche erhielten. Himmler war weder kämpfender Soldat noch militärischer Befehlshaber, wenn er auch Anfang 1945 versucht hat, als solcher zu erscheinen[1].

Der wirkliche Schöpfer der Waffen-SS war also General Paul Hausser, dem unsere Zuneigung den Beinamen »Papa Hausser« eingetragen hatte. Mit ihm gaben Felix Steiner, ein alter Kämpfer aus dem Baltikum[2], und Sepp

---

1 In den *Erinnerungen eines Soldaten* sagt Generaloberst Heinz Guderian, daß der größte Ehrgeiz Himmlers darin bestand, auch militärische Lorbeeren zu ernten. Nach Ansicht aller militärischen Experten war das eine Katastrophe. Guderian, damaliger Chef des Generalstabs des Heeres, fürchtete das Schlimmste und schickte den General Wenck zu ihm, der aber unterwegs das Opfer eines Autounfalls wurde (17. Februar 1945). »Ohne Wenck«, schreibt Guderian, »bewies Himmler seine völlige Unfähigkeit... Die Lage verschlechterte sich von Tag zu Tag.« Auf Ersuchen Guderians entzog Hitler Himmler den Oberbefehl. Seinen Posten an der Spitze der Heeresgruppe Weichsel übernahm schließlich General Henrici, der vorher Oberbefehlshaber der Ersten Panzerarmee gewesen war (20. März 1945).

2 Freikorps nach dem Zusammenbruch der deutschen Front in den baltischen Ländern 1918/19. Es hielt den ersten bolschewistischen Ansturm in Litauen, Estland, Lettland und selbst Ostpreußen auf.

Dietrich der Waffen-SS einen Stil und einen Angriffsgeist, der vielleicht mit dem der Napoleonischen Garde verglichen werden konnte.

Wie kann es übersehen werden, daß diese aus ungefähr einer Million junger Europäer bestehende Armee, von der jeder einzelne dieselbe Kaltblütigkeit dem Tode gegenüber zeigte, die nebelhafte »Theorie des nordischen Menschen« des Reichsführers der SS, Himmler, durchaus nicht unbedingt bestätigte? Hitler selbst war kein Anhänger dieser Lehre.

Ich muß auch gestehen, daß die Doktrin des Reichsleiters Alfred Rosenberg mir immer verschwommen vorgekommen ist. Rosenberg, den ich später kennenlernte, war guten Glaubens, aber ihm wurden Verantwortlichkeiten auferlegt, die ihm nicht zukamen. Ich habe es nur schwer fertiggebracht, sein Buch *Der Mythus des zwanzigsten Jahrhunderts* zu Ende zu lesen. Auch habe ich nur wenige getroffen, die alle siebenhundert Seiten dieses Werkes gelesen hätten.

Was für ein allgemeines Urteil kann man sich nun über das Verhalten der Waffen-SS im Verlauf des Zweiten Weltkrieges bilden?

Im Jahre 1957 versandte die Historische Abteilung des Generalstabes der israelischen Armee einen Fragebogen an mehr als tausend militärische Chefs oder Experten in aller Welt, wie auch an Historiker und Kriegsberichterstatter. Folgende Fragen waren mit Bezug auf beide Weltkriege zu beantworten: Welche Armeen betrachten Sie als die besten? Welches waren die tapfersten Soldaten? Die am besten ausgebildeten? Die geschicktesten? Die diszipliniertesten? Welche hatten die meiste Initiative und so weiter.

Unter denen, die den Fragebogen beantworten, befanden sich die Generale: Marshall (USA), Heusinger (NATO), G. F. Fuller (Großbritannien), Koenig (Frankreich), ferner der berühmte Militärschriftsteller Sir Basil Liddell Hart, die Schriftsteller León Uris, Hermann Wouk und andere. Die Klassifizierung der Armeen, die am Ersten Weltkrieg teilgenommen haben, war folgende:

1. Deutsches Heer
2. Französisches Heer
3. Englisches Heer
4. Türkisches Heer
5. Amerikanisches Heer
6. Russisches Heer
7. Österreichisch-ungarisches Heer
8. Italienisches Heer.

Was den Zweiten Weltkrieg anbetrifft, so sieht die Klassifizierung ein Maximum von 100 und ein Minimum von 10 Punkten vor.

Das Ergebnis lautete wie folgt:

| | |
|---|---|
| 1. Deutsche Wehrmacht | 93 Punkte |
| 2. Japanisches Heer | 86 Punkte |
| 3. Sowjetheer | 83 Punkte |
| 4. Finnisches Heer | 79 Punkte |
| 5. Polnisches Heer | 71 Punkte |
| 6. Britisches Heer | 62 Punkte |
| 7. Amerikanisches Heer | 55 Punkte |
| 8. Französisches Heer | 39 Punkte |
| 9. Italienisches Heer | 24 Punkte |

Was die Luftstreitkräfte betrifft, folgt die RAF der Luftwaffe, dann kommen die amerikanische Air Force, die japanische Luftwaffe und die der UdSSR. Die britische Marine kommt vor der japanischen und amerikanischen, während die deutsche an erster Stelle steht.

Unter den Elite-Einheiten steht schließlich die Waffen-SS an erster Stelle, gefolgt von den Mariners (USA), den britischen Kommandos und der französischen Fremdenlegion.

Gegen jede Klassifizierung dieser Art kann natürlich Einspruch erhoben werden. Über die Klassifizierung der polnischen Armee an fünfter Stelle waren die Meinungen sehr geteilt. Die italienischen Soldaten waren meiner Meinung nach nicht ohne Verdienst, nur waren sie häufig schlecht bewaffnet, sehr schlecht verpflegt und von Offizieren befehligt, die nicht immer allen Anforderungen entsprachen. In Afrika waren die Divisionen der Schwarzhemden gut. Italienische Unterseebootsbesatzungen und Flieger hatten außergewöhnliche persönliche Leistungen und Erfolge zu verzeichnen. Italienische Einheiten haben an der Ostfront vorzüglich gefochten, und das Kavallerieregiment *Savoia* kämpfte im November 1942 heldenhaft in Stalingrad. Auch die bemannten Torpedos der X-MAS-Flotilla des Fürsten Junio-Valerio Borghese und des Teseo Tesei zeichneten sich durch sensationelle Erfolge im Mittelmeer aus. Das hätte man in Betracht ziehen sollen.

Ich werde auf den Fürsten Valerio Borghese – ein Aristokrat im wahrsten Sinne des Wortes – noch zurückkommen. Ich habe ihn 1943 unter Umständen kennengelernt, die ich noch erwähnen werde. Er selbst hat an zwei sehr gefährlichen, erfolgreichen Operationen teilgenommen, eine im Hafen von Gibraltar und die andere in dem von Alexandrien. Im März 1945, als viele seiner Landsleute die Farbe wechselten, sagte er zu mir: »Mein lieber Skorzeny, wir kämpfen für die gleiche Sache, für ein freies Europa. Seien Sie versichert, daß ich bis zum Ende weiterkämpfen werde, komme was wolle.« Er hat Wort gehalten.

VIERTES KAPITEL

# Warum wir nicht in England gelandet sind und Gibraltar nicht genommen haben

Die »Mondscheinkompanie«. — Feldzug in Frankreich mit der SS-Division *Verfügungstruppe*. — Tigerjagd in der Vorstadt von Bordeaux. — Operation *Felix* gegen Gibraltar. — Canaris, Chef der Abwehr, ein »Admiral mit sieben Seelen«. — Sein Ziel: »Mit allen Mitteln verhindern, daß Deutschland den Krieg gewinnt.« — Forderung General Francos. — Operation *Otario*. — Irreführende Informationen des Chefs der Abwehr. — Offenheit Winston Churchills.

Es war im Februar 1940, als ich der 2. Kompanie des Reservebataillons der *SS-Leibstandarte Adolf Hitler* in Berlin-Lichterfelde zugeteilt wurde. Ich war Ingenieur-Offiziersanwärter, mußte jedoch eine sechswöchige intensive Ausbildung mit anderen, siebzehn- bis achtzehnjährigen jungen Kameraden über mich ergehen lassen. Die anderen Rekruten meines Alters — Ärzte, Apotheker, Juristen und Ingenieure — mußten die Zähne zusammenbeißen, um in dieser »*Mondscheinkompanie*«, die ihren Namen durchaus verdiente, nicht zurückzubleiben. Ihr Chef hatte nämlich eine ausgesprochene Neigung, die Übungen nachts vorzunehmen, und wir hatten genug davon. Auf meine Zeit in der *Mondscheinkompanie* folgte eine Sonderausbildung im Reservebataillon des Regiments der Waffen-SS *Germania* in Hamburg-Langenhorn. Im Mai 1940 bestand ich in Berlin alle militärtechnischen Prüfungen und wurde zum Offiziersanwärter ernannt.

Der polnische Feldzug hatte nur achtzehn Tage gedauert. Rußland, das sich der Hälfte dieses Landes ohne Kampf bemächtigt hatte, vernichtete schließlich auch die kleine aber heldenhafte finnische Armee, während die Wehrmacht dem französisch-britischen Expeditionskorps zuvorkam und Dänemark und Norwegen am 9. April 1940 besetzte. Schweden erlaubte daraufhin den freien Durchmarsch der deutschen Truppen sowie den Transport von Erz aus Norwegen.

Die Kameraden machten Witze: »Wir müssen uns beeilen, wenn wir noch mitkämpfen wollen, denn der Krieg geht bald zu Ende.«

Aber nicht alle waren so optimistisch. Ich hoffte, daß es ein kurzer Krieg sein möchte, und daß weder Frankreich noch England direkt angegriffen werden müßten, denn die größte Gefahr drohte nicht vom Westen, sondern vom Osten.

Trotzdem befand ich mich im Mai 1940, wie alle, in feldgrauer Uniform, mit dem Adlerabzeichen auf dem linken Arm, auf den Straßen Hollands,

Belgiens und Frankreichs, eingereiht in das Artillerieregiment der *SS-Division Verfügungstruppe.* Diese war die zukünftige Division *Das Reich.* Drei Regimenter der motorisierten Infanterie — *Deutschland, Germania* und *Der Führer* — und das Artillerieregiment, das sich aus drei Bataillonen leichter Artillerie und einem Bataillon schwerer Artillerie, dem ich angehörte, zusammensetzte, standen schon unter dem Befehl des »Papas Hausser«.

Unsere Division machte einen sehr schnellen Vorstoß, sowohl in Brabant als auch in Flandern und im Artois. Am 6. und 7. Juni überquerten wir die Somme nach harten Kämpfen, und die »Weygandlinie« brach zusammen. Auf der Höhe des Kampfes im Monat zuvor hatte unsere Division, die schwere Verluste erlitten hatte, einen Ersatz von mehr als 2000 Mann bekommen. Mein Bataillon der schweren Artillerie wurde eines Nachts von der alliierten Luftwaffe bombardiert und mit großer Präzision von der französischen Artillerie unter Feuer genommen. Einer unserer Munitionslastwagen explodierte, und ein Hauptsturmführer wurde von einer Mine zerrissen.

Am 12. Juni, meinem Geburtstag, waren wir in Creusot, wo sich die großen Schneider-Werke befinden. Nachdem wir die linke Flanke der Panzerdivisionen, die in Richtung auf Dijon vorgingen, geschützt hatten, erhielten wir den Befehl, in südwestlicher Richtung abzubiegen.

Während aller dieser Kämpfe und bei unserem Vorstoß durch dieses so schöne Land, das Frankreich ist, stand ich unter dem furchtbaren Eindruck der Kriegsfolgen: Ruinen, verlassene Bauernhöfe, menschenleere Ortschaften mit ausgeplünderten Läden, unbeerdigte Leichen und unzählige elende Menschen, Flüchtlinge, Greise, Kinder, Frauen, zum Teil schon von Belgien her auf der Flucht, die wir überholten und manchmal, wenn wir Halt machten, auch verpflegten. Dieser Krieg zwischen westlichen Ländern war absurd, und der am 22. Juni mit der französischen Regierung geschlossene Waffenstillstand erschien mir anfangs wie der Beginn eines dauernden Friedens in Europa.

Ich kann mich nicht an Äußerungen einer absoluten Abneigung oder Hasses seitens der Zivilbevölkerung erinnern.

In einer Vorstadt von Bordeaux, die ich allein am Steuer meines Kübelwagens durchquerte, erwartete mich ein etwas eigenartiges Abenteuer. Ich merkte, daß etwas Besonderes in diesem Stadtteil vor sich ging, als einige Leute mir Zeichen machten. Ich verlangsamte die Geschwindigkeit meines Wagens. Man rief mir zu: »Ein Tier... da unten... ein wildes Tier!« Daraufhin verschwanden alle Leute wie durch einen Zauber, und ich sah bald, worum es ging. Kaum hundert Meter vor mir, auf der Höhe einer kleinen Straße stand ein ausgewachsener Tiger auf dem Gehsteig und war dabei, das Hinterviertel eines Ochsen zu verzehren, das er in einer nahen Schlächterei gestohlen hatte. Ich hielt meinen Wagen an und legte als Folge eines ganz natürlichen Reflexes meine Hand auf meine Pistolentasche, zuckte aber sogleich die Achseln, denn was konnte ich mit einer Pistolenkugel gegen ein so prächtiges und starkes Tier ausrichten? So nahm ich das Gewehr meines Chauffeurs und tötete den Tiger, worauf ich durchaus nicht stolz war, obwohl die Bürger von Bordeaux sich doch außerordentlich erleichtert fühlten. Der Schlächter teilte mir darauf mit, daß der Tiger aus einem Zirkus entflohen war und in dieser Vorstadt eine Panik hervorgerufen hatte. Der Schlächter war auch so freundlich, mir das Fell des Tigers aufzubewahren, das ich dann später auch abgeholt habe.

Wir kamen nach Dax in Garnison, wo ich wiederholt die französischen Militärflugzeuge des Platzes benutzte, um über die Lande und das Baskengebiet zu fliegen. Zum Baden gingen wir nach Biarritz und überquerten sehr häufig die Grenze, immer in Uniform, wo wir stets herzlich von den Kameraden der spanischen Armee begrüßt wurden.

Etwas später erfuhr ich, daß unsere Stationierung an dieser Grenze kein Zufall war. Unsere Division und verschiedene andere Elite-Einheiten der Wehrmacht sollten nämlich Spanien durchqueren, um im Einvernehmen mit der spanischen Regierung Gibraltar zu nehmen. Das sollte die Operation *Felix* werden, die jedoch nicht zur Durchführung kam, was einen besonderen Kommentar erfordert.

Man hat gesagt, daß diese Operation vom Chef der Abwehr (Nachrichtendienst und Spionageabwehr der Wehrmacht), Admiral Wilhelm Canaris, hintertrieben worden sei. Auf Canaris, den ich 1943/44 persönlich kennengelernt habe, und der für den Verlauf des Zweiten Weltkrieges eine äußerst wichtige Rolle gespielt hat, muß an dieser Stelle näher eingegangen werden. Wenn man ihn in seiner Berliner Villa im Grunewald besuchte, sah man zunächst im Vestibül das monumentale Porträt eines Helden des griechischen Unabhängigkeitskrieges (1823), Constantin Kanaris, der, einen Krummsäbel in der Hand, Türkenköpfe spaltete.

Der Abwehrchef behauptete sehr ernsthaft, daß dieser Constantin sein Vorfahre sei, obwohl seine aus Italien stammende Familie sich gegen Ende des 18. Jahrhunderts im Rheinland niedergelassen hatte. Auch erklärte Canaris gewissen Spaniern, daß einige seiner entfernten griechischen Vorfahren als mutige Seeleute seinerzeit bis zu den Kanarischen Inseln gelangt seien, woher auch deren Name stammen sollte.

In der Nähe Dortmunds am 1. Januar 1887 geboren, wurde er 1905 Kadett der kaiserlichen Marine und leistete seinen Militärdienst als Oberleutnant zur See an Bord des kleinen Kreuzers *Dresden*, der im März 1915 von seiner Besatzung in den chilenischen Gewässern versenkt wurde, um dem britischen Kreuzer *Glasgow* nicht in die Hände zu fallen. Canaris gelangte gegen Ende 1915 nach Spanien und war in Madrid bis 1916 als Offizier des deutschen Nachrichtendienstes tätig, um schließlich den Krieg als Kapitänleutnant der

Unterseebootwaffe zu beenden. Man kann sagen, daß er von seinen Kameraden nicht sehr geschätzt wurde. Vor dem Nürnberger Gericht sagte Großadmiral Dönitz am 9. Mai 1946 in Beantwortung einer Frage des Anwalts Otto Nelte, Verteidiger des Marschalls Keitel, folgendes aus:

»In der Marine war Admiral Canaris ein Offizier, der wenig Zutrauen erweckte. Er war ganz anders als alle anderen. Wir sagten von ihm, daß er sieben Seelen hätte.«

Obwohl Canaris sich als Monarchisten bezeichnete, diente er der Weimarer Republik mit großem Eifer. Er wurde 1924 zum Korvettenkapitän befördert, 1930 wurde er Fregattenkapitän und schließlich Chef des Stabes der Nordseestation. Im Jahre 1935 wurde er Leiter der Abwehr, als Nachfolger des Kapitäns zur See Conrad Patzig.

Generaloberst Alfred Jodl, Chef des Führungsstabes des OKW (Oberkommando der Wehrmacht), bezeichnete am 3. Juni 1946 in Nürnberg die Abwehr unter der Leitung von Canaris als ein »Verräternest«. Vor demselben Tribunal erklärte einer der wichtigsten Abteilungschefs von Canaris, Oberst Erwin Lahousen, am 30. November 1945:

»Es ist uns nicht gelungen, diesen Angriffskrieg zu verhindern. Der Krieg bedeutet das Ende Deutschlands und unser Ende, somit ein Unglück und eine Katastrophe größten Ausmaßes. Ein Unglück, das aber noch viel größer wäre als diese Katastrophe, wäre ein Triumph dieses Systems, den mit allen nur irgendwie möglichen Mitteln zu verhindern, der letzte Sinn und Zweck unseres Kampfes sein mußte.«

Um auf die Operation *Felix* zurückzukommen, so sieht es nicht so aus, als ob Admiral Canaris große Anstrengungen machen mußte, um General Franco zu überreden, die deutschen Truppen nicht durch Spanien in Richtung Gibraltar marschieren zu lassen. Gewiß, der Chef der Abwehr kannte den Caudillo, man sagte sogar, daß sie sich duzten. Aber man duzt sich sehr schnell in Spanien, wohin Canaris merkwürdig viele Reisen machte, davon allein zwei im Sommer 1940, im Juli und August, und es war auf dieser letzten Reise, daß der Admiral mit Franco über die Angelegenheit Gibraltar sprach.

Ich kann meine militärischen Quellen nicht angeben, die mich darüber informierten, daß Canaris dem Caudillo geraten hatte, von Hitler folgende Gegenleistungen zu verlangen, die bestimmt abgelehnt werden mußten: Getreide, Benzin, Waffen und Munition in enormen Quantitäten, und vor allem die Einverleibung des gesamten Französisch-Marokkos und, in Algier, des Departements Oran in das spanische Kolonialgebiet.

Das war unmöglich. Warum sollte Hitler etwas vergeben, das er nicht besaß, und das er niemals von Frankreich verlangt hatte? Er war immer noch der Meinung, daß eine Politik der Zusammenarbeit ohne Hintergedanken und ein freundschaftliches Verhältnis zu Frankreich sehr wünschenswert wären. Diese freundschaftliche Politik wurde mit Marschall Pétain im Oktober 1940 in Montoire umrissen. Nach dem Aufenthalt von Canaris in Spanien berichtete der Botschafter des Reiches in Madrid, Eberhardt v. Stohrer, folgendes in einem Rapport vom 8. August 1940 an die Wilhelmstraße:

»(Selbst wenn die deutsche Regierung allen Forderungen Francos nachkommt) muß der Zeitpunkt für den Beginn der Vorbereitungen und der Aktion (Gibraltar) selbst der zu erwartenden Entwicklung der Dinge in England angepaßt werden (geglückte deutsche Landung in England), so daß ein zu frühes Eintreten Spaniens in den Krieg, das heißt eine für Spanien unerträgliche Kriegsdauer und damit für uns unter Umständen das Entstehen eines Gefahrenherdes vermieden wird.«

Heutzutage sind die Mehrzahl der Untergebenen und Agenten von Canaris bekannt, die tatkräftig auf den Sturz der Regierung hingearbeitet haben. Einer der entschlossensten war Oberst, später General, Hans Oster, Chef der Zentralabteilung im *Amt Ausland Abwehr*. Er war es, der im August 1938 den jungen Ewald v. Kleist-Schmenzin nach London entsandte, um von der britischen Regierung Hilfe und Beistand gegen Hitler zu erbitten. Im Namen deutscher Generale, die einen Staatsstreich vorbereiteten – General Beck, sein Nachfolger als Chef des Generalstabes des Heeres Halder, die Generale Witzleben (später Generalfeldmarschall), Stülpnagel, Brockdorff-Ahlefeld, Hoepner und andere –, hatte Kleist-Schmenzin Kontakt mit Sir Robert Vansittart und Winston Churchill aufgenommen. Nach seiner Rückkehr nach Berlin erhielt er am 28. August 1938 einen sehr ermutigenden Brief von Churchill, den er an Canaris weiterleitete, und der Admiral gab denselben Halder und Witzleben zur Einsicht. Daraufhin schickte Halder selbst Anfang September zwei weitere Beauftragte nach London, den Oberstleutnant Hans Boehm-Tettelbach und Theodor Kordt. Sie erwarteten in der Tat, daß London ihnen freie Bahn zum Sturz der Regierung geben würde. Das Münchner Abkommen verwirrte diese Leute, die sich »deutsche Patrioten« nannten.

Oster informierte am 11. März 1939 den britischen und auch den tschechischen Geheimdienst davon, daß die deutsche Armee am 16. März um 6 Uhr morgens in Böhmen und Mähren einmarschieren würde. Das erlaubte den Tschechen, ihre besten Nachrichtenspezialisten und wichtigsten Archive am 14. März per Flugzeug nach England in Sicherheit zu bringen. Am 16. März 1948 machte Oberst J. G. Sas, vor dem Kriege holländischer Militärattaché in Berlin, vor der Holländischen Kommission für Historische Dokumentation eine Aussage, in der er erklärte, daß Oberst Oster ihm im Verlauf mehrerer Jahre eine Menge wichtigster, geheimer Informationen gegeben habe, besonders die exakten Daten des deutschen Angriffs gegen Norwegens, sowie wiederholt andere, die sich auf die Offensive gegen den Westen (10. Mai 1940) bezogen.

Zur gleichen Zeit, zu der Oster dem damaligen Major Sas seine Mitteilungen zukommen ließ, gab die Abwehr am 3. Mai 1940 dieselben Nachrichten ihrem »Mitarbeiter« in Rom, Josef Müller, bekannt. Müller hatte im Vatikan mit belgischen, holländischen und britischen Vertretern beim Heiligen Stuhl Kontakt aufgenommen. Diese Organisation ist als *Schwarze Kapelle* bekannt, zum Unterschied von der *Roten Kapelle*, auf die ich noch zurückkommen werde. Außerdem hatten Canaris und Oster einen Agenten in der Schweiz, Hans Bernd Gisevius, Vizekonsul in Zürich, der später hervorragende Beziehungen zu Allen Welsh Dulles, Chef des amerikanischen Nachrichtendienstes in Europa, unterhielt. Dulles wurde später Chef der CIA.

Die Abwehr hatte sich in Zossen, ab 1943 Sitz des Generalstabes des Heeres, eingerichtet. Dort bewahrte Oster in einem Stahlschrank äußerst kompromittierende Dokumente auf, die im September 1944 nach dem Attentat auf Hitler gefunden wurden. Anfang 1945 entdeckte man in einem anderen Safe außerdem weitere Unterlagen in Form von zwölf Heften eines vertraulichen Tagebuches von Canaris. Der Verschwörung gegen die Sicherheit des Staates überführt, verteidigte sich dieser mit der Behauptung, sich seit 1938 mit den Verschwörern eingelassen zu haben, um sie um so besser entlarven zu können.

Einem Verbindungsagenten von Oster in Zürich, Theodor Strünck, der gleichfalls verhaftet und des Verrats angeklagt war, konnte Canaris auf dem Weg zur Dusche zuflüstern: »Belasten Sie Oster und Dohnanyi ...« Dohnanyi war ein direkter Untergebener Osters. Bis zum Schluß hat Canaris ein doppeltes Spiel gespielt. Er leugnete sogar einen Moment, daß Oster sein Mitarbeiter war!

Nachdem die Durchführung der Operation *Felix* immer ungewisser erschien, wurde unsere Division aus Frankreich zurückgezogen und in Holland stationiert, um die Operation *Seelöwe* (Otario), das heißt die Landung in England, vorzubereiten. Gegen Ende Juli erhielt ich jedoch einen zweiwöchigen Urlaub, den ich mit meiner Familie an den Ufern des Wörthersees, wo mich auch der Beginn des Krieges überrascht hatte, verbrachte. Anschließend kehrte ich nach Amersfoort bei Utrecht zurück, wo mein Regiment in Garnison lag.

Im Jahre 1943 hatte ich mit Generaloberst Jodl eine Unterhaltung über den Plan *Seelöwe*. Jodl erklärte mir folgendes:

»Die Operation *Otario* ist relativ spät geplant worden, nämlich am 2. Juli

1940. Um verstehen zu können, warum sie nicht schon vorher in Erwägung gezogen worden ist, muß man in Betracht ziehen, was am 24. Mai 1940 vor sich gegangen ist, als der Führer den XLI. und XIX. Panzerkorps von Reinhardt und Guderian befahl, ihren Vorstoß auf Dünkirchen und Calais anzuhalten. Am folgenden Tage wurde es klar, daß wir nicht mehr zu befürchten hatten, angegriffen oder auf unserer linken Flanke abgeschnitten zu werden. Trotzdem hielt der Führer seinen Befehl bis zum 26. Mai gegen Mittag aufrecht. Ich glaube, er war damals davon überzeugt, daß wir mit Großbritannien zu einem Vergleichsfrieden kommen könnten, und wollte es aus diesem Grunde vermeiden, dieses Land zu beschämen, indem er das ganze Expeditionskorps des Lord Gort gefangennahm.«

Hitler wollte sich mit den europäischen Mächten und besonders mit Großbritannien verständigen. Die Urkunden der deutschen Archive, die im Jahre 1945 von den Alliierten beschlagnahmt wurden, und die heute zugänglich sind, beweisen, daß der Herzog von Coburg 1936 Hitler davon unterrichtet hatte, daß König Eduard VIII. einer Allianz sehr geneigt war. Weit entfernt davon, sich gegen Frankreich zu richten, sollte diese Allianz im Gegenteil Frankreich einbeziehen. König Eduard hatte vorgeschlagen, eine direkte Telefonlinie vom Buckingham-Palast nach der Reichskanzlei zu legen.

Ich bin heute davon überzeugt, daß Hitler seit dem 16. Juni 1940 (wir überquerten damals die Loire) von den Verhandlungen Erfolg erhoffte, die mit seinem Wissen über die Schweiz, Spanien, Schweden und Italien bezüglich eines Friedens mit Großbritannien geführt wurden, und daß er sich in dieser Angelegenheit geirrt hat. Er glaubte auch Reichsmarschall Göring, der erklärte, die Einschiffung des britischen Expeditionskorps mit seiner Luftwaffe allein verhindern zu können. Auf diese Weise gelang es den Engländern, 230 000 von dem ihnen gebliebenen Rest von 250 000 Mann, allerdings ohne Waffen und Gerät, nach England zurückzubefördern.

Die Rückführung auf See erfolgte mit zivilen Booten, zum Teil kleinen Jachten, und stellt auch heute noch meiner Ansicht nach eine unerhört tapfere Leistung des englischen Volkes dar.

Aber eine enorme Menge Material war zerstört oder zurückgelassen worden. In seiner berühmten Rede vom 4. Juni 1940 über die BBC sagte Churchill:

»... wir werden am Strand kämpfen, auf den Landungsplätzen, wir werden auf dem Lande und in den Straßen kämpfen!«

Der Dekan von Canterbury erklärte später, daß der Redner in diesem Augenblick eine Hand auf das Mikrophon legte und hinzufügte: »Und wir werden ihnen Bierflaschen ins Gesicht werfen, denn das ist tatsächlich das einzige, worüber wir verfügen.« Später gab der englische Premierminister ganz offiziell vor dem amerikanischen Kongreß (26. Dezember 1941) zu:

»Wir haben Glück gehabt, Zeit zu haben. Wenn Deutschland nach dem französischen Zusammenbruch im Juni 1940 auf den britischen Inseln gelandet wäre, und wenn Japan uns damals den Krieg erklärt hätte, so wären Unglück und Leid in unbeschreiblichem Ausmaß über unser Land gekommen.«

Doch Canaris stand Wache. Am 7. Juli 1940 übermittelte er Keitel eine vertrauliche Information, die besagte, daß die Deutschen bei einer eventuellen Landung in England auf etwa zwanzig Divisionen erster Linie stoßen würden, und auf weitere neunzehn in Reserve. Laut Montgomery stand jedoch zu dieser Zeit nur eine einzige, genügend ausgebildete und bewaffnete Division zur Verfügung, nämlich die III., unter dem Befehl von Montgomery selbst, wie er in seinen *Memoiren* angibt.

Die falschen Nachrichten von Canaris erklären zum Teil auch die von GFM Brauchitsch gestellten Forderungen, dem Hitler den Oberbefehl über die Landungstruppen anvertraut hatte: Er wollte auf einer langen Front mit 41 Divisionen landen, sechs davon Panzerdivisionen und drei motorisierte! Großadmiral Raeder gab natürlich ein *non possumus* zur Antwort; er hatte nicht genügend Schiffe, die die Landung auf See decken konnten, und verlangte außerdem eine totale Überlegenheit der deutschen Luftwaffe.

Die Vorbereitungen für *Otario* wurden trotzdem aktiv weiterbetrieben. Eines Morgens befahlen mir meine Chefs, Standartenführer Hansen und Hauptsturmführer Emil Schäfer, der das Regiment befehligte, *für den folgenden Tag* eine Verladerampe zu bauen, die bewegliche Lasten von 20 bis 30 Tonnen (Traktoren und schwere Geschütze) tragen könne. Es versteht sich von selbst, daß sie glaubten, mir einen Befehl zu geben, der in fünf bis sechs Tagen ausführbar wäre.

Ich machte mich sofort an den Entwurf der Konstruktion und hatte das Glück, in Utrecht das nötige Material zu finden, das ich dortselbst in Werkstätten vorbereiten ließ. Ungefähr hundert Mann arbeiteten die ganze Nacht hindurch beim Licht der Scheinwerfer von zwanzig Lastwagen, und die Rampe wurde schließlich mit den geringen zur Verfügung stehenden Hilfsmitteln tatsächlich noch fertig. Im Morgengrauen überquerte ich als erster am Steuer eines Traktors diese Brücke, die schwerste Haubitze des Regiments hinter mir. Daraufhin weckte man den Standartenführer und den Hauptsturmführer, die diese Nachricht kaum glauben wollten.

»Ich möchte Ihnen aber doch sagen, lieber Skorzeny«, erklärte Hansen, »daß Ihnen das, wenn es ein Scherz sein sollte, teuer zu stehen kommen kann.«

Es handelte sich aber um keinen Scherz ... Wir führten später zahlreiche Verladeübungen und Landungsmanöver an der Helder aus, wobei wir vor allem Lastkähne des Rheins verwendeten, denen der Bug abgeschnitten worden war. Bei schwerem Wetter gingen sie beinahe unter. Trotz unserer großen Begeisterung fragten wir uns, was passieren würde, wenn die Landung Ende August stattfinden sollte, oder im September, wo das Wetter im allgemeinen im Ärmelkanal äußerst ungünstig ist.

Die Luftoffensive Görings, die »Schlacht um England«, hatte nicht den erwarteten Erfolg. Am 16. und 17. September 1940 wurden wir Tag und Nacht von der RAF bombardiert, und am 21. September waren ein Dutzend Transportschiffe und zahlreiche Rheinkähne versenkt oder beschädigt worden. Wir hatten Tote und Verwundete zu beklagen, was zu dieser Zeit das Gerücht aufkommen ließ, daß wir eine Landung versucht hätten und zurückgeschlagen worden wären.

Wir hätten im Juni oder Anfang Juli 1940 etwa fünfzehn Divisionen in drei oder vier Angriffswellen landen können. Das wäre sehr gut möglich gewesen. Da das britische Expeditionskorps von unseren Panzern in Frankreich eingeschlossen war, hätte die Luftwaffe über dem Kanal eine nützliche »Demonstration« gegen die RAF und die *Home Fleet* durchführen können. Am 19. September gab Hitler den endgültigen Befehl, die Landeflotte aufzulösen, und am 12. Oktober wurde die Operation *Otario* stillschweigend bis zum nächsten Frühling vertagt. Um diese Zeit war es auch, daß man im OKW wieder an die Operation *Felix* gegen Gibraltar dachte, jedoch ohne zu einer tatsächlichen Aktion zu kommen.

Es steht fest, daß Hitler nicht die ganze strategische Bedeutung des Mittelmeers erkannt hatte. Die Italiener hätten den »Flugzeugträger«, die Insel Malta, besetzen sollen, aber auch wir hätten im Juni 1940 bis nach Gibraltar vordringen und den Felsen besetzen können. Sobald wir in dessen Besitz gewesen wären und damit den Zugang zum Mittelmeer gesperrt hätten, hätte der Krieg einen ganz anderen Verlauf genommen. Um ihre Truppen in Ägypten und Nordafrika zu versorgen, hätten die Engländer um Afrika und das Kap herumfahren und den Suezkanal passieren müssen. Die Unterseeboote des Admirals Dönitz hätten aus dem Hinterhalt längs der Westküste Afrikas nicht verfehlt, ihre Verheerungen zu bewirken, und ich glaube, es ist nicht übertrieben zu behaupten, daß die Marschälle Alexander und Montgomery ungefähr nur dreißig Prozent der Truppen und des Materials erhalten hätten, die tatsächlich direkt über Gibraltar ankamen. Die englisch-amerikanischen Landungen in Nordafrika, Italien und Frankreich wären unmöglich gewesen.

Diejenigen, die heutzutage behaupten, daß die Operation *Otario* im Juli-August 1940 mit einer Niederlage geendet hätte, sollten folgende »Beichte« Churchills in Erwägung ziehen, die er am 12. Mai 1942 vor Offizieren der *Home Guard* ablegte:

»Nach dem Fall Frankreichs waren wir nicht nur ein Volk ohne Armee, sondern auch ein Volk ohne Waffen. Wenn der Feind 1940 in verschiedenen Gegenden des Landes vom Himmel gefallen oder gelandet wäre, hätte er nur einige Handvoll von elend bewaffneten Männern vorgefunden, die Scheinwerferstellungen bewachten.«

Das aber stimmte nicht mit den Versicherungen des deutschen Nachrichtendienstes unter Admiral Canaris überein.

1 In seiner Wiener Studentenzeit gehörte Skorzeny der schlagenden Verbindung Markomannia an. Das Bild zeigt ihn vorn rechts nach einer schweren Blessur im Jahr 1928, die ihm später den Namen »Das Narbengesicht« eintrug.

2 Eine Rarität: Angehörige der Turkestanischen Legion in Legionowo bei Warschau. Sie nahmen teil am *Unternehmen Zeppelin* im Juli 1942.

3 Friedenthal 1943: Der engere Kreis vor der sog. »Scheune«: von links nach rechts: Skorzeny, Warger, Cieslewitz, Menzel, Schwerdt, Gföller und Radl.

# FÜNFTES KAPITEL

# Vom Ärmelkanal zum Balkan

Die Operation *Otario* »sine die« verschoben. — Erklärungen des Gesandten Hewel. — In Frankreich: Verhaftung des Präsidenten Laval, und die Operation *Attila*. — »Ein Kämpfer der SS darf nicht einmal in Verdacht geraten.« — Eine Entente mit Frankreich, Grundlage eines neuen Europas. — Botschafter Abetz, von den Ereignissen überholt. — Auf dem Balkan. — »Stoi!« — Gedanken über die Einnahme der Insel Kreta. — Belgrad. — Weder Gibraltar noch Suez noch Malta ... — Rückkehr nach Oberösterreich.

In Holland wußten wir nichts davon, daß die Operation *Otario* »sine die« vertagt war, und glaubten immer noch, daß wir im Frühjahr 1941 in England landen würden. Ausbildung und Disziplin waren auch weiterhin sehr streng.

Unsere Flugzeuge hatten aus sehr geringer Höhe detaillierte Aufnahmen von der englischen Küste gemacht. Deshalb wußten wir genau, wo unsere Abteilung schwerer Artillerie landen sollte, und was für natürliche Hindernisse wir zu überwinden hatten. Es wäre zu befürchten, sagte man uns, daß die Engländer ihre Küste in Brand setzen und das Meer mit einer Schicht brennender Flüssigkeit bedecken würden. Das erinnerte mich an die mysteriösen griechischen Feuer, die zuerst von den Kaisern von Konstantinopel, so im 6. Jahrhundert von Justinian und schließlich auch von der Kaiserin Theodora, gegen die russischen Schiffe angewendet worden waren.

Diese Geschichte von der Inbrandsetzung der Küste erschien mir ziemlich phantastisch, denn es wäre gar nicht so einfach gewesen, zum Beispiel zwanzig Kilometer Küste, das heißt das zur Landung von zwei Divisionen nötige Gebiet, in Brand zu setzen. Wir würden aber auf jeden Fall durchkommen, mit oder ohne griechische Feuer, wir würden durch Geschosse, Bomben, Maschinengewehrfeuer, die gesamte *Home Fleet* und jedes Unwetter durchkommen, wenn es nötig werden sollte, und würden bis London vordringen. Wir hatten nicht den geringsten Zweifel an unserem Erfolg.

Wir wußten auch, daß unsere Unterseeboote im Verlauf des Monats Oktober 1940 allein 63 britische Schiffe mit 352 407 Bruttoregistertonnen versenkt hatten.

Nach unserem Angriff mit bemannten Torpedos auf die Schiffe der alliierten Flotte in Anzio im Jahre 1944 empfing mich Großadmiral Dönitz sehr freundlich in seinem Stabsquartier in der Nähe der Wolfsschanze und sagte mir bei dieser Gelegenheit, daß dieses Ergebnis vom Oktober 1940 mit nur

*8 U-Booten* erzielt worden war, und daß er damals *100* U-Boote angefordert hätte!

Im Oktober 1940 befehligte Dönitz nur die U-Bootwaffe. Wenn man seinen Ratschlägen seit 1938 gefolgt wäre, würde England aus dem Mittelmeer vertrieben worden sein, die Schlacht im Atlantik wäre anders verlaufen, und die Operation *Otario* hätte im September 1940 durchgeführt werden können.

Das Mißgeschick, das der *Royal Navy* später vor Dakar widerfuhr, bewies auch den alliierten Sturmtruppen, daß die Engländer auf See keineswegs unüberwindlich waren. Drei Tage lang, vom 22. bis 25. September 1940, hatte ein starkes Expeditionskorps von England und de Gaulle versucht, sich Dakars und einer beträchtlichen Menge von Gold, das den Nationalbanken Frankreichs, Belgiens und Polens gehörte, zu bemächtigen. Dieser Umstand ist wenig bekannt. Trotz allen anderen Gerüchten steht fest: in Dakar befand sich nicht einmal der Schatten eines einzigen deutschen Soldaten.

Aber die englische Flotte wurde mit Kanonenschüssen empfangen. Zwei Kreuzer wurden schwer beschädigt − die *Resolution* mit Schlagseite infolge von Torpedos, und der *Barham*, mit einer Salve des modernen Kreuzers *Richelieu* in Brand gesetzt − wie auch ein weiterer Kreuzer. Der Flugzeugträger *Ark Royal*, drei andere Kreuzer, die Zerstörer, Schnellboote, Tanker und Truppentransportschiffe mußten sich zurückziehen, um zu vermeiden, daß die ganze Angelegenheit in einer Katastrophe endete. Am 3. Oktober trat Neville Chamberlain zurück, und Churchill, von der Opposition bedrängt, mußte sein Kriegskabinett einer Umbildung unterziehen. Aber es bestand kein Zweifel, daß Hitler schon Ende September seinen Blick gegen den Osten gerichtet hatte.

Im Herbst des Jahres 1944, gelegentlich meines Aufenthaltes im Führerhauptquartier, bekam ich eine bessere Einsicht in die Gründe, die Hitler bewogen hatten, den Befehl zum Angriff auf England nicht zu geben. Gewiß, in den Monaten Juli-August waren die falschen Auskünfte von Canaris entscheidend, aber der Gesandte Hewel, der Verbindungsmann zwischen dem OKW und dem Außenministerium war, sagte mir, daß Hitler zu jener Zeit die Idee nicht aufgegeben hatte, zu einer friedlichen Übereinkunft mit Großbritannien zu kommen:

»Die Schwierigkeiten einer Landung erschienen ihm im Sommer 1940 nicht unüberwindbar«, sagte mir Hewel. »Was ihm bedeutend schwieriger erschien, war die Notwendigkeit, ein Land von 47 Millionen Einwohnern zu besetzen, das ungefähr die Hälfte seiner Lebensmittel vom Ausland erhielt und dann nichts mehr hereinbekommen würde. Darin bestand seiner Meinung nach das wirkliche Problem der Angelegenheit. Die königliche Familie, Churchill und die Regierung würden mit dem größten Teil der *Home Fleet* nach Kanada gehen. Sollte man in Großbritannien die Republik ausrufen? ›Wo war‹, so fragte er, ›ein Cromwell zu finden?‹ Churchill wollte sich selbst davon überzeugen, daß er die Einheit des viktorianischen Empire verteidigte. Wir würden uns gezwungen sehen, uns auf den Inseln inmitten einer immer feindlicher werdenden Bevölkerung, die Kälte und Hunger litt, zu behaupten, während seitens Stalins nur das Schlimmste zu erwarten war. Das war der Grund, aus dem ihm die Operation *Felix* viel angebrachter schien als die Operation *Otario*. Was er Großbritannien vorschlagen konnte, hatte er schon am 6. Oktober 1939 und nochmals am 8. Oktober 1940 in seiner Reichstagrede angeboten: Den Frieden, die Garantie des Britischen Empire und eine Zusammenarbeit mit allen Nationen Europas. Alle anderen, mehr oder weniger geheimen Versuche waren fehlgeschlagen. Aber in dem Augenblick, in dem *Otario* aufgegeben wurde und Felix unmöglich durchzuführen war, wurde es klar, daß die Lösung im Osten gesucht werden mußte, ehe es zu spät würde. Stalin hoffte, daß wir uns im Frühjahr 1941 in die Operation *Otario* stürzen würden. Das wäre ihm gerade recht gewesen, um im Laufe des Sommers oder Anfang Herbst seinerseits Deutschland anzugreifen!

Mitte Dezember 1940 erneuter Bereitschaftszustand. Der Weihnachtsurlaub wird gestrichen, und am 18. Dezember erhielten wir den Befehl, Holland mit unbestimmtem Ziel zu verlassen.
Über Düsseldorf, Wiesbaden, Mainz, Mannheim und Karlsruhe kehrten wir nach Frankreich zurück und gelangten durch die Vogesen nach Vesoul. Dieser Marsch erforderte alle meine Kräfte: in den verschneiten Vogesen mußte ich wegen des dauernden Schneefalls mehr als 150 Fahrzeuge und Lastwagen, die steckengeblieben waren, wieder in Gang bringen.
Auch in Port-sur-Saône fand ich keine Ruhe. Man teilte mir mit, daß die Division *SS-Verfügungstruppe* bereit sein solle, am 21. Dezember mit Munition, Brennstoff und Lebensmitteln bis nach Marseille vorzurücken. In der Nacht des 20. Dezembers bemerkte ich, daß der größte unserer Tankwagen zwei schwer beschädigte Reifen hatte. In der Nähe von Langres suchte ich eins der Armeelager auf, wo ich nach langem Verhandeln mit einem unbedeutenden Feldwebel zu theoretischen Drohungen übergehen mußte, um meine beiden Reifen zu bekommen. Schließlich erhielt ich sie gegen eine vorschriftsmäßige Quittung.
Einige Stunden vor unserem Aufbruch zur Überschreitung der Demarkationslinie und zum Marsch nach Marseille auf dem kürzesten Wege wurde der Befehl abgeändert: der Aufbruch war nunmehr für den 22. Dezember vorgesehen, dann für 23 Uhr bis 4 Uhr morgens, und zum Schluß wurde der ganze Befehl zurückgenommen.
Die Operation *Attila*, durch die die ganze freie Zone Frankreichs besetzt

werden sollte, und falls möglich, auch die französischen Departements in Nordafrika, wurde nicht durchgeführt.

Am 13. Dezember 1940 hatte sich Marschall Pétain in Vichy von dem Präsidenten des Staatsrats, Pierre Laval, getrennt und hatte ihn sogar verhaften lassen. Schlecht unterrichtet, hatte Botschafter Abetz, der Laval als die einzige Garantie einer politischen Zusammenarbeit mit Deutschland ansah, sich verwirren lassen und seine Meldungen nach Berlin überstürzt. Sicherlich hatte Laval angenommen, daß eine Politik der gemeinsamen Kriegführung auf seiten Deutschlands vielleicht möglich wäre, ganz besonders mit dem Ziel einer Rückeroberung der Gebiete Äquatorialafrikas, die abgefallen waren.

Zur gleichen Zeit hatte Hitler die Asche von Napoleons Sohn, des Herzogs von Reichstadt, die in der Krypta der Kapuzinerkirche in Wien ruhte, an Frankreich zurückgegeben, damit der junge Adler seinen Platz im Hôtel des Invalides zu Seiten seines berühmten Vaters fände. Bei dieser Zeremonie wurde Marschall Pétain von Admiral Darlan vertreten, denn man hatte dem französischen Staatschef versichert, daß wir ihn gefangenhalten würden, wenn er nach Paris kommen sollte! Als Hitler hiervon erfuhr, war er äußerst entrüstet. In Wirklichkeit handelte es sich in Vichy um eine Palastrevolution und schäbige Intrigen. »Eine reine Angelegenheit der Innenpolitik«, erklärte Admiral Darlan Hitler am 25. Dezember. Ich ahnte damals nicht, daß ich später mit einer delikaten Mission in Vichy beauftragt werden würde, die ich Gott sei Dank nicht auszuführen brauchte, nämlich mich der Person des ruhmreichen Marschalls zu bemächtigen.

Nachdem der Abmarschbefehl am 23. Dezember 1940 endgültig zurückgezogen worden war, wurde wieder Urlaub erteilt, und ich befand mich in Wien bei meiner Familie, als ich telegraphisch zurückberufen wurde. Ich sollte mich unmittelbar nach meiner Ankunft beim Kommandeur unserer Division melden: die Leute von der Militär-Intendantur verlangten meine strenge Bestrafung. Ich war angeklagt, sagte mir GenLt. Hausser, einem Feldwebel angedroht zu haben, sein Reifenlager dem Erdboden gleichzumachen, wenn er mir nicht sofort die dringend benötigten Autoreifen auslieferte.

»Gruppenführer«, erklärte ich, »die zwölf Tonnen Brennstoff dieses Tankwagens mußten ihr Ziel erreichen! Jede Minute war von Wichtigkeit... Die Reifen lagen dort... Außerdem habe ich eine Quittung gegeben.«

Es schien mir, als ob Hausser ein Lächeln unterdrückte, als er zu mir sagte: »Skorzeny, Sie müssen verstehen, daß die Materialverwalter sehr formelle und bürokratische Leute sind, die glauben, daß das von ihnen verwaltete Material ihr persönliches Eigentum sei. Sie sind zu ihnen zweifellos äußerst höflich gewesen, müssen aber diesen Feldwebel mit Ihrer Hartnäckigkeit schockiert haben. Diese Herren von der Intendantur verlangen für Sie eine exemplarische Bestrafung. Betrachten Sie sich also als grundsätzlich bestraft.

Wir werden sehen. Unterdessen können Sie wieder auf Urlaub fahren. Gehen Sie also.«

In Rußland hatte ich Gelegenheit festzustellen, daß gewisse Herren der Militär-Intendantur tatsächlich außerordentliche Bürokraten waren.

Wir bezogen unsere Winterquartiere auf dem Plateau von Langres, und es verdient erwähnt zu werden, daß unsere Beziehungen zu der französischen Bevölkerung ausgezeichnet waren. Jede Unkorrektheit unsererseits wurde streng bestraft. Ich möchte hierfür zwei Beispiele anführen:

Um den 18. Mai 1940 kam unser Regiment in der Nähe von Hirson (Aisne) durch ein kleines Dorf, an dessen Namen ich mich nicht erinnere. Auf dem Gehsteig lagen Stoffballen vor einem von einer Granate zerstörten Laden herum. Die Artilleristen einer unserer Batterien nahmen darauf einen dieser Ballen an sich, es war ein gelber Stoff, und machten sich Halstücher daraus. Am nächsten Tage wurde beim Appell folgender, für alle Einheiten gültiger Divisionsbefehl verlesen:

»Es sind Soldaten der Division gesehen worden, die Halstücher trugen, welche anscheinend aus französischen Stoffen gemacht worden sind. Die Division wird hiermit darauf hingewiesen, daß die Aneignung irgendeines Gegenstandes, sei es Stoff oder andere Dinge von der Straße als Plünderung angesehen wird. Die Offiziere der Division werden daher angewiesen, jeden Soldaten, der ein solches Halstuch trägt, als Plünderer zu betrachten. Dieselben sind sofort festzunehmen und vor ein Kriegsgericht zu stellen, das sie wegen dieses Vergehens verurteilen wird.«

Auf der Hochebene von Langres und der Haute-Saône wurden wir zum Teil in Privatquartieren untergebracht und teilten daher in gewissem Ausmaß das Familienleben der Einwohner, die uns beherbergten. Daraus entstanden einige Verwicklungen.

Im Februar 1941 wurden dem Waffenstillstandsabkommen gemäß zahlreiche französische Gefangene freigelassen, die nach Hause zurückkehrten. Einer der französischen Soldaten kam spät nachts unerwartet zurück und überraschte einen unserer Kameraden mit seiner Frau. Diese behauptete, von demselben vergewaltigt worden zu sein, und hoffte, durch diese Aussage dem Zorn ihres Mannes zu entgehen. Man kann ihr daraus keinen Vorwurf machen. Unser Landsmann wurde jedoch festgenommen, vor ein Kriegsgericht gestellt und zum Tode verurteilt. Einige von uns, Offiziere und Unteroffiziere, erbaten vergebens Gnade von unserem General, denn wir waren davon überzeugt, daß es sich nicht um eine Vergewaltigung handelte, sondern daß das Verhältnis schon mehrere Wochen gedauert hatte. Nachdem er uns angehört hatte, sagte »Papa« Hausser:

»Kein einziger Angehöriger der Waffen-SS, die eine Elitetruppe ist, darf auch nur in den Verdacht geraten, eine Handlung begangen zu haben, die einen echten Soldaten beschämen würde. Das Urteil wird vollstreckt.« Und es wurde vollstreckt.

Während des strengen Winters 1940/41 stellten wir uns auf der Hochebene von Langres verschiedene Fragen. Was sollten wir da? Ich stellte fest, daß in Frankreich kein Haß auf die Deutschen bestand, wie auch die Deutschen Frankreich nicht haßten. Beide Völker hatten auf dem Schlachtfelde gegeneinander kämpfend genug Ruhm erworben, um gegenwärtig Seite an Seite das zu diesem Zeitpunkt mögliche, vereinigte Europa aufzubauen.

Die Zusammenkunft des französischen Marschalls Pétain mit Hitler in Montoire hatte bei allen denen, die an die Notwendigkeit glaubten, ein gemeinsames Europa aufzubauen und so bald wie möglich die Völker zu vereinigen, die sich durch ihre Kultur so nahe standen und auch gemeinsame Interessen hatten, große Hoffnungen erweckt. Ich gestehe, daß ich von jeher ein überzeugter Europäer gewesen bin und auch bis heute meine Meinung nicht geändert habe.

Die Zusammenkunft in Montoire, die einen Gipfelpunkt der modernen Geschichte hätte darstellen können, blieb ohne Erfolg.

Gewiß, es gab in Frankreich wie in Deutschland revanchelustige Leute, es schien mir aber, als ob dieser engstirnige und armselige Nationalismus überwunden werden könnte. Auf dem alten Kontinent war eine große, positive Revolution durchzuführen: dieses Gefühl hatten wir alle, und in erster Linie eine Revolution der sozialen Gerechtigkeit. Wie heutzutage, war es auch damals das Fehlen einer solchen sozialen Gerechtigkeit, das den Aktionsgruppen der kommunistischen Internationale die besten Waffen in die Hände spielte. Die Franzosen waren ganz besonders in der Lage, diese Revolution durchzuführen, ohne deshalb die Faschisten oder Nationalsozialisten nachahmen zu müssen.

Die Leiden eines unglücklichen Volkes haben niemals einen Vorteil für seine Nachbarn mit sich gebracht. Ich habe später in Vichy gesehen, wie Frankreich, um zu überleben, eine zwiespältige Politik machen mußte angesichts eines Siegers, der diesem Land nicht erlaubte, eine großzügige Politik zu planen und zu führen.

Die Franzosen hatten einen erstklassigen Unterhändler in der Person von Jacques Benoist-Méchin, Historiker des deutschen Heeres, der für sein Land beachtenswerte Vorteile erlangte. Am 25. Juni 1940 waren mehrere Millionen französischer Soldaten von der Wehrmacht als Gefangene nach Deutschland geschickt worden[1]. Eine Million von ihnen wurden einen

---

[1] Robert Moreau, der Generalkommissar für repatriierte Kriegsgefangene, gibt die Ziffer von 3 000 000 französischen Gefangenen in deutscher Hand an, und zwar im Buch *Das Leben in Frankreich während der Okkupation*, erschienen im Hoover Institute, Paris 1947, Band I.

Monat nach dem Waffenstillstand in Freiheit gesetzt; ungefähr 1 900 000 wurden nach Deutschland gebracht, von denen die Hälfte nach und nach bis zum 1. Januar 1944 in Freiheit gesetzt wurde.

Was für ein Unglück, daß mein Land nicht an Stelle einer kurzsichtigen Diplomatie, die auch wenig Großmut bewies, sofort eine Politik der Zusammenarbeit ohne Hintergedanken eingeschlagen und einen Friedensvertrag mit der französischen Regierung geschlossen hat, die sich der großen Gefahr, die Europa und die zivilisierte Welt bedrohte, bewußt war!

Es waren schließlich die deutschen, aber auch die europäischen Soldaten, die einen hohen Preis für diese hochmütige, ungeschickte und zögernde Diplomatie zahlen mußten.

Westdeutschland und Frankreich arbeiten heute aktiv und eng zusammen, obwohl kein Friedensvertrag und nicht einmal ein Waffenstillstand von beiden Regierungen unterzeichnet wurde.

Um dieses Zusammengehen zu erreichen, waren viele Millionen Opfer an Menschenleben nötig, Zivilisten und Soldaten. Es wäre viel intelligenter und menschlicher gewesen, im Jahre 1939 und selbst 1940 zu einer Verständigung zu gelangen! Alle haben in diesem Krieg verloren, nicht nur Deutschland, sondern auch Frankreich, England, Italien, Belgien und Holland. Und unglücklicherweise ist es zu keiner Lösung gekommen, weder in Europa noch in der übrigen Welt.

Nach dem falschen Bereitschaftsbefehl im Dezember 1940 hatten wir jedoch noch die Illusion, daß nicht alle Hoffnungen auf einen Frieden verloren waren. Anfang 1941 nahmen wir an, daß unsere Diplomatie die größten Anstrengungen in diesem Sinne machen würde.

Es stellte sich jedoch bald heraus, daß die Entwicklung der Dinge für die Achse ziemlich ungünstig war, und zwar zuerst in Ostafrika, wo die Italiener geschlagen wurden. Nach einer erfolgreichen Offensive des Marschalls Graziani in Nordafrika, die im September 1940 zur Einnahme von Sollum und Sidi Barani geführt hatte, waren die Engländer im Januar und Februar 1941 zur Gegenoffensive übergegangen und hatten Tobruk und Benghasi besetzt. Am 26. Februar mußte das Afrikakorps unter dem Befehl Rommels eingreifen.

In Europa selbst erfuhr der Kriegsschauplatz eine für uns vollkommen unvorhergesehene Ausdehnung. Ohne Hitler vorher in Kenntnis zu setzen, hatte der Duce Griechenland mit seiner schlecht ausgebildeten, mangelhaft verproviantierten und mittelmäßig geführten Armee angegriffen. Unsere Alliierten wurden bald zurückgeworfen und schließlich in Albanien überrannt. Obendrein fand noch ein Staatsstreich in Jugoslawien statt: Unser Verbündeter, Prinzregent Paul, wurde am 27. März 1941 abgesetzt.

Einige Tage später unterschrieb der neue Regierungschef, General Simovitsch, mit Stalin einen Freundschaftspakt zur gegenseitigen Unterstützung!

In den letzten Märztagen 1941 erhielt unsere Division plötzlich den Marschbefehl nach Südrumänien. Ich bekam Urlaub, um eine Nacht bei mir zu Hause in Wien zu verbringen, und schloß mich meiner Einheit am folgenden Tage in der Nähe der ungarischen Grenze wieder an. Auf unserem Durchmarsch durch Budapest wurden wir jubelnd begrüßt, als ob wir siegreiche ungarische Soldaten gewesen wären. In der Nähe von Gjola erreichten wir die rumänische Grenze. Das Wetter war schlecht, und unser Material begann in beunruhigendem Ausmaß zu leiden: Die Straßen waren in schlechtestem Zustand, und sie wurden auch während des ganzen Balkanfeldzuges nicht besser.

Wir griffen am Sonntag, dem 6. April, um 5 Uhr 59 morgens nach einer fünfminutigen Artillerievorbereitung an. Die Serben verteidigten sich, setzten einen unserer Spähwagen in Brand und kämpften im Nahkampf hinter einem breiten Antitankgraben, konnten aber nicht verhindern, daß wir denselben rasch überrannten. Ich erhielt diese Feuertaufe zusammen mit Hauptmann Neugebauer, der am Ersten Weltkrieg teilgenommen hatte. Nach den ersten Artilleriesalven war mir im Magen zumute wie vor einer Mensur. Neugebauer reichte mir seine Schnapsflasche und sagte: »Trinken Sie doch diesen Schluck, es ist heute morgen nicht sehr warm!«

Nach dem Panzergraben, wo es Tote und Verwundete gab, drangen wir bis Pancevo vor, wo wir erfuhren, daß die Vorausabteilung unserer Division unter dem Befehl des Hauptsturmführers Klingenberg als erste in einem Überraschungsangriff die Donau überquert hatte und in Belgrad eingedrungen war.

Ich selbst wurde als Führer zweier kleiner motorisierter Spähtrupps ostwärts unserer Vormarschstraße auf Erkundung geschickt. Wir waren insgesamt 24 Mann, und ich durchquerte Werschetz, das noch ganz den Charakter einer alten Stadt der österreich-ungarischen Monarchie trug. Wir gingen vorsichtig auf Karlsdorf vor, als die ganze Bevölkerung uns begeistert entgegenkam: Es handelte sich auch hier um eine alte deutsche Kolonie. Wir durchquerten den Ort, serbische Truppen wurden gemeldet, mit denen wir auch bald auf einem schwierigen, mit Vegetation bedeckten Gelände Fühlung bekamen. Als meine rechte Gruppe angegriffen wurde, erwiderte sie diesen Angriff energisch. Plötzlich tauchten auch vor mir ungefähr dreißig serbische Soldaten auf. Ich befahl, nicht zu schießen, während die Serben immer näher kamen. Ich schrie mit allen meinen Kräften:

»Stoi!« (Halt!)

Überrascht gehorchten sie, aber von allen Seiten kamen jetzt noch mehr Serben hinzu. Was sollte ich tun? Schießen oder nicht schießen? Das war nun für mich die entscheidende Frage. Glücklicherweise tauchte in diesem Moment meine zweite Gruppe hinter ihnen auf, was die Serben veranlaßte, ihre Waffen wegzuwerfen und die Hände hochzunehmen.

Wir kehrten nach Karlsdorf mit fünf Offizieren und mehr als sechzig gefangenen Soldaten zurück. Aber wir wurden selbst drei Stunden lang in Karlsdorf gefangengehalten: Vor dem Rathaus hielt der Bürgermeister eine Empfangsrede, und ich mußte ihm die Hand drücken, als er feierlich erklärte, daß die Bevölkerung das deutsche Vaterland niemals vergessen habe. Anschließend bekamen wir ein Festessen in der Schule, und ich glaube, daß weder Brueghel noch Teniers jemals Gelegenheit gehabt haben, eine solche Kirmes zu malen.

Ich gab natürlich Anweisung, daß unsere Gefangenen ebenfalls ihren Teil bekamen. Außer den fünf serbischen Offizieren und den anderen Gefangenen brachten wir zu unserem Regiment nicht nur die besten Lebensmittel, sondern auch eine Anzahl Flaschen Wein mit, die begeistert angenommen wurden. Ich erstattete Stand.Fhr. Hansen meinen Bericht, der ihn außerordentlich interessierte.

Wir wurden bei deutschen Bauern des landwirtschaftlich reichen Banats einquartiert. Ich fand Logis bei einer braven Bauersfrau, deren Mann in die rumänische Armee einberufen worden war, und der nur Urlaub erhalten konnte, wenn er *Bakschisch* an seine Vorgesetzten gab! Das veranlaßte mich zum Nachdenken.

Ich wurde bald darauf zur Offiziersmesse Stand.Fhr. Hansens gerufen. »Das Spähtruppunternehmen neulich«, sagte er, »könnte Ihnen das Eiserne Kreuz einbringen. Ich habe aber vorgezogen, Sie für die Beförderung zum Untersturmführer vorzuschlagen, und mein Vorschlag ist angenommen worden. Ich beglückwünsche Sie aufrichtig zu Ihrer Beförderung und hoffe, daß Ihnen meine Idee zusagt.«

Ich gab freudig meine Zustimmung. Einige Stunden später wurde ich erneut gerufen und erfuhr, daß meine Ernennung zum Untersturmführer auch auf dem ordnungsmäßigen Amtswege angekommen war, und zwar rückwirkend vom 30. Januar 1941.

Hansen sagte lachend: »Da Sie nun schon Untersturmführer waren, ist Ihre Beförderung von heute morgen natürlich zum Obersturmführer ausgesprochen worden!«

Man kann sich meine Überraschung und Freude leicht vorstellen. Es blieb mir nur übrig, die Gläser nochmals zu füllen.

Am 17. April hatten die jugoslawischen Armeen kapituliert, und die Feindseligkeiten wurden am nächsten Tage eingestellt. Am 10. April hatte Kroatien seine Unabhängigkeit erklärt. Der neue Staat, dessen Regierungspräsident Dr. Ante Pawelitsch war, wurde unverzüglich von Deutschland, Italien, der Slowakei, Ungarn, Bulgarien, Rumänien, aber auch von Spanien anerkannt, während die Schweiz etwas später mit Dr. Pawelitsch ein für beide Seiten vorteilhaftes Handelsabkommen unterzeichnete (10. September 1941).

Am 8. April hatte die 12.deutsche Armee (List) mit der *Leibstandarte Adolf Hitler* an der Spitze die Metaxaslinie durchbrochen und Saloniki besetzt, wo eine britische Armee gelandet war. Die Mehrzahl der englischen Truppen wurde eiligst über das Meer nach Kreta evakuiert, während am 17. April die deutschen Truppen in Athen einmarschierten und die griechische Armee ihrerseits kapitulierte.

Die erste große Fallschirmjäger- und Lufttransportoperation kam in den Tagen vom 20. bis zum 31. Mai in Kreta zur Durchführung. Die Aktion stand unter dem Oberbefehl des Generals Student. An ihr nahmen 22 000 Mann teil, unsere einzige Fallschirmjägerdivision, unser einziges Segelflugzeugregiment und die V. Gebirgsdivision, deren Ausbildung jedoch noch nicht abgeschlossen war. Die Operation hatte vollen Erfolg. Von 57 000 Engländern, Australiern, Neuseeländern und Griechen, die auf der Insel Zuflucht gefunden hatten, konnte die *Royal Navy* nur 16 500 unter großen Verlusten evakuieren.

Leider waren unsererseits die Verluste, in erster Linie infolge schwierigster Landeverhältnisse, nicht gering: 4000 Tote und etwas über 2000 Verletzte. In den Jahren 1942-1943 sah ich mich veranlaßt, die verschiedenen Episoden der Schlacht von Kreta eingehend zu studieren, um die Mittel zu finden, die uns erlauben sollten, das Risiko, das ich bei zukünftigen Luftoperationen auf mich zu nehmen hatte, so weit wie möglich zu vermindern. Bei dieser Gelegenheit erschien mir klar, daß solche Aktionen nicht mit mangelhaft ausgebildeten Truppen durchgeführt werden dürfen.

Die in Kreta erlittenen Verluste machten einen starken Eindruck auf Hitler, der nicht erlaubte, daß solche Operationen in Zypern, Suez oder Malta wiederholt würden.

Napoleon, der die strategische Bedeutung des Mittelmeeres im allgemeinen und die von Ägypten und Malta im besonderen richtig erkannt hatte, sah sich im Jahre 1805 der Dritten Koalition gegenüber, als er Malta wiedererobern wollte, das er 1793 genommen und zwei Jahre später wieder verloren hatte. Auch er hatte versucht, Gibraltar zu nehmen.

Es war ein glücklicher Umstand, daß der Balkanfeldzug blitzartig siegreich beendet worden war. Seit Februar 1940 hatte General Weygand, der damalige Chef der französischen Streitkräfte in der Levante, von Beirut aus Paris einen Plan vorgelegt, der eine Landung in Saloniki vorsah, und sogar, »je nach der Reaktion der UdSSR«, eine eventuelle Offensive in Kleinasien. Auch hatte der französische Generalstab Bombenangriffe auf die Ölquellen von Batum und Baku in Erwägung gezogen und im Detail geplant. Zweifellos beabsichtigte General Weygand, dieselbe entscheidende Rolle zu spielen, die der Marschall Franchet d'Esperey gegen Ende des Ersten Weltkrieges gespielt hatte.

Um einen siegreichen Krieg auf dem Kontinent zu führen, war das Mittelmeer aber 1941 von noch größerer strategischer Bedeutung als in den Jahren 1805 oder 1914, und wir hatten weder Gibraltar noch Suez erobert. Ohne Zweifel hätten unsere italienischen Verbündeten Malta im Juli-August 1940 in einem Überraschungsangriff nehmen können, aber die deutsche Luftwaffe war damals durch die Schlacht um England und die Operation Otario verhindert, helfend einzugreifen. Später wurden Malta und Gibraltar, die von den Alliierten besetzt waren, der Hauptgrund für unsere Niederlage in Nordafrika.

Aus dienstlichen Gründen hatte ich bald die Gelegenheit, mich nach Belgrad zu begeben, und es interessierte mich, diese Stadt kennenzulernen, die seit 1521 wiederholt von den Türken erobert und erst 1866 endgültig von ihnen aufgegeben worden war.

Ich wußte, daß die Stadt bombardiert worden war, und dort war es, daß ich das erstemal den Krieg von seiner schlimmsten Seite kennenlernte. Unsere Stukas und Bomber hatten ganze Stadtviertel in Trümmerhaufen verwandelt. Wir waren an den Anblick solcher Verwüstungen noch nicht gewöhnt und wurden daher stark beeindruckt. Statt der freundlichen, lächelnden Gesichter der Menschen, die uns in Werschetz, Karlsdorf und Pancevo so herzlich empfangen hatten, sahen wir hier nur feindliche, haßerfüllte Mienen. Wem nutzte wohl all diese Zerstörung und Not? Ich hatte Verständnis für die Unglücklichen, und im Grunde meiner Seele erwartete ich für Europa nichts Gutes von diesem Krieg.

Bald darauf erhielten wir Befehl, nach Oberösterreich abzuziehen. Ich hatte dabei die Freude, die Meinen auf einem kurzen Urlaub wiederzusehen. Mein Vater war bewegter, als er zugeben wollte, mich als Offizier zu sehen. »Du bist schnell und schön befördert worden«, sagte er zu mir, »ich gratuliere dir. Glaub aber ja nicht, daß du eines Tages das Ritterkreuz bekommst. Behalte einen kühlen Kopf.«

»Gewiß, Vater.«

»Offizier zu sein, ist eine große Ehre. Du mußt deinen Leuten jetzt mit Intelligenz und Mut vorangehen, vor allem in schwierigen Situationen. Mein Sohn, die Pflichten deinem Vaterland gegenüber müssen dir heilig sein.«

Heute können solche Worte vielleicht banal oder naiv klingen. Ich habe sie aber niemals vergessen.

# Unbekannte Tatsachen über den Flug von Rudolf Hess nach England ( 10. Mai 1941 )

Der Krieg hätte im März 1940 enden können. — Die Persönlichkeit von Rudolf Hess. — Entschiedener Anhänger einer Entente mit Großbritannien. — Stellvertreter und Nachfolger Hitlers. — Sorgfältige Vorbereitung des Fluges. — Erfolglose Bemühungen des Gauleiters Bohle. — Professor Haushofer. — Nicht an zwei Fronten Krieg führen. — Zusammenkunft Hitler-Darlan: 11. Mai 1941. — Feststellungen des *American Mercury* seit 1943. — Hess glaubte, mit dem Herzog von Hamilton Kontakt zu haben. — Die Vorschläge von Hess im Namen Hitlers. — Hat Hitler zum Schluß die Falle erkannt, oder ist Hess mit seiner vollen Zustimmung abgeflogen? — Churchill weigert sich, im Jahre 1943 Hess auszutauschen. Das Nürnberger Tribunal.

Es war nach unserem Balkanfeldzug, kurz bevor des Beginns unserer Luftlandung in Kreta, als unser Radio eine sensationelle Nachricht bekanntgab. Auf diese Weise erfuhr ich am Abend des 11. Mais 1941, daß Rudolf Hess, die zweitwichtigste Person im Staat — Göring nahm damals nur den dritten Platz an Bedeutung ein —, am Vorabend nach England geflogen war.

Die amtliche Mitteilung besagte, daß die Gesundheit von Rudolf Hess schon seit einiger Zeit zu wünschen übrig lasse, daß er »Halluzinationen« habe, und daß »dieser Vorfall keinerlei Rückwirkung auf den Krieg« haben würde, der »dem deutschen Volk von Großbritannien aufgezwungen« worden war.

Nachdem die erste Überraschung vorüber war, kam es keinem von uns in den Sinn, daß Hess ein Verräter sein könnte. Weder meine Kameraden noch ich hatten in diesem Frühjahr 1941 das Gefühl, daß der Krieg so lang und erbarmungslos sein könnte, und daß die Zivilbevölkerung ebenso oder vielleicht noch mehr als wir Soldaten zu leiden haben würde. Ich war nicht der einzige, der annahm, daß Hess nicht etwa infolge eines wahnsinnigen Einfalls nach England geflogen war, wie amtlich mitgeteilt wurde, sondern wahrscheinlich zu dem Zweck, zu versuchen, zur Beendigung eines Bruderkriegs zwischen Europäern beizutragen.

Während der Krieg bereits im Gange war, hatte Sumner Welles, stellvertretender amerikanischer Außenminister, von Roosevelt im Sonderauftrage nach Europa entsandt, gewisse Illusionen hervorgerufen. Welles hatte lange Besprechungen mit Chamberlain, Daladier, Mussolini, Ribbentrop, Schacht, Göring und mit Hitler selbst. Wir wissen heute, daß es möglich gewesen wäre, den Krieg im März 1940 zu beenden. Man ließ die Gelegenheit vorbeigehen, eine Weltfriedenskonferenz einzuberufen, mit Roosevelt selbst als Vorsitzendem. Hitler hätte seine Zustimmung sofort gegeben. Aber nach der Rückkehr von Sumner Welles wurde das Projekt einer Konferenz von dem Außenminister Cordell Hull torpediert[1].

Im Mai 1941 wußten wir natürlich von diesen Einzelheiten noch nichts. Wir wußten jedoch, daß Hitler nach dem Feldzug in Polen Friedensverhandlungen vorgeschlagen hatte. Wir wußten, daß sein Vertreter ein Mann von unbezweifelbarer Moral und Treue war. Hess hatte einen verschlossenen, manchmal etwas mystischen Charakter, ohne jedoch jemals ein Anzeichen mangelnden seelischen Gleichgewichts gegeben zu haben. Wir nahmen schließlich an, daß er vielleicht geglaubt hätte, mit einer großen Mission beauftragt zu sein, die er nicht zu einem erfolgreichen Ende hatte führen können. Trotz unserer Unwissenheit waren wir also von der Wahrheit nicht weit entfernt[2].

Seit Jahrzehnten gefangengehalten, in Nürnberg als »Kriegsverbrecher« zu lebenslänglichem Gefängnis verurteilt, ist Rudolf Hess heute über achtzig Jahre alt. Im Spandauer Gefängnis, abwechselnd von sowjetischen, amerikanischen, englischen und französischen Soldaten bewacht, ist er jetzt der letzte und einzige Gefangene in Spandau. Obwohl die drei westlichen Alliierten seine Freilassung befürworten, Anträge in diesem Sinne im britischen Parlament gestellt worden sind und unzählige Gnadengesuche der verschiedensten Persönlichkeiten in aller Welt eingereicht wurden, weigert sich Rußland, diesen letzten Gefangenen freizugeben.

Seit einigen Jahren sind viele Umstände der Rudolf-Hess-Odyssee bekannt geworden, andere, äußerst wichtige, dagegen in der großen Öffentlichkeit unbekannt geblieben.

Zunächst einmal, wer ist der Einzelhäftling in Spandau? Er kam aus einer gutbürgerlichen Familie, und seine Mutter war britischer Abstammung. In Alexandrien geboren, wo er auch einen Teil seiner Kindheit und Jugend verbrachte und »auf englische Art« erzogen wurde, kämpfte er bei Ausbruch des Ersten Weltkrieges tapfer bei der deutschen Luftwaffe. Sein Studium beendete er später an der Universität München. Dort trat er auch der Nationalsozialistischen Deutschen Arbeiterpartei bei. Nach dem Putsch

---

1 Die Einzelheiten dieses Ränkespiels und die schließliche Ablehnung durch Cordell Hull wurden im April 1961 enthüllt, und zwar von Professor C. Tansill, in einem Bericht, der von der Wochenschrift *The Weekly Crusader* veröffentlicht wurde. Direktor dieser Wochenschrift ist der Rev. B. J. Hargis, Tulsa, Oklahoma. Die Tansillsche Arbeit wurde von J. de Launay in seiner *Histoire de la diplomatie secrète* (1966) erwähnt und kommentiert.

2 Man vgl. zu diesem Komplex die Darstellung von Ilse Hess, *Ein Schicksal in Briefen*. Leoni ²1974 (A. d. Red.).

vom 9. November 1923 mit Hitler auf der Festung Landsberg gefangengehalten, wurde er der treuste Freund Hitlers, der ihm auch einen Teil seines Buches *Mein Kampf* diktierte.

Reichsminister im Jahre 1933, wurde er 1935 offiziell zum Stellvertreter des Führers ernannt, der ihn 1939 öffentlich zu seinem Nachfolger in der Partei bestimmte.

Er war von jeher Befürworter einer Entente zwischen Großbritannien und Deutschland gewesen. Es erscheint mir nicht zweifelhaft, und eine Reihe von Historikern ist mit mir der Meinung, daß Hess als außerordentlicher Gesandter nach England geflogen ist, um am Vorabend des Krieges gegen Stalin einen Friedensschluß mit England herbeizuführen.

Viele Historiker behaupten, daß das Vorhaben des Fluges Hitler unbekannt war. Der Flug war aber schon lange vorher in allen Einzelheiten vorbereitet worden. Ungefähr zwanzig Probeflüge, sogar mit Richtungsangabe über Rundfunk, gingen dem Abflug des Ministers mit einer Messerschmidt 111 voraus, die unter der persönlichen Leitung des Professors Messerschmidt eigens ausgerüstet worden war. Aber alle Welt wußte, daß es Hess laut Führerbefehl seit 1938 streng untersagt war, selbst ein Flugzeug zu steuern.

Im Gegensatz zur Aussage mancher angeblichen Zeugen zeigte Hitler keine besondere Überraschung, als ihm mitgeteilt wurde, daß Hess nach Schottland und nach dem Schloß des Herzogs von Hamilton geflogen war.

Hess hatte seinem Adjutanten einen Brief an Hitler übergeben, in dem er sagte: »... Falls meine Mission fehlschlägt, bin ich bereit verleugnet zu werden ... Es wird Ihnen ein Leichtes sein, zu erklären, daß ich in einem Augenblick der Sinnesverwirrung gehandelt habe.« Ich habe diesen Brief nicht gesehen, aber Auszüge aus demselben sind erwähnt worden, besonders von dem englischen Historiker James Leasor in seinem Buch über Hess. Überdies hatte ich 1945/46 Gelegenheit, im Nürnberger Zeugenflügel mit dem Adjutanten von Hess zu sprechen, der mir sinngemäß dasselbe sagte. Der Brief entsprach jedenfalls der Gedankenwelt von Rudolf Hess zu Beginn seiner Mission, die weder die eines Verbrechers, noch die eines Verrückten, sondern die Mission eines Friedensboten war.

Es ist bekannt, daß 1940/41 zahlreiche Besprechungen über den Frieden im Westen stattgefunden haben. Die Verhandlungen wurden von amtlichen Personen oder deutschen und englischen Sonderbeauftragten geführt, wie Richard Butler, Adjutant von Lord Halifax im Foreign Office, neutralen Diplomaten, wie zum Beispiel dem schwedischen Gesandten in London Bjoern Prytz und anderen. Verhandlungen wurden auch in der Schweiz, in Madrid, Lissabon und Ankara geführt.

Einer der aktivsten Anhänger eines Friedens mit London war Ernst Wilhelm

Bohle, Leiter des Volksbundes für das Deutschtum im Ausland (VDA). In England geboren und in Südafrika erzogen, hatte er in Cambridge studiert und war ein energischer Propagandist seiner pazifistischen Weltanschauung, die auch oft Hitler gegenüber ausgesprochen wurde[1], und zwar öffentlich und privat, bis zum Jahre 1941. Er erklärte: »Das britische Weltreich ist ebenso wie die römische Kirche eine der Hauptstützen der westlichen Zivilisation.«

Ich habe Bohle in Nürnberg kennengelernt. Er war in dem sogenannten »Wilhelmsstraßenprozeß« angeklagt worden, die »verbrecherischen Ideen« unseres Außenministeriums gefördert zu haben. Es ist eigenartig, daß er, der bisher ein vollkommener Agnostiker gewesen war, ausgerechnet in der katholischen Religion Zuflucht finden sollte. Eine große Frömmigkeit war über ihn gekommen: Seine Zelle war mit Heiligenbildern geschmückt, was ihm nach den Bemühungen des R. P. Sixtus O'Connor, Hauptmann der amerikanischen Armee und katholischer Anstaltsgeistlicher gestattet wurde. Dieser war ein ergebener Gottesdiener, der fast allen Gefangenen sympathisch war und auf den ich noch zurückkommen werde.

Die von Gauleiter Bohle unternommenen Schritte führten aber schließlich zu keinem Erfolg. Hess hatte den Herzog von Hamilton bei den Olympischen Spielen von 1936 kennengelernt. Zu jener Zeit war ein großer Teil der britischen öffentlichen Meinung der Ansicht, daß der Versailler Vertrag einer Revision unterzogen werden müsse, daß Europa neu zu organisieren wäre, und daß dem deutschen Volke sein Platz auf dem Kontinent zustünde. Dieser Ansicht war auch Eduard VIII. während seiner kurzen Regierung. Nachdem er Herzog von Windsor geworden war, machte er dem Kanzler Hitler mit der Herzogin einen Besuch. Desgleichen begab sich der alte Führer der Labour Party, David Lloyd George, auf den Berghof, obwohl er am Versailler Vertrag mitgewirkt hatte. In London waren die Befürworter einer Entente mit Deutschland viel zahlreicher, als man heute annimmt. Die lauten Manifestationen der Schwarzhemden des Sir Oswald Mosley hatten ohne Zweifel eine absolut gegenteilige Wirkung in bezug auf eine Entente des englischen Volkes mit dem deutschen — wie es übrigens Sir Oswald selbst in seinem Buch *My Life* zugibt, das 1968 veröffent-

---

1 Nachdem Hitler im Mai 1940 durch Befehl unsere Panzer stoppte, die Dünkirchen noch *vor* dem Zurückfluten des britischen Expeditionskorps hätten erreichen können, hielt er seinen Generalen eine Rede über die Bedeutung des britischen Weltreiches für die westliche Welt. (Otto Skorzeny hielt diesen Befehl für einen sehr großen politisch-militärischen Irrtum). Sir Basil Liddell Hart berichtet, daß Marschall Rundstedt ihm nach dem Kriege folgendes anvertraute: »Am 24. Mai 1940 überraschte uns Hitler, indem er mit Bewunderung vom britischen Weltreich, von der Notwendigkeit seiner Existenz und von der Zivilisation sprach, die England der Welt gebracht hätte ... Seine Schlußfolgerung war die, daß mit England ein ehrenvoller Frieden zu schließen wäre.« (A. d. Red.)

licht wurde. Männer wie Lord Rothermere, Redesdale, Beaverbrook, Nuffield, Kemsley, Admiral Sir Barry Domvile und der Herzog von Hamilton glaubten auch, daß ein Krieg mit Deutschland gegen die Interessen des britischen Volkes gehe.

Nachdem der Krieg ausgebrochen war und unsere offizielle Diplomatie völlig verschwand, wurde es zunehmend schwerer, den blutigen Kampf und Massentod der Völker im Westen zu beenden. Der *Daily Mail* unterließ es, Hitler weiterhin im Namen eines »Sehr ehrenwehrten Peer of the realm«, Lord Rothermere, zu loben. Die britische Mentalität wandelte sich. Hess wußte das wohl, dachte aber immer daran, daß in London viele Menschen weiterhin der Meinung waren, dieser Krieg sei absurd.

Der wichtigste Ratgeber von Rudolf Hess in der Politik eines anzustrebenden Friedens mit London war einer seiner alten Freunde, Professor Haushofer, Schöpfer der geopolitischen Wissenschaft und Leiter der Zeitschrift *Geopolitik*, die Hitler las. Seit September 1940 war der persönliche Vertreter des Führers im Besitz eines langen Memorandums des Professors Haushofer über *die Möglichkeiten, einen Frieden mit England zu schließen*. Hitler hat dieses Memorandum wahrscheinlich gelesen und mit Hess besprochen. Seinerseits erwähnt James Leasor in seiner Zusammenfassung der Gespräche Hess-Haushofer, die von diesem niedergeschrieben wurden, daß der Professor Hess auseinandersetzte, Ribbentrop spiele gegenüber einflußreichen Engländern »dieselbe Rolle wie Duff Cooper oder Churchill in den Augen der Deutschen«.

Nach Ansicht des Professors wäre es vielleicht möglich gewesen, einen vernünftigen Kontakt mit dem bevollmächtigten Minister O'Malley, der Gesandter in Budapest war, mit Sir Samuel Hoare, der sich in Madrid befand, und mit Lord Lothian, Botschafter Großbritanniens in Washington, aufzunehmen. Letzteren kannte Haushofer seit langer Zeit.

Hitler hätte gern auch im Westen das erreicht, was er im August 1939 im Osten durchgesetzt hatte. Um nicht an zwei Fronten kämpfen zu müssen, wollte er anstelle des Vertrages, den er mit Stalin unterzeichnet hatte, einen Vertrag oder wenigstens einen *modus vivendi* im Westen erzielen, und zwar nicht nur mit Großbritannien.

Es hat eine gewisse Bedeutung, daß Hitler am 11. Mai 1941, das heißt an demselben Tage, an dem Hess im Prinzip über die Friedensbedingungen mit Großbritannien diskutieren sollte, auf dem Berghof den Admiral Darlan, Regierungschef des Marschalls Pétain empfing, wie auch den Generalsekretär des Präsidenten, Jacques Benoist-Méchin. Den Franzosen wurden gewisse Zugeständnisse gemacht[1], und es wurde ihnen die Versicherung ge-

---

1 Dank dem Geschick, mit dem J. Benoist-Méchin die Verhandlungen führte, erzielte Frankreich tatsächlich die Wiedereinsetzung der französischen Verwaltung im Norden und am Pas-de-Calais, Erleichterungen in der Grenzziehung, die Rück-

geben, daß ihr Land in Westeuropa eine wichtige Rolle spielen würde. Es war zu früh — besonders Italiens wegen —, um einen Friedensvertrag abzuschließen und damit eine Garantie für das französische Kolonialreich zu geben. Hitler brachte jedoch seinen guten Willen zum Ausdruck und sagte dem Admiral, daß »sein Frieden kein Revanchefrieden sein werde«.

Aus vorstehendem kann man entnehmen, daß Hitler bezüglich des von Hess geplanten Fluges nicht nur auf dem laufenden war, sondern daß er außerdem seinen offiziellen Beauftragten Vollmacht gegeben hatte, in seinem Namen zu sprechen. Und das zu Anfang des Krieges. In Wirklichkeit waren dem Flug lange Verhandlungen vorausgegangen, und Rudolf Hess war sicher, von hohen Persönlichkeiten jenseits des Ärmelkanals empfangen zu werden, wenn er auch nicht offiziell eingeladen war.

Ich glaube, die richtige Erklärung des Fluges von Rudolf Hess wurde schon im Mai 1943 von der amerikanischen Zeitschrift *The American Mercury* gegeben, und zwar in einer sehr gut dokumentierten Arbeit. Nach dem Verfasser, der leider anonym schrieb, war es Hitler selbst, der sich ab Januar 1941 mit ·der Möglichkeit einer direkten Verhandlung mit Großbritannien zwecks Abschlusses eines dauernden Friedens befaßte. Ich gebe nachstehend einen Auszug aus dem *American Mercury:*
»Hitler hatte sich nicht an die englische Regierung gewandt, sondern an eine Gruppe einflußreicher Engländer — zu der der Herzog von Hamilton gehörte —, die der bereits aufgelösten englisch-deutschen Gesellschaft angehört hatten. Ein Diplomat internationalen Rufes diente als Kurier.«
*The American Mercury* gibt den Namen dieses Diplomaten nicht an. Es handelte sich aber ohne Zweifel um einen deutschen Diplomaten. Dem anonymen Bericht ist zu entnehmen, daß von britischer Seite auf das Angebot eine ausweichende, maßvolle Antwort erteilt wurde. Auf diese Weise wurde vier Monate lang verhandelt, »mit Vorsicht und Mäßigung« auf beiden Seiten, bis zu dem Augenblick, an dem Hitler vorschlug, die Verhandlungen in einem neutralen Land fortzusetzen, was die Engländer nicht annahmen. Sie lehnten selbst Ernst Bohle als Mittelsmann ab, während die türkische und südamerikanische Presse berichteten, daß Bohle »einen wichtigen und vertraulichen Auftrag im Ausland erhalten« habe.

kehr von 83 000 Kriegsgefangenen, die Wiederaufrüstung von 13 Kriegsschiffen und die Ermäßigung der Besatzungskosten. Als Gegenleistung gab Frankreich Deutschland das zeitlich begrenzte Recht des Überfliegens französischen Territoriums für deutsche und italienische Flugzeuge. In Syrien und im Irak rief Raschid Ali zum Aufstand gegen die pro-britische Regierung seines Landes auf und hatte Deutschland um Hilfe gebeten. Admiral Canaris leistete diese Hilfe ohne jede Begeisterung und in ungenügendem Ausmaß.

Das ist der Moment, in dem Hess eingreift. Als Stellvertreter des Führers besitzt er Vollmacht, in seinem Namen Vereinbarungen zu treffen. Am 10. Mai 1941 fliegt er nach Schottland und Dungavel, dem Schloß des Herzogs von Hamilton, in dessen Nähe sich ein kleines privates Flugfeld befindet. Man erwartet ihn dort, aber Hess, der mit einem Fallschirm abspringt und ungefähr 16 km von dem Schloß entfernt landet, wobei er sich am Knöchel verletzt, zweifelt nicht an der Identität der Leute, die ihn erwarten.

Hierzu berichtet *The American Mercury* im Mai 1943:
»Die erste Verbindungsaufnahme im Januar 1941 wurde vom britischen Geheimdienst abgefangen, der von diesem Augenblick an die ganze Angelegenheit in seine Hände nahm.«

Als das *RAF Fighter Command* das nichtidentifizierte Messerschmittflugzeug lokalisiert hatte, das auf die gefunkten Aufforderungen nicht korrekt antwortete, rief der diensthabende Offizier dem Kommandeur der Jagdflieger, die in Schottland stationiert waren, zu: »Um Gottes willen, sagen Sie ihnen, daß sie ihn nicht abschießen sollen!« Auf diese Weise erhielt Hess ein »Ehrengeleit« von zwei englischen Jägern. Er bemerkte die Gegenwart eines dieser Jagdflugzeuge. Wenn er nicht mit dem Fallschirm abgesprungen, sondern auf dem Privatflugplatz des Herzogs von Hamilton gelandet wäre, so wäre das Geheimnis nicht bekannt geworden. Nachdem Hess aber auf dem Felde eines Bauern namens David MacLean gelandet war, wurde er von diesem in sein Haus gebracht. Er gab an, Alfred Horn zu heißen, und verlangte, daß man den Herzog benachrichtige.

Mit etwas Phantasie könnte man sich vorstellen, daß der brave schottische Bauer, der mit der Heugabel in der Hand Hess vom Himmel fallen sah, derselben Sippe wie Donald MacLean angehörte, der den Sowjets wichtige Atomgeheimnisse mitteilte und erst viel später in Verdacht geriet und im Jahre 1963 nach Rußland entkam. Das wäre ein interessantes Thema für die Liebhaber historischer Anekdoten. Hier handelte es sich aber um etwas ganz anderes.

Hamilton, *Wing Commander* der RAF, befand sich auf seinem Posten. Als er telefonisch benachrichtigt wurde, erklärte er, keinen Alfred Horn zu kennen. Als er am nächsten Tag Rudolf Hess sah, dessen Besuch er keineswegs erwartete, war er äußerst überrascht. Die Leute, die Hess auf dem kleinen Flugplatz erwarteten, waren hohe Beamte des Intelligence Service und Offiziere des Geheimdienstes, die Hess eine Falle gestellt hatten.

Sie mußten Hess-Horn einem halben Dutzend Mitgliedern der *Home Guard*, die von MacLean benachrichtigt worden war, entreißen. Die Offiziere des Geheimdienstes unterzogen Hess einem ersten Verhör in der Kaserne von Maryhill, Glasgow. Dann wurde er in ein Militärspital gebracht. *The American Mercury* schreibt weiterhin:

»Hess glaubte, einen langen Weg zurücklegen zu müssen, bis er zur Spitze käme. Es ging aber bedeutend schneller, als er sich vorgestellt hatte. Churchill sandte Sir Ivone Kirkpatrick, Meisterspion aus dem Ersten Weltkriege und britischer Gesandtschaftsrat in Berlin zwischen den beiden Kriegen, zu ihm. Er sollte die Vorschläge von Rudolf Hess anhören und sie der britischen Regierung direkt vorlegen.«

Laut *The American Mercury* bot Hitler folgendes an: Einstellung der Feindseligkeiten im Westen, Räumung aller besetzten Länder mit Ausnahme Elsaß-Lothringens und Luxemburgs, Räumung Jugoslawiens, Griechenlands und des Mittelmeerbeckens im allgemeinen. Als Gegenleistung verlangte er die wohlwollende Neutralität Großbritanniens in Bezug auf die deutsche Politik im Osten. Kein Land, sei es kriegführend oder neutral, sollte Reparationen verlangen. Nach dem *American Mercury* hätte Hess darauf bestanden, daß es nötig sei, die kommunistische Gefahr für die ganze Welt endgültig zu beseitigen. Diese Aufgabe allein auszuführen, bot sich Deutschland an, wofür es die französisch-englische Kriegsproduktion benötigte.

Hess unterhielt sich außerdem noch mit Lord Beaverbrook, Ernährungsminister, den er kannte, mit Lord John Simon »und anderen Mitgliedern des Kriegskabinetts«. Churchill, der Roosevelt unmittelbar benachrichtigte, sah er nicht. Die Antwort auf die Vorschläge von Rudolf Hess war natürlich negativ.

Als Hess einsah, daß er auf elende Weise in eine Falle gegangen war, und zwar von Anfang an, und daß Großbritannien in Wirklichkeit bereits ein Verbündeter der Sowjets war, wurde Hess tatsächlich das Opfer eines Nervenzusammenbruchs, wie uns *The American Mercury* berichtet:

»Fast wäre die Lüge seiner angeblichen Geistesverwirrung zur Wirklichkeit geworden.«

Als er erfuhr, daß der Kreuzer *Bismarck*, der das Schlachterschiff *Hood* versenkt hatte, seinerseits untergegangen war (27. Mai 1941), weinte er den ganzen Tag.

Der phantastische und ritterliche Charakter seines Fluges hat ohne Zweifel zahlreiche Kommentatoren nicht erkennen lassen, daß ihre Berichte, unter ihren Gesichtspunkten gesehen, unwahrscheinlich klingen.

Die englischen Vorbereitungen, geschickt als endgültige Zusammenarbeit für den Frieden getarnt, würden in Deutschland keinen Glauben gefunden haben, wenn nicht schon der Präzedenzfall Halifax-Butler bestanden hätte, wie auch die Friedensvorschläge, die das Foreign Office dem schwedischen Botschafter Prytz gemacht hatte (17. Juni 1940).

Der rechtschaffene Charakter von Rudolf Hess ist niemals in Frage gestellt worden, weder von seinen Freunden noch von seinen Feinden. Er würde niemals den Namen Hamilton ausgesprochen haben, wenn er nicht davon überzeugt gewesen wäre, daß der Herzog im Namen sehr hoher englischer Regierungskreise handelte. Alle Zeugenaussagen stimmen außerdem darin überein, daß Hess unmittelbar verlangte, man solle denjenigen benachrichtigen, den er als seinen Mittelsmann ansah, nämlich Lord Hamilton, der ihn mit hohen bevollmächtigten Regierungsmitgliedern in Verbindung bringen sollte.

Es ist eine Beleidigung für den Herzog von Hamilton, zu glauben und zu schreiben, daß er Komplice des Britischen Geheimdienstes war. Sein Erstaunen war echt, als er Hess sah, denn, wie uns noch *The American Mercury* sagt, »seine Handschrift war in gefälschten Briefen nachgeahmt worden«, damit man sie mit der vergleichen könnte, die möglicherweise in Berlin in der Vorkriegskorrespondenz vorläge.

Es wäre natürlich interessant, diese Korrespondenz zu kennen. Hoffen wir, wenn auch nicht sehr zuversichtlich, daß dieselbe eines Tages veröffentlicht wird. Ich selbst glaube zwar kaum daran.

Wenn der Herzog von Hamilton und andere englische Persönlichkeiten während vier Monaten geheim mit Deutschen in Verbindung gestanden hätten, besonders mit Hess, wie wäre es dann zu verstehen, daß sie nach dem Fluge von Rudolf Hess nicht angeklagt und wegen Verbindung mit dem Feind verurteilt worden sind? Nichts Derartiges ist geschehen.

Deshalb glaube ich an die These des *American Mercury*, der im Jahre 1974 daran erinnert, daß die seit 1943 veröffentlichten Tatsachen von einem »Beobachter erstklassigen Rufes« stammen, der sich auf besonders sichere Quellen stützt[1].

Hess sagte zu Sir Ivone Kirkpatrick: »Ich komme im Namen des Friedens und der Menschlichkeit. Der Gedanke einer Verlängerung des Kampfes und der nutzlosen Opfer ist mir entsetzlich.«

Auch die Haltung Hitlers ist verständlich. Es ist sehr wahrscheinlich, daß er mißtrauisch wurde, nachdem er Kenntnis von den gesamten Akten bekam, die diesen Friedensfühler nach dem Westen betrafen. Es ist möglich,

---

1 Der Artikel vom Mai 1943 wurde von der Zeitschrift mit einem Bild veröffentlicht, das »Die Vision des Rudolf Hess« darstellte: Lange Reihen von Särgen und Leichen von Deutschen und Engländern. Außerdem sprach Hess über diese Vision am 10. Juni 1941 in einer zweieinhalbstündigen Unterredung mit Lord Simon, was, wenn wir nicht irren, erst am 25. März 1946 in Nürnberg bekannt wurde. An diesem Tage legte der Verteidiger von Rudolf Hess, Dr. Seidl, den Wortlaut der Unterhaltung vom 10. Juni 1941 mit Lord Simon zur Aufnahme in die Prozeßakten vor. Man kann sich fragen, ob der anonyme Verfasser dieses sensationellen Artikels seine Informationen nicht mindestens von einer Persönlichkeit erhalten hat, die mit Hess verhandelte. Weshalb veröffentlichte *The American Mercury* damals dieses Schriftstück (mitten im Kriege), und wie war es möglich, daß weder amtlich noch außeramtlich dagegen Einspruch erhoben wurde? (A. d. Red.)

daß er gewisse verdächtige Dinge bemerkte. Hess, der weniger intuitiv oder auch vertrauensvoll war, mußte dann von Hitler desavouiert werden.

Der Historiker Alain Decaux stellt in seinen *Dossiers secrets de l'Histoire* (1966) eine andere These auf. Er überprüft die Reaktion Hitlers und Görings vor, während und unmittelbar nach dem Fluge von Rudolf Hess. Er führt Tatsachen und Zeugnisse an, besonders solche, die den metereologischen und Funkdienst der Deutschen betreffen. Er folgert daraus, daß Hess mit der Zustimmung Hitlers nach Schottland geflogen ist, und daß der von ihm zurückgelassene Brief es diesem erlauben sollte, seinen Versuch, falls er fehlschlagen sollte, als unsinnig darzustellen. Er schreibt:

»Im August 1943, als Hitler Otto Skorzeny damit beauftragte, Mussolini zu befreien, der auf der Insel Santa Maddalena gefangengehalten wurde, berief er sich auf den Fall Rudolf Hess und sagte, daß er im Fall eines Fehlschlages Skorzeny desavouieren müsse.«

Hier muß ich Decaux etwas korrigieren: Obwohl es stimmt, daß Hitler mich im August 1943, als ich die Befreiung Mussolinis von der Insel Santa Maddalena vorbereitete, darauf aufmerksam machte, daß er im Falle des Nichtgelingens mich vielleicht für verrückt erklären müßte, nahm er in meiner Gegenwart in keinem Moment Bezug auf Rudolf Hess und erwähnte auch in keiner Weise den Namen oder den Flug desselben.

Gegen Ende Juni 1943 wurde der polnische General Rowecki, Chef der geheimen polnischen Armee, gefangengenommen. Diese Armee war der polnischen Exilregierung direkt unterstellt. Ministerpräsident dieser Regierung in London war General Sikorski, der einige Tage später das Opfer eines eigenartigen Flugzeugunglücks bei Gibraltar wurde. Der Nachfolger des Generals »Grot« Rowecki, General Bor-Komorowski, wurde auch in den ersten Oktobertagen des Jahres 1944 gefangengenommen. Er wurde von General v. Lüttwitz, Chef der 9. deutschen Armee, empfangen, der ihm mitteilte, daß sein Generalstab und er selbst als Kriegsgefangene betrachtet würden, und nicht als Partisanen. Gegen Ende des Krieges übergaben die deutschen Behörden Bor-Komorowski den Schweizer Delegierten des Roten Kreuzes.

1955 veröffentlichte er in Paris seine *Histoire d'une Armée secrète*, in der zu lesen ist, daß General Rowecki gegen einen Gefangenen hoher Kategorie ausgetauscht werden sollte. »Die Deutschen«, schreibt Bor-Komorowski, »wollten Rowecki nur gegen Rudolf Hess austauschen, aber Großbritannien verweigerte seine Zustimmung.«

Am Anfang meines Aufenthaltes in Nürnberg befanden sich die achtzehn Hauptangeklagten noch mit den Zeugen in demselben Gefängnisflügel in Haft. Ich konnte daher Hess fast jeden Tag beim Spaziergang auf dem Gefängnishof beobachten, wenn ich zufällig zur selben Zeit meine fünfzehn

Minuten »exercise« bekam. Das Sprechverbot war drakonisch streng, und es war mir unmöglich, das Wort an ihn zu richten, um ihm wenigstens ein ermunterndes Wort zu sagen. Er erschien mir aber nicht im geringsten geisteskrank. Ganz im Gegenteil.

Er war bei seinem Spaziergang an einen amerikanischen Soldaten gekettet. Beim Wechseln der Richtung machte er von seinem Vorrecht als »geistig Unstabiler« Gebrauch, um plötzliche, unvorhergesehene Bewegungen auszuführen, die nur dazu bestimmt waren, seinen Wächter aus der Fassung zu bringen und ihn zu zwingen, auf die komischste Weise um ihn herumzulaufen. Man konnte dann nicht mehr gut unterscheiden, wer von den beiden der eigentliche Gefangene war.

Auf den geraden Strecken ging Hess ruhig und mit festem Schritt, sehr würdig und mit hocherhobenem Kopf, ohne sich um den Soldaten zu kümmern, der ihm gezwungenermaßen folgte und sein Diener zu sein schien.

# SIEBTES KAPITEL

# Barbarossa

Bedauernswerter Zustand des Materials nach dem Balkanfeldzug. — Der Persische Golf oder Ägypten? — Lawrence und *Die Sieben Säulen.* — »Soldaten der Ostfront...«. — Was wäre Europa heute, wenn Hitler Stalin nicht angegriffen hätte? — Hitler irrte sich und wurde getäuscht. — Stärke und Taktik des Feindes. — Die hartnäckige Legende von der »Überraschung« Stalins. — Er hatte von unserem Angriff schon im Dezember 1940 Nachricht erhalten. Zu dieser Zeit lieferte ihm Roosevelt schon Flugzeuge und stellte ihm Instruktionsoffiziere für diese zur Verfügung.

Seit Dezember 1940 trug unsere Division *SS-Verfügungstruppe* den Namen *SS-Division Das Reich.*

Unsere Einheiten wurden umgebildet und verjüngt, und im Frühling 1941 wurde es nötig, in einigen Wochen das gesamte rollende Material, das sich in einem wirklich bedauernswerten Zustand befand, einer Überprüfung zu unterziehen. Wir hatten, zum Teil mehrmals, Deutschland, Holland, Belgien, Frankreich, Österreich, Ungarn, Rumänien und Jugoslawien durchquert. Ich habe gelesen, daß unsere Generalstäbe vom Zustand des rollenden Materials nach dem Blitzkrieg im Balkan »zufriedengestellt« waren. Was ich als verantwortlicher Spezialoffizier behaupten kann, ist daß der Automobilpark sich in einem bedauernswerten Zustand befand. Außerdem waren es die Natur sowie die Abnutzung des Materials, die zur Verlangsamung unserer Bewegungen an der Ostfront beitrugen.

Zunächst mußten die Panzer der Panzergruppe Kleist nach ihrem Vordringen im Schneckentempo auf den Straßen der Peloponnes auf ihrem Rückwege die Karpaten erklimmen, um anschließend, 600 an der Zahl, die 2400 Panzer von Budjenny anzugreifen. GFM Rundstedt, der den Befehl über die Armeegruppe Süd führte, als wir Rußland angriffen, erklärte dem englischen Militärschriftsteller Sir Basil Liddell Hart nach dem Kriege, daß seine »Vorbereitungen infolge der verzögerten Ankunft der Kleistschen Panzer behindert worden« waren. Und dieser selbst bestätigte: »Ein großer Teil der mir unterstellten Panzer kamen aus der Peloponnes, und die Fahrzeuge selbst, wie auch ihre Besatzungen bedurften einer längeren Ruhe- bzw. Instandsetzungspause.«

Eine motorisierte Division hatte insgesamt etwa 2200 Fahrzeuge, leider aber bis zu 50 verschiedene Typen und Modelle; dabei hätten 10 bis 18 Typen vollkommen genügt. Unser Artillerieregiment hatte zum Beispiel über 200 Lastwagen von etwa 15 verschiedenen Modellen. Im Regen, im Schlamm und während des russischen Winters war es selbst dem besten Spezialisten praktisch unmöglich, alle notwendigen Reparaturen durchzuführen. Ich frage mich sogar, ob dieses Problem von unseren Generalstäben in seiner ganzen Wichtigkeit verstanden wurde: Die Motorisierung setzt einen ununterbrochenen Nachschub von Material und Ersatzteilen voraus. Unsere Division *Das Reich* arbeitete also während mehrer Wochen gründlich und ausschließlich, um das rollende Material in Stand zu setzen, und Anfang Juni 1941 erhielten wir Befehl, die Division auf die Eisenbahn zu verladen. Nachdem wir um Böhmen-Mähren herumgefahren waren, gelangte unser Zug nach Oberschlesien und schließlich nach Polen. Wo fuhren wir hin? Wir hatten keine Ahnung und ließen unserer Phantasie freien Lauf. Einige versicherten, daß wir im Einverständnis mit den Russen den Kaukasus überqueren würden, um die Petroleumquellen des Persischen Golfs zu besetzen. Andere sagten, daß wir dabei wären, einen Freundschafts- und Beistandsvertrag mit der Türkei zu unterzeichnen (17. Juni 1941). Nach Überquerung des Kaukasus könnten wir demzufolge durch die Türkei marschieren, um uns auf Suez und Ägypten zu stürzen und die Engländer im Rücken anzugreifen, während die Italiener und Rommel zum Angriff übergingen. Keiner von uns kam auf die Idee, daß wir Sowjetrußland angreifen könnten und so auf zwei Fronten würden kämpfen müssen.

Stalin hatte seit August 1939, ohne zu kämpfen, enorme Vorteile erzielt: die Hälfte Polens, die baltischen Länder, die er entgegen den bestehenden Abmachungen einfach annektiert hatte, und schließlich die nördliche Bukowina und Bessarabien, nahe den rumänischen Ölquellen. Seine »Neutralität« war teuer zu stehen gekommen. Wir wußten, daß dank dem Staatsstreich des Generals Simowitsch in Belgrad die UdSSR versucht hatte, auf dem Balkan vorzudringen. Aber diese Frage hatten wir geregelt.
Was wir jedoch nicht wußten, war, daß die Russen in Finnland nur zweitklassige Soldaten und veraltetes Material an die Front geschickt hatten. Wir hatten auch keine Ahnung davon, daß ihr mühsam errungener Sieg über die mutige finnische Armee nur ein Bluff war, um eine mächtige Angriffs- und Verteidigungsmacht nicht in Erscheinung treten zu lassen. Von dieser Stärke mußte Canaris, der Chef des Nachrichtendienstes der Wehrmacht, gewußt haben.
Man glaubt, was man erhofft, und die Idee eines Feldzuges in Persien, Arabien und Ägypten erschien mir besonders verlockend. Ich hatte in meinem Gepäck *Die sieben Säulen der Weisheit* des Obersten Thomas Edward Lawrence bei mir, dieses eigenartigen Abenteurers, Archäologen, Geheimagenten und Vorkämpfers der Unabhängigkeit der Araber von den Türken. Was er unternommen hatte, konnte das nicht auch mit den Arabern und Türken gegen England erreicht werden? Sollte es unmöglich sein, daß wir diese Pipeline — die General Weygand unterbrechen wollte — in

unsere Hände bekämen, so wie wir später die Eisenbahnlinie nach Narvik in unsere Hände bekommen wollten?

Während unserer Eisenbahnfahrt hatten wir Zeit zum Nachdenken, und der Bericht des Lawrence von Arabien, in dem die Abenteuer und wirtschaftlichen Interessen so eng miteinander vermischt waren, gab mir Stoff genug, meine Phantasie schweifen zu lassen. Aller Routine entgegen hatte dieser Waliser einen Krieg mit viel Phantasie geführt, der erstaunliche praktische Erfolge gezeitigt hatte. Die vereinigten britischen und französischen Flotten hatten es während des Ersten Weltkrieges nicht fertiggebracht, die Dardanellen zu durchbrechen, die Aktion von Lawrence hingegen hatte es England bis zu einem gewissen Grad erlaubt, den Frieden in diesem Teil der Welt, der vom wirtschaftlichen, politischen und militärischen Standpunkt aus gesehen eine so große strategische Bedeutung hat, in seinem eigenen Interesse zu sichern.

Der Blitzkrieg über London und unsere drohende Landung hatten keine andere Folge als die Unterbrechung des Vorrückens unserer Panzerdivisionen über die Ebenen der Picardie nach Dünkirchen. Ich war der Meinung, daß Churchill nur der Gewalt gehorchend nachgeben würde, aber wann? War es uns tatsächlich gelungen, ab 1935/36 einen so großen Krieg gründlich vorzubereiten?

In unserem Zuge, der weiterhin das polnische Flachland durchquerte, las ich also in den *Sieben Säulen der Weisheit* weiter und war in meiner Lektüre gerade zu dem Punkt gekommen, wo Lawrence im September 1918 Vorbereitungen traf, um einen türkischen Militärzug in die Luft zu sprengen, als unser Zug in den Bahnhof von Lemberg einfuhr. Von dort marschierten wir im motorisierten Marsch während der Nacht in die Gegend südlich von Brest-Litowsk, weniger als 50 km vom Bug entfernt, der der Grenzfluß zwischen dem polnischen Generalgouvernement unter deutscher Verwaltung und dem sowjetischen, ehemals polnischen Territorium war. Jetzt war es nicht mehr möglich, irgendwelche Illusionen zu haben.

Am 21. Juni um 22 Uhr wurden alle Einheiten der Division versammelt. Unbeweglich verlasen die Kompaniechefs den Führerbefehl, der nachstehend auszugsweise wiedergegeben ist:

»Soldaten der Ostfront!

Von schweren Sorgen bedrückt, zu monatelangem Schweigen verurteilt, ist nun die Stunde gekommen, in der ich zu Euch, meine Soldaten, offen sprechen kann.

Heute stehen rund 160 russische Divisionen an unserer Grenze. Seit Wochen finden dauernde Verletzungen dieser Grenze statt, nicht nur bei uns, sondern ebenso im hohen Norden wie in Rumänien.

In diesem Augenblick, Soldaten der Ostfront, vollzieht sich ein Aufmarsch, der in Ausdehnung und Umfang der größte ist, den die Welt je gesehen hat. Im Bunde mit finnischen Divisionen stehen unsere Kameraden mit dem Sieger von Narwik am nördlichen Eismeer. Deutsche Soldaten unter dem Befehl des Eroberers von Norwegen sowohl als die finnischen Freiheitshelden unter ihrem Marschall schützen Finnland. An der Ostfront steht ihr. In Rumänien an den Ufern des Pruth, an der Donau bis zu den Gestaden des Schwarzen Meeres sind deutsche und rumänische Soldaten unter dem Staatschef Antonescu vereint.

Wenn diese größte Front der Weltgeschichte nunmehr antritt, dann geschieht es nicht nur, um die Voraussetzung zu schaffen für den endgültigen Abschluß des großen Krieges überhaupt oder um die im Augenblick betroffenen Länder zu schützen, sondern um die ganze europäische Zivilisation und Kultur zu retten.

Deutsche Soldaten! Damit tretet Ihr in einen harten und verantwortungsschweren Kampf ein. Denn: Das Schicksal Europas, die Zukunft des Deutschen Reiches, das Dasein unseres Volkes liegen nunmehr allein in eurer Hand.

Möge uns allen in diesem Kampf der Herrgott helfen!«

Ich möchte nur einen einzigen Kommentar zu diesem Führerbefehl der der Operation *Barbarossa* vorausging, geben:

Es ist meine tiefe Überzeugung, daß die europäischen Staaten und auch die Mehrzahl der außereuropäischen Nationen heute bolschewisiert wären, hätte Hitler damals nicht den Befehl zum Angriff gegeben.

Hitler irrte sich und wurde getäuscht. Die Gesamtheit der Armeen, die er im Osten Europas angreifen ließ, war nicht »die größte der Weltgeschichte«. Die sowjetischen Armeen, größer an Zahl, verfügten über eine Bewaffnung, die der unsrigen zum Teil überlegen war. Wir hatten 1941 drei Millionen Mann an der Front, 3580 Panzer und etwas über 1800 Flugzeuge.

Uns gegenüber stießen wir sofort auf 4 700 000 Soldaten, die sowohl in der Tiefe gestaffelt waren als auch, wie im Süden, unzweideutige Offensivstellungen besetzt hielten, mit ungefähr 15 000 Panzern[1] und, allein in Weißrußland, 6000 Flugzeugen, von denen 1500 neuere Modelle waren.

Von den Sowjetpanzern waren die T-34, die bei Jelnja gegen Ende Juli 1941 auftauchten, ausgezeichnet. 1942 und 1943 erschienen weitere, unseren Nachrichtenspezialisten unbekannte Ungeheuer: die Klim-Woroschilow von 43 und 52 Tonnen, und im Jahr 1944, die Stalinpanzer von 63 Tonnen. Es gab für uns von Anfang an noch andere Überraschungen, wie die berühmten »Stalinorgeln« und die Ausrüstung der Pionierbataillone der feindli-

---

[1] In einem am 30. Juli 1941 an Roosevelt gerichteten Telegramm erklärt Stalin, 24 000 Panzer zu haben, von denen mehr als die Hälfte an seiner Westfront wären. In der *History of the Second World War* stellt Liddell Hart fest, daß Hitler mit nur 800 Panzern mehr, als bei der alliierten Invasion gegen Westeuropa eingesetzt wurden, angriff. (A. d. Red.)

chen Panzerdivisionen, die Material für den Bau einer 60 m langen Brücke zur Verfügung hatten, auf der 60-Tonnen-Fahrzeuge passieren konnten.

Im Morgengrauen des 22. Junis 1941, es war ein Sonntag, gingen wir zum Angriff Richtung Osten über, wie es die Große Armee Napoleons am 22. Juni 1812 gegen denselben Feind getan hatte.

Der Plan *Barbarossa* (den Stalin, wie wir sehen werden, vor sich liegen hatte), war wie folgt unterteilt:

Die Heeresgruppe Nord, unter dem Befehl des Feldmarschalls Ritter v. Leeb, bestand aus zwei Armeen und einer Panzergruppe; ihr Ziel war es, durch die baltischen Länder vorzustoßen und Leningrad zu nehmen.

Die Heeresgruppe Süd, unter dem Befehl des Feldmarschalls v. Rundstedt, mit ihren drei Armeen und zwei rumänischen Armeen unter dem Befehl General Antonescus und ihrer Panzergruppe sollte südlich der Sümpfe von Pripjet vordringen, die westliche Ukraine besetzen und Kiew nehmen.

Die Heeresgruppe Mitte, unter dem Befehl des Feldmarschalls v. Bock, war die stärkste. Sie sollte zwischen den Pripjetsümpfen und Suwalki in Richtung auf Smolensk operieren. Sie bestand aus zwei Armeen und verfügte über zwei Panzergruppen: die erste, unter dem Befehl des Generals Hoth, und die zweite, unter dem Befehl des Generals Guderian. Die *SS-Division Das Reich* marschierte mit der Zweiten Panzergruppe Guderians, den wir schon damals den »Schnellen Heinz« nannten.

Am vorhergehenden Tage, vor 13 Uhr, erwarteten alle Generalstäbler der neuen Front eines der beiden Kennworte: Altona oder Dortmund. Das erste bedeutete, daß Barbarossa verschoben würde. Es wurde aber das Stichwort Dortmund durchgegeben.

Das Überqueren des Bugs und die Kämpfe zur Einnahme von Brest-Litowsk waren durch drei besondere Punkte gekennzeichnet. Im Morgengrauen befand ich mich auf meinem Posten bei der leichten Artillerie meiner neuen Abteilung, der Zweiten, die das Feuer um 3 Uhr 15 eröffnete, dann Stellungswechsel nach vorne machte und auf die zweiten Stellungen der Russen feuerte. Um fünf Uhr morgens beobachtete ich die Wirkung unseres Feuers vom Wipfel einer Eiche am Ufer des Bugs aus und mußte unseren vorgeschobenen Beobachtern zustimmen, die den tiefen Fluß auf Schlauchbooten überquert hatten und uns bei ihrer Rückkehr mitteilten, daß wir schon ins Leere schossen. Die Russen hatten sich aus der Reichweite unserer Artillerie zurückgezogen und waren in den Sümpfen und Wäldern versteckt, aus denen sie vertrieben werden mußten.

Der erste Punkt: Der Feind schien nicht überrascht worden zu sein. Er hatte alle von ihm vorgesehenen Manöver planmäßig ausgeführt.

Zweiter Punkt: Er war aber doch bestürzt. Vor seinen Augen tauchten die 80 Panzer des 18. Panzerregiments in den Wassern des Bugs unter, um am russischen Ufer einige Augenblicke später wieder aufzutauchen. Es handelte sich tatsächlich um Unterwasserpanzer, die für die Operation *Otario* bereitgestellt worden waren. Es waren vollkommen wasserdichte Panzer, die mit einem Schnorchel ausgerüstet waren, wie sie Jahre später auch bei unseren Unterseeboten verwendet wurden.

Dritter Punkt: Dieser war unangenehm für uns: Wenn auch die Stadt Brest-Litowsk selbst rasch in unsere Hände fiel, so leistete doch die alte Festung, die auf einem Felsen erbaut war und einmal von den Deutschen Rittern erobert wurde, drei Tage lang erbitterten Widerstand. Selbst die schwere Artillerie und Luftwaffe hatten keinen sichtbaren Erfolg. Ich näherte mich dieser Festung mit einem Zug Sturmartillerie. Von ihren Kasematten und Bunkern aus, die unter unserem direkten Feuer lagen, setzten sich die Russen tagelang zur Wehr. Wir hatten schwere Verluste, und neben mir fielen manche gute Kameraden. Die Russen kämpften heldenmütig bis zur letzten Patrone. Ebenso am Bahnhof, dessen Kellergeschosse wir unter Wasser setzen mußten, bis der Widerstand zusammenbrach.

Unsere Verluste in Brest-Litowsk beliefen sich auf mehr als 1000 Verwundete, 482 Tote, davon 80 Offiziere. Gewiß, wir machten 7000 Gefangene, darunter ungefähr 100 Offiziere, aber die deutschen Verluste in Brest-Litowsk machten fünf Prozent der Gesamtzahl an der ganzen Ostfront während der ersten acht Tage des Krieges aus. Der entschlossene Widerstand dieser Festung gab mir zu denken.

Ich glaube aus Erfahrung zu sprechen, wenn ich sage, daß die Russen sich während dieses ganzen Feldzuges bemühten, eine Doppeltaktik anzuwenden. Spezialeinheiten kämpften bis zum bitteren Ende und bis zum letzten Mann in vorher vorbereiteten Stellungen. Während wir dadurch gezwungen waren, unseren Vormarsch zu verlangsamen, um dieser Widerstands-, wie auch später der Partisanengruppen Herr zu werden, versuchte sich das Gros der Sowjetarmeen der Einkesselung zu entziehen.

Ich möchte hier auch bemerken, daß Stalin in seinem Aufruf vom 3. Juli 1941 den Rückzug der großen Truppenmassierungen empfiehlt und gleichzeitig die Politik der verbrannten Erde und die sofortige Aufstellung von Partisanengruppen anordnet. Letztere wurden gemäß dem gültigen internationalen Kriegsrecht nicht als Kombattanten anerkannt. Rußland hatte diese Vereinbarungen nicht unterzeichnet.

Seit 1945 und bis zum heutigen Tage hat man nicht aufgehört zu behaupten, daß Stalin 1941 vollkommen »friedlich und vertragstreu« gewesen sei, daß er sich nur dem Ausbau des Sozialismus in Rußland gewidmet und alle Klauseln des mit Ribbentrop im August 1939 unterzeichneten Vertrages genau erfüllt habe. Er wurde »verräterisch angegriffen«, sagt man uns, »vollkommen überrascht«, und diese Überraschung machte die deutschen Erfolge erst möglich. Nach dem Tode Stalins klagte Chruschtschow, sowjetischer Ministerpräsident und Erster Sekretär des Zentralkomitees der Kommunistischen Partei, seinen Vorgänger sogar an, weil er sich habe »überraschen lassen«.

Als Beleg für die freundliche Einstellung Stalins gegenüber Deutschland werden auch die Telegramme angeführt, die sich in den Archiven des deutschen Außenministeriums fanden und von unserem damaligen Botschafter, dem Grafen v. d. Schulenburg, stammen.

Am 12. Mai 1941 telegrafierte er Ribbentrop:

»... Die Willenskundgebungen der Stalin-Regierung sind ... darauf gerichtet, ... das Verhältnis zwischen der Sowjetunion und Deutschland zu entspannen und eine bessere Atmosphäre für die Zukunft zu schaffen. Insbesondere ist davon auszugehen, daß Stalin persönlich stets für ein freundschaftliches Verhältnis zwischen Deutschland und der Sowjetunion eingetreten ist ...«

Ein Diplomat kann immer eine beschränkte Intelligenz haben. Er kann auch ein doppeltes Spiel treiben, und es ist schwierig, zu sagen, wann Schulenburg diesen letzten Weg eingeschlagen hat. Man weiß jedoch dank den Papieren unseres ehemaligen Botschafters in Rom Ulrich v. Hassel, die in Zürich veröffentlicht wurden (Vom *anderen Deutschland*, 1946), daß Schulenburg, der damals bereits pensioniert war, 1943 den Verschwörern gegen Hitler vorschlug, einen geeigneten, geheimen Emissär nach Moskau zu schicken, um Stalin Friedensverhandlungen im Namen einer »ostorientierten« neuen deutschen Regierung vorzuschlagen. Er verlangte nur, Außenminister zu werden.

Die Operation Barbarossa überraschte den sowjetischen Diktator keineswegs, der am 6. Mai 1941 als Vorsitzender des Rates der Volkskommissare die Stelle Molotows eingenommen hatte.

Schon im Juni 1939 hatten die Brüder Erich und Theo Kordt, hohe Beamte des Deutschen Auswärtigen Amtes (im Einverständnis mit Canaris, Oster und General Beck), Sir Robert Vansittart davon informiert, daß ein Abkommen von Deutschland und der UdSSR unterzeichnet werden sollte. Es ist daher nur natürlich, daß die Alliierten ebenso sehr bald über die feindlichen Absichten Hitlers gegen die UdSSR informiert worden waren.

Canaris und Oster wurden sich sehr bald bewußt, daß Hitler — wie seinerzeit Napoleon — den Russen als den Soldaten Englands auf dem Kontinent ansah. Ich habe schon gesagt, daß er die Operation Otario im Frühjahr 1941 nicht unternehmen wollte, solange er das Risiko lief, eventuell von Stalin im Rücken angegriffen zu werden. Am 6. September 1940 ließ Feldmarschall Keitel dem Chef der Abwehr folgende Notiz zugehen:

»Im Lauf der nächsten Wochen werden die Truppen an der Ostfront verstärkt werden ... Diese Bewegungen dürfen aber auf keinen Fall den Eindruck erwecken, als ob wir einen Angriff auf Rußland planen, sondern sollen nur in Richtung des Balkans weisen, auf dem wir unsere Interessen verteidigen müssen.«

Das war genügend klar, und die Leute der deutschen Spionageabwehr konnten ab September 1940 ihre Maßnahmen treffen, um ihre »Korrespondenten« im Außenministerium und im Kriegsministerium, sowie im Ausland, in Italien und in der Schweiz, genauestens zu informieren. Einzelheiten fehlten noch bis zum 5. Dezember 1940, an welchem Tage General Halder, Chef des Generalstabes des Heeres Hitler den Plan unterbreitete, den er in dessen Auftrage ausgearbeitet hatte und der am 3. Februar 1941 den Namen Operation *Barbarossa* erhielt. In diesem selben Monat Februar teilte der Unterstaatssekretär im Auswärtigen Amt der USA, Sumner Welles, dem Gesandten der UdSSR in Washington, Konstantin Usmanskij mit, daß Deutschland die Absicht habe, Rußland im Frühjahr anzugreifen. Sumner Welles legte Usmanskij nicht nur den Plan *Barbarossa*, sondern auch, gänzlich oder teilweise, den Plan *Oldenburg* vor, der die industrielle und landwirtschaftliche Nutzung der verschiedenen russischen Gebiete nach ihrer Besetzung durch die deutsche Wehrmacht vorsah. Dieser Plan war von General Thomas, Chef des Wehrwirtschafts- und Rüstungsamtes im OKW, Mitarbeiter von Halder und Freund von Canaris ausgearbeitet worden.
Die Sowjetarmee befand sich seit Ende Mai 1940 im Alarmzustand. Marschall Timoschenko, der zum Volkskommissar der Verteidigung ernannt worden war, unterzeichnete sofort den allgemeinen Alarmplan 0—20: er beschleunigte die Anordnungen, als unsere Panzer die Seine erreichten, das heißt am 9. Juni. Ab September 1940 setzten sich die Mehrzahl der aktiven Divisionen der Roten Armee und das zehnte Luftlandekorps des Generals Bezougly vom Zentrum in Richtung Westen der UdSSR in Bewegung. Alle Offiziere der Sowjetarmee, die einen deutschklingenden Namen hatten, wurden nach dem Osten geschickt.
Ich möchte hier zum ersten Male veröffentlichen, daß einer meiner Nachkriegsfreunde, der Oberst Adam der *US Air Force*, der nach dem Kriege Militärattaché in einem Land Westeuropas war, mir mitteilte, daß Roosevelt auf Ersuchen Stalins diesem seit *Dezember 1940* Militärhilfe leistete. Zu dieser Zeit wurde Adam mit ungefähr hundert amerikanischen Piloten nach der UdSSR geschickt, um die Russen an den neuen amerikanischen Flugzeugen auszubilden, deren Lieferung an Rußland begonnen hatte. Adam erklärte mir, daß seiner Ansicht nach diese Pilotenausbildung keineswegs mit einem eventuellen Krieg zwischen Rußland und Japan zusammenhänge. Es war allen klar, daß es sich um einen Krieg gegen Deutschland handelte. Wie man sieht, stimmt das nicht ganz mit der Geschichte überein, wie sie heute noch gelehrt wird.
In seinem letzten Buch gibt Liddell Hart außerdem zu, daß der britische

Geheimdienst »in großem Ausmaß« über die Operation *Barbarossa* »längst vorher« unterrichtet war, und daß derselbe »die Russen entsprechend informierte«.

Im April 1941 gab Sir Stafford Cripps, sozialistischer Abgeordneter und Botschafter Großbritanniens in Moskau, den Russen das exakte Datum des Angriffs, den 22. Juni, bekannt. Hitler wurde sogar davon unterrichtet, daß *die Russen informiert waren*. Von wem? Nicht von Canaris, sondern von dem Marine-Attaché der Deutschen Botschaft in Moskau, der am 25. April dem Oberkommando der Kriegsmarine in Berlin folgendes Telegramm übersandte:

»Der englische Gesandte gibt als Datum des Ausbruchs der Feindseligkeiten Deutschland-UdSSR den 22. Juni an.«

Wenn ein »Historiker« wie der Deutsche Gert Buchheit uns in seinem Buch *Hitler der Feldherr*, 1961, sagt, daß Stalin und Molotow »in eine tiefe Bestürzung fielen«, kann man nur die Achseln zucken. Derselbe Standpunkt wird 1962 von Michel Garder vertreten, der in seinem Buche *Une guerre pas comme les autres* folgendes schreibt:

»Man weiß nicht, was man von der Blindheit Stalins in dieser Periode von September 1940 bis Juni 1941 sagen soll. ... Die Rote Armee war nicht vorbereitet auf den unerwarteten Schlag, der geplant wurde, ohne daß ihr oberster Befehlshaber überhaupt etwas davon wußte.«

Diese These der »absoluten Überraschung« der Russen wird heute noch verteidigt, nicht nur in den amtlichen oder halbamtlichen Veröffentlichungen der kommunistischen Länder, sondern auch von zahlreichen westlichen Historikern.

# ACHTES KAPITEL

# Dauernder Verrat

Die geheime Seite des Krieges. — Ursprung des dauernden Verrats. — Hitler schafft den militärischen Kastengeist ab. — Er erkennt die neue Panzerstrategie Guderians und Mansteins gegen die Meinung Becks, Stülpnagels und Halders an. — Canaris und Basil Zaharoff, der »Händler mit dem Tode«. — Die Affäre Tuchatschewskij: 3 Millionen in numerierten Scheinen. — Der wirkliche Ausgang der Angelegenheit. — Die gesamte Verschwörung gegen den neuen Staat. — Unrealistische Ziele der Verschwörer. — Realistisches Ziel Churchills. — Schuld der Verräter am Ausbruch des Krieges. — Der Feind verachtet die Verschwörer. — Die Berufsmusiker der *Roten Kapelle*. — Eine Fabel Schellenbergs. — *Coro, Olga, Werther* und die *Drei Roten*. — Schweizer Neutralität.

Bis heute hat man die verschiedenen Seiten des Zweiten Weltkrieges hauptsächlich von einem analytischen oder chronologischen Standpunkt aus betrachtet. Alle bewaffneten Auseinandersetzungen haben eine politische, wirtschaftliche, strategische und taktische Seite. Der Krieg aber, von dem ich spreche, hat noch eine geheime, kaum bekannte Seite, die jedoch entscheidend wurde. Es handelt sich um Ereignisse, die sich nicht auf dem Schlachtfeld abgespielt haben, die aber, was die Waffen betrifft, ungeheure Materialverluste verursachten, den Tod oder die Kampfunfähigkeit Hunderttausender europäischer Soldaten herbeiführten und die tragischsten Folgen hatten. In ihren Erinnerungen haben Manstein und Guderian diese Seite des Krieges mutig verurteilt. Die gewissenhaftesten Historiker, wie Sir Basil Liddell Hart und Paul Carell, drücken sich in bezug auf diese Angelegenheit manchmal ungenau aus. Was Jacques Benoist-Méchin betrifft, so hat derselbe seine bemerkenswerte und monumentale Geschichte der deutschen Armee noch nicht beendet. Der Zweite Weltkrieg ist jedoch mehr als jeder andere ein geheimer Krieg gewesen.

Ich muß hier den Widerstand gegen den nationalsozialistischen Staat erwähnen, der mit dem verfehlten Attentat vom 20. Juli der Öffentlichkeit bekannt wurde, sich aber über den Zusammenbruch des Dritten Reiches hinaus auswirkte. Ein äußerst umfangreiches Thema, das wohl niemals vollkommen aufgeklärt werden wird, obwohl darüber zahlreiche Berichte deutscher, englischer und amerikanischer Herkunft vorliegen, während die Russen bisher offiziell nur die Rolle zugegeben haben, die ihr Meisterspion Sorge gespielt hat.

In Deutschland hat alles am 30. Juni 1934 angefangen. An diesem Tage, oder besser gesagt, in dieser Nacht schlug Hitler eine Rebellion der SA nieder, deren Stabschef Ernst Röhm war. In Wirklichkeit handelte es sich um ein ausgedehntes Komplott, dessen nationale und internationale Zusammenhänge noch nicht ganz aufgeklärt sind. Röhm war nur ein Instrument. Von wem? Diese schaurige Angelegenheit wurde *Die Nacht der langen Messer* genannt.

Der Reichspräsident, Generalfeldmarschall v. Hindenburg, beglückwünschte Hitler öffentlich am 1. Juli: »Sie haben das deutsche Volk vor einer großen Gefahr bewahrt«, telegrafierte er ihm. »Ich bezeige Ihnen dafür meine tiefe Anerkennung und wahre Wertschätzung.«

Die Effektivstärke der SA von ungefähr drei Millionen Mann wurde zunächst auf eine Million vermindert. Dann wurde die Wehrmacht anstelle der Reichswehr mit dem Gesetz vom 21. Mai 1935 geschaffen. Dieses Gesetz, das die allgemeine Wehrpflicht wieder einführte, begann mit den Worten: »Der Waffendienst ist ein Ehrendienst am deutschen Volke.«

Wie der Kaiser vor 1918 war Hitler der oberste Befehlshaber der Wehrmacht. Ihm und nicht der Verfassung, leisteten alle Offiziere und Soldaten den folgenden Schwur:

»Ich schwöre vor Gott, Adolf Hitler, dem Führer des Reiches und des deutschen Volkes, Oberbefehlshaber der Wehrmacht, vorbehaltlos zu gehorchen und verpflichte mich, als mutiger Soldat diesen Schwur stets zu erfüllen, sollte es mir auch das Leben kosten.«

Es wäre den Offizieren der Reichswehr, deren Gewissen sich mit den Grundsätzen es nationalsozialistischen Staates nicht vereinbaren ließ, möglich gewesen, diesen Eid zu verweigern.

Von da an erfüllte jeder, vom General bis zum einfachen Soldaten, eine Pflicht gegenüber der Nation und dem deutschen Volk. Es gab keine Kasten mehr. Die ganze Reichweite einer solchen Revolution muß verstanden werden.

Die Mehrzahl der Offiziere war hiermit einverstanden, die jüngeren häufig mit Begeisterung. Aber in Berlin, im Generalstab des Heeres, dem Allerheiligsten des alten preußischen Systems, verharrte eine kleine Zahl von Generalen im Zwiespalt zwischen Tradition und Anachronismus. Während die Mehrzahl dieser Berufssoldaten den tiefen Sinn der nationalsozialistischen Revolution verstanden, gaben andere ihre Vorrechte nur mit Bedauern auf. Dieser Zwiespalt zeigte sich auch auf militärischem Gebiet, als Hitler General Guderian unterstützte, der sich für den gewagten, völlig neuartigen Einsatz von Panzern, gegen die Meinung des Generals Beck, des damaligen Generalstabschefs, aussprach.

Als Guderian im Jahre 1937 dem Chef des Generalstabes erklärte, wie es möglich sein würde, in eine feindliche Front einzudringen und weit in feindliches Hinterland vorzustoßen und die Schlacht über Funk von einem schnellen Fahrzeug aus, das sich an der äußersten Spitze der Armee befindet, zu führen, zuckte Beck die Achseln und sagte zu Guderian: »Haben Sie Schlieffen nicht gelesen? Wie können Sie eine Schlacht ohne Tisch, Karten und Telefon leiten?[1]« Guderian stieß auch bei General Otto v. Stülpnagel auf Widerstand. Dieser war Generalinspekteur der motorisierten Einheiten und hatte den Einsatz von Panzern über die Regimentsgrenze hinaus untersagt. »Er hielt Panzerdivisionen für Utopie[2].«

Hitler ernannte Guderian zum Chef der Panzereinheiten der Wehrmacht. Der Mobilisierungsbefehl machte ihn aber, 1939, zum Chef eines Reserve-Infanterie-Armeekorps! Guderian protestierte und erhielt darauf den Oberbefehl über das 19. Armeekorps, das Brest-Litowsk und seine Zitadelle am 19. September 1939 einnahm. Vier Tage später mußte Guderian die Zitadelle allerdings dem russischen General Kriwoschine ausliefern, da die Festung sich in der vereinbarten russischen Einflußzone befand.

Gegen den Widerstand des Generals Halder, des Nachfolgers von Beck an der Spitze des Generalstabs, der den Plan Manstein-Guderian für den Vorstoß über die Maas und die Überquerung der Ardennen als »absurd« bezeichnete, setzte Hitler diesen Plan, dessen Erfolg bekannt ist, durch.

Daß Männer wie Beck und sein Nachfolger Halder, die Generale v. Fritsch, v. Witzleben, v. Hammerstein, Heinrich und Otto v. Stülpnagel, v. Brockdorff und so weiter, einem Manne gehorchen sollten, den gewisse Leute den »böhmischen Gefreiten« nannten, war für sie außerordentlich schwierig, und daß Hitler ihnen obendrein militärische Pläne aufzwingen sollte, die Erfolg hatten, das war für sie unannehmbar.

Das, was man »die Verschwörung der Generale« genannt hat, hatte keine anderen Ursachen. Als die Zeit der Siege vorbei war, schlossen sich ihnen auch andere Generale und höhere Offiziere an, so daß in den Jahren 1943/44 auf deren Liste auch die Namen der Generale Hoepner, Lindemann, Thomas, Wagner (Generalquartiermeister der Wehrmacht), Stieff (Chef der Organisationsabteilung), v. Tresckow, der Generalstabschef der Heeresgruppe Mitte in Rußland war, und sein Adjutant, Fabian v. Schlabrendorff und andere standen.

Bis zum Sturz des Admirals Canaris (Frühjahr 1944) hatte Deutschland zwei Nachrichtendienste, die natürlich Rivalen waren. Im *Reichssicherheitshauptamt* (RSHA), das zuerst von Heydrich bis zu seinem Tode am 30. Mai 1942 geleitet wurde, dann von Himmler selbst und schließlich von Kaltenbrunner vom 30. Januar 1943 bis zum Ende, bildeten vier Abteilungen den *Sicherheitsdienst* oder SD. Die Abteilung III, unter der Leitung von Otto Ohlendorf, war der Nachrichtendienst für *Innenpolitik*, während die Abteilung VI, unter Schellenberg, mit den Büros A, B, C, D, E, S und Z den

---

1 und 2 Siehe Guderian, *Erinnerungen eines Soldaten.* Heidelberg 1951.

Nachrichtendienst für *Außenpolitik* versah. Bei der Abwehr, die dem OKW unterstand, war die Abteilung I der *militärische Nachrichtendienst*.

Diese beiden wichtigen Ämter, deren Zuständigkeiten sich oft überschnitten, gaben natürlich zu Kompetenzkämpfen Anlaß. Soweit ich unterrichtet bin, ist es bisher noch keinem Land gelungen, die Rivalitäten zwischen den Nachrichtendienststellen der verschiedenen Waffengattungen sowie zwischen den politischen und militärischen Sparten dieser Ämter auszuschalten. Deutschland war also keine Ausnahme. Jede Seite überwachte die andere und war bemüht, sich gegen Eingriffe derselben zu wehren. Es ist unmöglich, mit Sicherheit festzustellen, denn es fehlen Dokumente, die einen verloren, die anderen nicht veröffentlicht, wieviel beide Seiten wußten, ob Heydrich, zum Beispiel, Beweise für den Verrat des Canaris in Händen hatte, oder ob der Admiral von seinen »Freunden« bei den Alliierten etwas über die Pläne zur Ermordung Heydrichs in Prag erfahren hatte.

Beide kannten sich seit 1920. Canaris war damals Offizier auf dem Schulkreuzer *Berlin*, auf dem Heydrich Offiziersanwärter war. Canaris wußte, daß Heydrich als Leutnant im Jahre 1929 aus der Marine ausgeschlossen worden war, weil er sich geweigert hatte, ein von ihm verführtes Mädchen zu heiraten. Er wußte ebenfalls, daß über die Abstammung des Chefs des RSHA Zweifel bestanden, denn seine Mutter, Sarah, sollte Jüdin gewesen sein. Canaris versuchte zunächst, Heydrich zu Fall zu bringen. Es erwies sich aber, daß dieser viel zu stark, viel zu intelligent war, so daß der kleine Admiral, den ich »Die Meduse« nannte, ihn bald in Ruhe ließ. Otto Nelte, der Rechtsanwalt des GFM Keitel, konnte (am 8. Juli 1946) in Nürnberg sagen, daß »Canaris auf eine erstaunlich freundschaftliche Art mit Himmler und Heydrich zusammenarbeitete, obwohl er dem RSHA feindlich gesinnt war.« War das Anpassungsfähigkeit oder Vorsicht?

Eine Geheimdienststelle ist offensichtlich der ideale Tarnungsort für Verschwörer: so entdeckten die Engländer erst 1962, daß Philby von der britischen Abwehrabteilung M.I.6 seit — 1934 ein Agent des sowjetischen Geheimdienstes war. Der Geheimdienst ist andererseits auch ein unentbehrliches System in einem Land, das sich im Kriegszustand befindet. Von 1939 bis 1945 gelangten die Spitzen der Abwehr, Canaris und seine Mitarbeiter Oster und Dohnanyi, in den Besitz höchst wichtiger Nachrichten, die von ungefähr 30 000 Agenten erbracht wurden, von denen praktisch keiner wußte, daß er für Verschwörer arbeitete.

In dieser enormen Organisation erfüllten die Offiziere und Soldaten ihre Pflicht. Einige Angehörige der Abwehr hatten sehr große Erfolge zu verzeichnen. Ich bin darüber sehr gut unterrichtet, da Angehörige des Regiments (später Division) *Brandenburg* (zur besonderen Verfügung), das Canaris unterstand, freiwillig zu den Einheiten der Waffen-SS und zu meinen SS-Jagdverbänden, die ich befehligte, kamen. Offiziere der Abwehr haben hartnäckig an der Entlarvung der Agenten der *Roten Kapelle* im Rahmen der ihnen gegebenen Möglichkeiten mitgewirkt.

Canaris war geschickt genug, um gelegentlich dem OKW Nachrichten zukommen zu lassen, die zum mindesten sensationell zu sein schienen. Hitler wurde der Berichte von Canaris seit Ende 1941 müde. Im folgenden Jahre kamen Hitler und später auch Jodl Zweifel in bezug auf Canaris. GFM Keitel, der 1917 Verbindungsoffizier zwischen dem Großen Hauptquartier und dem Hauptquartier der Marine gewesen war, verteidigte Canaris in gutem Glauben:

»Ein deutscher Admiral kann kein Verräter sein«, sagte er zu Jodl, »was Sie vermuten, ist unmöglich.«

Ich habe mit Canaris drei oder vier Unterredungen gehabt. Er war weder subtil, noch hatte er eine außergewöhnliche Intelligenz, wie heute noch manchmal geschrieben wird. Er war ausweichend, listig, nicht zu fassen, was durchaus etwas anderes ist.

In Beantwortung der Fragen von Gisevius, Lahousen und anderen Zeugen der Anklage hat Otto Nelte vor dem Nürnberger Gerichtshof alles gesagt, was zu jener Zeit (8. Juli 1946) vor einem solchen Gericht ausgesprochen werden konnte:

»Die Tätigkeit von Canaris war für die Führung des Krieges von außerordentlicher Wichtigkeit... Sein Charakter ist nicht nur als zweideutig zu bezeichnen, sondern auch als hinterlistig und wenig vertrauenswürdig... Er ist ein typischer Salonverschwörer, dessen Charakter schwer von anderen zu durchschauen war, und der, wenn er wollte, auch völlig unbemerkt in der Menge untertauchen konnte.«

Es ist bemerkenswert, daß weder die Überwachung, oder besser gesagt, die feindliche Einstellung der Abteilung VI des RSHA zu den Spitzen der Abwehr, noch die Untersuchungen, die infolge des Attentats vom 20. Juli 1944 eingeleitet wurden, den Verrat von Canaris und des Generals Oster, seines Stellvertreters ganz ans Licht brachten. Wenig später wurden jedoch genügend Beweise gefunden, die auch zu ihrer Verurteilung führten. Vielleicht ist auch bis heute noch nicht alles an den Tag gekommen. So lese ich, zum Beispiel, in dem Buch von Brian Murphy *The Business of Spying*, das vor kurzem in London erschienen ist, daß Canaris mit dem Intelligence Service durch Vermittlung des berüchtigten »Händlers des Todes«, Sir Basil Zaharoff, schon vor dem Kriege Kontakt aufgenommen hatte. Das ist möglich: der alte Zaharoff hat vielleicht geglaubt, daß Canaris Grieche sei. Soweit ich weiß, ist dies das erste Mal, daß man von dieser Abstammung spricht.

Unser sensationellster Nachrichtenagent, Elyesa Bazna, unter dem Decknamen *Cicero* bekannt, der Kammerdiener von Sir Knatchbull-Hugessen, dem britischen Botschafter in Ankara, war, erschien spontan vor Dr. Moyzisch, Polizei-Attaché unserer Botschaft und Beamter des SD. Von Oktober

1943 bis April 1944 übermittelte uns *Cicero* außergewöhnliche Informationen, insbesondere über die Operation *Overlord*, die englisch-amerikanische Landung in der Normandie. *Cicero* fand aber keinen Glauben, weder bei Ribbentrop noch bei Spezialisten der Abwehr! Niemand schien darüber näher nachzudenken.

Der SD wurde nicht von Verschwörern geleitet. Die Abteilung VI litt jedoch unter dem Nachteil, daß sie unter der Leitung eines Mannes stand, der weder einen entschlossenen Charakter hatte, noch so geschickt und klarblickend war, wie er es zu sein glaubte. Es war zur Zeit, als ich im April 1943 den Befehl über das Bataillon zur besonderen Verwendung *Friedenthal* übernahm, daß ich Walter Schellenberg, damals Ob.St.bannFhr. des SD, kennenlernte. Schellenberg war ein Plauderer. Er liebte es, zu erzählen und besonders zu einem noch grünen Neuling in der magischen Welt des Geheimdienstes von sich selbst zu sprechen. Wir aßen damals öfter zusammen zu Mittag und erinnerten uns dabei an seinen ehemaligen Chef, Reinhard Heydrich, der im Vorjahr in Prag ermordet worden war. Um mir anhand eines aufsehenerregenden Beispiels darzulegen, wie man eine Idee in eine brillante Tat umsetzen kann, erzählte er mir, unter welchen Umständen er an dem »Unternehmen des Jahrhunderts« teilgenommen hatte, nämlich im Jahre 1937 den Großen Generalstab der Roten Armee zu vernichten.

Die wichtigsten Episoden dieser eigenartigen Affäre sind heutzutage bekannt. Heydrich hatte sich einiger Dokumente bedient, die ihm in Paris ein gewisser General Skoblin, ein Doppelagent und Adjutant des Generals Miller, Chef der weißrussischen Veteranen, verschafft hatte. Diese gefälschten Dokumente, die den Marschall Tuchatschewskij, der die Rote Armee neu organisiert hatte, belasteten, wurden Eduard Benesch geschickt zugespielt. Auf diese Weise kam Stalin durch Vermittlung des tschechoslowakischen Präsidenten, eines Verbündeten, in den Besitz dieser Schriftstücke.

Die Herkunft derselben war ihm nicht unbekannt, und er zahlte drei Millionen Rubel durch Vermittlung eines Agenten seiner Botschaft in Berlin an Heydrich aus. Es handelte sich um große Banknoten, deren Nummern die Russen selbstverständlich notiert hatten. Als die Geheimagenten Schellenbergs dieselben in Rußland verwenden wollten, wurden sie sofort verhaftet.

So war es dank den Dokumenten Skoblin-Heydrichs möglich, daß Stalin zahlreiche Prozesse einleiten und jede Opposition in der Roten Armee unterdrücken konnte.

Stalin und Tuchatschewskij haßten sich tatsächlich seit langem, und seit Ende 1935 war das Verhältnis der Partei zur Armee immer schlechter geworden. Stalin war in Rußland gefürchtet. Die Kulaken, die Trotzkisten, die Jugend, die Intellektuellen, die Industriesaboteure und so weiter, waren alle rücksichtslos unterdrückt worden, selbst Fabrikarbeiter wurden verurteilt und hingerichtet. Die erbarmungslose GPU hatte Millionen Russen in die Zwangsarbeitslager eingewiesen. Die Kanäle vom Weißen Meer bis zur Ostsee (225 km), der Moskau-Wolgakanal und andere große Bauvorhaben waren von Hunderttausenden Zwangsarbeitern ausgeführt worden.

Aus einer Kleinadelsfamilie der Provinz Smolensk kommend und alter Offizier des berühmten Semejonowskij-Regiments der Kaisergarde, hatte sich Tuchatschewskij 1918 den Roten angeschlossen. Er war bestimmt populärer als Stalin, der sich lächerlich gemacht hatte, als er 1920 vor·Warschau den Strategen spielen wollte. Damals hatte Tuchatschewskij nur mit größter Mühe einige Einheiten der völlig zerschlagenen Roten Armee retten können. Das hatte ihm Stalin nie verziehen. Er wußte, daß 1936 die Mehrzahl der Offiziere, besonders höheren Ranges, der kommunistischen Partei entschieden feindselig gegenüberstanden. Die gefälschten Dokumente, die er aus Prag erhielt, gestatteten ihm, seine Feinde in der Roten Armee zu vernichten[1].

Die Marschälle Tuchatschewskij, Jegorow und Blücher, sowie 75 der 80 Generale, die Mitglieder des Obersten Verteidigungsrates waren, wurden erschossen; von 15 Armeekommandeuren wurden 13 entfernt, sowie auch 367 andere Generale. Von Mai 1937 bis Februar 1938 wurden mehr als 32 000 Offiziere der Sowjetarmee hingerichtet.

Dieser ungeheure Aderlaß des Militärs, der auf so viele politischen Aderlässe erfolgte, täuschte nicht nur Heydrich und Schellenberg, das heißt unseren politischen Nachrichtendienst, der davon überzeugt war, einen entscheidenden Erfolg erzielt zu haben, sondern auch Hitler selbst. Die Rote Armee wurde dadurch nicht geschwächt, wie man heute noch glaubt, sondern ganz im Gegenteil gestärkt. Vom *Komandarm* (Armeekommandeur) bis zum Hauptmann, der Kompaniechef war, wurden die Offiziere unter den Befehl von zwei sogenannten politischen Kommissaren gestellt. Einer der beiden gehörte zur Sonderabteilung (Ossoby Otdiel), OO genannt, und der andere zu den Regiments-*Politkoms*.

Die liquidierten Offiziere wurden an der Spitze der Armee, der Armeekorps, der Divisionen, der Regimenter und der Bataillone durch jüngere politische Offiziere ersetzt, die zuverlässige Kommunisten waren. Gleichzeitig verwendete Stalin die Pläne Tuchatschewskijs: ab Herbst 1941 machte er aus der Roten Armee *eine russische Nationalarmee*. Die Offiziere trugen wieder die goldenen Epauletten der ehemaligen kaiserlichen Armee; es wurden nationale Auszeichnungen geschaffen: der Kutusow- und der Suworow-Orden. Die *Politkoms* wurden wieder abgeschafft, und an deren Stelle tra-

---

[1] Die Affäre ging zwar von Skoblin aus, der vom NKWD angestiftet war. Die gefälschten Dokumente stammten jedoch von Heydrich und nicht aus Paris. Auch Heydrich war in dieser Sache nur NKWD-Gehilfe, denn die Liquidierung der Tuchatschewskij-Gruppe war schon im Januar beschlossen (Protokoll Radek-Prozeß), während die Dokumente erst im April-Mai in Moskau eintrafen (A. d. Red.).

ten *Zampolits*, dieselben Männer mit denselben Zielen, aber unter neuem Namen. Aus der vollständigen, brutalen Säuberung von 1937 ging eine russische, politische und nationale Armee hervor, die selbst in der Lage war, die ersten vernichtenden Niederlagen zu überstehen.

Im April 1943 hatte mich die Fronterfahrung seit langem darüber belehrt, daß der Generalstab der Roten Armee keineswegs vernichtet worden war.

Schon vor dem Kriege war unser Außenministerium auch ein »Verschwörernest«. In Berlin benutzten Ernst v. Weizsäcker und zahlreiche andere hohe Beamte den größten Teil ihrer Arbeitszeit dazu, Emissäre, Nachrichten und Vorschläge ins Ausland zu senden. Diese Diplomaten und die Chefs der Abwehr tauschten gegenseitig Informationen aus. In den deutschen Botschaften und Konsulaten im Ausland konnte die Verschwörung auf Sympathisierende und aktive Teilnehmer zählen, die mit feindlichen Gesandtschaftattachés und ihren Agenten zusammentrafen, sei es in deren eigenem Land, in der Schweiz, in Italien, Schweden, Spanien, Portugal oder Japan, um ihnen schnellstmöglich politische, wirtschaftliche oder militärische Informationen mitzuteilen. Der ehemalige deutsche Botschafter in Rom, Ulrich v. Hassel, der deutsche Botschafter in Moskau, Graf v. d. Schulenburg, und der in Brüssel, Bülow-Schwante, waren an dem Komplott beteiligt; andere, wie Eugen Ott in Tokio, deckten oder übersahen die Spionagetätigkeit und den Verrat ihrer Untergebenen (Dr. Sorge).

Oberst Ott hatte dem Stab des Generals v. Schleicher angehört, der vom 2. Dezember 1932 bis zum 29. Januar 1933 Reichskanzler gewesen war. Schleicher, der versucht hatte, den linken Flügel der nationalsozialistischen Partei (Strasser) mit den marxistischen Gewerkschaften zu einem gemeinsamen Vorgehen gegen Hitler zu überreden, um auf diese Weise die Partei zu sprengen, wurde am 30. Juni 1934 im Verlauf der Gegenmaßnahmen ermordet. Schleicher war es auch, der Ott 1933 als »militärischen Beobachter« nach Tokio gesandt hatte. Er wurde zum Attaché und später zum General und Botschafter ernannt. Sein Verhalten in Japan gegenüber Dr. Sorge ist unerklärlich.

Vor dem Kriege war der Gesandtschaftsrat Theo Kordt in London in Zusammenarbeit mit seinem Bruder, Erich Kordt, tätig, der anfangs ein enger Mitarbeiter von Außenminister v. Ribbentrop gewesen war. Nach der Kriegserklärung ließ sich Theo Kordt an unsere Gesandtschaft in Bern versetzen. Was Heydrich »Die schwarze Kapelle« nannte, war nichts anderes als ein Zweig dieser Gruppen, die aus Agenten der Abwehr und in Rom postierten Diplomaten bestand.

Welches Ziel verfolgten alle diese Männer? Sie wollten den Krieg verhindern und später ihn beenden, um ihr Land zu retten. Für dieses Vorhaben sahen sie nur einen Weg offen: Hitler zu beseitigen. Ihre Handlungen standen immer wieder im Widerspruch zu ihren Worten. Sie gaben an, Patrioten zu sein, die verzweifelt zusahen, wir ihr Land vom Nationalsozialismus und einem verachtenswerten Tyrannen versklavt wurde. In diesem Falle hätten sich ihnen aber zwei Möglichkeiten geboten:

Die erste wäre die einfachere und von einem einzigen Manne ausführbar gewesen: Hitler zu irgendeinem Zeitpunkt zwischen 1933 und 1939 zu ermorden.

Die zweite Lösung hätte darin bestehen können, Hitler und den Nationalsozialismus durch etwas Besseres zu ersetzen. Das hätte aber eine wirkliche Führerpersönlichkeit mit einem überlegenen sozialen, politischen und wirtschaftlichen Programm erfordert. Von alledem war bei unseren Verschwörern keine Spur zu entdecken. Keiner von ihnen hatte den Mut oder den Willen, sein Leben zu opfern, um »den Tyrannen zu erschlagen«. Selbst Stauffenberg nicht. Er legte die Bombe nieder, setzte den Zeitzünder in Gang und verschwand. Die Bombe tötete oder verletzte ein Dutzend Personen, ohne Hitler zu töten.

Kein einziger der Verschwörer scheint sich ernstlich mit der Zukunft Deutschlands beschäftigt zu haben. Sie meinten, daß der Tod Hitlers genüge, um alle Probleme zu lösen und alle Schwierigkeiten aus dem Wege zu schaffen. Sie verstanden nicht, daß auch nach der Ermordung Hitlers Deutschland den Frieden nur durch eine *bedingungslose Kapitulation* erlangen konnte, und daß diese Tat einen fürchterlichen Bürgerkrieg bedeutet hätte. Die Verschwörer wußten außerdem von den Alliierten, daß sie keine besseren Bedingungen als Hitler bekommen würden.

Heutzutage ist es klar, daß Churchill weder gegen Hitler oder »seine Hunnen«, noch gegen den Nationalsozialismus Krieg führte, obwohl er damals das Gegenteil behauptete. Er selbst hat später in seinen Erinnerungen geschrieben, daß »die englische Politik von der Nation abhängt, die die Vorherrschaft in Europa hat«. Diese Nation muß vernichtet werden. »Es ist gleichgültig«, führt Churchill aus, »ob es sich um Spanien handelt, oder um die französische Monarchie oder das französische Kaiserreich oder um das Deutsche Reich.« »Es handelt sich«, sagt er, »um das mächtigste Land oder um das Land, das das mächtigste zu werden beginnt.« Man kann aber heute ruhig sagen, daß sich Churchill, *als Engländer*, getäuscht hat, als er sich mit Stalin verbündete. Das hat er auch nach dem Kriege zugegeben, als er sagte: »Wir haben das falsche Schwein geschlachtet.« Diese Ausdrucksweise konnte jeder Engländer verstehen.

Auch Roosevelt hatte genug von der deutschen industriellen und Handelskonkurrenz. Deshalb bestimmte er, 1943, in Casablanca, daß Deutschland eine *bedingungslose Kapitulation* auferlegt werden müsse. Churchill und Stalin stimmten diesem Entschluß sofort zu, der denn auch genau durchgeführt wurde. Einer der hauptsächlichsten Ratgeber Roosevelts, Morgenthau, hatte sogar einen Plan ausgearbeitet, demzufolge Deutschland in ein »Land der Gemüsebauern« verwandelt werden müsse. Dieser Plan wurde von 1945—1947 in die Praxis umgesetzt, bis man merkte, daß er das Produkt eines blinden Hasses war und daß die westliche Welt Deutschland brauchte.

Es ist bekannt, daß Staatsmänner und Generale der Alliierten tatsächlich ab Oktober 1940 mit schweren Unruhen und Meutereien in der deutschen Armee rechneten. Der Oberbefehlshaber der alliierten Streitkräfte in Frankreich, General Maurice Gamelin, erklärte bei einem offiziellen Essen im Rathaus von Paris im Jahr 1939, »daß es wenig Bedeutung hätte, ob die Wehrmacht über 10, 20 oder 100 Divisionen verfüge, denn die deutsche Armee müßte am Tage, an dem Deutschland der Krieg erklärt würde, gegen Berlin marschieren, um die Unruhen niederzuschlagen, die dann ausbrechen würden«. Das wurde von dem französischen Außenminister, George Bonnet, in seinem Buch *De Munich à la guerre* berichtet. General Gamelin kannte den General Beck sehr gut und hatte ihn vor dem Kriege in Begleitung des zukünftigen Generals Speidel empfangen.

1923 begann die Sowjetregierung den Aufbau einer doppelten Spionage- und Abwehrorganisation, die sich über die ganze Welt erstreckte. Die Komintern hatte ihre politischen, Wirtschafts- und ausführenden Agenten und so weiter, wie sie auch das 4. Büro der Roten Armee hatte. Von 1928 an wurden diese Nachrichtendienststellen erheblich vergrößert, und zwar sowohl in Afrika, Amerika, wie auch in Europa. Frühzeitig schon wurden die diplomatischen und Handelsmissionen, die Militärattachés, die Gewerkschaftsorganisationen und so weiter von Moskau als Deckung für Spionagenetze benutzt. Schließlich wurden auch besondere Schulen für Spezialisten in der UdSSR gegründet. Diese bemerkenswerten Anstrengungen, von Stalin selbst gefördert, brachten außerordentliche Dividenden, wie von 1936/37 an zu ersehen war. Einer der wichtigsten Agentenapparate war die *Rote Kapelle*.

Die an einen festen Platz Befohlenen, die Nachrichtensammler, die Funker und so weiter der *Roten Kapelle* waren alle alte professionelle Spione. Heute sind viele von ihnen bekannt. Ihr wirklicher Chef in Deutschland ist jedoch immer noch unbekannt. Er arbeitete im Führerhauptquartier mit dem Schlüsselwort *Werther*, und er war es, der das Schweizer Netz direkt informierte. Auf diese Weise wurde ein Entschluß, den Hitler oder das OKW am Mittag gefaßt hatten, manchmal schon fünf oder sechs Stunden später in Moskau bekannt.

Die Zahl der Nachrichten des sogenannten *Komintern-Netzes* in der Weimarer Republik stieg nach Beginn des Krieges gegen Rußland beträchtlich an. In der Zeit vom 10. Juni bis zum 8. Juli 1941 stieg die Zahl der Funkstationen der *Roten Kapelle* von 20 auf 78! Im August 1942 stellten die zahlreichen Abhörposten der Luftwaffe, der Kriegsmarine und der Funkabwehr 425 Sendungen von verdächtigen Funkstellen fest! Die *Rote Kapelle* hatte auch die Sabotage der deutschen Abhörstellen und der Peilgeräte organisiert. Es gelang ihr, kommunistische Agenten als Entschlüßler in die Zentralstelle der Funkabwehr einzuschmuggeln, außerdem lieferte sie unbrauchbare Peilgeräte anstelle von brauchbaren oder ließ die Instrumente an Einheiten gehen, die damit nichts anzufangen wußten. Wenn die Dechiffrier-Einheiten bei der Marine, Luftwaffe und im OKW schon am Anfang der Feindseligkeiten in Betrieb waren, so waren jedoch die Chiffriergeräte der Funkabwehr erst ab Mitte April 1942 einsatzbereit! Im Herbst 1941 hatten die Spezialisten der Abwehr immer noch keine mit Funkpeilgeräten ausgerüsteten Fahrzeuge.

Die roten Sender von Berlin und Brüssel waren ab dem 24. Juni 1940 bekannt, aber es dauerte bis Dezember 1941, bis alle Agenten der Brüsseler Gruppe der *Roten Kapelle* vom SD verhaftet wurden[1]. In Marseille und später in Paris wurden der Russe Sokolow, alias *Kent* und Leopold Trepper, alias *Gilbert* verhaftet. Letzteren kannte schon die polnische und französische Polizei, deren Spionagenetze einige Zeit lang von der deutschen Funkabwehr benutzt wurden (Juli und November 1942).

In Moskau wurden die Nachrichten der Mitglieder der *Roten Kapelle* von Spezialisten empfangen, die dieselben Tag und Nacht unter der Leitung des Generals Fjodor Kusnetzow, später alias *Direktor*, entzifferten. Nachdem sie entschlüsselt und bewertet waren, wurden sie Stalin überbracht, der Ende Juni 1941 die Führung des Staatskomitees für Verteidigung übernommen hatte und dem auch der Generalstab der Roten Armee (Stavka) unterstand.

In Berlin werden die Mitarbeiter des *Direktors* durch ihre Unfähigkeit zunächst lahmgelegt, aber auch gleichzeitig geschützt: sie senden ins Leere und empfangen Moskau nicht, hören auf zu senden und übermitteln ihre Nachrichten an Kent, der damals in Brüssel war. Moskau beauftragt Sokolow, nach Berlin zu gehen, die Funkstationen in Ordnung zu bringen, und gibt ihm die Adressen. Aber diese Nachricht aus Rußland wurde am 14. Juli 1942 entziffert und der Chef der *Berliner Kapelle* entlarvt. Es war der Oberleutnant der Luftwaffe Harro Schulze-Boysen, alias *Coro*, Großneffe des Admirals v. Tirpitz. Er arbeitete seit 1933 für die Sowjets. Sein Ehrgeiz war nicht gerade gering: er wollte Kriegsminister in der zukünftigen deutschen Regierung werden. Warum auch nicht?

Mit *Coro* wurden zahlreiche Regimegegner aus seinem Bekanntenkreis und mehrere kommunistische Spione verhaftet, die im Propagandaministerium,

---

[1] Dies war nur eine erste Aktion. Die Brüsseler Gruppe arbeitete wieder von März bis Juli 1942 (A. d. Red.).

im Wirtschaftsministerium, im Arbeitsministerium, im Luftfahrtministerium, im Außenministerium und bei der Abwehr tätig waren. Insgesamt 81 Personen (August–September 1942).

Die Funksprüche der *Roten Kapelle* waren aus ganz Europa zu hören. aus Antwerpen, Amsterdam, Namur, Lüttich, Lilles, Lyon, Nizza, Annecy, Marseille, Paris, aber auch aus Barcelona, Rom und Belgrad.

In der Zeit von 1943–1945 erfuhr ich, daß bedeutende Spionageringe der *Roten Kapelle* in den von der Wehrmacht besetzten Gebieten bestanden, und zwar nicht nur im Westen, sondern auch in Kopenhagen, Warschau und Athen. Es gab auch welche in Rußland, hinter unserer Front. Ein Netz von sechzig Stationen war im Don-Gebiet in Betrieb, ein zweites, mit zwanzig Stationen im Kuban, und weitere Stationen befanden sich in der Nähe von Stalino und Woroschilowgrad. Allein das Netz im Don-Gebiet sandte täglich im Durchschnitt 3000 Worte nach Moskau. Die Stavka hatte demnach nur die richtige Auswahl zu treffen.

Keitel hingegen konnte am 4. April 1946 vor dem Nürnberger Gericht erklären:

»Der Nachrichtendienst des OKW unter Admiral Canaris verschaffte dem Heer und mir sehr wenig Material über die Stärke der Roten Armee...«

Nach den Verhaftungen in Berlin, Brüssel, Marseille und Paris begannen die ersten Sender der *Roten Kapelle* in der Schweiz, in Lausanne, zu senden. Der zuständige Chef war ein ungarischer Jude, Alexander Radolfi, alias *Rado*, oder *Dora*, ein Berufsagent des russischen MGB und hervorragender Geograf, Direktor der Gesellschaft Géo-Presse in Genf; außerdem scheint er Offizier der Roten Armee gewesen zu sein. Sein Verbindungsmann zum Generalstab der Wehrmacht war ein gewisser Rudolf Roessler, alias *Lucy*, von dem gesagt wird, er sei Bayer gewesen, ehemaliger Offizier der Reichswehr, der aus »patriotischem Haß« gegen den Nationalsozialismus zum Verräter wurde. Roessler scheint seit langem in den Diensten der kommunistischen Internationale gestanden zu haben. In seinem Buch *Geheime Reichssache* stellt der Amerikaner Victor Perry fest, daß der angebliche Roessler schon ein Agent von Kurt Eisner, 1919 Ministerpräsident der Bayerischen Räterepublik, war. Seit 1940 arbeitete er im Schweizer Sonderdienst mit einem Tschechen zusammen, dem Oberst Sedlacek, alias *Onkel Tom*, der dem britischen Nachrichtendienst angehörte.

Lucy spionierte nicht für den bloßen Ruhm. Er bekam 7000 Schweizer Franken monatlich, außer Prämien und Unkosten. Ich habe gelesen, daß er »den Nazismus in Deutschland ausrotten« wollte.

Nach dem Fall des Dritten Reiches setzte er jedoch seine Tätigkeit in der Schweiz fort und wurde 1953 verhaftet und wegen Spionage im Dienst der UdSSR zu einem Jahr Gefängnis verurteilt. Herr Roessler hat also nicht nur gegen das Dritte Reich gearbeitet, sondern war eben ein Berufsspion, der für den arbeitete, der ihn am besten bezahlte.

Er starb 1958. Es ist aber bekannt, daß er seine Nachrichten, die er an *Rado* übermittelte, von zwei Gruppen hoher deutscher Offiziere erhielt. Die Gruppe *Werther* war im OKW und im OKH tätig und die Gruppe *Olga* im Generalstab der Luftwaffe. Wir wissen, daß *Coro* im Luftfahrtministerium in Berlin war. Wenn *Werther* eine *Gruppe* im OKW war, wer war dann der *Chef* derselben? Man weiß es nicht. Man weiß nicht, wer *Lucy* das erste Funkmaterial verschaffte und so die Verbindung mit *Rado* ermöglichte. Die *Rado*-Gruppe verfügte über drei Funkgeräte, bekannt als *Rote Drei* (Funker: Foote, Hamel und Margit Bolli).

Die *Roten Drei* begaben sich unter den Schutz eines angeblich neutralen Landes, um dort für den Triumph eines politischen Systems zu arbeiten, das seit 1917 die Vernichtung aller westlichen Mächte zum Ziele hatte. Andererseits ist es wahr, daß zu diesem Zeitpunkt alle ihren Vorteil fanden, die Schweizer, Engländer, Amerikaner, und vor allem die Sowjets, für die die anfallenden Meldungen lebenswichtig waren.

Vom Sommer 1940 ab erhielt *Direktor* Hunderte von Nachrichten von *Werther* über *Lucy* und *Dora*, und die Troika sandte ihm im Verlauf des Ostkrieges mehrere hundert Funksprüche monatlich. *Direktor* befragte die *Roten Drei* über alle Punkte, die für den Krieg von höchstem Interesse waren: neue Waffen, Nachschub, Truppenbewegungen, Schaffung neuer Divisionen, persönliche Taten der wichtigsten Armeechefs und ihre Einstellung zu Hitler, Wirkungen der Bombardements der Alliierten, politische Ereignisse, von der Abwehr erhaltene Nachrichten, Produktion von Kriegsmaterial, aber besonders die Offensiv- und Defensivpläne des OKW, Meinungsverschiedenheiten im Führerhauptquartier und so weiter.

Wenn der Entschlüsselungsdienst der Funkabwehr auch die Nachrichten von *Kent* in Brüssel und *Coro* in Berlin ab Ende Mai 1942 entziffern konnte, so war der Funkschlüssel von *Dora* viel schwieriger zu knacken, und daher blieben diese allerwichtigsten Funksprüche für uns noch lange ein Geheimnis. Es war ein finnischer Oberst, den ich später kennenlernte, der die doppelte Verschlüsselung derselben entdeckte. Ich glaube, er lebt heute noch in Südafrika. Er teilte seine Entdeckungen nicht den deutschen Dienststellen in Finnland mit, sondern dem diplomatischen Vertreter eines neutralen Landes, den ich nach dem Krieg ebenfalls kennenlernte und mit dem ich mich sehr befreundete. Er teilte mir alle Details darüber mit. Auf diese Weise wurde die Entdeckung dem deutschen Außenministerium von dem hohen Diplomaten dieses neutralen Landes zur Kenntnis gebracht, und das Außenministerium gab die Information an das OKW weiter.

Als ich Ende März 1943 den Befehl über die Sabotageschule im Haag und unter Schellenberg vom Amt VI die Verantwortung für diese Schule und damit die Führung der Abteilung VI S übernahm, waren mir alle meine neuen Pflichten und Probleme noch ein großes Geheimnis. Ich mußte mich also mit der Tätigkeit des Amtes VI und besonders mit den Fragen des politischen Nachrichtendienstes vertraut machen. Hierbei wurde mir die Existenz der *Roten Kapelle* bekannt. Ich konnte damals natürlich noch nicht ihre ganze Bedeutung erkennen und möchte nur feststellen, daß ich sofort die Gefährlichkeit der *Roten Kapelle* erkannte, aber erst später erfuhr, welch kriegsentscheidende Bedeutung die Funkmeldungen dieser Gruppe für die Ostfront hatten.

Viele Hunderte von Funksprüchen der verschiedenen Netze der *Roten Kapelle* wurden schließlich entziffert. Wenn manche Historiker diese Angelegenheit nicht in Rechnung stellen wollen oder können, so gibt ihre Arbeit ein vollständig falsches Bild vom Krieg. Nehmen wir ein einfaches Beispiel. Ich gebe nachstehend vier Nachrichten von der *Roten Kapelle* wieder, die von Hauptmann V. F. Flicke (der während des Krieges ein gewissenhafter Offizier der Abwehr war), in seinem Buch *Spionagegruppe Rote Kapelle* (1949) erwähnt werden:

»2. Juli 1941 — An Direktor Nr. 34 — RDO.
Sehr dringend.
Der in Kraft stehende Operationsplan ist der Plan Nr. I mit dem Ziel Ural über Moskau und Ablenkungsmanöver an den Flügeln. — Hauptangriff in der Mitte. Rado.«
»3. Juli 1941 — An Direktor Nr. 37 — RDO.
Gegenwärtige Stuka-Produktion 9 bis 10 täglich. Durchschnittlicher Tagesverlust der Luftwaffe an der Ostfront 40 Apparate. Quelle: Deutsches Luftfahrtministerium. — Rado.«
»5. Juli 1941 — An Direktor Nr. 44 — RDO.
Die Luftwaffe hat gegenwärtig eine Stärke von 21 500 Flugzeugen erster und zweiter Linie und 6 350 JU-52 Transportflugzeuge insgesamt. — Rado.«
27. Juli 1941 — An Direktor Nr. 92 — RDO.
Falls der Plan I auf Schwierigkeiten stoßen sollte, wird er sofort durch den Plan II ersetzt. Er sieht einen Angriff auf Archangelsk und Murmansk vor. Im Fall eines Planwechsels würde ich Einzelheiten innerhalb von 48 Stunden erhalten. — Rado.«

Am 27. Juli 1941 hatte die Stavka demnach allein von *Rado* 92 Nachrichten erhalten und kannte den deutschen Angriffsplan und seine Varianten.
Die Schweizer Behörden gestatteten den *Roten Drei* bis Ende September 1943 Moskau anzufunken. Sie verhafteten Roessler erst am 19. Mai 1944, um ihn vor einer eventuellen deutschen Kommandoaktion zu schützen. Aber

am 8. September 1944 setzten ihn die Helvetier wieder frei und ebenso seine wichtigsten Agenten und Helfer in der Schweiz. Das war eine der Folgen des Attentats vom 20. Juli.

Einige Chronisten behaupten, daß Roessler ab 16. September 1944 den Kontakt mit *Werther* wieder aufgenommen habe. Das ist unwahrscheinlich. Zu diesem Zeitpunkt war Guderian zum Chef des Generalstabes des Heeres (OKH) ernannt worden. Viele Verräter waren entlarvt, und es war ihnen die Möglichkeit zu schaden genommen worden. Aber sehr spät. Zu spät.

Dank einer einzigen Schweizer Gruppe, der *Roten Kapelle*, hatte die Stavka dreißig Monate lang von vielen Plänen unseres Generalstabs Kenntnis erhalten. Stalin wurde täglich über die Angriffsziele des deutschen Heeres unterrichtet, wie auch über unsere Angriffsstärke, die Unterstellungsverhältnisse unserer großen und mittleren Einheiten, unsere strategischen Pläne, unseren Reservebestand an Mannschaften und Material, die deutschen Verteidigungsabsichten, die deutschen Verluste an Menschen und Material und so weiter.

Man muß sich fragen, wie die Wehrmacht trotz diesem permanenten Verrat die großen Siege erringen konnte, die nach dem Buch des Feldmarschalls v. Manstein *Verlorene Siege* waren. Heute wissen wir, warum sie es waren und wie sie es wurden. Dreihundert Jahre vor Christus sagte der chinesische Militärtheoretiker Ou-Tse schon mit Recht: »Ein Feind, dessen Absichten man kennt, ist schon halb besiegt.«

Folgendes scheint mir klar zu sein: Wenn die Rote Armee trotz diesem ungeheuren Verrat so lange von uns aufgehalten werden konnte, so liegen zwei wesentliche Gründe dafür vor. Erstens waren die Russen nicht sofort imstande, den Blitzkrieg aufzuhalten, der nach den neuen strategischen Ideen von Guderian, Manstein und Hitler geführt wurde und in Polen und im Westen so gute Resultate ergeben hatte. Ohne den Schlamm und das Fehlen von Straßen in der UdSSR wäre der Krieg trotz der *Roten Kapelle* auch in Rußland gewonnen worden. Aber die russischen kommandierenden Offiziere, vom Divisionsgeneral nach unten, waren gut, jünger und entschlossener als die unsrigen. Außerdem war der russische Soldat ausgezeichnet. Schließlich erhielt Stalin auch sehr bald von seinen kapitalistischen Alliierten ungeheure Mengen Material: insgesamt 22 500 Flugzeuge, 13 000 Panzerwagen, 700 000 Lastwagen, 3 786 000 Luftreifen, 11 000 Eisenbahnwagen, 2000 Lokomotiven, ohne die 18 Millionen Paar Stiefel, 2 500 000 Tonnen Stahl und Hunderttausende Tonnen Aluminium, Kupfer, Zinn und so weiter hinzuzurechnen.

Obwohl sie über alle unsere Vorhaben informiert war, mußte die sowjetische Heeresleitung zunächst zusehen, wie ihre Armeen geschlagen, eingekesselt und vernichtet wurden. In den Fällen, in denen der plötzliche Wechsel der Entscheidungen Hitlers und unseres Generalstabes nicht zur Kennt-

nis von *Werther* gelangte, wurde die Lage für die russischen Armeen katastrophal.

# NEUNTES KAPITEL

# Warum wir Moskau nicht genommen haben

Mit der Panzergruppe Guderian. — *Der schnelle Heinz* und Feldmarschall Rommel. Wir überqueren die Beresina und den Dnjepr. — Der neue, beinahe unbezwingliche T 34 taucht auf. — Die Hölle von Jelnja. — Das traurige Schicksal des russischen Bauern. — Stalin ohne Information von der *Roten Kapelle*: Sieg in der Ukraine, 1 328 000 Gefangene. — Die Schlacht von Borodino. — Die verschwundene Heeresgruppe. — Die Einnahme von Istra. — Kälte. — Die Raketen mit flüssiger Luft. — Wir beschießen die Vororte Moskaus. — Der Befehl zum Rückzug. — Die Gründe unserer Schlappe. — Unerfahrenheit, geringe Sachkenntnis und Sabotage. — 6 gegen 1, so kann man nicht gewinnen. — Richard Sorge: er hatte die zukünftige Frau Ott in München gekannt. — Seltsame Bürgen: Agnes Smetley und Dr. Zeller. — Die wirkliche Persönlichkeit des Gesandten Eugen Ott. — Er begünstigt und deckt die Tätigkeit des Spions. — Die Akten Liutchkow an Moskau ausgeliefert. — Weshalb Stalin seine Front gegen Japan (Korea) fast völlig entblößen konnte. — Wurde Sorge wie Rudolf Abel ausgetauscht? — War seine Tätigkeit und vielleicht auch seine Existenz unvereinbar mit dem »Wunder von Moskau«? — Überlegungen zum Rückzug.

Vom 22.–29. Juni 1941 drang unsere *Panzergruppe Guderian* vom Bug bis zur Beresina vor. Eine ausgezeichnete Infanterie-Einheit, das Regiment (später Division) *Großdeutschland*, unterstützte uns; wir befanden uns an der Spitze der Ostfront. Um den berühmten Fluß zu überqueren, fehlten Artillerie und Munition, und die Funkverbindung nach rückwärts konnte nicht hergestellt werden: Unsere Posten waren nicht stark genug. Ich bekam den Auftrag, unsere Verstärkungen zu suchen, die sich mehr als 120 km westlich befanden, und sie raschest heranzuführen. Ich brach mit fünf Mann auf und orientierte mich nur nach dem Kompaß. Ich hatte festgestellt, daß unsere Karten ungenau waren, und wollte die Wege vermeiden, die wir schon genommen hatten. Ich wußte nämlich, daß sie hinter uns wieder vom Feind besetzt worden waren.

Ich fand meine Artillerieabteilung, und der Kommandeur, Hauptmann Rumohr — einer der besten Offiziere, die ich je gekannt habe —, gab sofort den Befehl zum Aufbruch in Richtung Osten.

Am 3. Juli gelang es einem Bataillon der SS-Division *Das Reich* und einer Batterie unserer Artillerieabteilung und dann noch einem zweiten Infanteriebataillon, einen Brückenkopf bei Brodez, 70 km südlich der Beresina, zu bilden. Als »Papa Hausser« General Guderian hierüber Bericht erstattete, beglückwünschte ihn der *schnelle Heinz*.

Ehe ich Generaloberst Guderian persönlich im OKH kennenlernte, habe ich ihn oftmals, selbst auf dem Höhepunkt einer Schlacht, auf seinem gepan-

4 Ein SS-Untersturmführer in Marine-Uniform. Der abstinente U.St.-Fhr. und Dolmetscher Robert Warger in Sta. Maddalena 1943, wurde hier »trinkfest« gemacht, um im Gespräch mit italienischen Seeleuten den neuen Aufenthaltsort Mussolinis zu erkunden.

5 September 1943 in Avezzano. Die Männer in Fallschirmjäger-Uniform von links nach rechts: Warger, Skorzeny, Hans Holzer, Werner Holzer, Himmel, Menzel und Glärner. Vorne sitzend: Wagner, Radl und Gföller.

6  12. September 1943: Mussolini mit seinen Befreiern, dem italienischen General Soleti und seinem Bewacher General Cueli.

7 Nach seiner Befreiung am 12. 9. 1943 nahm Mussolini Platz in einem auf dem Fels-plateau des Gran Sasso bereitgestellten Fieseler Storch. Am Steuerknüppel Haupt-mann Gerlach, über den Duce gebeugt Otto Skorzeny (in Luftwaffen-Uniform), der darauf bestand, Mussolini auf seinem Flug ins Tal zu begleiten.

zerten Befehlswagen gesehen und habe ihn beobachtet, wenn er mit dem Kommandeur der Division *Das Reich* die Lage besprach. Er war ein Endfünfziger mittlerer Größe, aber schlank und sehr lebhaft, der jedem seiner Gesprächspartner stets mit größter Aufmerksamkeit zuhörte. Er war unter uns sehr beliebt, bedeutend mehr als Feldmarschall v. Bock, der Befehlshaber der Heeresgruppe Mitte. Guderian hatte die prophetischen Theorien aller Panzerspezialisten wie Martel, Fuller, Estienne, Liddell Hart und das Werk *Der Kampfwagenkrieg* (1934) – des österreichischen Generals v. Eimannsberger gelesen und studiert, ehe er sein Buch *Achtung! Panzer* schrieb, das von unserem Generalstab skeptisch beurteilt wurde. Sobald Hitler hingegen Panzer, Spähwagen mit schweren MGs oder 20 mm-Kanonen und vollmotorisierte Infanterie in gemeinsamen Manöver und Zusammenarbeit gesehen hatte, verstand er sofort die vom General Guderian, aber auch von General v. Manstein vertretenen Anschauungen.

Weder Beck noch Halder oder Keitel, selbst Jodl wollten nicht glauben, daß die Russen über »mehr als 10 000 Panzerfahrzeuge« verfügten, wie Guderian behauptete, der viel besser informiert war als Canaris. Am 4. August 1941 sagte Hitler in Nowij-Borissow zum Kommandeur der II. Panzergruppe:

»Wenn ich geglaubt hätte, daß die Anzahl russischer Panzer, die Sie in Ihrem Buche nennen, den Tatsachen entspricht, würde ich diesen Krieg wahrscheinlich nicht in diesem Juni 1941 begonnen haben.«

Es ist selten, daß ein militärischer Theoretiker selbst seine Ideen in eine siegreiche Schlacht umsetzen kann. Guderian war einer von diesen. Er war einer der drei oder vier Befehlshaber des deutschen Heeres, die ihre andere Meinung offen bis zum Ende Hitler ins Gesicht sagten.

Es ist nicht gerechtfertigt, wenn gewisse Leute Guderian mit Rommel vergleichen. Dieser war ohne Zweifel ein hervorragender Taktiker, er hat aber niemals mehr als vier oder fünf Divisionen des *Afrikakorps* und die italienischen Divisionen befehligt. Guderian, der in Rußland mehr als dreißig Divisionen manövrieren ließ, war sowohl ein beachtenswerter Stratege wie auch ein erstklassiger Taktiker. Würde er, wenn er sich im Juli 1942 an Rommels Stelle befunden hätte, das Schicksal bei El Alamein gewendet haben? Das kann niemand sagen. Fest steht jedoch, daß uns der Fall von Alexandrien den Weg zum Erdöl geöffnet und daß sich dann auch die Türkei den Achsenmächten angeschlossen hätte. Mit dem geschlossenen Suezkanal und der Hilfe der arabischen Erdölländer wäre dieser Krieg anders verlaufen.

Es muß gesagt werden, daß auch das Afrikakorps und die italienischen Divisionen ein Opfer des permanenten Verrats wurden. Ein italienischer Admiral, Maugeri, verriet uns von Anfang an oft und sehr wirksam, so daß er nach Kriegsende von den Alliierten ausgezeichnet wurde. Es ist ihm zu verdanken, daß 75 Prozent der für das Afrikakorps bestimmten Versorgung versenkt wurden. Carell sagt in seinem Buch *Afrikakorps,* daß Maugeri nicht der einzige Informant der Engländer war. »Von Berlin«, schreibt er, »gelangten Nachrichten größter Wichtigkeit über Rom an die englischamerikanischen Spionagestellen.« Die *Rote* und die *Schwarze Kapelle* waren eifrig bei der Arbeit. Im Jahre 1943 sagte mir Feldmarschall Kesselring, Oberbefehlshaber in Italien, daß die Alliierten über die Abfahrtzeiten und Routen der italienisch-deutschen Konvois nach Nordafrika gut unterrichtet waren und ganz genau über die Ladung der einzelnen Schiffe Bescheid wußten. General Bayerlein, einer der engsten Mitarbeiter Rommels, schrieb sogar im Jahre 1959, daß er fest davon überzeugt war, »daß die Pläne Rommels den Engländern verraten worden waren«. (Siehe Carell, *Afrikakorps.*)

Es klingt fast unglaublich und wie eine billige Ausrede, wenn man das Fehlschlagen eines Feldzugs auf Verrat zurückführt. In diesem Fall ist man aber berechtigt zu sagen, und es ist bewiesen, daß der Verrat seit 1941 in Afrika wie in Rußland eine große Rolle gespielt hat, die heute nicht mehr verschwiegen werden darf.

Während wir von der Beresina nach dem Dnjepr vorstießen, regnete es in Strömen, und wir mußten zuerst gegen den Schlamm kämpfen, aus dem wir unser rollendes Material immer wieder befreien mußten. Die Reparatur der vielen Fahrzeuge wurde sehr schwierig, fast unmöglich. Es sollte aber noch schlimmer kommen. So überquerte unsere Division den Dnjepr südlich von Schkow trotz dem Schlamm nach einem kurzen aber heftigen Kampfe und einer lebhaften Reaktion der sowjetischen Luftwaffe.

Am 3. Juli hatten die beiden Zangenbewegungen der Panzergruppen — Hoth im Norden und Guderian im Süden — sich geschlossen, und weit im Osten war der große Kessel hinter Minsk geschlossen worden. Laut Bericht des FM v. Bock vom 8. Juli war das Ergebnis folgendes: 287 704 Gefangene, 2585 Fahrzeuge zerstört oder erobert, darunter Panzer der allerschwersten Typen.

Trotz alledem wurde der russische Feldzug nicht »in 14 Tagen gewonnen«, wie Generaloberst Halder zu hoffnungsvoll in sein *Tagebuch* (3. Juli) geschrieben hatte. Ein anderer, von den Historikern immer begangener Irrtum ist der, zu behaupten, daß »die Sowjettruppen am Anfang des Feldzuges den Befehl erhalten hätten, bis zum Tod Widerstand zu leisten«. Ganz im Gegenteil. Sie hatten Befehl erhalten, sich so schnell wie möglich zurückzuziehen, wenn ihnen eine Umzingelung drohte. Nur bestimmte Einheiten wurden geopfert. Mehr als eine halbe Million sowjetischer Soldaten konnten jedoch noch aus der Falle von Minsk entkommen. Das war Hitler nicht unbekannt. Nachdem wir am 13. Juli einen heftigen Gegenangriff zurückgeschlagen hatten, drangen wir am folgenden Tage südlich von Gorki weiter vor und stießen mit der X. Panzerdivision des Generals Schaal auf die Straße Smolensk-Stodoliste. Am 18. und 19. Juli eroberten wir Jelnja in härtestem Kampf.

Wir schlugen uns in voller Überzeugung unseres Endsieges. Die taktische Überlegenheit der mit einem »G« (Guderian) gekennzeichneten Panzer war überragend. Wenn es der Feind jedoch zu jener Zeit verstanden hätte, seine T 34-Panzer in geordnetem Gegenangriff massiv einzusetzen, würden unsere Schwierigkeiten über unsere Kräfte gegangen sein. Unsere Panzerabwehrkanonen, die die russischen Typen T 26 und BT auf der Stelle stoppten, waren wirkungslos gegen die neuen T 34, die durch die noch nicht abgeernteten Getreidefelder fuhren und gegen die mit unseren 50 mm-Panzerabwehrkanonen, aber auch mit der Kanone unserer Panzer III und IV nichts auszurichten war. Unsere Soldaten, durch das hohe Getreide gut gedeckt, liefen den Panzern nach, um sie mit Molotowcocktails kampfunfähig zu machen. Das waren einfache, mit Benzin gefüllte Flaschen, durch deren Stopfen eine angebrannte Zündschnur lief. Der Cocktail mußte auf die heiße Panzerplatte über dem Motor geworfen werden. Dadurch konnte der Panzer manchmal in Brand gesetzt werden. Sehr wirkungsvoll waren auch eine gezogene, in das Rohr der Kanone eingeführte Handgranate oder eine genügende Menge plastischen Sprengstoffs auf dem Turmdeckel, oder Tellerminen auf den Panzerraupen. Die *Panzerfaust* wurde erst viel später eingeführt, und einige russische Panzer wurden zu Beginn des Feldzuges durch direkten Beschuß mit schwerer Artillerie aufgehalten.

Wir kämpften auf einer Front von 1000 km Länge und befanden uns am 24. Juli an der vordersten Spitze der Offensive. Einige deutsche Einheiten standen damals noch mehr als 100 km westlich.

Jelnja an der Desna, 75 km südöstlich von Smolensk, war einer der wichtigsten strategischen Punkte und ein bedeutender Eisenbahnknotenpunkt. Mit der X. Division bildete unsere Division einen Brückenkopf und eine igelförmige Verteidigungsstellung, mit einem Radius von etwa 8 km und unserer Abteilung an der südlichen Flanke.

Paul Carell hat recht, wenn er die Kämpfe, die sich bei Jelnja abgespielt haben, als furchtbar bezeichnet. Marschall Timoschenko, der zum Oberbefehlshaber der russischen Mittelfront ernannt worden war, versuchte sechs Wochen lang, unseren Igel zu erdrücken, wozu er Reservedivisionen unter Befehl des zukünftigen Marschalls Konstantin Rokossowski einsetzte.

Allein am 30. Juli wurden dreizehn sowjetische Angriffe gegen die vom Regiment *Großdeutschland* und von der Division *Das Reich* gehaltene Igelstellung zurückgeschlagen. An diesem Tage sah unser Hpt.St.Fhr. Jochen Rumohr Panzer vom Typ T 34 vor der VI. Batterie der II. Artillerieabteilung auftauchen, stieg auf ein Motorrad und lenkte die Verteidigung, indem er kaltblütig zwischen unserer Artillerie und den feindlichen Panzern herumfuhr. Der letzte wurde auf eine Entfernung von 15 Metern durch eine 10,5-cm-Haubitze zerstört. Und es war höchste Zeit geworden! Das war eine wirklich außergewöhnliche Episode. Rumohr wurde kurz darauf zum Ob.St.bannFhr. ernannt.

Anfang August wurden wir von zwei Infanteriedivisionen abgelöst, hatten aber keine Zeit, zu unserer Ruhestellung zu gelangen und mußten eine Stellung nördlich der Igelstellung besetzen, wo die feindliche Infanterie massive Gegenangriffe unternahm.

Sie erlitt fürchterliche Verluste. Woge auf Woge kam der Feind direkt auf uns zu, nur um sich massakrieren zu lassen, immer am selben Ort, auf den unsere Artillerie haargenau eingeschossen war. Das war unverständlich, herzbrechend und widerlich mitanzusehen. Warum wurden auf diese Weise Tausende tapferer Soldaten stupide in den Tod geschickt? Etwa um dieselbe Zeit wurde ich mit dem Eisernen Kreuz II. Klasse ausgezeichnet.

Es war uns verständlich, daß der russische Soldat den Boden seines Vaterlandes verteidigte, denn wir waren die Invasoren. Aber im Namen welcher Gesellschaftsordnung opferte man ihn? Was wir in den Dörfern und Flekken Rußlands, durch die wir gekommen waren, gesehen hatten, hatte uns über das »Sowjetparadies« aufgeklärt. Menschen und Tiere wohnten in für den Menschen erniedrigender Weise zusammen, und Mensch und Tier hatten kaum Nahrung. Nördlich von Kobrin besuchte ich eine *Kolchose:* der russische Bauer war nur ein elender Sklave aus den Zeiten der *Toten Seelen* von Gogol. Auch heute noch hat Alexander Solschenizyn recht; aber was wir in der UdSSR gesehen und erlebt haben, ist von uns vor Krawtschenko und dem mutigen Solschenizyn ausgesprochen worden.

Man wirft uns vor, die Russen für Untermenschen gehalten zu haben. Das entspricht nicht der Wahrheit. Ich habe vom ersten Jahr an russische Gefangene als Automechaniker beschäftigt, die intelligent und findig waren. Diese Russen fanden zum Beispiel heraus, daß eine bestimmte Feder der T-34-Panzer in unsere Horch-Kübelwagen eingebaut werden konnte, bei denen in kürzester Zeit alle Federn an den Vorder- und Hinterrädern gebrochen waren. Warum sollte ich diese Russen wie Untermenschen behandeln? Wenn ich auch Antibolschewist war und immer noch bin, war und bin ich deshalb nicht antirussisch.

Wenn Hitler anfangs den russischen Soldaten unterschätzt hat, wie einige behaupten, hat er sich schwer geirrt. Wir hatten eine überlegene Strategie, und unsere Generale beherrschten die Probleme der Bewegung motorisierter Divisionen wesentlich besser, ideenreicher als die Russen. Aber vom gewöhnlichen Soldaten bis zum Kompaniechef waren die russischen Soldaten gleichwertig mit den deutschen. Tapfer, hart und mit einem ausgeprägten Sinn für Tarnung, leisteten sie einen erstaunlich zähen Widerstand und gingen massenhaft und mit unglaublichem Fatalismus in einen sicheren Tod.

In der Hölle von Jelnja waren wir davon überzeugt, daß wir nicht nur für Deutschland kämpften, sondern für ganz Europa. Die Division war aber am Ende ihrer Kräfte. Wie viele andere Kameraden, hatte auch ich eine heftige Ruhr bekommen. Ich weigerte mich, ins Feldspital zu gehen, und baute nur mein Zelt weit am Rande unseres Lagers auf. Glücklicherweise wurde die Division *Das Reich* im Abschnitt Roslawl in Ruhestellung geschickt: Mannschaften und Fahrzeuge hatten das auch wirklich nötig.

Zu diesem Zeitpunkt traf Hitler eine Entscheidung, über die die Meinungen damals wie noch heute geteilt sind. Die Offensive in Richtung auf Moskau wurde plötzlich unterbrochen und nach dem Süden in Richtung auf Kiew befohlen, nicht nur um den Besitz des Getreides der Ukraine und des Industriebeckens des Donez zu kommen, sondern auch weil die bei Jelnja eingebrachten Gefangenen von der Konzentration großer Streitkräfte zur Verteidigung der ukrainischen Hauptstadt Kiew sprachen. »Die Kriegskunst«, schrieb Napoleon, »besteht darin, an dem Punkt, an dem man angreift oder angegriffen wird, eine größere Stärke zu haben.«

Die deutschen Generale und Historiker, die nach dem Kriege den plötzlichen Entschluß Hitlers, gefaßt in der Nacht vom 20. zum 21. August, im Süden anzugreifen, während FM v. Rundstedt in Richtung Norden angreifen sollte, kritisiert haben, scheinen die Tätigkeit der *Roten Kapelle* in der Schweiz vergessen zu haben. Betrachten wir uns die Sachlage im Detail:

Am 10. August teilte *Werther Lucy* die Einzelheiten des Angriffsplans des größten Teils der Heeresgruppe des FM v. Bock mit: unmittelbares Ziel: Moskau. Das war die Anweisung Nr. 34 des OKW von gleichem Datum. *Rado* nimmt sofort die Weitersendung an *Direktor* vor. Stalin, Schaposchnikow, Generalstabschef der Roten Armee und Timoschenko, Kommandeur der Westfront, treffen ihre entsprechenden Entscheidungen. Stalin läßt den General Jeremenko, Panzerspezialist, zu sich kommen und befiehlt ihm am 12. August, den Abschnitt vor Moskau zu befestigen und Guderian dort zu erwarten.

Aber am 18. August schlägt Halder, Chef des Generalstabs des OKH, Hitler vor, den Angriff auf Moskau nicht frontal auszuführen, sondern über Brjansk, wobei Guderian den Anschein erwecken sollte, sich ganz nach Süden zu wenden, um plötzlich die Richtung nach Norden zu ändern und von Brjansk nach Moskau vorzugehen. *Direktor* in Moskau erfährt sofort von dieser Änderung der Anweisung Nr. 34. Aus diesem Grunde konnte Jeremenko in seinen Memoiren schreiben, daß »Kamerad Schaposchnikow ihm am Morgen des 24. Augusts mitteilte, der Angriff auf Brjansk werde am nächsten Tage stattfinden«. Deshalb zog Jeremenko, wie er schreibt, dort den westlichen Teil seiner Streitkräfte zusammen, um einen von Westen kommenden Schlag zu parieren, wie es auch der russische Generalstab angeordnet hatte.

Am 21. August beschließt Hitler aber, und zwar ohne Halder zu benachrichtigen, daß die II. Panzergruppe Guderian weder Brjansk noch Moskau angreifen, sondern sich noch mehr nach Süden mit Kiew als Ziel wenden sollte, wobei ihm eine große Manövrierfreiheit erlaubt wurde. *Lucy* wird nicht rechtzeitig informiert und demgemäß auch nicht Moskau.

Am 23. August vertritt Guderian seinen Standpunkt vor Hitler: »Ich will direkt nach Moskau.« Hitler ließ mich aussprechen, ohne mich zu unterbrechen«, schreibt der General. »Ich konnte ihn aber nicht überzeugen.«

Es war Kiew und die Ukraine. Der General gehorchte.

Ich kann in dem Entschluß Hitlers nicht das Verhalten eines »Unfähigen, eines Dilettanten« sehen, wie Gerd Buchheit, ein ehemaliger Offizier der Reichswehr, in seinem Buch schreibt. Gerade dieser Entschluß täuschte den Feind und erlaubte, ungefähr fünfzehn sowjetische Armeen zu vernichten und wichtigste landwirtschaftliche und Industriegebiete zu besetzen. Die Ruhepause für die Division *Das Reich* war von kurzer Dauer, und die Division nahm östlich von Kiew an den großen Kesselschlachten teil, die von den Generalen Guderian, der vom Norden kam, und v. Kleist, der vom Süden anmarschierte, befehligt wurden. Ergebnis: 665 000 Gefangene, 884 Panzer, 3178 Kanonen am 15. September. Am gleichen Tage verlangte Stalin von Churchill »20—25 Divisionen, die in Archangelsk von Bord gehen sollten«.

Wir kämpften bis Priluki und Romny, wo im Jahr 1703 der viel bewunderte und mutige Carl XII. von Schweden sein Hauptquartier aufgeschlagen hatte. Dann kam die erste Phase der Operation *Taifun*, deren Ziel die Einnahme Moskaus war. Die Division marschierte also wieder nach Norden, über Gomel bis nach Roslawl, wo wir Ende September ankamen.

Es ist nicht übertrieben zu behaupten, daß bis dahin das Land und das Klima unsere erbittertsten Feinde gewesen waren. Während des Sommers hatten Staub und Sand unsere Motoren abgenutzt und die Filter verstopft. Guderian, der 600 Ersatzmotoren bestellt hatte, erhielt die Hälfte, und die Division *Das Reich* wurde auch nicht besser versorgt. Vom 3.—20. September regnete es, und anstelle des Staubes trat der Schlamm. Als wir an die Desna kamen, konnte ich von Glück sagen, daß ich ungefähr 100 unserer Lastwagen, die schon halb versunken waren, aus dem Morast ziehen konnte. Nach den großen Kesselschlachten der Ukraine war unser Marsch nach Norden ein neuer Leidensweg.

Anfang Oktober schwenkten wir in nordöstlicher Richtung auf Gschatsk und Juchinow ab. Wir stellten fest, daß Stalins Anordnungen befolgt worden waren: aus den Wäldern, durch die wir hindurch mußten, wurden wir schon von Partisanengruppen beschossen. Es handelte sich noch um kleine Einheiten, die aus unserem Kessel entronnen waren, und denen sich geflüchtete Gefangene anschlossen. Die Flucht war ja so einfach! Wir konnten kaum einen einzigen Soldaten entbehren, um 500 Gefangene zu bewachen. Von zwanzig Dörfern besetzten wir zwei oder drei, während die anderen den Partisanen Zuflucht boten, deren Führer die Bevölkerung im Guten oder im Bösen zum Gehorsam zwangen.

In Gschatsk mußten wir an zwei Fronten kämpfen: gegen Westen, um ein Ausbrechen des eingeschlossenen Feindes zu verhindern, und gegen Osten, um uns den Divisionen entgegenzustellen, die Timoschenko auf dieser »Rollbahn« von Moskau nach Smolensk gegen uns in den Kampf schickte.

Der Winter kam in diesem Jahr sehr früh. In der Nacht vom 6. zum 7. Oktober fiel der erste Schnee. Es kam mir in Erinnerung, daß Napoleon, nachdem er den Njemen am 22. Juli überquert hatte, am 14. September 1812 in Moskau eingedrungen war und daß er die brennende Hauptstadt am 19. Oktober mit mehr als 100 000 Mann aufgeben mußte, um den furchtbaren Rückzug anzutreten. Als ich diesen Schnee sah, der am 7. Oktober 1941 der Landschaft einen eintönigen, aber gefährlichen Anblick verlieh, hatte ich böse Vorahnungen, die der mir eigene Optimismus aber bald verjagte. Wir hatten die Kreuzung bei Gschatsk fest in unserer Hand, und Moskau war nur noch ungefähr 160 km auf der »Rollbahn« entfernt.

Die »Autobahn«! Bei diesem Wort stellt man sich eine breite, gepflasterte oder asphaltierte Chaussee vor. In Wirklichkeit handelte es sich hier nur um einen breiten, aufgeschütteten Erdwall. Aber südlich von uns hatte die Doppelschlacht von Wijasma-Brjansk (30. September — 14. Oktober) schließlich mit der Vernichtung von neun sowjetischen Armeen geendet. Die Generale Guderian, Hoth, v. Arnim, v. Manteuffel und Model hatten 663 000 Gefangene gemacht und 1242 Panzer und 5142 Kanonen zerstört oder erbeutet. Wir griffen die erste Verteidigungslinie von Moskau vor Borodino an. Hier war es gewesen, wo Napoleon am 7. September 1812 gegen Kutusow, den Prinzen Bagration, Duwarow, Barclay de Tolly und Rajewskij die Schlacht gewonnen hatte, die ihm die Tore nach Moskau öffnete.

Die Division *Das Reich* griff mit der Brigade Hauenschild der X. Panzerdivision, dem VII. Panzerregiment und einer Abteilung der 90. motorisierten Artillerie und der X. Aufklärungsabteilung an. Zwischen der »Rollbahn« und der alten Postroute, etwas weiter nördlich, hatte der Feind aus Minenfeldern, Stacheldrahtverhauen, Antitankgräben und Schützenlöchern, sowie kleinen festen Stützpunkten eine sehr starke Verteidigungsstellung aufgebaut. Die festen Stützpunkte wurden von einer Spezialtruppe verteidigt, die über Flammenwerfer, erstklassige Artillerie, Stalinorgeln und beste Unterstützung seitens der Luftwaffe verfügte. Dann erwartete uns aber eine sehr üble Überraschung: in Borodino mußten wir zum ersten Mal gegen sibirische Truppen kämpfen. Das waren sehr gut ausgerüstete, kräftige und entschlossene Kerle, mit großen Pelzmänteln und -mützen, pelzgefütterten Stiefeln und automatischen Gewehren, natürlich dazu auch alle schweren

Waffen. Es war die 32. Jägerdivision aus Wladiwostok, die von zwei neuen Brigaden von T-34- und Klim-Woroschilow-Panzern begleitet wurde.

Von allen harten Kämpfen, an denen ich die Ehre hatte teilzunehmen, war dieser zweifellos der mörderischste. Er dauerte zwei Tage. Ich sah viele gute Kameraden fallen und »Papa Hausser« wurde in meiner Nähe schwer verletzt. Er verlor ein Auge. Aber die gesamte Artillerie unter dem Befehl des Obersten Weidling öffnete eine Bresche, durch die unsere Sturmgrenadiere drangen, und der Riegel der ersten Verteidigungslinie Moskaus war gesprengt. Am 19. Oktober besetzten wir Moshaisk: Es blieben nur mehr 100 km nach Moskau!

Nach Moschaisk wurde der Widerstand immer schwächer. Wir waren davon überzeugt, daß wir Anfang November in Moskau sein würden. Doch dann kam die Katastrophe: ab 19. Oktober fiel ein sintflutartiger Regen auf das Gebiet der Heeresgruppe Mitte, die innerhalb von drei Tagen buchstäblich im Morast versank. Ich erhielt den Auftrag, Lastwagen auf der »Autobahn« wieder flottzumachen. Es war ein furchtbarer Anblick: viele Kilometer lang waren Tausende von Fahrzeugen in drei Reihen zum Teil bis zur Motorhaube im Schlamm versunken. Es gab keinen Brennstoff mehr. Die Versorgung mußte durch Flugzeuge erfolgen: im Durchschnitt 200 Tonnen täglich für jede Division. Die vollkommene Verstopfung wirkte sich auf mehrere 100 km nach dem Westen aus. Auf diese Weise gingen drei kostbare Wochen und eine enorme Menge Material verloren. In seinem Buch *Decisive battles of the Occidental World* schreibt der englische General J. F. Fuller im Jahre 1958:

> »Mehr als durch den russischen Widerstand, der gewiß energisch war, wurde Moskau durch den Zusammenbruch des deutschen Nachschubs im Morast auf der ganzen Front gerettet.«

Unter ungeheuren Anstrengungen mußten daher während der Gefechte 15 km Knüppelstraße mit von uns gefällten Baumstämmen gebaut werden. Trotz den Gegenangriffen der sibirischen Truppen und der T 34 überquerten wir die Moskwa, oberhalb von Rousak: wir wollten als erste auf dem Roten Platz ankommen. Es lebe die Kälte!, dachten wir. Es fror in der Nacht vom 6. und 7. November 1941. Langsam kam der Nachschub wieder in Gang. Wir erhielten Munition, Brennstoff, einige Lebensmittel und Zigaretten. Die Verwundeten konnten zurückgeschafft werden, und die letzte Offensive wurde vorbereitet.

Wir sollten über Istra nach Moskau vordringen. Ich erhielt schon sehr frühzeitig den Befehl, ein wichtiges Wasserwerk in Moskau vor der Zerstörung zu schützen und den Betrieb unter allen Umständen weiterlaufen zu lassen. Die Kirche von Istra ist noch nicht beschädigt. Durch den Nebel hindurch können wir die Glocken ihrer Türme funkeln sehen. Das kleine Städtchen ist einer der Hauptstützpunkte der zweiten Verteidigungslinie der Hauptstadt.

Trotz den Verlusten war unsere Moral gut: wir würden Moskau nehmen. Wir bereiteten uns für den letzten Sturmangriff vor. Aber am 19. November fiel die Temperatur plötzlich auf minus 20 Grad Celsius. Wir hatten kein frostsicheres Motoren- und Gewehröl, und die Motoren waren frühmorgens kaum mehr in Gang zu setzen. Trotzdem nahm Oberstleutnant v. d. Chevallerie am 26. und 27. November Istra mit den 24 Panzern, die ihm von der 10. Panzerdivision geliehen wurden, und der Aufklärungsabteilung der Division *Das Reich,* die unter dem Befehl von Hpt.St.Fhr. Klingenberg stand, der schon als erster in Belgrad eingedrungen war. Istra wurde von einer anderen Elitedivision, der 78. sibirischen Jägerdivision, verteidigt. Am folgenden Tage machte die russische Luftwaffe Istra dem Erdboden gleich.

Vor uns, links, lag Khimki, der Hafen Moskaus, 8 km von der eigentlichen Stadt entfernt. Am 30. November drang eine Krad-Aufklärungskompanie des 62. Pionierbataillons, das zum Panzerkorps Hoepner gehörte, ohne einen Schuß abzugeben, in Khimki ein und rief dort eine Panik hervor. Diese Gelegenheit wurde leider nicht ausgenutzt. Unsere Krad-Schützen zogen sich unbegreiflicherweise zurück.

Hier ereignete sich auch eine andere, sehr geheimnisvolle Episode unserer Offensive gegen Moskau. Diese Episode wurde bisher von keinem Historiker erwähnt. Um auf die furchtbaren Raketen der Stalinorgeln eine gebührende Antwort zu geben, hatten wir Raketen eines neuen Typs bekommen, deren Ladung aus flüssiger Luft bestand. Sie sahen wie große Fliegerbomben aus und hatten, soweit ich es beurteilen kann, eine fürchterliche Wirkung, die auf der Gegenseite ein sichtbares Abfallen des Widerstandwillens hervorrief.

Der Feind verfügte vor unseren Linien über starke Lautsprecher für seine Propaganda, die damals recht mittelmäßig war. Einige Tage nach der ersten Anwendung unserer großen, mit flüssiger Luft geladenen Raketen, ließen uns die Russen über ihre Lautsprecher wissen, daß sie Kampfgase einsetzen würden, falls wir diese Raketen weiterhin verschießen sollten.

In unserem Abschnitt wurden dieselben nicht weiter eingesetzt, und ich glaube auch nicht, daß sie an anderen Frontabschnitten später wieder verwendet wurden.

Am 2. Dezember gingen wir weiter vor und erreichten Nikolajew, 15 km vor Moskau. Bei klarem Wetter konnte ich durch mein Fernglas die Türme Moskaus und des Kremls sehen. Unsere Batterien beschossen die Vororte und Straßenbahnen. Wir hatten aber fast keine Zugmaschinen mehr für unsere Haubitzen. Chevallerie verfügte nurmehr über zehn kampffähige Panzer, und die Temperatur fiel auf minus 30 Grad C. Vom 9. Oktober bis zum 5. Dezember 1941 hatten die Division *Das Reich,* die 10. Panzerdivision und die anderen Einheiten des XXXX. Panzerkorps schon 7582

Offiziere, Unteroffiziere und Soldaten verloren. Das waren 40 Prozent ihrer nominalen Effektivstärke. Sechs Tage später, als wir Tag und Nacht gegen neue sibirische Divisionen kämpfen mußten, die auf unserem rechten Flügel durchbrachen, kamen die Verluste unserer Division auf mehr als 75 Prozent.

Wir erfuhren an diesem Tage, daß Deutschland und Italien nach Pearl Harbour den Vereinigten Staaten von Amerika den Krieg erklärt hatten. Das hatte die Folge, daß die Moral einiger unserer Kameraden absank. Das wichtigste war, zu wissen, was Japan, unser Verbündeter, nun für eine Haltung gegenüber Rußland einnehmen würde. Aber die Gegenwart der sibirischen Truppen, die alle von der Nordgrenze Koreas kamen, und die seit einem Monat immer mehr wurden, ließ nichts Gutes erwarten.

Am folgenden Tage, am 12. Dezember, erhielten wir den Befehl, uns auf die Linie Wolokolamsk-Moschaisk zurückzuziehen.


Warum hatten wir Moskau nicht nehmen können? Viele Historiker haben sich diese Frage gestellt und haben sie auf verschiedene Weise beantwortet. Unsere Division war eine von denen, die kurz vor dem Ziel aufgeben mußten und die Gründe für unseren Fehlschlag sind mir heute klar. Ich will versuchen, sie so kurz wie möglich zu erklären.

Seit Februar 1938 stand das Heer unter dem Oberbefehl des FM v. Brauchitsch, der aus einer preußischen Offiziersfamilie stammte. Er war ein guter General der alten Schule. 1941 war er schon über sechzig. Auf seinem Posten wäre bestimmt ein jüngerer Kommandeur nötig gewesen, der mehr Verständnis für die Prinzipien dieses, unter Leitung Hitlers und nach dem Vorschlag Manstein-Guderian aufgenommenen »revolutionären« Krieges hätte haben müssen. Aber der Feldmarschall war schließlich ein Mann des alten Generalstabes und es besteht kein Zweifel, daß eine von seinen Spezialisten besser geplante und organisierte Logistik die Wehrmacht vor enormen Verlusten bewahrt hätte

Wir haben gesehen, daß sich das russische Land mit seinen Sümpfen, seinem Morast, mit Regenfällen und Frost selbst verteidigte. Unsere Fahrzeuge, Lastwagen, Kanonen und ihre Zugmaschinen, wie auch unsere Panzer sanken auf den sandigen und schlammigen Straßen tief ein. Den katastrophalen, wolkenbruchartigen Regenfällen von September–Oktober folgten Temperaturen zwischen minus 25 und Minus 40 Grad Celsius, denen unsere Maschinen und Mannschaften fast wehrlos gegenüberstanden.

Wir von der Waffen-SS hatten durchaus keine Vorrechte. Da wir der Wehrmacht unterstellt waren, erhielten wir dieselbe Verpflegung und Ausrüstung wie die übrigen Soldaten. Nach dem ersten Schneefall hatte die Intendanz unserer Division unsere vorschriftsmäßige Winterausrüstung angefordert, und Mitte November erhielten wir warme Kleidung, wie sie auch unsere

Kameraden von der X. Panzerdivision erhielten. Wir hatten uns auch die Ausrüstung unserer tapferen, bei Borodino gemachten sibirischen Gefangenen angesehen. Wir befragten sie und erfuhren, daß, wenn wir zum Beispiel keine filzgefütterten Stiefel hätten, die Lederstiefel oder -schuhe nicht eisenbeschlagen sein dürften und daß sie vor allen Dingen nicht eng sein dürften. Alle Skiläufer kennen diese Details, die den Spezialisten für unsere militärische Ausrüstung aber unbekannt waren. Wir hatten praktisch alle schon die russischen Pelzstiefel, die wir den toten russischen Soldaten auszogen.

Gegen Ende Oktober sahen wir mit Erstaunen eine Panzerdivision ankommen, deren Kübelwagen, Lastwagen und Panzer sandgelb gestrichen waren und deren Mannschaften Sommeruniformen trugen. Es handelte sich um die 5. Panzerdivision, die zuerst für das Afrikakorps bestimmt war. Schon bei ihrem ersten Einsatz wurde diese Division schwer mitgenommen, und unsere Division mußte aushelfen, um die Lage wieder herzustellen.

Die Offiziere dieser 5. Panzerdivision und auch wir fanden es befremdend, daß sich Goebbels im November an das deutsche Volk wenden mußte und um die Spenden — Ski, warme Kleidung und so weiter — für die Ostfront bitten mußte. Es wurde uns allen klar, was der späte Aufruf Goebbels bedeutete: der Generalstab hatte schlechte Arbeit geleistet. Da die Operation *Barbarossa* schon seit mehr als einem Jahr vorgesehen war, hätte er wissen müssen, daß eine Winterausrüstung für Rußland unentbehrlich war. Selbst wenn wir Ende Oktober Moskau genommen hätten, hätten wir auch als Besatzungstruppen in Rußland beste Winterkleidung benötigt.

Während der ersten Tage des Rückzugs ließ ich die Bestände an warmen Kleidungsstücken verteilen, die ein Intendanturoffizier auf einem Bauernhof gelagert hatte und ohne höheren Befehl den bedürftigen Soldaten nicht ausliefern wollte, die nur einen leichten Mantel über ihrer normalen Uniform trugen. Dieser Offizier wollte die Kleidungsstücke *laut Befehl* verbrennen, die ohne Zweifel vielen meiner Kameraden das Leben gerettet haben. Seit April hätten die Verwaltungsorganisation des Heeres und die Intendanz, die wußten, daß es im Winter in Rußland schneit und regnet, entsprechend handeln müssen. Aber Chef des Wehrwirtschafts- und Rüstungsamtes des Heeres war General Georg Thomas, einer der Verschwörer des 20. Julis 1944. Er war dem GFM Keitel im OKW unmittelbar unterstellt, und seine Aufgabe bestand darin, alle Bedürfnisse des Heeres an Lebensmitteln, Ausrüstung, rollendem Material, Waffen, Munition und so weiter vorauszusehen, und zwar in Übereinstimmung mit Göring, der die Rolle eines Beauftragten des Vierjahresplanes spielte, und mit dem Reichsminister für Bewaffnung und Munition Todt, später Speer. Ein Beispiel: Thomas teilte dem OKW im März mit, daß 3000 Geschütze nebst Munition Anfang Mai zur Verfügung stehen würden. In Übereinstimmung mit den Plänen des OKW sollten diese Geschütze und die Munition dann verteilt und auf den Weg an die Front gebracht werden. Diese Aufgabe fiel den Dienststellen des Generals Olbricht zu. Diese Dienststellen unterstanden wiederum dem General Fromm, Befehlshaber des Ersatzheeres, Bendlerstraße, Berlin, dessen Stabschef v. Stauffenberg war. Jede ungenaue Information die das OKW über die Dienststellen von Thomas oder die von Olbricht erhielt, jede nicht gemeldete Verzögerung in der Fabrikation oder auf dem Transport hatte natürlich die schwersten Folgen, sowohl für das OKW bei der Planung des Krieges, als auch ganz besonders an der Front.

Trotz dem Morast, dem Eis, dem Fehlen von Straßen, trotz dem ständigen Verrat gewisser Kommandeure, trotz der Verwirrtheit unserer Logistik und trotz der Tapferkeit der russischen Soldaten hätten wir Moskau Anfang Dezember 1941 genommen, wenn die sibirischen Truppen nicht eingegriffen hätten.

Unsere Heeresgruppe Mitte hatte im Dezember nicht eine einzige Division als Ersatz und Verstärkung bekommen. In der gleichen Zeit setzte Stalin 30 Jägerdivisionen, 33 Brigaden, 6 Panzerdivisionen und 3 Kavalleriedivisionen gegen uns ein. Vom 17. Oktober an stand die Division *Das Reich* bei Borodino der 32. Division sibirischer Jäger und später, Anfang Dezember, der 78. Panzerdivision gegenüber. Beide waren sehr gut ausgerüstet und wurden, wie die 32. Division in Borodino, durch eine neue Panzerdivision unterstützt. Dabei erwähne ich die anderen Einheiten der Roten Armee gar nicht, die ebenso entschlossen kämpften wie die Truppen, die aus Sibirien kamen.

Dazu muß noch gesagt werden, daß es unserer Luftwaffe, die schon im November und Dezember nicht mehr über genügend Flugzeuge verfügte, nicht gelang, das transsibirische Eisenbahnnetz zu zerstören, dank dem die sibirischen Divisionen Moskau retten konnten, das auch schon von der russischen Regierung als halb verloren betrachtet wurde, und aus dem die Sowjetregierung bereits geflohen war.

Um auf 20 km an Moskau heranzukommen, hatte unsere Division gegen einen Feind kämpfen müssen, dessen zahlenmäßige Überlegenheit sich im Oktober auf 3—4 zu 1 an Soldaten belief, auf 5 zu 1 an Artillerie, dank den Stalinorgeln, und Ende Dezember auf 5—6 : 1 an Mannschaften und auf 8—10 : 1 an Material, Munition und Brennstoff.


Stalin hatte im Oktober eine riesige Front, die von den Japanern, die den Antikominternpakt mitunterzeichnet hatten, bedroht wurde. Von Wladiwostok und an der Behringstraße, über Amgu-Ochotsk sind es mehr als 9000 km und ungefähr 3000 km Landgrenze vom Baikalsee bis Wladiwostok. Auf einer Strecke von 12 000 km konnte man der UdSSR vom Süden und Osten her in den Rücken fallen.

Erinnern wir uns daran, daß im August 1938 an den Ufern des Kasansees ein erster Zusammenstoß der Sowjetarmee mit den japanischen Truppen erfolgt war. Im Mai 1939 war die japanische Armee in die Mongolische Volksrepublik eingedrungen. Die Rote Armee hatte eingegriffen, und es kam zur Schlacht am Chalchin. Die japanischen Armeen hielten nicht nur Korea besetzt, sondern auch einen großen Teil von Nordchina und rückten in Richtung auf den Bengalischen Golf vor. In der Mandschurei hatte ihre Infanterie das rechte Ufer des Flusses Amur besetzt. Städte wie Kabarowsk, Wladiwostok und Nakoda waren für die Sowjets schwer zu verteidigen. Am 1. Juli 1941 hatten das Reich, Italien, Rumänien, die Slowakei und Kroatien die japanfreundliche Regierung von Nanking anerkannt. An dieser langen Front bedrohten vierzig oder mehr japanische Divisionen die UdSSR. Sie konnte schnell verstärkt werden. Wie würde die japanische Strategie sein? Würde Japan im Norden angreifen und Transsibirien trotz dem am 13. April in Moskau unterzeichneten Sowjetisch-japanischen Übereinkommen besetzen? Würde Japan im Süden angreifen? Anfang des Sommers 1941 wußte das Stalin noch nicht.

An diesem Punkt tritt eine Person auf, deren Geheimnis noch nicht ganz aufgeklärt ist: der sowjetische Meisterspion Richard Sorge.

Ich habe Sorge, alias Johnson, Ramsey, Smith und so weiter natürlich nicht persönlich gekannt, aber einer meiner Freunde, Dennis MacEvoy, einer der Chefredakteure des Readers Digest und anderer US-Zeitungen, vor dem Kriege Journalist in Tokio, hat viel mit Sorge verkehrt, der, wie wir sehen werden, einer seiner Zeitungskollegen war, ohne daß MacEvoy im geringsten geahnt hätte, was in Wirklichkeit sein Beruf war.

Die vollständigsten Arbeiten über Richard Sorge sind ab 1952 von General A. Willoughby, der Chef des Nachrichtendienstes vom General Douglas Mac Arthur war, in seinem Buch *Shanghai Conspiracy* beschrieben worden. Auch in dem Buch von F. Deakin und Storry *The Case of Richard Sorge* (1966) findet man zusätzliche Einzelheiten. Die »Heldentaten des Genossen Sorge« betreffenden, 1964 in der UdSSR gedruckten Artikel und Bücher sind Apologien. Das ernsthafte Studium des Falles Sorge bringt Überraschungen ans Licht.

Richard Sorge wurde am 4. Oktober 1895 in der Nähe von Baku geboren. Sein Vater war Deutscher, Ingenieur bei einer Erdölgesellschaft, und seine Mutter, Nina Kopelow, war sechzehn Jahre jünger als ihr Mann.

Freiwilliger im deutschen Heer im Jahre 1914 und zweimal verwundet, beendete er 1920 sein Studium der Politischen Wissenschaften auf der Universität Hamburg. 1922 war er schon Spezialist der Agit-Prop der kommunistischen Partei Deutschland geworden. Zwei Jahre später ging er nach Moskau. Bis 1927 nahm er an Kursen von Spezialschulen teil. Der Kominternagent wurde Spezialist des 4. Büros (Nachrichten) der Roten Armee. 1929 findet man ihn in Deutschland wieder. Ohne Zweifel lernte er zu jener Zeit in München die zukünftige Frau des späteren Gesandten des Dritten Reiches, Eugen Ott, kennen. Sie war damals mit einem Architekten verheiratet und soll linksradikale Anschauungen gehabt haben. General Willoughby schreibt hierzu: »Manche nehmen an, daß sie ein Mitglied der deutschen kommunistischen Partei (KPD) war.«

1930 wurde er nach Schanghai geschickt, drei Jahre später vom 4. Büro nach Moskau zurückgerufen, das ihm seinen wichtigsten Auftrag erteilte, in Tokio. Merkwürdigerweise verbringt Sorge zunächst noch einmal zwei Monate in Deutschland, wo Hitler schon Reichskanzler ist: Er muß sich noch eine gute Tarnung verschaffen. Eine sowjetische Spionin, Agnes Smedley, Korrespondentin von der *Frankfurter Zeitung*, in Schanghai empfiehlt ihn an diese Tageszeitung, die ihn als Korrespondenten nach Tokio schickt. Aber Sorge brauchte einen Kontakt mit Oberstleutnant Eugen Ott, der 1932 als militärischer Beobachter nach Tokio gekommen war. Wer sollte Sorge diese Empfehlung geben?: Dr. Zeller, der politische Redakteur der *Täglichen Rundschau*. Zeller hatte derart fortschrittliche Ansichten, daß seine Zeitung Ende 1933 verboten wurde. Er stellte Sorge seinem Freund Ott als »vollkommen vertrauenswürdig, sowohl persönlich, wie politisch«, vor.

Das hätte die Historiker stutzig machen sollen, denn wir wissen, daß Oberstleutnant Ott dem Stab des Generals v. Schleicher angehört hatte. Nach dem Fehlschlag des politisch-militärischen Bündnisses, das von dem Kanzler v. Schleicher Ende 1933 mit der äußersten Linken vorgesehen war, war Ott zu seiner Sicherheit nach Tokio gesandt worden. Ich glaube nicht, daß es Zufall war, daß Sorge Ott gerade von Zeller als »vollkommen vertrauenswürdig« empfohlen wurde. Man hat behauptet, daß Sorge seine ganze Karriere als Geheimagent infolge eines sentimentalen Verhältnisses mit Frau Ott machte. Es ist durchaus möglich, daß dieses Verhältnis bestanden hat, das gibt aber keine Aufklärung darüber, wieso Ott und Sorge »sehr intim« wurden. Es war jedoch Eugen Ott, rasch zum Obersten und I. Militärattaché ernannt und später im April 1936 bereits Deutscher Botschafter in Tokio, der Sorge während seiner ganzen Karriere behilflich war und ihm so seine Spionagearbeit erleichterte.

*Ramsey* wurde nicht nur als Mitglied in die Abteilung Tokio der Nationalsozialistischen Partei aufgenommen (1. Oktober 1934), sondern der Gesandte machte ihn 1939 noch offiziell zu seinem Pressechef. Im Herbst 1934 begleitete Sorge Ott auf eine Rundreise durch die Mandschurei.

Im Jahr 1936, als Sorge noch nicht zum offiziellen Personal der Gesandtschaft gehörte, verschlüsselte er gewisse, von Ott gezeichnete und an Berlin gerichtete Telegramme! Als er nach Hongkong reisen mußte, um seinem sowjetischen Agentenführer Mikrofilme zu übergeben, vertraute ihm der neue Botschafter, jetzt schon General Ott, die diplomatische Geheimpost an, in der *Ramsey* alle für sein 4. Büro bestimmten Dokumente durchschmuggeln konnte.

1938 vertraute ihm die Botschaft die Akten über einen wichtigen sowjetischen Flüchtling, den General Ljuschkow an. Zur Zeit der Säuberungsaktion Tukhatschewskij lieferte Ljuschkow den Japanern Daten über die sowjetische militärische Organisation in Sibirien und in der Ukraine aus, wie auch die Geheimcodes, die Namen der hauptsächlichsten militärischen Gegner Stalins in Sibirien und so weiter. Die Japaner setzten Ott in Kenntnis, Canaris schickte sofort den Obersten Greiling nach Tokio, der die Informationen von Ljuschkow in einem Memorandum zusammenfaßte. Sorge erfuhr davon und teilte Moskau das wesentlichste mit.

Nach der Verhaftung Sorges am 18. Oktober 1941 schickte Botschafter Ott Berichte nach Berlin, in denen er »Ramsey« zunächst als das unschuldige Opfer des japanischen Geheimdienstes hinstellte, und gab an, daß Sorge in der Gesandtschaft nur eine untergeordnete Rolle gespielt habe. Niemand kann ernstlich glauben, daß Ott nicht gewußt hätte, wer Sorge in Wirklichkeit war, aber niemand brachte diesen Umstand, der jedoch den Japanern nicht entging, klar zum Ausdruck und handelte danach.

Sorge hütete sich natürlich, Ott bloßzustellen, der erst im November 1943 als Botschafter in Tokio durch Dr. Heinrich Stahmer ersetzt wurde. Ott und seine Frau kehrten nicht nach Deutschland zurück, sondern gingen nach Peking, wo sie das Ende des Krieges abwarteten.

Von April 1939 bis zum 14. Oktober 1941 sendete der Funker Sorges, Max Klausen, mit Geheimsender 65 421 Worte an das 4. Büro. Sorge verfügte aber außerdem noch über Spezialkuriere für seine Mikrofilme, und zum Schluß hatte sein Netz auch noch Verbindung zur russischen Botschaft in Tokio aufgenommen.

Er beschäftigte mindestens dreißig Japaner. Sein wichtigster Agent war Ozaki Hozumi, Ratgeber und enger Freund des Prinzen Konoje, in den Jahren 1937–1939 und 1940/41 Ministerpräsident. Es war den Indiskretionen von Eugen Ott zu danken, daß Ramsey am 5. März 1941 seinem 4. Büro mitteilen konnte, daß der deutsche Angriff gegen die UdSSR »hauptsächlich in Richtung Moskau« erfolgen würde, und zwar Mitte Juni. In einer anderen von den Japanern entschlüsselten Nachricht gab Sorge am 15. 5. das Datum vom 20. Juni 1941 an. Sofort nach der Sitzung des Kaiserlichen Rates vom 2. Juli 1941 teilte Ozaki Sorge mit, daß die japanische Regierung beschlossen habe, die USA anzugreifen. Am 14. August brachte Ozaki die wichtige Nachricht an Sorge, daß jeder japanische Kriegsplan gegen die UdSSR praktisch aufgegeben worden war, und Sorge erfuhr auch die wesentlichen Punkte aus der Sitzung des japanischen Oberkommandos vom 20. oder 23. August 1941. Ozaki war auch über die gesamten Militärtransporte auf den mandschurischen Eisenbahnen informiert. Er konnte Sorge am 27. September versichern, daß »Japan im Süden eine große Offensive vorbereite«, und zwar in Richtung auf Singapur, Hongkong und philippinischen Inseln: sie würde Ende November oder Anfang Dezember 1941 stattfinden. Jede Gefahr eines Krieges gegen die UdSSR war endgültig beseitigt.

Erst zu diesem Zeitpunkt und nach Erhalt dieser Nachrichten konnte Stalin das Gros der sibirischen Truppen nach Moskau schicken. Es waren mehr als eine halbe Million Mann. So wurde die russische Hauptstadt gerettet.

Sorge gab noch mehrere Funksprüche auf, den letzten nach einer Besprechung mit Ozaki und Klausen am 4. Oktober 1941. Nach einer achtjährigen, so erfolgreichen Spionagetätigkeit in Tokio betrachtete er seine Mission als beendet und fürchtete, entdeckt zu werden. Am 13. Oktober erschien Miyagi, ein Mitglied seiner Gruppe, nicht am vereinbarten Treffpunkt: er war verhaftet worden. Sorge hätte vorsichtiger werden müssen. Am 15. Oktober kam der Funker Klausen zu ihm, und *Ramsey* setzte einen Funkspruch auf, in dem er Moskau die Auflösung des Netzes vorschlug. Zu spät. Sorge wurde am Morgen des 18. Oktobers zu Hause verhaftet und in Schlafanzug und Pantoffeln in das Gefängnis von Sugamo eingeliefert. Auf seinem Tisch fanden die japanischen Polizeibeamten den Entwurf des Funkspruchs, den Klausen am 15. Oktober abends an *Direktor* hatte senden sollen. Bei Klausen fand man dieselbe Nachricht halb verschlüsselt. Das war das Ende.

Ist Sorge ein Doppelagent gewesen? In dem Geständnis, das er den japanischen Untersuchungsbeamten machte, behauptete er, daß ihn im Jahr 1940/41 Moskau ermächtigt habe, den Deutschen gewisse, ziemlich unwichtige vertrauliche Nachrichten zukommen zu lassen.

In seinen *Memoiren* behauptet Schellenberg, daß Ramsey bis 1940 den Direktor von Ritgen, Chef der Amtlichen Presseagentur DNP, Geheimnachrichten geliefert habe, und daß er, Schellenberg, auch darüber auf dem laufenden gewesen sei.

Hier erscheint es angebracht, auszuführen, daß Walter Schellenberg, Gefangener der Engländer im Jahre 1945, vom Nürnberger Gerichtshof zu ... Jahren Haft verurteilt wurde. Er starb 1952 in Italien, und *The Schellenberg Memoirs* erschienen erst 1956. Es ist klar, daß dieses Dokument sorgfältig von etwa gefährlichen Stellen gereinigt worden war. Einige Absätze scheinen überhaupt nicht von Schellenberg zu stammen.

Im Amt VI des SD wußte man, daß Sorge 1933 Beziehungen zu Stennes, einer der höheren SA-Chefs, hatte. Stennes war sehr links orientiert und ein Freund von Gregor und Otto Strasser und war nach China geflohen. Es ist merkwürdig, daß niemand die engen Beziehungen der verschiedenen Personen zueinander, wie Schleicher, Ott und seine Frau, Stennes, Zeller (von denen Schellenberg nicht spricht) und Sorge, erwähnt hat, obwohl diese Zusammenhänge natürlich sehr wichtig und aufschlußreich sind.

1941 ruft der deutsche politische Nachrichtendienst seinen Vertreter, Franz Huber, aus Japan zurück. Huber, der sich anscheinend über Sorge kein Kopfzerbrechen gemacht hat, wurde durch den Chefinspektor Meisinger ersetzt, der, wie Schellenberg sagt, »am 30. Juni 1934 eine dunkle Rolle gespielt hatte«. Josef Meisinger, der nach dem Kriege in Polen zum Tode verurteilt und hingerichtet wurde, kam in Tokio im *Mai 1941* an. Er wußte ohne Zweifel, daß Sorge keine weiße Weste hatte. Die japanische Sonderpolizei *Tokko* verhaftete Sorge und Ozaki, als Meisinger sich in Schanghai befand, um über einen — noch einen! — Agenten der Abwehr Erkundigungen einzuziehen. Dieser deutsche Abwehrmann war Ivar Lissner, Korrespondent des *Völkischen Beobachters* (der Tageszeitung der NSDAP) und sowjetischer Agent. Lissner, von der japanischen Militärpolizei erst am 5. Juni 1943 verhaftet, mußte, wie Max Klausen, der Funker Sorges, auf Befehl der amerikanischen Behörden im August 1945 freigelassen werden.

Ozaki und Sorge wurden erst im September 1943 hinter verschlossenen Türen von einem ordnungsgemäßen japanischen Gericht verurteilt und am 7. November 1944 gehängt. Daß Ozaki tot ist, steht fest. Was Sorge betrifft, können Zweifel bestehen. Seine Festnahme, seine Verurteilung und besonders seine Hinrichtung waren für die Japaner bei ihren Verhandlungen mit den Sowjets erschwerende Momente. Im Oktober 1931 hatte die Regierung von Nanking einen Veteranen, des asiatischen Nachrichtendienstes, Noulens, und seine Komplizen, die wegen Spionage zum Tod verurteilt worden waren, einfach des Landes verwiesen. Sorge war damals in Schanghai, parallel zu dem Netz Noulens, tätig.

In einem Bericht an Ribbentrop behauptete der neue deutsche Gesandte Stahmer, daß Sorge gegen eine Gruppe japanischer Agenten der Kouan-Tong-Armee, die sich in russischer Gefangenschaft befanden, ausgetauscht worden ist. Der Austausch hätte nach Hans Meissner (*The man with three faces*, 1957) im November 1944 auf portugiesischem Boden in Macao stattgefunden, wohin Sorge von dem japanischen General Doihara gebracht worden wäre. Das ist nicht unmöglich.

Richard Sorge war ein erstklassiger Agent, von der Kategorie eines Rudolf Abel, der ein anderer Meisterspion war und durch einen Zufall in den Vereinigten Staaten entlarvt wurde. Er wurde am 10. Februar 1962 in Berlin gegen Francis Gary Powers, dem vom Pech verfolgten Piloten des Spionageflugzeugs U 2, ausgetauscht.

Das Leben Sorges in Tokio war, wie mir Dennis MacEvoy erzählte, ein sehr leichtsinniges. Er trank unerhört viel, seine Erfolge und Mißerfolge bei Frauen beliefen sich auf Dutzende, obwohl er in Rußland und den USA verheiratet war. Er hatte ein Dauerverhältnis mit einer Japanerin, Hanako-Tshii, die angeblich seine Leiche gefunden und identifiziert hatte.

Während zwanzig Jahren sprach in der UdSSR niemand von Sorge. Am

5. November 1964 gab die sowjetische Regierung einen unerhörten Nachruf auf ihren Meisterspion heraus und machte ihn, nach seinem Tode, zum »Helden der Sowjetunion«, man gab einer Straße in Moskau seinen Namen, ebenso einem Erdöltanker, und 1963 brachte man sogar eine Briefmarke zu seinem Andenken heraus.

Es ist wahr, daß zu dieser Zeit bereits in Japan, in den USA und in Europa etwa zwanzig Arbeiten über *Ramsey* erschienen sind, dessen entscheidende Rolle langsam, selbst hinter dem eisernen Vorhang bekannt wurde. Man rehabilitierte bei derselben Gelegenheit zwei der Vorgesetzten von Sorge, den General Bersin und den Obersten Borowitsch, die auf Befehl von Stalin hingerichtet wurden. Damals war die »Entstalinisierung« modern.

Wenn Sorge wirklich ausgetauscht worden war, kann es leicht sein, daß Stalin ihn leben ließ, natürlich an einem Zwangsaufenthaltsort. Jedoch, der Mann war gefährlich. Seine Tätigkeit und die seines Spionagenetzes hatten es den sibirischen Divisionen ermöglicht, entscheidend in die Schlacht vor Moskau einzugreifen, während wir im Schlamm und in der Kälte unbeweglich festlagen.

Wenn die Wahrheit in Rußland bekannt würde, würde dies den Mythos des »Wunders von Moskau« zerstören, das Stalin zugeschrieben wurde.

Selbst heute noch ist die Existenz der *Roten Kapelle* praktisch in der UdSSR unbekannt.

Man kann sich fragen, wieso die Rückzüge Ende Dezember 1941 und Anfang Januar 1942 nicht katastrophale Folgen angenommen und nicht mit der völligen Vernichtung geendet haben. Im Jahre 1812, nach dem blitzartigen Absetzen Napoleons, der von dem Komplott des Generals Malet und dem Überlaufen des Prinzen Murat gehört hatte, hörte die Große Armee praktisch auf zu existieren.

Wenn dies bei der Wehrmacht nicht der Fall war, so war es Hitler zu verdanken. Anstatt den Befehl zum allgemeinen Rückzug zu geben, befahl er, daß sich die Einheiten, die sich in größter Gefahr einer Einschließung befanden, zurückziehen konnten, während die anderen fanatisch ihre Positionen halten mußten.

Die Städte wurden zu Festungen erklärt und als solche verteidigt: Schlüsselburg, Nowgorod, Rshew, Wjasma, Brjansk, Orel, Charkow, Taganrog, an denen die Divisionen von Konjew und Schukow zerbrachen. Die russischen Generale konnten den Truppenbewegungen der Genrale Hoth und Guderian hinter Smolensk nicht erfolgreich begegnen, obwohl sogar Luftlandetruppen eingesetzt wurden. Ihre Verluste waren sehr schwer.

Man mußte auf 1970 warten, bis Liddell Hart, nahezu einsam unter den Historikern des Zweiten Weltkrieges, anerkannte, daß Hitler recht gehabt hatte, nicht auf die Ratschläge der Generale zu hören, die einen generellen Rückzug auf die Linie Pskow im Norden und Mogilew-Gomel in der Mitte bis zum Dnjepr vorschlugen. Nichts ist gefährlicher als eine Panik während eines Rückzuges, und ich habe gesehen, wie verschiedene höhere Offiziere kopflos wurden. Ein Oberst wollte mir mit energischen Gesten verbieten, mich mit meinem Lastwagen nach Wolokolamsk befehlsmäßig zurückzuziehen, unter dem Vorwand, er wisse genau, daß die Russen bereits dort seien. Doch diese Nachricht war falsch.

Ich erreichte ohne Schwierigkeiten Wolokolamsk, das etwa 60 km nordwestlich von Istra gelegen ist: man hat dort keinen einzigen russischen Soldaten gesehen, und die Division *Das Reich* baute dort eine solide Verteidigungslinie auf.

Liddell Hart schrieb:

»Es steht heute fest, daß das Verbot Hitlers, einen allgemeinen Rückzug zu genehmigen, die Zuversicht der deutschen Truppen wiederherstellte und damit sicher die völlige Vernichtung verhinderte.«

# Teil II

# ERSTES KAPITEL

# Die »Bedingungslose Kapitulation«
## Die Wahrheit über Stalingrad

Evakuiert — In der Offiziersschule zur Panzerausbildung — Nach Berlin zurück ins Reservebataillon der Waffen-SS-Division *Leibstandarte Adolf Hitler* — Roosevelt verlangt: »unconditional surrender« — Der wahre Grund dieser Entscheidung — Die geheimen Verhandlungen von Stockholm und Ankara — Nach dem Kriege macht Franz v. Papen vertrauliche Mitteilungen in Madrid — Ohne Hitler oder Ribbentrop zu unterrichten gab er in Ankara den Amerikanern die russischen Vorschläge bekannt — Ungünstige Reaktionen im Reichsaußenministerium — Die Russen fühlten sich hintergangen — Eine gute Gelegenheit Frieden zu schließen wurde versäumt — Die Kapitulation der 6. Armee in Stalingrad — Ursachen der Tragödie — Der »blaue Plan« lag schon seit November auf Stalins Tisch — Timoschenko wird geschlagen — Stalin erkundigt sich bei der *Roten Kapelle:* »Wo steckt Paulus?« — 18 Tage ohne Benzin — Das »Rendezvous von Stalingrad«: Elf Armeen gegen eine Armee — Die Truppe des Obersten Wenck rettet 500 000 Mann — General v. Seydlitz, der Adjutant von Paulus, ruft zum Widerstand auf — Gisevius meint, daß Paulus nicht das Startsignal gab, auf das Feldmarschall v. Kluge den Putsch im Osten auslösen sollte — Scheitern der *Operation Silberfuchs* — Gedanken über den Krieg — Ich übernehme das Kommando des »Bataillons Friedenthal z.b.V.« (zur besonderen Verfügung).

Bis zum siebten Monat des Rußlandfeldzuges hatte ich so viele tapfere Kameraden fallen sehen, daß ich mich glücklich schätzte, noch verhältnismäßig gut davongekommen zu sein. Im November 1941 kam ich bei Moshaisk in den Einschlag einer Stalinorgel, hatte jedoch das Glück, nur einen starken Schlag und eine Kopfwunde zu erhalten. Dagegen hatte ich mich von dem heftigen Ruhranfall, der mich in Roslawl so stark geschwächt hatte, nie ganz erholt. Während des Rückzuges packten mich Gallenkoliken und bald hielten mich nur noch Injektionen aufrecht. Anfang 1942 wurde ich in einem Lazarettzug nach Smolensk verlegt und von dort weiter nach Wien. Es ging mir wirklich schlecht, und die Operation vermied ich vorläufig nur durch einen Aufenthalt im Karlsbader Lazarett. Später, im Jahre 1946, mußte ich dann im Kriegsgefangenenlager doch operiert werden.
Während meines Genesungsurlaubes, 1942, konnte ich meinen Vater noch eine Woche vor seinem Tode wiedersehen. Das war für uns beide ein Trost.
»Ich bin überzeugt«, sagte er, »daß die europäischen Armeen die Russen besiegen werden. Vielleicht werden die Westmächte eines Tages verstehen, daß es in ihrem eigenen Interesse liegt, mit dem Bolschewismus Schluß zu machen. Dann wird die Welt zu einem langanhaltenden Frieden kommen und eure Generation wird vielleicht glücklicher sein als unsere.«

Viele dachten wie er — und täuschten sich. Aber mein Vater starb wenigstens mit dieser Illusion.

Der Entlassungsbefehl des Lazaretts bezeichnete mich als »GvH« (Garnisonsverwendungsfähig in der Heimat), und so wurde ich als Ingenieuroffizier in die Ersatzeinheit der Waffen-SS-Division *Leibstandarte Adolf Hitler* nach Berlin geschickt. Die sechs Monate dort waren sterbenslangweilig. Ich fühlte mich wie ein Drückeberger, fand aber bald Mittel und Wege, die Langeweile zu besiegen: ich meldete mich freiwillig zur Umschulung für die Panzerwaffe. Nach einigen bestandenen Prüfungen versetzte man mich als Ingenieuroffizier zur Waffen-SS-Division *Totenkopf*, die in vollmotorisierter Form in eine Panzerdivision umgerüstet werden sollte.

Leider war ich nur unvollständig auskuriert. Im Winter 1942/43 bekam ich einen Ruhrrückfall. Man stellte fest, daß ich »GvH« war, und kommandierte mich zur Reserveeinheit der Leibstandarte nach Berlin zurück.

Man brauchte zweifellos Ingenieuroffiziere in den Reserveeinheiten. Aber ich fand, daß ich mich nützlicher machen könnte. Der Gedanke, nur ein gewissenhaft arbeitender Ingenieur zu sein, gefiel mir nicht. Dann traten, fast gleichzeitig, zwei Ereignisse ein, die jedem Deutschen, dem die Zukunft seines Landes am Herzen lag, zu denken gaben.

Im Januar 1943 entschied Roosevelt gemeinsam mit Winston Churchill in Casablanca, daß die Alliierten von den Achsenmächten — und vor allem von Deutschland — eine »bedingungslose Kapitulation« verlangen würden.

Mit den Worten »unconditional surrender« unterstützte Roosevelt ungewollt die Propaganda von Goebbels. Hitler und der Nationalsozialismus sollten nicht verschwinden, was eigentlich logisch gewesen wäre bei einem politisch-ideologischen Krieg. Roosevelt wollte, daß wir bedingungslos die Waffen niederlegten. Dabei wäre selbstverständlich Stalin als der einzige, große Sieger hervorgegangen: das hieß, nicht nur Deutschland, sondern das halbe Westeuropa dem Bolschewismus auszuliefern.

Im Grunde wurde dieser Beschluß Roosevelts nur durch seine echte, panische Angst hervorgerufen. Seit November 1942 war Peter Kleist, ein Angehöriger des deutschen Auswärtigen Amtes in Stockholm in Kontakt mit Edgar Klauss, einem schwedischen Fabrikanten und Vertrauensmann der russischen Botschaft in Schweden, die damals von der höchst aktiven Mme. Kollontai geleitet wurde. Damals bestand eine Möglichkeit, innerhalb von acht Tagen mit Moskau einen Friedensvertrag zu unterzeichnen.

Roosevelt, der über die deutschen, in Schweden unternommenen Schritte, völlig auf dem laufenden war, befürchtete vor allem eine erneute Verständigung zwischen Berlin und Moskau. Sein »unconditional surrender« war ein Bluff gegenüber Stalin vor allem, der davon überzeugt werden sollte, daß die Vereinigten Staaten den Krieg weiterführen würden, was immer auch geschehen möge.

In Nürnberg später erfuhr ich von Herrn Sailer, während des Krieges deutscher Botschaftsberater in Ankara, daß die Bemühungen, in Stockholm zu einem Kompromiß im Osten zu kommen, Ende 1943 von Franz v. Papen, dem deutschen Botschafter in der Türkei, wiederaufgenommen und auf zweideutige Art weitergeführt wurden. Nach seiner Freilassung im Jahre 1949 erfuhr ich von Herrn v. Papen persönlich höchst interessante Einzelheiten.

Der ehemalige Reichskanzler wurde 1952 vom spanischen Außenministerium zu einem Vortrag ins »Ateneo« eingeladen, ein bekanntes Madrider Kulturzentrum mit liberaler Tradition. Der Veranstalter dieses Vortrags war ein hervorragender Diplomat und Freund von mir, der Marquis de Prat de Nantouillet. Ich hatte Gelegenheit, mit v. Papen zweimal privat zusammenzukommen. Wir hatten dabei lange Unterhaltungen über die kaum bekannte »Affäre Ankara«.

Die UdSSR hatte den ersten Friedensfühler ausgestreckt, und zwar durch Vermittlung des türkischen Außenministeriums. Daraufhin gab Franz v. Papen dem türkischen Minister bekannt, daß ihm ein Friede nicht unmöglich scheine, »wenn vernünftige Vorschläge gemacht würden«.

»Was ich voraussah und auch wünschte, geschah dann«, erzählte mir Herr v. Papen. »Die Türken beeilten sich, meine Antwort gleichzeitig den Amerikanern und den Russen bekanntzugeben. Der Botschafter der USA reiste sofort nach Washington. Nach seiner Rückkehr suchte er das türkische Außenministerium auf, das mich gleich den Standpunkt wissen ließ, den das US-Außenministerium und das Weiße Haus vertraten: Deutschland sollte wissen, daß die USA bereit seien, mit Deutschland einen Separatfrieden zu unterzeichnen, und zwar vierundzwanzig Stunden vor der UdSSR.«

Schade, daß Herr v. Papen diese Gespräche allein führte — ich erlaubte mir, ihm gegenüber diese Bemerkung zu machen —, ohne davon Hitler oder Ribbentrop in Kenntnis zu setzen. Die Reaktion Ribbentrops war äußerst heftig, und der Führer sah in den auf die Stockholmer folgenden Gesprächen von Ankara den Beweis dafür, daß die Russen am Ende angelangt seien.

Hätte Papen die russischen Vorschläge sofort Hitler gemeldet, statt die Amerikaner zu alarmieren, wäre möglicherweise, sogar wahrscheinlich ein Waffenstillstand abgeschlossen worden. Es lag weder im Interesse von Deutschland noch von Rußland, sich gegenseitig auszubluten. Im April 1943 befürchtete selbst Stalin, daß die Alliierten nicht in Sizilien landen würden (10. Juli 1943), sondern, wie Churchill es wünschte, auf dem Balkan. Eine Einstellung der Feindseligkeiten im Osten — bei unserer Unterhaltung »in engerem Kreise« sagte ich das v. Papen ganz offen — hätte jegliche Landung in Sizilien und später in Frankreich unmöglich gemacht. Zwangsläufig hätte sich dann auch eine Friedensmöglichkeit im Westen ergeben.

»Sie haben vielleicht recht«, meinte der ehemalige Reichskanzler. »Aber glauben Sie mir, Ribbentrop hätte alles verdorben.«

Franz v. Papen war ohne Zweifel ein weit besserer Diplomat als Ribbentrop. Dem Anschein nach wurde jedoch in diesem Fall alles durch ihn verdorben, weil er im Alleingang und im Doppelspiel mit dem Westen verhandeln wollte. Aus Überzeugung sehr wahrscheinlich, und auch weil Ribbentrop den Pakt mit Stalin im August 1939 unterschrieben hatte. Er wollte hoch hinaus. Sicher hätte er Ribbentrop im Reichsaußenministerium abgelöst, hätten die russischen Vorschläge zu etwas geführt. Vermutlich hatte der ehemalige Reichskanzler aber noch weitergehende Pläne.

Stalin und Molotow, die vom Doppelspiel Papens sofort Kenntnis erhielten, glaubten nicht einen Augenblick, daß die Amerikaner ohne Zustimmung Hitlers benachrichtigt wurden. Sie fühlten sich hintergangen und gaben erst jetzt den Amerikanern alle Zusicherungen. In seiner Rede vom 1. Mai 1943 sprach sich Stalin ebenfalls für eine »bedingungslose Kapitulation« aus: »Ein Separatfrieden mit den faschistischen Gaunern ist nicht möglich.«

General Franco und sein Außenminister Jordana stellten sich daraufhin für eine Vermittlung mit dem Westen zur Verfügung. Aber am 11. Mai 1943 lehnte Anthony Eden, Chef des »Foreign Office«, offiziell jeden Kompromißvorschlag ab: damit war das Schicksal vieler europäischer Staaten besiegelt.

Es war kaum anzunehmen, daß, wie manche dachten, ein neues deutschrussisches Abkommen die europäischen Gliedparteien der Kommunistischen Internationale (Komintern) verstärkt hätte. Im Gegenteil. Ihre Kader und die Genossen hatten zu sehr antideutsche Propaganda gemacht, um einer neuen Kehrtwendung zustimmen zu können. Wie früher im Deutschen Reich, in Italien, Portugal, Ungarn, Spanien und in Frankreich und Belgien in den Jahren 1936–1939 wären die kommunistischen Arbeiter eher Bewegungen sozialer und nationaler Synthese zugelaufen, die europäische Perspektiven aufzeigten. So hätte der europäische antimarxistische Sozialismus Form annehmen können.

Sowohl in Stockholm als auch in Ankara spielte sich alles ab, ohne daß Ribbentrop von den Unterredungen und Kontakten unterrichtet wurde. Die Gespräche von Ankara sind kaum bekannt; dafür sind es die von Herrn Kleist in Schweden[1].

Ribbentrops Art und Weise Politik zu machen, war seit 1939 grundsätzlich negativ. Für Deutschland und Europa war es ein Unglück, daß wir, abgesehen von Hitler, keinen Diplomaten von Rang hatten, der die englische Mentalität gründlich kannte. Ich bin fest davon überzeugt — und stehe mit dieser Überzeugung sicher nicht allein — daß uns England auf jeden Fall den Krieg erklärt hätte, obwohl dies gegen seine lebenswichtigen Interessen

---

[1] Siehe Peter Kleist, *Zwischen Hitler und Stalin*. Bonn 1950.

ging. Ribbentrop redete Hitler ein, daß die Engländer nur wegen der Rückgliederung Danzigs ins Deutsche Reich keinen Krieg erklären würden. Man kann mit Recht sagen, daß damals eine gute Gelegenheit, den Frieden zu erhalten, versäumt wurde.

Roosevelts Berater hatten ihm und Churchill versichert, daß die Drohung mit »unconditional surrender« zusammen mit dem Bombenterror, der nur das eine — offen zugestandene — Ziel hatte, alle deutschen Städte mit über 100 000 Einwohnern dem Erdboden gleichzumachen, ein schnelles Kriegsende herbeiführen würde. Jedenfalls haben die Beschlüsse Roosevelts und Churchills in Casablanca den Krieg um mindestens ein Jahr verlängert.

1943 kam es zur Kapitulation der Reste der 6. Armee, die in Stalingrad von General Paulus kommandiert wurde. Er ergab sich mit seinem Stab am 31. Januar 1943. Die letzten Soldaten des 11. Armeekorps General Streckers kämpften bis zur letzten Patrone. Viele Offiziere nahmen sich das Leben. Kurz vor 9 Uhr morgens erhielt das OKH folgende letzte Meldung durch Funk:

»Das XI. Armeekorps und seine 10 Divisionen haben ihre Pflicht erfüllt. Heil Hitler. General Strecker.«

Nicht alle in der 6. Armee hatten ihre Pflicht erfüllt; sie ging in eine Falle.

Vor allem muß man sich darüber im klaren sein, daß es eine Legende von Stalingrad gibt — wie es 1812 eine Legende von der Beresina gab, wo die französischen Verluste übertrieben wurden. Anfangs gab man an, daß ungefähr 400 000 deutsche und verbündete Offiziere und Soldaten in Stalingrad in Gefangenschaft gerieten. Dann setzte Jeremenko diese Zahl erst auf 330 000 herab und schließlich auf 300 000. In Wirklichkeit liegt die Sache anders.

Nach einem »Lagebericht«, den das OKH am 22. Dezember 1942 erhielt, betrug die genaue Zahl der eingekesselten Soldaten am 18. Dezember: 230 000 Deutsche und Verbündete, davon 13 000 Rumänen. Vom 19. bis 24. Januar 1943 konnten jedoch noch 42 000 Verwundete, Kranke und Spezialisten per Flugzeug evakuiert werden. Vom 10.–19. Januar gerieten 16 800 Soldaten in russische Gefangenschaft, nach der Kapitulation weitere 91 000. Die Russen machten also insgesamt 107 000 Gefangene. Davon kehrten bis 1964 lediglich 6000 Soldaten heim. Die 101 800 fehlenden kamen nach der Kapitulation in Stalingrad um. Unsererseits nahmen wir 19 800 Offiziere und Soldaten der Roten Armee gefangen, die bei der Kapitulation entlassen wurden. Das heißt also dreimal so viele wie nach zehnjähriger Gefangenschaft heimgekehrte deutsche Soldaten.

Während des Krieges hat auch Hitler schwerwiegende Fehler gemacht. Dreißig Jahre lang haben fast alle Historiker bestätigt, daß er allein die Verantwortung für die Tragödie von Stalingrad hat, da er sich weigerte,

General Paulus den Befehl zum Ausbruch zu geben. Man muß wissen, daß Hitler zugesichert wurde, Paulus könnte durch die Luftwaffe versorgt werden — was sich dann als unmöglich herausstellte und das Leben unzähliger Offiziere und Soldaten kostete. Auch das Leben des Generals Jeschonnek, Generalstabschefs der Luftwaffe: er beging Selbstmord.

Anfang des Jahres 1943 wurden sich weder das deutsche Volk noch die Soldaten bewußt, welches die wahren Ursachen dieser Niederlage waren. Wir meinten alle, daß General Paulus das Waffenglück verlassen hatte, und dies bedeute für uns nach vielen Siegen eine verlorene Schlacht. In Wahrheit bedeutete es die große Wende.

Auch heute ist noch nicht alles über Stalingrad bekannt. Aber man kann offen sagen, daß diese schreckliche Tragödie nicht stattgefunden hätte, wäre der Feind nicht täglich von der *Roten Kapelle* über die Absichten unseres Generalstabs und die Schwächen unserer Gefechtsgliederung informiert worden. Auch ein gewisses Zögern von Paulus bleibt unerklärlich, der sich Ende August 1942 nicht, wie ihm befohlen wurde, der 4. Panzerarmee General Hoths angeschlossen hatte. Zwei seiner wichtigsten Mitarbeiter, die Generale v. Seydlitz und Daniels, waren Mitglieder der Verschwörung gegen Hitler. Heute wissen wir, daß Paulus und Kluge das Startsignal zum Militärputsch gegen Hitler geben sollten. Weder der eine noch der andere hatte den Mut dazu, aber in der Zwischenzeit spielte die *Rote Kapelle* weiter.

Ende November 1941 benachrichtigte die *Rote Kapelle* die Stavka von der Absicht Hitlers, im Frühjahr in Richtung Kaukasus anzugreifen, um sich der Ölfelder von Batum am Schwarzen Meer und von Baku am Kaspischen Meer zu bemächtigen. An einem einzigen Tage, dem 21. November 1941, erhielt die Stavka von Gilbert (Trepper, in Paris) die Nachricht, daß »die Deutschen in den bulgarischen Häfen Schiffskonvois zusammenstellten und eine Operation im Kaukasus planten«; erfuhr sie von *Anton* (Holland), daß »Einheiten der Luftwaffe von Griechenland zur Krim verlegt wurden«; und von *Coro* (Schulze-Boysen, in Berlin) kam folgender Hinweis:

»Plan III, mit Ziel Kaukasus, ursprünglich vorgesehen für November, wird erst im nächsten Frühjahr zur Durchführung kommen ... Vorgesehene Kampfrichtungen: Losawaja-Balakleja-Tschugujew-Belgorod-Achtyrka-Krasanograd-Generalstab in Charkow — Einzelheiten folgen.«

Unsere Schlachtpläne wurden regelmäßig und in allen Einzelheiten dem Feind übermittelt. Der gesamte Plan III, der spätere »Blaue Plan«, wurde am 19. Juni 1942 mit allen Landkarten dem Feind offen ausgehändigt, und zwar von einem Mitglied des Generalstabs, Major Reichel, der mit einem Fieseler Storch desertierte.

Alle unsere Pläne lagen also auf dem Tisch von Timoschenko. Daran besteht keinerlei Zweifel: Paul Carell, Erich Kern und W. F. Flicke, ein ehemaliger Offizier der Funkabwehr, beweisen es. Deshalb wagte auch Timoschenko bei Charkow am 12. Mai 1942 Truppen für eine Großoffensive zusammenzuziehen, eben jene, die später die 6. Armee des Generals Paulus einkesselten. Der Angriff war erfolglos. Durch eine Serie gemeinsamer Gegenangriffe der Generale v. Kleist und v. Mackensen verlor Timoschenko 60 000 Soldaten als Tote und Verwundete, wie 239 000 als Gefangene; 2026 Kanonen und 1250 Panzer wurden zerstört oder erbeutet. Timoschenko wurde daraufhin seines Postens an der Südwestfront enthoben. Als Generalfeldmarschall v. Bock, Chef der Heeresgruppe B, und Generalfeldmarschall List, Chef der Heeresgruppe A, zum Gegenangriff übergingen, brach bei den Russen das Chaos aus.

Strategisch gesehen hatte die Stavka vollkommen recht, den schnellen Rückzug seiner Truppen zu befehlen. Stalins Gegenplan war einfach: die Heeresgruppe A (List) so weit wie möglich in den Kaukasus ziehen, und die Heeresgruppe B (Bock) bis Stalingrad vorrücken lassen und dort binden. In der Zwischenzeit würde man an den Ufern des Dons und der Wolga unüberwindliche Menschen- und Materialmassen bereitstellen. Wenn dann die Heeresgruppe List tief im Kaukasus steckte, würde die Masse der russischen Truppen in Richtung Rostow vorstoßen, die 6. Armee der Heeresgruppe B auftreiben und den Armeen Lists den Rückzug abschneiden, die ungenügend versorgt waren und keine Zeit haben würden, sich über diese ungeheure Entfernung hinweg zurückzukämpfen.

Wäre das Oberkommando der Sowjets beweglicher gewesen, so wäre eine noch größere Katastrophe eingetreten.

Was geschah jedoch? Die 1. Panzerarmee v. Kleist nahm Rostow, wo die aus dem Kaukasus kommene Ölleitung endet. Danach schlug sie nach Süden ein, nahm Krasnodar, Noworossiisk, die Ölfelder von Maikop (Jahresproduktion 2 600 000 Tonnen), Pjatigorsk, erreichte Ordschonikidse an der Straße nach Tiflis und sogar eine unbekannte Eisenbahnlinie, die von Baku nach Astrachan führt.

Nach dem »Blauen Plan« war es die Aufgabe der 6. Armee (der Herresgruppe B), die General Paulus kommandierte, vor allem die linke Flanke der Heeresgruppe List abzuschirmen. General Halder, Generalstabchef des OKH, der 1940 Paulus zum Oberquartiermeister des Heeres hatte ernennen lassen, gab diesem den Befehl, auf Stalingrad vorzurücken, die Stadt zu »neutralisieren« und die kleinen feindlichen Aufmärsche, die nördlich des Donbogens beobachtet wurden, zu zerstören.

Zuerst wurde aus dem vom Stavka befohlenen Rückzug ein Chaos, und man verpaßte unsererseits die besten Gelegenheiten. Hätte man beispielsweise General Hoth früher von der 4. Panzerarmee der Heeresgruppe List gelöst und ihn nördlich Stalingrads marschieren lassen, wäre daraus eine Katastrophe für die Rote Armee geworden. Aber Hoth kam zu spät aus Kotelnikowo.

Im Juni 1942 setzte daher Paulus sein »Verfolgungsrennen« nach Stalingrad fort und war ohne ernstliche Kämpfe schon 300 km weit gekommen. Mittlerweile wurde General Gordow der provisorische Nachfolger General Timoschenkos. Er hatte die Befehle des Stavka ausgeführt. Seit Anfang Juli hatte er die 62. Armee, die damals von Kolpatschi befehligt wurde, im Gebiet von Lopatin stationiert. Dieser Armee schlossen sich noch die 63. und 64. Armee unter dem Befehl von Kuznetzow und Tschoumilow an, genau an der Stelle, an der Paulus den Don überqueren mußte. Nach dem vorgesehenen Plan halfen noch andere russische Armeen mit, Paulus einzukesseln: die 4. und die 1. Panzerarmee Krutschenkins und Moskalenkos, die 5. von Popow, die 21. von Tschistjakow, die 24. von Galardine, die 65. Batows, die 66. von Schadow, die 57., 51., 64., die 2. der Garde (Malinowski), die 5. Panzerarmee, die 28. von Guerasimenko, das 4. vollmotorisierte Korps und so weiter alle eilten zum »Treffen von Stalingrad«.

Aber im Juli 1942 ereignete sich plötzlich etwas, was die Stavka nicht geplant hatte: die 6. Armee des Generals Paulus erschien nicht dort, wo die Russen sie schon erwarteten! In Moskau reagierte man darauf erst mit Unruhe, dann mit Panik. Man befürchtete, daß Hitler wieder einmal seine Pläne umgeworfen hätte, ohne daß *Werther* davon erfahren hatte. Wo war dann Paulus? Charakteristisch für den Generalstab der Roten Armee war, daß er weder seine Luftwaffe noch Spähtruppunternehmen mit der Aufklärung dieser Frage beauftragte: *Direktor* fragte *Rado*. Von *Rado* und *Werther* erfuhren die Russen, daß die 6. Armee festlag – aus Benzinmangel! Diese Benzinpanne dauerte achtzehn Tage lang. Inzwischen wurde natürlich die Verteidigung Stalingrads verstärkt und dem Oberkommando des General Jeremenko anvertraut. Unsere Nachschubspezialisten waren für die Stavka nicht gefährlich!

Die wahre Geschichte der Schlacht um Stalingrad, die vom 20. Juli 1942 bis zum 2. Februar 1943 dauerte, muß noch geschrieben werden. Hoffen wir, daß dies noch eines Tages geschieht. Weder die Memoiren der Feldmarschälle Tschuikow und Jeremenko, noch das Werk B. C. Talpoukchows *Der große Sieg der Sowjetarmee in Stalingrad* (1953) sind von großem Nutzen: sie geben uns nur eine vereinfachte, unvollständige Darstellung. Die »Rote Kapelle« wird natürlich in keinem dieser Bücher erwähnt[1].

Die heldenhafte Verteidigung Stalingrads in den großen Fabriken »Barrikaden«, »Traktorenwerk« und »Roter Oktober« während der Monate September und Oktober verdient bestimmt größte Bewunderung. Entgegen allen Tatsachen behauptet jedoch General Jeremenko, daß die 6. Armee der Deutschen, die auch Rumänien, Ungarn und Italiener an ihrer Seite hatte,

---

1 Eine umfassende deutsche Darstellung ist inzwischen erschienen: Manfred Kehrig, Stalingrad. Analyse und Dokumentation einer Schlacht. Schriftenreihe des Militärgeschichtlichen Forschungsamtes, Bd. 15, 1974 (A. d. Red.).

den Russen zahlen- und materialmäßig überlegen gewesen sei — obwohl ein Dutzend russischer Armeen, die 16. Luftflotte Rudenkos, im Straßenkampf trainierte Spezialeinheiten, eine ungeheure Artilleriemacht, eine sehr starke Flak, Elitetruppen und so weiter schon im November 1942 den Russen eine Überlegenheit von 4 bis 5 zu 1 gaben.

Warum haben Hitler und das OKH Paulus im Oktober keinen Rückzugsbefehl erteilt,, obwohl sie doch sahen, daß er sich nicht von der Stelle bewegen konnte? Vor allem, weil der Chef unserer 6. Armee ihnen gemeldet hatte, daß er die Stadt nehmen würde. Carell schreibt darüber:

»Eine Information an das OKH, deren Herkunft bis heute noch ungeklärt bleibt, bestätigte den Führer in seiner optimistischen Beurteilung der Lage: seit dem 9. September hätten die Russen keine bemerkenswerte einsatzfähige Reserve mehr.«

Von den bekanntesten führenden russischen Militärs machten sechs ihre Laufbahn in Stalingrad: Woronow, Tschuikow, Tolbuchin, Rokossowskij, Malinowskij und A. E. Jeremenko. Zum Dank für seine guten und loyalen Dienste schickte Stalin den letztgenannten nach Ostsibirien und dann in den Kaukasus. Nach Stalins Tod wurde er nach Moskau zurückberufen. Sein Buch klingt oft nach einem Loblied auf seinen Gönner Nikita Chruschtschow und nach Hervorhebung seiner eigenen militärischen Talente.

Die russischen Soldaten haben sich bewundernswert in einer Stadt geschlagen, die sich rund 60 km weit ausgedehnt und die General Paulus »spätestens am 10. November« genommen haben wollte. Wenigstens telegrafierte er das Hilter am 25. Oktober. Dieser konnte Ende November keinen Rückzugsbefehl an Paulus mehr geben: dessen Armee hielt in diesem Augenblick 11 russische Armeen in Schach, die sonst mit 4500 Panzern nach Rostow marschiert wären, um dort unseren Armeen vom Kaukasus den Rückweg abzuschneiden: d. h. etwa einer halben Million Soldaten.

Am 9. November 1942 verlangt *Direktor* von *Dora* die Gefechtsgliederung der 6. Armee. Zehn Tage später greifen die Russen an den verwundbarsten Stellen an. Im Nordwesten »des Kessels«, einer unserer schwachen Stellen, erzielten sie einen tiefen Einbruch. Mein Freund Wenck, der damals Oberst war, versperrte ihnen den Weg mit einer an Ort und Stelle zusammengewürfelten Brigade, die aus Bodenpersonal der Luftwaffe, Eisenbahnern, Arbeitsdienstmännern, Schreibkräften, Rumänen der 3. Armee, Kosaken, Ukrainern, Freiwilligen aus dem Kaukasus und beurlaubten Feldgendarmen bestand. Zusammen mit Oberstleutnant v. Oppeln-Bronikowski stellte er ein kleines Panzerkorps auf: 6 erbeutete Panzer, 12 Panzerspähwagen, rund 20 Lastkraftwagen und eine 8,8 Flak. Das war also die »Armee Wenck«, die Ende November die 170 km lange Front hielt — mit eroberter Munition und »gestohlenem Benzin«. Dank der Gruppe Wenck, der endlich Teile des XVII. Korps des General Hollidt zu Hilfe kamen, konnte die

Einbruchsstelle zwischen Tschir und Don abgeriegelt werden. Der herbei-eilende Feldmarschall v. Manstein konnte die Hügel des Südwestufers des Tschirs zurückerobern, eine Widerstandslinie bilden und damit die Ein-schließung durch die Russen vermeiden, die unseren aus dem Kaukasus heranrückenden Divisionen drohte.

Man muß das Beispiel Wencks und seiner Freiwilligen zitieren und nicht das des Generals v. Seydlitz-Kurtzbach, des Kommandierenden Generals des LI. Armeekorps. Er widersetzte sich den Befehlen des OKH und setzte sich mit seinem Korps am 24. November ab. Während dieses Manövers wurde seine 94. Infanteriedivision vollständig aufgerieben. Dies hinderte aber den Herrn General nicht — dem Erben eines geschichtlichen Namens —, zum Aufstand aufzurufen. Hier ein Teil seiner Erklärung vom 25. November:

»Hebt das OKH den Befehl zum Ausharren in der Igelstellung nicht un-verzüglich auf, so ergibt sich vor dem eigenen Gewissen gegenüber der Armee und dem deutschen Volk die gebieterische Pflicht, sich die durch den bisherigen Befehl verhinderte Handlungsfreiheit selbst zu nehmen[1].«

v. Seydlitz und Paulus (den Hitler, der von diesem Verrat nichts wußte, zum Feldmarschall beförderte) fand man später wieder an den Mikropho-nen von Radio Moskau, »ihrem Gewissen gemäß handelnd«. Im Nürnber-ger Prozeß erschien Paulus als »freier Zeuge« der russischen Anklage[2]. Er belastete GFM Keitel und Generaloberst Jodl und behauptete, von der »Operation Barbarossa« nichts gewußt zu haben, obwohl er am Plan selbst mitgearbeitet hatte, nämlich zu Zeiten, als er noch Generalquartiermeister im OKW war.

In der Gerichtssitzung vom 25. April 1946 in Nürnberg erklärte Zeuge Gisevius:

»Nachdem wir vergeblich versucht haben, die siegreichen Generale davon zu überzeugen, daß sie einen Putsch machen mußten, haben wir es noch einmal versucht, als diese Generale begriffen hatten, daß wir einer Kata-strophe entgegengehen ... Wir hatten die Vorbereitungen für den Augen-blick getroffen, den wir fast mit mathematischer Sicherheit vorausgesehen hatten, an dem die Armee Paulus gezwungen sein würde, zu kapitulieren, um zum mindesten einen militärischen Putsch zu organisieren. Man hat mich in diesem Moment in die Schweiz zurückgerufen, um an allen diesen Besprechungen und Vorbereitungen teilzunehmen. Ich kann erklären, daß dieses Mal die Vorbereitungen sehr rasch getroffen wurden. Wir hatten im Osten mit den Marschällen Kontakt genommen und im Westen mit Witzleben. Aber auch diesmal entwickelte sich die Sache anders, denn der

---

1 Carell, S. 524.
2 Zu den Vorgängen um Paulus vgl. Peter Strassner, *Verräter*. München 1960.

Feldmarschall Paulus kapitulierte, anstelle uns das vereinbarte Signal zu geben, nach den Punkten unseres festgelegten Plans, nach dem der Marschall Kluge nach Erhalt des Signals den Putsch im Osten beginnen sollte.« Man weiß, daß der Zeuge Gisevius im Dienst des Feindes in der Schweiz arbeitete.

Von all diesen Vorgängen wußte ich damals nichts. Ich war zu Beginn des Jahres 1943 fest davon überzeugt, daß Deutschland diesen Krieg nicht verlieren, das Schwerste aber noch auf uns zukommen würde. Als ich im Lazarett lag und während meiner Aufenthalte in Wien und Berlin hörte ich mir immer aufmerksam die Bemerkungen an, die die von der Front zurückgekehrten Offiziere und Soldaten machten. Ich habe viel über die Feldzüge des Westens, des Balkans und Rußlands nachgedacht, die ich als Offizier der Waffen-SS-Division *Das Reich* selbst erlebt hatte. Außerdem stand ich auch im ständigen Briefwechsel mit Stand.Fhr. Hansen, Chef meines früheren Artillerieregiments. Die Russen waren sicher vom »Blitzkrieg« überrascht, trotz den Auskünften, die sie besaßen; überrascht auch von den großen Panzereinheiten, die tief in ihre Verbände drangen. Wir hatten mehrere Millionen Gefangene gemacht. Diese bildeten für sich schon ein Problem, das bei fehlender Landwirtschaft (außer der Ukraine), mangelnden Transportmitteln und schlechtem Verpflegungsnachschub unlösbar wurde. Schon Anfang 1943 waren Zehntausende von ihnen entwichen. Sie gliederten sich wieder sowjetischen Einheiten ein, die den Einkesselungen entkommen waren. So formten sich beachtliche Partisanengruppen, wie es Stalin in seinem Aufruf vom 3. Juli 1941 schon empfohlen hatte. In diesen endlosen, straßenlosen Weiten konnten unsere Panzer nicht dasselbe Resultat erzielen wie in Polen, Holland oder in Frankreich. Die Angriffskombination aller unserer Waffen — Luftwaffe, Artillerie, Panzer, Infanterie — konnte sich nicht so auswirken wie in den obengenannten Ländern. Außerdem waren unsere Ziele und Ausrüstungen dem Feind genau bekannt. Wie zu Zeiten Napoleons wurden unsere großen Einheiten an ihren Flanken und von hinten von speziellen Gegenoffensiven und Partisaneneinheiten gestört, die in der Unermeßlichkeit des Landes unauffindbar waren. Es war uns bekannt, daß die Russen von den Amerikanern riesige Materialmengen bezogen und hinter dem Ural große, unerreichbare Industriekombinate besaßen. Wir hätten die »sowjetische Ruhr« besetzt, wenn der 2. und 3. Gebirgsjägerdivision gemeinsam mit dem 9. Infanterieregiment der Waffen-SS-Division *Totenkopf* die *Operation Silberfuchs* im Norden gelungen wäre. Aber die Eisenbahnlinie von Murmansk, die Hauptnachschublinie der russischen Armeen, konnte nicht abgeschnitten werden. Nach schweren

Kämpfen in der Tundra stieß die 3. finnische Armee auf eine Übermacht, die sie zwang, ihre Offensive ungefähr 20 km vor Salla Lukhi einzustellen. Weiter nördlich gelingt es dem bekannten Gebirgsjäger General Dietl, etwa 50 km an Murmansk heranzukommen. Am 20. September 1941 muß auch er den Befehl zum Rückzug erteilen. Die 19 ersten Konvois der westlichen Alliierten, die in Murmansk einliefen, brachten 520 000 Lastkraftwagen und andere Fahrzeuge, 4048 Panzer und 3052 Flugzeuge.

Auch das wußte ich nicht. Aber ich hatte das deutliche Gefühl, daß wir nicht mehr auf revolutionäre Art Krieg führten, sondern konventionellen Verschleißkrieg.

Wir brauchten nicht die traurigen Hintergründe der Katastrophe Stalingrads zu kennen, deren Ergebnis dem deutschen Volk nicht verschwiegen wurde, um zu verstehen, daß der Feind viel gelernt hatte und unsere neuen Kriegstaktiken ebenso anwandte wie wir.

Ich für meinen Teil war überzeugt, daß, wenn wir eine Entscheidung wie im Jahre 1939/40 erzielen wollten, wir ebenso wie in diesem Jahre neue, gewagte Methoden und die Überraschungstaktik anwenden müßten. Man mußte die ganze Art des Krieges überdenken, neue Waffen entdecken und herausbringen; Waffen, die für bestimmte Zwecke besonders brauchbar waren.

Natürlich hatte ich zuviel Phantasie; ich war nur ein unbekannter Obersturmführer. Wenn ich Gelegenheit gehabt hätte, einem die roten Streifen des Generalstabs tragenden Stabsoffizier meine unorthodoxen Gedanken vorzutragen, hätte er höchstwahrscheinlich gelächelt.

Meine Personalakten lagen im »Führungshauptamt« der Waffen-SS, das heißt unserem Generalstab, dessen Chef Obergruppenführer Hans Jüttner war. Dieser ehemalige Offizier der Reichswehr war ein bemerkenswerter Mann. Militärisch gesehen war er Himmler haushoch überlegen. Ich fühlte mich jetzt kerngesund und sprach mit ihm offen über meinen Wunsch, in einer Kampfeinheit zu dienen, in der ich mehr Initiative zeigen könne als in einer Berliner Kaserne. Seinen Fragen nach zu urteilen, hatte er sich die Mühe genommen, meinen militärischen Werdegang zu studieren. Er wußte nicht nur darüber Bescheid, was geschah, als wir *Otario* vorbereiteten, sondern auch von Jelnja in der Ukraine, Borodino, Rusa und vom Anfang des Rückzuges von Moskau. Er kannte meine Berichte mit den Vorschlägen, auf normalen Lastkraftwagen eine Laufkette über der Hinterachse zu montieren. Er wußte auch, daß ich ein Flugzeug steuern und alle neuen deutschen Panzer tadellos fahren und reparieren, desgleichen die amerikanischen, sowie die russischen T 34, bei denen man manchmal die Gänge mit dem Hammer bedienen mußte.

Die Unterhaltung war freundlich. Nach und nach trug ich meine unorthodoxen Gedanken über einen gewagteren Krieg vor, den wir meiner Meinung nach führen konnten. Der General stimmte lebhaft bei, und ich hatte plötzlich das Gefühl, daß er einen »Hintergedanken« hatte. Ich täuschte mich nicht. Jüttner ließ mich ein paar Tage später rufen. Er müsse einen Offizier suchen, sagte er, mit Fronterfahrung und guten technischen Kenntnissen, um eine »z. b. V.-Einheit« zu organisieren und zu kommandieren. Ich hörte aufmerksam zu, als er mir in einigen klaren Sätzen die Aufgaben erklärte, die man einem gewissen Bataillon bei Friedenthal nahe Berlin und einer Schule »Seehof« bei Den Haag stellte.

»Es handelt sich hierbei«, schloß General Jüttner, »um eine für Sie wahrscheinlich neue Form der Kriegführung, und, ich verschweige es Ihnen nicht, um einen sehr verantwortungsvollen Posten. Bei unserer letzten Unterhaltung hatte ich den Eindruck, daß Sie der Mann sind, den wir brauchen. Natürlich müssen Sie sich den Vorschlag überlegen. Sie sind frei, ihn auch abzulehnen.«

»Das ist schon überlegt«, sagte ich ihm. »Ich nehme an.«

So wurde ich Hauptsturmführer und Kommandeur des Bataillons *Friedenthal* z. b. V. (zur besonderen Verfügung) und der Schule »Seehof«.

Ich stand auf, um mich zu verabschieden und dem General zu danken. Er lächelte:

»Sie haben sofort angenommen. Sehr gut. In Ordnung. Ich glaube jedoch, daß Sie sich erst Seehof und Friedenthal ansehen müssen. Es könnte sein, daß sich gewisse Schwierigkeiten zeigen, die nicht von Ihnen abhängen. Nach Ihrer Rückkehr sagen Sie mir, was Sie davon halten, und erst dann werden wir Ihre Zustimmung als endgültig betrachten.«

Selbstverständlich kannte Jüttner die »unvorhergesehenen Schwierigkeiten«, die ich überwinden müßte, und wollte mir die Möglichkeit geben, auf die Sache zu verzichten. Er war ein ebenso höflicher wie voraussehender General.

# ZWEITES KAPITEL

# Nicht schießen!

Das Bataillon *Friedenthal* z.b.V. — Warum sich auch Historiker irren können — Weshalb ich von W. Schellenberg keine Befehle bekommen konnte — Wie die Division *Brandenburg* gegründet wurde — Meine ersten Offiziere: »Chinese« Hunke und Jurist Radl — Ich lehne die Ernennung zum Oberst im SD ab — Lord Mountbatten, sein Nachfolger General Laycock und die *British Commandos* — »Fair play« der BBC — Die Unterredung mit dem »Phantom-Major« David Stirling, dem ehemaligen Chef der *Special Air Force* — Heldentaten in Afrika — London beschließt Rommel zu beseitigen — Die Nacht von Beda Littoria: Kommentare von Sir Winston Churchill, Legenden und wahre Begebenheiten — Lektionen aus dem Mißerfolg des *Scottish Commando* — Die unzugängliche *Wolfsschanze* — Warum wir nicht schießen — Eine Schlußfolgerung des Generals v. Clausewitz.

Friedenthal, das sich etwa 20 km im Norden Berlins befindet, war ein ehemaliges Jagdschloß der Hohenzollern. Im Frühjahr 1943 errichtete man um die zwei in einem großen Park gelegenen Pavillons, wo sich seinerzeit die Gäste des Kaisers versammelten, ein Barackenlager, in dem sich eine Infanteriekompanie einquartierte, zusätzlich eine halbe Kompanie mehr und noch Teile einer Transportkompanie. Das Ganze nannte sich »Sonderverband z. b. V. Friedenthal« und wurde von einem holländischen Offizier der Waffen-SS und einem praktisch noch nicht existierendem Stab kommandiert. Archivstellen, Dokumentation, Organisation, Telefon, Fernschreiber und Funkstationen waren kaum vorhanden. Von ungefähr 300 Mann, die ich in Friedenthal vorfand, waren 85 Prozent Deutsche und 15 Prozent Holländer, Flamen und rumänische oder ungarische »Volksdeutsche«. Es waren alles Freiwillige, die wie ich selbst der Waffen-SS angehörten.
Ich habe schon erklärt, daß die Angehörigen der Waffen-SS nicht, was man so oft behauptet hatte, »in Himmlers Diensten stehende Polizisten« waren, sondern *Soldaten*. Ich möchte dazu noch ein paar Erläuterungen geben.
Hitler ernannte Heinrich Himmler am 16. Juni 1929 zum »Reichsführer der Schutzstaffel« (SS). Diese umfaßte zu diesem Zeitpunkt 280 Mann. 1933 wurde dann die »Allgemeine SS« gegründet. Die schwarze Uniform sah gut aus und hatte bei jungen Leuten großen Erfolg: es waren Studenten, Diplomaten, Mediziner, Rechtsanwälte, Beamte, Nationalsozialisten, die sich von der SA im braunen Hemd unterscheiden wollten.
Am 17. Juni 1936 beging Hitler den folgenschweren Irrtum, Himmler zum Chef der deutschen Polizei zu ernennen. Er entzog ihm jedoch nicht sein Amt als »Reichsführer SS«. Daraus ergab sich eine ganze Reihe von Verwechslungen, die es schwierig machen, die Geschichte des Dritten Reiches richtig zu verstehen.

Es ist verständlich, daß es sogar einem wohlmeinenden Historiker geschehen konnte, und heute noch oft geschieht, die sechs Ämter des Reichssicherheitsamtes (RSHA) untereinander zu verwechseln. Sie wurden anfangs alle von Reinhard Heydrich geleitet, der selbst Hitler unterstand. Die Ämter I bis VI hatten in Wirklichkeit alle ganz verschiedene Aufgaben. Die ersten beiden (I und II) waren reine Verwaltungsdienste. Amt IV war die »Gestapo« (Geheime Staatspolizei), die sich, unter Leitung von Heinrich Müller, normalerweise um die von deutschen Staatsbürgern begangenen politischen Verbrechen kümmern mußte und unabhängig vom Amt V, der »Kripo« (Kriminalpolizei), arbeitete, das für zivilrechtliche Verbrechen zuständig war. Die Trennung war so deutlich, daß zum Beispiel, wenn die »Kripo« bei der Untersuchung eines Zivilverbrechens feststellte, daß auch politische Hintergründe mitspielten, die weitere Untersuchung von Amt IV bearbeitet wurde — oder umgekehrt.

Amt III von Ohlendorf und Amt VI von Walter Schellenberg waren zusammen ein politischer Nachrichtendienst: Inland (Amt III) und Ausland (Amt VI) arbeiteten jedoch unabhängig voneinander.

Der Gedanke, alle diese Ämter in einem »Oberamt« zusammenzufassen, entsprang natürlich dem Wunsch, die Nachrichten, von denen die nationale Sicherheit abhing, zu zentralisieren. Aber niemand wäre imstande gewesen, alle sechs Dienststellen gemeinsam zu führen. Diese Aufgabe wäre über das Menschenmögliche gegangen. In einer derartig großen Organisation, in der sechs Ämter nebeneinander arbeiteten, hatte die persönliche Initiative freies Spiel. Starke Persönlichkeiten wie Nebe oder Müller, die sich normalerweise direkt an Himmler wenden konnten, erreichten damit eine große Selbständigkeit.

Amt VI hatte mehrere Abteilungen, die »A«, »B«, »C« und so weiter genannt wurden und denen im April 1943 die Abteilung »S« (Schule) hinzugefügt wurde. So wäre ich Schellenberg unterstellt gewesen, wäre ich nicht Mitglied der Waffen-SS, einer *militärischen* Einheit, gewesen, der Schellenberg keine Befehle geben konnte: wir werden sehen, was diese Tatsache mit Folgen mit sich brachte.

Das Amt VI Schellenbergs, der *politische* Nachrichtendienst für das Ausland, entsprach — um nicht zu sagen, konkurrierte mit — dem militärischen Nachrichtendienst des Admirals Canaris. Unter Admiral Canaris hing die Abwehr direkt vom OKW und FM Keitel ab. Man verwechselte jedoch oft »Amt VI Ausland« mit »Amt Ausland Abwehr«, da im Frühjahr 1944 die *politischen und militärischen* Nachrichtendienste zusammengelegt wurden und unter die Führung Schellenbergs kamen.

Das Amt »Ausland Abwehr« (kurz: »Abwehr« genannt) *vor* 1944 verfügte über eine Zentralabteilung »Z« (GenMaj Oster). Die Abteilung I (militärische Spionage) wurde von Oberst Piekenbrock geleitet, Oberst Lahousen leitete die

Abteilung II (Sabotage und Zersetzung), die Abteilung III (Spionageabwehr) Oberst v. Bentivegni. Diese beiden und Lahousen halfen später eifrig der Anklage in Nürnberg. Lahousen wurde als »freier Zeuge« vorgeladen (wie Paulus), Piekenbrock und Bentivegni erschienen nicht vor Gericht. Aber General Zorya, der sowjetische Ankläger, las am 11. Februar 1946 die belastenden Aussagen dieser beiden Obersten dem Gericht vor. Diese Aussagen wurden in Moskau unterschrieben und trugen die Daten vom 12. und 28. Dezember 1945. Die beiden Oberste wurden von den Russen im Jahre 1955 entlassen.

Es ist übrigens erstaunlich, daß sich die 3 Offiziere den Russen ergeben haben. Ihre Kollegen der Abwehr und alle Chefs ähnlicher Organisationen zum Beispiel »Fremde Heere West« und »Ost« evakuierten ihre Dienststellen und Archive nach dem Westen und ergaben sich den westlichen Alliierten.

Die Abwehr besaß bereits frühzeitig eine z. b. V.-Einheit. Ende 1939 war es das der Abteilung »Sabotage und Subversion« der Abwehr II angeschlossene *Bataillon z. b. V. 800*. Man kann bestätigen, daß zu diesem Zeitpunkt die Führung und ein Teil des Stabes des *Bataillons 800* tatsächlich zur ganz speziellen Verfügung stand. So hatte im November 1939 sein Kommandeur Major Helmuth Groscurth speziell die Aufgabe, den Putschplan gegen den Führer und die deutsche Regierung auszuarbeiten. Es gab Verhandlungen zwischen Canaris, Oster, Goerdeler, Groscurth und dem unvermeidlichen Gisevius. Halder, Generalstabschef des Heeres, sträubte sich dagegen und versetzte Groscurth zu einer anderen Dienststelle.

*Das Bataillon z. b. V. 800* wird dann das Regiment, später die Division *Brandenburg*. Ich möchte betonen, daß alle Sodaten der Division *Brandenburg* ihre Pflicht mutig und gewissenhaft erfüllt haben. Sie ignorierten, was Canaris, Oster, Lahousen, Groscurth und andere über ihren Köpfen planten. Ich werde auf die Division *Brandenburg* noch einmal zurückkommen.

Was den *Sonderverband z. b. V. Friedenthal* betrifft, so wurde er auf Befehl des Generals der Waffen-SS Hans Jüttner, Chef des Führungshauptamtes der Waffen-SS, aufgestellt. Nur er hatte die Vollmacht, Einheiten der Waffen-SS zu bilden und zu organisieren. Sie wurden von Offizieren der Waffen-SS kommandiert und durften anfangs nur unter der Waffen-SS Freiwillige rekrutieren. Aber ein paar Monate später genehmigte mir General Jüttner, Offiziere und Soldaten in allen vier deutschen Wehrmachtsteilen anzuwerben, vorausgesetzt, daß sie sich freiwillig meldeten.

Diese Einheit stand wie alle, die auf Befehl General Jüttners danach aufgestellt wurden, zur »besonderen Verfügung« bereit, das heißt, jeder Chef eines Wehrmachtsteiles konnte sie zu besonderen militärischen Einsätzen anfordern. Wir wurden eine Einheit innerhalb der Wehrmacht, in der wir kämpften, und erhielten Anweisungen vom Befehlshaber einer Armee oder einer Heeresgruppe. Die Pläne zum Einsatz wurden dann von meinem

Stab ausgearbeitet oder, mit meiner Zustimmung, vom Generalstab der betreffenden Armee.

Ich selbst arbeitete für Schellenberg nur während des Unternehmens *Franz*, da dieses Unternehmen schon lief, als ich das Kommando übernahm. Ab Juli 1943 erhielt ich meine Befehle immer direkt vom OKW oder von Hitler persönlich.

Im April 1943 lernte ich in Friedenthal das meiner Ansicht nach unvollständige Ausbildungsprogramm kennen. Man bereitete eben die *Operation Franz* vor. Obwohl ich ein Anfänger war, war mir sofort klar, daß ich für dieses Unternehmen und für spätere ein ganzes Bataillon und erstklassiges Kriegsmaterial brauchte.

Ich sollte »so schnell wie möglich« alles neu organisieren. Das war leichter gesagt als getan. Die Nächte verbrachte ich damit, meine neue Aufgabe unter den verschiedensten Gesichtspunkten zu betrachten, und tagsüber suchte ich geeignete Soldaten und Material. Zwei der ersten Offiziere, die zu mir kamen, möchte ich besonders hervorheben, denn sie waren mir bis zum Schluß eine wertvolle Hilfe. Untersturmführer der Waffen-SS Werner Hunke kam zu mir als »Chinaspezialist«. Er war in diesem Land tatsächlich geboren, hatte es aber im Alter von zwei Jahren verlassen. Chinesisch sprach er überhaupt nicht, und von China wußte er nicht mehr als das, was man auf einer Landkarte entdecken kann. Selbstverständlich nannten wir ihn »Chinese«.

Untersturmführer der Waffen-SS Karl Radl war, wie ich, Österreicher. Er wurde mein Adjutant. Er war, daß heißt, er ist es noch, ein stämmiger Kerl mit breiten Schultern, ein Draufgänger, dem es aber nicht an Scharfsinn fehlte: Mit meisterhafter Dialektik führte er den Papierkrieg mit den Intendanturen (Heeres-Verpflegungsamt, Waffenamt usw.), interpretierte zu unserem Vorteil, wußte Verbote zu umgehen und anscheinend harmlose Anträge zu stellen, die sich im nachhinein als von großem Nutzen erwiesen. Natürlich fand man unsere Vorhaben interessant, aber »angesichts der Sachlage« konnten leider viele Gesuche nicht bewilligt werden.

Als ich Friedenthal so gut wie möglich ausgerüstet hatte, begab ich mich zur Spezialschule nach Den Haag. In einer in einem Park gelegenen, im Stil der Jahrhundertwende gebauten Villa befanden sich rund 25 Schüler unter Leitung des Standartenführers Knolle vom Sicherheitsdienst (SD), Amt VI. Theoretisch war ich sein Untergebener, aber die Dienstgrade im SD entsprachen nicht denen der Waffen-SS. Die SD-Angehörigen waren praktisch mehr Beamte als Soldaten. Meine Stellung hätte schwierig werden können, hätte Knolle nicht von sich aus erklärt, er wolle gerne, als mein Untergebener, auf seinem Posten bleiben. Er kannte seine Arbeit gut: Abhören feindlicher Radiosender, Senden mit verschiedenen Funkgeräten, Entschlüsseln und Verschlüsseln von Geheimnachrichten und so weiter. Er blieb Leiter der Schule. Von den fünfundzwanzig Schülern gehörte ein Dutzend der Waffen-SS an, einer kam aus dem Iran und war für die *Operation Franz* bestimmt, die übrigen waren Agenten für das Amt VI.

Die Situation erschien mir nicht gerade ideal. Die Agenten des SD wurden von Schellenbergs Amt bezahlt und bekamen viel mehr als die Freiwilligen der Waffen-SS, denen nur ihr Soldatensold ausgehändigt wurde.

Schellenberg schlug mir vor, mit dem Dienstgrad Knolles — »Standartenführer« — in den SD einzutreten, »um die kleinen Schwierigkeiten zu überwinden«, wie er meinte. Ich lehnte den Vorschlag kurz und bündig ab: ich war lieber »Hauptsturmführer d. Res.« bei der Waffen-SS »als Standartenführer« im SD. Er bestand nicht weiter darauf. Ich kam noch einmal mit General Jüttner zusammen und gab ihm meine endgültige, positive Entscheidung bekannt.

Dann erteilte ich in Den Haag den Befehl, daß die Ausbildung getrennt durchgeführt und für die Waffen-SS auch verschiedene Verschlüsselungsmethoden verwendet werden sollten. Sehr bald waren in der Schule 90 Prozent Waffen-SS-Angehörige und nur 10 Prozent Zivilisten des SD. Um diese kümmerte ich mich nicht viel. Ich selbst wollte nur freiwillige europäische Soldaten, die wenn möglich aus der Waffen-SS kommen sollten. Diese Freiwilligen wollten wie ich gegen den Bolschewismus kämpfen und verhindern, daß dieser unser altes Europa besetzte. So wollten sie ihrem eigenen Land dienen. Man sagt heute oft, daß wir uns geirrt haben. Das ist möglich. Aber wenn wir nicht von 1941 bis 1945 gekämpft hätten, würde heute kein freies Europa mehr bestehen.

Wir wollten Europas und Deutschlands Erde verteidigen — nicht als »Nazis«, sondern als Patrioten und Soldaten.

Schon 1941 interessierte sich Adolf Hitler für alle Arten von Sondereinsätzen. Sie wurden damals, wie bekannt, vor allem von den *British Commandos* unternommen, die ausgezeichnet ausgerüstet und organisiert waren. In den Jahren 1941–1943 war Lord Mountbatten Chef dieser »Special Operations«. Sein Nachfolger, General Robert Laycock, war der Chef von 1943–1947. Er schrieb übrigens das Vorwort für das Buch meines Freundes Charles Foley *Commando extraordinary,* das 1954 in London und im folgenden Jahr in New York erschien. Die amerikanische Ausgabe enthielt ein Vorwort des General Telford Taylor.

Das Buch von Foley zeigt, welcher Geist 1943 in meiner Einheit in Friedenthal vorherrschte. Er war der erste Schriftsteller, Angehöriger eines Staates der westlichen Alliierten, ein »ehemaliger Feind«, der sich die Mühe nahm, mich in Madrid zu besuchen, und die Unterlagen studierte, die ich ihm zur Verfügung stellte.

Es ist völlig richtig, wenn er sagt, daß uns erst die Erfolge alarmierten, die der *Special Air Service* in Afrika unter dem tapferen Oberst David Stirling erzielte.

Ende 1941 zerstörten die Sonderkommandos unter Stirling in Nordafrika in drei Monaten »mehr deutsches militärisches Material« als irgendeine Staffel der RAF (Royal Air Force). Dies trug ihm den Beinamen »Phantommajor« ein. Tagsüber versteckte er sich mit seinem Kommando in der Wüste, erschien nachts, schlug zu, manchmal mehrere hundert Kilometer hinter unseren Frontlinien, und verschwand wieder auf geheimnisvolle Weise.

1956 drehte das britische Fernsehen (BBC) zehn, jeweils einstündige Filme über »die zehn Militärs, die während des Zweiten Weltkriegs die sensationellsten Leistungen vollbrachten«. Die zehn Personen wurden von General Robert Laycock ausgesucht, und eine davon war ich[1].

Dann schrieb mir Oberst Stirling von seinem Wunsch, mich kennenzulernen, und kam damit meinem Wunsch entgegen. Wir trafen uns auf dem Londoner Flughafen und unterhielten uns mehrere Stunden. Ich sagte ihm offen, daß die britischen Sonderkommandos im allgemeinen besser waren als unsere.

Außerdem hatten die Briten diese Einheiten wesentlich früher aufgestellt und hatten mehr Mittel zur Verfügung.

»Der Chef der *Special Operations* war von 1941–1943 Lord Mountbatten, ein Angehöriger der königlichen Familie«, sagte ich ihm, »das war von größter Wichtigkeit. Dann wurde General Laycock sein Nachfolger.«

Ich fügte hinzu, daß die gut geführten, besser ausgerüsteten und trainierten britischen Kommandos ausgezeichnete Erfolge in Afrika, Europa und Asien erzielt hatten. Stirling stimmte damit überein, meinte allerdings, daß die von meinen Einheiten durchgeführten Unternehmungen Ziele mit politisch und militärisch wesentlich größerer Bedeutung gehabt hätten. Die einzige britische Großaktion fand gegen das HQu General Rommels statt — und war ein Mißerfolg. (Stirling war an diesem Unternehmen persönlich nicht beteiligt.) Es kann einem nicht alles gelingen, sagte ich, und räumte ein, daß ich genau aus der Aktion gegen den Befehlshaber des Afrikakorps, deren Verlauf ich genau studierte, gewisse Schlüsse zog. Ich werde sie am Ende dieses Kapitels noch erläutern.

Ich fand, daß Oberst David Stirling ein Mensch von beispielhafter Aufrichtigkeit war, außerordentlich sympathisch und sehr intelligent. Wenn man offenherzig mit einem ehemaligen Gegner spricht, der dieselben gefährlichen

---

1 Otto Skorzeny war sogar der einzige Deutsche, der in diesem Programm auftrat. Als Journalisten General Laycock fragten, weshalb er für diese Filmreihe einen deutschen Offizier ausgewählt habe, und insbesondere Otto Skorzeny, antwortete der General nur: »Tapferkeit kennt keine Grenzen.« (A. d. Red.)

Situationen erlebte, erkennt man, daß der Zweite Weltkrieg ein Wahnsinn für Europa war.

Die Operationen der *US-Army-Special Forces* (OSS) begannen selbstverständlich erst später. Die amerikanischen Fallschirm- oder Kampfschwimmer-Kommandos verfügten normalerweise über beachtliche Mittel. Die Raider-Bataillone des Oberstleutnants der *Mariners* Merrit A. Edson zeichneten sich durch ihren Mut und ihre gewagten Unternehmen auf dem pazifischen Kriegsschauplatz aus.

Wir hatten in Nordafrika Kommandos der *Brandenburg*, die weit hinter den britischen Linien Brücken, Munitions- und Versorgungslager sprengten und Bahnlinien sabotierten. Viele ihrer Taten sind unbekannt. Das von Major Friedrich-Wilhelm Heinz kommandierte Reserve-Regiment der Brandenburger war ebenfalls in der Nähe von Berlin stationiert. Ich studierte eifrig auch sein Trainingsprogramm.

Die Brandenburger waren nicht die einzigen, die sich in Afrika durch Tapferkeit hervortaten: das Fallschirmjägerbataillon des Majors Burckhardt stand ihnen in nichts nach. Ich möchte auch noch zwei hervorragende Einzelkämpfer erwähnen: den italienischen Major Roberto Graf Vimercati San Severino und den deutschen Hauptmann Theo Blaich. Es gelang ihnen, in zwei Etappen, Fort Lamy mit einer Heinkel 111 zu bombardieren. Eine regelrechte Panikstimmung brach im Januar 1942 im Tschad aus ... 2500 km weit von unseren Flugplätzen entfernt!

Man könnte ein Buch über das phantastische Unternehmen schreiben, das im Frühjahr 1942 das Kommando der *Operation Condor* des Grafen Almaszy durchführte. Er war ein Nachkomme einer alten ungarischen Familie, monarchistischer Verschwörer, Rennfahrer und Forschungsreisender. Auf englischen Beutefahrzeugen stieß dieses Kommando 3000 km in der Wüste vor. Das Ziel war, Kairo zu erreichen und dort eine Nachrichtenzentrale für General Rommel aufzubauen. Die beiden am Bestimmungsort angekommenen Abwehragenten wurden bald von den Briten entlarvt. In Kairo halfen ihnen zwei Leutnante der ägyptischen Armee, die damals noch unbekannten späteren Revolutionäre Anwar el Sadat und Abd el-Nasser.

Was mir besonders auffiel, waren die Trainingsmethoden unserer russischen und englischen Gegner und ihre Art und Weise, diese Aufträge anzupacken. Selbstverständlich interessierte mich in erster Linie der im November 1942 unternommene Versuch, Feldmarschall Erwin Rommel zu beseitigen oder gefangenzunehmen. Dieser Versuch wurde nicht als einzelnes Kommandounternehmen aufgezogen, sondern sollte innerhalb einer dreiteiligen Operation einen großartigen Sieg bringen.

Nach dem Scheitern des Angriffs von General Wavell (*Operation Battleaxe* am 17. Juni 1941) bei dem Hunderte englischer Panzer vernichtet wurden, beabsichtigte Rommel, die Offensive im November 1941 in Tobruk zu beginnen. Wir wissen heute, daß seine Pläne und die Größe seiner Streitmacht dem Feind bekannt waren. Der neue englische Befehlshaber, Sir Claude Auchinleck, entschied daher, *vor* Rommel anzugreifen, und ließ unter Führung von Sir Allan Cunningham sechs Divisionen (darunter zwei Panzerdivisionen und eine motorisierte Einheit) in Richtung Tobruk vorrücken. Das war die sogenannte *Operation Crusader*, die für den 18. November 1941 festgelegt wurde.

Churchill bestätigt in seinen *Memoiren*, daß die englischen Truppen in allen Waffengattungen überlegen waren. Liddell Hart zeigt in seinem Buch *Geschichte des Zweiten Weltkrieges*, daß die Briten über 710 Panzer verfügten (darunter befanden sich die neuen und schnellen amerikanischen Stuart-Panzer, ohne die 500 Reservepanzer zu rechnen, die ebenfalls eingesetzt wurden. Gegenüber befanden sich 174 deutsche und 146 italienische Panzer »älteren Typs«. Die Engländer besaßen 690 Flugzeuge gegen 120 deutsche und 200 italienische. Daher konnte Churchill in einer von der BBC am 18. November 1941 ausgestrahlten Rede erklären, daß »die englische Wüstenarmee ein Blatt in der Geschichte schreiben wird, das nur mit Waterloo zu vergleichen ist«.

Aber die Wirklichkeit war anders: Rommel befahl den Gegenangriff, vielleicht etwas zu gewagt. Er mußte sich schließlich zurückziehen, zerstörte aber noch 66 feindliche Panzer vor El Hassiat am 22. Dezember 1941. Als er 1942 erneut angriff, stieß er 400 km vor.

In London wurde an höchster Stelle beschlossen, Rommel und seinen Generalstab am Vortag des Angriffs auszuschalten (d. h. am 17. November 1941). Dies sollte dazu dienen, den Plan der Offensive *Crusader* zu ergänzen. Es fiel mir besonders auf, daß die Briten in einer konventionellen Angriffsoperation ein Spezial-Kommandounternehmen vorsahen, das eine entscheidende Rolle hätte spielen können.

Die »combined operation« gegen Rommel und sein HQu wurde sorgfältig vom Stab des Admirals Sir Roger Keyes ausgearbeitet; teilnehmen sollten sein Sohn Oberstleutnant Geoffrey Keyes und — Oberst Robert Laycock. Rund hundert Soldaten wurden einem besonderen Training unterzogen. Keyes wählte 53 davon aus, die in drei Gruppen unter dem Befehl von Laycock operieren sollten. Er würde persönlich die Rückkehr des Kommandos sichern, zusammen mit einem Feldwebel und zwei Mann, die die erste Gruppe bildeten. Die aus sechs Mann bestehende zweite Gruppe sollte außerhalb des HQu operieren, das Stromnetz zerstören und Telefon- und Telegrafenleitungen unterbrechen. Die dritte Gruppe sollte ins Innere des Gebäudes dringen. Keyes führte diese Gruppe; sein Adjutant Hauptmann Campbell sprach fließend Deutsch und Arabisch. Die Engländer hatten Bilder und Lagepläne des Hauptgebäudes und der umliegenden Häuser und Lagerräume von Beda Littoria nach London geschickt.

Eine ganze Reihe phantastischer Berichte wurden in England, Frankreich und in den Vereinigten Staaten veröffentlicht: Der Generalstab Rommels sei »zum größten Teil liquidiert worden ... bestimmt 4 Oberste getötet ... eine schreckliche Panik bei den Deutschen ausgebrochen« und so weiter.

Durch die Nachrichten, die bei *Fremde Heere West* im OKH vorlagen, die Akten der *Brandenburg* und durch unsere Abhördienste konnte ich 1943 einen Großteil der wahren Begebenheiten rekonstruieren. Inzwischen haben Peter Young (in seinem bebilderten Werk *Commando* N. Y. 1969) und Paul Carell (in *Afrika-Korps*) Einzelheiten dieses Einsatzes veröffentlicht. Young folgt manchmal dem früher erschienenen Bericht von Hilary St. Georges Saunders *The green Beret*. Carell gibt direkte Zeugenaussagen wieder, wie zum Beispiel die des Majors Poeschel, des Stabsarztes Junge und des Adjutanten Lentzen. So ist es möglich, das Schicksal dieses kühnen Unternehmens richtig zu beschreiben.

Young und Carell schweigen darüber: ich glaube jedoch, daß das Kommando bei der Landung der beiden Unterseeboote *Torbay* und *Talisman* am Strand von Hamma an der Küste der Kyrenaika in der Nacht vom 13. 14. November 1941 mehr als zwanzig Mann verloren hatte. Eine beachtliche Menge Material und auch Sprengstoffe mußten bei der Landung verlorengegangen sein. Vermutlich sollte der Teil des HQu gesprengt werden, in dem sich ihrer Meinung nach Rommel aufhielt. Das Unternehmen konnte aber auch nicht mehr verschoben werden, weil Cunningham am 18. November angreifen wollte. So mußten die Pläne geändert werden. 29 oder 53 Soldaten kamen nur ans Ufer. Laycock, Keyes und ihre Gefährten haben das Verdienst, den Einsatz trotz allem versucht zu haben.

Die Gruppe unter Cook, die für das Gelände um das HQu zuständig war, und die Gruppe von Oberstleutnant Keyes und seinem Adjutanten Campbell verbargen sich bis zum 17. November um 18 Uhr in einer Höhle, später in einem Zypressenwald. Sie wurden von einer mit italienischen Gewehren bewaffneten arabischen Räuberbande versorgt, deren Anführer einen knallroten Turban trug. Es handelte sich wahrscheinlich um Spitzel des Hauptmanns J. E. Haselden, eines Offiziers der britischen *Desert Long Range Group*, der ebenfalls an den Strand von Hamma kam.

Als das Kommando in der Nacht vom 17./18. November sich vorsichtig seinem Ziel näherte, entlud sich ein selten starkes Gewitter über Beda Littoria; es regnete in Strömen. Das Unwetter, das die Engländer bei ihrer Landung so benachteiligt hatte, war nun sehr günstig für sie.

Young erzählt, daß es Campbell gelang, einem italienischen Soldaten und einem Araber einzureden, er und seine Leute seien eine »deutsche Patrouille«, was unwahrscheinlich ist, denn das Kommando sah nicht danach aus: ... mit schwarz angemalten Gesichtern stehen sie nun vor dem HQu. Bei dem Sturm hat sie bis jetzt keiner bemerkt. Cook und seine Leute unterbrechen das Stromnetz und schneiden die Telefonkabel durch, ohne irgendwie aufzufallen. Alles spielt sich in der Finsternis ab.

Vom ersten Augenblick des Angriffs an geht alles schief: die Ordonnanz, die Feldwebel Terry erstechen wollte, verteidigt sich so energisch, daß sie nicht einmal verletzt wird.

Es wird gekämpft. Keyes und Campbell, die nun auch am Schauplatz sind, verlassen sich auf Terry, knipsen ihre Taschenlampen nicht an und können auch nicht eingreifen. Die beiden Kämpfer stoßen die Tür zum Vorzimmer auf. Die Ordonnanz ruft nach Hilfe. Adjutant Lentzen erscheint in der Türöffnung mit dem Revolver in der Hand, feuert blindlings ab und schießt Keyes in die Hüfte. Dieser wirft blitzschnell — über Lentzen hinweg — zwei Handgranaten ins Zimmer. Wer befand sich darin? Keyes weiß es nicht. Die Granaten explodieren. Es gibt ein Opfer: Feldwebel Kovasic, der auf der Stelle getötet wird.

In diesem Augenblick erscheint Leutnant Kaufholz oben an der Treppe des ersten Stockes, bemerkt Keyes im Schein der Granatexplosionen, schießt sofort und trifft ihn tödlich mitten ins Herz. Eine MG-Salve wirft Campbell nieder, aber trotz seinen Verletzungen schießt er noch einmal und trifft seinen Gegner am Knöchel.

Draußen rattert eine andere MG-Salve. Ein Mann des Kommandos schoß Leutnant Jauger nieder; die Granaten haben eine Wand herausgerissen und sein Fenster zertrümmert. Jauger, aus dem Schlaf gerissen, springt im Schlafanzug aus dem Fenster, da er annimmt, daß es sich um einen Luftangriff handelt.

Im Vorzimmer sehen die Soldaten von Keyes beide Vorgesetzte außer Gefecht und sind überzeugt, daß sie von außen angegriffen werden. Sie beginnen den Rückzug und töten dabei noch den Soldaten Boxhammer, der in der Dunkelheit angelaufen kam.

Dieser Einsatz wurde von dem Moment an zum richtigen Fehlschlag, als Lentzen zu schießen begann und Keyes seine Granaten warf: damit wurden alle Deutschen alarmiert.

Resultat auf deutscher Seite: vier Tote. Die Leutnante Kaufholz und Jäger, Feldwebel Kovasic und Soldat Boxhammer.

Auf britischer Seite wurde ein Offizier (Keyes) getötet und der andere schwer verletzt (Campbell). Man hätte sein Bein amputieren müssen, aber der deutsche Militärarzt Dr. Junge konnte es ihm retten. Dazu kommen die rund zwanzig Vermißten der U-Bootlandung.

Oberst Laycock gab den Teilnehmern des Kommandos den Befehl, sich einzeln zu verbergen, denn das Unwetter verhinderte jegliches Anbordgehen, und die Verfolgung hatte schon begonnen. Alle wurden gefangengenommen. Nur Laycock und Terry erreichten die englischen Linien nach, wie Churchill schreibt, »5 Wochen verzweifelter Abenteuer«. Die dreißig

Angehörigen des Kommandos wurden nicht wie Freischärler behandelt, sondern wie Kriegsgefangene. Oberst Keyes[1] und die vier deutschen Toten wurden unter militärischen Ehren auf dem kleinen Friedhof von Beda Littoria beigesetzt.

Was machte General Rommel während des Angriffs? Winston Churchill schreibt darüber nur: ».. . Eines der Gebäude des Hauptquartiers (General Rommels) wurde überfallen und eine Anzahl Deutscher getötet. Aber Rommel war nicht dort.« Das ist richtig. Der Kommandierende General des Afrikakorps hatte die Kyrenaika schon *seit Ende August* verlassen und sein HQu in Gambut, zwischen Tobruk und Bardia, aufgeschlagen. In Beda Littoria lag nur das Stabsquartier des Generalquartiermeisters des Afrikakorps. Major Poeschel, Hauptmann Waitz und ein paar Offiziere leiteten es. Wie konnte der englische Geheimdienst einen solchen Irrtum begehen? Er besaß doch in Nordafrika ein Netz bestens informierter Agenten? Der erste Schluß, den ich aus dem britischen Mißerfolg zog, war folgender: der Leiter einer solchen Operation muß so gut es geht die Informationen, die ja die Grundlage des Unternehmens bilden, selbst überprüfen. Ich faßte daher den Entschluß, nie eine Aktion dieser Art in die Wege zu leiten, ohne ein Höchstmaß an Information aus den verschiedensten Quellen zu besitzen. Ich brauchte meinen »eigenen kleinen Nachrichtendienst«. Wir werden gleich sehen, wie ich zu diesem kam.

Die zweite Schlußfolgerung bestätigte mir einen Gedanken, den ich immer schon hatte: die völlige Überraschung ist Voraussetzung zum Erfolg des Unternehmens. Sie muß mindestens einige Minuten anhalten. Diese Zeit muß sorgfältig einkalkuliert werden.

Wenn schon das *Scottish Commando* nicht Rommel beseitigen konnte, so blieb ihm nur die Aufgabe, wenigstens das HQu des Quartiermeisters unbrauchbar zu machen. Dies mußte aber völlig geräuschlos geschehen. Das Feuern der Waffen und die Granatexplosionen gleich am Anfang verursachten von vornherein den Fehlschlag. Wäre dies tatsächlich ein HQu der Armee gewesen, hätte das *Scottish Commando* nicht einmal fliehen können, denn die Wachposten hätten sofort eingegriffen.

Gewiß, es handelte sich nicht um einen Sabotageakt. Jedoch war diese Operation in einer Weise angelegt, die mir zweifelhaft erscheinen ließ, daß man wirklich daran gedacht hatte, General Rommel gefangenzunehmen. Er sollte höchstwahrscheinlich getötet werden. Nur dies erklärt die Art und Weise des Angriffs.

Richtig geführt und mit entsprechenden Mitteln, über die die englischen Kommandos verfügten, hätte das Unternehmen gegen das tatsächliche HQu

---

[1] Oberstleutnant Geoffrey Keyes wurde nach seinem Tode das Victoria-Kreuz verliehen. (A. d. Red.)

General Rommels seinen Zweck erreichen können. Der Befehlshaber der deutschen Streitkräfte in Afrika wäre ums Leben gekommen oder schwer verletzt worden. Schwieriger wäre es gewesen, ihn als Gefangenen mitzunehmen.

Angenommen, der General wäre nicht zu Schaden gekommen, so wären auf jeden Fall ein paar seiner Stabsoffiziere kampfunfähig gemacht worden. Während einer beginnenden feindlichen Offensive wäre die Funktion des HQu ernstlich gestört und die Befehlsgebung zumindest zum Teil unterbrochen worden. Auch ein nur teilweiser Erfolg des *Scottish Commando* hätte sich negativ auf die Moral unserer Truppen ausgewirkt; nicht nur in Afrika, sondern auch auf anderen Kriegsschauplätzen und an der Ostfront.

Dieser Einsatz ließ uns auch an die Verteidigung der deutschen HQus denken, die manchmal so schlecht gesichert waren, daß das Schlimmste zu befürchten war. Auch unsere Quartiermeister hätten gut daran getan, besser vorzusorgen: die Ordonnanz, die ihr Leben gegen einen Feind verteidigen mußte, der sie erstechen wollte, hatte nicht einmal einen Revolver.

Ich traf in Friedenthal strenge Vorsichtsmaßregeln. Der Park war schon von einer 4 m hohen Mauer umgeben, und die Alarmanlagen waren schnell angebracht. Nachts wurden Streifen durchgeführt. Aber unser bester Schutz waren unsere dressierten Hunde.

Die *Wolfsschanze*, das Führerhauptquartier, lag inmitten eines Waldes bei Rastenburg in Ostpreußen. Generaloberst Jodl hielt die *Wolfsschanze* für »eine Mischung aus Kaserne, Kloster und Konzentrationslager«.

Die geografische Lage erleichterte die Sicherheitsmaßnahmen, so daß das Eindringen eines Sonderkommandos praktisch unmöglich war. Die *Wolfsschanze* lag innerhalb von drei Sperringen, die mit Stacheldraht und Gittern gesichert waren. Der äußerste Sperring war 5 m hoch. Um ins Innere zu gelangen, mußte man dem Offizier des ersten Wachpostens seinen Ausweis und seine Papiere zeigen, die aufs genaueste nachgeprüft wurden. Dieser erste Posten telefonierte der Wache der zweiten Absperrung, die bestätigen mußte, daß man tatsächlich erwartet wurde und von wem. Danach hatte der Besucher seinen Namen, Dienstgrad und Zweck seines Besuches in ein Buch einzutragen. Die Uhrzeit seiner Ankunft und die des Verlassens des HQu wurden genau notiert. So wurde Oberst Stauffenberg aufgrund seiner überstürzten Abfahrt am 20. Juli 1944 sofort verdächtigt. Nach Überschreiten einer Bahnlinie und immer noch im Wald, stieß man auf die Schranken des zweiten Schlagbaums. Erst dann befand man sich innerhalb des dritten Sperrkreises, einer Art ausgedehntem Park mit vereinzelten Gebäuden, auf deren Dächern Gebüsch angepflanzt war. Von oben konnte man nur einen einzigen Wald sehen, denn riesige Tarnnetze überspannten Häuser und Wege. Das war die Spezialzone Nr. 1, zu der auch

Offiziere des OKW keinen freien Zutritt hatten, »außer General Warlimont«, wie GenOb Jodl vor dem Nürnberger Gericht am 3. Juni 1946 erklärte.

Innerhalb der ersten beiden Sperrkreise, sowie außerhalb des dritten patrouillierten Tag und Nacht Wachtposten. Hitler wurde nicht, wie man schrieb, von Polizei-Einheiten Himmlers geschützt, sondern von einem Regiment der Armee, dessen Oberst bei Kriegsbeginn Erwin Rommel war[1]. Der Führer kannte ihn daher sehr gut und hatte volles Vertrauen zu ihm.

Ich bin der Ansicht, daß selbst das ganze *Scottish Commando* Oberst Laycocks, hätte es wirklich das HQu im November 1941 angegriffen, trotz größtem Mut und bestem Material eine schwere Aufgabe zu lösen gehabt hätte.

Hitler selbst kümmerte sich vor dem 20. Juli 1944 kaum um seine eigene Sicherheit. »Er ertrug die Sicherheitsmaßnahmen«, erzählte mir Oberst von Below, sein ständiger Luftwaffenadjutant, »aus Pflichtgefühl gegenüber dem deutschen Volk und seinen Soldaten«. Ich weiß auch, daß Hitler nie eine kugelsichere Weste oder einen Stahlhelm trug, was auch schon behauptet wurde[2].

Als aber am 20. Juli die Generale Schmundt und Korten an seiner Seite tödlich verletzt wurden, befahl er strenge Sicherheitsmaßnahmen. So mußte zum Beispiel jeder ins FHQu gerufene Offizier nach dem 20. Juli 1944 seine Pistole beim Wachposten des 1. Sperrings abgeben[3].

Ich wurde neunmal in die Wolfsschanze befohlen und habe sie auch überflogen: sie war so erstaunlich gut gegen Luftangriffe getarnt, daß man nur Bäume erkennen konnte. Die bewachte Anfahrtsstraße schlängelte sich in solcher Weise durch den Wald, daß ich nicht imstande gewesen wäre, die genaue Lage des FHQu anzugeben.

Hitlers zweiter Aufenthaltsort, der *Berghof* in Bayern, war von der Luft aus zu erkennen. Aber er wurde, wie die *Wolfschanze,* von der starken Flak geschützt. Die feindliche Luftwaffe griff zweimal den *Berghof* an und erlitt dabei Verluste von etwa 50 Prozent.

Das Attentat vom 20. Juli 1944 war nur schwer zu verhindern. Hitler kannte Oberst Stauffenberg persönlich. Er hatte mit ihm mehrere Unterredungen über die Organisation der neuen »Volksgrenadier«-Divisionen

---

1 Die äußere Bewachung oblag der Wehrmacht, im Sperrkreis III aber war ausschließlich das Führerbegleitkommando zuständig, das aus besonders ausgesuchten SS-Leuten bestand (Anm. d. Red.).

2 Dem steht die Schilderung in den Erinnerungen Rudolf Frhrn. v. Gersdorffs entgegen. (A. d. Red.)

3 Nach der Befreiung des Duce vereinfachte man für Skorzeny die Durchgangsformalitäten der ersten beiden Sperrkreise. Die wachhabenden Offiziere fragten ihn nie, ob er bewaffnet sei. (A. d. Red.)

8 Die SS-Männer vom Kommando Skorzeny, die am Handstreich der Befreiung Benito Mussolinis beteiligt waren, wurden als Ehrengäste aus Anlaß der Feier des Erntedankfestes am 3. 10. 1943 im Berliner Sporpalast gefeiert. Von links nach rechts: Cieslewitz, Manns, Warger, Holzer, Schwerdt und Menzel.

9 Nach der Befreiung Mussolinis. Von links nach rechts: Skorzeny, Mors, Schwerdt, Mussolini, Skorzenys Adjutant Karl Radl und in Zivil General Cueli, der Bewacher Mussolinis.

10 Franz Szalasi, Führer der ungarischen faschistischen »Pfeilkreuzler«, der nach dem Sturz Horthys im November 1944 die Regierungsgeschäfte in Budapest übernahm. Hier bei der Begrüßung der Wache vor dem ungarischen Kriegsministerium in Budapest am 4. 11. 1944. Otto Skorzeny hatte auch damals seine Hand im Spiel.

gehabt. Niemand konnte ahnen, daß sich in der unter den Besprechungstisch gestellten Aktentasche eine Bombe befand.

Wir haben gesehen, aus welchen Gründen General Rommel weder getötet, noch verwundet und erst gar nicht in Beda Littoria gefangengenommen werden konnte.
Nachdem ich diesen Einsatz studiert hatte, faßte ich den festen Entschluß, meine Soldaten des Sonderkommandos zu unterweisen, *nur bei absoluter Notwendigkeit zu schießen.*
Wir konnten alle hervorragend schießen, und zwar mit allen Waffen; aber wir hatten die Disziplin, auch ohne zu schießen anzugreifen, um einen vollen Überraschungserfolg zu erzielen.
Ich habe ein gutes, bewährtes Mittel gefunden, um meine Soldaten vom Schießen abzuhalten: als erster vorgehen und selbst nicht schießen. Diese meine Haltung gab den mir folgenden Soldaten Kaltblütigkeit und Vertrauen. Dies trug viel zum Erfolg der Befreiung Benito Mussolinis und speziell der *Operation Panzerfaust* bei, bei denen es kein allgemeines Blutvergießen gab. Bei *Panzerfaust* handelte es sich darum, den Budapester Burgberg, Sitz der Regierung des ungarischen Reichsverwesers Admiral von Horthy, militärisch in Besitz zu nehmen.
Ich befand mich bei beiden Operationen an der Spitze und habe selbst keinen einzigen Schuß abgefeuert. Die Soldaten, die unmittelbar hinter mir kamen, hatten den Befehl, erst zu schießen, wenn ich das Feuer eröffnete. Sie folgten dem Befehl und schossen nicht. Zum größten Erstaunen Oberst Stirlings!
Es ist natürlich psychologisch leichter, schießend anzugreifen. Zum Training der Sonderkommandos gehört daher vor allem der massierte und konzentrierte Angriff gegen den Feind. Ich möchte betonen, daß es von mir ein psychologischer Irrtum gewesen wäre, die Italiener und Ungarn als Feinde zu betrachten. Ein solches Verhalten wäre nicht im Sinne des mir anvertrauten Einsatzes gewesen. In Wirklichkeit waren es nicht unsere Feinde, sondern nur unsere Gegner, die ihrerseits allerdings den Befehl hatten, zu schießen.
Es ist für einen Gegner schon verwirrend, wenn er, von den Ereignissen überrascht, einen plötzlich erschienenen Gegner auf sich zukommen sieht, der logischerweise gar nicht da sein kann. Er traut seinen eigenen Augen nicht. Auf diese Art verlängert sich das Überraschungsmoment, das für den Erfolg notwendig ist.
Aber wenn von seiten des Angreifers ein einziger Schuß fällt, wird bei dem Angegriffenen der Selbsterhaltungstrieb geweckt, und er schießt automatisch zurück. Nichts ist ansteckender als ein Schuß! Ich habe Fronteinheiten gesehen, die plötzlich nachts aus allen Rohren feuerten, nur weil eine Wache auf einen Schatten geschossen hatte.

Nicht schießen! Der schwierigste Moment dabei ist, wenn man auf den Feind stößt. Denn diese Taktik erfordert von den Leuten, die man befehligt, stärkste Nerven und gegenseitiges, unerschütterliches Vertrauen auf den Erfolg.

Es gibt wenige Militärtheoretiker, die ebenso klare Ansichten wie General Carl v. Clausewitz haben. Er schreibt in seinem Buch *Vom Kriege* (1. Buch, 1. Kapitel), daß »die Entwaffnung des Gegners das eigentliche Ziel einer kriegerischen Aktion ist«. Darauf untersucht er, unter welchen Bedingungen ein solches Ziel erreicht werden kann. Ich glaube aber, daß er sich, ebensowenig wie der tapfere Stirling, nicht vorstellen konnte, daß man einen Gegner auch durch das Überraschungsmoment entwaffnen kann und ohne zu schießen!

DRITTES KAPITEL

# Warum Hitler keine Atombombe bauen ließ
# Die Vergeltungswaffen

Der Lindemann-Plan (30. März 1942): 52 deutsche Städte mit über 100 000 Einwohnern müssen total zerstört werden — Reichsmarschall Göring irrt sich — Der Vorsprung deutscher Wissenschaftler in der Atomphysik — Phantastische Gerüchte über geheime und vollkommene Waffen — Einsätze gegen die Schwerwasserfabrik in Norwegen — Hitler, krank und bettlägrig, empfängt mich sofort: »Der Einsatz radioaktiver Waffen würde das Ende der zivilisierten Menschheit bedeuten« — These des Physikers Philipp Lenard — Die Atombombe wird »per Versand« konstruiert — »Tanum« und Speer — Die *Operation Reichenberg*: ich will eine bemannte V 1 bauen — Pläne und Prototypen bei Heinkel — Marschall Milch ist skeptisch — Mißerfolge — Hanna Reitsch erklärt mir die Gründe — Es gelingt ihr, die V-1 zu fliegen: »Ein sehr schönes Flugzeug!« — Die V-2-Rakete — Hitler ernennt Wernher v. Braun zum Professor — Prophezeiungen Hitlers — Von der V-2 abgeleitete Raketen und Düsenjäger — Die *Operation Paperclip*: Die Sieger plündern und beuten uns aus — Die Ansichten Winston Churchills und General Eisenhowers.

Ein Soldat, der für sein Land kämpft und erkannt hat, daß sich Europa in Todesgefahr befindet, wird selbstverständlich siegen wollen.
Als ich in Friedenthal im Frühjahr 1943 die Lagekarte aller Kriegsschauplätze studierte, sah ich, daß die Ostfront hielt. Aus Erfahrung wußte ich, wie gefährlich die russische Armee durch die Masse ihrer Menschen, ihren Mut und die phantastische Materialmenge war, die sie von den USA, England und Kanada erhielt.
In Nordafrika wurde der Vormarsch General Rommels im Juli 1942 etwa 100 km vor Alexandria vom Feind gestoppt. Die Amerikaner waren am 8. November 1942 in Casablanca, Algier, Oran und so weiter gelandet, und die Truppen der Achsenmächte, die sich alle an zwei Fronten schlagen mußten, unterlagen dem Gesetz der größeren Zahl.
Die deutschen Städte waren Spezialziel der britischen und amerikanischen Bomber. Seit Mai 1942 brachten Tausende von Flugzeugen Ruinen und Tod in die Städte Köln, Essen, Duisburg, Hamburg, Mannheim, Dortmund und viele andere mehr. Nicht nur unsere Fabriken wurden angegriffen: die »Bombenteppiche« töteten jedesmal Zehntausende von Frauen und Kindern. Im Juli 1943 brannte Hamburg wie eine Fackel. Rund 9000 Tonnen Spreng- und Brandbomben wurden abgeworfen. Auf diese Weise hoffte man zu erreichen, daß »sich das deutsche Volk gegen seine Regierung erhebt« und Deutschland durch eine Art innerer Revolution gezwungen wäre, zu kapitulieren. Das war jedenfalls die Ansicht von F. Lindemann, dem psy-

147

chologischen Berater des »Bomber Command« der RAF, die er in einem Bericht an Winston Churchill am 30. März 1942 vertrat: 52 deutsche Städte mit über 100 000 Einwohnern müssen dem Erdboden gleichgemacht werden. Reichsmarschall Göring beging denselben psychologischen Fehler, als er 1940 den »Blitz« über London befahl. Die Gesamtzahl der durch die Bombardierung durch die deutsche Luftwaffe, durch V 1 und V 2 verursachten britischen Opfer ist bekannt: sie beläuft sich auf 60 227 Tote und 80 900 Verwundete. Jedoch ist es ganz unmöglich, die Zahl der Opfer der englisch-amerikanischen Angriffe anzugeben. Allein die Bombardierung Hamburgs brachte 53 000 Tote und 160 000 Verwundete. Die Zahl der Menschen, die bei dem Bombengemetzel in Dresden ums Leben kamen, wird offiziell auf 250 000 bis 300 000 geschätzt, bei einer Einwohnerzahl von 630 000. Es standen 18 qkm in Flammen. Als dieser ungeheure Scheiterhaufen, mit Flammen in Höhe von 8—10 m, erlosch, konnte man dank den Eheringen nur 40 000 Leichen identifizieren. Ende Februar 1945 befanden sich in Dresden 420 000 Flüchtlinge aus dem Osten, in der Hauptsache Frauen und Kinder.

Ich glaube, daß Reichsmarschall Göring große Verantwortung für den Verlauf des Luftkrieges trug. Schon 1940 hielt er den Krieg für gewonnen. Aufgrund seiner Illusionen erhielten wir die Düsenflugzeuge mindestens ein bis zwei Jahre später, denn schon 1939 arbeiteten unsere Spezialisten an Turbostrahltriebwerken. Als unsere Düsenflugzeuge dann am Himmel erschienen, waren die feindlichen Bomber und Jäger recht unangenehm überrascht.

Ich habe den Reichsmarschall persönlich kennengelernt, als Chef der Luftwaffe in seinem HQu und als tapferen Soldaten auf dem Schlachtfeld in Schwedt/Oder. Im Gefängnis in Nürnberg bekam ich eine Zelle gegenüber der seinen zugewiesen, bevor man Angeklagte und Zeugen in verschiedenen Gebäudeteilen unterbrachte. Ich möchte nicht schlecht von Toten reden. Aber eines muß gesagt werden: der Reichsmarschall trägt eine große Schuld dem deutschen Volk und Europa gegenüber.

Wahrscheinlich wird es einem künftigen Historiker erstaunlich erscheinen, daß Deutschland nicht die Atombombe gebaut hat, obwohl es seit 1938 theoretisch und praktisch die Möglichkeit dazu besaß. Ende dieses Jahres lieferten Prof. Otto Hahn und Prof. Strassman den *chemischen Beweis* für die Kernspaltung. Prof. Hahn erhielt 1945 den Nobelpreis der Chemie. Er arbeitete am Kaiser-Wilhelm-Institut in Berlin und Dahlem mit Prof. Werner Heisenberg und einer Reihe anderer erstklassiger Forscher. Aber der Assistent Prof. Heisenbergs war Carl Friedrich v. Weizsäcker, Sohn des Diplomaten Ernst v. Weizsäcker, einer der Verschwörer gegen Hitler.

Prof. Frisch, der in Deutschland gearbeitet hatte und frühzeitig nach England emigriert war, brachte als erster (im Januar 1939) den *physikalischen Beweis* für die Kernspaltung. Seine Tante, Frau Prof. Lise Meitner, eine der

Mitarbeiterinnen Otto Hahns, lebte als Flüchtling während des ganzen Krieges in Stockholm, blieb aber mit Berlin in Verbindung.

Ein anderes Institut in Deutschland betrieb ebenfalls schon frühzeitig Forschungsarbeiten über das Atom. Das Institut, das sich, wie ich glaube, in Hamburg befand, stand unter Leitung eines jungen, hervorragenden Physikers, Manfred v. Ardenne, der nach dem Kriege in Rußland und in Ostdeutschland arbeitete. Goebbels interessierte sich sehr für diese Arbeiten. Nach dem Kriege erklärten viele deutsche Physiker, sie hätten ihr Möglichstes getan, um den Bau der deutschen Atombombe zu verhindern. Das könnte man ihnen moralisch hoch anrechnen, wenn es der vollen Wahrheit entspräche. Aber auch hier ging man recht großzügig mit den Tatsachen um.

Seit 1939 interessierte sich Hitler für die unglaublichen Möglichkeiten, die sich aus der Kernspaltung ergaben. Im Herbst 1940 hatte er darüber eine lange Unterhaltung mit Dr. Todt, dem Rüstungsminister. Seine Meinung änderte sich nie: er dachte, daß die Anwendung der Atomenergie zu kriegerischen Zwecken das Ende der Menschheit bedeuten würde.

Es ist uns heute auch bekannt, daß Hitler nicht nur den Vortrag gelesen hat, den Prof. Heisenberg 1942 am Kaiser-Wilhelm-Institut gehalten hatte (über *Die Kernspaltung und den Bau des Atommeilers mit Uran und die Elektronenschleuder*), sondern auch Berichte anderer, vor 1941 erzielter Forschungsergebnisse. Albert Speer schreibt, daß Hitler »nicht von der Perspektive entzückt war, während seiner Regierungszeit unseren Planeten in einen von Flammen verzehrten Himmelskörper verwandelt zu sehen«. Er schreibt dies, wie er sagt, basierend auf wenigen Unterhaltungen, die er mit Hitler »über die Möglichkeit, eine Atombombe zu bauen« hatte. Das bedeutet, daß für Adolf Hitler diese Frage nicht mehr zur Debatte stand.

Dazu möchte ich noch ein persönliches Erlebnis schildern:

Nach dem Budapest-Einsatz flog ich im Oktober 1944 wieder einmal nach Ostpreußen ins FHQu. Die Ardennenoffensive wurde gerade vorbereitet, und Hitler wollte mir seine Instruktionen für das Unternehmen *Greif* erteilen.

Im FHQu sagte man mir, daß Hitler krank im Bett liege, mich allerdings sofort sprechen wolle. Ich bin sicher einer der wenigen Besucher, wenn nicht der einzige, den der Führer im Bett empfangen hat. Ich fand ihn sehr verändert, abgemagert, aber wie immer geistig rege. Er bat mich zu entschuldigen, daß er mich so empfing, hieß mich Platz nehmen und erklärte mir in kurzen Zügen die strategischen und taktischen Ziele der Ardennenoffensive und seine Vorstellungen von der Operation *Greif*, die ich durchführen sollte. Vor mir befand sich ein Mann im Bett, der keinerlei Dekor und Prunk benötigte, um seine Persönlichkeit zu unterstreichen. Beim Sprechen mit seiner ruhigen, etwas rauhen, aber maßvollen Stimme strömte er eine selten zu findende Überzeugungskraft aus. Er versicherte, daß die deutsche Armee trotz Verrat und Irrtümern letztlich siegen werde. Diese Offensive werde Erfolg haben. Abgesehen davon, würden »neue, wirklich revolutionäre Waffen den Feind völlig überraschen«.

Um diese Zeit sprach man viel über deutsche »Geheimwaffen« und Dr. Goebbels' Propaganda tat das Ihrige, um diese Gerüchte zu nähren. Man hörte die seltsamsten Dinge über die Herstellung und Existenz dieser phantastischen und tödlichen Waffen.

Bei diesen »Geheimwaffen« handelte es sich einerseits um ein Luftabwehr-Geschoß, das mitten in einem feindlichen Geschwader explodieren und in einem beachtlichen Raum den absoluten Nullpunkt herstellen sollte, das heißt, eine Temperatur von $-273°$ C, mit entsprechend vernichtenden Folgen für die Flugzeuge. Man sprach jedoch hauptsächlich von einer anderen, schrecklichen Waffe, die auf künstlich erzeugter Radioaktivität beruhen sollte.

Auch ohne Atomphysiker zu sein, wußte ich, daß es unter Benutzung der Spaltenergie des Urans möglich war, einen Sprengkörper herzustellen. Mir fiel der Anfang 1943 unternommene englische Sabotage-Einsatz auf, der gegen die Schwerwasserfabrik in Norwegen geführt wurde, und die im nächsten Herbst folgende Bombardierung, die diese Fabrik stark beschädigte. Außerdem versenkte man eines unserer Frachtschiffe, das Schwerwasser transportierte.

Ich kombinierte für mich: Norwegen, die Reden und Artikel Dr. Goebbels' und was der Führer eben sagte. Spontan sprach ich von den aufgetauchten Gerüchten über die künstliche Radioaktivität und ihre eventuelle Nutzung als Waffe. Hitler sah mich mit glänzenden, fiebrigen Augen an:

»Wissen Sie, Skorzeny, wenn die durch Kernspaltung freigesetzte Energie und dazu noch die Radioaktivität als Waffe benutzt würde, daß dies das Ende unseres Planeten bedeuten würde?«

»Die Auswirkungen würden schrecklich sein . . .«

»Natürlich! Selbst wenn die Radioaktivität kontrolliert und dann die Atomspaltung als Waffe benutzt würde, auch dann wären die Auswirkungen schrecklich! Als Dr. Todt bei mir war, las ich, daß ein solches Gerät mit kontrollierter Radioaktivität eine Energie frei machen würde, die Verwüstungen hinterlassen würde, die nur mit den in Arizona und in Sibirien beim Baikalsee herabgestürzten Meteoren zu vergleichen wären. Das heißt jede Art von Leben, nicht nur menschliches, sondern auch das tierische und pflanzliche wäre für Hunderte von Jahren in einem Radius von 40 km völlig ausgelöscht. Das wäre die Apokalypse. Und wie sollte man ein solches Geheimnis bewahren? Unmöglich! Nein! Kein Land, keine Gruppe zivilisierter Menschen kann bewußt eine solche Verantwortung übernehmen. Von Schlag auf Gegenschlag würde die Menschheit sich zwangsläufig selbst

ausrotten. Nur Volksstämme im Gebiet des Amazonas und den Urwäldern
Sumatras hätten gewisse Chancen, zu überleben.«
Diese Randbemerkungen Hitlers dauerten kaum mehr als ein paar Minu-
ten. Aber an diese Minuten erinnere ich mich genau. Am Anfang meiner
Kriegsgefangenschaft, im August 1945, hörte ich, daß zwei Atombomben
auf Hiroshima und Nagasaki abgeworfen wurden. Unnötige Bomben ne-
benbei, denn der japanische Kaiser hatte schon vorher die Amerikaner um
ihre Friedensbedingungen gebeten.
Als Gefangenem stellten mir amerikanische Offiziere unablässig dieselbe
Frage:
»Wie haben Sie Hitler Ende April 1945 aus Berlin gebracht, und wo haben
Sie ihn versteckt?«
Ich sehe heute noch die verstörte Miene des amerikanischen Offiziers vor
mir, als ich ihm, dieser Frage überdrüssig, antwortete:
»Adolf Hitler ist tot, aber er hatte recht, als er sagte, daß Sie und ich die
Überlebenden des Amazonas sein werden.«

In einem interessanten Werk *Britain and Atomic Energy* (1964), der offiziellen Chronik der »Organisation der Atomforschung« von 1939—1945
in England, erklärt Margret Gowing, daß unter den Pionieren der über
Hiroshima und Nagasaki abgeworfenen Atombomben deutsche Flüchtlinge
zu finden sind: unter ihnen Peierls, Frisch, Rotblat und so weiter, sowie
Klaus Fuchs, der später wegen Verrats von Atomgeheimnissen an die
UdSSR verurteilt wurde. Frau Gowing schreibt ebenfalls, daß 1941 in England arbeitende Atomspezialisten »methodisch studierten, mit was sich die
bekanntesten deutschen Wissenschaftler beschäftigten«. Der Intelligence Ser-
vice unterstützte sie bei diesen Tätigkeiten. Diese Arbeiten wurden, sagten
sie, »in vorteilhafter Weise ausgenutzt, da viele in England arbeitende
Wissenschaftler Flüchtlinge aus Deutschland waren«.
Was die großen amerikanischen Spezialisten betrifft, Oppenheimer und
Szilard: sie wurden an der Universität Göttingen ausgebildet.
Winston Churchill persönlich hatte im Juli 1945 die Aufgabe, Stalin be-
kanntzugeben, daß eine Atombombe auf Hiroshima abgeworfen würde.
Churchill betont in seinen »Memoiren«, daß der sowjetische Diktator diese
Neuigkeit mit Gleichgültigkeit aufnahm, und fügt hinzu: »Er hatte na-
türlich keine Ahnung von dem, was wir ihm eben enthüllt hatten.« Dank
den Bemühungen von Klaus Fuchs wußte Stalin allerdings genausoviel,
wenn nicht noch mehr als Churchill über die Atombombe.
Die Haltung Hitlers zu dieser Frage wurde, glaube ich, vor allem von einer
Art Instinkt bestimmt, einer Revolte gegen das menschliche Wesen, das sich
selbst zerstören will.
Hitler, der im Ersten Weltkrieg dem Yperitgas zum Opfer fiel, verbot

immer einen chemischen Krieg. Aber er befürchtete, daß er uns aufgezwungen werden würde. Unsere Chemiker hatten ein neues Gas entdeckt, gegen das es, wie man heute weiß, kein Gegenmittel gibt: das »Tanum«.

Nicht unglaubwürdig erschienen uns die Vergeltungswaffen V-1 und V-2. Die V-1 oder »fliegende Bombe« — die offizielle Bezeichnung: Fi 103, für Fieseler 103 — war eine Art Raketenflugzeug ohne Pilot. Geschwindigkeit 640 km/h; Reichweite: rund 500 km; Gewicht: 2500 kg, davon 1 t Sprengstoff im Bug. Beim Abflug wurde die Flugbahn durch automatische Kreisel (Richtung und Höhe) eingestellt. In der gewünschten Entfernung wurde der Motor abgestellt, und die Bombe stürzte nach unten. Aber ein Wind konnte die Bombe von ihrer Flugrichtung ablenken, ohne daß etwas dagegen getan werden konnte. Ihre Vorteile waren allerdings im Jahr 1944: sie war billig in der Herstellung und im Treibstoffverbrauch. Auch garantierte sie einen unbestreitbaren psychologischen Effekt.
Die V-1 wurde von der Luftwaffe entworfen und konstruiert, insbesondere von der DFS (Deutsche Forschungsanstalt für Segelflug), sowie von der Firma Fieseler. Die Versuche führte man in Peenemünde aus, da der Ostseestützpunkt dafür entsprechend eingerichtet war. Die Flugkörper, die im Volkswagenwerk serienmäßig gebaut wurden, schoß man von einer einfachen Startrampe ab, im allgemeinen drei V-1 auf einmal.
Eines Tages hatte ich Gelegenheit, Peenemünde zu besuchen und den Abschuß eines solchen V-1-Geschosses zu erleben. Ich flog mit einem Ingenieur-Oberst der Luftwaffe, der Spezialist in diesen fliegenden Bomben war, und erörterte mit ihm beim Rückflug die Frage: wäre es nicht möglich, die V-1 mit einem Piloten fliegen zu lassen?
Am gleichen Abend dieses Sommertages im Jahr 1944 machten wir uns mit Ingenieuren der Fieseler-Werke und des Reichsluftfahrtministeriums an die Arbeit. Ich hatte sie in eine Villa am Wannsee eingeladen. Ein Dutzend Ingenieure fingen an, Pläne zu zeichnen — auf dem Billardtisch und sogar auf dem Boden liegend: man mußte Platz genug in der V-1 finden, um einen Piloten mit Schleudersitz und Fallschirm unterzubringen.
Wir arbeiteten die ganze Nacht, und am nächsten Morgen hatten wir die Lösung. Wir mußten nur noch einen Prototyp anfertigen. Feldmarschall Milch, Staatssekretär im RLM, gab mir »freie Fahrt«, vorausgesetzt, daß eine Kommission des RLM keine Einwände erhöbe. Der Vorsitzende dieser Kommission war ein ehrwürdiger Admiral mit weißem Seemannsspitzbart, der uns fast von der Arche Noah erzählte. Nach zwei bis drei Sitzungen hatten wir das erste Hindernis überwunden, aber die Kommission hielt uns entgegen: »Woher wollen Sie denn Ihre Arbeiter, Werkmeister und Ingenieure bekommen, um diesen Prototyp zu bauen? Wir haben doch nicht genug Arbeitskräfte, speziell in der Luftfahrtindustrie!«

Ich gab ihm zur Antwort, daß bei Friedenthal eine nicht auf vollen Touren laufende Heinkelfabrik liege, und daß mir Prof. Heinkel persönlich drei Ingenieure und fünfzehn Mechaniker angeboten habe und dazu drei leere Arbeitsbaracken zur Verfügung stelle.

»Gut«, sagte »Noah«, »aber Sie können Ihre Arbeit nur mit bereits gebauten V-1 durchführen, und Sie müssen wissen, daß wir keine haben!«

»Das ist nicht dasselbe, was mir Prof. Porsche, einer meiner Freunde, sagte. Es lagern nämlich, zu seinem eigenen Erstaunen, mehrere hundert V-1 in seinen VW-Fabriken und warten auf Abnehmer. Ich kann Ihnen versichern, daß er mir gern ein Dutzend überlassen wird!«

Nur keine Komplikationen, dachte »Noah«, und so besaß ich nach kurzer Zeit zwei kleine Werkstätten bei Heinkel. Ich ließ Tische und Betten bringen. Alle, Ingenieure, Werkmeister und Arbeiter, arbeiteten auf Hochtouren, manchmal über vierzehn Stunden am Tag, um unser sogenanntes *Unternehmen Reichenberg* so rasch wie möglich durchzubringen.

Als ich Feldmarschall Milch wiedertraf, lächelte er:

»Na, Skorzeny, zufrieden hoffentlich?«

»Natürlich«, antwortete ich ihm, »trotz den zwei bis drei Wochen Verzögerung.«

»Drei Wochen bei einem solchen Projekt, das ist überhaupt nichts. Eine bemannte V-1! Wenn Sie Ihren Prototyp in vier bis fünf Monaten herausbringen, werde ich Sie noch beglückwünschen!«

»Herr Feldmarschall, ich hoffe, daß ich Ihnen den Prototyp in vier bis fünf Wochen vorführen kann!«

Er schaute mich ernst an und dachte erst, daß ich Spaß mache. Dann schüttelte er den Kopf:

»Sie machen sich Illusionen, mein Lieber. Das ist gut so. Aber machen Sie sich nicht allzu viele. Wir sprechen von dieser Maschine in vier bis fünf Monaten wieder. Bis dahin, viel Glück!«

Unsere Werkstatt bei Heinkel war eigentlich ein Handwerksbetrieb, aber ein mit Erfolg arbeitender. Ich verbrachte jeden Tag, wenn ich konnte, einige Stunden in »meiner Fabrik«. Nach vierzehn Tagen meldete ich mich erneut bei Feldmarschall Milch und gestand ihm, daß wir uns beide geirrt hatten: ich hatte drei V-1 startbereit.

Feldmarschall Milch war verblüfft. Er gab mir die Genehmigung, auf dem Flugplatz von Gatow drei Startversuche zu unternehmen. Zwei Versuchspiloten wurden ausgesucht. Die bemannte V-1 wurde nicht von einer Rampe aus gestartet, sondern von einer Heinkel 111 in 2000 m Höhe geschleppt und dann ausgeklinkt. Beide Maschinen machten aber Bruchlandung; die Piloten kamen mit Verletzungen davon.

Feldmarschall Milch war recht trocken und sagte mir, daß eine Kommission ernannt würde, um die Ursachen der schlechten Landung aufzuklären. Mir sei vorläufig jeder weitere Versuch untersagt. Ich war wie vor den Kopf geschlagen. Hatten wir zu leichtsinnig und zu schnell gearbeitet?

Dann rief mich Hanna Reitsch an, unsere schon legendäre Testpilotin. Sie wohnte seit ihrem schweren Absturz, den sie 1941 mit einem Prototyp des Düsenjägers gehabt und von dem sie sich nur durch ihre Willenskraft erholt hatte, im Luftwaffenhaus in Berlin. Sie erklärte mir, daß sie vor einigen Monaten den gleichen Gedanken gehabt habe wie ich: die V-1 konnten bemannt werden! Aber sie hatte den offiziellen Befehl erhalten, darauf zu verzichten. Es war nicht nötig, das Ergebnis der Untersuchung abzuwarten, um die Ursachen der beiden Unfälle zu erkennen: die beiden Piloten hatten bisher nur Propellerflugzeuge gesteuert. Unser Prototyp, der viel leichter als eine normale V-1 war, erreichte eine Geschwindigkeit von 700 km/h und eine Landegeschwindigkeit von 180 km/h, und beide Piloten waren dadurch bei der Landung mehr als unsicher. Hanna und zwei ihrer Kameraden, die ebenfalls schon Düsenflugzeuge geflogen hatten, erklärten sich bereit, den Versuch zu wiederholen.

Ich lehnte glatt ab, hielt ihnen den offiziellen, strikten Befehl vor und daß man uns am Flugplatz Gatow keine Heinkel 111 zur Verfügung stellen würde. Hanna Reitsch zuckte die Achseln und meinte:

»Ich hielt Sie für einen Mann, der etwas wagt! Man kann immer fliegen, wenn man nur will! Meine Kameraden und ich haben Ihre Werkstatt besucht und uns Ihre ersten V-1 angesehen. Ich bin sicher, daß wir uns nicht täuschen: das sind ausgezeichnete Flugzeuge! Wir werden noch darauf zurückkommen. Bis morgen!«

Ich muß zugeben, daß ich in dieser Nacht kein Auge zubrachte. Ein dritter Unfall war unvorstellbar! Hatte ich das Recht, diese wunderbare Fliegerin in ein solches Abenteuer zu stürzen? Am nächsten Tag waren Hanna und ihre beiden Kameraden so überzeugend, daß ich es auf mich nahm, den Flugplatzkommandanten hinters Licht zu führen. Ich gab mich völlig ungezwungen und erklärte ihm, daß ich eben die Erlaubnis erhalten hätte, die *Operation Reichenberg* weiterzuführen. Ich bat ihn bei verschiedenen Fragen um »seine Meinung« und beauftragte zwei meiner Offiziere, ihn nicht aus den Augen zu lassen, ihn ins Kasino zu begleiten und aufzupassen, daß er unter keinen Umständen mit dem Stab des Feldmarschalls Milch telefonierte. Als ich dann sah, wie die Heinkel die von Hanna gesteuerte V-1 auslöste, hatte ich Herzklopfen wie noch nie. Ohne zu zögern hatte sie die ganze Verantwortung auf sich genommen. Sie wußte, daß sie bei der Landung noch eine Geschwindigkeit von etwa 180 km/h haben würde. Ich war jedoch fest überzeugt, daß es ihr gelingen würde. Und es gelang ihr! Sie landete tadellos und wiederholte den Flug noch einmal. Ich beglückwünschte sie von ganzem Herzen. »Das ist ein wunderbares Flugzeug!« sagte sie mir. »Wir werden noch etwas damit erreichen!«

Auch die beiden anderen Testpiloten flogen die V-1 und landeten ohne jede Schwierigkeit. Aber wir sollten später keine Kriegserfolge erleben.

Als die Flüge Hannas und ihrer beiden Kameraden bekannt wurden, erhielten wir die Erlaubnis, fünf weitere Prototypen zu bauen, mit denen sich etwa dreißig ausgewählte Piloten eintrainieren konnten. Wir akzeptierten sechzig (von mehreren hundert) freiwilligen Piloten der Luftwaffe in Friedenthal: jetzt würden besonders gewagte Unternehmen möglich werden! Leider wurden die 500 cbm Fliegerbenzin, die ich Anfang des Sommers 1944 anforderte, nur zum Teil geliefert, und wir konnten nur das erste Dutzend Piloten trainieren. Die V-1-Piloten blieben bis zum Schluß in meinen Einheiten. Die meisten zeichneten sich durch Kaltblütigkeit und Mut aus.

Die V-2 war kein Flugzeug, sondern eine Rakete, die am Schluß 14,03 m lang war, einen unteren Durchmesser von 3,564 m und einen oberen Durchmesser von 1,561 m besaß. Startgewicht: 12,5 t mit 70 Prozent Treibstoff (Methylalkohol und flüssiger Sauerstoff). Reichweite: ungefähr 800 km. Geschwindigkeit: 5300 km/h. 1 t Sprengstoff.

Erfinder der V-2 war ein dreißigjähriger Ingenieur und Leiter einer sehr dynamischen Gruppe: Wernher v. Braun. Nach dem Kriege wurde er nach USA »exportiert« und nahm dort später die amerikanische Staatsbürgerschaft an. Er ist weltbekannt.

Wernher v. Braun arbeitete im Heeres-Versuchszentrum in Peenemünde, das unter der Leitung von Oberst Walter Dörnberger stand. Dieser war ein hervorragender Offizier und wie man sagt, »ein prima Kerl«. Der erste entscheidende Versuch der V-2 fand in Peenemünde am 3. Oktober 1942 statt (ohne Sprengkopf natürlich), und die Rakete erreichte ihr Ziel in 190 km Entfernung nach Durchqueren der Atmosphäre in 80 km Höhe. Hitler interessierte sich persönlich für die Versuche in Peenemünde. Er beförderte Dörnberger zum General und ließ den jungen Ingenieur zum Professor ernennen. Anfang Juli 1943 befahl er beide ins FHQu. Speer muß wohl oder übel zugeben, was heute jeder weiß; der Führer erkannte die revolutionäre Bedeutung der V-2-Rakete und erklärte nach einer Unterredung mit Wernher v. Braun: »Dieser junge Gelehrte hat eine Rakete herausgebracht, deren Prinzip alle bekannten ballistischen Gesetze umwirft. Ich bin überzeugt, daß dieser junge Wissenschaftler recht hat, wenn er sagt, daß seiner Ansicht nach stärkere Raketen in der Lage wären, das die Erde umgebende Nichts zu erforschen und vielleicht sogar einige Planeten unseres Sonnensystems. Von Braun werden wir die Enthüllung großer Geheimnisse zu verdanken haben.«

Ich habe Prof. v. Braun während des Krieges persönlich kennengelernt und später mit ihm in Briefwechsel gestanden. Als ganz junger Ingenieur war er schon Raketenspezialist und arbeitete von 1933–1936 im Versuchszentrum von Kummersdorf. Schon dort träumte er von der Raumfahrt und Reisen auf den Mond.

Peenemünde befindet sich auf der Insel Usedom, an der Odermündung an der Ostsee, an der derzeitigen Grenze zwischen Ostdeutschland und Polen. Einige Wochen nachdem Hitler Wernher v. Braun empfing, wurde die Insel bei Nacht bombardiert und die Anlagen fast total zerstört; es gab 800 Tote. Die Forschergruppe des Zentrums ging auseinander; die Fertigungsstellen wurden dezentralisiert. Man baute in Kochel in Bayern einen »Windtunnel«, in dem die Luft eine Geschwindigkeit von über 4800 km/h erreichte. Diese Geschwindigkeit war der von feindlichen Spezialisten erwirkten Höchstgeschwindigkeit für alle möglichen Tests im Windkanal um vieles überlegen.

Die V-1 wie die V-2 wurden nach dem Prinzip der dezentralisierten Werke gefertigt, mit einer Endmontage durch deutsche Arbeiter.

Wernher v. Braun und seine jungen Mitarbeiter hatten große Pläne und waren, wenn man so sagen will, »weitblickend«. Sehr weit sogar. Anfang des Jahres 1944 machte v. Braun Erklärungen, die aus den phantastischen Romanen im Stil von Jules Verne stammen konnten oder was man heute »Science fiction« nennt – aber nichts anderes waren als ein Vorgriff auf das, was er später verwirklichte. Es ist bekannt, daß seine Idee der Stufen-Rakete – einer Abwandlung der V-2 – es möglich machte, Satelliten abzuschießen und den Mond zu erreichen und zu erforschen. Die Astronautik hat ihm eine Menge zu verdanken.

Die Erklärungen Prof. v. Brauns erschienen in einer deutschen Zeitung und waren mit Zeichnungen versehen, die einen Begriff von der Bauweise der Raketen gaben. Die Artikel wurden sofort von der neutralen Presse aufgenommen. Himmler ließ v. Braun verhaften und verhören. Eine Woche später machte Hitler dieser paradoxen Situation ein Ende.

Im Programm der V-Waffen stand auch der Bau einer Rakete, die in der Lage gewesen wäre, New York oder Moskau zu bombardieren. Ende März 1945 war diese Rakete praktisch fertig und hätte ab Juni serienmäßig hergestellt werden können.

Aber die Russen kamen. General Dörnberger, Wernher v. Braun, sein Bruder Magnus, Oberst Axter, die Ingenieure Lindenberg, Tassmann und Huzel, die einen Teil ihrer Unterlagen retten konnten, flüchteten nach Bayern und ergaben sich der 44. amerikanischen Division. Bald darauf unterschrieben sie einen Vertrag, in dem sie sich der US Army verpflichteten, und reisten im September in die USA.

Jenseits des Atlantiks wurden 127 bedeutende deutsche Spezialisten gesammelt und stärkstens bewacht, denn man befürchtete, daß sie sonst von den Russen entführt würden. Prof. Wernher v. Braun wurde Chef der »Army

Ballistic Missile Agency« und stellvertretender Chef der »National Aeronautics and Space Administration« (*NASA*) und damit Leiter des Projekts *Apollo*, das am 21. Juli 1969 zum erstenmal Menschen (Armstrong und Aldrin) den Mond betreten ließ.

Es gäbe noch eine ganze Reihe anderer neuer Waffen aufzuzählen, die von uns während des Krieges entworfen und gebaut wurden. Ein Prototyp der *Natter* oder Bachem 8-348-A-I, die auf feindliche Jagdbomber vom Boden aus ferngesteuert werden sollte und einen Piloten an Bord hatte, der zwei Salven von je einem Dutzend Luftabwehrraketen abschießen sollte. Die Maschine stürzte, mit Übungsmunition ausgerüstet, beim ersten Versuch ab. Oberleutnant Lothar Sieber kam dabei ums Leben. Der Apparat war eine Kombination von Elementen der V-1 und der V-2, und Sieber kann als der erste Pilot der Welt bezeichnet werden, der mit Raketen vertikal in die Luft katapultiert wurde, wie das heute bei den amerikanischen und russischen Astronauten der Fall ist.

Die von der V-2 abgeleiteten Luftabwehrraketen sind zahlreich: Der *Wasserfall* oder C-2, ein »Erde-Luft«-Fernlenkgeschoß mit Suchkopf war eine kleine Version der V-2 mit Stummelflügeln; Senkrechtstart. Er flog automatisch in Richtung des heißesten Teiles seines Zieles. Seine Geschwindigkeit von 2900 km/h wurde von der Rakete *Taifun* übertroffen, die 4500 km/h erreichte und als Luftabwehrsperre Verwendung finden sollte. Man kann noch die *Rheintochter* erwähnen, eine Rakete, schon mit zwei Stufen, und *Feuerlilie* oder F-55, den *Enzian* mit doppeltem Düsenantrieb, kurz, gedrungen und so weiter.

Es ist bekannt, oder vielleicht ist es nicht bekannt, daß das erste deutsche Düsenflugzeug, die He-178, bereits Ende August 1939 flog. Prof. Heinkel hatte seit drei Jahren daran gearbeitet. Die Messerschmitt-262, ein mit vier 30-mm-Kanonen ausgestatteter Düsenjäger, erreichte eine Geschwindigkeit von 950 km/h. Der Bomber Arado-234 flog 900 km/h, stieg 11 000 km hoch und hatte einen Aktionsradius von 1600 km.

Im April 1945 sprengten die Konstrukteure des Bombers Henschel o-122 den mit einem Turboreaktor versehenen Prototyp (1000 km/h, Aktionsradius von über 2000 km). Die britischen Experten beschlagnahmten die Pläne und Trümmer des Apparates und waren mehr als erstaunt, daß ein derartiges deutsches Flugzeug überhaupt existierte.

Wir werden sehen, daß die neuen Waffen, die unter oder über Wasser angewandt wurden, oder noch angewandt werden sollten, verglichen mit den in der Luft eingesetzten Waffen, den westalliierten technischen Erfindungen überlegen waren und in ihren Ideen nicht weniger revolutionär.

Ich möchte auf eine Tatsache aufmerksam machen, die vielleicht nicht sehr bekannt ist: das erfolgreichste Unternehmen, das vom Osten und vom Westen gemeinsam gegen Deutschland geführt wurde, fand statt, als unsere Armeen schon bedingungslos kapituliert hatten.

Der Zweck dieser Operation bestand darin, sich *aller deutschen Patente* und Erfindungen zu bemächtigen. Bezeichnenderweise wurde dieses Unternehmen *Paperclip* (Büroklammer) genannt.

Zur Zeit, als alle nicht von Bomben zerstörten Fabriken demontiert wurden, fand ein offizielles Plündern der Konstruktionsbüros und Geheimarchive der deutschen Fabriken statt. Die Amerikaner geben heute anstandslos zu, daß die bei dieser Operation erzielten Gewinne die Kriegskosten um ein Mehrfaches gedeckt hatten.

Eisenhower bemerkte nach dem Kriege:

»Hätten die Deutschen über die neuen V-1 und V-2-Waffen sechs Monate früher verfügt, wäre die Invasion im Juni 1944 in der Normandie nicht möglich gewesen!«

# VIERTES KAPITEL

# Vom Ersten U-Boot bis zu den Neuen »Ersatzstoffen«

Großadmiral Raeder, ein traditioneller OB — Revolutionäre Gedanken von Groß-admiral Dönitz, des »Mansteins und Guderians der See« — Hitler ernennt ihn zum Staatschef — Seine Regierung hat weder kapituliert noch ihr Amt niedergelegt: es war nur eine militärische Kapitulation — Der Einmann-Torpedo und die fern-gelenkten Sprengboote — Erfolge und Mißerfolge der konventionellen Torpedos — Die Heldentat Priens — Erinnerungen an die Bucht von Scapa Flow — Die fran-zösische Flotte wird in Toulon versenkt — Die Rolle, die Canaris spielt — Drei Tor-pedos gegen H. M. S. Nelson: sie explodierten nicht, und Churchill war an Bord! — Torpedos mit Schall- und Wärmefühlern — Die »Mini«-U-Boote — Der Schnorchel und das »Wunder«-U-Boot Typ Walter XXI — Neue Wasser-Luft-Fernlenk-geschosse — Der »Fritz« versenkt den Kreuzer Roma — Churchill würdigt die Ver-dienste der deutschen U-Boote — Die Schlacht im Atlantik.

Im Ausbildungslehrbuch für im Kampf gegen U-Boote trainierte Piloten der US Air Force konnte man Ende 1943 folgende Zeilen lesen (deren Be-deutung Großadmiral Dönitz nicht entgangen war):
»Wenn ein U-Boot zwei Frachtschiffe mit 6000 Tonnen und einen Tanker mit 3000 Tonnen versenkt, verlieren wir zum Beispiel: 42 Panzerwagen, acht 152-mm-Mörser, 88 Stück 87,6-mm-Kanonen, 40 Stück 40-mm-Anti-Tank-Kanonen, 24 gepanzerte Fahrzeuge, 50 schwere MG Bren auf Selbstfahrlafette, 52100 Tonnen Munition, 6000 Gewehre, 428 Ton-nen Panzerersatzteile, 2000 Tonnen Proviant und 1000 Fässer Benzin.«
Im Gegensatz zu Großadmiral Raeder, der noch 1942 von der Bedeutung der Schlachtkreuzer überzeugt war, glaubte Dönitz, Fregattenkapitän im Jahre 1935, an die U-Boote als wirksamste Waffe.
Er hatte die neuesten Ideen aller internationalen Experten studiert und Angriffspläne mit U-Boot-Rudeln aufgestellt — gegen feindliche Schiffe und Konvois, die von der Luftwaffe erspäht und dann im Auge behalten wer-den sollten. Vergebens versuchte er Raeder von der Richtigkeit seines revo-lutionären Einfalls zu überzeugen. Als er 1936 zum Befehlshaber der U-Boote ernannt wurde, mußte er in seinen Wünschen bescheidener werden. Der Großadmiral sagte ihm damals, daß die Beziehungen zwischen Eng-land und dem Deutschen Reich sehr gut wären, und Hitler einen Krieg zwischen beiden Völkern »für ausgeschlossen hielt«. Das Ergebnis war, daß Dönitz, als uns England im September 1939 den Krieg erklärte, nur über 26 der insgesamt 55 einsatzfähigen U-Boote verfügte. Trotzdem versenkte U-29 (Leutnant v. Schubart) im September 1940 den Flugzeugträger Courageous. Im Oktober 1939 drang U-47 unter Befehl von Kapitän-

leutnant Prien direkt in die Bucht von Scapa Flow ein und versenkte den Panzerkreuzer *Royal Oak* mit 29 000 Tonnen. Ich werde auf diese außerordentliche Heldentat noch zurückkommen.

Großadmiral Raeder war ein Chef mit zuviel Tradition, der schon 1894 in der Kaiserlichen Flotte gedient hatte: Dönitz war zu diesem Zeitpunkt — drei Jahre alt. Es war ein schwerer Schaden für Deutschland, daß Großadmiral Raeder nicht schon 1939 begriffen hatte, daß das U-Boot die wirksamste Waffe gegen England war. Manstein und Guderian konnten Hitler offen ihre Pläne von der Verwendung der Panzerwaffe unterbreiten, die er annahm. Dönitz hatte nicht die Möglichkeit, Hitler von 1936—1940 auf das U-Boot und die Taktik der U-Boot-Rudel aufmerksam zu machen. Die Aussicht, einen Krieg mit England führen zu müssen, war Hitler zuwider. Nach dem gewagten Flug von Hess mußte er sich jedoch von den Tatsachen überzeugen lassen. Damit wurde das U-Boot eine strategische Waffe von größter Bedeutung.

1942, im ersten Abschnitt der Atlantikschlacht, hätte Dönitz ungefähr 250 U-Boote gebraucht. Er kommandierte 91, wovon sich 23 im Mittelmeer befanden, 13 waren für besondere Einsätze unterwegs, 33 in Reparatur und 10 auf dem Weg zu ihrer Gefechtszone. Nur jeweils 12 U-Boote kämpften tatsächlich gegen die feindlichen Schiffe; die Taktik von Dönitz hätte rund 50 U-Boote erfordert.

Als Hitler Ende 1942 erstaunt kritisierte, daß unsere großen Kriegsschiffe nicht gegen den aus vielen Schiffen bestehenden, gut gesicherten englischamerikanischen Nachschubkonvoi, den *PQ-18*, eingesetzt wurden, bat er um Erklärungen. Liddell Hart schreibt darüber: »Durch Radiomeldung unterrichtet, hält Raeder seine größten Schiffe aus übergroßer Vorsicht zurück. Diese hätten versuchen sollen, den Geleitzug zu vernichten.« Daraufhin erklärte Hitler, daß wenn die Kreuzer schon nichts nutzen, es besser wäre, sie zu verschrotten. Raeder bat um seine Entlassung. Sie wurde akzeptiert, und Dönitz nahm seine Stelle ein. Aber es war schon sehr spät: der 30. Januar 1943.

Dönitz hatte nie genug U-Boote, um seine Taktik der U-Boot-Rudel so anzuwenden, wie er es gewünscht hätte. In seinem Buch *Zehn Jahre und zwanzig Tage* beklagt er sich auch bitter über die fehlende Zusammenarbeit zwischen Görings Luftwaffe und der Kriegsmarine.

Großadmiral Dönitz ist ein ebenso guter Stratege wie Taktiker. Man kann sagen, daß er der »Manstein und Guderian der See« war.

Dank seiner weisen, hervorragenden Führung und seiner Energie entgingen Anfang Mai 1945 Millionen deutscher Soldaten und Zivilisten der russischen Gefangenschaft. Er hat ihnen, mindestens dem größten Teil davon, das Leben gerettet.

Mehr noch: er repräsentierte vor dem internationalen Tribunal in Nürnberg als Oberbefehlshaber der Marine die Ehre der deutschen Wehrmacht — und es gelang ihm diese zu retten — jedenfalls in den Augen der westlichen Ankläger. Die Sieger klagten ihn vorsätzlicher Tötung von feindlichen Seeleuten an, und zwar der Besatzungen der torpedierten Schiffe. Dr. Otto Kranzbühler, sein Verteidiger, konnte aber beweisen, daß die deutsche Kriegsmarine nach internationalem Recht gehandelt hatte. Sicher war die schriftlich abgegebene Zeugenaussage des Oberbefehlshabers der amerikanischen Flotte, Admiral Chester W. Nimitz, in dieser Hinsicht ausschlaggebend.

Am 30. April 1945 ernannte Hitler Großadmiral Dönitz zu seinem Nachfolger als Oberhaupt des deutschen Staates — der mitten im Zusammenbruch stand. Dönitz entzog sich jedoch nicht dieser schwersten Aufgabe, weder für sich noch für seine Regierung. Am 8. Mai mußte er die Kapitulation *der Wehrmacht* anbieten. Die Sieger verlangten von ihm, »die Vertreter der drei Waffengattungen zu bevollmächtigen, die Kapitulationsurkunde zu unterschreiben«. Er erteilte diese Vollmachten. Es wurde jedoch nie eine zwischenstaatliche Kapitulation unterschrieben, und die neue deutsche Regierung dankte nicht ab. Wenig später wurden die Regierungsmitglieder unter entwürdigenden Umständen verhaftet.

Er blieb Staatschef *nach dem 8. Mai* und wurde als solcher noch zwei Wochen lang von den Alliierten anerkannt. Das heißt, der deutsche Staat bestand nach wie vor nach dem 8. Mai. Dönitz repräsentierte die rechtliche nationale Einheit Deutschlands, und was diese betraf, so unterschrieb er keinerlei Verzichtserklärung, weder in eigenem Namen, noch im Namen seiner Regierung. Er bildete am 2. Mai 1945 seine neue Regierung als Präsident des Deutschen Reiches. Er legte auch nie sein Amt nieder. Es gibt ein Dokument, ausgearbeitet von Völkerrechtlern, die diese Tatsachen bestätigen. Als er am 23. Mai 1945 verhaftet wurde, wich er nur der Gewalt. Man verurteilte ihn dann in Nürnberg zu 10 Jahren Gefängnis.

In Wirklichkeit war, was Goebbels »die Festung Europas« nannte, seit Anfang 1943 im Westen, Süden und Osten tödlich bedroht. Großadmiral Dönitz mußte sich zur See gegen zwei der mächtigsten Flotten der Welt verteidigen.

Um die Überlegenheit teilweise auszugleichen, erfand man neue Waffen und setzte sie, manchmal erfolgreich, mit Freiwilligen der Marine und Soldaten meiner Spezialeinheiten ein. So hatte ich das Vergnügen, Admiral Heye kennenzulernen, Chef der »Kleinkampfverbände der Kriegsmarine« und mit ihm zusammenzuarbeiten. Er war ein Seemann im besten Sinne des Wortes, und ein einfallsreicher Taktiker.

Großadmiral Dönitz mußte feststellen, daß wir an der Meeresfront Anfang des Jahres 1943 hinsichtlich »Wunderwaffen« praktisch gar nichts besaßen. Ich sah bemannte Torpedos entstehen vom Typ »Neger«, »Molch« und

»Marder«. Der »Neger« war ein Doppeltorpedo. Unter dem bemannten Torpedo im Wasser befand sich ein anderes, das mit 600–700 kg Sprengstoff beladen war. Der Pilot im oberen Torpedo näherte sich so weit als möglich seinem Ziel und ließ den unteren Torpedo frei, wendete und konnte sich »mit Gottes Hilfe« retten. Der »Molch« und der »Marder« waren richtige Kleinst-U-Boote mit einem oder zwei Seeleuten bemannt und mit zwei Torpedos bewaffnet. Ich möchte noch einmal betonen, daß solche »Himmelfahrtskommandos« immer von Freiwilligen ausgeführt wurden.

Das »Sprengboot« war ein Schnellboot von rund 3,5 m Länge und einer Geschwindigkeit von annähernd 60 km/h – was damals ziemlich selten war. – Im Bug waren 500 kg Sprengstoff eingebaut. Man setzte es in »Troika«form ein, das heißt: es beteiligten sich drei Boote am Angriff, und jedes hatte seinen eigenen Steuermann. Zwei geladene Sprengboote liefen einem dritten voran, in welchem sich der Chef des Einsatzes befand. Das Dreigespann nahm kaum über Wasser sichtbar seine Angriffsposition ein. In entsprechender Entfernung zu ihrem Ziel gab der Chef das Zeichen zum Angriff und die drei Motorboote rasten auf ihre Beute zu. Weniger als einen Kilometer vom Ziel wurden die Fahrer der beiden Sprengboote mit ihren Sitzen aus den Booten geschleudert. Der Chef des Einsatzes lenkte die Boote durch Fernsteuerung zum Ziel und nahm, sofern es ihm möglich war, die beiden herausgeschleuderten Kameraden wieder auf.

Die Boote sollten ihr Ziel in der Mitte treffen. Sie explodierten nicht sofort: nur die Sprengspitze löste sich und sackte 6 oder 7 m unter die Wasserlinie ab. Erst da erfolgte die Explosion und war hier wesentlich wirksamer, da sie nicht nur ein Leck verursachte. Unter der Mitte des Schiffes wurde alles Wasser verdrängt, und es entstand ein luftleerer Raum. Diese Leere verursachte einen Bruch des Schiffes in der Mitte, da nur Bug und Heck vom Wasser gehalten werden.

Die erste Einheit, die einige dieser »Kleinkampfmittel« mit erstaunlichem Erfolg anwandte, war die italienische »X-MAS-Flotilla« des bekannten Korvettenkapitäns Fürst Valerio Borghese. Die X-MAS-Flotilla« griff die feindlichen Schiffe sogar in den Häfen von Alexandrien und Gibraltar an und brachte der britischen Flotte erhebliche Verluste bei.

Zu Anfang des Krieges wurde die Zündung unseres Torpedos durch das magnetische Feld des Zieles ausgelöst. Die Zündung, die Richtungs- und Tiefenkontrolle waren ungenau. In der Nacht vom 13./14. Oktober 1939 konnte Prien bei Nordlicht in die Reede von Scapa Flow eindringen. Es ist nicht allgemein bekannt, daß sein U-47 zuerst 4 Torpedos schoß, von welchen drei wegen Baufehlern ihr Ziel verfehlten. Prien ließ mit viel Kaltblütigkeit noch einmal laden und schoß noch eine Gruppe von drei Torpedos ab, die, am Ziel angelangt, explodierten. Die *Royal Oak* zerbrach, kenterte Backbord und versank in einigen Minuten.

Um die symbolische Bedeutung zu verstehen, die Priens Tat in unseren Augen hatte, müssen wir uns den 21. Juni 1919 in Erinnerung rufen: Nach dem Waffenstillstand vom November 1918 wurde die deutsche Hochseeflotte in eben dieser Bucht von Scapa Flow zurückgehalten. Sie betrachtete sich nicht als besiegt. Bei der Schlacht vom Skagerrak — oder von Jütland — standen ihre 21 Schiffe den 38 britischen Kreuzern gegenüber: die feindlichen Verluste betrugen 115 000 Tonnen und unsere eigenen 61 000 Tonnen. Admiral von Reuter, der die internierten Schiffe befehligte, erhielt am 20. Juli 1919 die Meldung, daß die deutsche Hochseeflotte den Engländern völlig intakt ausgeliefert werden müßte, sonst würde der Krieg gegen Deutschland wieder aufgenommen werden.

Im Einverständnis mit Offizieren und Mannschaft gab von Reuter den Befehl, daß unsere 21 Schlachtschiffe und Panzerkreuzer und unsere 10 Torpedobootflottillen sich selbst versenkten. Ich war damals 11 Jahre alt, und die Selbstvernichtung dieser stolzen, schönen Schiffe beeindruckte mich zutiefst. Ich wußte, daß das »S. M. S. Friedrich der Große«, das bei der Schlacht vom Skagerrak die Flagge von Admiral Scheer führte, als erstes unterging.

Später verstand ich, wie es Admiral de Laborde geschmerzt haben mußte, als er der französischen, im Hafen von Toulon internierten, Flotte am 26. November 1942 den Befehl gab, sich selbst zu versenken. Die Politik europäischer Zusammenarbeit, die von der deutschen Diplomatie lautstark angekündigt wurde, fiel buchstäblich ins Wasser — sogar sehr tief! Wie konnte man annehmen, daß ein Seemann — sei es Admiral von Reuter oder Admiral de Laborde — seine Schiffe ausliefern würde? Der französische Admiral Gensoul hatte sich geweigert, seine Kreuzer im Juli 1940 in Mers-el-Kébir den Engländern zu übergeben. Und warum sollte de Laborde, den man in Toulon nicht die Anker lichten ließ, zulassen, daß sich die Deutschen und Italiener seiner Schiffe bemächtigten? Vielleicht wird man eines Tages erfahren, welche Rolle dabei der italienische Nachrichtendienst, in Übereinstimmung mit der Abwehr von Canaris, gespielt hat.

Der deutsche Nachrichtendienst versagte völlig bei der Operation *Torch*, der amerikanisch-englischen Landung in Nordafrika. Das bestätigt Dönitz in seinem Buch *Zehn Jahre und 20 Tage*. Er fügt hinzu: »Der deutsche Nachrichten- und Abwehrapparat unter Admiral Canaris versagte in diesem Falle vollkommen, wie er auch während des ganzen Krieges der deutschen U-Bootführung *nicht eine einzige brauchbare* Nachricht über den Gegner gegeben hat.«

Beim Unternehmen *Torch* hatte die französische Flotte des Atlantiks und des Mittelmeers, die unter Befehl des Marschalls Pétain stand, den Auftrag, die Invasionsflotte anzugreifen. Die französischen Seeleute empfanden nicht sehr viel Sympathie für die Engländer, seit diese in Mers-el-Kébir auf ihre wehrlosen Schiffe geschossen hatten.

In diesen Kämpfen verloren die Franzosen ihren Kreuzer *Primauguet*, während der neuere *Jean Bart* schwer getroffen wurde. Die Torpedoboote *Typhon, Tornade, Tramontane, Frondeur, Fougueux, Epervier, Boullonais* und *Bretois* sowie 15 U-Boote und 9 andere Kriegsschiffe wurden versenkt. Die Verluste der französischen Luftwaffe waren ebenso hoch. Aber schließlich und endlich waren alle diese Opfer vergebens, denn unsere Diplomatie verstand nicht unsere Freunde in Europa und deren Einstellung zu einem neuen, geeinten und sozialen Europa. Diese konstruktive, positive Einstellung zu unserem Kontinent hätte diesen Bruderkrieg unnötig gemacht. Es ist nicht wahr, sagte ich schon, daß in Frankreich, Belgien und selbst in Holland 1940 eine Art Volkshaß gegen Deutschland bestand. Unsere Regierung hat die psychologische Waffe vernachlässigt, eine Waffe, die wahrscheinlich die wirksamste von allen ist.

Schließlich wechselte Admiral Darlan, der sich 1942 in Algier befand, die Seite und trat zu den westlichen Alliierten über — bevor er ermordet wurde.

Kommen wir auf den ersten Abschnitt des Seekriegs und auf den 30. Oktober 1939 zurück. An diesem Tag hatte Leutnant zur See Zahn, Kommandant des U-Boots U-56 ein geradezu unwahrscheinliches Pech. Er griff den Schlachtkreuzer *Nelson* vor den Orkneyinseln an. Mit unglaublichem Wagemut schlich sich Zahn durch die zwölf Zerstörer, die den Geleitzug bildeten. Er war seinem Ziel so nahe, daß die Besatzung des U-Boots hörte, wie die drei Torpedos an den Flanken des Kreuzers aufprallten. Keiner explodierte! Dabei befand sich Churchill, der damals First Lord der Admiralität war, an Bord des Kreuzers! Kann man sich die Nachricht Anfang November 1940 vorstellen: »Die *Nelson* mit Mann und Maus untergegangen. Churchill an Bord!« Churchill kannte das Schicksal Lord Kitcheners, der am 5. Juni 1916, als er sich nach Rußland begeben wollte, mit dem vor den Orkneyinseln versenkten *Hampshire* ertrank.

Ich bin fest davon überzeugt, daß Europas Geschichte anders verlaufen wäre, wenn die drei vom U-56 abgeschossenen Torpedos explodiert wären.

Die akustischen Torpedos, die auf das Geräusch der feindlichen Schiffsmotoren ansprachen, funktionierten wesentlich besser. Sie waren keine deutsche Erfindung, wie man sagte, sondern unsere Experten verbesserten sie nur: sie wurden schneller und erhielten hochsensitive Suchköpfe. Wir verwendeten ebenfalls auf Wärmestrahlen reagierende Torpedos, die sich mit großer Geschwindigkeit auf die wärmste Stelle ihres Zieles zu bewegten, das heißt, den Motorenraum. Diese neue Waffen waren für die westlichen Alliierten sehr gefährlich.

Es wurden auch verschiedene »Zwerg«-U-Boote eingesetzt, angefangen vom »Hai«, der flach wie eine Sardine war, bis zum besten, dem »Seehund«, den zwei Seeleute bedienten. Alle besaßen einen Schnorchel, wie die Panzer-Amphibienfahrzeuge, die den Bug am 22. Juni 1941 einfach durchfuhren. Die »Seehunde« hatten im übrigen ein System zur Luftreinigung, ebenso wie der »Molch« und der »Marder«. Mit diesen, mit perfektem Sehrohr ausgestatteten »Mini«-U-Booten konnte man viel weiter entfernte Ziele erreichen als mit den bemannten Torpedos. In diesem Fall waren die zwei Torpedos an beiden Seiten des Kiels angebracht.

Durch die Schnorchel erhielten die untergetauchten U-Boote ausreichend Luft für Motor und Besatzung. Der Schnorchel war eine holländische Erfindung. Der deutsche Prof. Walter verbesserte jedoch beträchtlich dieses System und erfand dazu einen mit Wasserstoff und Sauerstoff arbeitenden Motor. Die Explosion produzierte nur Wasser, das an Bord weiterverwendet wurde.

Schon seit 1937 versuchte Dönitz die Herstellung des wirklich revolutionären Walter-U-Boots durchzusetzen. Er stieß auf keinerlei Verständnis dafür, und erst im Jahre 1942 gelang es Prof. Walter und den Ingenieuren Schürer, Bräking und Oelfken, das Schnorchelsystem einzuführen. Danach dauerte es noch zwei Jahre, bis etwa 100 U-Boote des Typs »Walter XXI und XXIII« gebaut und auch endlich eingesetzt wurden. Ab Mai 1944 wurden auch U-Boote älteren Stils mit verbessertem Schnorchel versehen. Unsere U-Boote, die durch feindliche Luftangriffe starke Verluste erlitten, mußten nun nicht mehr in kritischen Momenten auftauchen.

Die »XXI-Walter-U-Boote«, die eine Unterwassergeschwindigkeit von 17,5 Knoten erreichten, besaßen einen außergewöhnlichen Aktionsradius. Sie konnten ohne Auftauchen und Tanken zum Beispiel bis nach Argentinien kommen und bis zu 300 m tief tauchen[1].

Im Februar 1945 bestanden in Jalta Amerikaner und Engländer darauf, daß Stalin eine Großoffensive gegen Ostpreußen und Danzig startete, wo 30 der »Walter XXI« konstruiert wurden, denn »die Luftwaffe und Schiffe der Alliierten konnten nur schwer mit den neuen U-Booten fertig werden, und diese stellten eine ernste Gefahr für unsere Schiffahrt im Nordatlantik dar«, wie Winston Churchill selbst schrieb:

»Wären die neuen deutschen U-Boote schon früher eingesetzt worden, hätten sie aufgrund ihrer großen Unterwassergeschwindigkeit das Ergebnis des U-Boot-Krieges, wie schon Dönitz sagte, völlig verändern können.«

Hätte man, was möglich war, seit 1942 ausreichend »Walter-U-Boote« ein-

---

1 Vgl. den Bericht *U-977* von Heinz Schaeffer. Wiesbaden [2]1974. (A. d. Red.)

gesetzt, wären die Versorgung Englands und Rußlands, sowie die feindlichen Landungen in Nordafrika und an den italienischen und französischen Küsten zumindest ernstlich gestört worden.

Die BV-143 und BV-246 — Flugbomber, die mit festem Treibstoff angetrieben wurden — entstanden aus der V-2. Sie mußten von Flugzeugen aus abgeschossen werden, drei Meter über Wasser gingen sie in eine horizontale Flugbahn über und in Richtung auf ihr Ziel, auf das sie akustische oder auf infrarote Strahlen reagierende Suchköpfe lenkten.

Bei den Luft-Wasser-Flugbomben kann man noch die 5 oder 6 Versionen des SD-1400 mit Stummelflügeln erwähnen, die »Fritz« genannt wurden und die die dicksten Panzerungen durchstießen. Im September 1943 wurde der italienische Schlachtkreuzer *Roma*, der sich auf der Fahrt nach Nordafrika befand, um sich dort den Engländern zu ergeben, von einem, aus einer Dornier 217 abgeschossenen »Fritz« versenkt.

Die ferngesteuerte Bombe HS-293 versenkte im Jahre 1943 zahlreiche feindliche Schiffe. Die HS-294 war 6,5 m lang gegenüber 4 m der HS-293. Sie wurde im folgenden Jahr auf dieselbe Weise eingesetzt. Als erste fliegende Bombe warf sie beim Eintritt ins Wasser ihre Stummelflügel ab und verwandelte sich in einen Torpedo mit Suchkopf.

Die aus Leichtmetallegierung gefertigten Raketen HS-295, HS-296 und HS-298 waren Geschosse, deren Fernlenkung von dem abwerfenden Bombenflugzeug aus bedient wurde. Ihre Reichweite betrug 8 km. Sie waren 2,5 m lang und wogen nur rund 125 kg. Nach gewissen Verbesserungen dachte man daran, sie als reine Luft-Luft-Raketen gegen feindliche Bombengeschwader einzusetzen. Vermutlich wären sie sehr wirksam gewesen, aber der Krieg ging seinem Ende zu, und man konnte sie nicht mehr in Serienfertigung herstellen.

Man wird jetzt besser verstehen, wieso ich auf die Idee kam, die V-1 als gesteuertes Flugzeug zu verwenden. Aus der Mitte eines Rudels abgeschossener V-1, die über dem Ärmelkanal ziehen, lösen sich plötzlich zwei bemannte Bomben und gehen im Sturzflug auf zwei große Schiffe herunter. Die Piloten werden herausgeschleudert, ehe die beiden Geschosse mit ihrer Sprengladung ihr Ziel erreichen — im Gegensatz zu den japanischen »Kamikaze«-Piloten. Denn ich war immer der Ansicht, daß man jedem Einzelkämpfer eine Überlebenschance lassen muß. Die bemannten V-1 hätten vielleicht den U-Booten des Großadmirals »Schützenhilfe« leisten können.

Man versuchte auch den Raketenmotor der V-1 in eine für den Seekrieg bestimmte Waffe einzubauen, die den hochtrabenden Namen *Tornado* trug. Das war eine Art ferngesteuerter Riesentorpedo — wie unsere Mini-Panzer *Goliath* — mit 600 kg Sprengstoff im Bug. Dieser *Tornado* hätte knapp über Wasser fliegen sollen; seine Geschwindigkeit überschritt allerdings nie

65 km/h, und bei starkem Seegang erwies sich seine Stabilität als recht mittelmäßig, obwohl er durch zwei Schwimmer stabilisiert wurde wie ein Wasserflugzeug.

Was die neuen Sonderwaffen betrifft, so sieht man, daß es nicht an guten Ideen fehlte, sondern nur an Zeit. Unser schlechter Stern hieß auch hier:»zu spät«.

Der verhängnisvollste Fehler Hitlers war, daß er an einen zeitlich und örtlich begrenzten Krieg glaubte. Noch nie wurde ein Staatsmann von seiner Diplomatie schlechter beraten als er. Als er in Polen eindrang, um die deutsche Stadt Danzig ins Reich zurückzuführen, war er sich nicht bewußt, daß damit der Zweite Weltkrieg ausbrach.

In den ersten sechs Monaten des Jahres 1942 versenkten unsere U-Boote über drei Millionen Tonnen von den gesamten im selben Zeitraum beförderten 4 147 406 Tonnen Waffen und Versorgung der feindlichen Verbündeten; also weit mehr als die Hälfte. Allein im November 1942 729 000 Tonnen. Die Anzahl der versenkten Schiffe überstieg die der neugebauten oder im Bau befindlichen Schiffe.

Trotz stärkster Deckung durch ihre Luftwaffe und immer größer werdendem Schutz ihrer Kriegsschiffe verloren die Konvois der westlichen Alliierten im Atlantik in den ersten drei Wochen des März 1943 noch 627 000 Tonnen durch unsere U-Boote. Liddell Hart schreibt:

»Schließlich wurde die deutsche U-Boot-Offensive zum Stehen gebracht. Es ist jedoch sicher, daß England im März 1943 hart an der Niederlage vorbeiging.« Alle oben angegebenen Zahlen stammen aus den Archiven der britischen und amerikanischen Admiralitätsstäbe.

Es ist selbstverständlich leicht, nachträglich zu zeigen, wie Deutschland den Krieg hätte gewinnen können. Die sicherste Art, ihn nicht zu verlieren, war indessen, ihn an jenem Freitag, dem 1. September 1939, nicht anzufangen.

Wie schwerwiegend die Verantwortung und die Fehler Hitlers auch waren, es ist absurd zu schreiben, daß »er seit 1930 an einen Weltkrieg dachte und diesen vorbereitete«, und daß er dessen »Planer und Anstifter« war.

Der wichtigste Grund für den Ausbruch des Zweiten Weltkrieges war meiner Ansicht nach der folgende:

Der Erste Weltkrieg wurde niemals durch einen gerechten und für alle Seiten annehmbaren Friedensvertrag beendet. Der Krieg war nur unterbrochen und wurde bis zum Ausbruch des nächsten vertagt — Versailles schuf lediglich mehr europäische Probleme, als *vor* dem Ersten Weltkrieg bestanden.

Genauso wie General Bonaparte 1799 die Staatskasse der französischen Republik leer fand, so waren im Jahre 1933 die Gold- und Devisenreserven der Reichsbank auf Null gesunken. Hitler verordnete die einzige Lösung dafür: erfinden, mehr arbeiten, mehr produzieren, um davon zu leben und vor allem auch zu exportieren. So kamen hauptsächlich in den Jahren 1935/36 neue Produkte auf den Markt, die in den internationalen Wortschatz unter dem Namen »Ersatz« eingingen. Unsere Chemiker zeichneten sich in allen Zweigen der Industrie aus. Man stellte sogar synthetische Lebensmittel her – zur Erheiterung der ausländischen Presse.

Durch den »Ersatz« konnten wir zahlreiche neue Industriegüter produzieren, moderne Arbeiterwohnungen erstellen, die Autobahnen bauen, den Volkswagen herstellen, neue Kunstfasergewebe anfertigen und so weiter. Während des Krieges war der »Ersatz« ein Teil unserer Verteidigung, der dem Vaterland in seinem Kampf half und ihm erlaubte, so lange auszuhalten.

In Deutschland stellte man aus der Steinkohle nicht nur Treibstoff her, sondern auch Lebensmittel wie Butter, Zucker und Honig. Buna war ein ausgezeichneter Kautschuk. Die Zellstoff-Verarbeitungsindustrien wuchsen ganz beträchtlich. Man erfand das Plexiglas; man ersetzte Bronze und Messing durch Kunststoffe; Kunstseide und andere synthetische Gewebe machten das Rennen. Ich möchte nicht behaupten, daß die aus Abfällen der Zellstoffindustrie hergestellte »Leberwurst« sich mit »Mainzer Schinken« oder mit Gänseleberpastete vergleichen ließ. Aber wir waren froh, damit unseren Hunger stillen zu können.

Der Zweite und hoffentlich letzte Weltkrieg war reiner Wahnsinn, da er weder Soldaten noch Zivilbevölkerung schonte. Ich möchte wiederholen, daß ich immer zutiefst davon überzeugt war, daß dieser Krieg hätte vermieden werden können und müssen. Glücklicherweise verwendet man wenigstens die dabei entstandenen Erfindungen zum Teil für friedliche Zwecke und für das Wohl der Menschheit. Erfindungen, die ein altes, europäisches Volk, das wieder einmal dem Untergang entgegensah, aus Notwehr und zu seiner Selbstverteidigung machte.

Heute ist Europa in drei oder vier Teile zerfallen. Die nicht im sowjetischen Block stehenden Länder Europas befanden sich im Dezember 1973 durch Erdölknappheit in einer sehr ernsten Energiekrise. Benzin, Gasöl, Heizöl wurden infolge der Restriktionsmaßnahmen der arabischen Länder nach dem Krieg gegen Israel zur Mangelware. Es gibt fast keinen Industriezweig, der nicht Erdöl als Energiequelle oder vielmehr als Grundstoff verwendet. Die Krise hatte dementsprechende direkte Auswirkungen auf die Betriebe der Verarbeitungsindustrie wie: Farbstoffe, Plastik, Seifenwaren, Farben, synthetische Fasern, Gummi, Düngemittel und so weiter. Unruhe und fast Panikstimmung kamen auf. Wichtige Industriezweige waren völlig durcheinander, sowohl in Westdeutschland als auch in Frankreich, Holland, Schweden, Italien, Belgien. In Großbritannien arbeiteten manche Fabriken nur drei Tage pro Woche.

Man muß leider feststellen, daß die Zusammenarbeit im Europa des »Gemeinsamen Marktes« in diesem Falle wenig ruhmvoll war und die großen westlichen Staaten nicht die notwendige Solidarität zeigten.

Jetzt hieß es auf einmal, daß man neue Energiequellen suchen und neue Techniken erfinden müsse. Das erscheint mir eine ausgezeichnete Idee — die wir Europäer im übrigen seit Jahrhunderten praktizieren.

Die beste Energiequelle ist jedoch nicht allein der Rohstoff, sondern der Wille ehrlich gesinnter Menschen, die ihre Ideen und ihre Arbeitskraft von ganzem Herzen in den Dienst der Gemeinschaft stellen.

FÜNFTES KAPITEL

# Von Sizilien bis Remagen

Schauermärchen an einem andalusischen Strand — Canaris schließt daraus, daß die englisch-amerikanische Landung in Sardinien und Griechenland erfolgt — *Husky* benützt die Mafia — Bemannte Torpedos bei Anzio — Warum ich die Undurchdringlichkeit des Atlantikwalls nicht anzweifeln darf — Eine Reihe von erstaunlichen Zufällen verhilft dem Unternehmen *Overlord* zum Erfolg — Der Mann, der fast den Felsen von Gibraltar sprengt, zerstört die Brücke von Nimwegen — Mißerfolg der Operation *Market Garden* — Die Basler Brücke muß gesprengt werden, wenn ... — Die Einsätze des Unternehmens *Forelle* an der Donau — Die Blockade von Budapest wird durchbrochen — Leutnant Schreiber und seine Kampfschwimmer an der Brücke von Remagen — Weshalb der Krieg im Westen wie im Osten fortgesetzt werden mußte — Schlachten und Betrachtungen des Feldmarschalls Montgomery — Hitler sagt: »Ich habe vorgestern Befehle gegeben, die völlig unsinnig erscheinen müssen!« — Von Lord Byron bis Winston Churchill.

Wenn sich unsere Freiwilligen schon nicht mit bemannten V-1 auszeichnen konnten, so doch in Einsätzen auf dem Meer und auf Flüssen. Die Unternehmen, an denen sie sich beteiligten, spielten sich unter dramatischen und ungünstigen Verhältnissen ab. Das bedeutendste davon fand in Anzio statt, einem mittelitalienischen Hafen, der etwa 50 km südlich von Rom liegt.

Um richtig zu verstehen, was sich in Anzio Anfang 1943 abspielte, müssen wir an die Zeit vom November 1942 zurückdenken — bis zu dem Moment, an dem die Landungstruppen der Operation *Torch* auf einen unerwartet starken Widerstand französischer Streitkräfte stießen, die von General Noguès und Admiral Darlan befehligt wurden. Die Amerikaner hatten allerdings das Glück, einen erstklassigen Unterhändler in Algier sitzen zu haben, den Konsul General Murphy, dem es gelang, den von uns entlassenen General (und späteren Feldmarschall) Juin »umzudrehen«. Der Admiral ließ sich ebenfalls von Murphy überzeugen und wurde von einem jungen französischen Fanatiker, Bonnier de la Chapelle, ermordet. Dieser erhielt von einem Pfarrer die Absolution und eine Pistole (am 24. Dezember 1942). Er wurde nach einem Kriegsgerichtsurteil erschossen — zur großen Erleichterung Churchills und de Gaulles.

Gemäß den Informationen der deutschen Abwehr mußte die amerikanisch-britische Flotte »in Korsika oder Südfrankreich landen« (siehe Paul Carell *Afrika-Korps*). Die Truppen der Achsenmächte hatten sich in Afrika an zwei Fronten zu schlagen und leisteten noch sechs Monate lang Widerstand. Rommels Platz hatte General v. Arnim eingenommen. Am 13. Mai 1943 erklärten sich die beiden letzten kämpfenden Einheiten der Achsenmächte für besiegt: die Division *Junge Faschisten* und die 164. leichte Infanterie-division des Afrikakorps. Beide Einheiten verfügten über keinerlei Munition und Nahrungsmittel mehr und ergaben sich in Südtunesien der 8. Britischen Armee.

Tunesien und dessen großer Hafen Biserta bildeten für die westlichen Alliierten von nun an ein ideales Sprungbrett zur »weichen Stelle« des Stiefels Europas.

Hitler war sich der aus Sizilien drohenden Gefahr bewußt. Er bot Mussolini fünf Divisionen an. Nach einer von Liddell Hart wiedergegebenen Zeugenaussage des Generals Westphal, damals Generalstabschef von FM Kesselring, »versicherte der Duce, daß er nur drei Divisionen brauche«. Davon würden zwei aus jungen, mobilisierten italienischen Rekruten erstellt werden, die den Brückenkopf von Tunis zu verteidigen hätten. Man suchte nach Ausflüchten. Ende Juni wurden zwei deutsche Divisionen, darunter die Panzerdivision *Hermann Göring*, unter den Befehl des italienischen Generals Guzzoli gestellt und nach Sizilien verlegt. Als aber die 7. US-Armee (Patton) und die 8. britische Armee (Montgomery) am 20. Juli 1943 in Sizilien landeten, wurde die Insel nur mittelmäßig von rund zehn italienischen (wovon sechs nur in der Theorie existierten) und drei deutschen Divisionen verteidigt.

Einmal mehr hatte die Abwehr das OKW falsch informiert und GFM Keitel versichert, daß die Landung in Europa weder in Korsika noch in Frankreich erfolgen würde, sondern in Sardinien oder Griechenland. Nach einem seit 1943 vom britischen Geheimdienst sorgfältig vorbereiteten Unternehmen erhielten die Agenten von Canaris in Spanien den »Beweis« für ihre Meldungen.

Ein englisches U-Boot warf nahe eines andalusischen Strandes einen Toten über Bord, der direkt aus einem Londoner Leichenschauhaus stammte. Diesem hatte man falsche Papiere eingesteckt, die ihn als englischen Offizier auswiesen. Günstige Meeresströmungen trugen den Kadaver an den spanischen Strand; »man« sorgte dafür, daß der deutsche Geheimdienst benachrichtigt wurde. In der Brieftasche des Angeschwemmten fand man den Durchschlag einer Nachricht, die General Sir Archibald Nye, einer der beiden Stellvertretenden Chefs des Empire-Generalstabs, an General Alexander sandte und in der eindeutige Anspielungen auf eine baldige Landung in Griechenland gemacht wurden.

Diese Schauergeschichte hatte vielleicht nicht *die* Bedeutung, die ihr einige Regisseure einer Fernsehsendung vor ein paar Jahren zu geben versuchten. Jedenfalls – die Abwehr glaubte daran. Man schickte tatsächlich Verstärkungen nach Griechenland und Sardinien, und was Montgomery in seinen *Memoiren* großartig »den Feldzug von Sizilien« nennt, dauerte nur vom 10. Juli bis zum 17. August 1943. Ein paar italienische Einheiten kämpften mutig; die anderen, schlecht bewaffnet und schlecht kommandiert, ergaben sich rasch.

Auch spielten die aus Übersee in amerikanischen Lastwagen nach Sizilien gebrachten Mafia-Chefs nicht die Rolle, die ihnen manche Historiker zuschreiben. Es ist ziemlich sicher, daß »Lucky Luciano«, der Chef der New Yorker Unterwelt, der zu diesem Zeitpunkt eine dreißigjährige Gefängnisstrafe absaß, von gewissen amerikanischen Geheimdiensten herangezogen wurde und die sizilianische Mafia für die »guten alliierten Ziele« arbeiten ließ. Luciano wurde im Februar 1946 »für seine geleisteten außergewöhnlichen Dienste« freigelassen.

Strategisch und taktisch gesehen, bot Sizilien für die Invasoren Vorteile, die sie aber nicht in der Lage waren auszunutzen. Drei Luftlande-Operationen, deren Unterstützung durch die schwere Artillerie der Kreuzer und starke Luftüberlegenheit FM Kesselring nicht davon abhalten konnten, über 60 000 Italiener und 40 000 Deutsche aus dieser Falle zu retten. Montgomery, der über eine ungeheure Masse von Kampfmitteln verfügte, hätte jedoch »das Netz« früher schließen können, indem er den Angriffsschwerpunkt nach Messina verlegte. Erst am 15. August ließ er eine Kommandobrigade in Scaletta landen. Es war schon zu spät, um die Meerenge abzuriegeln.

Die Operation *Husky* — das heißt, die Besetzung Siziliens — hätte für die Wehrmacht katastrophale Folgen haben können. Generaloberst Jodl vertraute mir später an, Hitler sei schon frühzeitig der Ansicht gewesen, daß die Insel für den Duce sehr schwer zu verteidigen sei. Die Insel war weder faschistisch noch antifaschistisch: sie war vor allem sizilianisch. Im letzten Jahrhundert fiel sie Revolutionen und Gegenrevolutionen zum Opfer. Gefängnisse und Zuchthäuser öffneten ihre Tore, die Verbrecher wurden freigelassen und nach kurzer Zeit als Helden angesehen. Die auf der ganzen Insel verbreitete Volksparole lautete im Juli/August 1943: »Sicilia ai Siciliani« (Sizilien den Sizilianern).

Als Hitler mit Mussolini in Feltre am 19. Juli 1943 zusammenkam, fühlte er, daß dieser unsicher war. Während der Unterredung überreichte ein Adjutant Mussolinis eine Notiz, worauf Mussolini verzweifelt sagte: »In diesem Augenblick werden die Arbeiterviertel Roms vom Feind stark bombardiert!«

Die Bombenangriffe der Liberators hinterließen 1430 Tote und über 6000 Verwundete. In der Umgebung des Duce sorgte man sich nicht mehr darum, Sizilien zu verteidigen; das befürchtete er. General Ambrosio stellte Mussolini unter vier Augen sein Ultimatum:

»Duce, Sie sind ein Freund des Führers. Sie müssen ihm klarmachen, daß wir uns um unsere eigenen Angelegenheiten kümmern müssen. Italien muß in zwei Wochen Frieden machen!«

Mussolini ließ General Ambrosio nicht verhaften, und als er Hitler am Flugplatz von Treviso verabschiedete, versicherte er diesem nochmals: »Führer, wir haben dasselbe Ziel, und zusammen werden wir siegen!« Ich bin sicher, daß dies seine feste Überzeugung war, die einige seiner treuen Anhänger mit ihm teilten. Aber sie waren nicht sehr zahlreich.

Am 3. und 8. September 1943 faßten die 8. Armee des Generals Montgomery und die 5. US-Armee des Generals Clark in Italien selbst Fuß — in Reggio und in Salerno. Dies wurde alles andere als ein Erfolg. Montgomery und Liddell Hart gestehen ein, daß beide Armeen »schwere Verluste erlitten«, sich regelrecht Fuß für Fuß vorkämpfen mußten und ihnen ab November eine Nachschubskatastrophe drohte. Sie konnten später auch nicht die am Monte Cassino verlaufende »Hitler«- (oder: Gustav-)Linie durchbrechen, wo die Amerikaner unnötigerweise die berühmte Abtei zerstörten. Das im Jahr 529 von Sankt Benedikt gegründete Stammkloster der Benediktiner beherbergte große künstlerische Schätze, eine wertvolle Bibliothek und Gemäldegalerie. Glücklicherweise wurden diese Kostbarkeiten ein paar Monate vor der Bombardierung durch alliierte Verbände von deutschen Truppen in Sicherheit gebracht. General Graf v. Senger und Etterlin schreibt in seinem Buch *Krieg in Europa* (Köln, 1963), daß FM Kesselring Befehl erteilte, die großen künstlerischen Schätze »selbst auf Kosten eines taktischen Vorteils« zu schonen.

Erst am 22. Januar 1944 begannen die Amerikaner ihr Unternehmen *Shingle*. General John P. Lukas landete mit seinem VI. Korps in Anzio. Da Anzio nördlich der »Gustavlinie« lag, sollte die Operation *Shingle* den Angelsachsen die Möglichkeit geben, die deutschen Armeen im Rücken anzugreifen und nach Rom zu marschieren. General Clark sah sich schon im November 1943 in die Ewige Stadt einziehen. Aber er täuschte sich: Rom fiel erst am 4. Juni 1944. Er besetzte Florenz erst Ende August und kam über Bologna erst im März 1945 hinaus[1].

In Anzio benutzten unsere Freiwilligen der Kriegsmarine und aus Friedenthal die »bemannten Torpedos« des Typs »Neger« gegen die feindlichen Schiffe. Der Einsatz fand ein paar Wochen nach der Landung statt.

Zwanzig bemannte Torpedos wurden frühmorgens etwas nördlich des Brük-

---

1 In einem 1974 in London (bei Sidgwick & Jackson) erschienenen Buch mit dem Titel The D-Day (Der Tag X), mit einem Vorwort des Grafen Mountbatten, schreiben die Autoren W. Tute, J. Castello und T. Hughes: »Die Invasion wurde fast zu einem Fehlschlag. Die Angelsachsen, die bis Mai gebunden waren, hielten im Mittelmeer die für den Tag X vorgesehenen Landungsschiffe zurück und verzögerten so die für Südfrankreich geplante Landung bis zum Monat August.« (A. d. Red.)

kenkopfes zu Wasser gebracht. Unter ihrer Plexiglaskuppel rasten die Männer ihren Zielen entgegen. Im Morgengrauen zogen sie am Auslösehebel für den unteren Torpedo, wendeten den oberen Torpedo und kehrten nach Norden zurück. Zwanzig Detonationen waren zu hören.

Das Resultat war: ein Kreuzer schwer getroffen, ein Torpedoboot versenkt und über 30 000 t Transportschiffsraum versenkt oder beschädigt. Sieben Torpedos kehrten sofort zu ihrem Stützpunkt im Norden von Anzio zurück, sechs Männer kamen, durch den Brückenkopf schleichend, am nächsten Tag zu unseren Linien zurück; sieben der zwanzig Männer wurden vermißt.

Später spielte das Überraschungsmoment keine Rolle mehr, denn der Feind paßte auf. Und die im Mittelmeer und im Ärmelkanal eingesetzten »Neger« und »Marder« waren vor allem durch ihre Glaskuppel erkennbar. So setzten wir bei günstiger Meeresströmung zahlreiche leere, schwimmfähig gemachte Glaskuppeln aus, und zwar so, daß sie von einer Seite des anvisierten Zieles entdeckt wurden. Der Feind schoß mit allen Kalibern auf die vermeintlichen Torpedos, die echten kamen indessen aus entgegengesetzter Richtung.

Großadmiral Dönitz wollte die dreizehn Überlebenden von Anzio kennenlernen, sie erhielten von ihm persönlich die wohlverdienten Auszeichnungen. Er hatte gebeten, daß ich mit den vier Friedenthaler Teilnehmern an diesem Einsatz ebenfalls anwesend sein sollte. Damit bekam ich Gelegenheit, mich eingehend mit dem Mann zu unterhalten, der für uns der letzte Chef des Deutschen Reiches war.

Als wir kurz danach die Luftaufnahmen der südostenglischen Häfen betrachteten, wurde uns klar, daß die Invasion bald zu erwarten sei. Wir verglichen diese Bilder mit denen, die wenige Wochen zuvor gemacht worden waren, und entdeckten etwas, was mich stark interessierte: lange Reihen von Rechtecken, die wie Docks aussahen. Bald hatten wir alle Stücke des Puzzles zusammen und stellten fest, daß es sich dabei um vorgefertigte Hafenanlagen handelte. Diese künstlichen Häfen machten es möglich, viele Soldaten auf breiter Front landen zu lassen. Besonders geeignet für solche Landungsunternehmen erschienen mir die Küsten der Normandie. Admiral Heye teilte mir die Schlußfolgerungen der Marineexperten mit; eine Liste, die die vermutlichen Landeplätze klassifiziert von 1—10 angab. Die Landung fand an den ersten drei angegebenen Küstenstrichen statt.

Ich machte mich in Friedenthal mit meinem kleinen Stab an die Arbeit: wir bereiteten einen Plan vor, der dem militärischen Dienstweg gemäß dem Oberkommando West vorgelegt wurde. Dessen Chef war Feldmarschall von Rundstedt. Man würde Spezialeinheiten bilden und ihnen Freiwillige aus meinen Jagdverbänden eingliedern. Diese würden die gelandeten feindlichen Truppen an zehn verschiedenen Küstenstrichen des Ärmelkanals und an der Atlantikseite in permanentem Alarmzustand erwarten. Ihre Mission wäre dann, die feindlichen Hauptquartiere ausfindig zu machen und diese durch Kommandounternehmen gegen Offiziere und Nachrichtenzentren auszuschalten.

Unser Plan kam langsam auf dem militärischen Dienstweg zurück. Das Oberkommando West habe davon Kenntnis genommen, hieß es in einem beiliegenden Brief, und halte den Plan für richtig und durchführbar. Und, um nur den Schluß des Schriftstückes zu zitieren:

»Es ist nicht anzunehmen, daß die nötigen Vorbereitungen Ihres Planes gegenüber den in den Küstenstreifen stationierten deutschen Besatzungstruppen geheimgehalten werden können.

Jede solche Vorbereitung aber könnte bei diesen Truppen den Glauben an die absolute Undurchdringlichkeit des Atlantikwalls zerstören. Aus diesem Grund muß daher der ganze Plan abgelehnt werden.«

Unterschrift: unleserlich

Liddell Hart, General Emil Wanty in seinem Buch *Die Kunst des Krieges* (Band III) und auch andere bescheinigen, daß Hitler an eine Landung im Cotentin dachte. Auch hatte er den Feldmarschällen v. Rundstedt und Rommel befohlen, »besonders die Normandie zu überwachen«.

GFM Rommel konnte allerdings am 6. Juni 1944, dem Tag der alliierten Landung, die Normandie nicht überwachen. Am Vortag fuhr er von Roche-Guyon weg, um diesen Tag mit seiner Familie in Deutschland zu verbringen, und kam erst am folgenden Tag nachmittags in sein HQu zurück.

Jedoch hatte Helmut Mayer, der Chef des Nachrichtendienstes der 15. Armee, die die Küste von Rotterdam bis östlich Caen funkmäßig überwachte, am 1. Juni das »Verlaine-Gedicht« aufgefangen und dechiffriert. Es wurde zweimal gesendet und sollte gewisse französische Widerstandsgruppen von der bevorstehenden Invasion benachrichtigen.

> Les sanglots longs
> Des violons
> De l'automne
> Bercent mon coeur
> D'une langueur
> Monotone

Mayer meldet das sofort dem Oberbefehlshaber der 15. Armee, General Hans v. Salmuth, der seinerseits FM v. Rundstedt informiert. Aber der einzige, der davon nicht in Kenntnis gesetzt wurde, war der Hauptbeteiligte: General

Dollmann, OB der 7. Armee und Überwacher des Küstenstreifens ab Caen. Im übrigen stand an diesem 6. Juni keiner der Korpschefs auf Posten – alle waren nach Caen zur »Lagebesprechung« gerufen worden.

Nur General Max Pemsel, Dollmanns Generalstabschef, blieb auf seinem Posten. Am 6. Juni nachts um 2.15 Uhr gibt er dem Generalstab Rundstedts telefonisch durch, daß der Feind gelandet ist. Der Feldmarschall ruft eine halbe Stunde später zurück, um ihn wissen zu lassen, daß er diese Landung nicht für ein Unternehmen »größeren Ausmaßes« halte. Richtig: Rundstedt hatte die tatsächliche Landung zwischen Le Havre und Calais vorgesehen. So schlief er wieder ein.

Hitler selbst wurde von dieser Landung »erst am späten Vormittag« unterrichtet. General Jodl, der Chef des OKW, stimmte mit Rundstedt überein und glaubte, daß der Feind in der Normandie nur ein »Verschleierungsmanöver« durchführe. Hitler und Jodl ignorierten, daß Rommel in diesem Moment nicht Wache hielt, und daß er, ein paar Tage zuvor, der zur Verteidigung der Westküste bestimmten Luftwaffenstaffel den Befehl erteilt hatte, sich ins Landesinnere zurückzuziehen. So standen am Morgen des 6. Junis den Hunderten feindlicher Flugzeuge *zwei* deutsche Jagdflugzeuge gegenüber; eines wurde von Oberst Josef Priller gesteuert und das andere von Feldwebel Wodarczyk.

Die 7. Armee verfügte nur über *eine einzige* Panzerdivision, und zwar die 21., die in Caen stationiert war. Ohne irgendwelche Befehle erhalten zu haben, ging sie zum Gegenangriff über in Richtung Courseulles-sur-Mer, quer durch die britischen Linien, wo sie ein Chaos verursachte. Da sie aber keine Verstärkung erhielt, mußte sie kehrtmachen.

Zu spät oder überhaupt nicht benachrichtigt wurden die 1. Panzerdivisionen *Leibstandarte Adolf Hitler*, die von Sepp Deitrich kommandiert wurde, die 12. Panzerdivision *SS-Hitlerjugend*, die sich in Lisieux befand, die 17. *SS-Panzergrenadier-Division*, die in Saumur und Niort stationiert war, und die *Panzer-Lehrdivision* in Le Mans und Orléans. Auch war ein folgenschwerer Irrtum des Generalstabs von Rundstedt, im Pariser Raum zwei starke Panzerdivisionen zurückzuhalten: die 2. Division von General v. Lüttwitz und die 116. Division von General v. Schwerin. Sie befanden sich am 6. Juni in Amiens und östlich von Rouen; die 116. Panzerdivision lag noch Mitte Juli in Dieppe! Generaloberst Guderian stellt in seinem Buch die Frage, »ob die Verspätung und die weite Streuung der Reservetruppen nicht politische Hintergründe hatte«. Dazu zitiert er einen Artikel von General v. Geyr, den die irische Zeitschrift *An Cosantoir* 1950 veröffentlichte. Von Geyr versichert, daß GFM Rommel »in Erwartung des Attentats vom 20. Juli gegen Hitler seine Divisionen zurückhielt«. Aber nicht nur die Panzereinheiten, die den Feind hätten ins Meer zurückwerfen können, blieben tatenlos; zwei Wochen nach der Landung, als in der Normandie eine heftige

Schlacht tobte, standen sieben Infanteriedivisionen »Gewehr bei Fuß« nördlich der Seine und warteten auf irgendeinen Feind[1].

Viele Historiker sind der Meinung, daß die Operation *Overlord* nicht abzuschlagen war. Das ist nicht meine Ansicht. Die erste V-1 fiel erst am 12. Juni 1944 auf England: es war zu spät. Doch im Hinblick auf die alliierte Landung spricht General Wanty »von einem direkt unwahrscheinlichen Zusammentreffen einer Reihe glücklicher Zufälle«. Liddell Hart findet, daß Montgomery in seinen *Memoiren* recht großzügig mit den Tatsachen umgeht. Jedenfalls, schreibt Sir Basil, »lagen am Anfang der Landung Erfolg und Mißerfolg des Unternehmens dicht beieinander«.

Es hätte schon genügt, wenn die deutschen Befehlshaber auf ihrem Posten gewesen wären und tatsächlich hätten gewinnen wollen. Das war nicht der Fall. Ich werde erklären, weshalb.

Ich muß noch einmal vorgreifen und die wichtigsten Operationen zusammenfassen, die die Angehörigen von Friedenthal auf oder im Wasser unternahmen. Mit Admiral Heye wurde vereinbart, daß die Kriegsmarine alle Operationen auf See übernahm, während sich meine Spezialisten im Binnenland auf Flüssen und Seen betätigten.

Ich war dabei, als unsere Kampfschwimmer trainierten — sowohl im für die Öffentlichkeit geschlossenen Wiener Diana-Bad, als auch in der Offiziersschule der Waffen-SS in Bad Tölz, in Südtirol und in Venedig, wo wir in einem leeren Kloster auf einer Laguneninsel untergebracht waren. Es war ein sehr hartes Training. Wir probierten verschiedenartige Techniken aus, vor allem diejenigen, mit deren Hilfe Fürst Valerio Borghese am 19. September 1944 drei Tanker auf der Reede von Gibraltar sprengen konnte. Das war eine Heldentat der italienischen bemannten Torpedos! Die Kampfschwimmer, die schon mit wasserdichten Schwimmanzügen, Atemgeräten und Flossen ausgestattet waren, verwendeten nicht nur die vorher beschriebenen Geräte; sie befestigten Zeitbomben mit Spezialsaugnäpfen an der Stabilisierungsleiste der feindlichen Schiffe.

Chef meiner Kampfschwimmer war ab 1943 Hauptmann Wimmel, der von der *Brandenburg* nach Friedenthal überwechselte. Er war ein Offizier von ganz besonderer Tapferkeit und Kaltblütigkeit. 1940/41 befehligte er ein Sonderkommando, das im Raum Gibraltar operierte. Er versenkte zahlreiche britische Schiffe, und mit Hilfe spanischer Arbeiter gelang es ihm, eine starke Zeitbombe in die Tunnels des Felsens einzuschmuggeln, wo sich die Muni-

---

1 Der zögernde Einsatz der deutschen Reserven wurde vor allem von Hitler selbst verschuldet, der noch tagelang mit einer zweiten Invasion an anderer Stelle rechnete. Zudem erschwerte die alliierte Luftüberlegenheit die Truppenbewegungen (A. d. Red.).

tionslager befanden. Man versteckte die Bombe in einer Blechhülle, die genau das Aussehen eines englischen Artilleriegeschosses hatte. Die Explosion dieser Sprengbombe hätte die Explosion Tausender großer Granaten hervorgerufen — auch zum Schaden des Felsens! Wimmel erfuhr nie genau, weshalb es dann nicht zur Explosion kam. Eines steht fest: einer der Männer, die beim Transport der Bombe behilflich waren, wurde »gesprächig«. Hatte man ihn zum Reden gezwungen und bezahlt? Wahrscheinlich. Es standen dabei größte Interessen auf dem Spiel.

Der Versuch wurde am 5. Dezember 1940 gemacht und konnte selbstverständlich nicht wiederholt werden. Er fiel mit einer Reise zusammen, die Janus-Canaris in der Zeit vom 7.–8. Dezember 1940 nach Madrid unternahm. Dabei unterhielt er sich lange mit General Franco (am 7. Dezember). Es gelang ihm aber nicht, Franco zu überreden, sich am Krieg an Deutschlands Seite zu beteiligen. Zugegeben — Hitler hätte sich keinen schlechteren Botschafter wählen können.

Feldmarschall Montgomery plante seinerseits das größte Luftlandeunternehmen des Krieges, genannt *Market Garden*. Am 17. September überschritten drei britische Armeekorps den Maas-Schelde-Kanal in Richtung Kleve, Nimwegen und Arnheim. Zur gleichen Zeit brachten 9000 Flugzeuge und 600 Lastensegler 35 000 Mann, 2000 Fahrzeuge, 568 Kanonen und 2500 t Material nach Son, Vegel, Kleve, Nimwegen und Arnheim.

Die Überraschung gelang, und die zahlenmäßige Überlegenheit des Feindes war enorm. Montgomery gesteht allerdings, daß die Kampfkraft des II. SS-Panzerkorps des Obergruppenführers Wilhelm Bittrich, der aus der Normandie heranrückte, unterschätzt wurde. Das Korps setzte seinem Gegner härtesten Widerstand entgegen. Die bei Arnheim nördlich von Nimwegen kämpfenden Luftlandetruppen FM Montgomerys brauchten sehr bald Hilfe von britischen Einheiten, die den Waal — einen der Mündungsarme des Rheins — über die große Brücke von Nimwegen überschreiten sollten. Alle deutschen Bombenangriffe gegen die Brücke hatten keinen Erfolg, denn der Flakschutz war zu stark. Aber die Brücke mußte unter allen Umständen gesprengt werden. Auf Befehl des FHQus beauftragte ich Hauptmann Wimmel mit der Lösung dieser schwierigen Aufgabe, die ihm das Ritterkreuz eintrug. Dieses einmalige Unternehmen gelang ihm in folgender Weise:

Nach einer riskanten nächtlichen Erkundung, die Wimmel allein schwimmend durchführte — der Feind hatte einen Brückenkopf von rund 7 km auf beiden Seiten der Brücke gebildet — machte er sich in der nächsten Nacht mit seinem Kommando von zwölf Kampfschwimmern und vier Minentorpedos, die von Schwimmbehältern gerade flottierend gehalten wurden, auf den Weg. Sie befestigten ihre Sprengtorpedos an den beiden von Wimmel bezeichneten Brückenpfeilern, stellten die Zeitzündung ein und öffneten die Ventile der Schwimmbehälter.

Dem Kommando blieb eine Zeit von 10 Minuten und 10 Sekunden, um stromabwärts zu entkommen. Die Brücke flog in die Luft, als gerade etwa zehn feindliche Panzer und LKWs die Brückenstraße passierten. Gleich danach wurden beide Flußufer hell beleuchtet, und die Scheinwerfer suchten den Fluß ab. Schließlich wurden unsere Leute entdeckt und drei davon durch MG-Salven verletzt. Ihre Kameraden hielten sie über Wasser. Alle erreichten unsere Linien — sicherlich mit Schwierigkeiten und völlig erschöpft.

Das Unternehmen *Market Garden*, dessen Sinn und Zweck es war, die Ruhr zu erobern, wurde ein glatter Mißerfolg. Nach vier Tagen und vier Nächten härtesten Kampfes nahmen wir rund 10 000 Mann gefangen.

Ich möchte hierzu bemerken, daß es der deutsche Sanitätsdienst des SS-Panzerkorps war, der die unter starkem Artilleriefeuer liegende Zivilbevölkerung Arnheims evakuierte. Auch kam es zu einem kurzen Waffenstillstand, um verwundete alliierte und deutsche Soldaten abzutransportieren. Der Oberarzt der 9. SS-Division Egon Skalba und Stabsarzt Warrack der 1. britischen Luftlandedivision und ihre Sanitäter versorgten an Ort und Stelle oder brachten die zahlreichen außer Gefecht gesetzten Soldaten in Sicherheit. Diese humanitäre Aktion wurde hinter den deutschen Linien durchgeführt.

Ohne die erdrückende Übermacht der Artillerie, Infanterie und vor allem der alliierten Luftwaffe wäre *Market Garden* Montgomery noch viel teurer zu stehen gekommen. In seinen Memoiren spricht er vom »Arnheim-Epos« und zieht folgenden Schluß: »In Zukunft wird es für jeden Soldaten eine große Ehre sein, sagen zu können: Ich habe in Arnheim gekämpft.«

Die Angelsachsen standen vor Nimwegen bis zum 8. Februar 1945 (fast fünf Monate lang). Trotz allen militärischen Mitteln mißlangen ihre »Special Operations« mit dem Tarnnamen *Veritable* und *Grenade*. *Grenade* hatte zum Ziel, den Staudamm der Röhr zu nehmen, kam aber zu spät: wir hatten schon die Schieber gesprengt, und das Gebiet stand zwei Wochen lang unter Wasser.

Ich möchte noch daran erinnern, daß im September 1944 das OKW eine Zeitlang befürchtete, daß die Westalliierten, durch die Festigung unserer Front gezwungen, die schweizerische Neutralität verletzen und mit Gewalt bei Basel nach Deutschland eindringen würden. Auf Befehl des OKW traf ich daher gewisse Vorbereitungen, um die Rheinbrücke dieser Stadt zu sprengen, wenn die amerikanisch-englischen Truppen den Boden der Schweizerischen Eidgenossenschaft betreten würden. Eine reine Verteidigungsmaschine, die dem OKW inzwischen erlauben würde, die Verteidigung dieser Grenze vorzubereiten, da in diesem Gebiet keinerlei Truppen stationiert waren. Es war allgemein bekannt, daß die »schweizerische Neutralität« auch darin bestand, es allen deutschfeindlichen Geheimdiensten so leicht wie möglich zu machen. Allen W. Dulles, der Chef des »Office of Strategic Service« (OSS) fühlte sich in der Schweiz wie zu Hause.

Beim Betrachten des Organisationsschemas aller von Friedenthal befehligten Einheiten wird man auf das Jagdkommando *Donau* stoßen, das dem schon erwähnten Hauptmann Wimmel und Leutnant Schreiber unterstand. Seit Spätsommer 1944 führten unsere Kameraden einen schneidigen Flußguerillakrieg auf der Donau, die mit einer Gesamtlänge von 2800 km in Wien schon 400 m breit ist, 950 in Budapest, 1500 m am Eisernen Tor in Rumänien und zahlreiche Seitenarme besitzt, in denen sich unsere Kampfboote tagsüber verbergen konnten.

Alle meine Donau-Operationen liefen unter dem Tarnnamen *Forelle*. Ich muß gestehen, daß ich stolz war, diesen alten Strom zu verteidigen, an dem ich so viele glückliche Tage meiner Kindheit verbracht hatte.

Die Roten Armeen standen zu der Zeit in Rumänien, und wir griffen oft ihre Konvois an. Unsere Kampfschwimmer taten ihr Bestes beim Einsatz ihrer Sprengboote und Treibminen. Auch wertvolle feindliche Tankschiffe versenkte unsere kleine »Flotte« — verkleidete Privatjachten, die behelfsmäßig gepanzert und mit 20-mm-Kanonen und MGs bewaffnet und mit verstärkten Motoren ausgestattet wurden. Im Laufe der verschiedenen Einsätze der *Forelle* versenkten wir den Stalinisten an die 13 000 Brutto-Registertonnen.

Alle großen Ströme haben ihr Eigenleben, aber die Donau stellt eine Welt für sich dar. Die alten erfahrenen Donauschiffer, die sich freiwillig in den Dienst unserer Flottille gemeldet hatten, kannten den Strom wie ihre Westentasche. Tagsüber verbargen sie ihre Boote in einem stillen Seitenarm des Flusses oder in der Bucht einer kleinen Insel und begannen ihren Einsatz bei Einbruch der Dunkelheit.

Als ich Anfang Dezember 1944 auf Befehl Hitlers zur Westfront fliegen wollte, erfuhr ich, daß die Verteidiger der Stadt Budapest verzweifelt kämpften, um eine völlige Einkesselung durch die Truppen des Generals Malinowskij zu verhindern, die dann doch erfolgte, als die Stadt Szekesfeherver besetzt wurde. Die Versorgung auf dem Luftweg wurde unmöglich, und so wurde ich vom OKW beauftragt, Arzneimittel und Munition über die Donau nach Budapest zu liefern. Gleichzeitig hörte ich, daß es mein ehemaliger, nun zum General beförderter, Abteilungskommandeur Jochen Rumohr war, der die Verteidigung Budapests leitete.

Ich erteilte den Befehl, das schnellste und geräumigste unserer Donauschiffe zu verwenden, dem noch ein Schleppschiff folgte. Die Trennwände wurden entfernt und der Laderaum mit 500 t Verpflegung, Medikamenten, Munition und Benzinkanistern vollgestopft. Das Unternehmen wurde in der Silvesternacht 1944 durchgeführt; ich konnte es nur durch die empfangenen Funksprüche verfolgen.

Die beiden Boote mußten zwei sowjetische Fronten durchbrechen. Es gelang ihnen, kaum behelligt durch die erste feindliche Linie zu kommen, und sie befanden sich frühmorgens zwischen beiden Frontlinien, etwa 17 km von Budapest entfernt. Es ist neblig – sie benutzen einen Seitenarm des Stroms. Da sieht der Steuermann plötzlich Reste einer gesprengten Brücke aus dem Wasser ragen. Sein Versuch, das Hindernis zu umfahren, scheitert – beide Boote laufen auf Land. Zwei Männer des Kommandos erreichten glücklicherweise Budapest in einem kleinen Beiboot und konnten die Belagerten benachrichtigen. Innerhalb der folgenden vier Nächte konnte so der größte Teil der Munition, des Benzins und der Medikamente mit kleinen Beibooten in die völlig eingeschlossene Stadt eingeschleust werden.

Vom ersten Tag an hatten die gestrandeten Schiffe die Aufmerksamkeit einer feindlichen Patrouille auf sich gelenkt. Wir hatten ein ähnliches Risiko einkalkuliert. Ein russischer Freiwilliger, ein bewährter Antistalinist, war Mitglied der Besatzung. Er erklärte dem Chef der Patrouille, daß das Schiff einen »äußerst geheimen Auftrag auszuführen« habe. Er zeigte falsche russische Papiere vor und verteilte russischen Alkohol und Zigaretten. Die Patrouille zog wieder ab.

Das Schiff konnte aber nicht mehr flottgemacht werden. Es war nicht daran zu denken, per Boot stromaufwärts zurückzufahren. So stießen die Soldaten der Forelle zu ihren Kameraden in die belagerte Stadt und teilten mit ihnen ihr tragisches Schicksal.

Mein Freund Rumohr wurde verwundet und erschoß sich dann, um nicht in sowjetische Gefangenschaft zu fallen. Von den zehntausend eingeschlossenen, noch kampffähigen deutschen Soldaten erreichten nur 270 unsere Linien. Erich Kern erzählt in seinem Buch vom letzten Kommando der Forelle. Wahrscheinlich hat er einen Überlebenden getroffen, der aus russischer Gefangenschaft heimkehrte.

Mitte März 1945 wurde ich ins FHQu gerufen, wo mir GenOb Jodl befahl, die Ludendorffbrücke in Remagen/Rhein zu sprengen. Alle Historiker des Zweiten Weltkriegs erwähnen die Brücke von Remagen. Sie war mit Sprengladungen versehen und hätte am 7. März hinter unserer sich zurückziehenden schweren Artillerie zerstört werden sollen. Aber eine Zündkapsel funktionierte nicht, und die Brücke wurde nur leicht beschädigt. Man hätte mich sofort benachrichtigen sollen. Aber Reichsmarschall Göring versicherte, daß seine Luftwaffe die Sache übernehmen werde. Bei dem sehr starken Flakschutz des Feindes waren jedoch unsere Stukas genauso erfolglos wie in Nimwegen. Am 10. März hatten schon 20 000 Amerikaner die Ludendorff-brücke passiert.

Daraufhin wurde die Zerstörung der Brücke dem Mammutmörser anvertraut, der mit seinen 54-cm-Geschossen die Brücke beschoß. Nach vier oder fünf Abschüssen hatte der Mörser Ladehemmung. Aus reiner Verzweiflung rief man uns dann. Ich erklärte GenOb Jodl, daß dieser Auftrag mit sehr großen Schwierigkeiten verbunden sei. Der feindliche Brückenkopf war wesentlich größer als der von Nimwegen: bis zu 16 km südlich der Brücke. Diese mußten schwimmend zurückgelegt werden und das bei einer Wassertemperatur von nur etwa 7—8 Grad Celsius. Diese Aktion wurde am 17. März von unseren »Donau«-Kampfschwimmern durchgeführt, die aus Wien herangeflogen wurden. Sie unterstanden Leutnant Schreiber, einem Offizier, der ebenso tapfer war wie verwegen.

In dieser kalten Nacht schwimmen unsere Kameraden los, rheinabwärts mit den schon in Nimwegen verwendeten Torpedominen. Sie brauchen ungefähr 1¹/₂ Stunden bis Remagen. Schreiber muß feststellen, daß wir recht hatten, das Schlimmste zu befürchten: der Feind hat inzwischen stromaufwärts zwei weitere Pontonbrücken gebaut. Das Kommando führte so gut wie möglich seinen Einsatz durch. Die Ludendorffbrücke wurde beschädigt und unbenutzbar. Schreiber wollte auch noch eine Pontonbrücke zerstören, aber unsere Kampfschwimmer wurden durch die CDL-Strahlen entdeckt (Canal Defense Lights), deren Standort nicht auszumachen ist. Leutnant Schreiber verlor drei Mann, zwei davon durch Kältetod. Die anderen wurden völlig erschöpft und halb erfroren von den Amerikanern gefangengenommen.

Ich bin der Meinung, daß ein Soldat von seiner Pflicht zu gehorchen überzeugt sein muß. Heute muß ein Einsatz wie der des Kommandos Schreiber absurd erscheinen. Als ich jedoch GenOb Jodl die Schwierigkeiten dieses Unternehmens vor Augen hielt, zögerte ich nicht, nur Freiwillige zu suchen, die diesen Auftrag ausführen wollten. Leutnant Schreiber und seine Leute taten ihr Bestes.

Wir fragten uns oft, ob es nicht zweckmäßiger gewesen wäre, die englisch-amerikanischen Armeen schneller vorankommen zu lassen als die Armeen Stalins. Aber man vergißt dabei immer wieder, daß wir den Kampf im Westen allein nicht einstellen durften: die Kapitulation war bedingungslos von den Alliierten verlangt worden — *an allen Fronten* — und alle Einheiten mußten zur gleichen Zeit den Kampf einstellen und sich auf der Stelle ergeben — im Osten wie im Westen.

Im März 1945 hätten Millionen deutscher Soldaten und Zivilisten den Tod gefunden, denn der Feind war weder im Westen, und noch weniger im Osten in der Lage, Millionen Gefangene und Flüchtlinge unterzubringen

oder auch nur zu verpflegen. So mußte im Osten und Westen weiterge-
kämpft werden, um die im Osten von der Roten Armee bedrohten Gebiete
so lange zu verteidigen, bis sich so viele Menschen wie möglich in den Westen zurückgezogen hatten. Truppen- und zivile Flüchtlingsbewegungen
waren noch möglich bis zum 9. Mai Mitternacht. Danach konnte nur sehr
wenigen die Flucht aus sowjetischer Gefangenschaft gelingen. Eine Kapitulation zwei Monate zuvor hätte bedeutet, daß Millionen von Zivilisten
durch Kälte und Hunger umgekommen wären und daß man die Armeen
von Weichs, Schörner und Rendulic fast vollständig nach Osten deportiert
hätte.
Großadmiral Dönitz bemerkt, daß die deutsche Kriegsmarine vom 23. Januar bis zum 8. Mai 1945 aus Kurland, Ostpreußen, Pommern und Meck-
lenburg immerhin 2 404 477 Menschen — hauptsächlich Frauen und Kinder
— in die westliche Zone gebracht hatte.
In Remagen funktioniert eine Zündkapsel nicht, und 20 000, dann 35 000
amerikanische Soldaten überqueren den Rhein. Was tun sie dann? Sie warten ab. Die Panzer des Generals Hodges im Norden und die der 3. Armee
des Generals Patton im Süden sollen in Koblenz miteinander Kontakt aufnehmen, aber erst nach Beginn der Offensive von FM Montgomery, dem
Eisenhower das Oberkommando der alliierten Streitkräfte anvertraut
hatte. Der Durchstoß in Remagen wurde also nicht ausgenutzt. Montgomery
überschritt den Rhein erst am 24. März viel weiter im Norden mit der
21. Heeresgruppe, die in Wirklichkeit aus drei Heeresgruppen bestand: der
1. kanadischen Armee, der 2. britischen und der 9. amerikanischen. Das
heißt: 26 Divisionen, davon zwei Luftlandedivisionen. Diesen standen nur
5 deutsche Divisionen gegenüber, die von den Geschützen und Bomben der
»Liberators« schon dezimiert waren. Als Montgomery den Rheinübergang
in dieser Weise bei Wesel erzwungen hatte, kam seine Offensive am 28.
März zum Stehen. Es entstand — und nicht nur bei uns — der Eindruck,
wenn nicht sogar die Gewißheit, daß Montgomery im Norden und Bradley
und Patton im Süden Befehle hatten, zu warten, bis die Armeen von
Schukow, Konjew und Malinowskij im Osten ihrerseits durchgebrochen
waren.
In seinen Memoiren beklagt sich Montgomery bitter darüber, daß ihn Eisenhower »bremste«. Er legt in glänzender Weise dar, daß es den Westalliierten möglich gewesen wäre, Wien, Prag und Berlin *vor den Russen* zu nehmen. Ich unterstreiche diese Ansicht. Er zieht die richtige Schlußfolgerung,
»daß die Amerikaner nicht verstanden, daß es nur geringen Wert hat, einen
Krieg militärisch zu gewinnen, wenn man ihn gleichzeitig politisch verliert«.
Patton seinerseits, dem wesentlich weniger Mittel zur Verfügung standen
als Montgomery, bedauert die unwahrscheinliche Langsamkeit des englischen Feldmarschalls. Man muß sich tatsächlich fragen, weshalb er bis zur

Nacht des 23./24. März gewartet hatte, um die Offensive am Rhein zu starten, und weshalb er am anderen Ufer am 28. März noch einmal anhielt. Gegenüber gab es praktisch keinen Widerstand mehr. Der Beweis dafür: die gesamten Verluste der 9. US-Armee des Generals William Simpson, der — schreibt Liddell Hart — »die Hälfte der Infanterie der 21. Heeresgruppe stellte«, knapp 40 Tote betrugen.

Als ehemaliger Kämpfer an der Ostfront möchte ich dazu eine Bemerkung machen: man hat oft die Sturheit Hitlers kritisiert, der jeden Befehl zu einem »elastischen Rückzug« verweigerte, den ihm seine Generale seit Dezember 1941 vorschlugen. Hitler hat bestimmt schwerwiegende Fehler in seiner Einschätzung der Kriegslage gemacht — vor allem dadurch aber, weil er schlecht informiert wurde.

Ein Divisionsgeneral oder der Kommandeur eines an der Front stehenden Korps hat fast immer die schlechte Angewohnheit, seine nach »Oben« gemeldeten Verluste zu untertreiben. Wenn dann sein Bericht bei der Armee und danach bei der Heeresgruppe ankommt, wird er noch einmal »frisiert«. Ich möchte dazu ein Beispiel geben: Im Sommer 1944 wurde mein Freund Hans Ulrich Rudel, unser bester Stukapilot (mit 2700 Feindflügen), von Hitler empfangen und anschließend von Göring, der den ausdrücklichen Befehl von Hitler hatte, ihm ein weiteres Fliegen zu untersagen. Oberst Rudel kam gerade von der Ostfront. Bevor Göring ihm den Entschluß Hitlers bekanntgab (den Rudel nebenbei gar nicht befolgte), teilte Göring eine »große Neuigkeit« mit:

»In Ihrem Frontabschnitt haben wir eine große Gegenoffensive vorbereitet, die von 300 Panzern unterstützt wird. An der Spitze wird die 14. Division mit 60 Panzern angreifen ...«

Rudel hatte allerdings am Vortage mit dem General der 14. Division gesprochen. Dieser hatte ihm gestanden, daß er *keinen einzigen* kampffähigen Panzer mehr besitze. Als Göring das hörte, glaubte er es nicht und telefonierte an die Front. Er erfuhr, daß es stimmte, was der Oberst sagte, und daß anstatt der eingeplanten 300 Panzer bestenfalls 40 eingesetzt werden könnten.

Dieser »Großangriff« wurde abgeblasen.

Ich selbst wurde Zeuge einer ähnlichen Szene im September 1944 im FHQu. Drei Tage lang mußte ich täglich bei den Lagebesprechungen der sogenannten »Mittagslage« und der »Abendlage« (22 Uhr) anwesend sein, um die Situation an der Ostfront genau kennenzulernen.

Die Offiziere des Generalstabs hatten wie immer eine Karte vorbereitet und die zur Verfügung stehenden Divisionen im Südosten eingezeichnet. Ich konnte während der ersten zwei Tage meines Aufenthaltes Hitler bei seinem »Kriegsspiel« beobachten und wie er sorgfältig alle ihm gelieferten Informationen berücksichtigte.

Handelte es sich um einen Frontabschnitt, der einige der anwesenden Offiziere nicht betraf, zogen sich diese ins Vorzimmer zurück und warteten, bis sie gerufen wurden. So wurde ich am ersten Tage unfreiwillig Zeuge einer Unterhaltung zwischen zwei Offizieren, die die roten Streifen der Generalstäbler an ihren Hosen trugen.

»Du weißt doch«, sagte der eine, »daß von den drei Divisionen im Osten von Ungarn, zwei nur mehr die Stärke eines Bataillons haben, und wenn die dritte zwei Bataillone an die Front schicken will, muß sie sich schon Mühe geben. Das kann nicht gutgehen!...«

»Das wird auch gar nicht gutgehen«, meinte der andere, »und wir können nichts dafür!«

Ich ging weg, um nicht noch mehr davon zu hören.

Als Hitler am dritten Tag genaue und unangenehm werdende Fragen über diese drei Phantom-Divisionen stellte, wurde ihm klar, daß man ihn getäuscht hatte.

»Das heißt also«, schrie er, »daß die Befehle, die ich vorgestern gab, auf dem Bestehen dieser Divisionen basierten. Und jetzt höre ich, daß es diese Divisionen gar nicht mehr gibt! An der Front müssen sie denken, daß meine Befehle völlig verrückt sind. Warum wird hier so gelogen, meine Herren? Warum? Ich will, daß man mir die Wahrheit meldet! Das Leben tapferer Soldaten steht dabei auf dem Spiel!«

Hitler biß nicht in den Teppich und kletterte auch nicht an den Gardinen hoch. Nur aus seiner Stimme konnte man Empörung und Verzweiflung hören.

Im übrigen steht fest, daß es, wenn er *alle* von seinen Generalen vorgeschlagenen Rückzüge befohlen hätte, heute kein Deutschland mehr gäbe und die sowjetischen Armeen ganz Europa besetzt hätten.

Seit dem 20. Juli 1944 fühlte sich der deutsche Soldat verraten. Wir haben gesehen, und wir werden noch sehen, in welchem Maße er es war. Im Westen hatte die Wehrmacht im März 1945 jeden Angriffswillen verloren, und das schreckliche Bild unserer in Trümmern liegenden Städte ermutigte die im Rückzug befindliche Truppe sicherlich nicht. Unsere Arbeiter hatten bis zum Schluß den Mut nicht verloren: im Ruhrgebiet und in Schlesien fand der Feind die Arbeiter an ihrem Arbeitsplatz. Keiner kann leugnen, daß das deutsche Volk fünf Jahre lang mutig gegen die mächtigsten Nationen der Welt gekämpft hat.

Anfang März 1945 fuhr Winston Churchill per Auto in Begleitung der Feldmarschälle Brooke und Montgomery über die holländische Grenze nach Deutschland. Er ließ seinen Wagen anhalten, um auf der dort endenden Siegfriedlinie zu urinieren, und forderte die beiden Feldmarschälle auf, dasselbe zu tun. Sie kamen diesem Wunsch unverzüglich nach. Den Fotografen wurde verboten, diese Tat, die nicht gerade dem Ruhm des Viscount of

Alamein entsprach, zu filmen. John Toland beschreibt diesen Vorfall in *The last 100 days* und versichert, daß er authentisch ist.

Dabei fällt mir eine Bemerkung Lord Byrons ein, die dieser über den Kerkermeister Napoleons in St. Helena gemacht hat: »Wenn Sie am Grabe von Hudson Lowe vorbeikommen, vergessen Sie nie, darauf zu pinkeln!«

# Sechstes Kapitel

# Geplante Einsätze, die meist nur Wunschträume blieben

Der Zweck der Operation *Franz* in Persien — Ich treffe den echten »Mann mit der goldenen Pistole« — Roosevelt, Churchill und Stalin in Teheran — Der Einsatz gegen die Gipfelkonferenz wird durch das Fehlen ausreichender Information verhindert — Die Geschichte um die beabsichtigte Operation *Weitsprung* — Was die Russen daraus machten: sie »behüten« Roosevelt und isolieren Churchill — Zeugenaussagen von Averell Harriman, Sir Kenneth Strong und Lord Moran — Die Operation *Ulm* mit dem Ziel Magnitogorsk — Die Operation *Zeppelin* zeigt, daß Organisation nicht dasselbe ist wie Durchführung — Eine gefährliche Utopie: der *Werwolf* — Himmler träumt von einem neuen Unternehmen nach Magnitogorsk: New York! — Mohammed Amin-al Husaini, der Groß-mufti von Jerusalem, eine Gestalt aus *Tausendundeiner Nacht* — Die Ölleitung Irik-Mittelmeer — *Der Wolf bellt* nicht in Vichy — Auf den Fersen von Marschall Tito: warum *Rösselsprung* mißlingt — Wir nehmen Churchill gefangen, und Major Beck macht Geschäfte mit den Partisanen — Falsche Pfund Sterling im Umlauf, und was wir in Italien damit machten — Der Schatz der SS – Mussolini in Schweden — Eine MP-Vorführung in unserem Park.

Die Operation *Franz*, die schon im Laufen war, als ich das Kommando über das Bataillon *Friedenthal* übernahm, war kein Wunschtraum. Es ging darum, Militärberater und Ausbilder nach Irak zu schicken, um die Kaschgai-Krieger und andere seit 1941 (nach dem erzwungenen Thronverzicht des deutschfreundlichen Kaisers Reza Schah Pahlevi zugunsten seines Sohnes Mohammed Reza) aufständisch gewordenen Bergstämme im Süden Persiens zu unterstützen.

Zu diesem Zeitpunkt hatten die sowjetischen Truppen den Norden des Landes besetzt. Vier oder fünf britische Divisionen, die vom Persischen Golf heranrückten, hatten den Süden in der Hand. Die in diesem ausgedehnten Gebiet von 1 648 000 km² existierende Bahnlinie diente dem alliierten Nachschub für die Russen über Abadan, Teheran, Täbris — ebenso wie die Eisenbahnlinien des Kaukasus von Tiflis oder Baku. Die Perser erlebten bald noch eine dritte Besatzungsmacht, nämlich die Amerikaner, die sie nicht so hart behandelten wie die beiden anderen. Weder die sowjetischen Truppen noch die englischen Besatzer waren beliebt. Es kam zu Aufständen im Dezember 1942 und zu Unruhen im Februar 1943. Beides wurde grausam unterdrückt.

Unser Ziel war nicht, Aufstände in großen Städten wie Teheran (750 000 Einwohner), Täbris (220 000) oder Ispahan (200 000) vorzubereiten, sondern einem Ruf des Kaschgai-Chefs zu folgen, der sehr gut in der Lage war, einen Guerillakrieg zu führen und dadurch im Iran eine gewisse Anzahl feindlicher Divisionen zu binden und die Nachschublinien zu stören, über die wichtige Grundstoffe wie Erdöl, Nickel, Magnesium sowie englisch-amerikanisches Kriegsmaterial nach Rußland befördert wurden[1].

Ein Jahr zuvor, 1942, scheiterte im letzten Moment der Vormarsch der Heeresgruppe des Feldmarschalls List im Kaukasus. Die Österreicher und Bayern der 4. Gebirgsjägerdivision waren gezwungen, wegen ungenügenden Munitions- und Nahrungsnachschubs am Nordabhang des Kaukasus, 20 km vor Suchum, anzuhalten. Jedenfalls wehte die Kriegsfahne des Reiches auf dem Gipfel des Elbrus (5633 m), den die Hauptleute Groth und Gömmeler, Oberfeldwebel Kümmler und die Gebirgsjäger der 1. und 4. Division bezwangen. Dieser symbolische Sieg, den meine Landsleute am 21. August 1942 errangen, freute mich sehr, und ich war sehr stolz auf sie. Die Bergsteiger unter den Lesern werden mich verstehen.

Aber nun handelte es sich nicht mehr um den Elbrus, sondern um das Elbrusgebirge zwischen dem Kaspischen Meer und dem Hochland von Iran, an dessen Abhang Teheran liegt.

Als erste sprang eine Gruppe von zwei Offizieren und drei Unteroffizieren des Bataillons *Friedenthal* ab, die von einem Perser begleitet wurden. Wir benutzten eine große Junkers 290 des Kampfgeschwaders 200 der Luftwaffe, die sich nur schwer vom Flugplatz der Krim abhob. Die Startbahn war zu kurz; die Ausrüstung, die zusammen mit den Instruktoren per Fallschirm abgeworfen werden sollte, mußte drastisch reduziert werden. Aber wir vergaßen nicht, Jagdgewehre und mit Gold und Silber eingelegte Walther-Pistolen als Geschenke für die persischen Stammeschefs mitzugeben. Der Abwurf fand bei dunkler Nacht in der Nähe eines großen Salzsees südöstlich von Theran statt. Nach vierzehnstündigem Warten erhielten wir die Radiomeldung, daß unsere Leute in Sicherheit waren.

Ich beschränkte mich darauf, Leute für diesen Einsatz zu trainieren, da die Führung dieses Unternehmens bei Dr. Gräfe, dem Abteilungsleiter des Amtes VI (Ausland), lag. Ich befürchtete, daß die von mir trainierten Gruppen dort auf einen gefährlichen Gegner stoßen würden: den gemeinsamen russisch-englischen Abwehrdienst. Es war mir nicht gerade angenehm, meine

---

1 Man muß an dieser Stelle an den Auftrag des Generals Gardane erinnern, den Napoleon im Jahre 1807 zu Schah Fet Ali nach Teheran schickte. Gardane und Major Verdier organisierten dort die Truppen des Schahs neu, die aus 60 000 mittelmäßigen Infanteristen und 140 000 ausgezeichneten Kavalleristen bestanden. Nach Konstantinopel sollte Teheran die 2. Etappe der großen Orient-Armee sein, die sich auf dem Weg nach Indien befand. Napoleon garantierte dem Schah die Rückgliederung Georgiens (das seit 1801 russisch geworden war) ins persische Reich. Ohne das Gold und die Intrigen des Sir Hartford Jones, der ebenfalls vom Persischen Golf heranrückte und das Unternehmen Gardanes 1809 vereitelte, wäre Stalin vielleicht als Perser geboren worden! (A. d. Red.)

Soldaten auszubilden, um sie ins Ungewisse zu schicken. Ich habe immer für alles, was ich getan habe, die Verantwortung übernommen, und ich muß sagen, wenn ich im voraus alle Intrigen, die Engherzigkeit und die Schwerfälligkeit der Bürokratie geahnt hätte, so hätte ich sehr wahrscheinlich diesen Kommandoposten nicht angenommen.

Die Operation *Franz*, die wechselnde Resultate erzielte, konnte leider nicht mit ausreichendem Material und Soldaten versorgt werden, denn es fehlten uns die JU 290 mit großem Aktionsradius. Eine Panne eines unserer Flugzeuge verhinderte, daß eine weitere Gruppe Militärberater absprang. Das war ein Glück für uns, denn kurze Zeit darauf erfuhren wir, daß unsere Zentralstelle in Teheran aufgeflogen war. Nur einem der Agenten Schellenbergs gelang es, in die Türkei zu fliehen. Von dort ließ er uns die Nachricht zukommen. Die neuen, geplanten Einsätze wurden sofort abgesagt und unsere Leute blieben bis zum Kriegsende bei den Rebellenstämmen. Einer unserer Offiziere nahm sich dann das Leben, um nicht in die Hände der Russen zu fallen. Andere wurden gefangengenommen, als sie versuchten, sich in die Türkei durchzuschlagen. Sie kehrten erst ab 1948 nach Deutschland zurück.

Die Operation *Franz* hielt immerhin einige feindliche Divisionen in Alarmbereitschaft. Russen wie Briten befürchteten eine allgemeine Rebellion der verschiedenen persischen Stämme. Die Perser, die gegen die russischen Truppen gekämpft hatten, wurden gnadenlos verfolgt. Viele davon wurden getötet. 1956 traf ich zufälligerweise im »Hotel Breidenbacher Hof« in Düsseldorf einen der Stammeschefs der Kaschgais, dem es damals gelang, nach Rom zu fliehen. Er besaß immer noch die goldeingelegte Pistole, die ich ihm geschickt hatte: »Eine der wenigen Sachen, die ich, abgesehen von meinem Leben, retten konnte«, sagte mir beim Abendessen im Hotel der Perser.

In den ersten Tagen des Novembers 1943 wurde ich ins FHQu befohlen, wo man mir sagte, daß möglicherweise eine »Gipfelkonferenz« Ende des Monats in Teheran stattfinden würde: Stalin, Roosevelt und Churchill würden sich drei oder vier Tage lang dort aufhalten.

Es kann sein, daß uns die Meldung vom Kammerdiener, dem Jugoslawen Elyesa Bazna, alias *Cicero*, des englischen Botschafters in Istanbul, Sir Hugh Knatchbull-Hugessen, gemacht wurde. Aber ich glaube auch, daß sich Walter Schellenberg an der Idee begeisterte, einen Einsatz gegen die »Drei Großen« Feinde Deutschlands zu planen.

Natürlich war es ein verführerischer Gedanke, ein Sonderkommando nach Teheran zu schicken. Aber konnte ein solches Unternehmen gelingen? Und wie? Man brauchte zunächst genaueste Information über die Lage, über die Stadt Teheran selbst und natürlich über die dort stationierten alliierten Truppen.

Unser Verbindungsmann in Teheran, ein Hauptmann der Abwehr, übermittelte mir die Information per Radio über Istanbul: die Ausbeute war eher mager. Fest stand, daß sich die Hauptstadt des Irans vollständig in den Händen der drei feindlichen Mächte befand, deren politische und militärische Abwehrdienste auf der Hut waren. Der Einsatz in Teheran hätte 150 bis 200 bestens trainierte Soldaten erfordert, Flugzeuge, Spezialfahrzeuge, genaueste Ortskenntnis und Auskünfte über die feindlichen Sicherheitsmaßnahmen. Davon erfuhr ich praktisch gar nichts. Unter solchen Bedingungen bestand natürlich nicht die geringste Aussicht auf einen Erfolg: der Plan war einfach undurchführbar! Ich gab Hitler und Schellenberg gegenüber meine Ansicht über einen solchen Einsatz zu erkennen – Hitler stimmte mir zu.

Ende 1965 nahm die Weltpresse mit Vergnügen Teile eines Kriminalromans auf, den die russische Zeitschrift *Ogornick* veröffentlicht hatte. In groben Zügen handelt es sich bei dem recht mittelmäßigen Roman um folgendes:

»Böse Nazis wollen in Teheran Stalin, Roosevelt und Churchill umbringen oder gefangennehmen. Das Unternehmen wird mir, Otto Skorzeny, befohlen. Chef dieses abscheulichen Kommandos ist ein junger Sturmbannführer namens Paul v. Ortel – den es weder bei mir, noch überhaupt gab. Aber Genosse Lawrentij Berija, der oberste sowjetische Polizeichef, paßt auf: alle Nazis in Teheran werden in den letzten Novembertagen 1943 entlarvt und liquidiert. Es war höchste Zeit!«

Im Dezember 1968 macht die *Tribune de Genève* auf einen anderen Roman aufmerksam: ein echter Demokrat, der erstklassige sowjetische Spion Ilija Svetlow, »unter dem Namen Walter Schultz Mitglied der Nationalsozialistischen Partei – auf Empfehlung von Rudolf Hess!«, läßt sich per Fallschirm in Teheran absetzen und bringt nach unglaublichen Abenteuern das geplante Attentat gegen die »Drei Großen« – mit dem Tarnnamen *Weitsprung* – zum Scheitern.

Zwei Jahre später nimmt die *International Herald Tribune* (17.11.1970) diesen romanhaften Bericht über Svetlow-Schultz erneut auf und veröffentlicht dazu ein Foto von mir mit dem Text: »Ex-SS-Oberst Otto Skorzeny, der diesen Plan des deutschen FHQu ausführen sollte.« Weder die *Tribune de Genève* noch irgendeine andere Zeitung hatten mit mir im Zusammenhang mit dem *Weitsprung* ein Gespräch geführt.

Schließlich erschien Anfang Februar 1968 in Frankreich das Buch von Laszlo Havas *Assassinat au sommet* (Mord bei der Gipfelkonferenz). Der Autor nahm sich wenigstens die Mühe, sich bei mir zu erkundigen. Ich muß bestätigen, was mich selbst betrifft, stimmt sein Bericht: ich hatte dieses Unternehmen in Teheran als völlig unmöglich bezeichnet, und das sagt er auch. Allerdings schreibt Havas auch, daß tatsächlich ein deutscher Einsatz nach Teheran gestartet wurde, der fehlschlug. Ich denke, daß ich davon wenigstens später hätte erfahren müssen.

Man kann von einem Historiker oder Chronisten, der sich seit vielen Jahren mit diesen Fragen beschäftigt, nicht verlangen, ein moderner Xenophon zu sein. Der General im alten Athen, der auch Geschichtsschreiber und Philosoph war, kämpfte in Persien und beschrieb in seiner *Anabasis* den berühmten Rückzug der 10 000 griechischen Soldaten, den er persönlich leitete. Man fragt sich aber, weshalb die Weltpresse so eifrig die Hirngespinste der sowjetischen Zeitschrift *Ogornick* verbreitet.

Der einzig ernstzunehmende Bericht über den Einsatz *Weitsprung* wurde am 6. Januar 1969 von der *Sunday Times* veröffentlicht. Die Londoner Wochenzeitung bemerkt gleich, daß Sir Alexander Cadogan, der 1943 Staatssekretär im Foreign Office war, in seinen Memoiren schreibt, daß zum Zeitpunkt der Konferenz in Teheran, »die Russen *behaupteten*, ein Komplott aufgedeckt zu haben«. Seine Skepsis kommt dabei klar zum Ausdruck.

Averell Harriman, der damals amerikanischer Botschafter in Teheran war, wurde von der *Sunday Times* interviewt und sagte: »Molotow erklärte mir, daß sich viele Deutsche in diesem Gebiet aufhielten (schmeichelhaft!!!) und ein Komplott möglich sei. Nach der Konferenz sah ich Molotow wieder und fragte ihn, ob es tatsächlich zu einer Verschwörung gekommen sei. Er versicherte mir, daß aufgrund dieser Gerüchte stärkste Sicherheitsmaßnahmen getroffen worden seien. Aber er hat mir niemals gesagt, daß wirklich eine Gefahr bestand.«

Sir Kenneth Strong, der später den britischen Nachrichtendienst S.M. leitete, scheint zu dem vermuteten Einsatz *Weitsprung* die richtigste Ansicht zu haben:

»Ich vermute«, meinte er, »daß die Russen dieses angeblich geplante Komplott dazu benutzten, um Roosevelt dazu zu bringen, in einer Villa im Bereich der sowjetischen Botschaft von Teheran zu ziehen; und Sie können sicher sein, diese Villa war gespickt mit Mikrophonen.«

Lord Moran, Churchills Arzt, begleitete den Premierminister nach Teheran. In seinen Memoiren und unter der Überschrift »Wie Stalin einen Verbündeten fand« schreibt Moran am 28. November 1943, daß die amerikanische Gesandtschaft, in der der Präsident der Vereinigten Staaten untergebracht werden sollte, ziemlich weit vom britischen und vom sowjetischen Botschaftsgebäude in Teheran entfernt lag. Da Molotow von der Möglichkeit eines Attentats gegen Roosevelt sprach, zog der amerikanische Präsident in eine zur russischen Botschaft gehörende Villa. »Er würde dort bestimmt ganz ausgezeichnet ›bewacht‹, denn selbst alle Dienstboten in der Villa waren Mitglieder des NKWD, den Berija leitete.«

Zum Schluß sagt Lord Moran, daß »Churchill wütend dagegen protestiert hat, wenn sich einer von uns dem angeblichen deutschen Komplott gegenüber skeptisch äußerte. Winston Churchill war der einzige, der an eine Verschwörung glaubte. Stalin kümmerte sich nicht im geringsten um die Sicherheit des Präsidenten Roosevelt. Er wollte ihn nur im Auge behalten und verhindern, daß dieser mit dem englischen Premierminister gegen ihn konspirieren konnte«.

Es ist bekannt, daß Stalin Roosevelt sofort nach dessen Ankunft in der Villa besuchte. Bei dieser Gelegenheit sprach der amerikanische Präsident dem russischen Diktator gegenüber die Hoffnung aus, daß die Malaiischen Staaten, Birma und »die anderen britischen Kolonien« bald »die Kunst sich selbst zu regieren« erlernen würden. Roosevelt empfahl allerdings seinem »Brüderchen«, noch nicht mit Churchill über Indien zu diskutieren ... Lord Moran erfuhr von diesen Einzelheiten durch Harry Hopkins, den Berater und Vertrauten Roosevelts.

Gewisse Journalisten, die fast immer aus »Heidenangst« die UdSSR und den NKWD verteidigen, täten gut daran, die Memoiren Lord Morans zu lesen.

Das Unternehmen *Weitsprung* hat wirklich nur in der Einbildung wenig wahrheitsliebender Schreiberlinge oder für die »Weggenossen« des Bolschewismus existiert. Stalin gelang es, in Teheran Churchill zu isolieren. Dieser war gezwungen, die Vorschläge seiner beiden Gesprächspartner anzunehmen.

Am 3. Juli 1958 nimmt Lord Halifax mit Lord Moran zusammen den Tee. Bei dieser Gelegenheit erzählt er ihm diese Anekdote: als britischer Botschafter in Washington wird er oft von republikanischen Senatoren eingeladen. Einer von ihnen sagt ihm: »Alle Anwesenden hier halten Herrn Roosevelt für einen schlimmeren Diktator als Hitler oder Mussolini.«

Im Juli 1945 in Potsdam sagt Churchill zu seinem Arzt: »Ich habe die Amerikaner auf Knien gebeten, den Russen keinen so großen Teil Deutschlands zu lassen. Aber der Präsident hatte schon nachgegeben. Ich werde Stalin fragen: Wollen Sie die ganze Welt?«

Zum Thema *Weitsprung* möchte ich noch abschließend hinzufügen, daß aller Wahrscheinlichkeit nach der *Direktor* in Moskau von der *Roten Kapelle* in der Schweiz über meinen Besuch im OKW informiert wurde. Zweifellos erfuhr Moskau auch, daß ich den Einsatz in Teheran für unmöglich erklärte. Aber die Gelegenheit war für Stalin zu günstig, um nicht Roosevelt unter dem Vorwand, »ihn vor jeder Gefahr schützen zu müssen«, praktisch in die russische Botschaft einzuschließen und Churchill damit völlig zu isolieren.

Es ist verständlich, daß das Unternehmen *Weitsprung* wieder neu »Neuigkeit« wurde, als in den Jahren 1965—1968 verschiedene Skandale in den westlichen Nachrichtendiensten bekannt wurden, die eine Epidemie von Selbstmorden nach sich zogen. Philippe Thyraud de Vosjoli, ein ehemaliger Beamter des französischen Geheimdienstes, machte Enthüllungen über das sowjetische Spionagenetz *Saphir*. Die Affäre *Saphir* war so bedeutend, daß

11 Eine seltene Aufnahme: Der Chef des Reichssicherheitshauptamtes, Walter Schellenberg, und Otto Skorzeny (mit Stahlhelm) im Jahr 1944.

12 GFM Model, der Oberbefehlshaber der HGrB während der Ardennenoffensive im Dez. 1944 beim Kartenstudium (rechts Major i. G. Behr).

13 Deutscher Panzer vom Typ »Panther« als amerikanischer Panzer getarnt, wie ihn die Panzerbrigade 150 während der Ardennoffensive verwendete.

14 Angehörige der Panzerbrigade 150 Otto Skorzenys während ihres Einsatzes bei der Ardennenoffensive im Dezember 1944.

sogar Präsident Kennedy persönlich General de Gaulle zum Durchgreifen ermunterte. Es war nun für die ostfreundliche Presse Gelegenheit, wenigstens daran zu erinnern, daß der gute Freund Berija und der sowjetische Geheimdienst doch immerhin »den Mord beim Gipfeltreffen« verhindert, und das Leben von Franklin Delano Roosevelt gerettet hatten. Der demokratische Führer wurde am 5. November 1940 — zum dritten Mal! — zum Präsidenten der Vereinigten Staaten gewählt, nachdem er während seines ganzen Wahlkampfes versprochen hatte, »nicht einen einzigen amerikanischen Soldaten über den Atlantik zu schicken«!

Die vom Reichsführer SS Himmler geplante Operation *Ulm* war in ihrer Art auch nicht einfacher durchzuführen. Es handelte sich darum, die Hochöfen und Stahlwerke von Magnitogorsk, sowie ein oder zwei Elektrizitätswerke, die den großen Metall- und Chemiewerken die notwendige Energie lieferten, zu zerstören.

Ich war noch nie in dem hinter dem Ural liegenden Magnitogorsk gewesen. Über diese abgelegene russische Schwerindustrie wußte am besten der Nachrichtendienst der Luftwaffe Bescheid. In der Zeit um 1940/41, als wir noch die unbestreitbare Luftherrschaft besaßen, machte er ausgezeichnete Luftbilder.

Seit 1942 bemühten sich die Abteilung VI-C des Amtes VI des RSHA und die entsprechende Stelle der Abwehr ihrerseits um technische Details. Unter dem Namen *Zeppelin* wurde noch gemeinsam mit der Luftwaffe und der Abteilung Fremde Heere Ost, deren Chef der spätere Generalmajor Gehlen war, umfassende Informationen gesammelt.

Von rund 5 Millionen russischen Gefangenen wählte man an die 100 000 aus, die etwas über das Gebiet des Urals wußten: Ingenieure, Architekten, Lehrer, Intellektuelle, Vorarbeiter und so weiter. Sie lieferten eine ungeheure Menge von Informationen. Dadurch konnte man sich endlich ein etwas wahrheitsgetreueres Bild über das riesige Land, seine Industrien und die Mentalitäten der dortigen, völlig unterschiedlichen Volksgruppen machen.

Durch *Zeppelin*[1] besaß ich viele genaue Lagepläne und wußte, wo sich die

---

1 Es scheint, daß die Verfasser der Biografie Schellenbergs *Ulm* mit *Zeppelin* verwechselt haben. Man spricht darin von einem Unternehmen *Zeppelin*, das der russischen Industrie schweren Schaden bringen sollte, hauptsächlich in Magnitogorsk und Kubitschew-Čhelijabinsk. Dies sollte mit V-1-Waffen geschehen, die weitfliegende Bomber (die wir übrigens niemals in genügender Stückzahl einsatzfähig hatten) näher an das Ziel bringen sollten. Dieses Projekt hätte indessen nicht vor Juni 1944 geplant werden können, weil die V-1 1943 noch nicht seriengefertigt wurde. Das Unternehmen *Ulm* sollte aber ein Jahr früher (1943) durchgeführt werden.

größten Industriekombinate befanden, und wie sie aufgebaut waren: Auch war mir bekannt, welche Art von Sicherheitsmaßnahmen vorhanden waren: es wurden zum Beispiel für die nächtliche Bewachung größtenteils Hunde verwendet.

Aber das half nicht weiter: es war mir völlig unmöglich, irgendein Objekt im Ural in nächster Zukunft anzugreifen und es zu zerstören.

Walter Schellenberg, der das mahnende Kabel Himmlers gelesen hatte, fragte mich nach meiner Meinung über diese Operation. Ich sagte ihm offen, daß ich diesen Plan für reine Phantasie hielte, und schrieb einen Bericht in diesem Sinne.

»Lassen Sie das sein«, meinte Schellenberg, »und erlauben Sie mir, daß ich ihnen aufgrund meiner Erfahrung einen Rat gebe: je phantastischer und grotesker Ihnen ein von ›oben‹ kommendes Projekt erscheint, mit desto mehr Begeisterung müssen Sie es aufnehmen und es genial finden. Danach tun Sie vier oder fünf Monate lang, als ob Sie sich damit beschäftigten; jedenfalls so lange, bis ein neuer, noch verrückterer Plan kommt und der vorherige inzwischen in Vergessenheit geraten ist. Damit schaffen Sie sich den Ruf eines Mannes, der vor nichts zurückschreckt und auf den man sich verlassen kann. Das ist leicht, denn da Sie nichts Unmögliches unternehmen, kann auch nichts schiefgehen . . .«

Kein Wunder, daß Schellenberg im Schatten Himmlers und Heydrichs eine so glänzende Laufbahn hatte!

Im November 1944, kurz vor der Ardennenoffensive, zu einem Zeitpunkt, an dem ich Tag und Nacht am Plan für diesen Einsatz arbeitete, wurde ich zu Himmler in sein neues Hauptquartier in Hohenlychen befohlen. Wir setzten uns um einen großen runden Tisch: Himmler, Dr. Kaltenbrunner, Schellenberg, Obergruppenführer Prützmann und ich. Um was ging es? Im Osten fiel am 13. Oktober die Stadt Riga in russische Hände. Die sowjetischen Armeen nahmen Belgrad am 21. Oktober, drangen in das rumänische Siebenbürgen ein und bombardierten die Vororte von Budapest. Das Reichsgebiet war bedroht.

»Es handelt sich darum«, erklärte Himmler, »eine Widerstandsbewegung zu bilden und zu organisieren, die Martin Bormann, glaube ich, mit dem seltsamen Namen *Werwolf* betitelt hat.«

Was hatte ich damit zu tun? Um mich herum machten alle ernste Gesichter, und Schellenberg stimmte, wie immer, eifrig bei. Es gelang mir nicht, an die Wirksamkeit dieses *Werwolfs* zu glauben, aus dem guten Grund, daß eine Widerstandsbewegung im ganzen Land auftreten, realistische und konstruktive politische Ziele haben und vor allem materiell sehr stark auch von außen unterstützt werden muß. Auch die Landschaft müßte dazu geeignet sein. Die Strategie des *Werwolfs* war sicherlich auf dem Balkan anzuwenden, oder im Iran, in Rußland oder China. Es waren sicher taktische Vorteile dabei zu gewinnen. Aber nicht in einem Land mit größter Bevölkerungszahl auf engstem Raum, mit Eisenbahnen, Autobahnen und Straßen, das keinerlei Hilfe von außen erwarten konnte. Es war völlig illusorisch, im Jahr 1945 mit einer englisch-amerikanischen Hilfe gegen die Russen zu rechnen.

Wir hätten zwar eine ähnliche Widerstandsbewegung innerhalb eines begrenzten Zeitraumes in den Bergen und Wäldern der »Alpenfestung« gebrauchen können, falls diese, um den Kampf mit einem politischen Ziel weiterzuführen, organisiert worden wäre: das heißt, um Zeit zu gewinnen und unsere Soldaten und die Zivilbevölkerung vom Osten in den Westen zu bringen. Anderswo hätte der *Werwolf* auf jeden Fall grausame Gegenmaßnahmen der feindlichen Besatzungstruppen provoziert, ohne daß unser Land auch nur den geringsten Nutzen aus einem solchen Widerstand hätte ziehen können. Ein Subversivkrieg dieser Art hatte nur Sinn, wenn er sich mit der notwendigen Zeit im notwendigen Raum entwickelte. Er hätte dann die reine Widerstandsaktion mit einer Erhebung aller europäischen Völker verbinden müssen, die schon unter sowjetischem Joch standen oder die direkt vom Bolschewismus bedroht wurden.

Ich glaubte nicht an einen Erfolg des *Werwolfs* und fragte Himmler sofort, ob das Betätigungsfeld meiner Einheiten nach wie vor außerhalb der deutschen Grenzen liege. Er bejahte das, und so wurde Obergruppenführer Prützmann theoretisch mit der Organisation dieser Bewegung beauftragt. Es ist bekannt, daß die Aktion *Werwolf,* wie vorausgesehen, kein nennenswertes Ergebnis brachte. Worüber sich jeder vernünftige Deutsche nur freuen kann. Zum Glück kann man auch den *Werwolf* in die Kategorie der Unternehmen einordnen, die nur Wunschträume blieben.

Im Laufe der Unterredung bei Himmler kam auch die Frage neuer Waffen auf. Recht unvorsichtig bemerkte ich, daß es nach Meinung von Admiral Heye möglich sei, U-Boote mit einer Abschußrampe für V-1-Waffen zu versehen. Als Himmler dies hörte, sprang er von seinem Sessel auf und lief zur Landkarte, die einen großen Teil der Wand bedeckte:
»Dann müssen wir New York bombardieren!« rief er aus, »es in Schutt und Asche legen!«
Schellenberg begeisterte sich immer mehr; er war wirklich ein ausgezeichneter Schauspieler. Dem Reichsführer gingen hinter seinem bekannten Stahlzwikker die Augen über.
»Die Amerikaner«, träumte er weiter, »müssen auch etwas vom Krieg zu spüren bekommen. Wir müssen sofort den Führer benachrichtigen und dem Großadmiral telefonieren! Glauben Sie mir, der psychologische Effekt wäre enorm! Ich bin überzeugt, daß es die Amerikaner nicht ertragen könnten, in ihrem eigenen Land angegriffen zu werden! Ihre Kampfmoral würde auf den Nullpunkt sinken! Was halten Sie davon?«

Schellenberg stimmte schweigend zu. Das Gesicht Dr. Kaltenbrunners blieb unbeweglich; Ob.Gr.Fhr. Prützmann zählte seine »Werwölfe«. Es war schwierig, hier das Wort *vor* den höherrangigen Anwesenden zu ergreifen. Himmler war in das Studium der Landkarte Amerikas versunken. Sicher suchte er schon Ziele. Prützmann machte mir hinter seinem Rücken ein Zeichen, und Kaltenbrunner warf mir einen vielsagenden Blick zu. Ich brach das Schweigen und warf ein, daß der Abschuß einer V-1 schon an sich sehr ungenau sei und sie, von einem U-Boot abgeschossen, bei Seegang überhaupt keine Präzision mehr besitze.

»Die amerikanische Regierung«, fügte ich hinzu, »macht Propaganda mit der Lüge, daß Deutschland die Vereinigten Staaten direkt bedrohe. New York mit zwei oder drei V-1 zu bombardieren, würde die Propaganda Roosevelts nur bestätigen. Ich glaube, daß die psychologischen Auswirkungen in jeder Hinsicht negativ für uns wären, denn ich bin davon überzeugt, daß das amerikanische Volk sich nicht in eine Panikstimmung versetzen lassen und tapfer wie die britische Bevölkerung während des ›Blitzes‹ 1940 reagieren würde. Ehrlich gesagt, ich sehe nicht ein, welchen Vorteil uns ein derartiges Unternehmen bringen könnte. Eine einzige V-1 müßte ein ganz bestimmtes Ziel mit hundertprozentiger Sicherheit treffen können, und unsere Radiosender müßten das vorher bekanntgeben: an dem und jenem Zeitpunkt wird das Ziel soundso zerstört.«

Kaltenbrunner sprang mir bei.

»Es wäre tatsächlich klüger«, fand er, »abzuwarten, bis unsere Spezialisten Raketen mit größter Treffsicherheit bauen können.«

Himmler sah uns unentschlossen an. Dann beruhigte er sich, setzte sich wieder und erklärte, daß er über die Fortschritte, die auf dem Gebiet der V-1-Waffen gemacht würden, auf dem laufenden gehalten zu werden wünsche.

Bekanntlich wurden die USA niemals mit V-Waffen bombardiert und auch von keinem deutschen Bomber. Jedoch sind heute die USA ganz nahe an Asien gerückt: mit den heutigen Raketen mit Atomköpfen kann man den halben Erdball in Minuten zerstören.

Einer der erstaunlichsten Menschen, die ich je getroffen habe, ist Mohammed Amin al-Husaini, der Großmufti von Jerusalem. Er wurde in Jerusalem im Jahre 1895 geboren, ist ein gelehrter Doktor des Korans und hat während des Ersten Weltkrieges gegen die türkische Armee gekämpft. Von dem Augenblick an, als Lord Balfour 1920 die Existenz des jüdischen Staates in Palästina durchsetzte, verteidigte er fanatisch die arabischen Ansprüche, was ihm eine Verurteilung zu zehn Jahren Gefängnis durch die Engländer eintrug. Er floh nach Transjordanien und wurde zum Großmufti und zum Vorsitzenden des Obersten Islamischen Rates ernannt. Triumphierend zog er in Jerusalem ein. Der britische Hohe Kommissar in Palästina versuchte, zu einem Übereinkommen mit ihm zu gelangen — ohne jeden Erfolg. 1929 erklärte al-Husaini die »Djihad«, den »Heiligen Krieg« gegen die zionistische Kolonisation, denn er war politisches und religiöses Oberhaupt in einem. Da der Haftbefehl immer noch in Kraft war, entfloh er in den Libanon, wo ihn die Franzosen vorsichtshalber in eine streng überwachte Zwangsresidenz in Beirut steckten. Er entfloh auch von dort und erreichte nach unglaublichen Abenteuern Bagdad. Sein Freund Raschid Ali unternahm dort 1941 einen Staatsstreich, der von Deutschland nur schwach unterstützt wurde, denn wir besaßen noch in Syrien ein zeitlich begrenztes Landerecht für unsere Flugzeuge, da Syrien unter französischem Mandat stand. Trotz den lobenswerten Anstrengungen des »Intelligence Service«. Aber Raschid Alis Unternehmen scheiterte, und der Großmufti war wieder einmal gezwungen, zu fliehen. Er rasierte seinen Bart ab, zog einen europäischen Anzug an und tauchte 1942 in Rhodos auf und dann in Tirana. Schließlich floh er nach Deutschland, wo er von Hitler empfangen wurde.

Er sah sehr gut aus: Schneeweißer Bart, blaue Augen und weißer Turban. Man hielt ihn für das, was er war: eine Gestalt aus *Tausendundeiner Nacht*. Er unterstützte uns in großzügiger Weise, und dem Afrikakorps Rommels kam bestimmt der riesige Einfluß zugute, den er in Nordafrika hatte.

1946 kehrte er aus Deutschland zurück und ließ sich in Ägypten nieder, wo er erneut zum Vorsitzenden des Obersten Islamischen Rates wurde: bei der Konferenz des Islams in Karatschi (1951) und Bandung (1955) fand er viele Zuhörer, und viele seiner Vorschläge wurden befolgt.

Wir hätten mit seiner Unterstützung viele interessante Unternehmen im Nahen Osten durchführen können. Drei davon standen in Vorbereitung: Der Zweck des ersten Einsatzes war, die Ölleitung Irak-Mittelmeer zu unterbrechen. Arabische Kommandos hatten schon mehrere Male diese Hauptader gesprengt, die das Rohöl den großen Raffinerien von Haifa und Tripolis zuleiteten. Aber die Pipeline war immer wieder schnell repariert. Es mußten wieder neue Kommandos ausgebildet und zum Einsatz gebracht werden.

Die ideale Lösung wäre gewesen, eine Pumpstation außer Kraft zu setzen, denn es wären gute zwei bis drei Monate vergangen, bis sie wieder funktionierte. Unsere Ingenieure hatten wohl eine kleine Schwimm-Mine entwickelt, die man in die Ölleitung bringen konnte; aber dieser Apparat hätte nur die Ventile zerstört. In einem engen Tal, wo beide Leitungen parallel liefen, Phosphorbomben abzuwerfen, die die Rohre ausglühten, hätte dasselbe Resultat erzielt: man brauchte nur ein paar Rohre auszuwechseln; vielleicht eine Unterbrechung von einer Woche!

Die wirkungsvollste Lösung war noch ein direkter Einsatz gegen eine Pumpstation. Alle diese Stellen besaßen einen kleinen Flugplatz, der für die Überwachungsflugzeuge der Pipeline bestimmt war, und ein kleines

Blockhaus zur Verteidigung. Es war infolgedessen möglich, mit Segelflug-
zeugen ein kleines nächtliches Kommando gegen eine dieser Stationen zu
senden. Ein Freund von Hanna Reitsch, Prof. Georgi, ein großer Spezialist
für Segelflugzeuge, hatte einen neuen Lastensegler geplant, der ein Dutzend
Soldaten mit ihrer Ausrüstung befördern konnte, bei einer Schleppgeschwin-
digkeit von 400 km/h. In Ainring bei Passau untersuchten wir das Problem, in welcher Weise man diese schweren Segler wieder abholen lassen
könnte, das heißt, wie unsere Kommandos wieder zurückkämen. Wir
kamen in dieser Frage nur langsam voran, und ich verfiel dadurch auf den
Gedanken, abgeschossene oder notgelandete amerikanische Flugzeuge zu benutzen, die unsere Mechaniker repariert hatten, zum Beispiel die DC-4 und
die DC-6.

Nach langem Warten teilte man mir mit, daß ein halbes Dutzend dieser
Maschinen bereitstünde. Sie sollten auf der Insel Kreta oder in Griechenland stationiert werden und von dort ihre Einsätze in den Nahen Osten
starten.

Wir verfügten über ausgezeichnete Luftbilder der Pumpstationen und ihrer
Beobachtungsflugplätze. Die Landepisten sahen etwas kurz aus, aber man
belehrte uns, daß sie verlängert worden seien. Das Ziel wurde ausgesucht,
und ich entschied, daß sechs viermotorige Flugzeuge dort landen und unsere
Leute vom Flugzeug aus mit leichten Kanonen und schweren MGs gedeckt
werden sollten. Wir besaßen ein Spezialgerät, mit dessen Hilfe wir die An-
tennen des Blockhauses zerstören konnten, um damit zu verhindern, daß
man per Funk Alarm schlug. Aber als wir unsere DC-4 und DC-6 in
Empfang nehmen wollten, wurden diese bei einem feindlichen Luftangriff
auf den Münchener Militärflugplatz zerstört. Der Einsatz gegen die Ölleitung Irak-Mittelmeer mußte abgesagt werden. Andere US-Flugzeuge konnten nicht mehr zeitgerecht flugfähig gemacht werden.

Auch mußte ein Unternehmen abgesagt werden, das wir vorbereitet hatten,
um den Suezkanal zu sperren, der von einem unserer Düsenjäger ständig
überflogen wurde. An einem Tag, an dem sieben oder acht Schiffe durch den
Kanal fahren würden, sollten unsere Kampfschwimmer das erste und letzte
Schiff im Kanal versenken — und so viele wie möglich dazwischen. Die
Kampfschwimmer sollten per Segelflugzeug in der Wüste Sinai abgesetzt
und anschließend wieder aufgenommen werden. Als wir genau ausgearbeitet hatten, wie die Lastensegler wieder starten sollten — die Engländer benutzten nebenbei ein ähnliches System bei ihrem Unternehmen *Market Garden* —, stand für diese Mission kein Treibstoff mehr zur Verfügung!

Auch unser Angriff auf bestimmte wichtige Punkte der Erdölförderungsanlagen von Baku mußte »bis auf weiteres« verschoben werden. Immer
waren es dieselben Gründe: fehlendes Material und vor allem: Mangel an
Transportmitteln.

Die Schleusen einiger Häfen in Südengland bildeten ganz speziell schwache Punkte: wir brauchten nur unsere bemannten Torpedos dort hinzubringen, und zwar mit Lastenseglern — aber genau die fehlten uns!

Ich freute mich ganz besonders, daß ich von all diesen geplanten und vorbereiteten Einsätzen das Unternehmen *Der Wolf bellt* schließlich nicht durchführen mußte. Ende November 1943 erhielt ich den Befehl vom OKW, mich mit dem Bataillon *Friedenthal* über Paris nach Vichy zu begeben und dort auf weitere Anweisungen zu warten. In Paris trat ich mit der Militärkommandantur in Verbindung, die sich an der Place de l'Opéra und im Hôtel Continental, rue de Rivoli, befand. Es war wirklich erstaunlich, welche Menge an Offizieren aller Waffengattungen sich dort aufhielt; aber man traf noch mehr ihrer Vorgesetzten im Hôtel Majestic, dem Sitz des Militärbefehlshabers in Frankreich, an. Schließlich erfuhr ich, um was es sich bei diesem Befehl vom OKW handelte: am. 9. November hatte der Brigadegeneral de Gaulle seinen Vorgesetzten, den Armeegeneral Giraud, bei dem in Algier tagenden »Comité Français de Libération Nationale« (Französisches Nationales Befreiungskommitee) ausgebootet und sich selbst zum Präsidenten dieses Kommitees ernannt. Er ließ darauf zwei Kommunisten berufen, Midol und Fajol, die sich innerhalb dieses Ausschusses als Minister betätigten. Verhältnismäßig ernst zu nehmende Meldungen ließen darauf schließen, daß in Vichy das Unternehmen *Badoglio* vorbereitet wurde. Gemäß anderen Informationen sollte Marschall Pétain, der französische Staatschef, im Einverständnis mit einigen Persönlichkeiten aus dem Kreise des Marschalls, von einem englisch-gaullistischen Fallschirmkommando entführt werden.

Ich fuhr also nach Vichy und war auf alles gefaßt. Zu meiner Verfügung standen sechs Schutzpolizeikompanien, das Bataillon meines Sonderkommandos und ein Bataillon der Waffen-SS-Division *Hohenstaufen*. Ich verteilte diese Truppen rund um die Stadt: im Norden auf dem von uns natürlich besetzten Flugplatz; bei Vesse im Westen, Cusset im Osten und Hauterive im Süden. Das waren insgesamt 2000 Soldaten, die in kürzester Zeit die Stadt abriegeln konnten. Ich sandte Spähtrupps bis zum Randan-Wald, ohne daß die ganzen Wochen über auch nur ein einziger feindlicher Fallschirmjäger gefunden wurde.

Es kamen keinerlei neue Meldungen an: weder vom SD noch von der Abwehr. Mit meinem Ia Fölkersam holten wir im Zivilanzug persönlich einige sich völlig widersprechende Informationen ein. Mir wurde klar, daß in Vichy ein ernsthaftes Unbehagen existierte, daß die Ursache dafür aber nicht die gaullistischen Fallschirmjäger waren. Das Treffen von Montoire (im Oktober 1940) hatte nicht die gewünschten Resultate erzielt, weder für Deutschland noch für Frankreich, mit dem, wie ich schon sagte, ein endgültiger Friede schon seit langem hätte geschlossen werden müssen. Wir hielten nunmehr seit drei Jahren dieses Land besetzt. Das Waffenglück war uns auf allen Fronten immer weniger günstig. Widerstandsbewegungen waren entstanden, die fast immer von Kommunisten geführt wurden, deren Anführer zwar vom Juli bis Oktober 1940 eine Verbrüderung mit unseren Soldaten empfohlen hatten. Hitler interessierte sich so wenig für die Zukunft der französisch-deutschen Beziehungen, die für ein neues Europa so wichtig waren, daß er im November 1943 sehr erstaunt war, als er hörte, daß unser Botschafter Abetz seit dem Dezember des Vorjahres nicht mehr dort amtierte.

Ich habe alle notwendigen Vorbereitungen um Vichy getroffen, und da keine weiteren Befehle eintrafen, fuhr ich nach Paris. Dort telefonierte ich mit der »Wolfsschanze« und erfuhr, daß ich unverzüglich in die Auvergne zurückzukehren und auf das Stichwort *Der Wolf bellt* zu warten hätte. Dann sollte ich mich um die Person des Staatschefs Marschall Pétain und dessen Arzt Dr. Ménétrel kümmern. Ich sei für deren Sicherheit verantwortlich und erhielte weitere Weisungen, wenn »der Wolf gebellt« habe.

Marschall Pétain wohnte in Vichy im dritten Stock des *Hôtel du Parc;* seine Leibwache, die ich beim Wachestehen beobachtete, sah gar nicht übel aus. Eine Auseinandersetzung mit ihr hätte möglicherweise ernst werden können. Aber was mich am meisten beunruhigte, war die Tageszeit, an der »der Wolf bellen« würde. Ich hoffte, daß er nicht nachts zu bellen anfinge. Wenn zwei- oder dreitausend feindliche Fallschirmjäger nachts um zwei Uhr über Vichy absprangen, war der Marschall über diesen Einsatz wohlinformiert, war angezogen und mit einer Uniform oder einem Zivilanzug bekleidet und konnte sicher mitgenommen werden.

Ich muß gestehen, daß ich für diesen alten Soldaten, den die französischen Politiker zu Hilfe riefen, als nichts mehr ging, den größten Respekt hatte. Er war damals siebenundachtzig Jahre alt und hielt sich noch in seiner himmelblauen Uniform völlig gerade. Als ich ihn sah, konnte ich nicht umhin, an den GFM v. Hindenburg zu denken, der nach dem Ersten Weltkrieg ebenfalls das Gewicht eines verlorenen Krieges zu tragen hatte. Philippe Pétain war neunundachtzig Jahre alt, als man ihn zum Tode verurteilte. Er starb mit fünfundneunzig Jahren als Gefangener in der Festung der Insel d'Yeu.

Ich bin froh, daß der *Wolf nicht gebellt* hat. Wir erhielten den Abmarschbefehl, verließen Vichy und konnten gerade noch unseren Weihnachtsurlaub antreten, den ich auf Einladung der deutschen U-Bootführung in einem Erholungsheim für U-Bootbesatzungen auf dem Arlberg verbrachte. Es war mein letzter Urlaub in diesem Kriege!

Dagegen hätte ich mich gefreut, das muß ich offen zugeben, einen ganz anderen Marschall gefangenzunehmen, nämlich: Tito. Die Genealogie des

heutigen Staatschefs von Jugoslawien ist eine umstrittene Frage. Mein ver-
storbener Freund Alexander Botzaris versicherte, daß die »kroatische Groß-
mutter« Titos reine Erfindung sei. Offiziell wurde Josef F. Broz 1892 in
Kamrovec geboren. Er war von Beruf Schlosser und kämpfte im Ersten
Weltkrieg mit der österreich-ungarischen Armee, wurde 1915 zum Feldwebel befördert und von den Russen in den Karpaten gefangengenommen.
Dann soll er mit den Bolschewiken im Gebiet von Omsk gekämpft haben
und sich anschließend – so heißt es in der offiziellen Biografie – für die
kommunistische Partei in Jugoslawien unter dem Namen »Walter« eingesetzt haben. Ist es derselbe Broz, der nach fünfjährigem Gefängnisaufent-
halt 1934 in Wien auftauchte, in den Moskauer Spezialschulen 1935/36
trainiert wurde und an der Spitze des pro-sowjetischen Widerstands in
Jugoslawien 1941/42 stand? Es kann so gewesen sein.

Im Frühjahr 1944 bekam ich den Befehl vom OKW, das Hauptquartier
Titos ausfindig zu machen, es zu zerstören und Tito gefangenzunehmen, der
nach dem Willen Churchills schon den General Mihailowitsch abgelöst hatte.
Der Kriegsminister des im Exil in London lebenden jungen Königs
Peter II. von Jugoslawien, Mihailowitsch, war über den fortschreitenden
Einfluß des Kommunismus erschreckt. Seine Tschetniks schlugen sich zu sei-
nem Erstaunen manchmal sogar gemeinsam mit den ungarischen Truppen,
den Kroaten des Ante Pawelitsch und selbst unseren Soldaten gegen die
Truppen Titos.

Wo aber hielt sich Tito versteckt? Ich hatte keine Ahnung. Jugoslawien mit
seinem gebirgigen und bewaldeten Gelände eignete sich hervorragend für
Partisanenkämpfe. Die Informationen, die mir von den entsprechenden
Stellen der Abwehr und des SD übermittelt wurden, waren ungenau und
widersprachen sich. So fuhr ich von Belgrad nach Zagreb (Agram) und
organisierte meinen eigenen Nachrichtendienst. Ich betraute damit drei tüch-
tige Offiziere. Jedem von ihnen unterstand ein anderes Nachrichtennetz.
Die Agenten jedes Netzes hatten unabhängig voneinander zu arbeiten. Ich
selbst nahm mir vor, nichts zu unternehmen, ohne drei übereinstimmende
Meldungen erhalten zu haben. Wir handelten schnell und mit der nötigen
Geheimhaltung, denn wir durften nicht die Aufmerksamkeit des Feindes
auf uns ziehen; eines schlauen Feindes, der dazu ein halbes Dutzend unserer
Divisionen in Schach hielt.

Ich hatte in der Fruska Gora, einer parallel zum Donautal und südlich
davon liegenden Bergkette, ein Lehrbataillon meines *Jagdverbandes* stationiert, dessen Training wirklich »frontnah« durchgeführt wurde: die Soldaten
standen jeden Tag im Einsatz gegen Titoisten. Ein Militärkonvoi hätte die
Partisanen mißtrauisch gemacht. Daher fuhr ich von Belgrad nach Agram
in einem normalen Wagen und von zwei Unteroffizieren begleitet durch
die Gegend. Nach dem Tal der Sawe und über schlechte Straßen erreichten

wir Brcko, dann Zagreb. Die Kommandeure der deutschen Garnisonen waren äußerst erstaunt, uns nach dieser Reise unversehrt zu sehen: die Straßen, die wir genommen hatten, wurden von Partisanen kontrolliert. Mir begegneten tatsächlich einige Gruppen bärtiger Partisanen, das Gewehr unter dem Arm. Wir hatten auch unsere Maschinenpistolen am Boden des Wagens — unsichtbar von außen, aber den Sicherungsflügel auf »Feuer« eingestellt. Mir wurde sofort klar, daß wir damit eine Unvorsichtigkeit begangen hatten, die üble Folgen hätte haben können: »Tito entführt Skorzeny!«, eine schöne Schlagzeile für den *Daily Mirror* im Mai 1944!

Ich kehrte dann nach Berlin zurück und erfuhr nach kurzer Zeit von meinen drei unabhängigen Nachrichtendiensten, daß sich Tito und sein Stab augenblicklich bei Dvar im westlichen Bosnien aufhielten. Ich schickte gleich meinen Stabschef, Hpt.St.Fhr. Adrian v. Fölkersam, zum kommandierenden General des in dieser Zone liegenden X. Armeekorps, um diesen zu benachrichtigen, daß wir die Operation *Rösselsprung* gegen Tito durchführen würden. Als ich eben abreisen wollte, um das Unternehmen an Ort und Stelle zu leiten, erschien plötzlich wieder v. Fölkersam in Friedenthal: »Da stimmt etwas nicht!« sagte er. »Der General hat mich sehr kühl empfangen, und ich glaube nicht, daß wir mit seiner Unterstützung bei diesem Einsatz rechnen können!«

Eine Funkmeldung von unserem kleinen Arbeitsstab in Zagreb lieferte uns bald die Erklärung zu diesem tiefgekühlten Empfang: »Das X. Korps bereitet einen Einsatz gegen das HQu Titos vor. Termin auf 2. Juni 1944 festgelegt.«

Das war ausgesprochen dumm. Hätte der General seine Karten aufgedeckt, hätte ich mich ihm gerne unterstellt und ihm den Ruhm dieser Operation gelassen und auch bei einem eventuellen Mißerfolg alle Verantwortung auf mich genommen. Aber schlimmer war noch die Tatsache, daß, wenn nun *ich* Bescheid wußte, daß der Plan am 2. Juni ausgeführt werden sollte, Tito sicherlich ebensogut informiert war. Ich avisierte sofort das X. Korps und sandte noch einen meiner Stabsoffiziere zum Generalstab nach Banja Luka, um dort zu versuchen, das Datum des Einsatzes zu verschieben. Es half nichts. Das Unternehmen fand am festgesetzten Tag statt: die zahlreichen deutschen Truppen stießen auf alarmbereite Partisaneneinheiten. Ein Bataillon der Waffen-SS-Fallschirmjäger wurde im Tal des Dvar eingekesselt und brauchte Verstärkung durch Lastensegler. Ein Bataillon der Division *Brandenburg* mußte den Rückzug unserer Soldaten decken, die von allen Seiten angegriffen wurden. Dieses Bataillon unterstand dem tapferen Oberstleutnant Walther, der verletzt wurde und im Januar 1945 den Platz meines Stabschefs v. Fölkersam bei meinen SS-Jagdverbänden einnahm. Auch das Bataillon der Waffen-SS-Fallschirmjäger und das Bataillon der Division *Brandenburg* kamen im September 1944 unter meinen Befehl. Die mutigen

Brandenburger wurden bei mir in den »Jagdverband Südost« eingegliedert, während die anderen Kompanien, die der Major Otto Beck befehligte, zu dem in Italien kämpfenden »Jagdverband Süd« kommandiert wurden. Ich komme auf Major Beck noch einmal zurück. Broz hatte selbstverständlich die Flucht ergriffen. In seinem HQu fand man nichts als zwei arme britische Offiziere, die er wahrscheinlich loswerden wollte, und eine nagelneue Marschallsuniform. Tito hatte sich am 29. November 1943 selbst zum Marschall ernannt – und dememsprechend kleidete er sich! Etwas später wurde mir mitgeteilt, daß er auf die Insel Viz geflohen sei. Aber durch das Attentat vom 20. Juli 1944 gegen Hitler war es mir nicht mehr möglich, einen *Rösselsprung* am Adriatischen Meer zu organisieren. Major Otto Beck hätte zu gerne das Inselhauptquartier Titos angegriffen. Er war mir lange Zeit böse, daß ich ihm den Befehl dazu verweigerte.

Erinnert man sich noch, daß die wirkliche Unterdrückung in Jugoslawien im April 1945 begann? Am 11. November desselben Jahres rief Tito die Föderative Volksrepublik aus, erklärte die Dynastie der Karageorgen für abgesetzt und beschlagnahmte das Vermögen der Krone. General Mihailowitsch und sein Generalstab wurden am 17. Juli 1946 hingerichtet, Zehntausende Kroaten und Serben mit dem Tode bestraft und 3 670 000 Anhänger des vorherigen Regimes verhaftet. Viele von ihnen starben im Gefängnis oder im Arbeitslager. Churchill begnügte sich damit, Peter II. im August 1945 zu schreiben:
»Ich erfuhr, daß in Jugoslawien viele bedauernswerte Dinge passieren. Leider steht es nicht in meiner Macht, dagegen einzugreifen.«
Das war die Grabrede für diejenigen, die in Jugoslawien gegen den Kommunismus gekämpft hatten.

Ich möchte an dieser Stelle ein persönliches Erlebnis anführen: die Welt ist klein: nach dem Kriege traf ich zufällig in Mallorca einen der beiden Offiziere, die Broz netterweise zurückgelassen hatte, als er floh. Dieser war, wie ich, auf das Schiff eines gemeinsamen englischen Freundes eingeladen, und wir freundeten uns sofort an. Er gehörte dem britischen Kommando *Colonel David Stirling* an und hatte an dem sehr bekannt gewordenen Einsatz des *Phantommajors* gegen Bengasi (Libyen) teilgenommen. Übrigens wurde dieser Einsatz zum Teil in deutscher Uniform durchgeführt. Dann gehörte mein neuer Freund einem britischen Geheimkommando an und wurde schließlich von Churchill zu Tito geschickt. Mein zum Freund gewordener ehemaliger Gegner, später Brigadegeneral, erzählte mir, daß ihm während seines Aufenthaltes im HQu des »Marschalls« klar zum Bewußtsein kam, daß, wenn Tito die Macht übernähme, der Kommunismus in Jugoslawien ebenfalls siegen würde. Er machte in diesem Sinne Meldung auf Meldung nach London – aber keine Reaktion erfolgte.

»Die Lage schien mir so ernst«, sagte er mir, »und so schädlich für die britischen Interessen auf dem Balkan, daß ich mich unter größten Schwierigkeiten nach Gibraltar durchschlug und von dort mit unserem Premier persönlich telefonierte. Ich gab ihm einen sehr realistischen Bericht über das, was Tito in Jugoslawien vorhatte. Churchill ließ mich aussprechen und fragte dann: »Was haben Sie persönlich vor, nach dem Kriege?«

Ziemlich verwirrt, antwortete ich ihm, daß ich die Absicht hätte, mich auf mein Gut in Schottland zurückzuziehen.

»Das heißt also, wenn ich richtig verstehe, daß Sie nicht in Jugoslawien bleiben und dort leben wollen?«

»No, Sir, of course not!«

Und ich hörte ihn antworten:

»Then why should you care a damn what happens to Yugoslavia after the war!« (Was, zum Teufel, scheren Sie sich dann darum, was in Jugoslawien nach dem Krieg passiert!)

Der amerikanische Geheimdienst (CIA) schrieb mir die Operation gegen das HQu Titos zu, da er der Meinung war, daß ich damals schon das Fallschirmjägerbataillon der Waffen-SS kommandiert hätte.

Mein Jagdverband »Südost« machte allerdings den tapferen Truppen Titos das Leben sauer. In Fruska Gora hatten wir eine Zeitlang denselben Arzt, einen Serben, wie die Partisanen, da der unserer Einheit zugeteilte Militärarzt noch nicht eingetroffen war. Diese Tatsache vereinfachte den Austausch der verwundeten Gefangenen.

Wir starteten eine kleine Vergeltungsaktion und nahmen ein paar britische Verbindungsoffiziere gefangen. Unter diesen befand sich der Sohn Churchills, Randolph. Amüsant war auch, daß unsere Soldaten durch den von Vater Winston an Tito geschickten Nachschub vorzüglich ausgestattet wurden. Das Verdienst gebührt Major Beck. Er war ein ausgezeichneter Mann, dem im Ersten Weltkrieg als einfachem Unteroffizier die große goldene Tapferkeitsmedaille (Österreich) verliehen wurde. Aber Otto Beck, der sich sehr gut in den Sitten und Gebräuchen des Balkans auskannte, war auch ein Mann mit großartigen Einfällen. Fast zu spät stellte man falsche Fünf- und Zehn-Pfund-Sterling-Noten in großen Mengen zur Verfügung, mit denen die Mittelsmänner des Majors Beck den Partisanen ganze Lastwagen mit Waffen, Munition und verschiedenem Kriegsmaterial abkauften, das die britischen U-Boote und kleinen Schiffe regelmäßig in gewissen Schlupfhäfen der adriatischen Küste löschten. Unsere Soldaten nahmen die Ware direkt in Empfang und bezahlten mit falschen Sterling-Pfunden, die die Partisanen gerne in Tausende Dinars umtauschten. Dieser »Austausch« war monatelang zur allgemeinen Zufriedenheit im Gange, bis der Generalstab Titos Wind davon bekam. Im Laufe eines Warenaustausches kam es zum Kampf, und die brauchbaren und billigen Lieferungen wurden uns gestoppt.

Diese Geldscheine wurden von professionellen Fälschern hergestellt, die sich während des Krieges im Konzentrationslager befanden und die man aus diesem Anlaß in besonderen Baracken zusammenfaßte, wo sie auch mehr Freiheit genossen. Ein gewisser Walter Hagen will in seinem Buch *Unternehmen Bernhardt* die ganze Geschichte beschreiben. Hagen ist der Deckname für Wilhelm Hoettl, einen der Mitarbeiter Walter Schellenbergs im Amt VI (Ausland) des RSHA. Vor dem Nürnberger Tribunal zog er sich aus der Affäre, indem er brav die Rolle eines Zeugen der Anklage spielte. Er war schon immer ein Meister des Doppelspiels. Heute gibt er selbst zu, daß er seit 1943 Verbindungen zur *Schwarzen Kapelle* im Vatikan hatte und später Kontakte mit Allen Welsh Dulles, dem späteren CIA-Chef, in der Schweiz aufnahm. Damit sind wir wieder im Zauberkreis des Geheimdienstes.

Dr. Hjalmar Schacht erläuterte mir nach dem Kriege, daß die Herstellung falscher Sterling-Pfunde der Reichsbank nicht bekannt war. Ein paar Banknoten wurden dem Schweizer Bankverein zur Prüfung geschickt. Im beiliegenden gefälschten Brief der Reichsbank erklärte man, daß man diese Scheine für unecht halte. Nach eingehender Prüfung antworteten die Schweizer, daß die Banknoten echt seien und die Bank von England bescheinigt habe, daß die Seriennummern und die Ausgabedaten den umlaufenden Geldscheinen entsprächen.

Der Großverteiler des Falschgeldes war ein geschickter Geschäftsmann namens Friedrich Schwend, dem man einen Ehrendienstgrad in der »Allgemeinen SS« gab, und der natürlich bei jeder Geldausgabe eine Provision verdiente. Vermutlich hat Schwend nach dem Kriege den größten Teil der verfügbaren englischen Pfunde versteckt oder verbrannt, und der englische Geheimdienst hat sich jahrelang ernsthaft mit dieser Sache beschäftigt und Nachforschungen angestellt. Schwend, der bei dieser Angelegenheit bestimmt kein Geld verloren hat, besaß aber auch schon vorher ein ansehnliches Vermögen. Aber wie Cicero in seiner berühmten Rede gegen Verres[1] sagte: »in multis esse numnis« (seine Truhen voll Geld haben), hilft immer. Und was den falschen *Cicero* betrifft, so wurde er mit falschen Pfund Sterling bezahlt, obwohl seine Informationen Gold wert waren. 1954 schrieb Bazna an Bundeskanzler Adenauer, um sich über die an ihm begangene »große Ungerechtigkeit« zu beklagen und die bescheidene Hilfe von 2 100 000 DM zu verlangen, gegen die 12 Millionen, die er auf einem blockierten Konto in einer Schweizer Bank liegen hatte. Leider erfüllte der deutsche Kanzler diese Bitte *Ciceros* nicht.

---

1 C. Licinius Verres, berühmter römischer Erpresser, 74 v. Chr. zum Geldverleiher in Sizilien ernannt, erhob erdrückende Steuern sizilianischen und sogar römischen Bürgern gegenüber. Floh, ohne den ihm gemachten Prozeß abzuwarten. (A. d. Red.)

Als wir unsere Kommandos im Nahen Osten vorbereiteten, enthüllte mir Walter Schellenberg, »daß wir die Sache eventuell bewerkstelligen könnten« und »daß wir nicht ganz so arm« seien. So erfuhr ich von der Existenz der gefälschten englischen Banknoten. Der Zahlmeister des Amtes VI übergab davon 5000 Pfund meinem Adjutanten Karl Radl, als es darum ging, den Duce aufzufinden und zu befreien. Radl bewahrte die Scheine in einem kleinen abgeschlossenen Koffer auf. Ich empfahl, diese Banknoten nur sparsam auszugeben, und verlangte nachher von Dr. Berger, der dieses Geld an ein Dutzend Offiziere des Nachrichtendienstes zu verteilen hatte, ganz genaue Abrechnung. Ich muß sagen, Dr. Berger gab sie meiner Ansicht nach zu großzügig aus. Ich stellte ihm gegenüber klar, daß dieses Falschgeld so gut wie echtes Geld gegeben wurde und damit auch gespart werden mußte. Schließlich konnten wir den größten Teil der uns anvertrauten Summe wieder dem Zahlmeister des Amtes VI zurückerstatten.

Muß ich besonders erwähnen, daß weder Karl Radl noch ich dieses Geld irgendwie verwendeten und daß wir unsere persönlichen Unkosten von unserem Soldatensold bestritten? Manche werden wohl meinen, daß wir dumm waren. Aber wir waren eben davon überzeugt, daß die gefälschten Pfundscheine für uns eine Waffe bildeten, die uns erlaubte, einen wirtschaftlichen Teilsieg über den Gegner zu erringen. Wir waren Soldaten, und es wäre uns nie in den Sinn gekommen, nebenbei noch Geld zu machen oder am Schwarzmarkt einzukaufen. In Jugoslawien dagegen hatte ich nicht die geringsten Skrupel, dieses Falschgeld zu verwenden: je mehr Waffen wir kauften, desto weniger Waffen besaßen die Partisanen, um unsere Kameraden zu bekämpfen und damit auch selbst getötet zu werden.

Nach dem Krieg gab es zahlreiche Chronisten und Journalisten, die behaupteten, mich in der Nähe des österreichischen Toplitzsees gesehen zu haben, »der Stabschef eines Sonderkommandos wird beauftragt, den tief im See versunkenen Schatz der SS zu heben«. Selbstverständlich lägen etwa 30 Kisten in 30 bis 40 m Tiefe (50—70 m sagen andere), die »Millionen gefälschter Pfund Sterling« enthielten.

Möglich ist alles. Während des Krieges war Toplitz ein Versuchs- und Trainingszentrum der Kriegsmarine, und es ist gut möglich, daß auf dem Boden des Sees Kisten liegen, die Banknoten, Dokumente und dergleichen enthalten. Ich weiß es nicht; auch habe ich mich nie darum gekümmert. 1963 bezeugte ein sogenannter Max Gruber, ehemaliger SS-Angehöriger, wie er sagte, daß er 1945 bei der Versenkung der Kisten dabeigewesen sei und mich am Ufer des Sees gesehen habe ... Von einer Untersuchungskommission der österreichischen Regierung befragt, mußte Gruber zugeben, daß er erstens gar nicht ehemaliger SS-Angehöriger war; zweitens, daß er Toplitz, bevor er mit der Untersuchungskommission dort hinkam, noch nie betreten hatte; drittens, daß er infolgedessen auch keine Kisten versenkt werden sah, und viertens, daß er meinen Namen genannt hatte, um selbst glaubhaft zu erscheinen. Er wurde wegen falscher Zeugenaussage angeklagt.

Es stimmt allerdings, daß die österreichische Ermittlungskommission aus dem See Kisten heben ließ, von denen man jedoch bis heute nicht weiß, was sie enthielten. Im November 1963 ertrank leider ein junger Münchener Taucher von neunzehn Jahren. Seither hat die österreichische Regierung jedes weitere Suchunternehmen untersagt.

Das unglaublichste, was darüber je veröffentlicht wurde, erschien in der schwedischen Zeitung *Vägen Framat* (am 30. November 1963). Ein gewisser Palmquist »gesteht«, daß er unter meiner Leitung aus dem See, wohin er jede Nacht per Flugzeug aus Stockholm kam, zahlreiche Kisten des »Schatzes« gehoben habe. Davon habe er sich einige Goldbarren mitgenommen, die er in einem Geldschrank aufbewahrt habe. Derselbe Palmquist stellte dem Reporter des *Vägen Framat* den Redakteur eines anderen schwedischen Blattes, des *Aftonbladet*, als — Benito Mussolini vor — mit einem neuen Gesicht, das ein von mir natürlich aus dem SS-Schatz bezahlter Chirurg operiert haben sollte. Dieses Geld habe es auch ermöglicht, den Duce nach Schweden zu bringen und dort aus ihm den Chefredakteur des *Aftonbladet* zu machen!

Ich könnte noch viel mehr irrwitzige Beispiele dieser Art zitieren. Aber lassen wir das. Jedenfalls haben seit rund fünfzehn Jahren gewisse Personen aus dem angeblichen »Schatz« von Toplitz Profit geschlagen, indem sie hemmungslos die menschliche Leichtgläubigkeit ausnutzten und schrieben, schrieben ...

Man kann das Falschgeld unter die unkonventionellen Waffen einreihen. Aber der Vater dieser Idee konnte sich nicht rühmen, diese Waffe erfunden zu haben. Er imitierte nur, was die Engländer schon 1794—1797 machten, als sie Frankreich mit falschen Assignaten (Papiergeld) überschwemmten, unter dem Vorwand, den Bürgerkrieg in der Vendée zu unterstützen[1].
1927—1932 wurden auf Stalins Befehl mehrere Zehnmillionen falscher Banknoten der Federal Reserve Bank der USA hergestellt. Diese Scheine wurden hauptsächlich in China, Havanna, Montreal, San Franzisko, Belgrad und sogar Berlin abgesetzt. In Berlin bemerkte man, daß zahlreiche 100-$-Scheine gefälscht und in der Sowjetunion gedruckt waren. Das *Berliner Tageblatt* vom 23. Januar 1930 und dann die *New York Times* vom

---

1 Das war eine Idee des damaligen britischen Premierministers William Pitt. Von diesen Assignaten gab es eine solche Menge, daß Papiergeld bald überhaupt keinen Wert mehr besaß. Der »Louis d'or«, der im November 1795 2500 Papierfranken wert war, stieg auf 6500 im folgenden Monat. Das Direktorium war 1797 gezwungen, alle Assignaten aus dem Verkehr zu ziehen (A. d. Red.)

24. Februar 1933 schlossen daraus dasselbe, nämlich, daß die falschen Dollars aus Rußland kamen und von bekannten sowjetischen Agenten in Umlauf gebracht wurden, was natürlich ein Irrtum war.

Es ist wirklich zu bedauern, daß wir 1941 nicht die russischen automatischen Gewehre kaufen konnten. Diese Waffe, die damals schon zehn Schuß automatisch abschießen konnte, war leicht zu bedienen, und bewies, mit welcher Umsicht die Russen den Krieg vorbereitet hatten. Sie gab dem russischen Infanteristen in der ersten Zeit eine überlegene Feuerkraft.

Auch die Engländer besaßen damals perfekte und einfache Waffen, vor allem die Sten-Maschinenpistole, an der ein Schalldämpfer angebracht werden konnte.

Gleich zu Anfang, als ich das Kommando über das Bataillon *Friedenthal z. B. V.* übernahm, interessierte ich mich für diese Art Waffen, auch deshalb, weil man sie uns direkt aus London lieferte. In Holland stießen wir auf mehrere Widerstandsorganisationen von geringer Bedeutung, die aber unserem Geheimdienst erlaubten, ein interessantes Funkspiel mit dem Feind zu treiben. Auf diese Weise bestellte ich mir in London einen Revolver mit Schalldämpfer. Vierzehn Tage später erhielt ich die Waffe über den holländischen Kapitän eines schwedischen Schiffes, eine Art Doppelagenten, wie ich vermutete[1]. Ich öffnete das Fenster des Büros, in dem wir arbeiteten, und schoß nach einer Gruppe Enten, die auf der Gracht schwammen. Es war kaum ein Zischen zu vernehmen, und die Passanten hoben nicht einmal den Kopf.

Ich war auch der erste deutsche Soldat, der auf ähnliche Art eine lautlose Sten-MP mit Schalldämpfer bekam. Selbstverständlich war es für ein Sonderkommando oder einen Spähtrupp von ganz besonderem Vorteil, wenn die Soldaten, falls sie zum Schießen gezwungen waren, dies fast lautlos tun konnten. Auch für die Frontsoldaten war eine mit derartigen Waffen ausgerüstete Patrouille von größter Wichtigkeit, und es konnten mit geringsten Verlusten die besten Resultate erzielt werden.

Abgesehen vom Schalldämpfer bot die Sten noch mehr Vorteile; sie war den deutschen MPs um vieles überlegen, und zwar aus mehreren Gründen: viel schneller in ihrer Herstellung, kostete sie auch wesentlich weniger als unsere, die allerdings treffsicherer war. Die Sten konnte ins Wasser fallen, in den Schnee, in den Schmutz — sie funktionierte noch. Unsere nicht. Warum keine lautlose Sten serienmäßig herstellen?

Ich versuchte zwei hohe Offiziere des »Wehrwirtschafts- und Rüstungsamts« zu überzeugen, dessen Chef General Georg Thomas war. Ich lud sie zum Abendessen nach Friedenthal ein: sie waren zurückhaltend. Es war Früh-

---

1 Alle britischen Sonderverbände waren 1943 im Besitz dieses Revolvers 7,65-Kaliber. Als man mir diese Waffe übergab, befand ich mich in Den Haag.

jahr, angenehmes Wetter, und so schlug ich ihnen nach dem Essen einen Spaziergang im Park vor. Sie willigten ein. Wir liefen ein Stück des Weges. Plötzlich hielt ich sie an:

»Meine Herren«, sagte ich zu ihnen, »Sie sind schon tot. Und ich wahrscheinlich auch!«

Sie fuhren in der Dunkelheit zusammen.

»Tot? Wir sind tot?«

Hinter uns knipste einer meiner Leute seine Taschenlampe an. Er hatte die Sten mit Schalldämpfer in der Hand und zeigte auf die leeren Patronenhülsen auf dem Boden. Er hatte ein ganzes Magazin in die Luft geschossen.

Unsere Techniker des Rüstungsministeriums waren sichtlich sehr beeindruckt von ihrem theoretischen und lautlosen Tod. Aber die MP-Lektion im Park nutzte nichts. Die Antwort, die ich von den Mitarbeitern des Generals Thomas erhielt, war folgende:

»Sie haben im Prinzip wahrscheinlich recht. Aber, das geben Sie selbst zu: die Sten MP ist keine Präzisionswaffe. Der Führer hat wiederholt gesagt, daß jeder deutsche Soldat ein Recht auf beste Waffen in jeder Hinsicht hat, und wir können nicht die Verantwortung übernehmen, die Herstellung einer MP zu empfehlen, die, wenn auch lautlos, ungenauer ist als das, was wir schon in deutscher Fabrikation besitzen. Heil Hitler!«

Wir konnten feststellen, daß General Thomas andererseits nicht zögerte, schwerwiegendere Verantwortungen zu übernehmen.

# Teil III

ERSTES KAPITEL

# Befehl Hitlers: Sie müssen den Duce auffinden und befreien!
## Das Unternehmen Alarich

Warum Hitler mich wählte — Sein Talent, Menschen zu überzeugen — Seine Vorschläge — Unterredungen mit General Student und Himmler — Der Reichsführer macht sich Illusionen — »Sie sind nicht der geeignete Mann dafür« — Marschall Kesselring macht sich Illusionen — Das Doppelspiel des italienischen Königs und Badoglios — Stalin, ein »Vetter« von Viktor Emanuel! — Verrat, Angst und Flucht der königstreuen Clique — Canaris tritt in Erscheinung — Die Geschichte von der Verhaftung des Papstes — Schwierigkeiten bei unseren Nachforschungen — Mussolini auf der Insel Ponza — Er soll den Engländern ausgeliefert werden und wird von den Amerikanern gesucht, die ihn entführen wollen — Die im englischen Unterhaus unter Ausschluß der Öffentlichkeit gehaltene Rede Churchills.

Wir standen zu sechst entlang der Wand. Sechs Offiziere: ein Oberstleutnant und ein Major des Heeres, zwei Oberstleutnante der Luftwaffe, ein SS-Sturmbannführer und ich. Da ich als SS-Hauptsturmführer den niedrigsten Rang hatte, war ich der letzte in der Reihe aller Führer von Sondereinheiten.
Der Raum hatte eine indirekte Beleuchtung, so daß es keine Schatten gab. Vor uns: ein langer Tisch, mit Lagekarten des Generalstabs und einigen Farbstiften, ein Kamin, neben den großen Fenstern ein Schreibtisch und an der Wand gegenüber ein kleines Bild, Dürers *Veilchen*, im Silberrahmen.
Links von mir öffnete sich eine Tür: Hitler trat ins Zimmer, schritt langsam an uns vorbei und grüßte uns kurz mit erhobener Hand. Dann schaute er uns einige Augenblicke an, ohne etwas zu sagen. Ich sah ihn jetzt zum dritten Mal. Das erste Mal im Februar 1936 bei den Olympischen Winterspielen in Garmisch-Partenkirchen. Das zweite Mal hatte ich mit meinen Arbeitern hoch oben auf einem Gerüst auf dem Wiener Ring gestanden, als er im März 1938 triumphierend in Wien einzog.
In diesem Moment aber war er nur ein paar Schritte von mir entfernt. Er trug ein weißes Hemd mit schwarzer Krawatte unter seinem feldgrauen Rock. An der Brust das Eiserne Kreuz 1. Klasse aus dem Ersten Weltkrieg und das silberne Abzeichen der dreimal Verwundeten. Sein Adjutant stellte den Oberstleutnant am rechten Flügel vor, dann folgten die anderen. Als Hitler vor mir stand, drückte er mir die Hand, und sein Blick ließ mich nicht einen Augenblick los. Ich verbeugte mich kurz und schilderte in wenigen Sätzen meinen militärischen Werdegang. Dann trat er ein paar Schritte zurück, musterte uns alle noch einmal und fragte:
»Wer von Ihnen kennt Italien?«

Einige Sekunden war Stille. Als einziger meldete ich mich.

»Ich habe Italien in zwei Privatreisen mit dem Motorrad bis nach Neapel bereist, mein Führer!«

Stille, dann plötzlich die zweite Frage:

»Was halten Sie von Italien?«

Der Oberstleutnant des Heeres gab zur Antwort, daß Italien unser militärischer und ideologischer Bundesgenosse sei, die Luftwaffenoffiziere erwähnten die Achse Berlin-Rom, und mein unmittelbarer Nachbar sprach vom Antikominternpakt. Als Hitler vor mir stand, sagte ich nur:

»Ich bin Österreicher, mein Führer!«

Bei diesen Worten sah er mich lange und prüfend an. Wartete er noch auf einen weiteren Satz? Ich blieb stumm. In drei Worten hatte ich alles gesagt: Südtirol, unser Kampf um den Anschluß ans Vaterland. Die Stille hielt an, und ich spürte, daß jetzt etwas geschehen mußte.

»Ich habe mit Hauptsturmführer Skorzeny noch zu sprechen«, sagte er mit ruhiger Stimme. »Die anderen Herren können abtreten.«

Sie verabschiedeten sich, verließen den Raum, und wir blieben allein. Es war ungefähr 20.30 Uhr, als mir Hitler an diesem 26. Juli 1943 in der Wolfsschanze mitteilte, welche Art Mission er mir anvertrauen wollte. Seine Worte waren etwa folgende:

»Gestern wurde Mussolini verraten. Sein König hat ihn verhaften lassen. Aber der Duce ist nicht nur mein Bundesgenosse, sondern auch mein Freund. Er ist für mich die Verkörperung des letzten großen Römers, und ich kann diesen Staatsmann nicht im Stich lassen. Er war zu leichtsinnig. Die neue italienische Regierung wird sicher von uns abfallen und den Duce den Angelsachsen ausliefern: er wird verraten und verkauft sein. Und ich muß verhindern, daß ein solcher Treuebruch stattfindet!«

Wir standen noch beide. Er ging in dem großen Raum auf und ab und schien nachzudenken. Dann blieb er vor mir stehen und sah mich noch einmal lange an.

»Wir müssen herausbekommen, wo der Duce gefangengehalten wird, und ihn befreien. Das ist der Auftrag, den ich für Sie habe, Skorzeny. Und ich haben Sie ausgewählt, weil ich überzeugt bin, daß Ihnen dieses Unternehmen gelingen wird. Und Sie müssen alles daransetzen, um diese jetzt für die Kriegführung wichtigste Aktion durchzuführen. Natürlich ist dieser Auftrag absolut geheimzuhalten, sonst scheitert er. Es dürfen nur noch fünf weitere Personen darüber informiert werden. Sie werden zur Luftwaffe kommandiert und General Student unterstellt, der Ihnen anschließend Details geben wird. Ich möchte nicht, daß Italien zu einer Falle für unsere Soldaten wird, und alle falschen Freunde müssen ausgeschaltet werden. Ich beauftrage Sie persönlich, so schnell wie möglich herauszufinden, wo Mussolini gefangengehalten wird, und ihn von dort heil herauszubringen. Sie werden selbstverständlich Ihre Leute dazu selbst aussuchen. Sie müssen sich aber beeilen, sehr beeilen! Sie werden verstehen, daß das Leben des Duce davon abhängt!«

»Jawohl, mein Führer!«

Es handelte sich also weder um *Franz*, noch um *Ulm*, wie ich angenommen hatte, als ich zur Wolfsschanze fuhr. Ich dachte an meine Kameraden in Berlin und Friedenthal, die sich bestimmt beunruhigten.

»Das Wichtigste«, setzte der Führer fort, »ist, daß weder die deutschen militärischen Kommandostellen in Italien noch unsere Botschaft in Rom von Ihrem genauen Auftrag erfahren dürfen. Verstehen Sie recht: diese Herren haben ein völlig falsches Bild der Lage und würden wahrscheinlich falsch handeln. Das heißt: strengste Geheimhaltung! Ich habe volles Vertrauen zu Ihnen, Skorzeny. Wir sehen uns wieder. Inzwischen wünsche ich Ihnen alles Gute!«

Er drückte mir die Hand. Ich versprach, mein Bestes zu tun.

Man hat schon viel über den Blick Hitlers geschrieben. Es hieß, daß dieser Blick faszinierend, hypnotisch, magnetisch gewesen sei. Das einzige, was ich versichern kann, ist, daß der Führer eine tatsächlich ungewöhnliche Überzeugungskraft ausstrahlte. Nicht nur sein Blick konnte überzeugen. Seine Worte, seine Haltung, der ganze Mensch vermittelte eine außergewöhnliche Kraft. Diese Unterredung hatte nur knapp zwanzig Minuten gedauert, und trotzdem gewann ich den Eindruck, daß Hitlers Bericht der Ereignisse Stunden gedauert hätte.

Hitler kannte mich nicht besser als die anderen fünf Offiziere. Warum hatte er mich gewählt? ... »Weil ich überzeugt bin, daß es Ihnen gelingen wird«, hatte er gesagt und zweimal wiederholt. Woher hatte er diese Überzeugung, und weshalb war auch ich, als ich vor ihm stand, vom Erfolg dieses Unternehmens überzeugt? Ich kann es nicht sagen.

Ich verspürte Hunger und wollte im Teehaus etwas zu mir nehmen, als Hitlers Adjutant Otto Günsche, damals Hauptsturmführer der Waffen-SS, mir sagen ließ, daß General Student im Nebenzimmer auf mich warte. Er war ein jovial aussehender, etwas rundlicher Mann, der 1941 vor Rotterdamm schwer verwundet worden war. Eine tiefe Narbe an der Stirn erinnerte daran. Er empfing mich herzlich, und ich berichtete ihm über den Auftrag, den ich soeben von Hitler erhalten hatte. Da betrat zu meiner großen Überraschung der Reichsführer der SS Himmler das Zimmer. Ich sah ihn bei dieser Gelegenheit zum erstenmal aus der Nähe und muß gestehen, daß er mir nicht besonders sympathisch war. Er hatte einen weichen Händedruck, und sein Blick wich ständig hinter seinem Kneifer aus. Er verstand sich glänzend mit General Student und zeigte sich freundlich trotz seiner außerordentlichen Nervosität. Er wiederholte mir, was ich schon von Hitler gehört hatte.

»Aber es geht nicht nur um Mussolini!« rief er aus. »Sie müssen auch wissen, was dahintersteckt. Und das ist nichts als Verrat: die seit vier Monaten geplante Verschwörung beschränkt sich nicht nur auf Italien. Ihre Fühler reichen bis nach Madrid, Ankara und Lissabon. Die Führer dieser Komplotts sind der König Viktor Emanuel und Prinz Umberto. Der Führer glaubt nicht ein Wort der Erklärung Badoglios, daß Italien treu zu seinen Verträgen mit uns stehen wird.« Himmler begann ein Bild der ganzen italienischen Verschwörung zu entwickeln, und ich hatte immer mehr Mühe, all den neuen Namen zu folgen und sie im Gedächtnis zu behalten.

Der Verdacht bestand seit dem 18. Januar 1942, dem Tag, an dem General Ambrosio, der Befehlshaber der 2. Armee als Nachfolger des Generals Roatta, zum Generalstabschef ernannt worden war. Seit April dieses Jahres hatte er in Übereinstimmung mit General Castellano die Festnahme des Duce vorbereitet. Auf Weisung des Königs war für eine Sitzung des »Großen Faschistischen Rates« von Dino Grandi, dem Grafen Ciano, de Vecchi und Bottai eine Falle vorbereitet worden.

»Und das ist noch nicht alles!« fuhr der Reichsführer fort. »Nach der letzten Statistik umfaßt die Nationale Faschistische Partei 700 000 Mitglieder und die Bewegung ›Dopolavoro‹ fünf Millionen. Dazu kommt noch die faschistische Miliz! Die Jugendorganisationen! Man kann und muß ein Land mit solchen Kräften halten können!«

Himmler machte sich eine Menge Illusionen. Er ignorierte, daß die faschistische Miliz soeben kurzerhand in die Armee eingegliedert worden war und daß am übernächsten Tag die Nationale Faschistische Partei abgeschafft werden sollte.

Er fügte hinzu, daß Cerica, dem Carabinierigeneral, nicht zu trauen sei und daß man auch kein Vertrauen zu General Carboni haben könne, dessen Truppen bei Rom stationiert waren. Glücklicherweise wurde auf Betreiben von GFM Kesselring die Hauptstadt zur Offenen Stadt erklärt. Diese Tatsache verhinderte jedoch auch nicht, daß die Stadt von den Alliierten bombardiert wurde.

Himmler fuhr fort: General Galbiati, der Mussolini vor dem »Großen Rat« verteidigen wolle, besitze nicht die nötige Fähigkeit dazu, Farinacci ebenfalls nicht. Beweis: Die Abstimmung über Grandis Tagesordnung habe 19 Stimmen gegen 7 und eine Stimmenthaltung ergeben. Polverelli, der Minister für Presse und Propaganda sei eine Niete und so weiter. Aber der gerissenste sei Umberto. Er und der König müßten verhaftet werden. Auch Badoglio und andere . . .

»Wissen Sie wenigstens, wer der zukünftige Außenminister sein wird?« fragte mich Himmler.

Bescheiden gestand ich meine Unkenntnis. Der Reichsführer zuckte mit den Achseln:

»Guariglia, der ehemalige Botschafter von Ankara! Das ist doch wohl klar!«
Für mich war das nicht so klar. Wer sollte den König und den Kronprinzen
verhaften? Der Führer hatte mir ganz genau Anweisungen gegeben, was
den Duce betraf. Himmler überschüttete uns mit einer Lawine von Namen
— Generale, Admirale, Minister ... Er war unerschöpflich, und obwohl ich
ein gutes Gedächtnis besitze, zog ich meinen Notizblock hervor, um mir gewisse Sachen aufzuschreiben.
»Haben Sie den Verstand verloren?« schrie mich der Reichsführer an. »Alles,
was ich Ihnen hier sage, ist strengstens geheim!«
Er zuckte wieder mit den Achseln und nahm General Student zum Zeugen
dieses unverzeihlichen Vorgehens. Da es kurz vor elf Uhr nachts war, bat
ich um Erlaubnis, nach Berlin zu telefonieren und meiner Einheit dort Bescheid zu sagen. Draußen im Flur, als ich auf das Ferngespräch wartete,
zündete ich mir eine Zigarette an. In diesem Augenblick kam Himmler aus
dem Zimmer heraus und pfiff mich an:
»Das ist nicht zu glauben! Haben Sie nicht genug Willenskraft, um mit
Ihrer Raucherei aufzuhören. Diese ewigen stinkenden Glimmstengel! Ich
sehe schon, Sie sind nicht der geeignete Mann für diesen Auftrag!«
Ich gab ihm keine Antwort, und er ging wütend weg.
»Sie haben recht, das nicht so ernst zu nehmen«, meinte Otto Günsche.
»Wenn der Reichsführer nervös ist, kann man mit ihm nicht diskutieren.«
Günsche bot mir freundlicherweise sein Zimmer zum Arbeiten an. Ich bat
um eine Sekretärin, die sofort kam. General Student ließ mich noch einmal
kommen: ich würde in Rom als sein Ordonnanzoffizier auftreten und am
27. Juli um 8 Uhr morgens mit ihm nach Rom fliegen. Endlich bekam ich
auch Untersturmführer Radl an den Apparat. Ich machte ihm klar, daß in
dieser Nacht Schlafen kleingeschrieben werden würde, und gab ihm meine Anweisungen durch: dreißig freiwillige Soldaten und die besten Offiziere und
Unteroffiziere auszusuchen; diese sofort in Fallschirmjägeruniform zu stek-
ken und ihnen die nötigen Papiere dazuzuverschaffen. Ihr Abflug sei für
morgens 6 Uhr am Flugplatz Staaken vorgesehen. Der Bestimmungsort sei
geheim, werde aber dem Piloten während des Fluges mitgeteilt werden.
Zehn Offiziere des Nachrichtendienstes, die uns zugeteilt würden, müßten
gleichzeitig mit uns abfliegen. Weitere Anweisungen kämen per Fernschreiber.
Von Mitternacht an organisierte Karl Radl das Unternehmen in Berlin. Als
ich ihm sagte, daß ich mit dem Führer persönlich gesprochen hätte, blieb ihm
»die Spucke weg«. Radl und seine Freiwilligen traf ich erst bei ihrer Ankunft am 29. Juli am Flugplatz von Pratica di Mare. Sie hatten tatsächlich
alle Anweisungen befolgt, bis auf eine (die vom Reichsführer persönlich
kam), in der es hieß, daß sich alle Beteiligten die Haare schwarz zu färben
hätten — das sicherste Mittel, um aufzufallen!

General Student und ich landeten am 27. Juli um die Mittagszeit in Rom und fuhren anschließend in das 20 km südöstlich gelegene Frascati, wo das Hauptquartier GFM Albert Kesselrings, des Oberbefehlshabers der Südfront, lag. Am gleichen Abend mußte ich General Student als dessen Ordonanzoffizier zu einem Essen zum Generalfeldmarschall begleiten.

Ich konnte mich dabei vergewissern, daß Hitler recht hatte: GFM Kesselring war überzeugt, daß die neue monarchistische Regierung weiterhin den Krieg an unserer Seite führen würde. Marschall Badoglio hatte ihm das offiziell versichert und ihm sogar sein Ehrenwort als Soldat gegeben.

GFM Kesselring war einer der sympathischsten Befehlshaber, die ich je gekannt habe. Nach dem Essen saß ich noch mit jungen Offizieren zusammen, die mit höheren italienischen Offizieren über die Verhaftung des Duce gesprochen hatten. Letztere hätten versichert, daß sie nicht wüßten, wo sich der Duce befinde, und Marschall Badoglio wahrscheinlich auch nichts davon wisse. Ich beurteilte diese Aussagen äußerst skeptisch und gab das deutlich zu erkennen, bemerkte aber nicht, daß Feldmarschall Kesselring hinter mir stand.

»Herr Hauptmann«, sagte er mit Bestimmtheit, »ich halte unsere italienischen Kameraden für ehrlich, und Sie täten gut daran, wenn Sie sich in Zukunft eine ähnliche Einstellung zu eigen machen würden. Wir haben keinen Grund, an dem Ehrenwort eines italienischen Generals zu zweifeln, der seinem König dient. Die italienischen Streitkräfte sind und bleiben unsere treuen Bundesgenossen. Sie werden bis zum Schluß an unserer Seite kämpfen!«

Ich entgegnete dem Feldmarschall nichts, aber er sollte seine Illusionen nicht mehr sehr lange behalten: General Castellano unterschrieb bereits am 3. September 1943 mit General Walter Bedell-Smith in Syrakus die Kapitulationserklärung.

Am 29. Juli abends wartete ich auf Radl und unsere Soldaten. Wir quartierten unsere scheinbar echten Fallschirmjäger in Pratica di mare neben dem Flugplatz ein. Radl nahm mich mit nach Fracati. Die dort liegenden Villen sind sehr berühmt: Borghese, Aldobrandini, Monti, Bracciano, Tusculum ... Ich hatte unsere Zimmer bereits in einer Villa neben Tusculum II. belegt, sie lagen dicht bei dem Raum des Generals Student. Jetzt erst erklärte ich meinem Adjutanten, um was es ging: herauszufinden, wo der Duce gefangengehalten wurde, um ihn so schnell wie möglich zu befreien; das sei der Auftrag, den ich von Hitler persönlich erhalten hätte. Aber in der Nacht vom 26./27. Juli kam noch ein Befehl des OKW dazu, in dem es hieß, daß wir uns eventuell folgender Persönlichkeiten »annehmen« müßten: des Königs, des Kronprinzen Umberto, des neuen Außenministers Guariglia, des Ministers und Beraters des Königs Acquarone, auch des Signore Bottai, des ehemaligen Mitglieds des Großen Faschistischen Rates. Die

Fallschirmjäger von Students Korps hätten die Aufgabe, Admirale und Generale zu verhaften, und wenn ich mich recht erinnere, hatte General Student die »erfreuliche« persönliche Aufgabe, Seiner Majestät Viktor Emanuel III. mitzuteilen, daß er sich als deutscher Gefangener zu betrachten habe. Auf diese Weise sollte das Unternehmen »Alarich«, im Falle eines Verrats der Regierung Badoglio, ablaufen, oder wenn wir einem solchen, sicheren Verrat zuvorkommen wollten.

Im Großen Rat saß einer der hartnäckigsten Verschwörer gegen den Führer der Faschisten: Graf Galeazzo Ciano, der mit der ältesten Tochter des Duce, Edda, verheiratet war und drei Kinder mit ihr hatte. Mussolini machte Ciano zu seinem Außenminister, übernahm jedoch am 5. Februar 1943 selbst dieses Ministerium und beordnete seinen Schwiegersohn als Botschafter in den Vatikan. Nach der Verhaftung seines Schwiegervaters blieb Ciano auf Wunsch des Königs auf seinem Posten. Badoglio, der ihn nicht ausstehen konnte, gab jedoch den Befehl, ihn zu überwachen — mit der Absicht, ihn später auf die Sträflingsinsel Ponza zu schicken. Edda Ciano alarmierte einen eigenartigen Menschen, den ich auch kennenlernte: Eugen Dollmann. Er wohnte seit langem mit seiner Mutter in Rom und war als großer Kunstkenner bekannt. Er wurde in gewissen Kreisen empfangen, war höflich mit den anwesenden Damen, obwohl deren Charme, wie es hieß, auf ihn keinerlei Wirkung ausübte. Er besaß einen hohen Ehrendienstgrad in der »Allgemeinen SS« und war der italienische »Spion« Himmlers in der »guten Gesellschaft« Roms.

Hitler hatte entschieden, »die Tochter und die Enkel Mussolinis zu retten und sich auch um Ciano zu kümmern«. St.bann.Fhr. Kappler, der Polizeiattaché an der deutschen Botschaft, organisierte die Flucht zusammen mit Hpt.St.Fhr. Groebl, einem Italienspezialisten des SD, und Hpt.St.Fhr. der Waffen-SS Priebke, der später im Kampf gegen die Partisanen Titos fiel. Man behauptet zu Unrecht, daß ich an dieser Aktion am 27. August beteiligt gewesen sei. Ich glaubte nicht, daß dieses Unternehmen ernsthafte Schwierigkeiten bereiten würde, und war gerade bei den Vorbereitungen zum Flug mit General Student ins FHQu. GFM Kesselring stellte den Flüchtlingen eine Junkers 52 zur Verfügung, die sie gesund und munter nach München brachte. Ich selbst traf den Grafen Ciano erst im September 1943 und wurde gezwungenermaßen zum Zeugen einer äußerst peinlichen Unterredung zwischen dem Duce und seinem Schwiegersohn.

Baron v. Steengracht, der deutsche Staatssekretär im Außenministerium, teilte mir sehr viel später mit, daß die »Tagebücher« Cianos von ihm selbst nochmals durchgesehen und stark korrigiert wurden: der Graf hatte je nach der Zeit und den Umständen gestrichen oder hinzugefügt, um schließlich zu einer genügend hitlerfeindlichen Fassung zu kommen, die ihm zu einem Alibi gegenüber den Alliierten dienen konnte.

Dagegen freute es mich, am 12. September 1943 vier unserer Kameraden aus Friedenthal mit einem Lastwagen nach Rocca delle Caminate geschickt zu haben, wo sich Donna Rachele, die Frau des Duce, und deren zwei jüngste Kinder, Annamaria und Romano, aufhielten. Sie wurden nach München geflogen, wo sie ihren Mann und Vater wiedertrafen.

Die Operation *Alarich* war nicht nach unserem Geschmack. Es standen mir ungefähr 50 Offiziere und Unteroffiziere zur Verfügung; rund 40 waren Angehörige meines Jägerbataillons 502. Die restlichen 10 waren Abwehroffiziere des Amtes VI von Schellenberg. Einige von diesen waren dienstgradmäßig höher gestellt als ich, unterstanden aber selbstverständlich meinen Befehlen. Sie sollten uns auf die Spur von Mussolini bringen. Aber wie sollten wir vorgehen, wenn man den Ort, wo der Duce gefangen saß, zum gleichen Zeitpunkt wechselte, an dem wir ein gutes Dutzend politischer Persönlichkeiten festnehmen mußten ». . . mit entsprechendem Respekt im Hinblick auf ihre Stellung«?

Ziel und Zweck des Unternehmen *Alarich* waren, einem Verrat vorzubeugen, der doch begangen wurde. Wie konnte man inmitten des politischen Durcheinanders merken, daß ein ehemaliger Bundesgenosse, der noch immer fest behauptete, ein Verbündeter zu sein, offenen Verrat begehen würde? Sicher würde das OKW die Entscheidung fällen. Aber wie konnte man in der Wolfsschanze genau den Augenblick kalkulieren, in dem ein Verbündeter zum Feind wird?

Nach der Bekanntmachung General Eisenhowers (am 29. Juli 1943), in der er das italienische Volk ermunterte, sich gegen die deutsche Armee zu erheben, und die Unterstützung der Alliierten versprach, um Italien zu befreien, erhielten wir eine weitere Liste mit verdächtigen Personen und erreichten somit eine Gesamtzahl von 70! Diese Aufstellung wurde mir von General Student und von St.bann.Fhr. Kappler, dem Attaché bei Botschafter von Mackensen, durchgegeben. Dieser wurde kurz danach durch Rudolf Rahn ersetzt, dessen Beglaubigungsschreiben am 8. September 1943 von König Viktor Emanuel III. akkreditiert wurde, der noch immer »entschlossen war, den Krieg bis zum Endsieg an Deutschlands Seite zu führen«. Am gleichen 8. September, um 19.30 Uhr mußte Badoglio in einer Radiomeldung zugeben, daß die Regierung des Königs am 3. September in Syrakus kapituliert hatte!

Am 3. September sagte Badoglio im Laufe einer offiziellen Besprechung zu unserem Botschafter Rahn:

»Ich verstehe nicht, weshalb das Deutsche Reich mir gegenüber so argwöhnisch ist. Man will mich beleidigen, und das trifft mich schwer. Glauben Sie, daß ein alter General wie ich nicht weiß, was es heißt, dem Führer sein Ehrenwort zu geben? Nie — da können Sie sicher sein —, nie werden wir unser Wort brechen!«

In diesem Augenblick brach schon sein eigener Generalstabschef Castellano auf seinen Befehl hin das gegebene Offiziersehrenwort.

Es gibt in der Geschichte kein anschaulicheres Beispiel von Doppelspiel. Man muß sagen, daß das italienische Volk für diese Haltung nur Verachtung übrig hatte. Später malten die Kinder in den von den Alliierten besetzten Arbeitervororten der italienischen Städte den Marschall Badoglio in gelber Verräterfarbe und schrien aus vollem Halse:

»Badoglio,
Colore di olio . . .«

Ich weiß nicht, wer diesem von Himmler ausgedachten Unternehmen den Namen des Königs der Westgoten gegeben hat. Alarich, der nach dem Tode Theoderichs d. Gr. (395 n. Chr.) Konstantinopel bedrohte und Rom Anfang des 5. Jahrhunderts nahm, war bestimmt eine symbolische Gestalt in den Augen des geplagten Reichsführers. Von der Wolfsschanze aus betrachtet, konnte eine derartige Operation verlockend aussehen. Aber von nahem gesehen, aus Frascati und Rom, zeigte sich, daß sie mit den verfügbaren Mitteln schwer zu verwirklichen war und politische Probleme aufrollte, zu deren Lösung wir keine Befugnis hatten.

Der König und sein Gefolge bewohnten den von einem Park umgebenen riesigen Palast »Villa Savoia« und wurden von einem Bataillon der Königsgarde beschützt. General Student plante einen Bodeneinsatz von zwei oder drei Fallschirmjägerkompanien, die im Moment der Landung der Lastensegler des größeren Sonderkommandos im Park unter seiner persönlichen Führung den Palast stürmen sollten. Ich befürchtete Anfang August, daß sich ein solches Unternehmen nicht ohne viel Blutvergießen abwickeln lassen würde und daß es für unsere »Verbündeten« den offiziellen Vorwand bilden könnte, das Bündnis zu brechen, zu dem sie bisher noch offiziell standen. Ich selbst sollte mich um den Kronprinzen Umberto kümmern, und ich zog es daher vor, in aller Stille vorzugehen. Der Kronprinz bezog den Palazzo Quirinale mitten in der Stadt; ein riesiges Gebäude mit rund 2000 Räumen. Es war mir zwar bekannt, daß Prinz Umberto und die Prinzessin Marie-José von Belgien getrennte Appartements bewohnten, aber ich wußte nicht genau, wo diese lagen. Unmöglich, einen Plan neueren Datums des Palasts aufzutreiben, die »irrtümlich« aufgenommenen Luftbilder erwiesen sich als schlecht, da eine Wolke genau den Palast verdeckte. Außerdem besteht im 1. Stock des Quirinals eine Verbindung zum Palazzo Colonna, der die Ausmaße einer Galerie hat und zuerst besetzt werden sollte. Der Quirinal war selbstverständlich ebenfalls von einem Bataillon Carabinieri geschützt. Ein erzwungener Zutritt mußte infolgedessen automatisch einen blutigen Kampf ergeben. Ich hielt es für passender, ein kleines Kommando zu organisieren, das mit Hilfe von Leitern nachts durch ein von uns bestimmtes geeignetes Fenster des Salons in den Palast einsteigen sollte.

Man wird verstehen, daß uns aus all diesen Gründen *Alarich* nicht gefiel. Radl und ich hatten 14 Akten mit Lageplänen der Wohnsitze der am Tag X des offenen Verrats zu neutralisierenden Prominenz angelegt. Morgens saßen Radl und ich in Fallschirmjägeruniform beim Frühstück im Offizierskasino. Dann fuhren wir als Zivilisten in einem uns zur Verfügung gestellten Personenwagen durch Rom. Es war unglaublich heiß. Da wir unser Mittagessen von unserem Sold bestritten, suchten wir nur ganz selten teure Lokale auf. Wir verstanden Italienisch einigermaßen und sprachen auch etwas diese Sprache. So war uns die Mentalität der Menschen, mit denen wir in Berührung kamen, weniger fremd.

Das italienische Volk hatte genug von einem Krieg, der acht Jahre vorher mit der schwierigen Eroberung Äthiopiens begonnen hatte. Das ostafrikanische Expeditionskorps umfaßte 500 000 Soldaten und etwa 100 000 Arbeiter, Pioniere, Matrosen, Straßenbauer und Maurer, die die heute verschwundenen Straßen und Städte bauten. Von 1937–1940 mußten die weit entfernt gelegenen Gebiete, über die der König Viktor Emanuel jetzt regierte, organisiert und ausgerüstet werden.

Als am 10. Juni 1940 der Duce den Fehler beging, ohne von Hitler davon aufgefordert zu sein, Großbritannien und Frankreich den Krieg zu erklären, gab der König bekannt: »Ich betraue den Regierungschef, den Duce des Faschismus, den ersten Marschall des Reiches, mit dem Kommando über die Truppen an allen Fronten.« Seit 1940 kannten die schlecht ausgerüsteten, schlecht ernährten und schlecht geführten italienischen Truppen nur Katastrophen in Äthiopien, an der französischen Grenze, in Griechenland, in Albanien, in der Kyrenaika, in Libyen, Somaliland, Eritrea, im Sudan und in Rußland an den Ufern des Dons. Drei Jahre voller Niederlagen, gewaltiger Verluste, mit vielen Gefallenen, Verwundeten, Gefangenen und Vermißten in diesen entlegenen Ländern – und dazu oft ungerechte Vorwürfe.

Benito Mussolini selbst war kein guter Führer in Kriegszeiten. Was immer er auch für Fehler begangen haben mag: er wurde auf verräterische Weise von seinem König festgenommen, der ihm nach dem Sieg von Äthiopien für sich und seine Nachkommen den Titel eines Prinzen angeboten hatte. »Ich habe abgelehnt«, erzählte später der Duce, »wie ich auch den Titel eines Herzogs abgelehnt habe. Ich habe dem König geantwortet: Meine Vorfahren waren Bauern, und das, Majestät, ist mir Ehre genug.«

Am 9. Januar 1944 vergab derselbe König an Josef Stalin das Halsband des Annunziatenordens, womit der sowjetische Diktator zum »Vetter« von Viktor Emanuel III. wurde. Stalin muß gelacht haben!

Das Unternehmen *Alarich*, von manchen Chronisten auch Unternehmen *Student* genannt, hat nie stattgefunden. Die monarchistische Regierung ergab sich geheim und bedingungslos am 3. September den Anglo-Amerikanern und stellte sich vor, bis zum 9. September noch ausreichend Zeit zu haben, um zu verschwinden. Aber der geheime Friedensschluß wurde am 8. September nachmittags von Radio Algier bekanntgegeben. Die monarchistische Regierung zog sich ins Innenministerium zurück und von dort in eine Carabinieri-Kaserne. Badoglio, halbtot vor Angst, verließ Rom als erster am 9. September um 3 Uhr nachts. Der König und sein Gefolge und fast alle Generale taten dasselbe eine Stunde später. Schließlich fanden sich alle in Bari zusammen, »um ihrer Pflicht voll nachzukommen«.

So hatte der Verrat stattgefunden, und die neue Regierung konnte machen, was sie wollte. Mich interessierte nun, wo man den Duce gefangenhielt. Von jetzt an war die italienische Regierung als eine feindliche zu betrachten und die Sachlage somit klar.

Naiverweise, muß ich heute sagen, hatte ich General Student gefragt, ob nicht unser militärischer Nachrichtendienst, also das Amt Canaris in Italien, der dort über zahlreiche Agenten verfügen mußte, uns nicht gewissermaßen zur Hand gehen könne. Es war mir damals nicht bekannt, daß sich Admiral Canaris offiziell geweigert hatte, im Land eines Verbündeten zu spionieren, und vorgab, »keine Agenten in Italien zu beschäftigen«. Trotzdem schickte die Abwehr regelmäßig Berichte über die jeweilige Lage in Italien an das OKW. Diese Berichte wurden bis zu den kommandierenden Generalen der Korps durchgegeben.

Anfang August kam mir einer dieser Berichte zu Gesicht, in dem wortwörtlich davon die Rede war, daß »der Regierungswechsel in Italien die Garantie für einen verstärkten Einsatz aller Kräfte« sei, um den Kampf an Deutschlands Seite fortzusetzen. Radl war genauso skeptisch wie ich, und ich erfuhr auch, daß GFM Kesselring nicht mehr vom guten Willen Badoglios überzeugt war.

Am 17. August fiel Messina. Fast gleichzeitig kam uns zu Ohren, daß der Abwehrchef, Admiral Canaris, von Lahousen begleitet, in Venedig den Chef des italienischen militärischen Nachrichtendienstes, General Cesare Amé, getroffen hatte. Das Gespräch fand am 30. Juli im Hotel Danieli statt und am folgenden Tag auf dem Lido. Radl und ich schlossen daraus, daß der Bericht von Canaris nach einer Abstimmung mit Amé geschrieben wurde.

Ich werde im nächsten Kapitel erläutern, wie wir das Gefängnis Mussolinis entdeckt haben: an der nordöstlichen Spitze Sardiniens, auf der Insel Santa Maddalena. Wir informierten das OKW und sollten den Duce am 28. August befreien. Aber am Vormittag des 27. Augusts wurde Benito Mussolini mit einem Wasserflugzeug des Roten Kreuzes mit unbekanntem Bestimmungsort weggeflogen. Pech, dachte ich. In Rom teilte mir dann St.bann.Fhr. Kappler am 31. August mit (am 29. August war ich mit General Student im FHQu), daß während meiner Abwesenheit der italienische Außenminister Guariglia dem deutschen Botschafter in Rom v. Mackensen folgende offizielle Mitteilung gemacht hatte:

»Die italienische Regierung besitzt fundierte Beweise, daß ein deutsches Kommando für den 28. August in Rom einen Staatsstreich plant und unter Mitarbeit ehemaliger Faschisten eine neue Diktatur in Italien errichten will. Die deutschen Truppen haben außerdem die Absicht, zahlreiche Personen festzusetzen, darunter Seine Heiligkeit Papst Pius XII., den König, den Kronprinzen, die amtierenden Minister, hohe Militärs und andere Persönlichkeiten, um sie tot oder lebendig nach Deutschland zu bringen.

Die Regierung Seiner Majestät, die sich seit der Verhaftung Mussolinis bemüht hat und auch weiterhin bemühen wird, den Kampf an Deutschlands Seite weiterzuführen, kann ein solches Verhalten nur zutiefst bedauern. Die italienische Regierung besteht darauf, die deutsche Regierung wissen zu lassen, daß jeder Versuch dieser Art im Keim erstickt werden würde.«

Ich selbst kann nur bestätigen, daß nie die Rede davon war, »den König, den Kronprinzen und so weiter zu entführen, um sie tot oder lebendig nach Deutschland zu bringen«. Die Befehle in dieser Hinsicht waren eindeutig: diese Persönlichkeiten sollten verhaftet werden, aber »mit entsprechendem Respekt im Hinblick auf ihre Stellung«. Sie durften auf keinen Fall verletzt werden und erst recht nicht getötet.

Auch war die Verhaftung des Papstes Pius XII. nie geplant: ich habe nie davon gehört, weder im FHQu noch in Rom.

Der Erfinder dieser Nachricht könnte ein besonderer Freund Himmlers gewesen sein, der SS-General Wolff, eine Art Begleitoffizier des Reichsführers, der 1945 Dollmann zum Adjutanten hatte.

Mir ist nur bekannt, daß der Heilige Stuhl im Herbst 1943 eine offizielle Bekanntmachung veröffentlichte, in der ganz besonders das Verhalten der deutschen Soldaten in Rom gelobt wurde. An dieses Dokument erinnerte Dr. Laternser, ein Verteidiger der Anklage vor dem Nürnberger Gericht, am 22. Mai 1946.

Trotzdem stand in der Truppenzeitung der amerikanischen Besatzungsmacht in Deutschland *Stars and Stripes* folgendes Telegramm der Nachrichtenagentur AP (Associated Press) mit dem Datum vom 29. Januar 1946 aus Nürnberg:

»Als der Führer vom Zusammenbruch der italienischen Armee erfuhr, erteilte er den Befehl, den Papst ›zu ermorden oder auszuschalten‹, den König Viktor Emanuel abzusetzen und Mussolini um jeden Preis zu befreien.

Der Duce wurde, wie geplant, im Laufe einer Lastenseglerlandung in 2200 m Höhe befreit. Aber Admiral Canaris, das Genie der deutschen Abwehr, ließ den Plan gegen den König scheitern, da es ihm gelang, bei einem dramatischen Frühstück in Venedig die italienischen faschistenfeindlichen Abwehrangehörigen (General Amé) von der bevorstehenden Operation zu benachrichtigen.«

So wird also durch die Presse Weltgeschichte geschrieben. Fest steht, daß die italienische Monarchie einem solchen Doppelspiel nicht gewachsen war. Der Duce sagte mir: »Ich hätte den König nach der Eroberung Abessiniens aus seiner Stellung verdrängen und die Republik ausrufen sollen.«

Badoglio mußte am 5. Juni 1944 sein Amt niederlegen. Der König seinerseits dankte zugunsten Umbertos ab, dessen Regierungszeit nur wenig mehr als ein Jahr dauerte. Am 2. Juni 1946 wurde Italien nach einer Volksabstimmung zur Republik ausgerufen. Der Volksentscheid ergab 12 717 925 Stimmen für die Republik und 10 719 284 für den Prinzen Umberto. Ich bin aber überzeugt, daß das Haus Savoyen sich am 25. Juli 1943 selbst stürzte, als Viktor Emanuel in Marschallsuniform den Duce verhaften ließ, den er kurz zuvor noch brüderlich umarmt hatte.

Außenminister Guariglia gab in seiner Protestnote zu erkennen, daß sich ehemalige Faschisten an unseren Vorbereitungen beteiligten. Wir haben bei den Einsätzen sehr wenige gesehen, und bei unserem Einsatz war kein Italiener beteiligt. Die wenigen echten Faschisten waren im Laufe der Kriegsjahre durch Fronteinsatz dezimiert worden. Die noch übriggebliebenen standen in den Schwarzhemd-Brigaden an der Front.

Viele folgten dem Beispiel der meisten Mitglieder des Großen Faschistischen Rats, die den Duce nach der letzten bekannten Sitzung im Stich gelassen hatten. Sie kritisierten Mussolini, und zwar desto mehr, je mehr sie vorher Anhänger faschistischer Organisationen gewesen waren. Nun war nicht mehr die Rede davon, ob der Faschismus Italien 1922 vor dem Chaos gerettet und einen »wackelnden Thron gefestigt« habe. Auch reflektierte man nicht mehr über die moralischen und sozialistischen Aspekte der faschistischen Lehre, oder über ein korporatives System, das eine Zusammenarbeit von Arbeitern, Technikern und Arbeitgebern ermöglichte. Wir mußten feststellen, daß alle diese Fragen keine Rolle mehr spielten. Für viele waren nur ihr eigener Wohlstand, ihre eigenen Interessen und ihre eigene Person von Wichtigkeit. Der Feind hatte auf dem Boden ihres Vaterlandes Fuß gefaßt: da hieß es, sich so schnell als möglich von der Seite der Verlierer auf die Seite der Sieger zu schlagen.

Es war ein Fehler des Duce, diesem Krieg beizutreten. Aber im Jahre 1939 und erst recht 1936 gab es wenige faschistische Führer, die eindeutig ihre Meinung gegen einen Krieg kundtaten. Bei dieser Gelegenheit muß man noch einmal darauf hinweisen, daß die Memoiren des Grafen Ciano »überarbeitet« wurden. Abgesehen davon, verlangten die Alliierten von der italienischen Regierung eine »bedingungslose Kapitulation«. Die Lektüre der Memoiren des Feldmarschalls Montgomery ist in dieser Hinsicht sehr aufschlußreich.

Die restlichen treuen Anhänger und faschistischen Führer versteckten sich zum Teil. Manche wurden verfolgt oder von »Verfechtern der Gerechtigkeit«, die alte Haßgefühle gegen diese alten Faschisten hatten, liquidiert. Am 23. August wurde der unter Hausarrest stehende Ettore Muti, der ehemalige Generalsekretär der Faschistischen Partei, nach Fregene gelockt und umgebracht. Da bekam Ciano Angst. Man erzählte Radl, daß der noch freie Scorza vom Großen Rat aufs schwerste mißhandelt worden sei. Er wußte aber nichts ... oder »wollte nichts wissen«. Dieser Mann war erledigt. Farinacci, dessen vorgeschlagene Tagesordnung nur eine Stimme erhielt, nämlich seine eigene, befand sich in Deutschland und kam mit Hitler, Göring, Goebbels, Ribbentrop, Himmler und anderen zusammen.

Nur bei der italienischen Jugend fand man noch Zivilcourage, Treue und Tapferkeit. Es war uns bekannt, daß gewisse Gruppen junger Offiziere Mussolini befreien wollten. Aber diese Gruppen waren überwacht, bespitzelt, und wir hätten einen groben Fehler begangen, wenn wir mit ihnen direkt in Verbindung getreten wären. Ich befürchtete, daß sie den Duce tatsächlich zu befreien versuchen, sich dabei aber so anstellen würden, daß das ganze Unternehmen in einem Fiasko enden mußte, und daß dann der König, der Kronprinz und Badoglio sofort Mussolini den Engländern oder den Amerikanern ausliefern würden. Wir hatten also keine Zeit zu verlieren; aber durch *Alarich* verloren wir eine Menge Zeit.

In *Commando Extraordinary* schreibt Charles Foley zutreffend:

»Skorzeny ..., den die politischen Verwicklungen in Italien von seinem wirklichen Ziel, der Befreiung Mussolinis, abhielten, erfuhr, daß dieser am 25. Juli gegen 17 Uhr am Portal der Villa Savoia verhaftet und an einen nicht bekannten Ort gebracht worden war. Verschiedene Gerüchte tauchten darüber auf, und Skorzeny konnte schnell feststellen, daß die Regierung Badoglios diese Flüsterpropaganda machte, um die Spuren zu verwischen. Die angeblichen Geheimberichte, die von Generalen, Botschaftern und gewissen Persönlichkeiten des Vatikans stammen sollten, waren reine Täuschungsmanöver: ›Mussolini soll sich in einem Sanatorium befinden ... Er wird in Rom gefangengehalten ... Man weiß aus sicherer Quelle, daß er nach Portugal geflogen wurde ...‹.«

Einer, der tatsächlich nach Portugal flog, war Grandi, um dort mit den Alliierten Verbindung aufzunehmen und einen Separatfrieden zu schließen.

Dank einem Brief, den ein verliebter Carabiniere seiner Verlobten, einem Zimmermädchen, schrieb, erfuhren wir, daß der Duce auf der Insel Ponza gefangen war, wo sich der feurige Carabiniere in Garnison befand. Später sagte mir der Duce, daß ihm die Bevölkerung der Insel, der Bürgermeister, der Arzt und der Apotheker vor allem, einen rührenden Empfang bereitet haben. Er blieb dort eine Woche lang in einem am Meer gelegenen Häuschen eingeschlossen.

226

»Ich wurde streng bewacht«, erzählte er mir nachher, »und Tag und Nacht beobachtet. Die Carabinieri schickten die Bevölkerung weg und wurden auch selbst oft ausgewechselt, aus Angst, daß sie sich zu sehr mit mir anfreunden könnten. Die Ernährung war schlecht, aber man ließ mir heimlich Obst bringen. Nachts patrouillierten die Polizisten mit auf den Mann dressierten Hunden. Ich selbst dachte an Italien, an diejenigen, die den Kampf weiter fortsetzten, an meine Familie und alle, die ich liebte — aber auch an die Undankbarkeit der Menschen. Ich war überzeugt, daß Sie, die Deutschen, mich nicht verlassen würden. Aber wie sollten Sie meine Spur finden? Vom Häuschen führte eine Treppe hinunter ans Tyrrhenische Meer, dessen Fluten die untersten Stufen erreichten. Der Tag des 29. Julis schien mir besonders lange: es war mein sechzigster Geburtstag. Ich forschte den Horizont ab, immer in der Erwartung, in der Ferne einen feindlichen Kreuzer auftauchen zu sehen . . .«

Welchem westalliierten Land wäre der Duce ausgeliefert worden? Den Engländern oder den Amerikanern? Das bleibt fraglich. Am 8. September 1943 gegen 18 Uhr gab Radio Algier bekannt, daß »Mussolini, der ehemalige Duce, den Engländern ausgeliefert« werde. Es bestanden Meinungsverschiedenheiten zwischen dem Kronprinzen Umberto und Badoglio. Jener befürchtete, hieß es, daß eine gewisse gemeinsame Linie zwischen Churchill und Mussolini gefunden werden könnte. Die englandfreundliche Gesinnung war zweifelsohne vorherrschend in den monarchistischen Kreisen und besonders auch bei der italienischen Kriegsmarine. Das erklärt wahrscheinlich eine bisher unbekannte Tatsache: auch die Amerikaner suchten den Gefangenenort des Duce!

Nach dem Kriege lernte ich einen sehr sympathischen Amerikaner kennen: Jonny Ringling North, den Eigentümer des »größten Zirkus der Welt«. Er erzählte mir, daß sein Bruder Henry, Hauptmann eines Kommandos der US-Army, von höchster Stelle den Auftrag erhielt, sich am 9. oder 10. September 1943 des Duce zu bemächtigen, der nach Auskunft des amerikanischen Nachrichtendienstes auf der Insel Ponza zu finden sei. Bald darauf traf ich Henry Ringling North persönlich. Er war ebenso sympathisch wie sein Bruder und berichtete mir sein Abenteuer in allen Einzelheiten:

»Ich landete am 11. September mit meinem Kommando in Ponza. Die Italiener waren gute Freunde geworden, und ich hoffte, daß ich alles schnell und gut würde abwickeln können. Zu meiner großen Überraschung jedoch erfuhr ich von den erstaunten und mißtrauischen Carabinieri, daß der Duce seit dem 8. August morgens nicht mehr auf Ponza sei. Er hatte die Insel in der Nacht vom 7./8. August auf dem alten französischen Torpedoboot *Phanthère* in unbekannter Richtung verlassen.

In Richtung Santa Maddalena, wo er sich übrigens auch nicht mehr befand. Ich hatte keine Ahnung davon! Erst glaubte ich es nicht, mußte mich dann aber mit der vollendeten Tatsache abfinden. Was ich dann vom amerikanischen Geheimdienst dachte, können Sie sich denken! Kurz, ich verbrachte die Nacht mit meinem Kommando auf der Insel und wartete auf weitere Befehle. Am nächsten Tag wurde der Stab der Carabinieri benachrichtigt, daß das Kommando, das Sie befehligten, soeben Mussolini, der am Gran Sasso gefangen war, befreit habe. Wir wurden sofort verdächtigt. Die Carabinieri waren wohl von ihren Vorgesetzten darauf hingewiesen worden, daß ich ein als Amerikaner verkleideter Chef einer deutschen Einheit sein könne. So war ich ein paar Stunden lang selbst Gefangener auf der Insel.«

Diese komische, unglaubliche Situation hätte aus einer Komödie von Plautus oder Goldoni stammen können. Henry Ringling ist ein geistreicher Mann mit viel Humor, und er hat mir diese Begebenheiten schwungvoll erzählt.

Was beweist, daß ich, wenn ich mich auf die Meldungen verlassen hätte, die Canaris dem OKW übermittelte, sehr wahrscheinlich ein ähnliches Abenteuer erlebt hätte. Aber Radl und ich wußten damals schon, daß der Admiral nicht sehr vertrauenswürdig war. Und was den amerikanischen Geheimdienst betrifft, so funktionierte dieser noch ungenauer und mit erheblicher Verspätung, was für einen Nachrichtendienst immer blamabel ist.

Die Befürchtungen Mussolinis waren nur allzu berechtigt. General Castellano leugnete mehrere Male, daß die monarchistische Regierung je die Absicht gehabt habe, Mussolini seinen Feinden auszuliefern. Auch Badoglio hatte Ähnliches verlauten lassen. Heute weiß man allerdings, daß der Duce ganz einfach zu den Alliierten abgeschoben werden sollte. Schon am 21. September 1943 erklärte Winston Churchill bei einer nichtöffentlichen Sitzung des englischen Unterhauses:

»Die bedingungslose Kapitulation setzt natürlich voraus, daß die Kriegsverbrecher den Siegern übergeben werden. Was Herrn Mussolini betrifft, ist diese spezielle Klausel in der italienischen Urkunde enthalten. Es war aber nicht möglich, diese Klausel vor der Landung und vor dem Waffenstillstand bekanntzugeben. Sonst hätte man dem Feind Kenntnis von den wahren Absichten der italienischen Regierung gegeben. Der Feind mischte sich ohnehin in alle Staatsgeschäfte und hatte das Steuer in der Hand ... Wir hatten allen Grund anzunehmen, daß sich Mussolini an sicherem Ort befand und unter guter Bewachung stand. Es lag im eigenen Interesse der Regierung Badoglios, seine Flucht zu verhindern. Mussolini selbst habe erklärt, so hieße es, er sei überzeugt, den Alliierten ausgeliefert zu werden. Genau das war auch unsere Absicht, und wir hätten sie auch ohne Schwierigkeiten verwirklicht. Die Maßnahmen, die die Regierung Badoglios im Hinblick auf Mussolini getroffen hatte, waren genauestens vorbereitet und ausgeführt. Man rechnete allerdings nicht mit dem massierten Einsatz von Fallschirmjägern, wie ihn die Deutschen am Gran Sasso praktizierten. Bemerkenswerterweise hatte

Hitler Mussolini die Werke Nietzsches und andere Schriften überbringen lassen, um ihn in seiner Gefangenschaft etwas zu zerstreuen. Das bedeutete, daß Hitler über den Aufenthaltsort und die dort herrschenden Verhältnisse Bescheid wußte. Das Unternehmen war äußerst kühn geplant, und die Deutschen waren hervorragend ausgerüstet.

Das beweist, daß eine moderne Kriegsführung viele Möglichkeiten für derartige Einsätze bietet. Ich glaube nicht, daß die Regierung Badoglios, die ihre letzte Trumpfkarte in der Hand hatte, irgendeine Nachlässigkeit oder gar Verrat beging.

Die wachhabenden Carabinieri hatten den Befehl erhalten, Mussolini bei jedem Befreiungsversuch von deutscher Seite sofort zu töten. Die zahlreichen (70) auf dem Gran Sasso eingesetzten und gelandeten Fallschirmjäger vereitelten die Ausführung dieses Befehls, indem sie die Carabinieri für die Gesundheit und das Wohlbefinden des Gefangenen verantwortlich machten[1].«

---

1 Dieses Dokument wurde von J. Launay in *Die letzten Tage des Faschismus* (Paris 1968) und von André Brissaud in *Die Tragödie von Verona* (Paris 1971) veröffentlicht. Brissaud zitiert einen Teil des Briefes, den Roosevelt am 26. Juli 1943 an Churchill schrieb: »Ich glaube, es ist notwendig die Auslieferung des Dämonenhäuptlings (Mussolini) und seiner wichtigsten Komplicen zu erzwingen.« Launay und Brissaud zitieren ebenfalls die Zeugenaussage des Hpt.St.Fhrs. des SD Höttl, von dem ich schon im vorigen Kapitel gesprochen habe (Teil II, 6. Kapitel). Das Buch Höttls *Unternehmen Bernhardt*, das unter dem Pseudonym W. Hagen veröffentlicht wurde, enhält viele Ungenauigkeiten. So gibt sich Höttl als Chef der Abteilung VI im Amt Schellenbergs aus. Diese Abteilung wurde jedoch vom St.bannFhr. des SD Bruno Waneck geleitet. Hagen-Höttl war nur zweimal kurz in Italien und das im Zusammenhang mit der Abreise des Grafen Ciano und seiner Familie. Er kennt den Einsatz vom Gran Sasso nur vom Hörensagen. Seiner Meinung nach kostete die Befreiung des Duce 50 000 falsche Pfund Sterling! Dabei fügt Höttl einfach ein Null an die Zahl der Geldsumme, die Radl ausgehändigt wurde und die wir zum größten Teil dem Amt VI zurückerstatteten. 1943 waren 50 000 Pfund Sterling eine Riesensumme. Für Auskünfte sehr viel Geld auszugeben, wäre das sicherste Mittel gewesen, den verschiedenen italienischen Polizeidienststellen aufzufallen. Das Schönste ist noch, daß Höttl mir vorwirft, ich sei *als erster* gelandet und hätte eine Unmenge Fehler begangen, die das Unternehmen beinahe scheitern ließen. Er behauptet jedoch im gleichen Buch, mich für das Ritterkreuz vorgeschlagen zu haben. Abgesehen davon, daß Höttl gar nicht berechtigt war, einen solchen Vorschlag einzureichen, erhielt ich diese Auszeichnung am Tag der Befreiung Mussolinis in Wien, und zwar genau um Mitternacht, auf persönlichen Befehl Hitlers, der mir die Verleihung persönlich per Telefon vom FHQu ins Hotel Imperial mitteilte. Es ist wirklich zu überlegen, wie es Höttl gelingen konnte, seinen Vorschlag in einer Stunde (am 12. September 1943 um circa 23 Uhr landete der Duce mit mir in Wien, und um 24 Uhr desselben Tages überreichte mir ein Oberst i.G. das Ritterkreuz) ins FHQu zu bringen!

Churchill hat auch *nach* dem 8. September nicht die Geheimklausel des Waffenstillstandes betreffend Mussolini bekanntgegeben. Außerdem irrte er sich in der Annahme, daß Hitler immer Kenntnis vom Aufenthaltsort des Duce besaß: die Werke Nitzsches, die Hitler Mussolini zu dessen sechzigsten Geburtstag schenkte, wurden von der Regierung Badoglio weitergeleitet. Wir werden auch sehen, daß kein »massierter« Fallschirmjägerabsprung auf dem Gran Sasso stattfand. Die Wahrheit ist, daß die Gefangenschaft des Duce ihr Ende nahm, als achtzehn deutsche Soldaten und zwei Piloten, die gar keine Fallschirmjäger waren, »vom Himmel kamen« und das Hotel Imperatore besetzten.

# ZWEITES KAPITEL

# Auf der Suche nach dem Duce

Weissagungen und Abwehr — Abstinenzler Warger spielt den Betrunkenen — Ich
stürze mit einer Heinkel ab: drei Rippen gebrochen — Mussolini auf Sta Maddalena
— Das OKW erteilt uns den Befehl, »auf einer kleinen Insel nahe der Insel Elba zu
suchen«! Es gelingt mir, Hitler zu überzeugen — »Wenn Ihr Unternehmen scheitert,
Skorzeny, bin ich gezwungen, Ihr Vorgehen zu mißbilligen« — Vier Tage Zeit verloren: Der Duce befindet sich nicht mehr auf Sta. Maddalena — Sichere Informationen:
der Duce ist jetzt auf dem Gran Sasso — Die Einsatztaktik ist entschieden: Der Stab
des Generals Student kalkuliert 80 Prozent technische Verluste — Verwirrung in den
italienischen Streitkräften — Roosevelt und Churchill rufen zum Widerstand auf:
GFM Kesselring verhindert den Erfolg dieses Aufrufes — Ein ärgerlicher Zwischenfall — Auf Befehl General Students gebe ich Major Mors Plan und Ziel der Operation bekannt — Hauptmann Mandel bringt Donna Rachele, Annamaria und Romano
Mussolini nach München — Der Plan — Der Albtraum des Generals Soleti — Student:
»... Ich bin sicher, daß Sie alle Ihre Pflicht erfüllen werden« — Bombardierung und
Abflug zur Stunde X.

Regieren, sagt man, heißt voraussehen. Oder hellsehen, denn der Reichsführer Himmler befragte Wahrsager. Ich kann bestätigen, daß Hitler nicht
daran glaubte.

Ich habe gelesen, daß Präsident Poincaré heimlich Madame Fraya zu Rate
zog, eine besonders hellsehende Wahrsagerin, daß die berühmte Madame
de Thèbes Daladier guten Rat erteilte und daß Winston Churchill große
Stücke auf den »Magier« Louis de Wohl, einen ungarischen Flüchtling, hielt.
Möglicherweise hat dieser Wohl die Sternkonstellation vor allem stalinistisch
gesehen.

Jedenfalls befragte Himmler Wahrsager und Astrologen, um herauszube-
kommen, wo der Duce gefangengehalten wurde.

Am 10. oder 11. August erfuhren wir, daß Mussolini die Sträflingsinsel
Ponza auf einem Kriegsschiff verlassen hatte — mit unbekanntem Ziel.
Daraufhin übermittelte mir General Student ein Telegramm des OKW, das
besagte, daß Mussolini auf dem Kreuzer *Italia* im Hafen von La Spezia
gefangen war. Ein Telegramm Himmlers wies uns an, Mussolini so schnell
wie möglich zu befreien. Mir schien ein Einsatz gegen einen Kreuzer, an
dessen Bord sich keine guten Verbündeten befanden, völlig illusorisch. Aber
nach genaueren Auskünften erwies sich die Information des OKWs als
falsch.

Radl schreibt: »Gegen den 15. August brachten uns ein paar übereinstimmende Informationen auf eine interessante Fährte im Norden der Insel
Sardinien. Wir hörten, daß gewisse Anhänger des Faschismus auf der

›Isola di porco‹ gefangen waren und daß man ein Konzentrationslager auf der danebenliegenden Insel Caprera vorbereitete. Schließlich erfuhren wir aus vertrauenswürdiger Quelle, daß die auf der nordöstlichen Spitze Sardiniens, der Insel Santa Maddalena, gelegene italienische Garnison ganz plötzlich Verstärkung erhalten habe. Unser Informant war der Fregattenkapitän Hunäus, deutscher Verbindungsoffizier beim italienischen Befehlshaber des Hafens von Santa Maddalena. Wir sprachen darüber mit General Student, und es wurde vereinbart. daß Hpt.St.Fhr. Skorzeny sich zusammen mit dem einzigen unserer Offiziere, der perfekt Italienisch sprach, U.St.Fhr. Warger, persönlich mit diesem Verbindungsoffizier unterhalten sollte. Otto Skorzeny befahl Warger, daß dieser durch die Kneipen von Santa Maddalena ziehen und sich immer leicht betrunken stellen sollte. Unglücklicherweise, und es war beinahe ein Schicksalsschlag, war U.St.Fhr. Warger der einzige Antialkoholiker unter allen Freiwilligen von Friedenthal. Skorzeny und ich machten uns ans Werk, ihn das Trinken zu lehren. Asti Spumante, Grappa, Chianti in rauhen Mengen. Wir selbst halfen ein bißchen, um ihm Mut zu machen. Anfangs zeigte er sich sehr abgeneigt gegen die Auswirkungen der verschiedenen Alkoholsorten. Aber Pflicht ist Pflicht, und Warger mußte seine Rolle als betrunkener Matrose perfekt spielen!«

So flogen Warger und ich also am 18. August mit einer Heinkel 111 von Ciampino bei Rom zum Flugplatz Vieno Fiorita auf Sardinien. Dort hatte uns Hunäus sein Auto geschickt, und bald legten wir die 80 km der Bergstraße bis nach Palau im Norden zurück. In Palau erzählte mir der deutsche Kommandant der beiden dort stationierten Flakabteilungen, daß man Mussolini krank in das Klosterhospital von Santa Maria gebracht habe, einem kleinen Dorf an der Straße, auf der wir gekommen waren. Ich hatte in dieser Gegend merkwürdigerweise keinen einzigen Carabiniere bemerkt. Hunäus selbst hatte von einer sogenannten Villa Weber, oder Webber, sprechen gehört, die etwas außerhalb von Santa Maddalena lag. Seit einigen Tagen lag in einer kleinen Bucht unterhalb der Villa ein weißes Wasserflugzeug des Roten Kreuzes verankert. Hunäus, den ich nicht vollständig von meiner Mission unterrichtete, brachte Warger als einfachen Matrosen bei sich unter und gab ihn als seinen Dolmetscher aus.

Zurück in Vieno Fiorita bat ich den Piloten, Sta. Maddalena zu überfliegen. Ich wollte aus 4000 m Höhe einen Gesamtüberblick der Insel und Küste bekommen und Fotos machen. Ich lag in der Bugkanzel an der Bordkanone und wollte meine Beobachtungen gerade beenden, als ich die Stimme des Heckschützen durchs Mikrofon vernahm:

»Achtung! Zwei englische Jäger von hinten!«

Mit dem Finger am Abzug der Bordkanone, wartete ich auf den Angriff. In diesem Moment kippte das Flugzeug nach unten ab. Der linke Motor stand

still. Mit Wucht prallten wir auf dem Wasser auf. Ich verlor einige Augenblicke lang das Bewußtsein, Pilot, Kopilot und ich stiegen dann durch den
oberen Notausstieg aus. Ich konnte aber noch einmal tauchen und den Foto-
apparat und die Mappe herausholen. Dem Piloten und seinem Kameraden
gelang es, das Rettungsschlauchboot freizubekommen. Es gelang noch, die
beiden anderen Besatzungsmitglieder zu retten, bevor die Heinkel unterging. Wir schwammen zu einer kleinen Felsinsel, von wo uns ein Hilfskreu-
zer der italienischen Flak nach ein paar Stunden aufnahm. Ich war am rechten Arm verletzt und hatte drei Rippen gebrochen. Der Kommandant des
Kreuzers ließ uns aufs beste versorgen. Aber ich kam mit einem Marine-
kurierboot erst um 23 Uhr in Bonifacio in Korsika an, das damals von
italienischen Einheiten besetzt war, und verlor noch viel Zeit, bis ich endlich
nach Bastia im Norden gelangte, um dort mit dem Chef der auf der Insel
stationierten Brigade der Waffen-SS zu sprechen.

Die Heinkel wurde jedoch nicht von englischen Jägern abgeschossen, sondern
war nur nicht dem italienischen Benzin gewachsen, das der Pilot entgegen
meiner Empfehlung in Vieno Fiorita getankt hatte: eine später gemachte
Analyse ergab, daß das Benzin dreißig Prozent Wasser enthielt!

Radl erwartete mich in Frascati. Da er keinerlei Nachricht hatte, begab er
sich am Abend des 18. ins HQu General Students, wo ihm ein Oberst sagte:
»Wissen Sie nicht, daß Skorzeny ins Wasser gefallen ist?«

Radl wundert sich. Warum hat man ihn nicht sofort davon benachrichtigt?
Der Oberst zuckt die Achseln, und Radl fragt weiter: »Was heißt, er ist ins
Wasser gefallen? Sie wollen damit sagen, daß die He 111 ins Meer gestürzt
ist? . . . Aber wo? Und wann? Konnte sich die Besatzung retten?«

Niemand weiß etwas. Es ist wenig wahrscheinlich, daß ich überlebt habe,
denn laut Statistik konnte von hundert ins Meer gestürzten He 111 nur
eine einzige Besatzung gerettet werden. Radl verlangt sofort General Student zu sehen, der aber auch nicht mehr weiß. Und wenn das OKW den
Befehl erteilt, die Operation *Alarich* zu starten? Dann, erklärt der General,
»muß trotzdem alles hundertprozentig ablaufen!«

Erst am 20. August erfuhr Radl, daß wir gut davongekommen waren. Am
nächsten Tag fuhr ich nach Frascati, wo mich Kappler informierte, daß Edda
Ciano aus Deutschland zurück sei und ihrem Vater nach Santa Maddalena
geschrieben habe. So wurde also der Einsatz im Prinzip geplant, in Übereinstimmung mit General Student und der Kriegsmarine, mit Kapitän zur
See v. Kamptz, Träger des Ritterkreuzes mit Eichenlaub, und Korvettenkapitän Max Schulz, Kommandeur der Schnellboote im Mittelmeer. Zwei
Schnellboote mit Radl und mir an Bord sollten am 27. August nach Sta.
Maddalena auslaufen. Dann kam eine Information von Warger, der selbstverständlich an Ort und Stelle geblieben war, um die Villa Weber im Auge
zu behalten: Er hatte Mussolini mit eigenen Augen gesehen!

Am 23. August flogen Radl und ich in einer He 111 von Pratica di Mare nach Vieno Fiorita und erreichten von dort bald Sta. Maddalena. Warger hatte mit einem Obsthändler gewettet, daß Mussolini tot sei. Um seine Wette zu gewinnen, zeigte ihm der Obsthändler, wenn auch von weitem, den Duce auf der Terrasse der Villa. Auf unsere Verantwortung teilten wir Hunäus den Plan mit und kehrten nach Frascati zurück, um den Einsatz vorzubereiten — mit dem Einverständnis General Students und unter Mitwirkung der Kriegsmarine. Dann erreichte uns eine Meldung des OKW:

»Dem Führerhauptquartier liegen Meldungen der Abwehr vor, wonach Mussolini auf einer kleinen Insel bei Elba gefangengehalten wird, Hpt.St.Fhr. Skorzeny hat sofort ein Fallschirmunternehmen auf diese Insel vorzubereiten und meldet den frühesten Zeitpunkt der Startbereitschaft. Das OKW wird den Zeitpunkt des Einsatzes befehlen.«

Nach diesem verblüffenden Telegramm bat ich, General Student am 29. August 1944 ins FHQu begleiten zu dürfen, um dem Führer wenn möglich selbst zu erklären, daß sich der Duce in Sta. Maddalena befand und nicht sonst irgendwo.

So war ich wieder in der Wolfsschanze, im gleichen Raum, in dem mich Hitler vor ein paar Wochen angewiesen hatte, seinen Freund aufzufinden und zu befreien. Um den großen Tisch saßen alle führenden Männer des Reichs: zu Hitlers Rechten GFM Keitel und GenOb Jodl, links der Außenminister v. Ribbentrop, Himmler, General Student, dann Großadmiral Dönitz und Reichsmarschall Göring. Ich erhielt einen Platz zwischen Göring und Jodl zugewiesen. General Student erteilte mir bald das Wort zum Vortrag.

Ich muß gestehen, daß ich am Anfang erst eine Scheu zu überwinden hatte. Aber da ich mich gut in der Materie auskannte, legte ich auf einfache und klare Weise dar, wie wir zu der Überzeugung gekommen waren, daß Mussolini bis zum 27. August auf Sta. Maddalena in der Villa Weber gefangengehalten war. Ich schilderte auch die schrecklichen Abenteuer unseres Abstinenzlers Warger. Göring und Dönitz lächelten. Himmlers Blick blieb eiskalt, und Hitler schaute etwas ironisch. Er erhob sich und drückte mir die Hand:

»Gut! Ich glaube Ihnen, Skorzeny! Das Unternehmen auf der kleinen Insel bei Elba wird abgesagt. Tragen Sie nun bitte Ihren Plan über die Aktion in Sta. Maddalena vor.«

Ich warf einen kurzen Blick auf die Uhr und stellte fest, daß ich eine halbe Stunde gesprochen hatte. Dann trug ich meinen Einsatzplan vor und machte ein paar Skizzen, um ihn zu erläutern. Hitler, Göring und Jodl unterbrachen mich, um Fragen zu stellen: damit war mir klar, daß ich gewonnen hatte.

Der mit der Kriegsmarine und Radl entworfene Plan sah vor, die Aktion frühmorgens zu starten; das Überraschungsmoment mußte über den gesamten Erfolg entscheiden. Einen Tag vor dem Angriff würde eine Schnellbootflottille — jedes Boot mit zwei Torpedos und zwei 20-mm-Kanonen ausgerüstet — im Hafen von Sta. Maddalena unter dem Vorwand eines Höflichkeitsbesuches vor Anker gehen. Sie würden dort auch noch am nächsten Morgen liegen, und unsere während der Nacht zwischengelandeten Minensuchboote würden sich unvermutet anschließen. Diese Boote würden mein Kommando aus Friedenthal und eine Kompanie Waffen-SS-Soldaten der *Brigade Korsika,* die mir unterstellt war, an Bord haben. Wir würden in enger Formation landen, und unsere Schnellboote würden uns sichern. Es sollte aber der Eindruck einer friedlichen deutschen Einheit erweckt werden, die sich auf Landurlaub begab, denn es ging darum, so schnell wie möglich in die Nähe der Villa Weber zu kommen, ohne daß es zu Feindseligkeiten kam. Danach würden wir den Umständen gemäß handeln, denn die Villa war Tag und Nacht von über 150 Carabinieri und Polizisten bewacht.

Unsere Flakstellungen auf Korsika und Sardinien würden uns Hilfe leisten müssen. Es war eine, wenn vielleicht auch späte, Reaktion der italienischen Flak zu befürchten. Die Telefonverbindung zwischen der Villa und einer Kaserne, in der 200 Offiziersanwärter der *Regia Marina* stationiert waren, würden selbstverständlich unterbrochen werden, und ein Kommando würde die beiden italienischen Jäger, die das Wasserflugzeug des Roten Kreuzes bei all seinen Flügen begleiteten, außer Gefecht setzen.

Hitler stimmte diesem Plan zu. Großadmiral Dönitz sollte den Einheiten der Kriegsmarine die notwendigen Anweisungen erteilen, und die ganze Operation würde unter meinem Befehl stehen.

Hitler nahm mich zur Seite.

»Noch etwas, Hauptsturmführer Skorzeny. Es ist möglich, daß zum Zeitpunkt, an dem Sie ihren Einsatz durchführen, die neue italienische Regierung immer noch, offiziell jedenfalls, unser Verbündeter ist. Wenn also der Angriff scheitert, oder Mussolini nicht auf Sta. Maddalena ist, könnte ich gezwungen sein, Ihr Vorgehen vor der Öffentlichkeit zu mißbilligen. Sie haben dann auf eigene Faust gehandelt und Ihre Vorgesetzten nicht unterrichtet. Sie werden dann die Konsequenzen Ihres Ungehorsams oder Ihrer Unvernunft zu tragen haben. Ich hoffe, Sie verstehen, daß ich Sie im Falle eines Mißerfolges gegen meinen Willen bestrafen muß?«

Ich verstand das vollkommen und sagte es ihm. Dann beantwortete ich noch Fragen des Großadmirals, versicherte Göring, daß »die Heinkel 111 auch als U-Boot zu verwenden« sei, was ihn amüsierte, und wollte mich eben verabschieden, als Hitler auf mich zukam. Er drückte mir die Hand und schaute mir in die Augen:

»Sie werden es schaffen, Skorzeny«, sagte er. »Davon bin ich überzeugt.«

Aber ich sollte es Ende August in Santa Maddalena nicht schaffen und diese Aktion nicht starten, da wir gerade noch rechtzeitig — am Vorabend — erfahren konnten, daß der Duce frühmorgens mit dem Wasserflugzeug des Roten Kreuzes weggeflogen worden war.

Ich erwähnte schon, daß wir nach unserer ersten Rückkehr von Sta. Maddalena nach Rom Kenntnis von der Protestnote erhielten, die Guariglia dem deutschen Botschafter v. Mackensen aushändigen ließ und in der er sich beschwerte, daß die Deutschen einen Staatsstreich für den 28. August geplant hätten. Das war der Tag unseres Einsatzes zur Befreiung des Duce, und nicht der Operation *Alarich*, deren Datum nie festgesetzt wurde.

Der Bericht von Canaris über die »unvergängliche Treue der monarchistischen Regierung zur Achse« schien uns lächerlich. Als uns bekannt wurde, daß der Duce die Insel Ponza verlassen hatte, wies uns ein Telegramm des OKW nach La Spezia und zum Kreuzer *Italia*, auf dem sich Mussolini befinden sollte — und das war falsch! Die Fährte führte uns nach Sta. Maddalena. Dann erklärte das OKW, basierend auf Berichten von Canaris, daß der Duce auf einem Felsen bei der Insel Elba anzutreffen sei. Auch das war falsch. So verloren wir einige wichtige Tage. Ich hatte Hitler überzeugen können, daß sich Mussolini in Wirklichkeit auf Sta. Maddalena befand, von wo man ihn genau einen Tag vor dem geplanten Einsatz wegbrachte. Dieses Datum war erst kurz vorher festgesetzt worden, und nur wenige Personen wußten davon Bescheid. Von wo sickerten die Nachrichten durch?

Von Kappler erfuhren wir, daß General Amé, der Chef des italienischen Nachrichtendienstes und alter Freund von Admiral Canaris, schon seit langem als faschistenfeindlich bekannt war. Auch hörten wir, daß der Nachrichtenchef der Königlichen Marine, Admiral Maugeri, der den Duce auf der Korvette *Persefone* von Gaeta zur Insel Ponza eskortiert hatte, ein Freund von Amé und Canaris war. Nach dem Kriege erhielt Maugeri eine amerikanische Auszeichnung für seine guten und loyalen Dienste.

Im Stab des Generals Student stand nicht alles zum besten. Radl und ich waren erstaunt, feststellen zu müssen, daß es auch im Generalstab eines Elitekorps nicht an Defaitisten fehlte. Gleich nach der Ankunft in Frascati fragte uns ein Major ironisch, ob wir noch nicht wüßten, daß der Krieg verloren sei. Und nach dem Fiasko von Maddalena bemerkten wir des öfteren, daß man sich nicht die geringste Mühe gab, uns wirklich zu helfen. Man schien uns für Verrückte zu halten, die irgendein wahnsinniges Ziel im Auge hatten. Wir berichteten dies General Student. Aber zu unserer großen Überraschung war er sich über die seltsame Pflichtauffassung und moralische Haltung seiner Offiziere vollkommen im klaren. Aber er könnte, so sagte er, nicht ohne sie auskommen.

»Die Ausbildung eines Fallschirmjägers erfordert ein technisches Spezialtraining. Man wird nicht einfach Offizier unserer Waffe. Die Leute, von denen Sie sprechen und die ich besser kenne als Sie, sind in Narvik, Eben Emael, in Rotterdam und Kreta abgesprungen. Ich bin sicher, daß sie auch weiterhin ihre Pflicht erfüllen.« Radl, der kein Blatt vor den Mund nahm, warf ein:

»Erlauben Sie mir festzustellen, Herr General, daß ein Offizier sich nicht für einen Krieg einsetzen kann, den er selbst schon für verloren hält. Das ist eine Gesinnung, die wir nicht verstehen und auch nie verstehen werden.«

Ich bemühte mich, die Unterhaltung auf ein anderes Geleis zu bringen. Ich sollte am nächsten Tag General Student nach Vigna del Valle, am Braccianer See, nördlich von Rom, begleiten. Dort stießen wir zufällig auf die Spur des Wasserflugzeuges des Roten Kreuzes, das aus Sta. Maddalena am 27. August mit dem Duce abgeflogen war.

Viele falsche Fährten wiesen uns auf Krankenhäuser, nach Perugia, an den Trasimenischen See; aber unsere Erkundungen bewiesen uns, daß der Duce im Wasserflugzeug in Vigna del Valle gelandet und mit einem Ambulanzwagen weggebracht worden war.

Die Dienststelle Kapplers fing einen Funkspruch auf, den ein sogenannter General Cueli durchgab und der uns endgültig bewies, daß die Spur vom Braccianer See zum Gran Sasso die richtige war. Cueli war Generalinspekteur der Militärpolizei und meldete seinen Vorgesetzten: »Sicherheitsvorbereitungen um den Gran Sasso beendet.« War nicht ein Berghotel in 2212 m Höhe, »L'Albergo Campo Imperatore«, das sicherste Gefängnis der Welt? Man konnte dieses Hotel nur mit der Seilbahn erreichen. Wir brauchten also Luftbilder.

General Student wies seinen Nachrichtenoffizier, den Ic Hauptmann Langguth, an, einen Aufklärungsflug mit einer in jeden Flügel eingebauten automatischen Kamera zu machen. Aber die Aufklärungs-He-111 befand sich in Nancy und konnte erst am 8. September in Rom sein.

Der Pilot wußte nur, daß wir Rimini, Ancona und Pescara bis nach Ravenna überfliegen wollten und dieselbe Strecke, die über die Abruzzen und den Gran Sasso (2900 m) führte, zurückfliegen sollten. Langguth hätte die Fotos machen sollen. Kaum waren wir an Bord, erklärte er uns, daß die automatischen Kameras nicht funktionierten und man keine Zeit gehabt habe, sie zu reparieren. Radl und ich schauten uns verblüfft an. Langguth zeigte uns lässig, wie ein schwerer Hand-Fotoapparat zu bedienen sei, bei dem man auch mit der Hand den Film weiterkurbeln mußte. Er hatte nicht die Absicht, dies selbst zu tun.

So mußte ich wohl oder übel die Fotos selbst aufnehmen. Das Flugzeug flog in 5000 m Höhe mit 370 km/h bei einer Außentemperatur von −8° C. Ich war in Hemdsärmeln und streckte den Oberkörper halb ins Freie durch die Einstiegluke der Heckkanzel. Radl saß auf meinen Beinen, um zu verhindern, daß ich hinausfiel. Um mich wieder in die Kanzel herein-zuholen, mußte der Kopilot Radl zur Hand gehen. Auf dem Rückweg nahm Radl meinen Platz ein. Am Ende unserer Luftreise waren wir völlig durchfroren. Aber diese Fotos gaben uns keine richtige Meinung über die Neigung der Bergflächen, die uns zur Landung zur Verfügung standen.

Zu unserem Glück funktionierte also die automatische große Bildkamera nicht, mit der man normalerweise Stereo-Aufnahmen machen konnte. Ge-neral Student hätte sonst bemerkt, daß der vorgesehene Landehang ein Gefälle wie eine mittelsteile Skiwiese hatte und voller Felsbrocken lag. Student hätte den Einsatz unter diesen Umständen bestimmt nicht zugelas-sen. So kam uns Hauptmann Langguth unabsichtlich zu Hilfe.

Radl und ich entwarfen also vom 8. September an abends unseren Einsatz-plan. Das Skihotel war nur mit einer von Assergi ausgehenden Drahtseil-bahn zu erreichen. Sie besaß eine Telefonverbindung mit dem Hotel und war natürlich oben und unten bewacht. Wenn man die Drahtseilbahn an-griff, konnte man natürlich nicht auf das doch so wichtige Überraschungs-moment zählen.

Fallschirmjäger, die auf dem Plateau abgesprungen wären, hätten dies vor den Augen der Italiener getan. Das heißt, wir konnten weder zu Fuß noch mit Hilfe der Seilbahn das Unternehmen erfolgreich durchführen. Außer-dem befürchteten wir, daß Befehle gegeben worden seien, den Duce zu töten, wenn ein Befreiungsversuch unternommen werden sollte.

Absprünge mit Fallschirmen hätten dieselben Nachteile mit sich gebracht, und bei der verdünnten Luft in dieser Höhe und Wind wäre die Fallge-schwindigkeit zu groß gewesen, und die Fallschirmjäger wären weit zer-streut gelandet. Hubschrauber schienen das zweckmäßigste zu sein, aber das Helikopterzentrum von Erfurt konnte uns keine überlassen. So blieb nur die Landung mit Lastenseglern. Radl und ich machten uns Gedanken über diese Lösung und besprachen sie dann mit General Student und seinem Stab — Oberst Trettner, Major Colani und Hauptmann Langguth. Sie äußerten sich skeptisch.

Wir hatten vor, mit zwölf DFS-230-Lastenseglern auf der Wiese des Campo Imperatore zu landen. Jeder Lastensegler war mit neun Mann und einem Piloten besetzt. Theoretisch würden wir also über 108 Soldaten ver-fügen. Aber Student und sein Stab wandten ein, daß in über 2000 m Höhe die Luftverdünnung das Landen der Segler sehr erschweren würde. Ein solches Wagnis hatte bisher noch niemand unternommen. Man sagte uns technische Verluste in Höhe von 80 Prozent voraus. Das hieß, daß wir den Kampf mit nur etwa 20 kampffähigen Soldaten gegen rund 200 Carabi-nieri aufnehmen müßten, die höchstwahrscheinlich mit MGs, automatischen Waffen, Granatwerfern und so weiter bewaffnet waren. General Student hielt die Durchführung für sehr schwierig, vorausgesetzt, daß die Piloten keine Bruchlandung machten: »Auch eine Sturzlandung wäre Selbstmord«, sagte mir General Student. »Eine Landung in dieser Art verbiete ich ausdrücklich!«

Aber Hitler hatte mir einen Befehl gegeben, und für mich hieß das, diesen Befehl unbedingt auszuführen. Ich hatte auch keine Lust zu warten, bis die Italiener den berühmten Gefangenen noch einmal verschwinden ließen. Die achtzig Prozent Verluste schienen mir außerdem eine sehr pessimistische Einschätzung. Bisher war noch kein Lastensegler in diesen Höhen gelandet. Wie konnte man dann solche Zahlen angeben? Nach einer langen Besprechung mit dem Generalstabschef und Hauptmann Langguth, der in Eben Emael gelandet war, erklärte ich: »Gut, meine Herren. Ich bin bereit, jeden anderen Plan auszuführen, sofern er besser ist als unserer.«

Schließlich gab General Student seine Zustimmung zu dem Unternehmen, das ich vorgeschlagen hatte, aber unter der ausdrücklichen Voraussetzung, daß die Segler auf dem Gelände vor dem Hotel im sanftesten Gleitflug landen würden.

Zum Zeitpunkt, als wir unsere Pläne ausarbeiteten, herrschte in Rom größte Verwirrung. Auf die Freude über die Verlautbarung des Waffenstillstandes am 8. September 1943 folgten feindliche Kundgebungen gegen uns einerseits, die Flucht gewisser Personen anderseits und Verwirrung innerhalb der Streitkräfte. Rom war zur Offenen Stadt erklärt worden; die königliche Regierung war bereits geflüchtet. Täglich gab es Alarm. Engländer und Amerikaner bombardierten die Stadt. Zum Glück hörten weder die italienischen Divisionen noch die Zivilbevölkerung auf den Befehl Badoglios, der vor seiner Flucht in den Morgenstunden des 9. Septembers die Armee beauftragt hatte, »sich energisch allen Angriffsversuchen der Deutschen zu widersetzen«. Über die alliierten Radiosender riefen Roosevelt und Churchill am 11. September das italienische Volk auf, sich gegen uns zu erheben.

In der Nacht vom 8./9. September bildeten auf meinen Befehl die Freiwilligen aus Friedenthal — wie immer in Fallschirmjägeruniform — eine kleine Einheit, die von U.St.Fhr. Menzel und U.St.Fhr. Schwerdt geführt wurde und in Aricia das Fallschirmjägerbataillon des Majors Mors verstärkte.

Am Morgen des 9. Septembers verfehlte ein aus einer Ju-52 abgesprungenes Kommando ganz knapp das italienische Oberkommando, das kurz zuvor geflohen war. Die Fallschirmjäger Students wurden ihrerseits von den italienischen Truppen umzingelt; aber alles verlief gut, denn die deutschen Fallschirmjäger leisteten hartnäckigen Widerstand. Sie zogen sich mit Kriegsehren aus der Affäre, behielten ihre Waffen und kehrten zu ihrem Quartier zurück. Die Italiener hatten genug damit zu tun, sich gegen Engländer und Amerikaner zu verteidigen. Warum hätten sie nun plötzlich uns bekämpfen sollen? Die meisten hatten den Krieg satt.

GFM Kesselring war geschickt genug, die verwirrten italienischen Divisionen zu entwaffnen. Eine nach der anderen legte die Waffen nieder, und die wenigen monarchistischen Offiziere, die kämpfen wollten, fanden keine Gefolgsleute. Es kam zu kurzen Zusammenstößen in Rom und etwa 20 km südöstlich in Albano und Aricia, wo unsere »Fallschirmjäger« aus Friedenthal zwar nicht die zur Quelle verwandelte Egeria bei ihrer Grotte antrafen, dafür aber zwei Batterien der königlichen Artillerie, die sie prompt entwaffneten. Die Leute des U.St.Fhr.s Menzel waren zu Fuß gekommen. Sie bemächtigten sich also der LKWs und der Autos, die sich in bestem Zustand befanden, und kehrten in ihr Quartier nach Frascati zurück. Dieses Ereignis war der Anlaß zu einem unangenehmen Zwischenfall, auf den ich gleich noch zu sprechen komme.

Am nächsten Tag, dem 10. September, kapitulierten alle Truppen in Rom und Umgebung gegenüber GFM Kesselring. Die Chefs der Carabinieri-Einheiten und die der Polizei wurden für die Aufrechterhaltung der Ordnung verantwortlich gemacht. Auf diese Weise vermied man blutige Straßenkämpfe, ein fürchterliches Durcheinander und wahrscheinlich Zerstörungen und Plünderungen. Ich bin nicht sicher, daß nicht der Aufruhr in Rom losgebrochen wäre, wenn ein anderer Befehlshaber die Stelle Kesselrings eingenommen hätte.

Der Marschall war mir nie böse, weil ich nicht das Ziel meiner Mission bekanntgab, als General Student mich als Offizier des Fallschirmjägerkorps vorstellte. Er wußte, daß ich damit einem Befehl Hitlers gehorchte, und als ich ihn nach der Befreiung des Duce wiedersah, gratulierte er mir in kameradschaftlicher Weise.

GFM Albert Kesselring war meines Erachtens einer der besten Befehlshaber, die wir hatten. Zahlen- und materialmäßig dem Feind unterlegen, verteidigte er trotz den immer zahlreicheren Guerillas Mittel- und Norditalien vom Juli 1943 bis zum 7. Mai 1945. Nach den Gesetzen des Nürnberger Tribunals wurde er in Venedig zum Tode verurteilt und blieb dann bis zum Jahre 1952 im Gefängnis. Es war klar: er war auf der Seite der Besiegten.

Als sein Buch *Soldat bis zum letzten Tag* 1953 erschien, schickte er mir ein Exemplar mit einer Widmung versehen, die mich heute über viele Ungerechtigkeiten und kleine Seitenhiebe hinwegtröstet. Seine Widmung möchte ich wiedergeben:

> »Auch Sie, mein lieber Skorzeny, werden manches in diesem Buch finden, was des Erinnerns wert ist, gemeinsames Erleben — und sei es in der Gefangenschaft — verbindet. Und noch ein Wort, das gerade Ihnen gerecht wird: »Des rechten Mannes wahre Feier ist die Tat.«

Albert Kesselring Generalfeldmarschall a. D.
Dezember 1953[1]

15 Ardennenoffensive 1944: Erschießung von Angehörigen eines Sonderkommandos Skorzenys durch amerikanische Militärpolizei. Die englischsprechenden deutschen Soldaten, die über ihrer deutschen amerikanische Uniform trugen und hinter den Linien der Alliierten Verwirrung anrichteten, kehrten zum größten Teil wieder zu den deutschen Linien zurück. Nur etwa 8 Mann fielen den Amerikanern lebend in die Hände, die sie sofort standrechtlich erschossen, obschon das Kriegsrecht sie deckte. Auch der Gegner hat ähnliche Unternehmen durchgeführt.

16 Gefaßt sieht ein Angehöriger des Sonderkommandos Skorzeny, der sich wie alle freiwillig für diesen Einsatz gemeldet hatte und am 16. 12. 1944 hinter den feindlichen Linien abgesetzt worden war, dem Tod entgegen. Leider sind die Namen derer, die dieses Schicksal erleiden mußten, bis heute noch nicht bekannt.

17 SS-Obersturmbannführer Jochen Peiper, einer der tapfersten und hochdekorierten Panzerkommandeure des Zweiten Weltkrieges, an der verhängnisvollen Straßenkreuzung vor Malmedy, von der nach dem Kriege die ganze Welt sprechen sollte. Peiper, der die Panzerspitze der Ardennenoffensive befehligte, und 42 Generale, Offiziere und Männer der Waffen-SS wurden später im sog. Malmedy-Prozeß in Dachau wegen der Erschießung von 71 amerikanischen »Gefangenen« zum Tode verurteilt, später aber zu lebenslänglich begnadigt und bald darauf freigelassen. Die in Schwäbisch Hall unter Foltern abgepreßten »Geständnisse« erwiesen sich als falsch, wie es eine Begründung des Urteils niemals gegeben hat. Sicher ist, daß gegen Jochen Peiper weder aus seiner Befehlsgebung, noch aus seinem Verhalten im Kampf irgendwelche Vorwürfe abgeleitet werden konnten. Peiper, der nach dem Krieg in Frankreich lebte, wurde am 14. 7. 1976, dem französischen Nationalfeiertag, von unbekannten Tätern in Traves bei Lyon aus politischen Gründen ermordet.

Bereits am 3. September hatte ich meine Freiwilligen von Pratica di Mare nach Frascati gebracht, wo ich sie in Zelten im Park eines Klosters, des Collegio Nobile Mandragone einquartierte. Das Lehrbataillon der Division Student, das von Major Harald Mors befehligt wurde, belegte dasselbe Klosterquartier.

Um die Mittagszeit des 11. Septembers entschloß sich General Student endgültig, das Gran-Sasso-Unternehmen durchzuführen, und sagte mir, daß das Tal zur Rückendeckung vom Bataillon des Major Mors genommen werde. Er bat mich daher, Major Mors zu besuchen und ihn in die bereits ausgearbeiteten Einsatzbefehle einzuweisen.

Gegen zwölf Uhr ließ ich mich bei Major Mors melden. Zusammen mit meinem U.St.Fhr. Peter Schwerdt suchte ich ihn in seinem Zelt auf. Ich legte ihm den vom Divisionsstab, von Radl und mir ausgearbeiteten Plan vor, den General Student auch akzeptiert hatte. Neunzig Mann der 2. Kompanie seines Bataillons und vier meiner Offiziere plus zwölf meiner Unteroffiziere würden, wie geplant, unter meinem und Leutnant Berlepschs Befehl auf dem Campo Imperatore landen. Mors indessen würde mit dem Rest seiner Einheit über Nebenstraßen ins Tal am Fuße des Gran Sasso marschieren, den Zugang verriegeln und die Telefon- und Telegrafenverbindungen zerstören. Dann würde er bis nach Assergi vorstoßen und die Talstation der Drahtseilbahn besetzen. Diese Besetzung mußte genau zum selben Zeitpunkt erfolgen, zu dem wir auf dem Campo Imperatore mit den ersten Lastenseglern landeten. Beide Unternehmen mußten völlig synchron ablaufen, um zu verhindern, daß entweder die Berg- oder die Talstation Alarm geben konnte. Die Besetzung des Flugplatzes von Aquila war im Prinzip für später vorgesehen.

Jetzt erfuhr auch Major Mors das Ziel der Operation: Mussolini befreien.

Aber es ging nicht nur darum, den Duce zu befreien, sondern auch seine Frau Donna Rachele und ihre beiden jüngsten Kinder, den sechzehnjährigen Romano und die vierzehnjährige Annamaria.

Vom 26. Juli bis zum 2. August wurde Donna Rachele in Rom streng bewacht. Die Villa, die Fürst Torlonia dem Duce 1930 zur Verfügung gestellt hatte, war von 300 MP-bewaffneten Soldaten umgeben. Vom 3. August an befand sich Donna Rachele mit ihren Kindern in ihrem Haus in Rocca delle Caminate in der Romagna unter Hausarrest.

---

1 In seinem Buch erwähnt natürlich GFM Kesselring die von Hitler befohlene Befreiung des Duce. Er schreibt darüber (Seite 233): ». . . Für diese Aufgabe wurden Generaloberst Student und, als ausführendes Organ, Sturmbannführer Skorzeny, bestimmt.« (A. d. Red.)

Ich machte mir Sorgen um sie, obwohl das Haus von Carabinieri bewacht wurde. Aber ein Überfall von irgendeiner revolutionären Gruppe war immer möglich, und die Carabinieri hätten wahrscheinlich keinen ernsthaften Widerstand geleistet. Ich wußte, daß Donna Rachele sehr mutig und in dieser Provinz sehr beliebt war. Sie gestand mir aber später in München, daß sie Angst um ihre Kinder bekam, als sie von der Ermordung Ettore Mutis erfuhr, des alten und treuen Kameraden ihres Mannes. Es gelang mir, ihr eine Nachricht zukommen zu lassen: sie sollten so wenig wie möglich das Haus verlassen und zu uns Vertrauen haben; sie waren gewissermaßen die Geiseln der Regierung Badoglio.

Am 9. September erklärten Vittorio Mussolini, Pavolini, Ricci, Farinacci und Preziosi im Münchener Rundfunk, daß »eine national-faschistche Regierung gegründet« worden sei, die »im Namen des Duce arbeiten« werden. Donna Rachele und ihre Kinder waren somit in größter Gefahr.

Sechs meiner Freiwilligen, die Hauptmann Mandel befehligte, wurden beauftragt, Donna Rachele, Romano und Annamaria von Rocca delle Caminate herauszuholen und sie nach Forlí zu bringen, von wo sie nach München geflogen würden. Wir ängstigten uns ein paar Tage lang, denn die Befreiung der Familie Mussolinis konnte nicht vor der Befreiung des Duce erfolgen, ohne die Regierung Badoglio zu alarmieren. Diese Unternehmen mußten gleichzeitig durchgeführt werden.

Hauptmann Mandel fuhr mit dem Lastwagen, erreichte Rocca delle Caminate zur Mittagszeit und konnte glücklicherweise seine Mission erfüllen.

Der endgültige Plan der Operation *Gran Sasso* sah folgendermaßen aus:
Chef des Einsatzes auf dem Campo Imperatore: Hpt.St.Fhr. Otto Skorzeny
Chef des Taleinsatzes: Major Harald Mors
Tag X: Sonntag, der 12. September 1943.
1. *im Tal:* Major Mors wird die Straßenkreuzungen von Aquila nach Bazzano besetzen und die von Pescomaggiore nach Paganica bis nach Assergi. Er wird die notwendigen Vorbereitungen treffen, um einen eventuellen Talangriff der italienischen Truppen aus Aquila abzuschlagen.
Er wird oberhalb von Assergi die Talstation der Drahtseilbahn besetzen. X-Zeit: 14 Uhr.
2. Auf dem Gran Sasso — *Campo Imperatore:*
X-Zeit: (ursprünglich) 6 Uhr morgens. (Zu diesem Zeitpunkt sind die Luftströmungen am schwächsten.) Die X-Zeit für die Landung mußte verschoben werden, da die aus Frankreich kommenden Lastensegler Verspätung hatten. Sie wurde auf 14 Uhr festgesetzt.
*Mittel und Einheitsstärke:* 12 Lastensegler DSF-230, die von 12 Henschel-Flugzeugen geschleppt werden, und ein Aufklärer mit Hauptmann

Langguth an Bord. Jeder Lastensegler transportiert 9 bewaffnete Soldaten und den Piloten.

*Reihenfolge für Abflug und Landung der Lastensegler:* Im Abstand von theoretisch einer Minute je ein Lastensegler.

*Lastensegler Nr. 1 und 2:* 18 Soldaten der 2. Fallschirmjägerkompanie unter Befehl von Leutnant v. Berlepsch, der sich selbst im 5. Lastensegler befindet. Sofort nach Landung müssen die 4 MGs in Stellung gebracht werden. Die übrigen Soldaten sind mit 14 Spezialfallschirmjägergewehren bewaffnet und haben die zwei Sturmgruppen von Lastensegler Nr. 3 und 4 zu decken.

*Lastensegler Nr. 3:* Darin befinden sich Hpt.St.Fhr. Skorzeny mit einem italienischen Offizier (Carabinierigeneral Soleti), U.St.Fhr. Schwerdt und Warger und 5 U.ScharFhr. der Waffen-SS aus Friedenthal. Sie stürmen das Hotel, dringen bis zum Duce vor, neutralisieren die Wachen und beschützen den Duce.

*Lastensegler Nr. 4:* Dort befinden sich Karl Radl, Adjutant des Hpt.St.-Fhrs. Skorzeny, U.St.Fhr. Menzel und 7 Soldaten der Waffen-SS aus Friedenthal. Sofort nach der Landung haben sie zum Hotel zu stürmen und Hpt.St.Fhr. Skorzeny und seine Gruppen zu unterstützen.

*Lastensegler Nr. 5:* Fallschirmjäger der 2. Kompanie unter Leutnant v. Berlepsch. Aufgabe: die Sondergruppen aus Friedenthal innerhalb des Hotels zu unterstützen.

*Lastensegler Nr. 6:* Fallschirmjäger der 2. Kompanie. Aufgabe: Die Bergstation der Drahtseilbahn und den Tunnel, der die Station mit dem Hotel verbindet, zu besetzen.

*Lastensegler Nr. 7, 8, 9, 10, 11 und 12:* Fallschirmjäger der 2. Kompanie. Haben schwere Waffen an Bord: 2 schwere MGs, 2 leichte Granatwerfer, 2 leichte Fallschirmjägerkanonen. Diese Gruppen nehmen sofort Kampfposition ein. Abdeckung für die anderen Gruppen, die gegen das Hotel vorgehen.

Erste Landung für 14 Uhr geplant.

Grundsätzliches Verbot für alle Beteiligten, *vor* Hpt.St.Fhr. Skorzeny zu schießen. Wenn sich dann Hpt.St.Fhr. Skorzeny innerhalb des Hotels befindet, übernimmt *außerhalb* Leutnant v. Berlepsch die Verantwortung.«

Am Nachmittag des 11. Septembers versammelte ich alle meine Leute und sagte ihnen:

»Liebe Kameraden, sechs Wochen lang haben Sie gewartet, ohne zu wissen, warum. Aber jetzt kann ich Ihnen bekanntgeben, daß wir morgen einen Einsatz unternehmen werden, den der Führer persönlich befohlen hat. Die Operation scheint nicht sehr einfach zu werden, und es kann sein, daß wir starke Verluste haben werden. Aber dieses Unternehmen muß unter allen Umständen gelingen. Ich werde den Einsatz selbst führen, und wir werden unser Möglichstes tun. Wer sich freiwillig meldet, einen Schritt vortreten!«

Alle traten einen Schritt vor. Davon sollten siebzehn ausgewählt werden, was gar nicht leicht war. Ein weiteres Dutzend begleitete das Bataillon Mors unter Befehl meines U.St.Fhrs. Bramfeld, eines Mitglieds unserer Fünfkampfmannschaft bei den Olympischen Spielen 1936. Diese Gruppe machte sich in der Nacht vom Samstag, dem 11. September/Sonntag, den 12. September, auf den Weg.

Gegen fünf Uhr früh am nächsten Morgen stand mein Kommando vollzählig am Flugplatz von Pratica di Mare bereit. Aber schlechte Nachrichten kommen oft hintereinander: die erste war eine Lüge von Radio Tunis. Dieser Sender verbreitete, daß die in La Spezia in See gestochenen italienischen Kriegsschiffe in Tunis eingelaufen seien. Auf einem dieser Schiffe befinde sich Mussolini, »der jetzt Kriegsgefangener auf afrikanischem Boden« sei.

Mir war jedoch bekannt, daß die Schiffe La Spezia erst am Tag vorher verlassen hatten — der große Panzerkreuzer *Roma* wurde von einer ferngesteuerten Bombe namens »Fritz« zerstört, und der Duce konnte nicht in diesem Moment schon als Gefangener in Tunis oder Bizerta sein.

Zweite schlechte Botschaft: unsere Lastensegler würden nicht vor vier oder fünf Stunden aus Frankreich eintreffen. Zu guter Letzt war auch General Soleti, den Radl und Warger um 7.30 Uhr vor dem römischen Innenministerium treffen sollten, um 8.30 Uhr immer noch nicht eingetroffen! Er erschien jedoch zum Glück wenig später.

Unsere 12 Lastensegler landeten endlich, als U.St.Fhr. Radl mit dem General am Flugplatz speiste. Aber lassen wir hier Radl das Wort:

»Vom Fenster beobachtete der General, wie unsere zwölf DSF-230 vor uns niedergingen.

›Sehr interessant, sehr erfinderisch, diese Flugzeuge ohne Motor, finden Sie nicht?‹

›Ja, Herr General. Der DSF-230 ist ein ausgezeichneter Apparat. Excellentissima macchina!‹

›Sie sind Fallschirmjäger und sind bestimmt schon oft diese Maschinen geflogen?‹

Ich war weder Fallschirmjäger, noch waren Lastensegler meine Spezialität. Der General war sich nicht bewußt, daß er selbst darin Platz nehmen würde und zwar mit Hpt.St.Fhr. Skorzeny im dritten Lastensegler. Ich mußte den General irgendwie beruhigen:

›Ja, sehr oft, Herr General! Man hat einen äußerst angenehmen Eindruck, nicht nur, weil es kein Motorengeräusch, gibt, das die Unterhaltung stört, sondern auch weil man sich tatsächlich wie ein Vogelmensch fühlt; uomo-uccello!‹

244

›Wirklich, für was sind denn diese Apparate bestimmt?‹
Ich warf einen Blick auf meine Uhr. Der gefürchtete Augenblick war nun
gekommen.
Eben, Herr General. Wir werden nachher mit diesen Lastenseglern abfliegen und im Massiv des Gran Sasso landen und den Duce befreien.‹
General Soleti schaute mich erst ungläubig an und dachte wohl, daß ich einen
schlechten Witz machte.
Ich hoffe, Sie sagen das im Spaß! Der Duce wird in 2000 m Höhe gefangengehalten, im Hochgebirge! Wie wollen Sie denn dort landen? Das ist
unmöglich, mein Freund: das wäre ein wirklich idiotisches Unternehmen,
ein glatter Selbstmord! Ein richtiges Massaker! Und Sie behaupten, daß
ich, Soleti . . .‹
Als er dank den Bemühungen Wargers dann verstand, daß er bei dieser
›Wahnsinnsoperation‹ dabei war, protestierte er zuerst, dann faßte ihn
tiefste Verzweiflung. Er wurde richtig krank, und wir mußten dringend
Dr. Brunner holen lassen . . .«
Ehrlich gesagt, verstehe ich die Haltung des Generals Soleti. Er war ein
ausgezeichneter Kavallerist und hätte sich an der Spitze eines Kavallerie-
regiments sicher hervorragend bewährt. Aber unser Unternehmen schien ihm
sinnlos und unmöglich. Nach einer Unterredung mit St.bann.Fhr. Kappler,
der unerschütterlich blieb, und einer kurzen Besprechung mit General Student
mußte er wohl oder übel damit einverstanden sein, uns zu begleiten, »um
ein Blutvergießen zu vermeiden«. Er hatte keine andere Wahl: Am 12. September morgens ließen ihn Radl und Warger nicht mehr aus den Augen.
Bevor sich General Student von uns verabschiedete, versammelte er im
Verwaltungsbüro des Flugplatzes alle Piloten, Offiziere und Gruppenführer des Einsatzes:
»Meine Herren«, sagte er, »Sie werden sehr bald einen wirklich außergewöhnlichen Einsatz starten. Alle Anwesenden wurden unter den besten
Piloten und Offizieren ausgewählt, die es gewohnt sind, allen Gefahren ins
Auge zu sehen. Diese Operation wird als einzigartig in die Militärgeschichte
eingehen, nicht nur, weil Sie enorme technische Schwierigkeiten zu überwinden haben, sondern weil dieses Unternehmen von ganz erheblicher politischer Bedeutung ist. Ehe Ihnen Hauptsturmführer Skorzeny die letzten Anweisungen geben wird, möchte ich Ihnen alles Gute zu einem vollen Erfolg
wünschen. Ich bin überzeugt, daß jeder einzelne von Ihnen seine Pflicht erfüllen wird.«
Auf einer in großem Maßstab angefertigten Skizze des Campo Imperatore,
die an die Wand geheftet war, erklärte ich jedem Piloten und jedem Grup-
penchef seine jeweilige Aufgabe. Ich hatte den Angriff auf die Festung Eben
Emael am 10. Mai 1940 genau studiert und wußte, daß zwischen dem
Zeitpunkt, an dem die ersten Fallschirmjäger und Spezialpioniere vom

Himmel auf die Kuppel der Festung »fielen«, und dem Moment, an dem die Belgier das Feuer eröffneten, *drei Minuten* verstrichen waren[1].

Ich schätzte, daß ich mit den Leuten meines Lastenseglers (Nr. 3) über *vier Minuten* Zeit hatte, um bis zum Duce zu gelangen, bevor man auf uns schießen würde. Dann würden wir von den Besatzungen der Lastensegler Nr. 1 und 2 Rückendeckung bekommen, während Radl, Menzel und die Soldaten des Lastenseglers Nr. 4 nur eine Minute hinter uns sein würden.

Aber, wie die Italiener sagen, es gab »Imponderabilien«: angefangen mit einer Bombardierung unseres kleinen Flugplatzes durch ein paar englische Flugzeuge ungefähr eine Viertelstunde vor unserem Abflug. Als ich aus der Deckung hervorkam, sah ich, daß, wie durch ein Wunder, keiner unserer Segler getroffen worden war. Nur die Startbahn war zum Teil von Bomben zerstört. Zur X-Zeit für den Start, um 13 Uhr, startete unser Unternehmen, und das Schleppflugzeug mit Langguth an der Spitze nahm Kurs nach Nordosten zum Bergmassiv des Gran Sasso.

---

1 J. Benoist-Méchin schreibt in *Sechzig Tage, die den Westen erschütterten* (1956), daß der Plan zur Eroberung Eben-Emaels von Hitler persönlich ausgearbeitet wurde. (A. d. Red.)

DRITTES KAPITEL

# Die Befreiung des Duce

Das Leitflugzeug und die Lastensegler Nr. 1 und 2 kehren nach Pratica di Mare zurück! — Ich befehle die Sturzlandung und Inbesitznahme des Hotels — »Ich wußte, daß mein Freund Adolf Hitler mich nicht im Stich lassen wird!« — Die Carabinieri ergeben sich — Die Heldentat Gerlachs — Das Ritterkreuz — Mit der Familie Mussolini in München — Der Neofaschismus — Die Unterredung zwischen Mussolini und Ciano — Im FHQu — Der Mitternachtstee — Das Tagebuch Mussolinis — Der Duce erneut Gefangener ... diesmal der Deutschen — Gespräch mit Admiral Canaris — Folgen dieses Einsatzes: Adrian v. Fölkersam kommt zu uns — 18. April 1945: die Waffen-SS-Wachtruppe des Duce wird zurückgezogen — »Wir können nichts machen ...«

Vom Innern eines DSF-230 Lastenseglers kann man praktisch nichts von der Landschaft erkennen. Sein Stahlrohrrahmen ist nur mit Zeltstoff überspannt. Unser Pulk stieg durch dicke Wolkengruppen auf 3500 m Höhe. Strahlender Sonnenschein drang durch die kleinen Plastikfenster, und ich sah einige meiner Leute, die ihren ganzen Notproviant aufgegessen hatten und denen es nun sehr übel wurde. Auch das Gesicht des Generals Soleti, der vor mir zwischen meinen Knien saß, nahm die graugrüne Farbe seiner Uniform an.

Der Pilot des Henschel-Schleppflugzeuges unterrichtete durch Bordtelefon den Piloten unseres Lastenseglers, Leutnant Maier-Wehner, den Chef aller Segelflugzeugpiloten. Dieser gab mir seinerseits die jeweilige Position unserer Formation durch. Auf diese Weise konnte ich den Flug genau verfolgen. Ich hielt eine detaillierte Karte in den Händen, die Radl und ich nach am 8. September aus der Maschine Langguths gemachten Aufnahmen gezeichnet hatten, und erinnerte mich an die Worte General Students: »... ich bin überzeugt, daß jeder von Ihnen seine Pflicht erfüllen wird.« Da meldete mir Leutnant Meier-Wehner, daß ihm der Pilot unserer Schleppmaschine durchgegeben habe, das Leitflugzeug Langguths und die Lastensegler Nr. 1 und 2 seien nicht mehr in Sicht. Später erfuhr ich, daß diese Flugzeuge ganz einfach abgedreht und nach Pratica di Mare zurückgekehrt waren! Das bedeutete, daß mein Stoßtrupp und der von Radl keine Rückendeckung mehr hatten und ich als erster landen *mußte*, wenn ich das Unternehmen überhaupt durchführen wollte. Ich wußte nicht, daß auch hinter mir zwei weitere Lastensegler fehlten. So glaubte ich, neun Lastensegler hinter mir zu haben, und hatte in Wirklichkeit nur sieben! Zu Meier-Wehner rief ich: »Wir übernehmen die Spitze!« und schnitt mit meinem Fallschirmmesser zwei Öffnungen in die Verspannung. Dadurch konnte ich mich einigermaßen orientieren und den beiden Piloten Anweisungen geben: erst Meier-Wehner, der dann den Befehl an die »Lokomotive«, die uns zog, weitergab. Endlich entdeckte ich unter uns das Städtchen Aquila in den Abruzzen und den kleinen Flugplatz, dann etwas weiter auf der Serpentinenstraße zur Talstation der Drahtseilbahn auch die Kolonne Mors, die gerade Assergi passiert hatte und eine dichte Staubwolke hinterließ. Sie waren pünktlich; unten stimmte alles. Es war fast schon die X-Zeit, 14 Uhr, und ich rief: »Stahlhelme festschnallen!«

Unter uns tauchte das Hotel auf. »Schleppseil ausklinken!« befahl Leutnant Meier-Wehner und zog kurz danach eine einwandfreie Kurve über dem Plateau. Ich mußte feststellen, daß die flachgeneigte Wiese, auf der wir im Gleitflug landen wollten – wie es General Student angeordnet hatte – nur eine kurze, steile Wiese und dazu noch mit Felsbrocken übersät war.

Sofort rief ich: »Sturzlandung! Möglichst nahe hinter dem Hotel!« Die anderen sieben Lastensegler, die hinter mir flogen, würden sicher dasselbe machen. Radl, dem der Pilot der Maschine Nr. 4 unser Manöver meldete, gestand mir später, daß er dachte, ich hätte den Verstand verloren.

Trotz Bremsfallschirm landete unsere Maschine mit viel zu großer Geschwindigkeit, machte noch einige Sätze und kam schließlich mit viel Getöse und fast völlig zerstört etwa 15 m vor der Ecke des Hotels zum Stehen. Von da an ging alles sehr rasch. Ich lief, so schnell ich konnte, Waffe in der Hand, dem Hotel zu. Meine sieben Kameraden der Waffen-SS und Leutnant Meier folgten. Ein Posten schaute uns nur völlig verblüfft an. Rechts eine Tür: ich drang ein. Ein Funker saß vor seinem Gerät und arbeitete. Ich stieß mit einem Fußtritt den Stuhl unter ihm weg, und der Funker fiel auf den Boden. Ein Schlag mit der Maschinenpistole in das Funkgerät, und der Apparat war zerstört. Später erfuhr ich, daß in diesem Moment eine Meldung des Generals Cueli durchgegeben werden sollte, daß Flugzeuge zur Landung ansetzten. Aber der Raum hatte keine weitere Türe ins innere Gebäude, und so stürzten wir weiter, die Rückfront des Hotels entlang, um eine Eingangstür zu finden: aber es war keine vorhanden. Nur am Ende die Mauerwand einer Terrasse. Über die Schultern des Scharführers Himmel kletterte ich hinauf – noch ein Schwung, und ich stand jetzt an der Vorderseite des Hotels. Ich lief weiter und erblickte plötzlich in einem Fensterrahmen das markante Profil Mussolinis.

»Duce, weg vom Fenster!« rief ich, so laut ich konnte.

Vor dem Haupteingang des Hotels waren zwei MGs in Stellung. Wir warfen sie mit Fußtritten um und drängten die italienische Besatzung zurück. Hinter mir brüllte es: »Mani in alto!« Ich stürzte gegen die Carabinieri, die sich am Eingang stauten, und drängte mich im Handgemenge in nicht gerade sanfter Weise gegen den Strom. Ich hatte den Duce im ersten Stock rechts gesehen. Eine Treppe führte nach oben. Ich sprang hinauf, drei Stufen auf einmal nehmend. Rechts ein Gang und die zweite Tür. Da war der Duce, mit ihm noch zwei italienische Offiziere und eine Person in Zivil. Ich stellte alle drei gegen die Wand. U.St.Fhr. Schwerdt beförderte sie auf den Gang. Am Fenster tauchten Unterscharführer Holzer und Benzer auf: sie waren die Fassade direkt am Blitzableiter heraufgeklettert. Der Duce war also in unserer Hand und stand unter unserem Schutz. Die ganze Aktion hatte sich in knapp vier Minuten abgespielt — ohne daß ein einziger Schuß gefallen war.

Ich hatte keine Zeit, dem Duce irgend etwas zu sagen. Durch das offene Fenster sah ich Radl und seine Gruppe im Laufschritt ankommen: ihr Lastensegler war vor dem Hotel gelandet. Die Waffen schußbereit in der Hand, stürzten sie zum Eingang, wo die Carabinieri eben damit beschäftigt waren, ihre MGs wiederaufzustellen. Ich rief Radl zu: »Alles in Ordnung hier! Unten absichern!«

In weiter Entfernung fielen ein paar Schüsse: die italienischen Posten waren aufgewacht. Ich ging auf den Gang und verlangte den Kommandanten des Hotels sofort zu sprechen. Die Carabinieri mußten nun, so schnell es ging, entwaffnet werden. Ihr Chef war nicht weit weg, ein Oberst.

»Jeder Widerstand ist zwecklos«, sagte ich ihm auf französisch. »Ich verlange eine sofortige Übergabe!«

»Ich brauche etwas Bedenkzeit! ... Muß mit General Soleti sprechen ...«

»Sie bekommen eine Minute! Los!«

Eben betrat Radl den Raum; er hatte sich durchschlagen können. Ich ließ zwei unserer Soldaten als Posten vor der Tür und betrat das Zimmer Mussolinis, wo sich immer noch Schwerdt befand.

»Duce, der Führer hat mir den Befehl gegeben, Sie zu befreien!«

Er drückte mir die Hände und umarmte mich mit den Worten:

»Ich wußte, daß mein Freund Adolf Hitler mich nicht im Stich lassen wird!«

Benito Mussolini war sehr gerührt, und seine schwarzen Augen glänzten. Ich muß gestehen, daß dies für mich einer der großen Augenblicke in meinem Leben war.


Die Minute Bedenkzeit war verstrichen, und der Oberst hatte nachgedacht. Er kam wieder ins Zimmer, kapitulierte, reichte mir ein Glas Rotwein und sagte mit knapper Verbeugung:

»Auf den Sieger!«

Ich trank auf sein Wohl und reichte das Glas dem durstigen Radl weiter, der es sofort leerte.

General Soleti, einmal aus dem Flugzeug, war wieder zu sich gekommen. Er hatte uns natürlich nicht bei der Erstürmung der Terrasse folgen können, wurde jedoch von der Gruppe Radl des Lastenseglers Nr. 4 gesehen und aufgenommen. Da ihm sicher nichts daran lag, daß man auf ihn schoß, wiederholte er, wie alle meine Leute, meinen Befehl: »Mani in alto!« Ein aus dem Fenster gehängtes Bettlaken ersetzte die weiße Fahne. Als Leutnant v. Berlepsch das Laken am Fenster erblickte, befolgte er genauestens meine Anweisungen und umstellte nur das Hotel mit seinen Fallschirmjägern. Ich erteilte ihm durchs Fenster den Befehl, sofort die zahlreiche Bewachung des Duce zu entwaffnen, und fügte hinzu:

»Sachte, aber schnellstens!«

Leutnant v. Berlepsch grüßte und klemmte sein Monokel ein. Er hatte verstanden. Auf Wunsch General Soletis, den Mussolini gut kannte, durften die Offiziere ihre Revolver behalten. Der Duce sagte mir, daß ihn der in Tobruk schwerverletzte Carabinierihauptmann Faviola wie auch die anderen Carabinierioffiziere gut behandelt hätten. Allerdings hatte ihm Faviola am 11. September alle schneidenden Gegenstände, die er besaß, wie Messer, Rasierklingen und so weiter abgenommen: Mussolini war entschlossen, den Alliierten nicht lebend in die Hände zu fallen.

Ich erfuhr, daß wir auch einen General gefangengenommen hatten. Dann stellte man mir den Mann im Zivilanzug vor, der sich zusammen mit Hauptmann Faviola und einem anderen Offizier im Zimmer des Duce aufhielt, als Schwerdt und ich ankamen: es war General Cueli! Später hörte ich: dieser Mann hatte für denselben Nachmittag den Auftrag, Mussolini abzutransportieren und an die Alliierten auszuliefern! Ich entschied, daß auch Soleti und Cueli nach Rom zu schaffen seien.

Einer unserer Lastensegler stürzte auf eine Geröllhalde in etwa 800 m Entfernung. Die zehn Verletzten wurden sofort von unserem Sanitäter und italienischen Soldaten geborgen und von Dr. Brunner und italienischen Sanitätern behandelt. Keiner der Abgestürzten war schwer verletzt. Wir hatten zweifellos ein unwahrscheinliches Glück gehabt; keine Rede von 80 Prozent Verlusten, wie uns im Regimentsstab der Fallschirmjäger prophezeit worden war!

Im Tal kam es im Laufe der Besetzung der Drahtseilstation zu einem kurzen Gefecht, und die Italiener erlitten geringfügige Verluste. Aber beide Stationen waren unversehrt in unseren Besitz gelangt. Major Mors ließ telefonisch anfragen, ob er mit der Seilbahn heraufkommen könne. Ich war einverstanden.

Meine Mission war allerdings noch nicht zu Ende. Wie konnte man den Duce nach Rom bringen? Dazu waren drei Möglichkeiten geplant. Die erste bestand darin, sich des Flugplatzes von Aquila di Abruzzi zu bemächtigen. Dort würden drei Heinkel 111 landen. Ich würde Mussolini zum Landeplatz und in eines der Flugzeuge begleiten. Diese Maschine würde von den beiden anderen während des Fluges abgedeckt werden.

Durch unseren im Tal angekommenen Funkwagen ließ ich die vereinbarte Meldung »Unternehmen erfolgreich durchgeführt« übermitteln. Ich setzte

den Fallschirmjägerangriff auf den Flugplatz für 16 Uhr fest. Als ich aber auf die Bestätigung wartete, daß die drei He 111 landen würden, war keine Funkverbindung mehr mit der Funkstation des Fallschirmjägerkorps zu bekommen. Es ist mir bis heute unerklärlich, weshalb.
Zweite Möglichkeit: ein Fieseler Storch sollte bei Assergi, der Talstation, landen. Leider funkte mir der Pilot des Flugzeuges, den ich bei seiner harten Landung durchs Fernglas beobachtete, daß seine Maschine Schaden am Fahrwerk erlitten hätte.
So blieb nur die dritte Lösung: Hauptmann Gerlach, General Students persönlicher Pilot, sollte mit einem anderen Fieseler Storch auf dem Campo Imperatore landen. Carabinieri und Fallschirmjäger räumten eiligst eine schmale Landefläche frei, denn Gerlach drehte schon Kurven über uns und wartete auf die grüne Leuchtrakete »Landen!«.
Er landete mit bemerkenswertem Geschick, zur Bewunderung aller. Aber er mußte wieder starten, mit dem Duce — und mir! Ich hatte einen Befehl Hitlers erhalten. Der Start war sehr schwierig; wenn ich Benito Mussolini mit Gerlach allein wegfliegen ließ und er dann vielleicht mit dem Duce abstürzte, blieb mir nichts anderes übrig, als mir selbst eine Kugel in den Kopf zu schießen. Es hätte geheißen, ich wollte nicht den gefährlichen Start mit Mussolini und dem Piloten Gerlach riskieren.
Da ich mich für Plan C entschließen mußte, gab ich dem Duce bekannt, daß wir mit dem »Storch« in einer halben Stunde starten würden. Da er selbst Pilot war, wußte er, was ein Start in dieser Höhe und ohne richtige Piste bedeutete. Ich war ihm dankbar, daß er kein Wort über den Start verlor.
Er wollte nach Rocca delle Caminate, verzichtete aber darauf, als er erfuhr, daß sich seine Frau und seine Kinder nicht mehr dort befanden, sondern mit einem meiner Kommandos unter Hpt.St.Fhr. Mandel bereits in München eingetroffen seien.
Er übergab Radl seine Koffer und trat vom Hotel ins Freie. Major Mors und zwei seiner Leutnante kamen eben an. Major Mors bat den »Fliegerhauptmann Skorzeny«, ihn beim Duce vorzustellen. Dies war gerade der glückliche Augenblick für den Kriegsberichterstatter v. Kayser der Division Student, der mit Mors in der Seilbahn auf das Campo Imperatore heraufgekommen war.
An dieser Stelle möchte ich noch erwähnen, daß mir zwar die Anwesenheit einer italienischen Division bei Aquila bekannt war, jedoch nicht, daß diese in Richtung auf Assergi vorgerückt war. Der Aufenthalt des Duce im Tal und die Zurücklegung der Strecke von der Talstation bis nach Assergi und von dort bis zum Flugplatz von Aquila über Camarda und Bazzano wären gefährlich gewesen. Ich hatte den Funkapparat im Hotel zerstört, mit dem Cueli seine Meldungen durchgab. Aber es war möglich, daß der Kommandeur der italienischen Division sich über die Funkunterbrechung wunderte

und eine für uns unangenehme Initiative ergriff. Der Duce mußte so schnell wie möglich in Sicherheit gebracht werden. Plan C war jedoch mit größtem Risiko verbunden. Aber lassen wir noch einmal Karl Radl zu Wort kommen: »Als wir Gerlach, Mussolini und Skorzeny im Innern der kleinen Maschine zusammengepfercht sehen, ergreift uns alle Angst. Das Flugzeug gleitet den Abhang der ›Startbahn‹ hinunter, von wo man die großen Steine weggeschafft hat. Aber durch das zweite Drittel des Weges führt eine Wasserabflußrinne. Gerlach versucht, sie zu umgehen. Er will das Flugzeug in die Höhe ziehen und dann abheben. Der Storch überspringt tatsächlich das Hindernis, kippt aber plötzlich nach links und scheint sich fast zu überschlagen. Dann kommt ein anderer Aufschlag... noch die letzten Meter, und er verschwindet im Abgrund.

Die Beine werden mir weich; ich habe das Gefühl, sie sind mir abgeschlagen worden. Plötzlich sitze ich auf einem der Koffer des Duce. Zum Glück hat es keiner gesehen. Das ist die Reaktion auf die ungeheure Aktivität und die Spannung der letzten Tage. Ich denke, daß nun alles umsonst war: der Duce wird sterben; ich werde mir eine Kugel in den Kopf schießen. Wir schauen alle auf das Flugzeug, das im Tal verschwindet. Totenstille. Nichts mehr zu sehen. Aber der Motor ist noch zu hören. Auf einmal erscheint auf der anderen Seite des Abgrunds der ›Storch‹ und fliegt... fliegt in Richtung Rom!«

Vor einigen Jahren ließ ich mir auf dem internationalen Flugplatz von Rom einen Carabinierifeldwebel vorstellen. Er war einer derer, die am Gran Sasso mit einem MG die Eingangstür des Hotels hatten verteidigen sollen.

»Na«, sagte er, »da oben haben Sie mir einen schönen Kolbenhieb verpaßt, Herr Oberst!«

»Das bedauere ich...«

»Aber das war mir lieber als eine Kugel im Kopf!«

»Sie sind mir nicht böse?«

»Nein, Herr Oberst. Nachher habe ich mit meinen Kameraden geholfen, die Felsbrocken wegzuschaffen, damit der Storch landen und mit dem Duce und Ihnen an Bord wieder starten konnte.«

Wir drückten uns die Hand.

Das Flugzeug hatte linke Schlagseite und ging im Sturzflug ins Tal hinunter. Ich wartete auf den Aufprall und schloß kurz die Augen, öffnete sie wieder und bemerkte, daß Gerlach langsam den Knüppel anzog und den »Storch« wieder auffing: in gut dreißig Meter über dem Boden flogen wir über die Felsen zum Ausgang ins Tal von Arezzano. Ich konnte nicht umhin und legte die Hand auf die Schulter des Duce, der ebenso bleich wie Gerlach und ich war, sich umdrehte und lächelte. Er war sich der Gefahr völlig bewußt gewesen, hatte aber kein Wort darüber verloren. Erst jetzt begann er zu

sprechen, und da wir aus Sicherheitsgründen nicht sehr hoch flogen, erklärte
er mir die Gegend und rief alte Erinnerungen wach. Da fiel mir auf, daß er
ein ausgezeichnetes Deutsch sprach.

Bald lag die »Ewige Stadt« zu unserer Rechten. Gerlach landete kunstvoll
auf dem Hinterrad und dem rechten Vorderrad, da das linke beim Abflug
beschädigt worden war. Hauptmann Melzer erwartete uns. Er begrüßte den
Duce im Namen General Students, beglückwünschte Gerlach und mich und
begleitete uns zu den drei Heinkel 111, die uns in Aquila an Bord hätten
nehmen sollen. Ich stellte den Duce der Besatzung unseres Flugzeuges vor
und Dr. Ruether, dem Arzt der 2. Fallschirmjägerdivision, der als Begleitung mit uns flog.

Bald kamen wir in die Nähe Wiens, inmitten eines Gewitters. Unsere
Abenteuer waren noch nicht zu Ende: vergeblich versuchten wir durch Funk
mit Wien in Verbindung zu treten. Wir hatten praktisch keine Sicht. Ich
setzte mich neben den Piloten, und wir rechneten den Kurs nach. Es wurde
Nacht, und das Benzin ging langsam zur Neige. Wir mußten nicht weit vom
Ziel sein und stießen vorsichtig nach unten. Es kam nicht in Frage, mit dem
Duce an Bord eine Notlandung zu versuchen. Da sah ich plötzlich durch ein
Wolkenloch eine größere Wasserfläche schimmern und glaubte den Neusied-
lersee zu erkennen. Wir gingen noch tiefer: meine Annahme war richtig.
Der Pilot flog auf meine Anweisung Nordkurs. Bei tiefer Dunkelheit lande-
ten wir auf dem Flugplatz Aspern. Dort erfuhr ich vom Kontrollturm, daß
wir keine Funkverbindung aufnehmen konnten, »weil es Sonntag« sei und
die Funkzentrale an diesem Tag nicht voll besetzt. Als Goebbels ein paar
Wochen später vom »totalen Krieg« sprach, zitierte ich ihm ein paar Beispiele, insbesondere das von Aspern.

Der Duce wurde schließlich ins Hotel Imperial nach Wien gebracht, wo man
ihm eine Suite reserviert hatte. Er besaß keinen Schlafanzug, hielt ihn auch
in jedem Fall für unzweckmäßig, was uns Anlaß zu einer heiteren Unterhaltung gab. Ich freute mich, jetzt einen ganz anderen Mann vor mir zu
sehen, als den, den ich am Gran Sasso antraf, als ich die Zimmertüre des
Hotels Imperatore aufstieß. Er hatte noch einige herzliche Worte für uns.
Dann verabschiedete ich mich und ging in mein nebenan gelegenes Zimmer.

Langsam spürte ich die Müdigkeit, die sich in den letzten fünf Tagen und
Nächten angesammelt hatte. Aber ich sollte noch kein Anrecht auf Ruhe
haben. Das Telefon läutete: Himmler war am Apparat. Er war sehr
freundlich und sagte, nachdem er mir gratuliert hatte:

»Sie sind doch Wiener, wenn ich mich nicht irre? Wie! Ihre Frau ist nicht bei
Ihnen? Schicken Sie ein Auto zu ihr, das ist doch ganz normal! Selbstverständlich bleiben Sie beim Duce. Sie werden ihn morgen nach München und
von dort ins FHQu begleiten.«

Ich nahm den Vorschlag des Reichsführers gerne an. Der General der Waffen-SS Querner, der uns vom Flugplatz ins Hotel Imperial begleitet hatte, teilte mir kurz vor Mitternacht mit, daß der Chef des Stabes des Generalkommandos Wien mich zu sprechen wünsche. Kurz danach meldete sich der Oberst und erklärte feierlich:

»Hauptsturmführer Skorzeny, ich komme auf Befehl des Führers, der Obersten Befehlshabers der Wehrmacht, und habe den Auftrag, Ihnen das Ritterkreuz zum Eisernen Kreuz zu übergeben!«

Er nahm seinen eigenen Orden ab und schlang das Band um meinen schlechtrasierten Hals, über den Rock meiner recht heruntergekommenen Fallschirmjägeruniform. Ich bedauerte, daß mein Vater nicht mehr lebte; er hätte sich noch mehr darüber gefreut als ich selbst. Dann begann ein Durcheinander von Beglückwünschungen, Händedrücken und erneuten Fragen. Das Telefon läutete, und ich paßte nicht auf, als General Querner mir sagte: »Der Führer persönlich will Sie sprechen!«

Ich nahm den Hörer und vernahm die Stimme Hitlers:

». . . Sie haben nicht nur eine bis jetzt einmalige Tat in der Militärgeschichte glücklich zu Ende geführt, Skorzeny, sondern Sie haben mir auch einen Freund wiedergebracht. Ich wußte, wenn einer dazu in der Lage war, daß Sie es waren. Ich habe Sie zum Sturmbannführer der Waffen-SS befördert und Ihnen das Ritterkreuz verliehen. Ich weiß, daß Sie es schon tragen, denn ich habe den Befehl erteilt, daß man es Ihnen sofort überreicht . . .«

Er hatte noch ein paar Worte des Dankes, und ich konnte fühlen, wie froh auch er war, daß der Duce gerettet war. Nach ihm kamen noch Keitel und Göring ans Telefon und beglückwünschten mich ebenfalls. Ich erklärte ihnen allen, daß die Befreiung des Duce nicht möglich gewesen wäre ohne den Mut und den Einfallsreichtum all derer, die an diesem Einsatz und seiner Planung beteiligt waren. Insbesondere erwähnte ich U.St.Fhr. Radl, Lt. Meier-Wehner, Pilot des Lastenseglers Nr. 3, und Hauptmann Gerlach. Kurz danach erfuhr ich zu meiner großen Freude, daß auch die Operation Hauptmann Mandels geglückt war und Donna Rachele, Annamaria und Romano sich wohlauf in München befanden.

Am nächsten Tag begleitete ich Mussolini in einem bequemen Junkers-Flugzeug von Wien nach München, wobei mir der über Nacht verjüngte und wieder vitale Duce seine Pläne erläuterte. Diese waren grandios. Seine neue Bewegung, die republikanisch-faschistische Partei, sollte die italienische Nation wieder hochbringen. Das Haus Savoyen hatte die faschistische Revolution nicht nur in keiner Weise unterstützt, sondern sabotiert. Der König, der keine Ahnung vom Regieren hatte, und seine Höflinge hatten den Duce unablässig im geheimen bekämpft und schließlich auch noch verraten. Josef Mazzini hatte recht.

»Als unser Schiff am 27. Juli gegen Mitternacht an Gaeta vorbeikam«, fügte er hinzu, »glaubte ich erst, daß man mich in die berühmte Festung bringen würde, und bat, daß man mich, als besondere Ehre, in die Zelle bringen solle, in der der Held des Risorgimento 1870 eingekerkert war. Aber man brachte mich nach Ponza!«

Auf dem Flughafen Riem bei München nahm Mussolini gerührt seine Frau Donna Rachele und die beiden Kinder in die Arme. Wir blieben bis zum 15. September im Gästehaus der Reichsregierung in München. Der Duce bestand darauf, daß ich auch dort untergebracht wurde und mit ihm und seiner Familie die Mahlzeiten einnahm. So hatten wir noch mehrere Unterhaltungen. Er machte sich keinerlei Illusionen und wußte, daß der republikanisch-faschistische Staat noch große Schwierigkeiten zu überwinden hätte. Die neofaschistische Doktrin, deren Grundzüge Mussolini mir darlegte, war, mehr als nur ein »nationaler monarchistischer« Faschismus. Es war vor allem eine Aufforderung zur europäischen Vereinigung. Diese Einheit konnte nicht unter Vorherrschaft einer einzigen Nation oder einen kleinen Gruppe Nationen zustande kommen, sondern mußte alle Länder Europas umfassen. Die neue Doktrin beabsichtigte, alle befreiten Nationen zu vereinigen – nach außen, gegen die internationale Plutokratie, und nach innen – gegen den aggressiven Kapitalismus. Die europäischen Länder sollten sich zusammentun, um die ungeheuren Reichtümer des afrikanischen Kontinents gemeinsam zu bewirtschaften, zum Nutzen der afrikanischen und europäischen Völker.

Mussolini sagte mir, daß er sehr viel über die Idee von Eurafrika nachgedacht habe. Sie sei nur zu verwirklichen, wenn man den alten Kontinent über die egoistischen und begrenzten Nationalismen hinwegbringe und neu organisiere. Sonst wären die europäischen Völker trotz ihrer gemeinsamen Kultur nicht imstande, zu überleben. Die Ära der Bruderkriege sei vorbei. Es gelte, sich zu vereinigen oder unterzugehen.

Im November 1943, beim 1. Kongreß der republikanisch-faschistischen Partei, hielt der Duce eine Rede in diesem Sinne. Ich kann also bestätigen, daß der Neofaschismus – der sich vom »königlichen« Faschismus total unterscheidet – keine Erfindung Hitlers ist, wie von vielen Historikern behauptet wurde. Der Duce hatte seit seiner Gefangennahme (am 25. Juli 1943) sowohl in Ponza, als auch in Sta. Maddalena und auf dem Campo Imperatore Zeit genug zur Verfügung, um über diese Probleme nachzudenken. Von ihm habe ich mir den Satz gemerkt: »Wir fühlen uns nicht als Italiener, weil wir Europäer sind, sondern wir fühlen uns als Europäer in dem Maße, in dem wir uns wirklich als Italiener fühlen.«

Im Lauf des Nachmittags am Montag, dem 13. September 1943, bat Edda Ciano ihren Vater, den Mann zu empfangen, der den Duce so wirkungsvoll im »Großen Rat der Faschisten« verraten hatte. Frau Ciano behauptete, daß es sich um »ein tragisches Mißverständnis« handele, und daß Galeazzo bereit sei, ihm Erklärungen dafür zu liefern. Donna Rachele weigerte sich hartnäckig, ihren Schwiegersohn zu empfangen. Sie konnte ihn nicht ausstehen und sagte, daß »mit ihm das Unglück in die Familie gekommen« sei. Der Duce gab jedoch den Bitten seiner Tochter nach. Er empfing Ciano, verlangte allerdings, daß ich bei der Unterredung dabei sein solle. Ich befürchtete, daß Donna Rachele jeden Augenblick erscheinen könnte, um ihrem Schwiegersohn die Meinung zu sagen. Die Unterredung war nur kurz. Ciano machte dem Duce Komplimente, beglückwünschte ihn und versuchte sich zu rechtfertigen. Sein Verhalten war so jämmerlich, daß ich richtig in Verlegenheit kam. Mussolini war sehr kühl, und das Gespräch war schnell beendet. Ich begleitete Ciano hinaus, befürchtete aber immer noch, plötzlich Donna Rachele auftauchen zu sehen. Er verabschiedete sich. Der Duce sagte mir daraufhin, daß er sich verpflichtet fühle, diejenigen zu bestrafen, die ihn auf so niederträchtige Weise verraten hätten − nämlich die Führer der Palastrevolution, der er zum Opfer gefallen war.

Ich konnte mich nicht zurückhalten, zu fragen:

»Duce, Sie werden also auch den Mann, der eben hier war, vor Gericht bringen?«

»Das muß sein!« antwortete Mussolini ernst. »Ich mache mir keinerlei Illusionen über den Ausgang des Prozesses. Wenn es mir auch schwerfällt und Eddas Kummer sehr groß sein wird − ich muß so handeln. Wenn ich bedenke, daß der größte Vorwurf, den mir Scorza während dieser verhängnisvollen Nacht machte, der war, daß ich nicht tyrannisch genug sei! Er hat gewagt, im Großen Rat zu sagen: ›Sie waren in diesem Jahrhundert der Mann, dem man am wenigsten gehorchte!‹ Das sagte er, Scorza!«

Am Nachmittag des 15. Septembers kamen wir im FHQu an. Hitler erwartete den Duce am Flughafen und bereitete ihm einen herzlichen Empfang. In Wahrheit hatte die faschistische Republik, die neu entstehen sollte, keine andere Basis als die Freundschaft dieser beiden Männer und als Anhänger einige zehntausend Menschen. Italien war jetzt noch mehr als im Jahre 1921 anfällig für den Kommunismus, denn dieses Mal trat der Kommunismus als Verbündeter der großen Demokratien auf.

Hitler bat mich, ihm einen genauen Bericht über den Verlauf des Einsatzes zu liefern. Ich trug zwei Stunden lang vor. Ich wußte immer noch nicht, was aus den Lastenseglern Nr. 1 und 2 geworden war und aus denen, die beim Abflug in Pratica di Mare nicht vom Boden abgekommen waren. Ich hielt die letzten beiden für verloren und teilte Hitler ehrlich mit, daß wahrscheinlich 30 Prozent der am Unternehmen beteiligten Soldaten vermißt seien. Der deutsche Rundfunk meldete dann einen »Verlust von 30 Prozent«, und mir wurde hinterher vorgeworfen, unsere Verluste übertrieben zu haben, »um die Operation gefährlicher hinzustellen«. Zwei Wochen später hatten Radl und ich Gelegenheit, eine Stunde lang im deutschen Rundfunk zu sprechen und alles aufzuklären. Wir hatten tatsächlich nur zehn Verletzte zu beklagen.

Am nächsten Tag, dem 16. September, kam Hermann Göring im Sonderzug an und stellte mir seinerseits eine Menge Fragen. Er verlieh mir das Fliegerabzeichen in Gold, bemerkte aber, daß ich eine große Verantwortung übernommen hätte, als ich den Duce in der Maschine Gerlachs begleitete. Obwohl er verstehe, sagte er, daß ich dasselbe Risiko wie Mussolini habe tragen wollen, da ich einen persönlichen Befehl des Führers ausführte. Ich benutzte die Gelegenheit und bat den Reichsmarschall, Hauptmann Gerlach und Leutnant Meier-Wehner für das Ritterkreuz vorschlagen zu dürfen. Hitler gab seine Zustimmung für die beiden hohen Orden, sowie für die Auszeichnung an meine Freiwilligen und Karl Radl, der auch zum Hauptsturmführer ernannt wurde.

Etwas später hatte ich noch einmal einen Vortrag über den Einsatz vor einem guten Dutzend Generalen des FHQu zu halten. Göring und Jodl saßen in der ersten Reihe. Wenn einige eine Rede im Generalstabsstil erwartet hatten, so wurden sie sicher enttäuscht. Ich erzählte die Ereignisse, wie sie stattgefunden hatten, wie wir sie erlebt hatten, mit unseren Hoffnungen und Irrtümern, aber auch unserem Willen, trotz allem den Einsatz erfolgreich durchzuführen.

Am nächsten Tag sprach mir Oberst Strewe, der für die militärische Sicherheit verantwortliche Kommandeur der Wolfsschanze, seine Befürchtungen aus: ob das FHQu meiner Meinung nach ausreichend gegen einen feindlichen Einsatz gesichert sei? Ich konnte ihm nur sagen: »Das FHQu ist zweifellos sehr gut getarnt. Seine Zugänge sind gut bewacht. Aber ein feindlicher Angriff darauf ist immer möglich. Auch alle Hauptquartiere können selbstverständlich wie jedes andere militärische Ziel angegriffen werden.«

Ich nahm am »Mitternachtstee« teil. Hitler saß zwischen seinen beiden Sekretärinnen Johanna Wolff und Traudl Jung und trank Tee. An diesem Abend unterhielt er sich hauptsächlich mit Botschafter Hewel, der Ribbentrop im Führerhauptquartier vertrat.

»Wenn Sie ins FHQu kommen, Skorzeny, sind Sie selbstverständlich immer zum Mitternachtstee eingeladen«, sagte Hitler. »Ich würde mich freuen, Sie öfter hier zu sehen.«

Ich dankte Hitler, nutzte aber in Zukunft diese Einladung, zum Mitternachtstee zu kommen, nicht aus, der sich oft bis drei oder vier Uhr morgens hinzog. Bei dieser Gelegenheit versuchten viele ihre Karriere zu machen — durch Schmeicheleien und Intrigen, sofern es ihnen gelang, die Aufmerksamkeit des immer im FHQu anwesenden Reichsleiters Martin Bormann auf sich zu ziehen.

Heute bedauere ich, daß ich nicht so oft wie möglich an diesem Mitternachts-tee teilgenommen habe. So hätte ich Hitler auf Realitäten aufmerksam machen können, die er nicht kannte. Es heißt heute, daß es nicht möglich gewesen sei, ihm mit einer eigenen Meinung entgegenzutreten. Das stimmt nicht. Er diskutierte gerne mit seinen Gesprächspartnern, wenn diese über die zur Diskussion stehenden Probleme gut informiert waren und ver-nünftige Vorschläge machten. Ab Herbst 1943 ließ dann sein gesundheit-licher Zustand immer mehr nach – unter dem Einfluß der »Behandlung« des Dr. Morell, eines gefährlichen Kurpfuschers, der von Bormann unter-stützt wurde.

Bormann, den Reichsleiter der Partei, kannte ich nicht bis zu dem Tage, an dem er mich zum Abendessen einlud (am 16. September 1943). Ich kam mit geringer Verspätung an, was nicht nach dem Geschmack des ebenfalls anwe-senden Reichsführers Himmler war. Bevor ich mich überhaupt entschuldigen konnte, machte er mir einige hämische Bemerkungen. Heute versuche ich vergebens, mir auch nur eines der unbedeutenden Gesprächsthemen Bor-manns ins Gedächtnis zurückzurufen. Himmler seinerseits war nicht gesprä-chig. Bormann versuchte allerdings mir vorzuschreiben, was ich dem Führer berichten sollte und was nicht. Kurz, eine eisige Atmosphäre. Joachim v. Ribbentrop, den ich schon nachmittags auf Einladung zum Kaffee besucht hatte, war ebenfalls wenig unterhaltend. Er empfing mich sehr protokoll-mäßig, saß auf einem höheren Fauteuil als die anderen und bot mir türki-sche Zigaretten an, die mit seinen Initialen versehen waren. Ich mußte fest-stellen, daß unser Außenminister über das, was sich in den letzten Monaten in Italien ereignet hatte, recht schlecht informiert war.

Als ich mich in der Wolfsschanze vom Duce verabschiedete, mußte ich ihm versprechen, ihn bald in Italien zu besuchen. Aber erst Mitte Juni 1944 kam ich in das am Westufer des Gardasees gelegene Gargnano, seinen neuen Regierungssitz – und daran trug Ribbentrop die Schuld.

Bei Frascati erwarteten mich meine Soldaten. Ich hatte Erlaubnis bekom-men, im motorisierten Marsch über Tirol und den Gardasee nach Innsbruck zu fahren, und befand mich eben in Innsbruck, als ich eine Nachricht aus Berlin erhielt, die die Generale Soleti und Cueli betraf. Mussolini hielt ersteren für verdächtig und sagte mir das auch. Dagegen hatte er ein gewis-ses Vertrauen zu Cueli, weil ihn dieser auf dem Gran Sasso gut behandelt hatte. Man erinnere sich, daß der Duce sein Gepäck Radl anvertraute, der es den beiden italienischen Generalen aushändigte. Diese nahmen in dem schließlich reparierten zweiten Fieseler Storch Platz und kamen ebenfalls nach München. Dort übergaben sie dem Duce sein Gepäck, wollten nach Italien zurückkehren und befanden sich eben in Innsbruck, wo ihr eigenes Gepäck routinemäßig kontrolliert wurde. So erfuhren wir, daß dabei Pa-piere auftauchten, die anscheinend Mussolini selbst gehörten und daher konfisziert wurden. Ich sah später mit eigenen Augen, daß es sich dabei um das Tagebuch Mussolinis handelte. Ich hatte meine eigene Rolle in diesem Abenteuer zu Ende gespielt und meldete infolgedessen nur der Dienststelle Ribbentrops, daß diese Papiere dem Reichsaußenminister zugesandt würden und von dort Mussolini, der immer noch Hitlers Gast war, zurückgegeben werden sollten. Man sollte ihm natürlich erklären, daß sein Tagebuch im Gepäck der beiden Generale gefunden wurde, als sie die Grenze passieren wollten.

Von Rom und Frascati, wo mir meine Freiwilligen einen begeisterten Empfang bereitet hatten, rückten wir bis zum Gardasee herauf, wo das HQu des I. Panzerkorps der Waffen-SS lag, die mein ehemaliger Chef, General Paul Hausser, kommandierte. Der uns dort bereitete Empfang kompensierte alle unsere überwundenen Mühen. Dort vergaßen wir allen Ärger, die kleinen Hindernisse, die uns in den Weg gelegt wurden, und die Intrigen. Dort nahm ich auch ein Geschenk des Duce in Empfang: ein großartiges Lancia Sportkabriolet. Ich konnte ihm aber erst Mitte Juni persönlich dafür danken. Denn in der Wilhelmstraße wurde das in Innsbruck entdeckte Tagebuch über acht Monate zurückbehalten, und ich mußte mehrere Male nachdrücklich bitten, daß man es mir aushändigen möge, da ich ohne dieses Tagebuch Mussolini nicht besuchen konnte. Möglicherweise wurden darin die Diplomatenkünste Ribbentrops scharf kritisiert.

Im Juni 1944 begab ich mich zusammen mit Hauptmann Radl nach Gargnano. Mussolini empfing uns herzlich in der Villa Feltrinelli. Aber vorher gaben uns noch Botschafter Rahn und seine Dienststelle eine Menge Empfehlungen mit auf den Weg, über was es sich schickte, zu sprechen, und was besser nicht erwähnt werden sollte. Es war uns unangenehm, feststellen zu müssen, daß sich bei der Villa nur sehr wenige italienische Wachsoldaten befanden. Wache hielt ein Bataillon der Waffen-SS — als ob Mussolini nicht tausend italienische Soldaten zu seinem Schutz und seiner Verteidigung hätte auftreiben können. Hatten wir ihn vom Gran Sasso befreit, um ihn aufs neue als Gefangenen zu sehen? Es war ganz klar zu erkennen: Mussolini war kein freier Mann. Mich überkam große Traurigkeit.

Es kam noch schlimmer, als er uns in seinem kleinen Arbeitszimmer empfing: er bot den Anblick eines alten Löwen ohne Mähne. Erneut beschuldigte er das Haus Savoyen und bedauerte, daß Herzog Aosta in Nairobi im März 1942 in der Gefangenschaft gestorben war.

»Ich habe mich getäuscht, weil man mich getäuscht hat«, sagte er uns. »Es freut mich, heute ehrliche Sozialisten als Anhänger der faschistischen Republik zu sehen, die sich früher geweigert haben, mir zu folgen. Zum Beispiel der ehemalige Kommunistenchef Niccolò Bombacci und Carlo Silvestri[1]. Die Verräter meinen, sie könnten sich retten — da irren sie sich aber. Sie glaubten, daß unsere Feinde sie für ihren Verrat belohnen würden. Aber sie

werden jetzt schon wie Kriecher behandelt. Badoglio mußte sein Amt dreimal niederlegen. Der König hat zugunsten seines Sohnes abgedankt. Gewiß,
Umberto war es einerlei, sich als guten Leninisten hinzustellen, sofern er
nur König wurde. Aber er wird von Ercoli, der direkt aus Moskau kommt,
ausgeschaltet werden[2].«

»Im Haus Savoyen sind sie überzeugt, die Krone gerettet zu haben. Aber
ich kann Ihnen eines voraussagen, Skorzeny, diese Krone ist für immer verloren.«

Ich übergab ihm sein Tagebuch und bat ihn, die Verspätung der Rückgabe
zu entschuldigen, für die nicht ich verantwortlich sei. Er erwiderte, dessen sei
er ganz sicher. Dann kamen wir auf ein anderes Thema zu sprechen, nämlich die Bemühungen des republikanischen Italiens zugunsten der Achse und
des Sieges.

Aber die Begeisterung und die Überzeugung, die er noch neun Monate vorher gezeigt hatte, waren nicht mehr vorhanden. Er schien sich nur selbst zu
überzeugen. Ich bat ihn, für alle Beteiligten des Einsatzes am Gran Sasso
Fotos von ihm mit seiner Widmung zu versehen, was er gerne tat.

Die Widmung des Duce lautete:

>»Meinem Freund Otto Skorzeny,
>der mir das Leben gerettet hat.
>Wir werden für die gleiche Sache kämpfen:
>für ein vereintes und freies Europa.«

Im Oktober 1943 ließ der Duce allen auf dem Campo Imperatore in
Lastenseglern gelandeten Fallschirmjägern und meinen sechzehn Waffen-SS-
Männern goldene Armbanduhren überreichen, auf deren Ziffernblatt das
berühmte »M« eingraviert war. Jeder Offizier erhielt eine goldene Stopp-
uhr. Mir schenkte der Duce zusammen mit der Armbanduhr und der Stopp-
uhr eine goldene Taschenuhr, deren »M« aus Rubinen bestand und das Datum vom 12. 9. 1943 trug. Sie wurde mir von den Amerikanern 1945 abgenommen.

Auch andere Souvenirs verschwanden in diesem Durcheinander! Die Fotos,

---

1 Bombacci hatte 1927 mit Moskau gebrochen. Er schloß sich der neuen faschistischen
Republik an und wurde von Partisanen ermordet. Silvestri war Journalist und
wurde 1924 verhaftet, weil er geschrieben hatte, Mussolini hätte den Befehl erteilt, den sozialistischen Abgeordneten Matteotti zu ermorden. Inzwischen bekam
Silvestri den Beweis, daß Mussolini mit diesem Mord nichts zu tun hatte. Der
Duce empfing ihn in Gargnano, und beide Männer schlossen Frieden. (A. d. Red.)
2 Am 2. April 1944 rief der Kommunistenführer Ercoli durch Radio-Bari das
italienische Volk auf, »zusammen mit den großen Demokratien den Kampf gegen
den Faschismus aufzunehmen«, und lobte die ruhmreichen sowjetischen Armeen,
»die Europa befreien« würden.

der Ehrendolch der faschistischen Miliz, sowie die Medaille des »Ordens der hundert Musketiere«, die nur hundert italienischen Soldaten verliehen wurde. Inzwischen haben mir Freunde eine Kopie dieser Medaille geschickt. Im Laufe des Tages hatte ich noch Gelegenheit, mich mit Fürst Junio-Valerio Borghese, dem Chef der berühmten X-Mas-Flottilla, zu unterhalten.

»Welchen Irrsinn«, sagte er noch, »begehen die westlichen Alliierten, indem sie Stalin beistehen! Wenn Deutschland je verliert, wird Europas Herz getroffen! Churchill, Roosevelt, die Engländer und die Amerikaner werden eines Tages noch bitter bereuen, sich mit dem militanten Kommunismus verbündet zu haben. Wir werden mit Ihnen bis zum Schluß kämpfen, weil wir italienische Patrioten sind und bewußte Europäer.«

Radl und ich nahmen die Mahlzeiten mit dem Duce und seiner Familie in der Villa Feltrinelli ein. Ein Angehöriger des deutschen Außenministeriums war ebenfalls dabei und bemühte sich, die Unterhaltung auf friedliche Themen zu lenken. Aber der Duce, der die europäische Geschichte gründlichst kannte und insbesondere die deutsche, amüsierte sich. Vom »Großen Friedrich« sagte er, daß dieser gleichzeitig außergewöhnliche politische und militärische Fähigkeiten besaß, womit er sich im Grunde selbst kritisierte. Der Botschaftsrat saß wie auf glühenden Kohlen, als Mussolini von der erstaunlichen diplomatischen Virtuosität Friedrichs des Großen sprach, die dieser in den Jahren 1740–1786 entwickelte.

Man fühlte, daß den Duce die Gegenwart kaum mehr interessierte. Er war nicht mehr Staatschef, sondern Philosoph, Historiker, ein weitblickender Theoretiker, der die Synthese zwischen Tradition und Revolution suchte, zwischen Sozialismus und Nationalismus zugunsten eines versöhnten Europas.

Als wir uns von ihm verabschiedeten, bat er mich, ihn oft zu besuchen. Er nahm meine Hand in seine Hände; ich ahnte nicht, daß ich ihn zum letzten Mal gesehen hatte.


»Dieser Einsatz im Gebirgsmassiv des Gran Sasso erregte ein weltweites Aufsehen«, schreibt Charles Foley in *Commando extraordinary*. Ich weiß nicht, wer den albernen Einfall hatte, acht Tage später eine P. K. (Propagandakompanie) der Fallschirmjäger auf den Gran Sasso zu schicken, um dort einen Film zu drehen, der unsere Operation wiedergeben sollte und in jeder Hinsicht absolut mittelmäßig war. Nur der 2914 m hohe Gran Sasso spielte darin eine überzeugende Rolle. Auch wäre es mir lieber gewesen, wenn die deutsche und italienische Presse nicht so viele Hirngespinste gedruckt und auch mein Foto nicht veröffentlicht hätten.

Dieser Einsatz hatte auch psychologische Auswirkungen bei unseren Soldaten. Elf Offiziere der Division *Brandenburg* beantragten ihre Versetzung nach Friedenthal. Dies war der Anlaß meines ersten Gesprächs mit Admiral

Canaris, wobei ich seinen Charakter kennenlernte. Dieser Mann hatte etwas von einer Qualle an sich, von einem flüchtenden Aal. Ich frage mich heute, weshalb er auf seinem Schreibtisch ein Porträt Hitlers stehen hatte: eines von Roosevelt, Churchill oder Stalin hätte den Zweck besser erfüllt. Die Unterhaltung dauerte stundenlang. Von Zeit zu Zeit erschien Oberst Lahousen und erklärte, daß dieser oder jener Offizier für die Division *Brandenburg* unentbehrlich sei. Nach drei Stunden Verhandlung erklärte mir Canaris:

»Gut. Schön, ich werde die Versetzung befehlen... Nein, warten Sie. ... ich denke eben an etwas anderes«, und so weiter.

Es mußte wieder von neuem angefangen werden, und erst nach vier Stunden gab der Admiral, wenn auch nur sehr widerwillig, nach.

Unter den von der *Brandenburg* nach Friedenthal versetzten Offizieren befand sich Oberleutnant Adrian von Fölkersam, der Sproß einer alten baltischen Familie. Sein Großvater war noch Admiral in der zaristischen Flotte gewesen und hatte während des russisch-japanischen Krieges eine Flottille kommandiert. Er sprach fließend Russisch, Französisch und Englisch und hatte Wirtschaftswissenschaft an der Universität Berlin studiert. Mit den Brandenburgern hatte er schon gewagte Einsätze unternommen wie Vorstöße hinter die sowjetischen Linien, einen Angriff auf einen Divisionsstab der Roten Armee Anfang des Jahres 1942 und so weiter. Er wurde bald mein Stabschef.

Fölkersam teilte mir mit, daß sich bei der Division *Brandenburg* seltsame Dinge abspielten. Die Französisch oder Arabisch sprechenden Soldaten wurden nach Rußland geschickt, diejenigen, die Englisch oder Russisch sprachen, auf den Balkan. Er hatte durch eigenartige Zufälle erfahren, daß bestimmte Kommandos an einem bestimmten Punkt im Nahen Osten, den USA und anderswo erwartet wurden (Operation *Pastorius)*. Da bestimmte Einheiten der Brandenburger neu aufgestellt wurden und die jungen Offiziere weniger Initiative zeigten, entschied Canaris, die *Brandenburg* als einfache Divisionseinheit der Wehrmacht zu benutzen, obwohl die Brandenburger für spezielle Missionen eingesetzt werden konnten, sollten und auch dazu ausgebildet waren.

Fölkersam und die von den Brandenburgern versetzten Offiziere konnten sich freiwillig zur Waffen-SS verpflichten. Anschließend genehmigten mir die Generale Jüttner und Jodl ganz allgemein, alle Soldaten der drei Waffengattungen Heer, Luftwaffe und Marine für meine Jagdverbände zu rekrutieren. Am 5. August 1943 wurde aus dem *Sonderverband z.b.V. Friedenthal* das *SS-Jägerbataillon 502* mit Stabskompanie und drei motorisierten Kompanien. Etwas später wurde das *SS-Jägerbataillon* zum *Jagdverband Mitte* ausgeweitet, zu dem noch vier weitere Bataillone kamen, das Lehrbataillon und andere. Im September 1944 wurden schließlich auf Befehl von General Guderian, Generalstabschef des Heeres, neun Einheiten der Division *Brandenburg* zu den *SS-Jagdverbänden* versetzt und unter mein Kommando gestellt. Die Bataillone und Kompanien wurden immer getrennt und an verschiedenen Fronten eingesetzt.

So konnte ich mich frühzeitig von der Einflußsphäre Schellenbergs lösen und erhielt die Befehle vom OKW, von Generaloberst Jodl oder meistens von Hitler direkt.

»Nach der Operation vom Gran Sasso«, konnte Charles Foley schreiben, »wurde Friedenthal zum Sammelplatz für alle Draufgänger und Spezialisten des kriegerischen Handwerks. Skorzeny hatte unter seinem Befehl Soldaten des Heeres, der Luftwaffe und der Kriegsmarine. Friedenthal war zu einem gewissen Zeitpunkt von diesen Freiwilligen regelrecht überflutet, die in seinen Einheiten kämpfen wollten: wilde Draufgänger, Bannerträger, Idealisten und die ›Harten‹, die sich bei sensationellen Aktionen auszeichnen wollten ... Hunderte von Fotos aus Friedenthal zeigen Skorzeny, wie er seine Leute ausbildet. Man erkennt seine Offiziere an ihrem müden Aussehen: Skorzeny drillte und trainierte sie unnachgiebig, damit sie in der Lage waren, vorhergesehene und auch unvorhergesehene Schwierigkeiten zu überwinden.«

Am 28. April 1945 befand ich mich in meinem Befehlszug in der Nähe von Salzburg. Ich hatte meinen Befehlsstand in zwei Spezialwaggons eingerichtet, die ich mit vielen Schwierigkeiten aus Berlin kommen ließ. Meine Aufgabe war, die berühmte »Alpenfestung« zusammen mit FM Schörner zu organisieren. Ich verfügte über ein gutes Meldesystem mit Telex, Telefonen und einem Dutzend Funkgeräten und stand somit mit allen Fronten in Verbindung.

Nachmittags kam eine Meldung vom Abhördienst. Der italienische Rundfunk hatte bekanntgegeben, Benito Mussolini sei von den Partisanen gefangengenommen und erschossen worden. Ich hielt das für unmöglich. Wenn der Duce nicht mehr lebte, so dann, weil er sich selbst das Leben genommen hatte; davon war ich fest überzeugt. Ich wußte, daß Mussolini in Gargnano von einem Bataillon der Waffen-SS bewacht wurde. Es war überhaupt nicht vorstellbar, daß eine noch so große Einheit von Widerstandskämpfern ein Bataillon der Waffen-SS in seinem Quartier erfolgreich überfallen konnte.

Sicher, ich wußte nichts von den Verhandlungen, die General Wolff und sein Adjutant Dollmann mit Dulles in Bern führten: der Duce wurde darüber nicht informiert! Aber Himmler hatte Kenntnis davon. Es gelang mir schließlich, Kontakt mit Major Beck aufzunehmen, dem Chef meines *Jagdverbandes Italien,* der seinerseits vergeblich versuchte, mit mir in Verbindung zu treten. Er klärte mich über eine Tatsache auf, die ihm allzu spät bekannt wurde: der Duce verließ am 18. April Gargnano, um sich nach Mailand zu

begeben. Irgend jemand hatte das zum Schutz des Duce stationierte Bataillon der Waffen-SS zurückgezogen und es an die Front geschickt ...
»Aber welcher Idiot hat denn diesen Befehl erteilt?« fragte ich Dr. Beck.
»Keine Ahnung«, antwortete er. »Wir hörten nur, daß das Bataillon durch eine Kompanie der Luftwaffe ersetzt werden sollte. Und ich weiß nicht, ob das schon der Fall war. Später erfuhr ich, daß der Duce Mailand in der Nacht vom 25./26. April in Richtung Norden verlassen habe, und zwar nach einer Unterredung mit Kardinal Schuster und einem der Führer der Widerstandskämpfer, General Cadorna[1]. Der Duce wollte sich nicht ergeben ...«
»Nach Norden, sagten Sie? In die Schweiz oder nach Österreich?«
»Ich erfuhr eben, daß er bei der Präfektur in Como angehalten hat, um dort auf eine starke Milizkolonne unter Befehl von Pavolini zu warten und um in den Valtinibergen Widerstand zu leisten. Sicher ist, daß kein einziger Soldat der Waffen-SS mehr bei ihm war. Es war zu spät. Wir konnten nichts mehr machen ...«
Nichts! Und in den Valtinibergen! Wir wären uns ganz nahe gewesen, hätten die 5000 Mann Pavolinis tatsächlich existiert und wir hätten den Befehl erhalten, in den Alpen zum letzten Kampf anzutreten ...
Also wurde unsere Waffen-SS dazu benutzt, den Duce gefangenzuhalten und nicht, um ihn zu verteidigen! GFM Kesselring hätte eine solche Gemeinheit nie zugelassen! Aber er befand sich in Bad Nauheim als Oberbefehlshaber der Westfront in Vertretung des Feldmarschalls Rundstedt.
Der Rest ist bekannt. Mussolini wurde von allen verlassen. Und der Henker, der Kommunist Audisio-Valerio, ein ehemaliges Mitglied der Arbeiter-Internationalen im Spanischen Bürgerkrieg, sagt:
»Duce, ich komme, um Sie zu retten!«
Er erkundigt sich vorsichtig:
»Sie sind doch nicht bewaffnet?«
Man hat sogar geschrieben, Mussolini sei nicht tapfer gestorben. Nach der Aussage des Chauffeurs von Audisio waren jedoch die letzten Worte des Duce:
»Schießt direkt ins Herz!«
Jeder kennt die schrecklichen Fotos vom Loretoplatz in Mailand.

---

1 Dieser General Cadorna war der Sohn eines ehemaligen Oberbefehlshabers der italienischen Truppen, deren Front von den k.u.k. Truppen in Carporetto im Oktober/November 1917 durchbrochen wurde. Der italienische Ministerpräsident Orlando hatte Marschall Foch erklärt, daß Cadorna fest entschlossen sei, »bis zum Schluß zu kämpfen, und wenn er sich nach Sizilien zurückziehen müßte«. Worauf Foch antwortete: »Das kommt gar nicht in Frage. Der Widerstand muß an der Piave erfolgen!« (Marschall Foch, *Memoiren*, 2. Teil). 1922 bemühte sich der Duce darum, die Ehre des alten Cadorna wiederherzustellen. (A. d. Red.)

# VIERTES KAPITEL

# Der 20. Juli

». . . ein Sprengstoffanschlag wurde im Führerhauptquartier . . .« — Schellenberg hinter seinem Schreibtisch mit einer MP auf der Platte — Der vermeintliche Putsch der SS: Oberst Bolbrinker, der Stabschef der Panzerinspektion zögert — Ein verhinderter Zusammenstoß — General Student will es nicht glauben — Die Befehle Görings — Ich fahre zur Bendlerstraße — »Der Führer ist tot«: Major Remer zweifelt daran — Im Hause Goebbels telefoniert er mit Adolf Hitler — Die Hilflosigkeit und Naivität der Verschwörer — General Olbricht und Oberst v. Stauffenberg, die Führer des Komplotts — Der Gegenputsch der Obersten Pridun, v. d. Heyde usw . . . — Generaloberst Beck nimmt sich das Leben; General Fromm liquidiert Zeugen — Der seltsame Bericht Speers — Was Generalmajor Remer feststellt — Wie ich in der Bendlerstraße vorging: sofort den Befehl *Walküre* widerrufen — Stauffenbergs Würfelspiel — Canaris wird verhaftet — Hitler befürchtete, daß Stauffenberg verletzt sein könne! — Die Marschälle Rommel und v. Kluge begehen Selbstmord — *Die Rote Kapelle* und der 20. Juli — Guderian: »Das Attentat hatte auf die Moral des Führers schlimme Auswirkungen« — Der Kampf geht weiter.

»Sturmbannführer Skorzeny! Sturmbannführer Skorzeny!«
Ein Offizier lief an dem auf einem Berliner Bahnhof stehenden Schnellzug nach Wien entlang und rief meinen Namen. Es waren kaum fünf Minuten verflossen, seit wir uns, Radl und ich, in unserem reservierten Schlafwagenabteil installiert hatten. Wir wollten eben nach Wien fahren, um dort ein neues Kommando unserer besten Kampfschwimmer aufzustellen. Es sollte Tito, der auf die Insel Viz geflüchtet war, auf seinem neuen Befehlsstand besuchen.
Ich drehte die Scheibe herunter und rief den Offizier an, der schon an unserem Abteil vorbei war. Es war ein Leutnant aus General Jüttners Stab, ein Verbindungsoffizier zum Amt VI Schellenberg. Er war ganz außer Atem und konnte mir kaum zurufen, daß ich dringendst in meinem Berliner Büro erwartet würde. Radl reichte schon meinen Koffer durchs Fenster. Ich sagte meinem Adjutanten, er solle allein nach Wien reisen und dort sein Bestes tun. Wir schrieben den 20. Juli 1944, und es war 18.10 Uhr.
Zwar hatten wir im Laufe des Nachmittags erfahren, daß Hitler knapp einem Attentat entgangen war. Aber der Ernst der Lage wurde uns erst teilweise durch eine Rundfunkmeldung um 18.45 Uhr klar. Ich wußte nicht, daß Himmler und der Gestapochef Müller schon um 13 Uhr Experten zur Wolfsschanze geschickt hatten und daß die gesamte Reichspolizei seit 14 Uhr alarmiert war. Auf dem Bahnsteig hörte ich dann, daß es Tote und Verletzte gegeben habe und die Lage in Berlin noch nicht überschaubar sei.

Von der Militärdienststelle am Bahnhof rief ich sofort Fölkersam an, der sich in Friedenthal befand. Fölkersam sollte das SS-Jägerbataillon 502 in Alarmzustand setzen und die erste Kompanie sofort marschbereit melden. Ich fuhr dann nach Berlin-Schmargendorf in die Berkaerstraße, wo meine Intendantur saß. Viertel vor sieben unterbrach plötzlich der Rundfunk seine Sendung und brachte eine Sondermeldung:

»Auf den Führer wurde heute ein Sprengstoffanschlag verübt. Aus seiner Umgebung wurden hierbei schwer verletzt: Generalleutnant Schmundt, Oberst Brandt, Mitarbeiter Berger. Leichtere Verletzungen trugen davon: Generaloberst Jodl, die Generale Korten, Buhle, Bodenschatz, Heusinger, Scherff, die Admirale Voss, v. Puttkamer, Kapitän zur See Assmann und Oberstleutnant Borgmann. Der Führer selbst hat außer leichten Verbrennungen und Prellungen keine Verletzungen erlitten. Er hat schon wieder seine Arbeit aufgenommen und, wie vorgesehen, den Duce zu einer längeren Aussprache empfangen. Kurze Zeit nach dem Anschlag traf auch Reichsmarschall Göring beim Führer ein.«

Ich machte mir Gedanken über den Sinn dieses Kommuniqués. Wer hatte wohl das Ding gedreht? Gelang es dem Feind bereits in die Wolfsschanze, das FHQu, einzudringen? Zehn Monate vorher hatte ich noch in Rastenburg zu Oberst Strewe gesagt, daß das FHQu nicht hundertprozentig gegen den Überraschungsangriff eines entschlossenen Gegners mit einem wirklich ingeniösen Plan gesichert sei. In den Büros der Berkaerstraße zirkulierten die eigenartigsten Gerüchte. Die Beamten standen bis zu den Zähnen bewaffnet da und gingen so ungeschickt mit ihren MPs um, daß ich eine Gänsehaut bekam und Oberführer Schellenberg auf diesen unmöglichen Zustand hinwies. Seit dem 12. Februar 1944 standen der militärische und politische Nachrichtendienst unter einer zentralen Leitung. Gewisse Agenten des Admirals Canaris begingen allzu offenen Verrat und wurden als Doppelagenten entlarvt; er selbst wurde kaltgestellt. GFM Keitel ließ ihn trotzdem noch zum »Chef des Sonderstabes für den Wirtschaftskrieg« ernennen, dessen Amtssitz in Eiche bei Potsdam lag. Schellenberg »erbte« die ganze Organisation Ausland Abwehr – die dann »Amt Mil« getauft wurde –, blieb aber der Chef des Amtes VI des RSHA.
Schellenberg hatte eine grünliche Gesichtsfarbe. Auf seinem Schreibtisch lag eine Pistole.
»Sie sollen nur kommen«, sagte er, »ich werde mich zu verteidigen wissen! So leicht kriegen sie meine Haut nicht!«
»Will Ihnen denn jemand so übel?«
»Skorzeny, die Lage ist ernst. Ich habe an alle männlichen Angestellten MPs verteilen lassen. Wir werden uns bis aufs Äußerste verteidigen.«

»Wissen Sie«, sagte ich zu ihm, »was Sie da angeordnet haben, scheint mir sehr unvorsichtig. Die Leute können überhaupt nicht mit Schußwaffen umgehen und werden sich noch selbst erschießen. Eben ließ ich einen Ihrer Unteroffiziere in den Keller schicken: er hielt seine MP wie einen Sonnenschirm!«

Schellenberg teilte mir mit, daß sich das Zentrum der Verschwörung offenbar in der Bendlerstraße befinde, und fragte, ob ich nicht eine meiner Kompanien zu »unserem« Schutz herbeibeordern könne.

»Ja, natürlich! Ich bin wirklich zerstreut! Mein Bataillon ist schon im Alarmzustand. Ich hätte sofort daran denken müssen. Aber darf ich wissen, wer der Feind ist?«

»Ich sage Ihnen, alles wird in der Bendlerstraße ausgebrütet. Es ist ein Komplott. Sie werden vor nichts zurückschrecken!«

»Um wen geht es denn? Wer komplottiert denn gegen wen?«

»Es wird angeblich ein Putsch vorbereitet, und Panzer sollen in den Straßen von Berlin rollen. Stellen Sie sich das vor, Skorzeny, Panzer!«

»Beruhigen Sie sich, Oberführer! In der Zwischenzeit, bis meine Kompanie anrückt, werde ich mich informieren.«

Es war wohl gegen 19 Uhr. Telefonisch wies ich Fölkersam an, sofort die 1. Kompanie unter Befehl von Hauptmann Fucker in die Berkaerstraße marschieren zu lassen. Fölkersam selbst und Oberjunker Ostafel sollten schnellstens zu mir kommen, was sie in einer Rekordzeit schafften. Fölkersam blieb in der Berkaerstraße, und ich fuhr mit Ostafel zu einem »Streifzug« durch das Regierungsviertel. Alles war ruhig.

»Bis jetzt scheint es nicht mehr als eine Operettenrevolte zu sein«, meinte ich zu Ostafel, »aber fahren wir mal zu den Panzern!«

Beim Panzerkorps hatte ich viel Freunde und kannte Oberst Bolbrinker, den Stabschef der Panzerinspektion, die ihren Sitz am Fehrbelliner Platz hatte. Dort hatte ich gleich den Eindruck, daß etwas nicht stimme. Auf den breiten, sternförmig auf den Platz zulaufenden Straßen standen je zwei Panzer in Bereitschaft. Stehend in meinem Wagen, grüßte ich die Offiziere; man ließ mich passieren, und ich kam zu Oberst Bolbrinker, der mich sofort empfing und recht ratlos war. Er gehorchte einem Befehl aus der Bendlerstraße und hatte alle Panzer aus der Panzerschule Wünsdorf nach Berlin befohlen, sie jedoch um den Fehrbelliner Platz konzentriert, um die Truppe in seiner Hand zu behalten. Er sollte bewaffnete Aufklärung in Richtung Lankwitz und zur Kaserne Lichterfelde losschicken, dem Quartier der *Leibstandarte Adolf Hitler.*

»Das soll einer schlau werden!«, sagte der Oberst. »Haben Sie das vorhin im Radio gehört? Ein Bombenanschlag gegen den Führer! ... Unglaublich! Nicht wahr? ... Oberst Gläsemer, der Kommandeur der Panzerschule von Krampnitz, kommt nicht aus der Bendlerstraße zurück. Die Waffen-SS-

Einheiten hätten einen Putsch geplant, und es gäbe bereits Zusammenstöße. Was halten Sie davon?«

»Herr Oberst, ich gehöre selbst zur Waffen-SS und glaube unter keinen Umständen, daß meine Kameraden ein Komplott gegen den Führer und gegen das Reich geplant haben. Allerdings vermute ich, daß gewisse Leute es eben versuchen, einen richtigen Bürgerkrieg auszulösen und das Heer gegen die Waffen-SS auszuspielen.«

Der Oberst war überrascht.

»Ein Bürgerkrieg? Wieso?«

Ich erklärte Bolbrinker, daß die Leibstandarte sehr heftig reagieren werde, wenn die Panzereinheiten, die auf seinen Befehl schon von Wünsdorf nach Berlin marschiert waren, jetzt nach Lichterfelde eine bewaffnete Aufklärung durchführen wollten. In jedem Fall müsse das vermieden werden. Dieser Befehl sei sinnlos. Der Oberst war gleicher Meinung und sagte mir, daß seine Panzer noch nicht weiter vorgerückt seien: er habe sie um den Fehrbelliner Platz konzentriert. Dann schlug ich dem Oberst vor, mit zwei seiner Offiziere nach Lichterfelde zu fahren. Er war damit einverstanden. Wir fuhren sofort los und empfahlen im Vorbeifahren den Panzeroffizieren, nichts Weiteres zu unternehmen, bis neue Anweisungen kämen. Kurz danach erteilte Bolbrinker den Befehl, daß die Panzereinheiten nur noch Befehlen des Inspekteurs der Panzertruppen, General Guderian, zu folgen hätten.

Wir rasten im Auto zu meiner alten Kaserne nach Lichterfelde. Dort hatte ich eine Unterredung mit Oberführer Mohnke, der kurze Zeit später zum Generalmajor der Leibstandarte befördert wurde. Wir kamen für ihn wie vom Himmel gesandt. Goebbels hatte ihn gegen 19 Uhr alarmiert und gewarnt, daß bestimmte Teile der Armee behaupten würden, der Führer sei tot, und versuchen würden, die Macht an sich zu reißen und Befehle zu erteilen. Die Putschisten würden außerdem verbreiten, daß die SS – und besonders die Waffen-SS – den Gewaltakt im FHQu durchgeführt hätte. Daher hatte Oberführer Mohnke seine Geschütze und Maschinengewehre im Hof der Leibstandarten-Kaserne in Stellung gebracht; seine Leute standen kampfbereit. Wir sprachen uns offen über die Lage aus.

»Liebe Kameraden«, sagte Mohnke, »zum Glück sind Sie gekommen. Denn wenn die Panzer hier erschienen wären, hätte es gekracht, und die Sache hätte zweifellos einen blutigen Verlauf genommen!«

Ich bat ihn, keinesfalls mit seinen Truppen die Kaserne zu verlassen, denn es konnte sein, daß der eine oder andere Panzer trotzdem vor der Kaserne auftauchte. Die Waffen-SS werde auf keine derartige Provokation reagieren. Er war damit einverstanden. Einer der Verbindungsoffiziere Bolbrinkers blieb bei Mohnke; der andere ging seinem Chef Bericht erstatten. Es war etwa 21 Uhr.

Später erfuhr ich, daß Oberst Gläsemer von den Verschwörern gefangengehalten wurde, es ihm jedoch gelang, aus der Bendlerstraße zu entweichen und Oberst Bolbrinker zu benachrichtigen, der dann auf keinen weiteren Befehl der Bendlerstraße mehr hörte. Von der Kaserne der Leibstandarte rief ich Fölkersam an. Die 1. mot. Kompanie aus Friedenthal war inzwischen angekommen. Ich wies Fölkersam an, sie für alle Fälle vor dem Gebäude der Berkaerstraße bereitzuhalten. Mein Adjutant meldete mir, daß ein Alarmplan kurz vor 16 Uhr vom Wehrkreisbefehlshaber von Berlin ausgelöst worden sei. Schon am 15. Juli war eine Alarmübung in gleicher Weise vom Generalstab des Wehrkreises III, Berlin, durchgeführt worden. Es handelte sich darum, Sicherheitsmaßnahmen für den Ernstfall eines Luftlandeunternehmens der Alliierten gegen die Hauptstadt zu treffen. Aber die Befehle, die seit 17 Uhr aus der Bendlerstraße kamen, waren nicht mehr reine Übungssache: es war eine geheime Mobilisierung zu einem Militärputsch! Wer stand dahinter? Für mich war völlig klar, daß das Attentat gegen Hitler im Zusammenhang mit dem Durcheinander stand, das hier in Berlin herrschte. Im Laufe der Nacht wurde mir dann bestätigt, daß die Verschwörer tatsächlich versucht hatten, ihr Vorgehen durch das Auslösen des Befehles *Walküre* zu tarnen: *Walküre* sah gewisse Sondermaßnahmen vor, die in Gang gesetzt werden sollten, fände ein plötzlicher Einbruch feindlicher Kräfte statt oder eine möglicherweise die Staatssicherheit gefährdete allgemeine Revolte ausländischer Arbeiter. Ich hörte auch, daß die »Übung« vom 15. Juli nur das Resultat eines Irrtums war, den ein Teil der Verschwörer selbst begangen hatte: sie nahmen an, daß der Bombenanschlag an diesem Tag ausgeführt würde.

Nach meinem Gespräch mit Fölkersam entschloß ich mich, nach Wannsee zu fahren, wo sich der Stab General Students befand. Dort lag aber noch kein Alarmbefehl vor. Ich fuhr sofort in die mir bekannte Wohnung General Students in Lichterfelde. Der General war zu Hause und empfing mich. Es war schon 21 Uhr vorbei. Er saß im Hausanzug, eine halbverdunkelte Lampe über sich, vor einem Berg von Akten auf der Gartenterrasse. Seine Frau war bei ihm und nähte. Der General empfing uns sehr liebenswürdig. Als ich erklärte, daß wir uns aus Dienstgründen hier befänden, empfahl sich die Hausfrau, und ich berichtete dem General in knapper Form, was mir von den Ereignissen dieses Tages bekannt war. Er schüttelte ungläubig den Kopf: »Aber nein, mein lieber Skorzeny, das hört sich ja richtig nach Abenteuerroman an! Ein Putschversuch? Ein Militärkomplott? Das ist völlig unmöglich! Es handelt sich nur um Mißverständnisse, das ist alles!«

Da klingelte das Telefon. Reichsmarschall Hermann Göring war am Apparat. Er teilte General Student mit, daß der Bombenanschlag gegen Hitler von einem Stabsoffizier der Bendlerstraße durchgeführt worden war, der wirklich davon überzeugt sei, daß er mit seiner Bombe Hitler getötet habe. Daraufhin seien von der Bendlerstraße Befehle gekommen, die anfangs zum

Teil auch befolgt wurden. Nur Befehle, die aus dem FHQu und dem OKW stammten, sollten von jetzt an befolgt werden. Göring empfahl, Ruhe zu bewahren, um Zusammenstöße möglichst zu vermeiden. Der Führer sei unversehrt und werde im übrigen im Laufe der Nacht selbst zum deutschen Volk sprechen.

Der General wurde bleich. Er drehte sich zu mir um und sagte:»Sie hatten recht.« Er meldete Göring von meinem Vorgehen und meiner Anwesenheit bei ihm, legte auf und sagte:

»Das ist tatsächlich unglaublich! Selbst oberflächlich betrachtet, sieht die Lage ernst aus. Ich werde sofort unseren Truppen Alarmbefehl geben und ihnen verbieten, Befehle zu befolgen, die nicht direkt von mir kommen.«

»Herr General«, sagte ich zu ihm,»die Panzer und die Waffen-SS verhalten sich schon ruhig. Ich schlage Ihnen vor, daß Sie mit Oberst Bolbrinker und Oberführer Mohnke Verbindung aufnehmen.«

»Richtig! Wir werden Verbindungsoffiziere austauschen.«

Ich verabschiedete mich von General Student und kehrte auf schnellstem Wege in die Berkaerstraße zurück. Es war schon 22.30 Uhr vorbei. Fölkersam meldete mir, daß vom OKH tatsächlich ab 16.30 Uhr Befehle an die Wehrkreisstellen und an die Front gingen! Man hielt Hitler für tot! Es wurde also Hochverrat begangen!

Fölkersam, Fucker, Ostafel und ich waren angewidert. Die Wehrmacht kämpfte an drei Fronten gegen die stärksten Armeen der Welt. An der Ostfront war Rumänien von der Roten Armee bedroht; diese war in die baltischen Länder eingebrochen und hatte im Frontabschnitt Mitte Pinsk, Bialystok, und Brest-Litowsk genommen! An der Westfront beherrschten die Westalliierten Meer und Himmel und bauten ihren Brückenkopf weiter aus. Der Hafen von Cherbourg und der zerbombte Hafen von Saint-Lô waren augenblicklich in ihren Händen. In Italien standen sie nach der Einnahme von Arezzo schon vor Pisa.

Ich wurde vom FHQu angerufen — wahrscheinlich auf Initiative von Reichsmarschall Göring. Ich erhielt den Befehl,»mit meinen gesamten Truppen« sofort zur Bendlerstraße zu rücken, um dort das Wachbataillon der Division *Großdeutschland*, das von dem schon anwesenden Major Remer kommandiert wurde, zu unterstützen. Ich wies darauf hin, daß ich in der Berkaerstraße derzeit nur eine Kompanie hätte. Ich würde mit dieser zur Bendlerstraße marschieren.

Es war kurz vor Mitternacht. Wir rasten in größter Eile durch die Straßen. Die Gebäude waren durch die feindlichen Terrorangriffe zerstört und sahen wirklich gespensterhaft aus. Unsere eigenen Gedanken waren auch nicht optimistisch. Mein breiter Kübelwagen fuhr dem etwa 20 LKW starken Konvoi voran. Fölkersam saß neben mir, und ich glaube, er war es, der aussprach, was wir alle dachten:

»Wenn ich daran denke, wie viele tapfere Kameraden durch die Schuld dieser Burschen gefallen sind! . . .«

Wir kamen an der Kreuzung Tiergarten/Bendlerstraße an. Ein Auto steht vor uns und ein zweites, das eben den Hofeingang des Bendlerblocks verläßt, kommt uns entgegen. Beide Wagen stoppen. Ich wartete kurz und stieg dann aus. Im ersten Auto saß Dr. Ernst Kaltenbrunner, der die Stelle Heydrichs im RSHA (Reichssicherheitshauptamt) übernommen hatte. Im anderen Auto saß ein General. Es war General Fromm, der Chef des Ersatzheeres, wie ich später erfuhr. Ich stand beiseite und hörte eben, wie dieser zu Kaltenbrunner sagte:

». . . ich bin müde und fahre jetzt nach Hause. Ich bin dort jederzeit erreichbar!«

Es wird sich aber zeigen, daß General Fromm nicht nach Hause fuhr, sondern zu Dr. Goebbels.

Beide Männer drückten sich die Hände. Der Weg war frei: los! Ich ließ den Konvoi anfahren, bewegte meine Taschenlampe und rief:

»Major Remer!«

Major Hans Otto Remer, der Kommandeur des Wachbataillons der Division *Großdeutschland* war seit dem Anfang des Krieges achtmal verwundet worden. Vor ein paar Wochen hatte ihn Hitler mit dem Ritterkreuz ausgezeichnet. Um 16.30 Uhr erhielt er die Anweisung, die Operation *Walküre* in Gang zu bringen. Im Hauptquartier am Berliner Platz war General v. Kortzfleisch, der Komm. Gen. des Wehrkreises Berlin-Brandenburg, abwesend. Er war von den Verschwörern in der Bendlerstraße verhaftet worden. General v. Hase, der Kommandeur der Berliner Garnison, erläuterte Remer, daß Hitler wahrscheinlich tot sei und die Waffen-SS versuche, die Macht zu übernehmen. Folglich müsse das Wachbataillon das Regierungsviertel blockieren und für die Sicherheit des Generalstabes des Ersatzheeres in der Bendlerstraße sorgen. Remer wunderte sich:

»In diesem Falle, Herr General, ist es nach der Verfassung Reichsmarschall Göring, der den Führer ersetzen wird und der die Befehle geben muß.«

Unten im Melderaum hatten U.St.Fhr. Roehrig und Scharführer Tegeder den Verrat schon gegen 17 Uhr gespürt und die Befehle der Putschisten um 18 Uhr zusammenhanglos weitergeleitet. Roehrig gelang es sogar, gegen 20 Uhr Herr des gesamten Meldesystems — Telefon, Fernschreiber und Funk — zu werden und Hauptmann Schlee, einen Offizier Major Remers, zu warnen. Remer hatte seinen Kommandoposten bei Dr. Goebbels in der Hermann-Göring-Straße installiert. Schlee, der das Kommando über die Absperrtruppen rings um den Bendlerblock hatte, gab ihm Kenntnis von den Befehlen, die Olbricht, Hoepner und Stauffenberg erließen. Jetzt stand fest, daß die Dienststelle Olbricht der Mittelpunkt der Verschwörung war.

Aber in der Zeit, in der ich Oberst Bolbrinker, Oberführer Mohnke und General Student alarmierte, handelte man schon im Innern des riesigen Gebäudes auf eigene Faust und verlangte von den Verschwörern Erklärungen. So waren Olbricht und v. Stauffenberg gezwungen, General Fromm zu entwaffnen und einzusperren. Dieser wußte von dem Komplott und war auch bereit, die Verschwörer zu decken, sofern sie Erfolg hätten. Er hatte aber mit Marschall Keitel kurz vor 17 Uhr telefoniert und von diesem erfahren, daß Hitler nicht tot sei, sondern sich in einer Unterredung mit Mussolini und Marschall Graziani befinde. Fromm wollte infolgedessen mit seinen Untergebenen nichts mehr zu tun haben. Er wurde entwaffnet und eingeschlossen − zusammen mit den Generalen Kunze, Strecker und Specht − und sofort durch den ehemaligen General Hoepner ersetzt, der seit Januar 1942 degradiert und abgesetzt war! Man konnte keine schlechtere Wahl treffen!

Es war ein Österreicher, Oberstleutnant Pridun, der den Gegenputsch in der Bendlerstraße organisierte, zusammen mit den Obersten v. d. Heyde, Kuban und Herber. Aber es mangelte an Waffen. Hauptmann Fließbach fuhr zum Waffenlager von Toepchin bei Wünsdorf. Erst spät gelang es ihm, Waffen und Munition, MPs und Granaten in einem Lastwagen herbeizuschaffen, die dann erst nach 21 Uhr ausgegeben wurden.

Oberst v. d. Heyde betrat mit zwanzig Offizieren und Unteroffizieren das Büro Olbrichts und forderte ihn auf, sich zu ergeben. Es folgte eine kurze Schießerei, bei der Stauffenberg verletzt wurde. General Fromm wurde von einer anderen Gruppe befreit und erklärte die Generale Beck, Olbricht, Hoepner, Oberst Stauffenberg für verhaftet. FM v. Witzleben und Gisevius hatten sich schon abgesetzt. Generaloberst Beck versuchte Selbstmord zu begehen, verletzte sich lediglich zweimal und erhielt schließlich von einem Unteroffizier den Gnadenschuß.

General Fromm hatte sich in sein Büro zurückgezogen und verkündete: »Ich habe eben ein Kriegsgericht einberufen, das den General Olbricht, den Oberst Mertz v. Quirnheim, diesen Oberst dort, den ich nicht mehr kennen will (er zeigte auf Stauffenberg) und den Leutnant da (womit er Leutnant v. Haeften, den Adjutanten Stauffenbergs, meinte) zum Tode verurteilt hat.«

Das »Urteil« wurde sofort im Hof des Gebäudes bei Scheinwerferlicht durch ein Peloton von Unteroffizieren des Ersatzheeres vollstreckt. Es war ungefähr 23.15 Uhr. General Fromm liquidierte störende Zeugen.

Ich will an dieser Stelle einen Bericht und einen Brief zitieren.

Dem Buch des ehemaligen Rüstungsministers Speer[1] nach soll »die Erhebung durch die Panzerbrigade des Obersten Bolbrinker niedergeschlagen«

---

[1] *Erinnerungen*. Berlin 1969.

worden sein. Er, Speer, sei »im Auto zur Bendlerstraße gekommen, um mich den kurz nach Mitternacht stattfindenden Erschießungen zu widersetzen«. Er schreibt:

»Bolbrinker und Remer saßen in meinem Auto. Die Bendlerstraße war im völlig abgedunkelten Berlin durch Scheinwerfer hell erleuchtet: ein unwirkliches und gespenstisches Bild.«

Dieses Bild soll gleichzeitig »theatralisch wie eine Filmkulisse« gewirkt haben. Das Auto von Speer wurde von einem SS-Offizier an der Ecke Tiergartenstraße aufgehalten. Unter den Bäumen sah er dann »Skorzeny, den Mussolini-Befreier, der mit Kaltenbrunner, dem Chef der Gestapo, spricht«. Nur war nicht Kaltenbrunner der Chef der Geheimen Staatspolizei, sondern Müller; aber es scheint, daß man immer die Gestapo nennen muß, wenn man jemandem eins auswischen will. »So schemenhaft wie diese dunklen Gestalten wirkte auch ihr Benehmen.«

Plötzlich, sieh da, »als gegen den hell erleuchteten Hintergrund der Bendlerstraße ein mächtiger Schatten sichtbar wurde«, kam General Fromm »allein, in voller Uniform«. Er wandte sich an Speer »mit gequälter Stimme« und gab ihm den Tod Olbrichts, Stauffenbergs und so weiter bekannt.

Es stehen so viele unwahrscheinliche Dinge in diesem Buch, daß ich mich verpflichtet fühle, auf einige einzugehen: die Panzer des Obersten Bolbrinker haben überhaupt nichts niedergeschlagen und kamen gar nicht zum Einsatz. Der Grund dafür ist bekannt. Auch war die Bendlerstraße durch keinen einzigen Scheinwerfer erhellt. Dann erinnere ich mich nicht, Speer an diesem Abend gesehen zu haben, und wenn er sagt, daß ich mit ihm gesprochen habe, so war ich zu diesem Zeitpunkt noch gar nicht zur Stelle, denn General Fromm befand sich noch im Bendlerblock. Ich glaube auch nicht, daß Oberst Bolbrinker und Major Remer im Lancia Speers Platz genommen haben. Und schließlich hatte ich anderes zu tun, als auf der Straße zu stehen und mich im Schatten der Bäume zu unterhalten.

Richtig ist, daß der wirkliche Gestapochef, Müller, auf Befehl Himmlers gegen 17.30 Uhr eine Art Untersuchungskommission in den Bendlerblock schickte. Diese Kommission wurde von Dr. Piffrader geleitet und bestand aus vier Leuten: zwei Gestapobeamten und zwei Unterführern. Dr. Piffrader sollte General Olbricht und seinen Chef des Stabes v. Stauffenberg verhören und herausfinden, weshalb dieser so überstürzt Rastenburg verlassen hatte. Himmler, der sich in diesem Moment im FHQu aufhielt, war bekannt, daß das Ersatzheer schon den Befehl zur Durchführung des Planes *Walküre* gegeben hatte. Ich verstehe daher nicht, weshalb Müller, der ebenfalls davon unterrichtet sein mußte, nur vier Mann losschickte. Olbricht setzte sie auch gleich unter Verschluß, und Dr. Kaltenbrunner, der Chef des RSHA, kam in eigener Person, um sie abzuholen — so wenig ernst nahm man den Putsch!

Kaltenbrunner wußte in diesem Augenblick noch nicht, daß Graf Helldorf, der Polizeichef Berlins, und Arthur Nebe, der Kripochef, auch dem Verschwörerkreis angehörten.

Speer behauptet in seinem Buch, daß er zur Bendlerstraße fuhr, um gegen die Vollstreckungen zu protestieren. Abgesehen davon, daß dazu seine Kompetenzen nicht ausreichten, soll das im Jahre 1969, als sein Buch erschien, heißen, daß er 1944 »Widerstand geleistet hatte«. Ich fragte Hans Remer, heute Generalmajor a. D., was er vom Bericht Speers halte. Nachstehend seine Antwort:

»... Herr Speer ist nur dadurch zum Bendlerblock gekommen, daß ich ihn gebeten habe, mich von meinem Gefechtsstand in der Goebbelsschen Dienstwohnung zum Bendlerblock zu fahren. Ich hatte kurz zuvor die Meldung erhalten, daß im Bendlerblock Erschießungen stattfänden. Da im Augenblick mein Wagen nicht greifbar war, ich aber eiligst zwecks Verhinderung von Erschießungen zum Bendlerblock wollte, bat ich Speer, mich dorthinzufahren. Er tat das auch umgehend mit seinem weißen Lancia-Sportwagen. Wenn Sie also so wollen, war Speer nichts anderes als mein Fahrer, wenn auch ein prominenter! Wir sind von niemandem angehalten worden. Ich traf im Durchgang zum Bendlerblock Fromm mit einer kleinen Begleitung, nach meiner Meinung war das unmittelbar nach der Erschießung Stauffenbergs und anderer.

Fromm kannte mich. Er sagte zu mir: Endlich ein anständiger Offizier von *Großdeutschland!* Was wissen Sie von der Lage? Ich sagte ihm, daß ich von Hitler alle Vollmachten für Berlin hätte und für die Sicherheit der Regierung und für die Wiederherstellung der legitimen Ordnung verantwortlich sei. Ich schlug Fromm vor, wenn er Genaueres über die politische Situation wissen wolle, zu Goebbels zu fahren, wo ich auch meinen Gefechtsstand errichtet habe.

Ich erinnere mich, daß nach diesem Gespräch Speer und Fromm noch miteinander sprachen. Wie Fromm und Speer dann wieder in die Goebbelssche Dienstwohnung kamen, weiß ich nicht. Ich war lediglich sehr verwundert, als ich eine halbe Stunde später dort eintraf, daß der auf dem Flur hängende Mantel von Fromm von SS-Männern durchsucht wurde.

Was nun Ihre Frage anbetrifft, war der Bendlerblock, wie üblich, abgedunkelt. Nach der kurzen Unterredung mit Fromm bin ich dann in den ersten Stock gegangen und habe mich ganz allgemein informiert. Anschließend habe ich mich im Pförtnerhaus mit Hauptmann Schlee, dem Kompaniechef der wachhabenden Kompanie, unterhalten und ihm genaue Anweisungen erteilt. Wir müßten uns demnach in dieser Zeit getroffen und uns abgesprochen haben. Jedenfalls bin ich anschließend allein wieder zu meinem Gefechtsstand in die Goebbelssche Wohnung gefahren, wo ich wenig später Himmler antraf und ihm persönlich Bericht erstattete.«

Es wurde mit Major Remer vereinbart, daß er die Absicherung außerhalb des Gebäudes übernehmen würde und ich die Absicherung im Innern. So wurde es auch durchgeführt. Ich war schon oft aus Dienstgründen in die Bendlerstraße gekommen. Gemeinsam mit Fölkersam, Ostafel und zwei meiner anderen Offiziere gingen wir in den ersten Stock, wo sich die Büros von Olbricht und Stauffenberg befanden. Es herrschte immer noch große Aufregung. An allen Ecken tauchten bewaffnete Offiziere auf. Ich versuchte die Gemüter zu beruhigen und informierte mich bei den Obersten Pridun und Herber, die ich persönlich kannte, über die Ereignisse des Nachmittags. Dann betrat ich das Büro Stauffenbergs. Ein mir bekannter Offizier der Luftwaffe sagte mir, daß der Chef der Funkabteilung für heute nacht auf Befehle warte. Ich wies ihn an, alles, was im Zusammenhang mit *Walküre* stand, zu annullieren und wieder eine normale Verbindung zum FHQu, den Wehrkreisen und den Generalstäben der verschiedenen Fronten herzustellen, sowie einen Telefonabhördienst einzurichten, vor allem für Ferngespräche. Trotzdem bekam ich nicht das FHQu an den Apparat.

Ich stellte fest, daß man schon seit gut zehn Stunden putschte und gegenputschte und die Arbeit darüber in Vergessenheit geraten war. Das wichtigste war nun, den gewaltigen Verwaltungsapparat wieder in Bewegung zu setzen, und so ließ ich die Abteilungsleiter antreten und sagte ihnen:

»Die Hauptsache ist jetzt, alle Befehle des Alarmplans *Walküre* rückgängig zu machen. Millionen unserer Kameraden kämpfen schwer. Denken Sie an sie! An allen Fronten wird Nahrungsmittelnachschub, Munition und Verstärkung gebraucht. Jeder von Ihnen muß sich heute nacht bemühen, die verlorene Zeit nachzuholen!«

Da wies mich ein Oberst darauf hin, daß verschiedene dringende Entscheidungen über Nachschubfragen von General Fromm oder General Olbricht oder Oberst v. Stauffenberg entschieden und unterschrieben werden müßten.

»Gut! Ich übernehme die Verantwortung, zu unterschreiben und dringende Anweisungen zu erteilen. Sie werden das Ihrige tun. An die Arbeit, meine Herren!«

Ich setzte mich an Stauffenbergs Schreibtisch. In einem der Schubfächer lagen der echte *Walküre*-Plan und zwei Würfel und ein Würfelspiel in Vierfarbdruck. Das Spiel stellte den Weg dar, den ein Korps der Heeresgruppe Süd während des Rußlandfeldzuges genommen hatte. Die in den verschiedenen Feldern stehenden Erklärungen waren so zynisch und niederträchtig, daß ich ganz erschüttert war.

Gegen ein Uhr früh sprach endlich Hitler zum deutschen Volk. Er erklärte, daß er unversehrt sei, »obwohl die Bombe, die Oberst Graf v. Stauffenberg legte, zwei Meter von mir entfernt explodierte«. Er sagte weiterhin:

»Welches Schicksal Deutschland getroffen hätte, wenn der Anschlag gelungen wäre, das vermögen sich vielleicht die wenigsten auszudenken. Ich selbst danke der Vorsehung und meinem Schöpfer nicht deshalb, daß er mich erhalten hat — mein Leben ist nur Sorge und ist nur Arbeit für mein Volk —, sondern danke ihm nur deshalb, daß er mir die Möglichkeit gab, diese Sorgen weiter tragen zu dürfen und in meiner Arbeit weiter fortzufahren so gut, wie ich das vor meinem Gewissen verantworten kann . . .

Ich darf besonders Sie, meine alten Kampfgefährten, noch einmal freudig begrüßen, daß es mir wieder vergönnt war, einem Schicksal zu entgehen, das nichts Schreckliches für mich bedeutete, sondern das den Schrecken für das deutsche Volk gebracht hätte.

Ich ersehe darin einen Fingerzeig der Vorsehung, daß ich mein Werk weiterführen muß und daher weiterführen werde.«

Hitler beabsichtigte, schon um 21 Uhr zu sprechen. Das war aber nicht möglich, weil der Rundfunk-Aufnahmewagen sich in Königsberg befand. Es war schon merkwürdig: an einem solchen Tage hatte das FHQu nicht die Möglichkeit, sich über Funk an das Volk zu wenden.

Zwei Stunden später, am 21. Juli gegen 3 Uhr morgens, gelang es mir endlich, telefonische Verbindung mit dem Stab Generaloberst Jodls aufzunehmen. Er war am Kopf verwundet und mein Freund Oberst v. Below am Hals. Die Generale Korten und Schmundt waren tödlich verletzt; Oberst Brandt war tot. Ich bat, man möge mich durch einen kompetenten General ablösen. Man werde am Vormittag Entsprechendes unternehmen, hörte ich, und in der Zwischenzeit solle ich auf meinem Posten bleiben. Ich blieb dann über dreißig Stunden — manchmal schläfrig in meinem Sessel, trotz dem Kaffee, den mir die Sekretärinnen Stauffenbergs kochten. Es gab Berichte und Telegramme zu lesen. Ich diktierte den Sekretärinnen Olbrichts und Stauffenbergs und unterschrieb hinausgehende Befehle »i. A.« (im Auftrag).

Um die Mittagszeit rief mich GenOb Jodl selbst aus Rastenburg an und hieß mich noch ein paar Stunden weitermachen. Ich sollte das OKW benachrichtigen, wenn »eine besonders wichtige Entscheidung zu treffen« sei. Ich antwortete ihm, daß es mir in manchen Fällen nicht möglich sei, zu unterscheiden, was eine wichtige Entscheidung sei und was nicht.

»Skorzeny«, sagte Jodl, »ich weiß genau, daß es Ihnen vor der Stabsarbeitsroutine graust; aber darum geht es nicht. Machen Sie weiter, es wird schon alles richtig sein: heute abend oder spätestens morgen früh werden Sie abgelöst.«

In den ersten Stunden meines Aufenthalts in der Bendlerstraße, als noch große Aufregung herrschte, rief mich Fölkersam vom zweiten Stock an, daß man einen bestimmten Nachrichtengeneral der Luftwaffe suche. Dieser Mann saß mir gegenüber am Tisch. Eben hatte er sich mir freiwillig zur Verfügung gestellt und um Befehle gebeten.

»Bitte geben Sie mir Ihre Pistole«, sagte ich.

Er gab mir seine Waffe. Ich legte diese auf den Tisch und verließ den Raum. Dieser Mann solle verhaftet werden, meldete man mir. Ich wartete noch eine oder zwei Minuten. Ein Hauptmann des Heeres fragte mich, wo sich dieser General befinde.

»Bleiben Sie vor dieser Türe«, antwortete ich ihm.

Ich trat ein. Die Pistole lag noch an ihrem Platz. Der General sagte: »Ich danke Ihnen. Aber meine religiösen Anschauungen verbieten es mir, mir selbst das Leben zu nehmen.«

»Ja. Ich verstehe.«

Ich öffnete die Türe, und der Hauptmann kam herein. Beide verließen den Raum.

Am Morgen des 22. Julis erschienen Himmler und General Jüttner in der Bendlerstraße. Hitler hatte den sonderbaren Einfall gehabt, den Reichsführer zum Befehlshaber des Einsatzheeres zu ernennen, um Fromm zu ersetzen. In Wahrheit trug Jüttner die gesamte Verantwortung, denn Himmler war es nicht gegeben, etwas von militärischen Problemen zu verstehen.

Fölkersam, Ostafel und ich kehrten nach Friedenthal zurück, wo wir hundemüde ankamen und fünfzehn Stunden ohne Unterbrechung schliefen. Es muß der 23. Juli gewesen sein, als mich Schellenberg anrief. Er machte immer noch einen nervösen Eindruck und verkündete, daß er eben zwei Telefongespräche geführt habe. Eines mit Reichsführer Himmler und das andere mit Heinrich Müller, dem Gestapochef. Admiral Canaris sei stark in die Verschwörung verwickelt, und Schellenberg solle seine Verhaftung durchführen.

»Ich befinde mich in einer unangenehmen Situation«, sagte Schellenberg. »Der Reichsführer, der einen Befehl von oben befolgt, wünscht, daß der Admiral mit gewissem Respekt behandelt wird. Anderseits würde ich es unter den gegebenen Umständen schätzen, wenn mir ein Kommando Ihrer Einheit zur Verfügung stehen würde. Sie würde mir als Begleitkommando dienen, denn ich habe eine Aufgabe zu lösen, auf die ich lieber verzichten würde. Man müßte auch mit Widerstand rechnen.«

Ich antwortete Schellenberg, daß, wenn es nur darum gehe, Admiral Canaris zu verhaften, ein Offizier und sein Chauffeur vollkommen ausreichend sein müßten.

1946 erklärte mir Schellenberg im Gefängnis Nürnberg, daß er mir zu unendlichem Dank verpflichtet wäre, wenn ich bezeugen könne, daß er beim 20. Juli teilweise auf der Seite der Verschwörer gestanden habe. Ich lehnte ab. Warum hätte ich auch eine falsche Zeugenaussage machen sollen? Sicherlich war es im Jahre 1946 bei weitem leichter, Widerstand zu leisten, als im Juli 1944.

Was ich über Admiral Canaris erfuhr, war viel zu wichtig, um es nicht auch meinem Stabschef Fölkersam weiterzugeben. Wie schon bekannt, hatte er der *Brandenburg* angehört und dort gute und loyale Dienste geleistet. Seit er in Friedenthal war, drückte er oft Zweifel an den Leistungen der Abwehr aus. Manche Kommandos fielen in völlig unerklärliche Hinterhalte, und die Division *Brandenburg* als normale Heereseinheit einzusetzen, war geradezu unglaublich und unverständlich! Ich für meinen Teil wußte, was ich von Canaris zu halten hatte. Sein Bericht über »den festen Willen«, den die italienische, königstreue Regierung zeigte, »den Krieg an unserer Seite weiterzuführen« (30. Juli 1943), war eine äußerst ernste Angelegenheit. Zum Glück hatte GFM Kesselring diesem Bericht keine Bedeutung beigemessen. Der gute Admiral wollte uns dann auf ein Inselchen bei Elba schikken, um dort den Duce zu suchen, der sich jedoch auf Sta. Maddalena befand. Sogar GFM Keitel und Hitler glaubten ihm lange Zeit.

»Ist es überhaupt möglich«, sagte Fölkersam, »einen modernen Krieg zu gewinnen, wenn der Chef des Nachrichtendienstes gemeinsame Sache mit dem Feind macht?«

Das fragte ich mich auch und stellte mir eine weitere Frage: Was wäre passiert, wenn ein anderer, gut getarnter Verschwörer an meiner Stelle in der Bendlerstraße gesessen hätte?

Die Verschwörer hatten in Berlin eine totale Unfähigkeit an den Tag gelegt. Sie hätten den Alarmplan *Walküre* ab 14 Uhr in Gang setzen müssen und sich vorher vergewissern sollen, daß und welche Truppen ihnen folgten. Olbricht hatte dem Oberst Fritz Jäger befohlen, Goebbels zu verhaften. Aber man suchte vergeblich nach Polizisten, die mitmachen wollten. Major Remer wollte nichts davon wissen. Jäger landete schließlich bei den Landesschützen, die sich drückten, dann bei den Soldaten der Feuerwerkerschule, die sich weigerten.

Inzwischen plante der arme Hoepner, daß 350 000 Nazis verhaftet werden müßten. Von wem denn? Von den Feuerwerkern?

Wir von der Waffen-SS sollten dem Heer »eingegliedert« werden, das heißt, unter das Kommando des FM v. Witzleben gestellt werden. Jeder Offizier oder Soldat, der sich weigerte, dem Befehl eines über ihm stehenden Offiziers ohne Befehlsgewalt zu gehorchen, würde sofort als Verräter angesehen und an die Wand gestellt werden.

Karl Goerdeler hatte sich zum Reichskanzler ernannt und Stauffenberg sich selbst zum Generalmajor und Staatssekretär im Kriegsministerium. Es gab zwei Außenministeraspiranten: wenn man mit dem Westen verhandelte, wäre es Ulrich v. Hassel, für den Osten wäre Schulenburg zuständig gewesen. Man hatte wohl noch nie von der bedingungslosen Kapitulation sprechen hören, die auch für die Verschwörer galt!

Es war klar, daß durch den Tod Hitlers nur ein Chaos entstehen konnte. Dies war die Ansicht des Großadmirals Dönitz, der Feldmarschälle v. Rundstedt, v. Manstein, des Generals Guderian und aller Frontgenerale. Admiral Heye sagte zu mir nach dem 20. Juli:

»Sie wissen, daß ich ein Monarchist aus Tradition bin. Ich habe jedoch dem Führer Treue und Gehorsam geschworen. Außerdem, wenn bei der Marine ein Schiff auf ein Riff läuft, steht es nicht in den Gesetzen der Marine, den Kapitän ins Meer zu werfen. Er kommandiert weiterhin an Bord, bis mit Gottes Hilfe die Besatzung das rettende Ufer erreicht hat. Erst dann kommt er vor ein normales Seegericht. Im übrigen braucht man wohl nicht dreiundzwanzig Personen mit einer Bombe ins Jenseits zu befördern, nur um eine Person zu beseitigen.«

Gewiß, die Männer des 20. Julis, deren einziges, wenn auch utopisches Ziel es war, Deutschland zu retten, verdienen Achtung, denn sie riskierten dabei ihr Leben. Aber das Ergebnis ihrer Tat war katastrophal.

Andererseits muß man zugeben, daß Himmler trotz seinem ganzen Polizeiapparat sehr schlecht unterrichtet war. Es ist ihm erst spät aufgegangen, daß das Attentat das Startsignal zu einem Putsch war. Er dachte, daß die Urheber des Anschlags die Arbeiter wären, die in der Nacht vom 19./20. Juli den bei einer zufälligen Bombardierung getroffenen Bunker reparierten. Der Führer war nicht dieser Meinung. Nach der Explosion ließ er sofort Stauffenberg suchen, aber nicht, um ihn zu verhören oder zu verhaften, sondern in der Befürchtung, daß der Oberst verletzt sein und irgendwo bewußtlos liegen könnte. Auf diese Weise erst wurde das eigenartige Benehmen Stauffenbergs erkannt, und man verdächtigte ihn auch. Man glaubte, daß er sich hinter die sowjetischen Linien geflüchtet hätte, die nur 100 km östlich von Rastenburg lagen. Der von dieser Möglichkeit wenig überzeugte Himmler wies den Gestapochef Müller an, Dr. Piffrader zum . Flugplatz von Rangsdorf zu schicken, um den Oberst bei der Landung zu verhaften. Das Auto, in dem Stauffenberg und Haeften saßen, kreuzte jedoch das von Piffrader auf der Straße zum Flugplatz.

Viele Verschwörer wurden in diese traurige Affäre gezogen, ohne überhaupt die Ziele der Anführer gekannt zu haben. Die Verschwörer hielten ihre Vorstellungen für Realitäten und behaupteten, daß es nach dem Verschwinden Hitlers möglich sein würde, mit dem Westen zu verhandeln.

Das Schlimmste war, daß Olbricht Befehle an die Front durchgeben ließ, wo sie im Osten wie im Westen das Durcheinander nur noch vergrößerten.

Ein Ehrentribunal des OKW bestimmte, wer von den am Komplott beteiligten angeklagten Offiziere seinen Dienstgrad behielt und wer nicht. Das Gericht bestand aus dem Vorsitzenden GFM Gerd v. Rundstedt, GFM Keitel und den Generalen Guderian, Schrodt, Kriebel und Kirchheim. Nur die degradierten und aus dem Militärstand ausgestoßenen Offiziere kamen vor das Volksgericht.

Das Attentat hatte Hitler tief getroffen, nicht körperlich, sondern moralisch.

Das Mißtrauen, das er schon seit langem gegen bestimmte Generale hegte, verwandelte sich in offene Feindschaft. Es wurde ihm klar, daß Canaris, Oster und Lahousen schon seit Anfang des Krieges Verrat begangen hatten, und die Tatsache, daß FM Rommel Teil an der Verschwörung hatte, traf ihn zutiefst. Der Gedanke, daß noch mehr Verräter in Schlüsselpositionen der Wehrmacht sitzen mochten, verfolgte ihn Tag und Nacht. Auch die Medikamente, die ihm sein Arzt Dr. Morell verschrieb, konnten ihn nicht beruhigen. Im Gegenteil: Mehr denn je stand er auch unter dem schlechten Einfluß von Martin Bormann.

Ich selbst wurde von Hitler immer sehr herzlich empfangen, was bei vielen Offizieren nicht der Fall war. General Guderian, der die Stelle des Generals Zeitzler als Generalstabschef des Heeres einnahm, sagte mir:

»Der Bombenanschlag hat auf die Moral des Führers die schlimmsten Auswirkungen. Er ist übertrieben mißtrauisch geworden. Mit ihm zu diskutieren, wird immer schwieriger. Die Folgen des 20. Julis sind in jeder Hinsicht schrecklich.«

Man muß zugeben, daß Hitler außerordentliche Anstrengungen machte, um seine Verzweiflung zu unterdrücken und das Schicksal zu bezwingen.

Aber nach den Erklärungen Roosevelts und Morgenthaus sollte Deutschland nach seiner »bedingungslosen Kapitulation« an allen Fronten eine drittklassige Agrarlandschaft ohne jede Industrie werden — und nach den Versicherungen des sowjetischen Schriftstellers Ilja Ehrenburg »eine verbrannte Trümmerwüste«!

Hatten wir keine andere Wahl, als den Kampf bis zum bitteren Ende weiterzuführen, um wenigstens möglichst viele deutsche Soldaten vor der Gefangenschaft in Rußland zu bewahren?

FÜNFTES KAPITEL

# Unternehmen Panzerfaust

Ein Verschwörer fällt Stauffenberg zum Opfer: General Heusinger — Die sowjetischen Partisanen sind am Werk: 12 000 Sabotagen am 19. und 20. Juli 1944 — Das Kommando Walther Girgs in den Karpaten — Ungarn bedroht — Im FHQu.: ich erkenne Hitler kaum wieder — Er ist sicher, daß der Reichsverweser Horthy mit Stalin verhandeln wird — Meine Mission in Budapest — Mickymaus wird in einen Teppich eingewickelt — Bach-Zelewski und *Thor* — *Panzerfaust:* Der General ergibt sich — Reichsverweser Horthy flüchtet zum SS-General v. Pfeffer-Wildenbruch — Sieben Tote — Alle ungarischen Offiziere bleiben bei uns, um freiwillig den Kampf weiterzuführen — Die Pfeilkreuzler sind an der Macht — Großherzog Josef und seine Pferde — In Nürnberg mit Admiral Horthy; er streitet bekannte Tatsachen ab — Beweise seiner Verhandlungen mit Stalin — Das Deutsche Kreuz in Gold — Hitler: »Ich werde Sie mit der wichtigsten Mission Ihres Soldatenlebens betrauen.«

Als ich am 10. September zur Wolfsschanze gerufen wurde, befanden sich die deutschen Armeen an beiden großen Fronten im Westen und Osten in einer kritischen Lage. Die wirklichen Ursachen dieser Situation waren nicht nur materieller Art, wie es heißt, sondern hatten vielmehr intellektuelle und moralische Gründe. Man muß die Sache aus Distanz betrachten.

Im Mai 1944 fragten sich Keitel, Jodl, der Chef des WFSt und Zeitzler, der Chef des Genst., wo und wann werden die sowjetischen Armeen angreifen? Der Chef der Operationsabteilung im Genst. General Heusinger, hatte darüber seine eigene Ansicht: Stalin würde im Süden die von Schukow im Frühjahr gestartete Offensive weiterführen. Die sowjetischen Armeen würden zwischen den Karpaten und den Pripjet-Sümpfen in Richtung Warschau und Weichsel vorstoßen. Jodl war nicht ganz dieser Meinung, aber Hitler ließ sich durch den Vortrag Heusingers überzeugen.

Die STAVKA hatte sich tatsächlich entschlossen, im Mittelabschnitt zuzuschlagen.

In seinem Buch *Verbrannte Erde* (Berlin 1966) schreibt Paul Carell:

»Es darf nicht überraschen, daß die sowjetischen Absichten unbekannt blieben. Die Deutschen besaßen keine gut arbeitende Spionage-Organisation innerhalb des sowjetischen Oberkommandos oder überhaupt in Rußland. Keinen Dr. Sorge und auch keinen *Werther*.«

Dagegen waren unsere Truppenaufstellungen im Mittelabschnitt der Front der STAVKA aufs genaueste bekannt.

Die Militärhistoriker zeichnen ein ziemlich oberflächliches Bild von General Heusinger. Am 20. Juli 1944 umgaben vierundzwanzig Personen, darunter

Hitler, den großen rechteckigen Tisch in der Wolfsschanze. General Heusinger stand rechts von Hitler. Er kannte Stauffenberg sehr gut. Der Oberst hatte trotzdem keine Skrupel: er stellte sein Aktentasche mit der gezündeten Bombe unter den Tisch und verschwand. Heusinger hatte Glück, es passierte ihm nichts. Aber die Tatsache, daß Stauffenberg trotz der Anwesenheit General Heusingers die Bombe zur Explosion brachte, beweist, daß es sich um ein völlig improvisiertes Attentat handelte.

Am 15. Dezember 1966 wurden in Washington die »Diplomatischen Dokumente« veröffentlicht, unter anderem der »Bericht des US-Generals Magruder«, des Chefs des amerikanischen Nachrichtendienstes, über »alle Vorhaben der deutschen Widerstandsbewegung«. Diese Vorschläge waren im Mai 1944 Dulles vorgelegt worden, der sich in der Schweiz aufhielt. Der Inhalt war: ein Putsch gegen Hitler. General Magruder weist darauf hin, daß »Zeitzler, der Generalsstabschef, durch die Generale Heusinger und Olbricht für den Plan der Verschwörer gewonnen wurde«. Letztere empfahlen Dulles »ein Luftlandeunternehmen auf Berlin, mit Unterstützung des deutschen Ersatzheeres«.

Darauf antwortete Dulles — ich zitiere die amerikanischen »Diplomatischen Dokumente« — »daß er nicht glaube, Großbritannien und die USA könnten darauf eingehen, ohne die UdSSR zu Rate zu ziehen«. General Heusinger wurde durch die Bombe seines Mitverschwörers und Freundes leicht verletzt und am 24. Juli 1944 verhaftet. General Guderian, der Nachfolger des Generals Zeitzler an der Spitze des OKH, ersetzte ihn dann durch General Wenck.

Noch ein Beweis der vergeblichen Anstrengungen unserer Verschwörer, die mit dem Westen verhandelten. Ich persönlich hatte schon immer eine gut organisierte Luftlandeoperation auf Berlin befürchtet. Obwohl mir selbst nichts von den Plänen des Widerstandes bekannt war, äußerte ich meine Bedenken schon seit Anfang 1944 gegenüber Mitgliedern des Generalstabes, Admiral Heye, General Jüttner und anderen.

In Nürnberg sprach sich General Heusinger in einer Erklärung unter Eid gegen die »deutschen Kampfmethoden« aus, die gegen die Partisanen angewandt wurden. Es trifft zu, daß diese Polizeioperationen allzuoft ausarteten. Sie wurden von Einheiten durchgeführt, die sich die Bezeichnung »Waffen-SS« anmaßten. Es war aber offiziell bekannt, daß diese in Wirklichkeit keine Angehörigen unserer Truppe waren. Immerhin muß gesagt werden, daß die Katastrophe, die im Osten am 22. Juni 1944 auf den Ansturm der 200 sowjetischen Divisionen gegen die 34 Divisionen des Feldmarschalls Busch folgte, von den Partisanen und Sonderkommandos der Roten Armee vorbereitet wurde.

Allein am 19. und 20. Juni 1944 wurden über 12 000 Sabotageakte hinter den Linien Buschs begangen: Brücken, Eisenbahnlinien, Elektrizitätswerke wurden gesprengt, Telefon- und Telegrafenkabel unterbrochen. Es war das bis heute größte Unternehmen im Partisanenkrieg und hatte zum Resultat, daß unsere Einheiten zum Zeitpunkt des riesigen feindlichen Angriffs fast vollkommen von allen Nachschub- und Nachrichtenverbindungen abgeschnitten waren. Vom strategischen und taktischen Gesichtspunkt aus waren es die russischen Partisanen und Sonderkommandos, die den totalen Sieg errangen. Diese Tatsache wird von manchem Militärhistoriker zu Unrecht verschwiegen.

Die Gleichzeitigkeit der feindlichen Offensiven im Westen, Osten und an der inneren Front war bemerkenswert: am 6. Juni 1944 landeten Amerikaner und Engländer in der Normandie und nahmen am 22. Juni Valognes. Am selben Tage erfolgte im Osten der Ansturm auf unsere Mittelfront. Pinsk fiel am 16. Juli; am 20. Juli explodierte die Bombe von Stauffenberg zwei Meter neben Hitler. Am 30. Juli stießen die Amerikaner in der Normandie bis nach Avranches vor, während die Russen in Brest-Litowsk einmarschierten. An der Ostfront blieben von den 38 in der Frontlinie befindlichen deutschen Divisionen knapp 10 Divisionen übrig. Die sowjetischen Armeen rückten fast genauso schnell vor wie wir im Jahre 1941: 700 km in 5 Wochen! Im Norden erreichten sie die ostpreußische Grenze.

Im Süden stand es nicht viel besser. Am 2. August brach die Türkei ihre diplomatischen Beziehungen zum Reich ab. Rumänien wurde von den sowjetischen Truppen überflutet, die am 31. August in Bukarest einzogen.

Auf Anweisung des FHQu hatte ich per Flugzeug zwei Züge meines Bataillons *Jagdverband*-Ost — ungefähr 100 Mann — unter Führung des äußerst mutigen U.St.Fhr.s Walter Girg nach Rumänien geschickt. Vier Monate vorher war er aus der Offiziersschule Bad Tölz in den *Jagdverband* 502 gekommen, blond, draufgängerisch und abgehärtet — zwanzig Jahre alt. In Zusammenarbeit mit dem V. Gebirgsjägerkorps der Waffen-SS, dem Armeekorps Phleps (der rumänischen Waffen-SS) gelang es den in drei Kommandos aufgeteilten Soldaten Girgs, bis zu den wichtigsten Karpatenpässen von Kronstadt, Hermannsstadt und Karlstadt vorzudringen. Erst hielten sie auf kurze Zeit die Pässe, machten sie jedoch später unpassierbar, indem sie die Straßen sprengten. Diese Aktion ermöglichte deutschen Einheiten und zahlreichen deutschstämmigen Siebenbürgern den Rückzug nach dem Westen. Außerdem konnte man infolge der Feindbeobachtungen Girgs ein anderes Korps der Heeresgruppe F vor einer drohenden Einschließung im Raum von Gyergyoti retten. Das war die sogenannte Operation *Landfried*.

Nach erfülltem Auftrag zog Girg mit den Leuten seines eigenen Kommandos, als rumänische Soldaten verkleidet, mit den russischen Truppen in Kronstadt ein. Kurz danach, als sie versuchten, durch die vordersten russi-

schen Linien zu kommen, wurden sie entdeckt, gefangengenommen und ver-
prügelt. Als Girg erschossen werden sollte, gelang es ihm, zu fliehen; obwohl
ihn eine Kugel am Fuß traf, konnte er einen Sumpf erreichen und sich dort
verstecken. In der Nacht kam er bei den deutschen Linien bei Morosvasache-
ly an. Seine beiden anderen Gruppen, die südlicher operierten, hatten mehr
Glück und kehrten ohne allzu große Verluste zurück.

Bei ihrem Einsatz inmitten der sowjetischen Linien stießen die Kommandos
von Girg auf eine 2000 Mann starke deutsche Flakeinheit, die, in einem Tal
vollkommen eingekesselt, der russischen Gefangenschaft verzweifelt, aber
phlegmatisch entgegensah. 300 dieser Soldaten faßten auf Girgs Zureden
den Entschluß, sich mit dessen Leuten zu den deutschen Linien zurückzukämpfen, was ihnen auch gelang. Aber was wurde aus vielen anderen Einheiten, die sich in ähnlichen Situationen befanden?

Anfang September 1944, als sowjetische Truppen (Russen und Rumänen) in
Siebenbürgen einmarschiert waren, hatte Ungarn Rumänien den Krieg erklärt. Admiral Horthy nahm jedoch gewisse Umbildungen im Ministerium
vor, die einen politischen Kurswechsel ahnen ließen, und zwar in pro-
sowjetischem Sinne, dem allerdings die Mehrzahl der ungarischen Armee
(Honvéd) nicht zustimmte, der aber dennoch für unsere Lage in Ungarn
sehr gefährlich war.

In Rumänien standen uns nun die Verbündeten von gestern als Feinde
gegenüber. Ich muß allerdings feststellen, daß es ganze rumänische Regimenter gab, die auf unserer Seite bis zum Schluß kämpften. So hatte ich im
Februar 1945 in Schwedt/Oder ein rumänisches Regiment unter meinem
Kommando, und die Gegenseite, die Russen, hatten zwei rumänische Regimenter. Eine manchmal schwierige Situation! Am 23. August 1944 wurde
Marschall Antonescu verhaftet, und General Zanatescu bat sofort die Russen um einen Waffenstillstand, deren Divisionen augenblicklich über Polen
nach Ungarn fluteten. Am 10. September morgens forderte mich General
Jodl auf, einige Tage den Führerlagebesprechungen beizuwohnen, soweit
Probleme der Südostfront zur Diskussion stünden.

»Es ist möglich«, sagte er, »daß Ihnen der Führer einen wichtigen Einsatz
an dieser in Bewegung befindlichen und unsicheren Front anvertrauen wird.
Sie müssen über die strategischen und taktischen Probleme in Ungarn vollständig unterrichtet sein. Kommen Sie also bitte pünktlich zur Mittagslage.«
Im FHQu fanden täglich zwei Lagebesprechungen statt: die »Mittagslage«
(gegen 14 Uhr) und die »Abendlage« (gegen 22 Uhr). Bei diesen Besprechungen waren die wichtigsten Chefs der drei Waffengattungen versammelt:
Heer, Kriegsmarine und Luftwaffe oder deren Vertreter und die des OKW.
Bekanntlich war GFM Keitel der oberste Chef des OKW, Chef des Führungsstabes war General Jodl.

Das OKH war das Oberkommando des Heeres und nur für die Operationen an der Ostfront zuständig: Chef des Generalstabes war zu diesem Zeitpunkt General Guderian.

Der Balkan fiel sonst in den Aufgabenbereich des Generals Jodl, obwohl dort hauptsächlich russische Armeen eindrangen.

Über Keitel, Jodl, Guderian, Göring, dem Oberbefehlshaber der Luftwaffe, über Dönitz, dem Oberbefehlshaber der Kriegsmarine, stand Hitler als Oberster Befehlshaber der Wehrmacht und des Heeres, zu dem die Waffen-SS gehörte.

Der große Besprechungsraum befand sich in einer Baracke, rund 50 m vom eben fertiggestellten Führerbunker entfernt. Hitler mußte unter dem Schutz von 7 m dickem Eisenbeton leben. Eine komplizierte Ventilationsanlage sorgte für Frischluft. Trotzdem war die Atmosphäre ungesund, da der noch nicht völlig abgebundene Beton feuchte Wärme ausstrahlte.

In der Lagebaracke lag auf einem riesigen Tisch, der Licht durch die Fenster in einer 12 m langen Wand erhielt, eine Lagekarte aller Fronten. Die augenblicklichen Truppenstärken und ihre Stellungen waren mit Farbstift eingetragen. An den Schmalseiten des Tisches saßen zwei Stenografen. Hitler hatte ab 1942 verlangt, daß alle Lagebesprechungen mitstenografiert wurden. Am Ende des Krieges hatten sich rund 103 000 Blätter mit Notizen angesammelt, die nach Berchtesgaden ausgelagert wurden und dort leider verbrannt sind. Der Nachrichtendienst der 101. US-Luftlandedivision konnte nur einen Bruchteil davon retten — kaum ein Prozent[1].

Als ich am 10. September 1944 den Besprechungsraum betrat, stellte ich mich den bereits anwesenden Generalen und Generalstabsoffizieren vor, da ich nur wenige kannte. Nach dem 20. Juli hatte man aus leichtverständlichen Gründen viele Offiziere ausgewechselt. Wir standen alle. Für Hitler war ein Hocker vorgesehen; die Farbstifte, ein Vergrößerungsglas und eine Brille lagen auf dem Kartentisch.

Ein kurzes Kommando: Hitler trat ein — und ich erschrak, als ich ihn so nahe sah. Ich erkannte ihn kaum wieder. Das war nicht mehr der Mann, den ich vom vergangenen Herbst in Erinnerung hatte: er kam gebeugt und zog ein Bein nach. Seine linke Hand zitterte so stark, daß er sie manchmal mit der rechten festhalten mußte. Seine Stimme klang verschleiert und brüchig. Er begrüßte ein paar Generale, hatte für mich ein paar freundliche Worte übrig, als er mich erblickte, und empfahl mir:

---

1 Die vor der Zerstörung bewahrten Blätter liegen heute in der Universitätsbibliothek von Pennsylvanien. 1964 veröffentlichte der Verlag Albin Michel Auszüge davon unter dem Titel: *Hitler spricht zu seinen Generalen*, die ins Französische übersetzt und mit einem Vorwort von J. Benoist-Méchin versehen wurden. Es sind Dokumente von größter Bedeutung. (A. d. Red.)

»Skorzeny, bleiben Sie bei allem, was den Balkan betrifft, dabei.«

GFM Keitel stand links neben Hitler; GenOb Jodl war an seiner rechten Seite und begann einen Vortrag über die allgemeine Lage, der leicht auf der Generalstabskarte zu verfolgen war.

Nach General Jodls Vortrag sprach Hitler. Seine Stimme war etwas kräftiger geworden, und seine Kommentare waren so klar und überzeugend, daß man jeden Gedanken verwerfen mußte, dieser Mann leide unter der Parkinsonschen Krankheit, wie das Gerücht besagte. Seine geistige Regsamkeit und seine immer noch leidenschaftlichen Reaktionen stimmten weder mit den Symptomen dieser Krankheit überein, noch mit irgendeiner anderen Degenerationskrankheit.

Am 20. Juli wurden Hitler beide Trommelfelle zerrissen; er wurde am Arm und am Rücken verletzt. Jedoch war der moralische Schock stärker als der psychische. Wie ich durch Prof. Dr. Brandt erfuhr, verabreichte ihm Dr. Morell starke Dosen von Glukose, koffeinhaltiges Vitamultin, Pervitin — das die Luftwaffe auch an Piloten ausgab, um sie wachzuhalten — und noch andere »Wunderdrogen«. Die Pillen, die Hitler viel zu oft gegen Magenkrämpfe einnahm, enthielten Spuren von Arsen. Heute ist bekannt, daß Morell viele Rezepte für seltene oder gefährliche Medikamente auf sogenanntes Staatspapier mit »Der Führer und Reichskanzler« schrieb, das ihm Bormann beschaffte, so daß sich die Rezepte sozusagen in »Führerbefehle« verwandelten. Der Arzt Prof. Ernst Günther Schenk, der 1955 aus sowjetischen Gefängnissen zurückkehrte, berichtete, er habe schon 1943 Dr. Conti, den Chef des Reichsgesundheitsamtes, darauf aufmerksam gemacht, daß seiner Ansicht nach Morell Hitler in gefährlicher Weise dopte. Das nervliche Gleichgewicht des Menschen, von dem das Leben Millionen anderer Menschen abhing, sei schwer beeinträchtigt worden. Auch ein anderer Arzt, Dr. Hans-Dietrich Röhrs, schrieb 1966 in seinem Buch *Hitler, die Zerstörung einer Persönlichkeit*, daß Hitler nur dank seiner außergewöhnlichen robusten Gesundheit »der systematischen und progressiven Vergiftung durch Morell« habe standhalten können.

Während meines dreitägigen Aufenthaltes war ich nicht nur erstaunt über das außerordentliche Gedächtnis Hitlers, sondern auch darüber, welchen Sinn für militärische und politische Situationen, deren Entwicklungsmöglichkeiten und eventuelle Lösungen der mit ihnen zusammenhängenden Probleme er besaß. GenOb Jodl verstand es, eine militärische Lage vorzutragen. Aber wenn Hitler danach sprach, wurde alles viel einfacher und klarer.

Ich bin überzeugt, daß die großen Katastrophen — insbesondere die von Stalingrad — zu vermeiden gewesen wären, wenn man ihn seit 1939 immer loyal und richtig informiert hätte. Ich sprach bereits von den Wutausbrüchen Hitlers, als man ihm die tatsächliche Stärke bestimmter Divisionen gestand. Ich möchte hinzufügen, daß man ihm bei dieser Gelegenheit die Wahrheit über den Aufstand verheimlichte, die die Geheimarmee des polnischen Generals Bor-Komorowski in Warschau ausgelöst hatte, die Greuel des Straßenkampfes und die heikle Lage, in der sich einige unserer Einheiten im Süden der Stadt befanden. Die Situation in Bulgarien, Rumänien, Jugoslawien und in Ungarn wurde nach und nach katastrophal. Hitler war sich dessen vollkommen bewußt. Das rumänische Erdöl war endgültig verloren; die Donaubrücken waren auf sowjetischen Befehl von rumänischen Soldaten besetzt worden, und wir hatten in dieser Falle 15 Divisionen verloren. Bulgarien wechselte auf die Feindseite über — mit den Panzern und leichten Geschützen, die wir ihnen kurz zuvor geliefert hatten. In Jugoslawien rückten Titos Partisanen nach Norden vor und sollten bald mit den sowjetischen Truppen Verbindung aufnehmen.

Blieb noch Ungarn. Ende August hatte Hitler General Guderian in geheimer Mission zum Reichsverweser Horthy gesandt. Er überbrachte einen persönlichen Brief Hitlers und wurde freundlich empfangen, gewann aber trotz allem einen sehr schlechten Eindruck.

Am dritten Tage, nach der Abendlage, befahl mir Jodl, noch weiter in der Lagebaracke zu bleiben. Hitler hatte zu dieser außergewöhnlichen Besprechung noch Keitel, Jodl, Ribbentrop und Himmler versammelt.

Hitler ergriff das Wort und erklärte, daß er sich keinerlei Illusion mehr mache: der Admiral-Reichsverweser war im Begriff, nicht nur mit den westlichen Verbündeten zu verhandeln, sondern sehr wahrscheinlich auch mit Stalin. Selbstverständlich ohne uns davon in Kenntnis zu setzen. Die Front war mit Mühe an der ungarischen Grenze zum Stehen gekommen. Wenn nun auch die Honvéds zum Feind überliefen, befänden sich 30 Divisionen — rund 400 000 Soldaten — in einer Falle. Und diejenigen, die in Italien kämpften, hätten es vermutlich auch schwer, wenn sich eine sowjetische Offensive vom Süden Ungarns aus über Jugoslawien in Richtung Triest und Udine entwickeln könnte.

»Das kommt nicht in Frage«, sagte Hitler mit fester Stimme. »Der Reichsverweser hält sich für einen großen Politiker und ist sich nicht darüber im klaren, daß er auf diese Weise einem anderen Karolyi[1] den Weg ebnet.«

---

1 Graf Michel Karolyi war ein Mann mit Idealen und großzügigem Charakter. Er stammte aus einer alten ungarischen Adelsfamilie und glaubte an die demokratischen Ideale. Er wurde 1918/19 Präsident der ungarischen Republik. Er richtet sich in Buda im Habsburger Palast ein, von dem noch die Rede sein wird. Aber bald danach wurde er durch die blutige bolschewistische Revolution Bela Kuhns verjagt. Hitler war ein guter Prophet: Graf Karolyi kam 1946 tatsächlich in das »befreite« Ungarn zurück, aber die fortschreitende Sowjetisierung Ungarns veranlaßte ihn bald, seine Heimat erneut zu verlassen. Er starb 1955 in Frankreich, wo er in Vence an der Riviera im Exil lebte. (A. d. Red.)

»Man scheint wirklich in Budapest ein sehr kurzes Gedächtnis zu haben. Man hat wohl vergessen, daß man am 25. November 1941 den Anti-Kominternpakt für fünf Jahre verlängerte! Aber kann man denn vergessen, daß Sie« — er wandte sich zu Ribbentrop —»am 29. August 1940 in Wien einen gewissen Schiedsspruch fällten? Durch dieses Urteil erhielt Ungarn den größten Teil Siebenbürgens zurück, den man ihm 1920 durch den Vertrag von Trianon abnahm: 45 000 km² und 2 380 000 Menschen, die heute vom Bolschewismus bedroht sind.«

Außenminister v. Ribbentrop erklärte, daß die politische Lage in Budapest immer undurchsichtiger werde. Zwei treue Freunde des Deutschen Reiches hatten abdanken müssen: Der Stellvertretende Ministerpräsident Raasch und der Wirtschaftsminister v. Imredy; ein neues Kabinett unter dem Vorsitz von General Geza Lakatos hatte die Macht übernommen.

»Die Macht! Stalin wird die Macht in Budapest übernehmen, wenn wir dazu gezwungen werden, Ungarn zu verlassen. Kann der Reichsverweser denn seine feierlichen Worte vergessen, die er am 16. April dieses Jahres ausgesprochen hat: ›Wir werden an der Seite der deutschen Armee kämpfen, bis wir diesen Sturm siegreich überstanden haben.‹ Und jetzt sagt man schlau zu General Guderian: ›Mein lieber Kamerad, in der Politik muß man mehrere Eisen im Feuer haben.‹ Das sagt der Reichsverweser, aber so spricht kein loyaler Verbündeter, sondern ein Mann, der uns verraten und seine feierlichen Versprechungen brechen will. Das werde ich nicht dulden, denn unsere Soldaten verteidigen doch auch ungarischen Boden!«

Er wandte sich mir zu und sagte:

»Skorzeny, ich habe Sie gebeten, bei den Lagebesprechungen der Südostfront teilzunehmen. Sie kennen Ungarn und besonders Budapest. Ich wünsche unter keinen Umständen einen Badoglio in Ungarn. Wenn der Reichsverweser sein Wort bricht, haben Sie den Burgberg zu nehmen und sich all derer zu bemächtigen, die sich im Königspalast und in den Ministerien befinden. Dann riegeln Sie alles ab und besetzen den Burgberg militärisch. Beginnen Sie sofort mit Ihren Vorbereitungen — in Zusammenarbeit mit Generaloberst Jodl. Es könnten sich bei der Aufstellung Ihrer Einheiten Schwierigkeiten mit den anderen Wehrmachtsstellen ergeben: um dies zu vermeiden, werden Sie von mir einen schriftlichen Befehl mit weitgehenden Vollmachten bekommen. Man hat an eine Fallschirmjägeroperation oder an ein Luftlandeunternehmen gedacht. Aber Sie werden selbst darüber die Entscheidung fällen.«

Der Befehl, den Hitler vor mir unterschrieb, ist nicht mehr in meinem Besitz, aber ich erinnere mich mehr oder weniger genau an die Worte:

»Der SS-Sturmbannführer Otto Skorzeny handelt in Ausführung eines persönlichen, streng geheimen Befehls von höchster Wichtigkeit. Ich weise sämtliche militärischen und staatlichen Dienststellen an, Skorzeny in jeder

18 Fotos vom »Massaker bei Malmedy«, wie sie die Anklagebehörde im Malmedy-Prozeß in Dachau vorlegte, sollten die Erschießung von 71 amerikanischen Gefangenen durch die Kampfgruppe Peiper der 1. SS-Panzer-Division LAH an der Straßenkreuzung vor Malmedy beweisen. Wer von diesen 71 Amerikanern beim gefechtsmäßigen Zusammenprall gefallen ist, wer von ihnen sich eindeutig ergeben hatte, wer durch schuldhaft kriegsrechtswidriges Schießen getötet wurde, wer beim Weglaufen durch das MG-Feuer gefallen ist, wird nie mehr zu klären sein. Eine Tragödie, wie sie im Krieg nicht selten sich vollzieht.

19 Im Einsatz an der Oderfront. Hier leistete Skorzeny mit seiner Kampfgruppe in Stärke einer Division, bestehend aus den Jagdverbänden Mitte und Nordwest und dem Fallschirmjägerbataillon als Rückgrat, im Brückenkopf Schwedt a. d. Oder seit Februar 1945 dem zahlenmäßig weit überlegenen Gegner hartnäckigen Widerstand. Unser Bild zeigt Skorzeny mit SS-Hpt.St.-Fhr. Dr. Slama und einem Volkssturmoffizier.

20 Otto Skorzeny als Gefangener.

Weise zu unterstützen und seinen Wünschen nachzukommen. gez. Adolf Hitler.«

Dieses Schriftstück entsprach praktisch einer Blankovollmacht Hitlers an mich, und es wird sich gleich zeigen, was mir dieses Papier nutzte. Leider wurde es mir zusammen mit der Uhr des Duce abgenommen, als ich in amerikanische Gefangenschaft geriet.

Unter dem Decknamen Dr. Wolff fuhr ich dann in Zivilkleidern mit Radl über Wien nach Budapest. Einer unserer echten Anhänger, ein Deutschungar, stellte uns seine Wohnung mit Dienstpersonal und Köchin zur Verfügung. Ich scheue mich fast, es zu gestehn: in meinem ganzen Dasein habe ich noch nie so gut gelebt wie in diesen drei Wochen in Budapest.

Radl wurde kurz vor der Aktion dringend nach Friedenthal zurückgerufen, aber Adrian v. Fölkersam war bei mir, sowie ein Großteil der Kameraden vom Gran Sasso.

Unser Gastgeber, der uns wie ein echter Magyar empfing, war gut informiert über alles, was sich am Hof und in der Umgebung des Regenten abspielte.

Horthy, ein Admiral ohne Flotte und ein Regent ohne König und Königin, hatte sich 1920 stark der Rückkehr der Habsburger in Ungarn widersetzt: er erhob ganz offensichtlich dynastische Ansprüche. Am 19. 2. 1942 ließ er seinen ältesten Sohn, Stefan Horthy, vom Parlament als Vize-Regenten mit Nachfolgerecht anerkennen. Dieser im übrigen sehr begabte Sohn kämpfte tapfer gegen die Sowjets. Er war Jagdflieger und fiel am 19. 8. 1942 an der Ostfront. Niklas Horthy, sein jüngerer Bruder, hatte einen ganz anderen Charakter.

Er war ein guter Stammkunde der Budapester Nachtclubs und der Kummer seines Vaters bis zu dem Tage, an dem er in eine umstürzlerische politische Aktivität verfiel. Verschwiegenheit war nicht seine Stärke, und als wir in Budapest ankamen, wußten die Informierten bestens Bescheid, daß Niklas in Verbindung nicht nur mit Londoner Politikern stand, sondern auch mit den Unterhändlern Titos und Stalins — und das alles mit dem Segen seines Vaters. Unser SS- und Polizeiführer Winkelmann in Budapest wußte von den gefährlichen Verbindungen des »Nicky« — wie sein Pseudonym lautete. Fölkersam verstand nicht richtig und hörte: »Micky«.

Von da an wurde Niklas Horthy für uns zu der Mickymaus aus Walt Disneys Wunderwelt.

Der deutschen Polizei war bekannt, daß Nicky einen Unterhändler Titos erst am 10. Oktober, dann am Sonntag, den 15. Oktober in einem Bürogebäude mitten in Budapest, in der Nähe der Donau, zu einer Unterredung treffen sollte. Winkelmann beschloß, die Mickymaus »in flagranti« zu erwischen, und stellte eine dementsprechende Falle. Er bat mich, ihm militärischen Schutz gegen eine mögliche Intervention der Honvéds zur Verfügung zu stellen.

Horthy jun. war mißtrauisch. Am 15. Oktober gegen zehn Uhr vormittags kam er im Auto zum Treffpunkt. Ein paar Offiziere der Honvéds hielten sich in seinem leinwandbespannten Jeep versteckt, der hinter Nickys Wagen vor dem Eingang des Bürohauses parkte.

Dann kam ich im Auto und im Zivilanzug, täuschte eine Motorpanne vor und ließ meinen Wagen Kühler an Kühler mit dem Wagen »Mickys« parken, um zu verhindern, daß dieser plötzlich davonfahren konnte. Im Jeep bewegte sich etwas. Im gegenüberliegenden Park spazierten zwei Honvéd-offiziere, aber auch einer meiner Offiziere und zwei meiner Unteroffiziere saßen ihrerseits auf einer Parkbank und lasen Zeitung. In diesem Moment, es war 10.10 Uhr, tauchten zwei Kriminalbeamte Winkelmanns auf und wollten den Hauseingang betreten. Aus dem Jeep ratterte eine MP-Garbe und tötete einen der Beamten. Die beiden ungarischen Offiziere vom Park schossen ebenfalls. Ich lag hinter meinem Wagen, der in ein Sieb verwandelt wurde, bis meine Soldaten aus dem Park zu Hilfe kamen. Wir verteidigten uns so gut es ging mit unseren Pistolen. Mein Fahrer erhielt einen Oberschenkelschuß. Dann kam der in einer Seitenstraße versteckte Trupp mit etwa 30 Mann aus Friedenthal, mit Fölkersam an der Spitze, im Sturmschritt heran.

Aber Micky stand unter gutem Schutz: eine starke Honvéd-Einheit lag im Nachbarhaus verschanzt. Eine sofort gezündete Sprengladung zerstörte das Eingangstor zu diesem Haus und hielt die Wachmannschaft des jungen Horthy davon ab, ihm zur Hilfe zu kommen. Es waren kaum fünf Minuten verstrichen.

Die deutschen Polizisten brauchten nur von der darüberliegenden Etage in das Stockwerk darunter zu gehen, in dem die Verschwörer tagten. Es waren vier an der Zahl: Niklas Horthy, sein Freund Bornemisza und zwei Tito-Agenten. Der Einfachheit halber, und auch um zu vermeiden, daß ihn eventuelle Passanten erkannten, wurde »Micky« gefesselt und in einen Teppich gerollt. Die beiden Polizeibeamten packten an den Enden an. Man hat überall geschrieben, daß man »Micky« in einem Persertteppich wegbrachte. Ich habe nur die Rückseite davon gesehen, und wenn ich mich recht erinnere, war das ein ganz gewöhnlicher Teppich, den man, gleichzeitig mit den drei anderen Männern, auf den pünktlich erschienenen Polizei-LKW hob. Fölkersam war dabei, unsere Truppe wieder zurückzunehmen, um dann so schnell wie möglich zu verschwinden. Eine innere Stimme riet mir, diesem Lastwagen nachzufahren. In der Nähe der Elisabethen-Brücke kamen drei Honvéd-Kompanien im Eilschritt an. Fölkersam hatte sich noch nicht absetzen können: da half nur Bluff, um ein paar Minuten zu gewinnen. Ich stieg schnell aus dem Wagen, stürzte zu einem Offizier und rief:

»Halt!... Wo wollen Sie hin?... Lassen Sie mich mit Ihrem Major sprechen ... Nicht hier? ... Wer befiehlt dann? Gehen Sie nicht dorthin ... auf den Platz ... dort herrscht wildes Durcheinander!...«
Der Major näherte sich. Er verstand Deutsch, und ich rief ihm zu:
»Es darf keinen Bruderkrieg zwischen unseren Völkern geben, der ganz schlimme Ausmaße annehmen würde ... ganz schlimme!«
Fünf oder sechs Minuten waren gewonnen, und das war ausreichend. Fölkersam hatte Zeit, alle unsere Leute und die Verwundeten in den Lastwagen zu verladen. Ich machte mich auf und davon und ließ die Ungarn verwirrt zurück, erreichte den Flugplatz, wo »Micky« und sein Freund Bornemisza schon in einem Militärflugzeug saßen, das sie kurz danach nach Wien brachte. So wurde also Horthy jun. auf frischer Tat ertappt. Er war nicht sehr beliebt, und seine Entführung erweckte wenig Mitleid bei den Ungarn. Aber die Reaktion des Reichsverwesers ließ nicht auf sich warten. Ich fuhr anschließend sofort zum Stab des Armeekorps, wo ich General Wenck antraf, der anläßlich dieses Unternehmens einige Tage aus Berlin gekommen war, um mich, wenn nötig, zu unterstützen und zu beraten. Um die Mittagszeit kam ein Anruf vom Militärattaché unserer Botschaft, die in einem kleinen Palais auf dem Burgberg untergebracht war: der Burgberg befinde sich im Belagerungszustand, er sei auf allen Ausfahrtsstraßen zurückgewiesen worden. Kurz danach wurden auch die Telefonleitungen gesperrt.
Um 14 Uhr gab der ungarische Rundfunk eine Sondermeldung Horthys durch, in der es hieß, daß »Ungarn die Sowjetunion um einen separaten Waffenstillstand gebeten« habe. Ein Kommunique des Generalstabschefs der Honvéds, Vitez Vöcröes, fügte allerdings hinzu, daß es sich bis jetzt nur um »Waffenstillstandsverhandlungen« drehte. Damit war alles gesagt. General Wenck und ich stimmten überein, daß nun die Würfel gefallen seien und daß ich jetzt das von uns vorbereitete Unternehmen *Panzerfaust* in Gang setzen müsse.
Bevor ich auf den Plan und die Ausführung dieses Unternehmens zu sprechen komme, das darin bestand, den Burgberg zu nehmen und ihn militärisch zu besetzen, muß ich noch erwähnen, daß vor dem 15. Oktober viele Besprechungen stattfanden. Der Polizeigeneral von dem Bach-Zelewski erschien auf dem Plan: er kam geradewegs aus Warschau und brachte den gigantischen »Thor« mit.
Wobei es sich nicht um den nordischen Donnergott Thor handelte, den Sohn des Odin, sondern um einen 65-cm-Mörser, dessen Geschosse 2200 kg wogen. Sie durchschlugen »alle bis heute bekannten Betonstärken«. Man hatte den »Thor« nur bei zwei Gelegenheiten eingesetzt: gegen die Festung Sewastopol und kurz zuvor in Warschau auf persönlichen Wunsch des Herrn v. d. Bach-Zelewski.
Er war eine Art bebrillter Vogelscheuche und imponierte mir in keiner

Weise, obwohl manche Offiziere von ihm beeindruckt waren. Er schlug vor, »mit dem Burgberg ohne viel Getue Schluß zu machen«, den »Königspalast mit dem Thor zu zerstören, und mit ihm die ganze Besatzung«. Ich glaube, ich schade dem Gedächtnis des armen Bach-Zelewski nicht, wenn ich sage, er wollte sich mit seinem Mörser identifizieren.

Es war vergebliche Mühe, dem armen Mann erklären zu wollen, was für mich als Österreicher und Europäer Budapest und dieser Hügel bedeuteten, wo die Anjous, Hunyadi und der weiße Ritter den Westen so mutig verteidigt hatten. Ich erklärte ihm einfach, daß ich diese Operation leite und daß ich glaube, den Befehl des OKWs mit weniger Blutvergießen ausführen zu können – und nicht auf so brutale Weise, wie das anderswo eben geschehen war. Ich brauchte die Vollmacht Hitlers gar nicht vorzuzeigen. Im übrigen unterstützte mich General Wenck, der als Ratgeber vom OKW fungierte, in meiner Ansicht, und der »Thor« mit seinen 2200-kg-Geschossen wurde nicht benutzt.

Am 15. Oktober, kurz vor Mitternacht, ließ sich beim Korpskommando ein Oberst des Honvédministeriums melden. Er zeigte uns die Vollmacht, die ihm der Kriegsminister erteilt hatte, um mit der deutschen Kommandostelle zu verhandeln. Man konnte ihm nur folgende Antwort geben: Vor Zurücknahme der Waffenstillstandserklärung des Reichsverwesers sei keine Grundlage zu Verhandlungen gegeben. Außerdem seien unsere Diplomaten praktisch Gefangene auf dem Burgberg. Das sei ein typisch »unfreundlicher Akt«. Auf meinen Vorschlag hin wurde der ungarischen Regierung ein Ultimatum gestellt: Wenn bis zum 16. Oktober um 6 Uhr morgens die Minen und Sperren auf der Wiener Straße, die zur deutschen Botschaft führte, nicht fortgeräumt seien, würden wir uns zu unserem großen Bedauern gezwungen sehen, die entsprechenden Konsequenzen daraus zu ziehen.

Wir hatten den deutlichen Eindruck, daß der Honvéd-Unterhändler mit der plötzlichen Kehrtwendung des Reichsverwesers nicht einverstanden war und mit seiner Meinung sicher auch nicht alleinstand.

Seit Juni 1941 schlugen sich die ungarischen Soldaten an der Seite der Deutschen gegen einen gemeinsamen Feind, der schon 1920/21 Ungarn verwüstet hatte. Durch die kommunistische Gefahr bekam die Aktivistenpartei »Pfeilkreuzler« von Szalassy viel Auftrieb und hatte in der Honvéd viele Anhänger unter den jungen Offizieren. Die Stimmung in Ungarn war nicht für eine Kapitulation gegenüber dem Osten. Ganz im Gegenteil.

Ich für meinen Teil hatte vor, den Burgberg im Überraschungsangriff zu besetzen, und zwar am 16. Oktober um 6 Uhr früh. Es war eine schwierige Aufgabe. Der Hügel des Burgbergs, einer über 3 km langen und mindestens 600 m breiten Befestigung, überragt die Donau. Die Garnison habe Verstärkung erhalten, hörte ich. Der Reichsverweser wurde von alarmbereiten

3000 Mann bewacht: hinter dem Wiener Tor lag eine Regimentskaserne; ihre Granatwerfer und schwere MGs waren gefechtsbereit aufgefahren. Am anderen Ende des Hügels, in den Steilgärten des Palasts über der Donau, waren fünf solide Stellungen mit Bunkern und MG-Nestern; Panzer waren vor der Burg und innerhalb des Burghofes aufgefahren; eine drei Meter hohe Steinbarrikade vor dem Burgtor; dahinter im Hof sechs Panzerabwehrkanonen. Der Palast selbst war von einem Regiment besetzt, das über leichte und schwere Waffen verfügte. Ehe man den Palast erreichte, mußte man am Honvéd- und Innenministerium vorbei, die durch zwei mit Granatwerfern und MGs ausgerüstete Bataillone verteidigt wurden. Ich muß gestehen, daß uns diese Kräfteverteilung erst vollständig bekannt wurde, als wir den Burgberg schon besetzt hatten und alles vorüber war.

Ferner führte vom rechten Donaukai ein unterirdischer Gang bis zum Kriegsministerium, das durch eine geheime Treppe zu erreichen war. In halber Höhe der Treppe befand sich die berühmte »Schatzkammer«, wo Ungarns Kronschätze aufbewahrt wurden. Dieser Durchgang war natürlich durch mehrere Panzertüren verriegelt, aber wir mußten unter allen Umständen über diesen Weg überraschend das Kriegsministerium nehmen.

Wie schon erwähnt, dachte man im FHQu an ein Fallschirmunternehmen oder eine Luftlandeoperation: dies zu versuchen, wäre reiner Wahnsinn gewesen. Die einzige für eine Landung geeignete Stelle war das »Blutfeld« — es hätte seinen Namen erneut zu Recht verdient. Im Falle eines ungarischen Widerstands wäre dieser unter dem Burgberg liegende Exerzierplatz von den Verteidigern sofort unter konzentriertes Feuer genommen worden und man hätte uns von den Burgmauern oben wie Hasen abgeschossen. Es mußte eine andere Lösung gefunden werden.

Folgende Streitkräfte standen mir zur Verfügung:

Erstens, an Ort und Stelle, die 22. Kavalleriedivision der Waffen-SS *Maria-Theresia* (nach der römisch-deutschen Kaiserin und ungarischen Königin genannt). Diese neugebildete Division bestand aus etwa 8000 Volksdeutschen (Ungarn deutscher Abstammung) und bildete schon, vom Spätnachmittag des 15. Oktobers an, einen Sperrgürtel um den mittelalterlichen Burgberg. In der Nacht wurde die Burg vollends eingekreist. Die Division *Maria-Theresia* wurde von einem ungarischen Regiment unterstützt, das der tapfere Oberstleutnant Dr. Karl Ney kommandierte. Dieses Regiment wurde später das Rückgrat der 25. Waffen-SS-Division *Johann Hunyadi*, einer der beiden ungarischen Waffen-SS-Divisionen[1].

---

1 Johan Hunyadi (um 1385—1456), ungarischer General und Reichsverweser, zeichnete sich schon früh im Kampf gegen die Türken aus. Auch die 2. ungarische Divison, die 25. Waffen-SS-Division *Gömbös* kämpfte bis zum Schluß mit uns. Im März 1945 wurde eine dritte Divison aufgestellt, die aus freiwilligen Ungarn und Ungarndeutschen bestand.

Dazu hatte mir Hitler ein Bataillon der Kriegsschule Wiener Neustadt unterstellt: etwa 1000 prächtig aussehende freiwillige Offiziersaspiranten; zwei Kompanien Panther-Panzer und eine Abteilung Goliath-Panzer (ferngelenkte kleine Panzer, die eine starke Sprengladung mit sich führten). Selbstverständlich war auch mein Jagdverband Mitte zur Stelle, zusammen mit einem Bataillon Fallschirmjäger der Waffen-SS, das bis zum Ende unter meinem Befehl blieb. Eine Nachrichtenkompanie und ein kleiner Stab mit Adrian v. Fölkersam vervollständigten meine militärischen Kräfte.

Fölkersam und ich hatten einen Angriffsplan ausgearbeitet, ohne uns um die zur gleichen Zeit stattfindenden zahlreichen Besprechungen zu kümmern. Ich hielt es für ausreichend, daß General Wenck diesem Plan beipflichtete.

Um drei Uhr morgens ließ ich alle Offiziere auf dem Blutfeld antreten und gab ihnen meine letzten Anweisungen. Der Burgberg mußte gleichzeitig von vier Seiten erstürmt werden. Im Süden mußte das Bataillon der Kriegsschule Wiener Neustadt die Eisengitter des Schloßparks sprengen, in die Gärten eindringen und dort die verbarrikadierten ungarischen Streitkräfte niederhalten. Im Westen, vom Blutfeld aus, sollten Spezialisten der Jagdverbände unter Befehl der Hpt.St.Fhr. Flucker und Hunke über den Westwall einfallen, die Vorderseite des Palastes angreifen und die Honvédtruppen ablenken. Im Osten sollte das Fallschirmjägerbataillon durch den Tunnel den Zutritt zum Honvédministerium erzwingen. In der Zwischenzeit würde ich mit einem Großteil unserer motorisierten Verbände und den Panther-Panzern und zwei Kompanien des Jagdverbandes Mitte über das Wiener Tor direkt zum Palast fahren.

Diese letzte Aktion sollte wie ein friedensmäßiger Aufmarsch aussehen. Die Soldaten auf den Lastwagen sollten alle gesicherte Waffen tragen und diese unsichtbar unter der Bordwand der LKWs halten. Es dürfte kein einziger Schuß von unserer Seite aus fallen. Außerdem bestand striktes Verbot, Einzelfeuer zu erwidern. Ich hoffte nur, daß die Straße, die zum Wiener Tor hinauf führte, und die beiden anderen Parallelstraßen auf dem Burgberg nicht vermint wären.

Nach den letzten ins Detail gehenden Befehlen schickte ich noch einen Verbindungsoffizier zum Korpskommando: es lag nichts Neues vor. Die Offiziere begaben sich auf ihre Posten. Es war eine Minute vor sechs; es begann zu dämmern.

Ich hob den Arm: »Vorwärts Marsch!«

Ich nahm die Spitze meiner langen Kolonne ein und stand in meinem großen Kommandowagen. Hinter mir saßen Fölkersam, Ostafel und fünf »Kumpel« vom Gran Sasso. Alle waren mit Sturmgewehren 44 bewaffnet, hatten Handgranaten am Koppel hängen und besaßen auch jeder eine »Panzerfaust«, eine kurz zuvor entwickelte Panzerabwehrwaffe mit Hohlladungsgeschoß. Das war mein Stoßtrupp. Es folgten vier Panther-Panzer,

der Zug Goliath-Panzer und schließlich die Lastwagen, denen meine Soldaten sozusagen aufsaßen, als ob sie zur Übung führen. Wir starteten am untenliegenden Blutfeld und fuhren in Richtung Wiener Tor. Die Motoren und Raupen verursachten einen Höllenlärm. Bis zum Wiener Tor waren es mehr als zwei Kilometer kurviger Straße. Ich horchte: es war keine Detonation zu hören. Rechts tauchte das Wiener Tor im Morgengrauen auf: man hatte schon eine Durchfahrt frei gemacht. Wir fuhren an ein paar erstaunten ungarischen Soldaten vorbei, die sich noch mehr wunderten, als ich sie freundlichst militärisch grüßte. Jetzt kam rechts die Kaserne. Die MGs waren in Stellung, Ich grüßte wieder, und wir fuhren weiter. Es ging weiter zum Palast, der noch einen Kilometer weit entfernt lag. Der Verband bot im Vorbeifahren den ungarischen Truppen seine ungeschützten Flanken — nun konnte man uns in den Rücken schießen. Eine Mine konnte explodieren, ein einziger abgefeuerter Schuß einer Wache oder eine MG-Garbe konnte den Auftakt zu einem blutigen Kampf geben. »Schneller fahren!« sagte ich zu meinem Fahrer. Der Konvoi donnerte mit 35/40 km/h durch die Straße. Ich bog rechts ein, um an der deutschen Botschaft vorbeizufahren. Die andere Hälfte meiner Einsatztruppe nahm die linke parallele Seitenstraße. Noch 600 Meter. Nichts rührte sich. Links jetzt das Kriegsministerium. Da krachten zwei schwere Explosionen: es waren unsere Fallschirmjäger, die sich den Eingang zur Geheimtreppe ins Kriegsministerium erzwangen. Jetzt war Vorsicht geboten! In einigen Sekunden erreichten wir den Burgplatz vor dem Palast und standen vor drei ungarischen Panzern. Die Panzerfäuste lagen bereit. Aber was für ein herrliches Ziel boten wir selbst! Nein: der erste Panzer fuhr sein Rohr hoch, zum Zeichen, daß er nicht schießen wolle. Vor dem Tor war eine drei Meter hohe Steinbarrikade errichtet. Dann ging alles ganz schnell. Ich wies meinen Fahrer an, meinen Kübelwagen rechts anzuhalten, und gab dem mir folgenden Panther ein Zeichen. Er fuhr mit voller Wucht auf die Barrikade los, rammte sie ein, und es gab eine große Öffnung. Wir sprangen aus dem Wagen und liefen durch die Einbruchstelle in den Burghof, hinter mir das Kommando mit den Panzerfäusten in der Hand. Jetzt gab es Alarm: ein Offizier tauchte vor uns auf, hielt uns seine Pistole entgegen und rief irgend etwas. Fölkersam schlug ihm die Waffe aus der Hand. Im Hof erblickten wir die sechs Panzerabwehrgeschütze in Gefechtsstellung. Aber schon waren zwei weitere Panther-Panzer hereingefahren. Ein anderer Honvéd-Offizier wollte mich anhalten. Ich rief ihm zu:
»Führen Sie mich sofort zum Burgkommandanten! Wir haben keine Zeit zu verlieren!«
»Dorthin!«
Er zeigte auf eine mit einem wunderbaren roten Teppich belegte Marmortreppe, die wir im Sturmschritt mit dem ungarischen Offizier, der brav

nebenherlief, hinaufstürzten. Ein Flur, ein Vorzimmer. Ein Tisch war an das offene Fenster geschoben. Darauf lag ein Mann an einem MG und begann eben in den Hof hinauszufeuern. Feldwebel Holzer warf das Maschinengewehr einfach zum Fenster hinaus, und der Schütze fiel vor Verblüffung vom Tisch auf den Boden. Rechts von mir eine Doppeltür. Ich klopfte an und trat ein. Ein General saß an seinem riesigen Schreibtisch. Er stand auf.

»Sind Sie der Burgkommandant?«

»Ja. Aber . . .«

»Ich fordere Sie auf, sofort die Burg zu übergeben. Es wird gekämpft, hören Sie? Wollen Sie für ein Blutvergießen zwischen Verbündeten verantwortlich sein? Wir haben schon alle Ihre Stellungen umzingelt. Sie können mir glauben, jeder Widerstand ist jetzt sinnlos und könnte für Sie und Ihre Truppen sehr verlustreich werden!«

Von draußen hörte man Schüsse fallen und kurzes MG-Feuer. Das war der ideale Moment für Obersturmführer Hunke — unseren »Chinesen«, um einzutreten. Er grüßte mich und meldete kurz:

»Hof- und Haupteingänge, Funkstation und Kriegsministerium sind besetzt. Bitte um weitere Befehle.«

Er grüßte den General, der sich zu mir wandte:

»Ich werde mit Ihnen gemeinsam Verbindungsoffiziere ausschicken, um das Feuer einstellen zu lassen. Muß ich mich als Ihren Gefangenen betrachten?«

»Wie Sie wollen, Herr General. Aber wohlverstanden, alle Ihre Offiziere dürfen ihre Pistolen behalten.«

Es wurde vereinbart, daß der Feuereinstellungsbefehl von mehreren Offizierspatrouillen, die aus je einem ungarischen und einem meiner Offiziere bestanden, überbracht werden solle.

Ich ließ den General mit Ostafel zurück und stieß im Vorzimmer auf eine Gruppe aufgeregter, feindlich wirkender Offiziere. Ich machte zwei Honvéd-Hauptleute aus, die mir ganz besonders nervös erschienen, nahm sie mit mir als Verbindungsoffiziere und begab mich mit Fölkersam und ein paar Mann aus Friedenthal auf die Suche nach dem Reichsverweser.

Der Palast schien noch vollständig möbliert. Ein Salon folgte auf den anderen, mit Teppichen, Gobelins, Schlachtenbildern und Porträts. Wir hatten den Grundriß der Burg genau studiert, und ich hatte ein halbes Dutzend Unteroffiziere mit Panzerfäusten bewaffnet an die Hauptdurchgangsstellen dieser Prunksäle gestellt.

Ich bin absolut gegen den Gebrauch einer Panzerfaust in einem Prunksaal, es sei denn, es wäre unbedingt notwendig. Diese Waffe ist nicht nur sehr wirksam gegen Panzer, sondern sie kann auch für andere spektakuläre Zwecke Verwendung finden. Eine einzige Panzerfaust, an einer Kreuzung mehrerer Säle abgeschossen, hätte sicher den Verteidigern zu denken gegeben, und eine die Gänge entlanggeschossene Panzerfaust hätte einen Schreckeffekt gebracht, der die eventuellen Verteidiger sicherlich tief beeindruckt und ihre Lust weiterzukämpfen sehr vermindert hätte.

Wir mußten uns mit der Tatsache abfinden: der Reichsverweser war nicht da. Ich erfuhr, daß er morgens gegen 5.45 Uhr Schutz im Hause des Generals der Waffen-SS Graf Karl v. Pfeffer-Wildenbruch gesucht hatte. Dieser war ein guter Freund des Kaisers Wilhelm II., dem er nebenbei in überraschender Weise ähnlich sah. Horthy hatte dem kommandierenden General keinerlei Befehle für die Verteidigung des Burgbergs hinterlassen.

Nun waren wir die Herren des Burgbergs, das heißt des Regierungssitzes. Einige Panzerfäuste, die wir von der Burg aus abschossen, ohne zu zielen, machten den ungarischen Einheiten, die noch im Burggarten kämpften, verständlich, daß es zweckmäßiger sei, den Widerstand aufzugeben. Es war 6.30 Uhr. Wir hatten sechzehn Mann verloren – vier Tote und zwölf Verwundete. Auf ungarischer Seite waren die Verluste ebenso gering: drei Tote und fünfzehn Verletzte. Ich sorgte dafür, daß die ungarischen Truppen des Honvédregiments, des Gardebataillons und der Kronwache ihre Waffen ablegten. Dann, gegen 9.30 Uhr, versammelte ich alle ungarischen Offiziere, etwa 400, im Thronsaal und hielt ihnen eine kurze Ansprache.

»An diesem historischen Ort möchte ich Sie vor allem daran erinnern, daß die Deutschen seit Jahrhunderten niemals gegen die Ungarn gekämpft haben und daß ich selbst, als Wiener, nie unsere gemeinsame Befreiung von 1718 vergessen kann[1]. Die Lage ist im Augenblick so ernst, daß die europäischen Soldaten, was immer auch ihr Glaube, und ihre politischen Ansichten sein mögen, zusammenstehen müssen – vor allem die Ungarn und die Deutschen! Ab morgen kann jeder von Ihnen, wenn er will, sein Regiment, sein Bataillon oder seine Kompanie wieder befehligen. Denn niemand hat das Recht, einen Menschen zu zwingen, gegen seinen Willen und seine Überzeugung zu kämpfen. Wir müssen freiwillig kämpfen! Daher möchte ich Sie bitten, daß diejenigen, die den Kampf an unserer Seite weiterführen wollen, einen Schritt vortreten!«

Alle ungarischen Offiziere traten einen Schritt vor. Ich drückte jedem einzelnen die Hand.

Ich vergaß zu erwähnen, bei welcher Gelegenheit mir die Vollmacht Hitlers zugute kam. Anfang Oktober stellte mir in Wien die Motorisierung unserer Einheiten, zum Beispiel des *SS-Fallschirmjägerbataillons* und der Kriegsschule Wiener Neustadt sehr ernsthafte Probleme. Aber endlich gelang es

---

1 Unter Führung des Prinzen Eugen von Savoyen-Carignan kamen die Österreicher den Ungarn zu Hilfe und schlugen die Türken bei Zenta (1697) – daher der Friede von Passarowitz. (1718. A. d. Red.)

mir, sie im Verein mit einem ziemlich pingeligen Oberst des Wehrkreis-kommandos zu lösen.

Es war spät, und ich war hungrig. Wir gingen in die Offiziersmesse, wo ich ein Paar Würstchen bestellte. Da bemerkte ich, daß ich meine Lebensmittel-marken vergessen hatte.

»Nichts zu machen«, meinte der Oberst. »Befehl ist Befehl. Sie müßten schon der Führer persönlich sein, um etwas ohne Marken zu bekommen!« Der gute Intendant ging mir langsam auf die Nerven. Ich hatte Hunger. Plötz-lich kam mir ein Einfall: ich zog das Schriftstück hervor und hielt es dem Oberst hin, der es mit Erstaunen las. Er war ein Mensch mit praktischem Verstand:

»Das hätten Sie gleich zeigen sollen, mein Lieber!«

Er gab sofort Anweisungen, und man brachte uns zwei Paar Würstchen, die ich mit unverhohlener Zufriedenheit verspeiste – aber auch mit entspre-chendem Respekt.

Ich mußte nie mehr Gebrauch von diesem Schreiben machen, denn alle meine Gesprächspartner waren immer schon direkt vom OKW benachrichtigt wor-den. Nach der Besetzung des Burgberges und während der zwei darauf-folgenden Tage war ich – wohl oder übel – Militärbefehlshaber des Burg-berges. Dieses kurzlebige Amt gestattete mir, endlich, zwei ausgezeichnete Nächte in einem bequemen Bett zu verbringen, in dem früher Kaiser Franz-Josef genächtigt hatte, ein Bad in seiner 2,50 m langen Kupferbadewanne zu genießen und die Bekanntschaft eines erlauchten Herrn zu machen.

Am 16. Oktober hatte die Partei der »Pfeilkreuzler« des Grafen Szalassy ohne Opposition die Macht übernommen. Mit dem ehemaligen Minister Imredy und Präsident Bereghfy wurde eine Koalitionsregierung gebildet. Letzterer kam, um sich bei mir zu bedanken, daß wir die Burg nicht be-schädigt hatten. Er freute sich, daß die Verluste so gering waren, und ver-sprach, daß die sozialistische und nationale Koalitionsregierung für die ungarischen und deutschen Toten eine gemeinsame Trauerfeier abhalten werde. Ich kam am 20. Oktober nach Budapest zurück, um an dieser ergrei-fenden Beerdigungszeremonie teilzunehmen.

Kurz nach dem Gespräch mit Präsident Bereghfy ließ sich ein alter, vornehm-mer Herr melden, der die alte Uniform eines kaiserlich-königlichen Feld-zeugmeisters (Generaloberst) trug.

»Servus, servus«, grüßte er im alten Stil. »Ich hab' schon gehört, du bist ein Wiener, und das hat mich gar nicht gewundert. Ich hab' mir gesagt: nur ein Wiener kann so ein Stückerl drehen. Prächtig! Schneidig! Es freut mich, dich kennenzulernen! Wunderbar!«

Er schien direkt aus einem der Gemälde zu steigen, die in den großen Ro-kokosälen die Wände zierten, wo noch am Vortage unsere Kerle mit der Panzerfaust hantiert hatten. Fölkersam lief hinter mir vorbei und flüsterte:

»Das ist der Erzherzog Josef von Habsburg.«
Ich bat den Erzherzog, sich zu setzen, und fragte ihn, wie ich ihm behilflich sein könne.
»Eben, eben. Du könntest mir einen großen Dienst erweisen. Meine Rösser stehen im Burgmarstall. Glaubst du, daß sie dort bleiben können?«
»Aber selbstverständlich, Durchlaucht. Alles bleibt beim Alten. Kann ich mir die Pferde mal anschauen?«
»Servus! Komm mit, ich will sie dir zeigen. Du wirst gleich sehen, was das für prächtige Rösser sind!«
Es waren tatsächlich sehr schöne Tiere. Der Erzherzog wollte mir eines zur Erinnerung schenken. Aber ich mußte ihm erklären, daß ich nicht wisse, was ich mit solch einem Tier anfangen solle: ich befehlige motorisierte Einheiten.
»Stimmt«, meinte er traurig. »Der heutige Krieg ist nicht mehr wie früher. Aber gestern hast du die Sache wie in alten Zeiten gemacht, wie ein richtiger Kavalier! Und vor allem, wenn du nach Buda kommst, vergiß nicht, mich zu besuchen. Servus!«
Die Burg mit ihren Prunksälen und ihren Pferdeställen wurde 1945 von der feindlichen Luftwaffe und Artillerie vollständig zerstört. Nach ihrem Wiederaufbau 1956 wurde sie von der sowjetischen Artillerie im Laufe der blutigen Unterdrückung des antikommunistischen Aufstands erneut beschädigt.

Reichsverweser Horthy hatte Budapest verlassen und wohnte nun im Schloß Hirschberg in Oberbayern. Ich traf ihn 1945 wieder im Nürnberger Gefängnis. Als ich aus der Einzelzelle in den Zeugenflügel verlegt wurde, wollte er Protest einlegen. Dies obwohl ich mit ihm im Zug, in dem ich ihn mit seiner Familie und seinem immensen Gepäckberg nach Bayern bringen mußte, eine kurze, aber höfliche Unterredung gehabt hatte. In Nürnberg jedoch weigerte er sich, mich jeden Tag sehen zu müssen. GFM Kesselring, unser Wortführer bei den Amerikanern, machte dem ehemaligen Reichsverweser klar, daß seine — nebenbei unerhörten — Proteste von den alliierten Autoritäten nicht akzeptiert würden. Aber wenn er es wünsche, könne er ja auch meinen Platz in der Einzelzelle einnehmen, die ich eben verlassen hatte und wo er allein wäre. Der Ex-Reichsverweser lehnte ab; Kesselring arrangierte dann ein Gespräch zwischen uns. Ich besuchte den Admiral in seiner Zelle. Er versicherte mir, daß er von den politischen Tätigkeiten seines Sohnes nichts gewußt habe, und daß es falsch sei, zu glauben, er hätte jemals die Absicht gehabt, mit den Sowjets zu paktieren und die Deutschen zu verraten. Seine Behauptung entsprach zwar nicht den Tatsachen, aber es wäre meinerseits unhöflich gewesen, sie in diesem Augenblick der Unterredung für unwahr zu erklären, denn wir waren ja beide noch Gefangene der Alliierten.
Admiral Horthy wurde bald darauf freigelassen und lebte dann im Exil in

Portugal. Aus Estoril schrieb er am 3. November 1954 an Bundeskanzler Konrad Adenauer und versicherte erneut, daß er niemals Deutschland habe verraten und einen Separatfrieden mit Moskau habe schließen wollen.

In Wahrheit hatte sich Horthy mit seinen Schwindeleien festgelegt. Heute möchte ich noch zusätzlich feststellen, daß, wenn der SD »Micky« nicht schon am 10. Oktober 1944 verhaftete, als er sich mit den Unterhändlern Titos zur ersten Unterredung traf, dies aus folgendem Grund geschah: »Micky« kam an diesem Tag in Begleitung seines Vaters, was ich mit eigenen Augen gesehen habe – und der Befehl des OKW lautete, nur den Sohn Horthys zu verhaften.

Auch die Bekanntmachung des Reichsverwesers, die der ungarische Rundfunk am 15. Oktober ausstrahlte, war keine deutsche Erfindung. Darin hieß es, daß »Ungarn die Sowjets um einen Waffenstillstand gebeten« hatte. Worauf der Befehlshaber der ungarischen Truppen in den Karpaten, General Miklos, mit einigen seiner Stabsoffiziere zum Feind überwechselte.

In seiner *Geschichte der Geheimdiplomatie* berichtet J. de Launay, daß Admiral Horthy am 18. März 1944 in Klessheim Hitler erklärte:

»Ungarn hat nie jemanden verraten. Wenn wir eines Tages der Umstände halber gezwungen wären, um Waffenruhe zu bitten, können Sie versichert sein, daß ich Sie offen über diese Absicht informieren werde.«

Er tat genau das Gegenteil. Während Hitler, den manche für allzu mißtrauisch hielten, noch an einen bevorstehenden Verrat glaubte, war dieser in Wirklichkeit schon begangen worden. Der Reichsverweser schickte am 5. Oktober 1944 unter Führung des Generalinspekteurs der Gendarmerie, General Faragho, eine Delegation nach Moskau. Dieser erhielt in der Nacht vom 11./12. Oktober durch Funk die Anweisung Horthys, die Bedingungen des Waffenstillstands anzunehmen und zu unterschreiben, was am 12. Oktober geschah. (J. de Launay gibt dafür in seinem Buch das Datum vom 11. Oktober an.) Später wurde General Faragho Mitglied der ersten Koalitionsregierung unter der sowjetischen Besatzung.

Nach dem Krieg erfuhr ich, daß sich im Keller der Burg ein Geheimsender befand, der ständig mit Moskau Verbindung hatte. Als wir die Burg besetzten, beging der verantwortliche Funkoffizier Selbstmord.

Aber Horthy schickte noch eine zweite Gruppe von Unterhändlern zu den Russen. Ein ungarischer Offizier, Oberst a. D. Gatkiewicz, schrieb mir einen vom 15. Januar 1954 datierten Brief, in dem er bestätigt, daß er am 12. Oktober 1944 seinen unmittelbaren Vorgesetzten, Oberst Roland v. Utassy, zu einer Kontaktaufnahme mit dem sowjetischen Oberkommando begleitete und dies auf direkten Befehl des Reichsverwesers geschah. Am Morgen des 13. Oktobers verließen nach einer gegenseitig vereinbarten Feuerpause (zwischen Russen und Ungarn) die beiden Offiziere die ungarischen Linien und begaben sich hinter die russischen Linien am andern Ufer der Theiss im

Raum von Szegedin. Ich möchte dazu einiges aus dem Brief Oberst Gatkiewiczs zitieren:

»Endlich, kurz vor 22 Uhr, am 13. Oktober 1944, wurde uns eröffnet, Marschall Malinowski sei eingetroffen, und kurze Zeit darauf betrat er in Begleitung eines kleinen Stabes unser Zimmer. Er war ein gutaussehender Mann, Mitte fünfzig, blond, mit herkulischem Körperbau, mit Händen wie mittelgroße Handkoffer, einem regelmäßigen, etwas derben Gesicht und blauen, klug und verschlagen dreinblickenden Augen. Er machte eher den Eindruck eines gutsituierten Fleischers als eines hohen Militärs. Mit ausgestreckten Händen kam er uns entgegen und begrüßte uns herzlich.«

Über einen Dolmetscher befragte Malinowski zuerst die beiden Unterhändler über den genauen Verlauf der deutsch-ungarischen Frontlinie. Oberst v. Utassy machte falsche Angaben, und Malinowski wunderte sich und legte dem erstaunten Oberst einen detaillierten, völlig exakten Lageplan vor.

»Dann legte er die Hauptbedingungen für einen eventuellen Sonderfrieden fest: Zurückziehen der Truppen aus dem Raum Debreczen, Einstellung der Feindseligkeiten an allen Frontabschnitten, den deutschen Truppen in den Rücken fallen und sie zur Übergabe zwingen. Nähere Details sind mir leider entfallen. Auf unsere Frage, was das Schicksal Ungarns sein würde, winkte er nur lässig mit der Hand ab: ›Von den Ungarn wollen wir gar nichts. Aber die Deutschen — und ein fanatischer Haß entstellte sein Gesicht —, die Deutschen werden wir vernichten!‹«

Die Unterhändler erhielten eine Frist von achtundvierzig Stunden, um diese Bedingungen zu akzeptieren. Malinowski sagte ihnen zum Abschied, daß »er hoffe, sie bald als Freunde und Waffengenossen begrüßen zu können«. Von ungarischer Seite, schreibt Gatkiewicz, wurde dieses Gespräch von General Miklossy arrangiert.

Rodion Malinowski wollte also, wie dieses Dokument beweist, daß die ungarische Armee gegen uns kämpfen sollte, wie vorher schon die rumänische, was uns bekanntlich fünfzehn Divisionen kostete. Inzwischen wurde bewiesen, daß die UdSSR tatsächlich nicht viel von Ungarn wollte, nur: daß es aufhörte, als souveräner Staat zu existieren.

Als Gatkiewicz und sein Vorgesetzter zur ungarischen Frontlinie zurückwollten, war diese inzwischen zurückverlegt worden, und sie mußten 10 km im Schlamm marschieren, um den Bataillonsgefechtsstand zu erreichen, von wo sie losgezogen waren. Am Morgen des 14. erschienen sie zur Berichterstattung auf dem Burgberg. Frühmorgens am 16. nahm ich Oberst v. Utassy in Uniform und Pantoffeln gefangen, denn seine Füße waren durch den Fußmarsch derartig aufgerieben, daß er seine engen Stiefel nicht mehr anziehen konnte. Gatkiewicz selbst entwich vor unserer Ankunft durch die Burggärten. In seinem Brief bescheinigt er außerdem, daß er seinen Bericht dem ungarischen Generalstabskommando zu Protokoll gab und später einem Angehörigen des SD, der ihn verhörte.

Dieses Tun und Treiben und die Zeugenaussagen lassen jedenfalls keinen Zweifel über die wahren Absichten des Reichsverwesers aufkommen. Ganz anders dagegen war die Haltung Marschall Mannerheims, der am 4. August 1944 zum Präsidenten der Republik Finnland gewählt wurde. Ribbentrop und unser Oberkommando wurden sofort benachrichtigt, als es offensichtlich wurde, daß Finnland nicht mehr den Krieg an unserer Seite weiterführen konnte, wenn es nicht von den Sowjets total zerstört werden wollte. Anfang September begann der Rückzug unserer Truppen; am 14. September waren alle evakuiert. Finnland unterschrieb den Waffenstillstand erst fünf Tage später.

Hierzu möchte ich nur eine Bemerkung machen: Finnland wird heute von den Sowjets nicht schlechter behandelt als Rumänien — im Gegenteil.

Am 20. Oktober wurde mir mitgeteilt, Hitler wünsche eine persönliche Berichterstattung über den Verlauf der Operation *Panzerfaust*. Ich nahm Adrian v. Fölkersam mit, da ich wußte, daß ich ihm keine größere Freude bereiten konnte, und stellte ihn bei Hitler vor. Dieser sagte ihm, daß er sehr gut über Fölkersams Kriegseinsätze unterrichtet sei, und befragte ihn über seine mutigen Handstreiche, die er in der UdSSR als Leutnant der *Brandenburg* durchgeführt hatte. Hitler nannte genaue Einzelheiten, hauptsächlich über die Besetzung des Erdölzentrums von Maikop im Kaukasus durch Fölkersams Kommando im August 1942, für dessen Gelingen er mit dem Ritterkreuz ausgezeichnet worden war. Fölkersam war zutiefst beeindruckt. »Merkwürdig«, sagte er anschließend zu mir, »man könnte meinen, er sei dabeigewesen!«

»Das war er sicher auch«, antwortete ich ihm, »Sie haben es nur nicht bemerkt.«

Einen Tag zuvor waren wir nach dem Lager *Birkenwald* gefahren, dem HQu Himmlers, das sich etwa 30 km nordöstlich von Rastenburg befand. Girg hatte uns begleitet; Himmler wollte von ihm über Rumänien hören. Der Reichsführer zog gerade aus; die Russen waren allzu nahe. Er lud uns zum Abendessen in seinem Spezialzug ein, machte aber keinen besonderen Eindruck, weder auf Fölkersam noch auf Girg. Dann fuhren wir mit zwei Ordonnanzen nach Birkenwald zurück. Das HQu Himmlers lag völlig verlassen da. Die leeren Baracken inmitten des Waldes hatten etwas Unheimliches an sich: wir alle ahnten das kommende Unheil.

Hitler ließ mir durch GenOb Jodl mitteilen, daß er mich allein sprechen wolle. Sein herzlicher Empfang rührte mich.

»Von jetzt ab«, sagte er, »sind Sie Obersturmbannführer der Waffen-SS, und ich werde Ihnen das Deutsche Kreuz in Gold verleihen. Nein, danken

Sie mir nicht dafür! Alle Auszeichnungen, die Sie für Ihre Soldaten beantragen, werden Ihnen im voraus bewilligt. Gehen Sie damit zu Günsche, meinem Adjutanten. Und nun erzählen Sie mal, wie das in Budapest war.« Wir saßen in einem kleinen Raum seines Bunkers, in dem man so schlecht atmete. Er schien mir aber ruhiger als das letzte Mal, da ich ihn sah. Auch seine linke Hand zitterte nicht mehr. Er hörte zu, ohne mich zu unterbrechen. Die Erscheinung des Erzherzogs Josef in k.u.k.-Uniform fand er sehr amüsant. Ich wollte mich eben verabschieden, als er mich zurückhielt. Dann erklärte er mir in allen Einzelheiten den Plan, der heute als *Ardennenoffensive* bekannt ist.

»Ich werde Sie sehr wahrscheinlich mit der wichtigsten Mission in Ihrer Soldatenlaufbahn betrauen. Bei dieser Offensive, deren grundlegende Ideen ich Ihnen eben erklärte – und die selbstverständlich streng geheim sind, das muß ich Ihnen wohl nicht sagen –, haben Sie mit Ihren Sonderkommandos eine oder mehrere Maasbrücken zwischen Lüttich und Namur zu besetzen. Ihre Leute werden sich in englischer oder amerikanischer Uniform hinter die feindlichen Linien begeben und dort am Schluß in deutscher Uniform kämpfen. Ich weiß, daß die Amerikaner dieselbe Taktik bei Aachen angewendet haben. Zudem werden manche Kommandos ihre Tarnung hinter den feindlichen Linien anbehalten, um, wenn möglich, feindliche Truppen irrezuleiten und Verwirrung in den Generalstäben zu stiften. Ich weiß, daß Sie nur über sehr wenig Zeit verfügen, um ein derart großes Unternehmen zu organisieren. Aber ich weiß auch, daß Sie Ihr Bestes tun werden. Für alle Einzelfragen ist Generaloberst Jodl zuständig.

Noch etwas: ich möchte unter keinen Umständen, daß Sie persönlich die Frontlinie überschreiten. Im Lauf der Offensive müssen Sie an der Front sein. Wenn Sie jetzt verwundet oder gar in Gefangenschaft geraten würden, wäre das katastrophal. Ich habe völliges Vertrauen in Sie, mein lieber Skorzeny. Im übrigen sehen wir uns bald wieder.«

So wurde ich mit dem Unternehmen *Greif* beauftragt: *Greif*, das Fabeltier – halb Adler und halb Löwe.

# SECHSTES KAPITEL

# Greif

Die Ardennen: politische Offensive – Die Ziele des Unternehmens *Greif* und die Meinung Sir Basil Liddell Harts – Ein Fehler des OKW und eine »Weissagung« – Die Offensive verläuft im Sand – Ich setze acht Sonderkommandos an und greife mit der 150. Panzerbrigade vergeblich Malmedy an – Die verhängnisvolle Affäre an der Kreuzung von Baugnez – Colonel Willis M. Everett: zehn Jahre Kampf für die Wahrheit – Die Tragödie von Malmedy – Telegramm von Marschall Montgomery: »Diesmal können wir uns nicht wieder in Dünkirchen einschiffen...« Churchill ruft Stalin zu Hilfe – Die Jagd auf »verkleidete Nazis« – Bradley verhaftet und verhört – Die Hälfte der US-Army sucht nach Skorzeny – General Eisenhower Gefangener in seinem eigenen Hauptquartier – Razzien im Café de la Paix – Eisenhowers Doppelgänger oder die verlorenen Illusionen – *Greif* als Studienobjekt im weiterführenden Lehrgang für amerikanische Offiziere – Hitlers Kommentare – Stalins Spiel.

Im Herbst 1943 hatte General Eisenhower, der Oberkommandierende auf dem europäischen Kriegsschauplatz, mit General Montgomery um fünf Pfund Sterling gewettet, daß Deutschland noch vor Weihnachten 1944 kapitulieren würde.

Am 15. Dezember desselben Jahres schrieb Montgomery, inzwischen zum Feldmarschall ernannt, an Eisenhower, um ihm mitzuteilen, daß er Weihnachten in England verbringen werde, und forderte ihn auf, die fünf Pfund zu zahlen. Am 16. Dezember erreichte ihn beim Golfspielen die Nachricht, daß wir am selben Morgen überraschend an der luxemburgischen Grenze von Monschau bis Echternach eine Offensive begonnen hatten.

Die Ardennenoffensive wird noch immer als Rundstedt-Offensive bezeichnet. In Wahrheit aber erhielt der Marschall, der im siebzigsten Lebensjahr stand und nach dem Selbstmord der Marschälle v. Kluge und Rommel erneut den Oberbefehl an der Westfront übernommen hatte, die Pläne von Hitler.

Rundstedt, gänzlich unfähig, die politischen Ziele der geplanten Offensive zu erfassen, befürwortete eine begrenzte Aktion im Raum Aachen, um die Stadt zu entsetzen. Das war etwas ganz anderes.

Montgomery und Eisenhower waren sich, scheinbar kameradschaftlichen Beziehungen zum Trotz, spinnefeind. In seinem Buch *Meine drei Jahre mit Eisenhower* enthüllt Marinekapitän Butcher, der Flügeladjutant des alliierten Oberkommandierenden, daß Montgomery dem amerikanischen General am 1. Dezember 1944 einen überaus bitteren Brief schrieb, in dem er dessen strategische und taktische Konzeptionen heftig kritisierte und ihm »freundschaftlich« nahelegte, so bald wie möglich zu demissionieren.

Obwohl Hitler über diese Einzelheiten nicht informiert war, zeigte er sich überzeugt davon, daß sich die westlichen Alliierten keineswegs einig waren, daß Churchill — und infolgedessen Montgomery — erkannt hatten, daß Roosevelt sich darauf versteifte, in Europa Stalins Spiel zu spielen. Mehrere amerikanische Generale — so zum Beispiel Patton — vermochten Eisenhowers Haltung nicht länger zu begreifen.

Das strategische Ziel der Offensive war es, den Hafen von Antwerpen zu nehmen, einen Keil zwischen die Heeresgruppen des amerikanischen Generals Bradley zu treiben und die britischen und kanadischen Streitkräfte von den amerikanischen zu trennen.

Im Norden sollte die 6. Panzerarmee Sepp Dietrichs die Maas in Richtung auf Lüttich erreichen, sie überqueren und auf Louvain, Malines und Antwerpen vorstoßen. Dazu sollte im Süden die 5. Panzerarmee unter dem Befehl des Generals Hasso v. Manteuffel auf Dinant vorstoßen, Brabant erreichen und sich dann mit plötzlicher Wendung auf Brüssel und Malines werfen.

Dieser ehrgeizige Plan basierte in erster Linie auf der Überraschung, das heißt, der Schnelligkeit. Um dies Überraschungsmoment zu verstärken, entwarf Hitler das Unternehmen *Greif* und beauftragte mich mit der Ausführung. Eine zu diesem Zweck aufgestellte Sondereinheit, die den Namen *Panzerbrigade 150* erhielt, wurde mir dafür zur Verfügung gestellt. Ich hatte zwei klar umrissene Aufgaben:

1. Die Panzerbrigade 150 sollte den von der 6. Panzerarmee Sepp Dietrichs erzielten Durchbruch nutzen, die Spitze übernehmen und sich in den Besitz der Maasbrücken von Huy, Amay und Engis zwischen Namur und Lüttich setzen. Diese Brücken mußten unversehrt genommen werden, um unseren Panzern den Vorstoß auf Antwerpen zu ermöglichen. Bis zur Maas sollten Offiziere und Mannschaften amerikanische Uniform tragen; nachdem die Maas erreicht war, sollten sie in deutscher Uniform kämpfen.

2. Kleine Einheiten, ebenfalls in amerikanischer Uniform, sollten hinter die feindlichen Linien einsickern und dort aufklären, Telefonleitungen zerstören, falsche Befehle ausgeben und allgemein Verwirrung beim Feind schaffen. Diese Einheiten waren angewiesen, nur im äußersten Notfall von den Waffen Gebrauch zu machen und dies ausschließlich in deutscher Uniform.

Die Zeiten, in denen diese Offensive von den Militärhistorikern als »absurdes, gänzlich utopisches Unternehmen« oder als »Wahnvorstellung eines kranken Gehirns« angesehen wurde, sind vorbei. Sie hätte sehr wohl gelingen können, und Patton war der erste, der dies erkannte. Am 18. Dezember 1944 sagte er: »Noch können wir diesen Krieg verlieren.« In seinem bereits erwähnten Buch *Geschichte des Zweiten Weltkriegs* äußert Sir Basil Liddell Hart dieselbe Ansicht:

»Die Idee, der Entschluß und der strategische Plan waren allein Hitlers geistiges Eigentum. Es war eine glänzende Konzeption und hätte zu einem

glänzenden Erfolg führen müssen, wenn er noch genügend Kräfte und Reserven besessen hätte, um eine leidliche Erfolgschance zu garantieren.«
Liddell Hart widmet sich nach lobender Erwähnung der Befähigung Hasso v. Manteuffels, seine Truppen zu manövrieren — er war kurz zuvor zum OB der 5. Panzerarmee ernannt worden —, mit besonderem Nachdruck dem Unternehmen *Greif*, das, so schreibt er, »von einer weiteren Entdeckung Hitlers kommandiert wurde, Otto Skorzeny«. Sir Basil fügt hinzu, daß man mir weder die Zeit noch die Mittel gab, *Greif* zu verwirklichen. Ich werde zeigen, wie sehr er recht hatte.

In voller Übereinstimmung mit Generaloberst Jodl, dem ich sämtliche mit Fölkersam zusammen ausgearbeiteten Pläne vorgelegt hatte, sollte die Brigade 150 umfassen:

— 2 Panzerkompanien, jede ausgerüstet mit 10 Sherman-Panzern;
— 3 Panzeraufklärungskompanien, jede ausgerüstet mit 10 amerikanischen Panzerspähwagen;
— 2 Panzerjägerkompanien;
— 3 Bataillone motorisierter Infanterie (mit amerikanischen Lastwagen), mit Aufklärungsabteilungen und einer Abschirmkompanie,
— 1 Kompanie mit Sonderauftrag;
— 1 Kompanie leichte Flak;
— 1 Nachrichtenkompanie;
— 1 Regimentsstab für Brigade und Befehlsabteilungen für jedes Bataillon.

Das ergab eine Gesamtstärke von 3 300 Mann, alles natürlich Freiwillige. Theoretisch sollten sie alle die amerikanische Uniform über ihrer deutschen Uniform tragen. Die amerikanische Uniform sollte ihnen helfen, die Kampflinien zu wechseln; vor der eigentlichen Kampfhandlung mußten sie sie ablegen. Die Juristen des Stabes von General Winter — Operationsabteilung des OKW — hatten mir folgende Anweisungen gegeben:
»Kriegslisten sind zwischen Kriegführenden nicht prinzipiell verboten. Der Oberbefehlshaber muß sich gegen List ebenso wappnen wie gegen Gewalt. Wenn die List darin besteht, sich dem Gegner dadurch zu nähern, daß man sich seiner Uniform bedient, so ist es absolute Vorschrift, daß dies Mittel nur vor der eigentlichen Kampfhandlung zulässig ist. In dem Augenblick, wo er handgemein wird, muß jeder Kriegführende ehrlich Flagge zeigen und seine wirkliche Nationalität zu erkennen geben.« So kann man es heute noch in den klassischen Handbüchern über das Kriegsrecht lesen. Die Haager Konvention vom 18. Oktober 1907 allerdings erklärt in Artikel 23 (f):
(Es ist untersagt) »der Mißbrauch der Parlamentärflagge, der Nationalflagge oder der militärischen Abzeichen oder der Uniform des Feindes . . .«
Max Koessler, Ankläger des Heeresministeriums der USA, machte jedoch in seinem Aufsatz über *Die Kriegsverbrecherprozesse* (Missouri Law Review, Januar 1959) auf folgendes aufmerksam:

»In dem Urteilsspruch, mit dem Otto Skorzeny freigesprochen wurde, war der Artikel 23(f) der wichtigste Anklagepunkt. Unglücklicherweise verbietet er lediglich den Mißbrauch der Uniform des Gegners, ohne zu präzisieren, in welchem Fall es sich um ›Mißbrauch‹ handelt.« Ich füge noch hinzu, daß sich in vielen Fällen unsere Gegner im Osten wie im Westen der deutschen Uniform bedienten, lange vor dem Dezember 1944.

Bis zum heutigen Tag ist diese Form des Krieges praktisch unbekannt geblieben. Während des Prozesses, den man meinen Kameraden und mir in Dachau machte, hatte unser amerikanischer Verteidiger, Oberst Durst, offensichtlich die amerikanischen, russischen und britischen Heeresarchive nicht zur Verfügung. Dennoch erklärte er, daß »alle kriegführenden Mächte im Verlauf des letzten Krieges zweifelhafte Methoden angewandt« hätten. Als Beispiele konnte er das Unternehmen anführen, das im September 1942 bei Tobruk ablief, sowie die Angriffe der amerikanischen Rangers auf Aachen und die Brücke von Saarlouis.

Heute kennen wir auch die Einzelheiten dieser drei Unternehmen sowie zahlreicher weiterer an allen Fronten.

Im September 1942, als das Afrikakorps Tobruk besetzt hielt, wurde eine Einheit der *Long Range Desert Group* unter dem Kommando des aus Palästina stammenden Leutnants der britischen Armee Katz-Grünfeld damit beauftragt, die Vereidigungsanlagen und bestimmte städtische Einrichtungen zu sprengen; eine weitere Einheit, die Oberst Stirling selbst befehligte, sollte dagegen den Hafen angreifen, und zwar vom Meer aus. Eine dritte Gruppe von Freiwilligen unter der Führung von Major Crewe sollte, in deutscher Uniform, das allgemeine Durcheinander nutzen, unser Hauptquartier angreifen und GFM Rommel entführen. Dies war bereits der zweite derartige Anschlag auf den Befehlshaber des Afrikakorps.

Das Unternehmen war glänzend vorbereitet, scheiterte aber schließlich an einem jener Zufälle, die auch der umsichtigste Planer nicht vorhersehen kann. Am Vorabend des dreifachen Unternehmens wurde ein Angehöriger des Kommandos Katz-Grünfeld namens Großmann, ein emigrierter Deutscher, von einem Leutnant des Afrikakorps erkannt, den es verblüffte, Großmann in Tobruk in deutscher Uniform anzutreffen. Großmann wurde festgenommen und sagte aus. Der Überfall mißlang. Kein einziger Angehöriger der Einheiten Stirling, Katz-Grünfeld und Crewe wurde erschossen. Sie wurden sämtlich als Kriegsgefangene behandelt.

Im Oktober 1944 war Aachen fast völlig von der 1. US-Armee eingeschlossen. Nur im Osten war noch ein Korridor von etwa 6 km Breite offen. Um sich der befestigten Stellungen am Eingang dieses Korridors zu bemächtigen, schleusten die Amerikaner mehrere Ranger-Kommandos in die Stadt ein, als

Deutsche verkleidet, mit gefälschten Papieren und deutschen Waffen. Am 13. Oktober griffen diese falschen Deutschen die Stellungen von rückwärts an und zerstörten sie. Anschließend konnte die 1. Armee den Korridor besetzen. Die Stadt selbst leistete Widerstand bis zum 21. Oktober. Kein Angehöriger der verschiedenen Kommandoeinheiten legte vor Beginn der Kampfhandlungen die deutsche Uniform ab.

Eben dieser Überfall inspirierte Hitler zum Unternehmen *Greif*. Die amerikanischen Rangers unterstanden General »Bill« Donovan, so wie die Division *Brandenburg* Admiral Canaris unterstand. Während meiner Zeit im Nürnberger Gefängnis verlangte General Donovan mich zu sehen. Die Begegnung war sehr herzlich: es gab weder Sieger noch Besiegten; einzig zwei Soldaten, beide ziemlich draufgängerisch und einfallsreich, die ihrem Vaterland gedient hatten, so gut sie es vermochten.

General Donovan hätte im Prozeß einer der öffentlichen Ankläger sein sollen; er wurde jedoch im Oktober 1945 nach Amerika zurückberufen, und an seine Stelle trat Richter Jackson als Hauptankläger.

1967 hat Werner Brockdorff in seinem Buch *Die Geheimkommandos des Zweiten Weltkrieges* aufgrund britischer und amerikanischer Dokumente aufgezeigt, daß an der Existenz der Rangers auf amerikanischer Seite, sowie von Kommandos und Einheiten der SAS auf britischer Seite ebensowenig Zweifel bestanden wie an der Existenz der Division *Brandenburg* und meiner eigenen Einheiten auf deutscher Seite.

Die alliierten Militärtribunale im Nachkriegsdeutschland akzeptierten schließlich eine Modifikation des Artikels 23 der Haager Konvention von 1907. Der neue Text definiert:

Es darf nicht die Aufgabe der Kommandos sein, in der Uniform des Gegners offensive Operationen zu führen; sie können lediglich die Aufgabe haben, sich hinter den feindlichen Linien kampflos wichtiger Objekte wie Brücken, Pässe, Erdölraffinerien und so weiter zu bemächtigen, diese gegen jeden feindlichen Angriff zu verteidigen und ihre Zerstörung zu verhindern.

Die Kommandos dürfen die feindliche Uniform nur bei kampflosen Unternehmungen tragen, und um sich hinter den feindlichen Linien ihren Angriffszielen zu nähern. Sobald sie zu Kampfhandlungen gezwungen sind, müssen sie sich dem Gegner als Soldaten ihrer eigenen Truppe zu erkennen geben, bevor sie das Feuer eröffnen.

Solange die Kommandos nach diesen Prinzipien handeln, brechen sie das internationale Recht nicht.

Jeder Angehörige eines solchen Kommandos, der sich in feindlicher Uniform gefangennehmen läßt, wird als Spion angesehen, wenn er in dieser Uniform versucht hat, Nachrichten zu bekommen, oder ihm dies gelungen ist. Wenn er in der feindlichen Uniform am Kampf beteiligt war oder auch nur das Feuer eröffnet hat, hat er sich eines Kriegsverbrechens schuldig gemacht und kann entsprechend verurteilt werden.

Dieser Zusatz zum Artikel 23 der Haager Konvention von 1907 galt jedoch nur bedingt und provisorisch. Das Gesetz selbst wurde noch nicht modifiziert.

Ich möchte daran erinnern, daß die Konvention einen Artikel 31 enthält, in dem festgelegt ist, daß jeder Spion, der seine Truppe wieder erreicht hat und später vom Feind gefangengenommen wird, als Kriegsgefangener behandelt werden muß und nicht mehr für seine früheren Spionagehandlungen verantwortlich gemacht werden darf. Dieser Paragraph ist selbstverständlich auf jeden Kommandoangehörigen anzuwenden, dem es gelungen ist, hinter die feindlichen Linien zu gelangen und danach wieder zu seinem Truppenteil zurückzukommen, nachdem er Informationen über das, was er gesehen hat, hat sammeln können.

Vom Oberkommando waren mir für dieses neue Trojanische Pferd namens Greif 20 Sherman-Panzer zugesagt worden, zwei habe ich bekommen, einer davon war brauchbar. Wir verkleideten einigermaßen dürftig 12 von unseren Panthern, so daß wir von weitem und im Zwielicht vielleicht die jungen feindlichen Soldaten täuschen konnten. Dieselben Schwierigkeiten gab es bei den 23 Maschinengewehren, den 247 Jeeps, den 32 gepanzerten Kettenfahrzeugen und den 193 Lastwagen, die ich angefordert hatte. Wir mußten das Ganze mit Zufallsgerät improvisieren und im übrigen darauf hoffen, daß wir im Verlauf der Offensive erbeutete Waffen und Fahrzeuge benutzen könnten.

Aber ich muß sagen, daß ich vollends im Stich gelassen wurde, was die Aufstellung von 3 300 englischsprachigen Freiwilligen betraf. In Friedenthal erhielt ich durch Fernschreiber einen OKW-Befehl, der so lautete:

OKW/WFSt/Op (H) West Ia no 0012759/44 — Geheim —

Operation — 25. 10. 1944

Alle Einheiten der Westfront melden vor dem X . . . Oktober die Offiziere, Unteroffiziere und Soldaten, die sich freiwillig für einen Sondereinsatz auf dem westlichen Kriegsschauplatz melden. Die Freiwilligen müssen in gutem Gesundheitszustand sein, über Nahkampferfahrung verfügen und fließend Englisch sprechen. Sie sollen nach Friedenthal in Marsch gesetzt werden und dort Obersturmbannführer Skorzeny unterstellt werden.

Man konnte fast sicher sein, daß dieser Befehl von den Divisionsstäben vervielfältigt und an die Regimenter, Bataillone und Kompanien geschickt werden würde. Tatsächlich war dieser Befehl acht Tage nach seiner Verbreitung im Besitz des amerikanischen Nachrichtendienstes. Für den Augenblick zogen die Amerikaner daraus keinen konkreten Schluß, aber später mußte sie der Befehl des OKW alarmieren, und wir werden sehen, was für Resultate ihre verspätete Aufmerksamkeit hatte. Was mich betrifft, erstickte ich fast vor Zorn. Eine solche Dummheit schien mir zunächst ganz ausgeschlossen, und ich glaubte an gezielte Sabotage. Heute glaube ich, daß es sich um Dummheit handelte, die manchmal schlimmer ist als Verrat.

Da ich unsere Gegner für intelligenter hielt als uns, glaubte ich, *Greif* sei undurchführbar, und es schien mir angebracht, daß Hitler wüßte, warum. Hier schaltete sich der General der Waffen-SS Fegelein ein — Himmlers Verbindungsmann zu Hitler —, ein Salonlöwe von einer Eitelkeit, die ins Lächerliche ging. Er sollte bald darauf eine der Schwestern von Eva Braun heiraten. In der Nacht des 26. Aprils 1945 desertierte er und wurde in seiner Wohnung in Berlin verhaftet. Er wollte in Zivil fliehen, mit einer bedeutenden Summe Geldes in ausländischer Währung im Koffer. Zwei Tage später wurde er im Ehrenhof der Reichskanzlei erschossen.

Fegelein kassierte meinen Bericht und erklärte, daß dieser »ärgerliche Zwischenfall« Hitler auf keinen Fall zur Kenntnis gebracht werden dürfe. GenOb Jodl, auch seinerseits betroffen, sagte mir, es müsse weitergemacht werden. Das war auch die Ansicht Himmlers, der zu dieser Zeit New York mit der V-1 bombardieren wollte! Es ist bezeichnend, daß weder der Reichsführer noch der SS-Obergruppenführer v. d. Bach-Zelewski Soldaten im eigentlichen Sinn waren. Wer hatte Bach-Zelewski mit dem Monstrum Thor nach Budapest geschickt? Fegelein hatte zumindest nichts bombardiert.

600 Freiwillige wurden von den Fachleuten auf Probe geschickt: wir fanden darunter 10, die fließend Englisch sprachen, 40 einigermaßen. 150 waren fähig, sich verständlich zu machen, 200 radebrechten, und 200 weitere konnten gerade yes oder no antworten. Unmöglich also, eine »englischsprechende Brigade« aufzustellen. Das OKW gab dies zu, und es wurde vereinbart, daß die Brigade nur dann in amerikanischer Uniform vorgehen sollte, wenn der Feind in vollem Rückzug begriffen war. Es erlaubte mir, die Soldaten mit den besten Englischkenntnissen für die Kommandokompanie zu behalten, die in kleinen Einheiten die Aktion Nr. 2 durchführen sollte. Ich stellte sie unter das Kommando von Hauptmann Stielau.

Für die erste Aktion forderte ich beim OKW zusätzliche Einheiten an, die zusammen mit den zwei Bataillonen meiner *Jagdverbände* und dem Rest der 600 Freiwilligen eine Truppe von insgesamt 2000 Mann ausmachten. Die Brigade wurde zur Spezialausbildung unter dem Befehl von Ob.St.bann.Fhr. der Waffen-SS Hardieck ins Manöverlager von Grafenwöhr geschickt, dann die letzten Tage nach Wahn bei Köln.

120 Freiwillige wurden schließlich als Speaker benannt. Alle anderen wurden ausdrücklich angewiesen, zu schweigen, und sich an eventuell zustande kommenden Unterhaltungen nur durch Murmeln oder einzelne Laute zu beteiligen. Alle durchliefen einen Kursus von intensiver »Amerikanisierung«.

Weder die 600 Freiwilligen, die sich in Friedenthal einfanden, noch die Offiziere und Soldaten meiner eigenen Einheiten und der zusätzlichen Einheiten waren über die Ziele von *Greif* unterrichtet. GenOb Sepp Dietrich, der OB der 6. Panzerarmee, wurde über das Unternehmen *Greif* erst Ende November unterrichtet, der Kommandeur des I. SS-Panzerkorps erst wenige Tage vor dem Angriff.

Man kann sich denken, daß die phantasievollsten und phantastischsten Gerüchte über den Auftrag der Sondereinheit umgingen. Während einer Inspektion Anfang Dezember 1944 verlangte mich Hauptmann Stielau zu sprechen. »Ich weiß«, sagte er mir, »was wirklich unser Auftrag ist: wir sollen General Eisenhower entführen.«

Ich schlich in diesem Augenblick wie auf Katzenpfoten zur Tür, riß sie auf und versicherte mich, daß niemand dahinterstand und auch im Flur niemand war.

»Mein Lieber«, sagte ich zu Hauptmann Stielau, »ich bitte Sie, sprechen Sie leiser. Sie haben ins Schwarze getroffen. Vor allem aber – zu niemandem ein Wort. Wir haben hier jede Verbindung mit der Außenwelt untersagt. Ob.St.bann.Fhr. Hardieck sagte mir jedoch, daß es einem unserer Männer gelungen ist, einen Brief an seine Verlobte zu schicken. Sie sehen, in welcher Gefahr wir sind.«

»Ich weiß es, Herr Obersturmbannführer. Sie können auf meine absolute Verschwiegenheit rechnen. Aber erlauben Sie mir zu melden, daß ich Paris und seine Umgebung wie meine Westentasche kenne, und daß ich gegebenenfalls wirklich nützlich sein kann.«

»Ich zweifle nicht daran, aber haben Sie alle Risiken eines solchen Unternehmens bedacht?«

»Gewiß, Herr Obersturmbannführer ich denke an nichts anderes. Meiner Meinung nach ist das absolut durchführbar.«

Er setzte mir seinen Plan im Detail auseinander. So, wie er aussah, waren seine Chancen ungefähr eins zu tausend. Ich ließ ihm alle seine Illusionen. »Mein Lieber«, sagte ich, »glauben Sie mir, ich werde mich, wenn es soweit ist, an Sie erinnern.«

Gewiß hatte Stielau, lange bevor er mich einweihte, von Eisenhower und Paris gesprochen. Ich bin sicher, daß seine Diskretion nach unserer Unterhaltung vollkommen war, und daß er jedem, der ihn fragte, antwortete: »Sie werden verstehen, ich kann nichts sagen. Aber der Obersturmbannführer hat mir versprochen, mich mitzunehmen. Wir werden in der ganzen Sache eine wichtige Rolle spielen und so weiter.« Das alles mit wissender Miene, die niemanden täuschen konnte.

Der Rest der Brigade 150 wurde in drei Kampfgruppen gegliedert – X, Y und Z –; den Befehl übernahmen Hauptmann Scherff und Oberstleutnant Wolf, beides Heeresoffiziere, sowie Ob.St.bann.Fhr. der Waffen-SS Hardieck, der jedoch schon in den ersten Stunden des Kampfes fiel und durch Fölkersam ersetzt wurde. Jede der drei Gruppen sollte eine der drei Brücken über die Maas nehmen und halten. Selbstverständlich konnten diese Gruppen ihre Ziele nur erreichen, wenn es uns gelang, im Laufe der Nacht nach dem ersten Tag der Offensive in entsprechende Nähe des Flusses zu kommen. GFM Model wurde mit dem Oberbefehl über die Offensive betraut, und in einer Unterhaltung mit seinem Stabschef, General Krebs, gewann ich die Überzeugung, daß beide vom Erfolg fest überzeugt waren. Ich lenkte die Aufmerksamkeit auf ein Meisterwerk der amerikanischen Pioniertruppen: die beiden Erdölleitungen, die von Le Havre und Boulogne ausgehend die Lebensadern der anglo-amerikanischen Armeen bildeten. Ein Erfolg von *Greif* konnte uns in die Lage versetzen, sie für einige Zeit unbrauchbar zu machen. Wir hätten dann unter weniger ungleichen Bedingungen kämpfen können als jetzt, wo sich der Mangel an Treibstoff bei uns höchst negativ auswirkte.

Die Offensive, die zunächst am 20. November, dann am 1. Dezember beginnen sollte, wurde aus Material- und Wettergründen auf den 16. Dezember verschoben. Vor dem Tag X wohnte ich mehrmals der Lagebesprechung in Hitlers HQu bei. Am 22. Oktober hatte er mir versichert, daß wir »bald 2000 Düsenjäger in der Luft haben« würden. Das hatte ihm Göring versprochen. Anfang Dezember hörte ich nun zu meinem Erstaunen, daß es nur 250 sein würden! Ich erinnerte mich einer langen Unterhaltung, die ich im September vor dem Unternehmen *Panzerfaust* im HQu mit dem General der Luftwaffe Ritter v. Greim hatte, dem ich durch Hanna Reitsch vorgestellt worden war. Greim bedauerte es schon damals bitter, daß die schon 1942 entwickelten Düsenjäger nicht an allen Fronten eingesetzt wurden. Hitler hatte damals vor, Greim an den Platz von Göring zu stellen, aber das wurde erst 1945 realisiet, als Berlin von den Russen eingeschlossen war.

Während eines letzten Berichts fragte mich Hitler, ob ich die Luftaufnahmen der Brücken von Huy, Amay und Engis studiert habe. Es blieb mir nichts anderes übrig, als ihm zu sagen, daß ich sie noch nicht bekommen hätte. Hitler wandte sich dann an den Reichsmarschall und überschüttete ihn mit Vorwürfen, die ohne Zweifel gerechtfertigt waren. Aber ich hätte in diesem Moment klaftertief unter der Erde sein mögen. Hitler beruhigte sich sehr schnell, und auf seine Frage hin gab ich meinen letzten Bericht über *Greif* ab. »Ich bin sicher, Sie werden Ihr Bestes tun«, sagte er zu mir, als ich geendet hatte. »Ich weiß auch, daß es Ihre Art ist, an der Spitze Ihrer Männer zu sein. In diesem Fall verbiete ich Ihnen ausdrücklich, unsere Linien zu überschreiten und persönlich an dem Unternehmen teilzunehmen. Ich werde den Kommandeur der 6. Panzerarmee der Waffen-SS für die Ausführung dieses Befehls verantwortlich machen. Sie werden seinen Gefechtsstand nicht verlassen und von dort per Funk das Unternehmen *Greif* leiten. Ich möchte auf keinen Fall, daß Sie riskieren, gefangengenommen zu werden. Ich brauche Sie noch!«

Diese Worte wirkten auf mich wie eine kalte Dusche. Adrian v. Fölkersam, der mich begleitete, begriff meine Bestürzung. Ich gab die Entscheidung Hitlers den drei Kampfgruppenführern der Brigade zur Kenntnis und fügte hinzu, daß, »wenn die Situation einer Gruppe kritisch würde«, ich augenblicks zu ihr stoßen würde. Ich hatte keineswegs die Absicht, beim Stab der 6. Armee zu bleiben.

Hpt.St.Fhr. Radl begleitete mich zur letzten Lagebesprechung vor dem 16. Dezember. Er war Hitler noch nicht vorgestellt worden, der ihm die Hand schüttelte und einige herzliche Worte sagte, aber unser Karli war so beeindruckt, daß er wie versteinert in Hab-acht-Stellung verharrte.

In der Nacht vom 15. zum 16. richtete ich einen Gefechtsstand in Schmidtheim ein. In dieser Nacht schlief niemand. Um 5 Uhr morgens, Samstag den 16. Dezember, trat unsere Artillerie in Aktion. Die Gruppen X, Y und Z waren in Stellung, zusammen mit dem I. Panzerkorps der Waffen-SS, im Abschnitt Losheim-Graben, wo die Wirkung der Artillerie mittelmäßig war. Meine Funker signalisierten harte Gefechte, dann eine Katastrophe: Ob.St.-bann.Fhr. Hardieck, Kommandeur der Gruppe Z, war gefallen. Fölkersam, der bis dahin für die Verbindung zwischen den drei Gruppen zuständig gewesen war, übernahm das Kommando der Gruppe Z. Am Nachmittag fuhr ich nach Losheim, um mir an Ort und Stelle ein Bild zu machen, und ich begriff, warum unsere Offensive steckenblieb: die schmalen Straßen waren von den verschiedenartigsten Fahrzeugen verstopft, und ich mußte 10 km zu Fuß gehen, um nach Losheim zu kommen. Am nächsten Tag sollte das noch schlimmer werden. Es wurde offenbar, daß unsere Gruppen nicht vorstoßen konnten. Ich beschloß deshalb, bis zum nächsten Tag zu warten. Wenn unsere Panzer das Hohe Venn erst einmal überquert hätten, könnten wir die Maas erreichen.

Inzwischen warf ich 2 oder 3 Trupps aus der Sonderkompanie an den Südabschnitt der Front, mit dem Befehl, zwischen die Linien einzusickern. Die ersten amerikanischen Kriegsgefangenen trafen ein, und ich knüpfte eine Unterhaltung mit einem Leutnant an. Sie waren vollständig überrascht worden, sie glaubten sich in Ruhestellung. Das schlechte Wetter, der Nebel hatten ihre Luftwaffe daran gehindert, einzugreifen.

Gegen Mitternacht erfuhr ich, daß das 1. Panzerregiment der *Leibstandarte* unter dem Befehl des wagemutigen Jochen Peiper zum Angriff übergegangen war. Er sollte es sein, der mit unseren Kampfgruppen die Bresche schlagen sollte. Wenige Stunden später signalisierten die Spitzenpanzertrupps: »Haben Ronsfeld genommen. Lebhafter Widerstand des Feindes.« Einer unserer Spezialtrupps kehrte mit Nachrichten zurück, die unmittelbar an den Gefechtsstand des I. Panzerkorps der SS weitergegeben wurden.

Am 17. vormittags begab ich mich an die Front, um die Kommandotruppe zu inspizieren. Die Straßen waren jetzt komplett verstopft: das I. Panzerkorps an der Spitze hatte nicht unterstützt werden können und litt seit dem 18. vormittags bereits unter Treibstoffmangel. Es war keine Rede mehr davon, die Brücken der Maas zu erreichen! Ich stellte also meine Brigade dem I. Panzerkorps zur Verfügung, nachdem ich den Wehrmachtführungsstab (Jodl) informiert hatte, der sein Einverständnis dazu gab.

Die besseren Straßen dieser Gegend verlaufen alle in Richtung Ost-West, was die Schwierigkeiten, in die die 6. Armee geriet, einigermaßen erklären mag, denn sie mußte von Osten nach Norden marschieren. Zu unserer Linken befand sich die 5. Panzerarmee des Generals Hasso v. Manteuffel, des späteren Bundestagsabgeordneten. Auch er hatte an den strategischen Erfolg geglaubt. Ich war ihm vor der Offensive im Führerhauptquartier begegnet. Während einer längeren Konferenz mit Hitler hatte er eine wesentliche taktische Änderung der Pläne, die ihm vorgelegt worden waren, erreicht.

Vor seinen Divisionen sollten Sturmbataillone während der Nacht über die Linien gehen, bevor unsere Artillerievorbereitungen den Feind alarmiert hätten. Das Vorgehen dieser Eliteeinheiten würde dann einen tieferen und schnelleren Vorstoß der Divisionen erlauben. Hitler akzeptierte diesen vorzüglichen Plan. Tatsächlich handelte es sich dabei um die konventionelle Anwendung einer Taktik, die in brisanterer Form von der Panzerbrigade 150 ausgeführt worden war: das Überraschungsmoment wurde für die Infiltration von Truppen in die feindlichen Linien genutzt.

Weiter im Süden hatte das 47. Panzerkorps des Generals v. Lüttwitz den Auftrag, die wichtige Wegekreuzung von Bastogne zu nehmen, und zwar dank der *Panzer-Lehr-Division*. Aber da diese Division am 16. und 17. Dezember in eine riesige Straßenverstopfung geriet, konnte sie den Our erst am Morgen des 18. gegen 9 Uhr überschreiten, mehr als 24 Stunden nach der Stunde X, während die 26. *Volksgrenadier-Division* die sie unterstützen sollte, nur zu Fuß vorankam, weil Lastwagen fehlten, die gar nicht zur Verfügung gestellt worden oder steckengeblieben waren! General Fritz Bayerlein, Kommandeur der *Panzer-Lehr*, hätte am Nachmittag des 16. Dezembers in Bastogne eintreffen sollen: er überschritt die Straße von Clervaux nach Bastogne erst Dienstag, den 19., gegen 2 Uhr früh! Die Amerikaner hatten Zeit, die 10. Panzerdivision der Armee Patton nach Bastogne zu schicken, die von Süden her kam und General McAuliffe, den tapferen Chef der 101. Luftlandedivision, entsetzte. Diese Division hatte Bastogne nur zufällig verteidigt. Sie war bis Verbomont gekommen und war umgeleitet worden, um die verstopften Straßen zu umgehen. Das Glück war wirklich gegen uns.

Mittwoch, den 20. Dezember, beschloß ich, Malmedy am frühen Morgen des

21. mit einem Dutzend Panzer anzugreifen. Es handelte sich — muß ich das hinzufügen? — um eine Kampfhandlung, und niemand trug amerikanische Uniform. Starkes Sperrfeuer der Artillerie und eine gewaltige Gegenoffensive der US-Panzer ließ unser Vorhaben scheitern. Am 23. war der Himmel klar, und die amerikanische Luftwaffe flog massive Angriffe auf Malmedy, das von amerikanischen Truppen gehalten wurde. Ich verstand überhaupt nichts mehr. Um so weniger, als die amerikanischen Bombardements sich am 23. und 24. verstärkten, so daß ich schon glaubte, Malmedy sei genommen, aber von welchen deutschen Einheiten eigentlich? Ich wußte, die Stadt war nicht evakuiert worden. Tatsächlich hat sich während des 19. Dezembers eines unserer Kommandos unter dem alten baltischen Marineoffizier Baron v. Behr in Malmedy aufgehalten. Unser Seemann in schwarzem Ledermantel sah sich von einer Gruppe von Zivilisten bedrängt, die ihn fragten: »Ist es wahr, daß die Deutschen zurückkommen?« Er bestätigte es, wie man sich denken kann, und forderte die Leute auf, die Stadt vollkommen zu evakuieren, um das allgemeine Chaos noch zu vergrößern. Ich hoffte, daß viele Malmedienser seinem Rat gefolgt waren.

Das Kommando spielte seine Rolle mit um so mehr Kaltblütigkeit, als ihm nicht bekannt war, daß es sich hinter den feindlichen Linien befand. »Ich hatte keine Ahnung, wo wir waren«, gestand mir der Baron, »so etwas wäre mir auf See sicher nicht passiert!« Ich riet ihm, sich mit Kompaß und Sextant zu bewaffnen.

Unser Angriff auf Malmedy brachte uns schwere Verluste. Leutnant Schmidthuber wurde siebenmal verwundet. Fölkersam, auch er verwundet, konnte sich gerade noch absetzen. Wir waren gezwungen, in der Defensive zu bleiben. Auch mich erwischte es wenig später; ich wurde leicht am Bein verwundet und schwerer oberhalb des rechten Auges, das ich im ersten Augenblick zu verlieren fürchtete. Nachdem ich im Gefechtsstand der Division versorgt worden war, wollte man mich nach hinten transportieren; davon konnte jedoch keine Rede sein. Es gab zwar zahlreiche Verwundete, jedoch keine Schwerverletzten, ausgenommen den tapferen U.St.Fhr. Lochner, Fölkersams Adjutant, der einen Bauchschuß erhalten hatte. Auf einer Tragbahre ausgestreckt, hatte er das Bewußtsein verloren. Ich rief ihn leise an. Er öffnete die Augen und erkannte mich. »Sind Sie auch verwundet?« fragte er mich. Ich beruhigte ihn. Er starb, bevor man ihn operieren konnte. Was uns fehlte, waren schwere Waffen. Am 24. Dezember schickte man uns endlich eine Batterie von 8 Granatwerfern. Aber im ganzen nur 20 Granaten. Unsere Panzer waren größtenteils zerstört, ein neuer Angriff ganz unmöglich.

Am 25. Dezember suchte ich Fölkersam auf, der seinen Gefechtsstand 300 m von der Hauptkampflinie aufgeschlagen hatte. Ich traf dort auf eine US-Patrouille, die sich gerade von unseren Leuten hatte gefangennehmen lassen. Der Unteroffizier, der sie befehligte, hatte ein *walkie-talkie* bei sich, und einer unserer englisch sprechenden Männer begann mit dem Gefechtsstand der amerikanischen Einheit eine Unterhaltung, die uns sehr erheiterte. Der Kamerad begann damit, im Nordwesten starke Panzerverbände zu melden, die sich offenbar schnell auf Verviers zu bewegten. Danach allerlei unsinnige Vorstellungen. Als er schließlich erklärte, daß in geschlossener Formation fliegende Unterseeboote angriffen, schrie der amerikanische Offizier: »You're drunk! Get back here immediately! It's an order!« Wir gaben dem amerikanischen Unteroffizier das Gerät zurück, und er erklärte: »Sorry, but I have to go to Germany now!«

Am 28. Dezember wurden wir von einer Infanteriedivision entsetzt, die die nördliche Flanke des I. Panzerkorps der Waffen-SS deckte. Es war offensichtlich, daß unser Angriff gescheitert war und damit *Greif*. Wir hatten die Maas-Brücken nicht erreicht. Wenn unsere Spezialeinheiten hinter den feindlichen Linien gute Arbeit geleistet hatten, so wußten wir nicht, welchen Nutzen dies für uns haben konnte.

Lediglich 8 Trupps zu je 4 falschen Amerikanern waren tief hinter die feindlichen Linien vorgedrungen, das heißt 32 Männer. 24 waren zurückgekommen. 8 wurden am 29. Dezember 1944 für vermißt erklärt. An diesem Tag wurden die Reste der Brigade 150 nach Schlierbach, östlich von St. Vith, in Ruhestellung geschickt. Wenig später mußte die Brigade aufgelöst werden.

Ich werde später noch von den Berichten sprechen, die mir die vom Kommando zurückgekommenen Männer erstatteten. Zuvor aber möchte ich 2 Meldungen erwähnen, die Radio Calais, der feindliche Propagandasender, verbreitete. Der Sprecher dieses Senders erklärte — es muß kurz vor dem 20. Dezember gewesen sein — daß »eine starke Sabotagetruppe, von Oberst Skorzeny, dem Mussolini-Entführer (sic) befehligt, entdeckt worden« sei, und daß »schon über 100 Soldaten dieser Einheit erkannt und gefangengenommen worden« seien. Wir werden noch sehen, was von dieser Meldung zu halten ist, die mir verschiedene Aspekte über das Sonderkommando erschloß.

Die zweite Meldung von Radio Calais etwas später betraf »die Erschießung von amerikanischen Gefangenen und belgischen Zivilisten durch deutsche SS-Truppen«. Die amerikanischen Soldaten sollten »am 17. Dezember auf einer Straßenkreuzung im Südosten von Malmedy erschossen worden« sein. Der Stab der 6. Panzerarmee forderte alle Kommandeure auf, »einen detaillierten Bericht über eine angebliche Erschießung von Kriegsgefangenen und Zivilisten während der Offensive zu erstellen«. Die Panzerbrigade 150 lieferte einen negativen Bericht.

Nach dem Krieg, im Mai 1946, standen Jochen Peiper und 72 Angehörige seiner Einheit vor einem amerikanischen Kriegsgericht. Sie wurden beschuldigt, kaltblütig 308 amerikanische Soldaten und 111 belgische Zivilisten erschossen zu haben. Wenig später sollte die Beschuldigung in bezug auf die Zivilisten fallengelassen werden. Es wurde lediglich die Beschuldigung aufrechterhalten, daß 71 Soldaten des 285. amerikanischen Feldartilleriebataillons an der Kreuzung von Baugnez südöstlich von Malmedy von der Einheit ermordet worden, seien. Man kann die Anschuldigung kurz wie folgt zusammenfassen:

Am 17. Dezember 1944, gegen 13 Uhr, hatte ein kurzes Gefecht zwischen den vordersten Panzern des 1. Panzerregiments von Peiper und der betreffenden amerikanischen Kompanie stattgefunden, die von Leutnant Virgil T. Lary befehligt wurde. Die Amerikaner hatten sich ergeben und waren dann gegen 14 Uhr ermordet worden. Der Hauptankläger im Mai 1946 war Leutnant Lary. Der Großteil der Angeklagten hatte umfassende und gleichlautende Geständnisse abgelegt. Das amerikanische Tribunal sprach 42 Todesurteile aus, 23 Verurteilungen zu lebenslänglicher Haft, 2 zu 20 Jahren, eine zu 15 Jahren und 5 zu 10 Jahren. Zu den zum Tode Verurteilten gehörte Ob.St.bann.Fhr. Peiper, der am 17. Dezember um 14 Uhr bereits Ligneuville passiert hatte, und der auch nicht angeklagt war, sich an dem Massaker beteiligt oder es befohlen zu haben.

Dieser Urteilsspruch empörte Oberst Willis M. Everett aus Atlanta (Georgia), den Verteidiger. In der Überzeugung, daß es sich um einen Justizirrtum handele, setzte er 10 Jahre seines Lebens daran, die Wahrheit ans Licht zu bringen.

In der Tat hatte Everett die Überzeugung gewonnen, daß nach wenigen Minuten Gefechtsdauer Peiper selbst den Befehl zur Feuereinstellung gegeben hatte, bevor er weiterfuhr. Von einem gefangenen amerikanischen Oberst, dessen Name nicht genannt ist und der mit ihm in seinem Wagen saß, erfuhr Peiper, daß ein US-Stab sich 3 km südlich in Ligneuville befand. Peiper hoffte, ihn überraschen zu können.

Es wurde bewiesen, daß die angeblichen Geständnisse den Angeklagten durch Schläge, Folterungen und Drohungen gegen ihre Familie und sie selbst abgepreßt wurden, nachdem man sie in Kapuzen einem falschen Kriegsgericht mit einem falschen Anwalt und falschen Priestern vorgeführt hatte. Über Einzelheiten gehe ich hinweg. Zwei amerikanische Untersuchungsausschüsse wurden gebildet, ein militärischer und ein Senatsausschuß. Sogar in Deutschland wurden Nachforschungen angestellt, obwohl die Strafen im März 1948 reduziert worden waren. Im darauffolgenden Jahr wurden alle Todesurteile kassiert. Im Bericht über die neuen Untersuchungen durch den amerikanischen Richter van Hoden konnte man neben anderen erhellenden Tatsachen lesen, daß das Kriegsgericht das angebliche Geständnis eines jungen Waffen-SS-Mannes von 18 Jahren als Beweis verwendet hatte, dem dieses Geständnis in der Folge von Folterungen abgerungen worden war, die er nicht überlebt hatte. Er hatte sich in seiner Zelle erhängt, zumindest hatten ihn seine Wächter erhängt vorgefunden.

Am 22. Dezember 1956, fast auf den Tag genau 12 Jahre nach dem Gefecht, waren alle Verurteilten des Prozesses von Malmedy auf freiem Fuß. Nicht ein Todesurteil wurde vollstreckt – *aus Mangel an Beweisen.*

Das Merkwürdigste war, daß das 1. Panzerregiment von Peiper, nachdem es seinen Weg nach Westen fortgesetzt hatte, am 21. Dezember in Stoumont 131 amerikanische Soldaten und Offiziere der 30. amerikanischen Infanteriedivision gefangengenommen hatte, darunter Major Hal McCown. Mein Freund John Toland beschreibt in seinem Buch *The Story of the Bulge* (New York 1959), daß Major McCown und Peiper sich lange unterhalten hätten, und daß der amerikanische Offizier, über das angebliche Massaker vom 17. Dezember informiert, überrascht war, in seinem Gesprächspartner einen kultivierten, vernünftigen und ruhigen Menschen zu finden. Als er sich beunruhigt über das Los der 130 Gefangenen in La Gleize zeigte, beruhigte ihn Peiper und gab ihm sein Ehrenwort als Soldat, daß seine Einheit das Kriegsrecht respektiere. Dann entschied sich Peiper, da der Kraftstoff ausging, zum Rückzug. Die beiden Offiziere einigten sich so: Die 130 amerikanischen Gefangenen würden freigelassen, und die angeschlagene Waffen-SS könnte sich zurückziehen. Und so geschah es. McCown blieb der einzige Gefangene Peipers, er floh am 24. Dezember während des Rückzugs, bei dem er Peiper begleitete.

Oberst Willis M. Everett hatte größte Schwierigkeiten damit, daß McCown im Prozeß über das Massaker von Malmedy als Zeuge zugelassen wurde, obwohl man Peipers Einheit auch beschuldigt hatte, die 130 Gefangenen von La Gleize ermordet zu haben, ebenso wie einen Teil der Zivilisten und der 250 Flüchtlingskinder, sowie verwundete Amerikaner und Deutsche im Keller eines Sanatoriums. Oberst Everett setzte sich dann durch, und McCown konnte bezeugen, daß von all dem nichts stimmte.

»Seine Aussage«, schrieb Toland, »bewies, daß die vorgeblich von den Deutschen in einem Dorf (La Gleize) vollbrachten Grausamkeiten Erfindungen waren und stellte damit einen großen Teil der Anklage in Zweifel, was nicht verhinderte, daß 42 der angeklagten Waffen-SS-Männer zum Tode durch den Strang und 23 zu lebenslänglicher Haft verurteilt wurden.«

Allerdings hatte das angebliche Massaker von Malmedy weitere und unmittelbarere Konsequenzen, die nicht weniger tragisch waren. Sobald es beim amerikanischen Oberkommando bekannt wurde, verursachte es Zorn und das Verlangen nach Vergeltung, was sich durch bestimmte Befehle ausdrückte, wie etwa den, der am 21. Dezember vom Stab der 328. amerikanischen Infanteriedivision ausgegeben wurde und die Angehörigen dieser Einheit aufforderte, unter den Waffen-SS-Einheiten und Fallschirmjägern keine Gefangenen zu machen, sondern auf der Stelle zu schießen. So wurden auch in Chegnogne 21 deutsche Soldaten, von denen einige verwundet waren und sich unter der Rotkreuzfahne ergeben hatten, auf der Schwelle des Hauses niedergeschossen, das sie mit erhobenen Händen verließen. Ich glaube, daß dem amerikanischen Oberkommando in diesem Zusammenhang eine Portion Kaltblütigkeit fehlte. Zum Opfer seiner eigenen Propaganda geworden, glaubte es ohne jede Untersuchung an die Schuld der Waffen-SS-Einheiten, weil es an sie glauben wollte.

Es kann sich hier keineswegs darum handeln, eine Apologie der Waffen-SS zu versuchen. Eine europäische Truppe von 840 000 Mann, von denen 360 000 gefallen sind und 42 000 als vermißt erklärt wurden – von den Verwundeten gar nicht zu sprechen –, bedarf keiner Apologie: die Zahlen sagen schon alles. Das Unrecht, daß einige Waffen-SS-Einheiten und solche, die sich dieses Namens bedienten, begingen, kann nicht mit dem Begriff »Kollektivschuld« der ganzen Waffen-SS zur Last gelegt werden.

Generaloberst Guderian, der unbestreitbar einen ritterlichen Krieg führte, fühlte sich verpflichtet, im Vorwort zu General Haussers Buch *Waffen-SS im Einsatz* (1953) folgendes zu schreiben:

»*Unsere Ehre heißt Treue:* das war die Devise, nach der die Waffen-SS ausgebildet wurde, und die Devise, unter der sie kämpfte. Wer diese Einheiten auf dem Schlachtfeld erlebt hat, kann nicht umhin, diese Tatsache zu bestätigen. Nach der Kapitulation wurde diese Kampftruppe das Ziel von Verleumdungen und unerhört schwerwiegenden und ungerechtfertigten Anschuldigungen.«

GenOb Guderian bezeichnete den Begründer der Waffen-SS, Paul Hausser, dem es gelang, ihr seinen »Korpsgeist« einzuprägen, als »einen der bedeutendsten Truppenführer, die ich kenne«.

Im Herbst 1953 erklärte Bundeskanzler Adenauer in einem in Hannover gehaltenen Vortrag mit Nachdruck, daß »die Soldaten der Waffen-SS Soldaten wie alle anderen« waren. Auch General Hasso v. Manteuffel verurteilte besonders bösartige und dumme Verleumdungen.

Nach dem Krieg blieb der Großteil der Waffen-SS viele Jahre in Gefangenschaft. Wir waren an Händen und Füßen gefesselt und geknebelt dazu. Der amerikanische Historiker George H. Stein sieht sich in seinem Buch *Die Waffen-SS* (New York 1966) trotz heftiger Parteilichkeit gezwungen einzuräumen, daß 99 Prozent dieser Männer, die man in Gefangenschaft hielt, einen untadeligen Krieg geführt haben: zu gleichlautenden Urteilen kamen die Entnazifizierungsgerichte nach lange dauernden Untersuchungen, die in Übereinstimmung mit den Sieger- und Besatzungsmächten geführt wurden.

Es bleibt die Tatsache bestehen, daß 71 amerikanische Soldaten unzweifelhaft an der Kreuzung von Baugnez getötet wurden. Die Frage ist, auf welche Weise. Die Mehrzahl der zu diesem Thema veröffentlichten Berichte ist wirr und widerspruchsvoll. Indessen scheint es mir aufgrund der detaillierten Berichte, die ich überprüfen konnte, möglich, folgende Erklärung zu geben:

Die amerikanischen Artilleristen wurden während des Gefechts mit der Peiperschen Vorhut gefangengenommen: 3 leichte Kettenfahrzeuge und 3 Panzer. Die 125 Gefangenen wurden, da die Einheit schnell ihren Weg fortsetzen wollte, in ein Feld gedrängt. Nach Toland und einigen anderen fiel der erste Schuß aus einer Pistole auf einen der Gefangenen viel später aus einem der leichten Kettenfahrzeuge des Gros. Der Gedanke liegt nahe, daß die sich selbst überlassenen GIs ihre Waffen wieder aufgenommen hatten, oder daß mindestens einige von ihnen es getan hatten. Als das Gros an der Straßenkreuzung eintraf, erblickte es eine Gruppe amerikanischer Soldaten, von denen einige bewaffnet waren – man feuerte.

1974 veröffentlichte die englische Zeitschrift *After the Battle* in der No. 4, in der die Ardennen-Schlacht behandelt wird, eine Fotografie, aufgenommen von der amerikanischen Armee, bevor man die Leichen barg. Auf Seite 18 der Zeitschrift sieht man unter den auf dem verschneiten Feld hingestreckten Körpern einen, der noch immer die Waffe in der Hand hat, Gewehr oder wahrscheinlich Maschinengewehr. Ein Kriegsgefangener aber ist nicht bewaffnet. Dieser Mann ist unzweifelhaft im Kampf gefallen. Es gab, wahrscheinlich infolge eines gräßlichen Mißverständnisses, *ein zweites Gefecht*.

Noch schlimmere Konsequenzen hatte ein Mißverständnis eines Stabchefs von General Hodges, der die 1. amerikanische Armee kommandierte. 1969 erschien in Paris ein Buch des jungen belgischen Historikers Michel Georis, mit dem Titel *Nuts*. (Das heißt im Slang Ihr seid wohl verrückt oder auch fällt mir nicht im Traum ein). Dies war in der Tat die Antwort, die General McAuliffe dem deutschen Parlamentär der 26. *Volksgrenadierdivision* gegeben hatte, der den Amerikaner in Bastogne eine »ehrenhafte Kapitulation« anbot. Ein Kapitel des Buches heißt »Die Tragödie in Malmedy«. Um was für eine Tragödie handelt es sich?

Georis bemerkt zunächst, daß ich mir bei dem Versuch, Malmedy am 21. Dezember zu nehmen, »viel Mühe um nichts« gegeben habe, denn, fügte er hinzu, 2 Tage später, am 23. Dezember, habe die amerikanische Luftwaffe Malmedy bombardiert und dabei »mehr als 300 amerikanische Soldaten und gut hundert belgische Zivilisten getötet«. Die Bombardierung war durch die 9. amerikanische Luftflotte ausgeführt worden, und Toland erzählte, daß die GIs diese Einheit die »amerikanische Luftwaffe« nannten.

Ein Kommuniqué der 1. amerikanischen Armee besagte, daß Malmedy bombardiert worden sei, weil »die Deutschen in die Stadt eingedrungen waren«.

»Die Wirklichkeit sieht anders aus«, schreibt Georis. »Außer dem kurzen Eindringen der Abteilung Fölkersam, die, wie wir wissen, sofort zurückgeschlagen wurde, blieb Malmedy drei Tage lang ausschließlich von Amerikanern besetzt. Das hinderte die amerikanische Luftwaffe nicht daran, am nächsten und übernächsten Tag — zu Weihnachten — neue Einsätze zu fliegen und wiederum Hunderte von Zivilisten und Soldaten der amerikanischen Besatzung zu töten.«

In einer Anmerkung bestätigte der belgische Historiker, daß die Zahl der durch amerikanische Bomben getöteten Soldaten, wenn sie auch nicht genau bekannt geworden ist, »wahrscheinlich 700« gewesen sei. Aber welche Zahl ist »wahrscheinlich« bei den Todesopfern unter den Zivilisten dieses sinnlosen Massakers? Georis sagt es nicht[1]! Hartnäckig seine eigenen Soldaten und wehrlose Zivilbevölkerung zu bombardieren, entspricht in keiner Weise einer »evidenten strategischen Notwendigkeit«. Das ist meiner Ansicht nach die wirkliche »Tragödie von Malmedy«. Lange Zeit hindurch nahm man sie nicht zur Kenntnis.

Untersuchen wir nun, was an der ersten Meldung, die Radio Calais über diese 100 gefangengenommenen Angehörigen der *Brigade 150* und über die Kommandokompanie verbreitet hatte, wahr ist.

In Heft 4 der englischen Zeitschrift *After the Battle* wird noch die Behauptung aufgestellt, daß sich die Anzahl der hinter den feindlichen Linien gefangengenommenen Sondereinheiten auf 14 belaufen habe. Diese Zahl entspricht ebensowenig der Wahrheit wie jene von Radio Calais. Aus dem einfachen Grund, daß nicht mehr als 8 Einheiten weit genug hinter die feindlichen Linien vordringen konnten, um dort ihren Spezialauftrag durchzuführen.

Dabei zähle ich die Einheiten, ungefähr 20 an der Zahl, nicht mit, die bis etwa 15. Januar 1945 auf Befehl von Heeresgruppen oder Korps Erkundungsaufträge 2 oder 3 km hinter den amerikanischen Linien ausführten. Diese Aufträge hatten nichts mit *Greif* zu tun, und, obwohl sie in amerikanischer Uniform ausgeführt wurden, handelte es sich dabei in keinem Fall um Sabotage. Einige der Einheiten überschritten die feindlichen Linien mehrfach, alle kehrten zurück.

Von den acht Einheiten des Unternehmens *Greif* wurden nur 2 vermißt ge-

---

1 Nach den *offiziellen* Statistiken, die Céré und Rousseau in ihrer *Chronologie du conflit mondial* (Paris, 1946) veröffentlichten, fielen den anglo-amerikanischen Bombardements in Belgien vom 5. April 1943 bis zum 22. Juli 1944 ungefähr 7700 Zivilisten zum Opfer — 2007 in Antwerpen, 674 in Malines und 425 in Brüssel.
Die Zahl der Verwundeten ist nicht bekannt. Nach dem 22. Juli 1944 schweigen die Statistiken. (A. d. Red.)

meldet, die übrigen 6 kamen zurück. Ein zuvor erbeuteter Jeep wurde beim Verlassen des amerikanischen Sektors vom Feind beschossen, der eine Desertion vermutete. Das wurde uns später von der gegenüberliegenden deutschen Division gemeldet.

Ich bekam Meldung über die Tätigkeit von 6 Einheiten, 2 davon gaben mir Berichte, die mir unglaubwürdig vorkamen, aber die Aktivitäten der übrigen 4 wurden mir sehr präzise beschrieben. Die am weitesten vorgestoßenen Einheiten gelangten bis zu den Ufern der Maas, und zwar in der Höhe von Huy, wo eigentlich die *Brigade 150* die Brücke halten sollte. Der Hauptmann dieser Einheit, der an einer Straßenkreuzung Stellung bezogen hatte, dirigierte eine amerikanische Panzerkolonne ins Blaue. Unser Abhördienst bestätigte, daß der Stab der 1. amerikanischen Armee zwei Tage lang vergeblich nach dieser Einheit suchte. Man glaubte sie im Verlauf eines geheimnisvollen Gefechts vernichtet oder gefangengenommen. Diese Einheit zerschnitt Telefonleitungen und vertauschte die Wegweiser für den amerikanischen Nachschub.

Ein anderer Kommandowagen hatte die Maas ganz ohne Schwierigkeiten in der Nähe von Amay überquert. Seine Insassen signalisierten durch rote Bänder, daß die Straßen, die zur Front führten, vermint seien — was die zur Verstärkung herankommenden feindlichen Gruppen veranlaßte, umzukehren und lange Umwege zu fahren. Auch diese Einheit zerstörte Telefonleitungen.

Ein weiteres Team ließ eine amerikanische Infanterieeinheit zwischen Poteaux und Grand Halleux zurückgehen, und zwar unter der Versicherung, die Deutschen seien bereits weiter im Westen, und zwar in der Nähe von Lierneux. Die amerikanischen Offiziere bedankten sich, bevor sie sich dorthinbegaben.

Leider gelangte keine der Einheiten zu dem großen Kraftstoffdepot, das zwischen Stavelot und Francorchamps lag, und das auch die Kolonne Peipers verfehlt hatte, als sie auf La Gleize vorstieß. Aber eine unserer Einheiten eroberte ein Munitionslager und ließ es in der Nacht hochgehen.

Die 8. unserer Einheiten wurde Opfer eines Unfalls, und zwar unter folgenden Umständen: da sein Tank fast leer war, hielt der Fahrer eines Jeeps vor einem amerikanischen Versorgungsposten und verlangte ganz unbefangen: »Petrol, please«.

Der GI, der am Zapfhahn stand, machte Augen wie Untertassen und sah unsere vier Kameraden mißtrauisch an; in der amerikanischen Armee verlangt man nicht nach »petrol«, sondern nach »gas«, und man sagt nicht »please«, schon gar nicht, wenn man in Eile ist.

»Sagt mal«, fragte der Amerikaner, »wo seid ihr denn her?«

Der Fahrer glaubte sich entdeckt, fuhr an, verlor auf der vereisten Straße die Kontrolle über den Jeep und rammte den ersten Lastwagen eines Konvois, der ihm entgegenkam. Das Fahrzeug überschlug sich, und als man den Insassen zu Hilfe eilte, bemerkte man, daß sie unter der amerikanischen Verkleidung deutsche Uniformen trugen.

Einer unserer Kameraden, den man hart befragte, *gestand*, was er für wahr hielt: eine Spezialeinheit unter meinem Kommando sollte General Eisenhower entführen und die Oberbefehlshaber der britischen und amerikanischen Armee verschwinden lassen, ebenso wie deren Stab.

Der Abwehrchef der amerikanischen Heeresgruppe wurde als Panikmacher angesehen. Man hatte ihm nicht geglaubt, als etwa um den 10. Dezember dem Abwehrchef des Generals Hodges gemeldet hatte, daß neue deutsche Divisionen im Osten von Saint Vith gesichtet zu sein schienen. Er entnahm seinen Akten den OKW-Befehl 0012759, schloß daraus, daß 1000 falsche Amerikaner sich unter die richtigen gemischt hätten, und löste für die ganze Front einen Generalalarm gegen verkleidete Deutsche aus.

Nach dem 18. Dezember löste dies beim Feind ein wahres Chaos aus, das von General Omar Bradley, Chef der 12. amerikanischen Heeresgruppe, von Marschall Montgomery und Sir Basil Liddell Hart in allen Einzelheiten beschrieben worden ist, um nur die beiden bedeutendsten Memoirenschreiber und einen der berühmtesten Historiker des Zweiten Weltkriegs zu zitieren.

Betrachten wir zunächst einmal die Offensive vom taktischen Gesichtspunkt aus. Man muß feststellen, daß die 12. amerikanische Heeresgruppe am Vormittag des 17. Dezembers in drei Angriffssäulen aufgeteilt war, und daß im SHAEF (Supreme Headquartes Allied Expeditionary Forces = Hauptquartier der alliierten Invasionstruppen) 4 oder 5 Tage lang Panik herrschte.

Bradley, dessen Hauptquartier in Luxemburg lag, verstand überhaupt nicht, was vorging, und schickte sich widersprechende Befehle ins Leere. Eisenhower alarmierte unter Schwierigkeiten die Generale Hodges, Simpson und Collins, die am 20. Dezember weder Bradley gesehen hatten noch irgendein Mitglied seines Stabes. Das Telefon funktionierte nicht oder funktionierte vergeblich. Mehrere Tage lang war es unmöglich, General Hodges, den Chef der 1. US-Armee, zu erreichen, der sein Hauptquartier am 16. Dezember in Spa hatte. Es wurde in aller Eile nach Chaudfontaine verlegt, ohne daß Eisenhower oder Bradley davon informiert waren. Schließlich hat er es ohne Aufsehen nach Tongres verlegt.

Als Manteuffel durch Treibstoffmangel am 23. Dezember gezwungen wurde, 6 km vor Dinant stehenzubleiben, hatte er nur die 29. britische Panzerbrigade vor sich. Eisenhower, der in Wahrheit fürchtete, daß Montgomery sich vom Feind lösen würde, drängte ihn vorwärts und stellte sämtliche amerikanischen Streitkräfte der Nordflanke unter sein Kommando. Das heißt, die 9. Armee von Simpson und die 1. von Hodges, »die sich verzweifelt schlug«. Das 30. britische Korps dagegen blieb bis zum 3. Januar 1945 am westlichen Ufer der Maas, während Bradley im Süden mit dem Rest des 3. und des 8. US-Korps auskommen mußte.

In seinen *Memoiren* schrieb Montgomery, daß er das 30. britische Korps am 20. Dezember für alle Fälle am anderen Ufer des Flusses gelassen habe. Die einzige Panzerreservedivision war gerade gelandet, und vorübergehend erhob sich die Frage, ob sie nicht wieder eingeschifft werden sollte. Die britischen Expeditionskorps waren »auf alles vorbereitet«. Am selben 20. Dezember schickte Montgomery Churchill ein Telegramm, in dem er die Lage als »äußerst beunruhigend« bezeichnete. Der Beweis dafür, daß er einen Generalrückzug des Expeditionskorps in Betracht zog, und zwar ebenso wie im Juni 1940, findet sich in seinen *Memoiren*. Er zitiert dort einen Satz seines Telegramms, das bis dahin nie veröffentlicht wurde:

»Dieses Mal«, telegrafierte er, »können wir uns nicht wieder in Dünkirchen einschiffen, denn dort sind überall Deutsche.«

Tatsächlich hatte Hitler angeordnet, daß unsere Truppen bestimmte Schlüsselstädte unbedingt halten sollten: Dünkirchen, Lorient, Saint-Nazaire, La Rochelle und Royan. Die zuletzt genannte Stadt wurde im April 1945 durch die amerikanische Luftwaffe ganz sinnlos zerstört.

Am 6. Januar 1945 rief Winston Churchill, immer noch höchst beunruhigt, Stalin zur Hilfe.

»Die Kämpfe im Westen sind sehr hart«, telegrafierte er. »Ich bitte Sie, mich wissen zu lassen, ob wir im Januar auf eine russische Offensive an der Front der Weichsel oder anderswo rechnen können.«

Waren die taktischen und strategischen Ergebnisse dieser Offensive im Anfang von Bedeutung, so war der politische Effekt nicht weniger bemerkenswert. Der Hilferuf Churchills an Stalins verrät wirkliche Angst und Sorge, daß sich im Osten eine unvorhergesehene Verständigung wie im August 1939 ergeben könnte.

Die Engländer hatten einen Großteil der amerikanischen öffentlichen Meinung gegen sich. Zwei Monate lang hatte sich die überseeische Presse auf Montgomery eingeschossen, dessen Verhalten und dessen Ansprüche unerträglich erschienen, vor allem nach der blutigen Niederlage von Arnheim. Freilich schonte die britische Presse auch Eisenhower nicht, dem mangelnde Voraussicht, ja sogar Unfähigkeit vorgeworfen wurde.

Es geschah auf Churchills Befehl, daß Montgomery Mitte Januar seine berühmte Pressekonferenz gab und »einen leidenschaftlichen Appell an die amerikanisch-britische Solidarität« richtete. Nachdem er eingeräumt hatte, daß der Feind einen schweren Schlag geführt habe, »der die alliierten Armeen zum Wanken brachte«, wandte er sich an die Journalisten:

»Sie alle wissen, daß der Anführer unserer Truppe Eisenhower ist. Ich bin Ike ganz und gar zugetan, wir sind gute Freunde. Ich lese nicht ohne Kummer in der britischen Presse wenig schmeichelhafte Artikel über ihn.

Ich möchte Sie bitten, Ihr Bestes zu tun, um diesen Zustand zu ändern.« Immerhin glaube ich, daß die anwesenden Journalisten ein wenig überrascht waren, als sie den Feldmarschall erklären hörten: »Ich habe mir einen amerikanischen Paß ausstellen lassen, und so gehöre ich zu den Soldaten der US-Armee. Meine Daumenabdrücke sind im Pentagon registriert, und das ist besser, als wären sie es bei Scotland Yard.« Solche Äußerungen können nur einen bedauerlichen Effekt haben, und Montgomery bekennt in seinen *Memoiren*, daß er besser daran getan hätte, zu schweigen. »Ich machte den Eindruck eines Besiegten, nicht durch die Deutschen, sondern durch die Amerikaner.« Schließlich hatte der britische Feldmarschall die Schlacht als »interessant« bezeichnet. Wie hätten Eisenhower, Bradley, Hodges, Gerow und Simpson, die 80 000 Mann verloren hatten, damit einverstanden sein können?

Von 1945 bis 1960 bezeichneten viele Autoren die Ardennenoffensive als ein »unsinniges Vorhaben Hitlers, das im voraus zum Scheitern verurteilt war«. Zehn Jahre später erkannte unter anderen Liddell Hart, daß nicht nur der Plan dieser Offensive »brillant konzipiert war«. Er schrieb zusammenfassend, daß »die Alliierten zu Beginn der Schlacht an den Rand der Katastrophe gerieten«.

Gewiß hatte ihn das Unternehmen *Greif* stark beeindruckt. Was die Aktion der *Brigade 150* betraf, zog er die zahllosen Schwierigkeiten in Betracht, die wir mit der Ausrüstung und Tarnung hatten.

»Diese fadenscheinige Tarnung machte größere Vorsicht nötig«, schrieb er. »Am Nordabschnitt, wo die Brigade bereitstand, erfolgte kein klarer Durchbruch; so wurde deren Einsatz verschoben und dann ganz abgeblasen. Doch die erste Stufe des Planes hatte erstaunliche Erfolge, noch mehr als erwartet.«

Zehntausende von Militärpolizisten machten sich auf die Jagd, um so schnell wie möglich die »verkleideten Nazis« aufzuspüren. Sie machten gute Beute. Liddell Hart konnte von einer gewaltigen und aufregenden List sprechen, der als einer der ersten Omar Bradley zum Opfer fiel. In seinem Buch *A soldier's story* zeichnet Bradley das Bild von einer halben Million GIs nach, die Katz und Maus spielten, so oft sie einander begegneten. Es war ganz unmöglich, daß sie nicht wieder aufeinander trafen, und daraus folgte, wie Bradley selbst schreibt:

»Weder der Rang, noch Ausweispapier, noch Proteste verhinderten, daß die alliierten Streitkräfte an jeder Ecke von neuem verhört wurden«.

Bradley selbst mußte dreimal beweisen, daß er wirklich Amerikaner war, indem er die Hauptstadt von Illinois nannte und die Spieler einer berühmten amerikanischen Football-Mannschaft. Beim dritten Mal versagte er, weil er den Namen des letzten Ehemannes von Betty Grable nicht wußte, aber der GI ließ ihn durch.

Bradley war immerhin gewarnt. Ein amerikanischer Abwehroffizier hatte ihm geraten, zu warten, bis sich das Wetter bessere, und das Flugzeug zu nehmen. Auf keinen Fall »solle er sich auf die Straße wagen, und zwar wegen der verkleideten Deutschen«. Charles Foley geht dieser allgemeinen Angst in seinem Buch *Commando Extraordinary* nach.

»Man sah überall Feinde und Spione«, schrieb er. »Die Hälfte der amerikanischen Armee suchte Skorzeny in ihren Reihen.«

General Emile Wanty berichtete in seinem Buch *Art de la Guerre,* Montgomery selbst sei mehrfach angehalten worden, während diese finsteren Gerüchte umgingen. Eisenhower selbst wurde von seiner eigenen Wachtruppe regelrecht gefangengehalten. Er war dem Feldmarschall v. Rundstedt als Gast des Schlosses Saint-Germain-en-Laye nachgefolgt, wurde dort von der Militärpolizei abgeholt und in einem gepanzerten Fahrzeug nach Versailles gebracht.

Die amerikanische Abwehr hatte von mir nach den Gebräuchen der Chikagoer Polizei ein Porträt angefertigt. General Wanty, ein Belgier, schrieb, ich sei ein *condottiere,* ein Wort, das die amerikanischen Spürhunde, die Venedig und den *Colleoni* des Verrocchio nie gesehen hatten, natürlich mit Gangster übersetzten.

Außerdem bin ich der »Entführer von Benito Mussolini«, während gleichzeitig Viktor-Emanuel und Badoglio seine »Befreier« waren. Ein Steckbrief im reinsten Westernstil der Belle Epoque zeigt mich als Ob.St.bann.Fhr. der Waffen-SS:

Gesucht

S K O R Z E N Y

Spion

Saboteur          Mörder

Unter dem Foto war meine Personenbeschreibung zu lesen, und:
Dieser Mann ist äußerst intelligent (Schmeichler!) und gefährlich. Hitler-Schnurrbart oder rasiert. Er kann in amerikanischer oder britischer Uniform oder in Zivilkleidung auftauchen und so weiter.

Um vollständig zu sein, fehlte dieser Beschreibung nur noch der falsche Bart, Einige französische Journalisten sahen in mir die Reinkarnation von Fantomas, obwohl ich keine Tarnkappe trug, um ungesehen zu kommen und zu gehen. Charles Foley zitierte auch noch das Tagebuch der Sekretärin und treuen Mitarbeiterin Eisenhowers, Kay Summersby, die Leutnantsrang einnahm. Ihre Enthüllungen erscheinen heute unglaublich, dabei entsprechen sie der reinen Wahrheit.

Seit der Bericht über meine angeblich »unmittelbar bevorstehende Ankunft in Paris« im Eisenhowerschen Stab bekannt wurde, verwandelte der Sicherheitsdienst den Umkreis des Hauptquartiers in eine Festung mit Stacheldraht und Kampfpanzern. Man vervielfachte die Wache, und »die Parole wurde eine Frage von Tod und Leben«.

»Eine einfache Auspuffexplosion«, schrieb sie, »läßt die Arbeit in allen Büros stillstehen und entfesselt eine Welle von Telefonanrufen: ›Ist der Boß immer noch da?‹«

Unter dem 22. Dezember notiert sie in ihr Tagebuch, daß der Nachrichtendienst des SHAEF einen Bericht geschickt habe, in dem bestätigt wird, daß die Saboteure in Paris eingetroffen seien. Ihr Treffpunkt ist glücklicherweise bekannt: das Café de la Paix.

Das hatte natürlich schöne Razzien an der Place de l'Opéra zur Folge, und eine Anzahl amerikanischer und britischer Offiziere, die die schlechte Idee gehabt hatten, sich im Café de la Paix zu treffen, wurden trotz ihren Protesten verhaftet. Friedliche Pariser, deren Benehmen vedächtig erschien, wurden ebenfalls Opfer dieses polizeilichen Wahnsinns.

Eisenhower mußte umziehen. Man fand einen Doppelgänger für ihn, Oberstleutnant Baldwin B. Smith, der die Rolle des Oberkommandierenden spielte und als »Lockvogel für Skorzeny« diente. Er setzte jeden Tag sein Leben aufs Spiel, fuhr herum und grüßte »à la Ike«. Er hatte diesen Gruß lange geübt und spielte seine Rolle so überzeugend, daß er schließlich selbst glaubte, der große Boß zu sein. Nach dem Krieg haben mir amerikanische Freunde erzählt, daß der Oberst seine Illusionen mit größter Bitterkeit aufgab.

Überall in Frankreich sah man mich, und das war nicht erstaunlich: mein Foto war in Tausenden von Exemplaren verbreitet. In Troyes hatte mir ein Apotheker Aspirin verkauft, in einem Konsumladen von Saint-Etienne hatte ich Konservendosen gekauft; man hatte mich in Paris erkannt, nicht im Café de la Paix, sondern in einer Bar an den Champs-Elysées in der Uniform eines amerikanischen Luftwaffenkommandeurs. Das alles geschah Anfang Februar 1945, während wir uns in Schwedt an der Oder gegen die Russen schlugen.

Das Unternehmen *Greif* wurde von vielen Militärjuristen untersucht, und zunächst von denen, die uns im Oktober 1947 in Dachau freisprachen. Ich habe Max Kößler, den Anwalt des amerikanischen Heeresministeriums, im Kriegsverbrecherprozeß von 1946 bis 1949, schon zitiert. Seine Studie basiert auf bestehendem Recht, das heißt auf der IV. Haager Konvention vom 18. Oktober 1907. Sie schließt folgendermaßen:

»Die Affäre Skorzeny beweist in eklatanter Weise, daß das internationale Gesetz über die Benutzung feindlicher Uniformen aus Gründen der Kriegslist präzisiert und erläutert werden muß. Das Wort ›Mißbrauch‹ des Artikels 23(f) muß erklärt werden, damit man genau weiß, welche Arten des Gebrauchs untersagt sind. Hoffen wir, daß dieser Beitrag den internationalen Rechtsausschuß der Vereinigten Nationen anregen wird, eine Übereinkunft über neue Definitionen zu finden.«

Zu dieser Übereinkunft ist es bis Ende 1974 nicht gekommen. Hauptmann Steven J. Abdala hat das Unternehmen *Greif* in einem Bericht für einen weiterführenden Lehrgang von Infanterieoffizieren in der Infanterieschule der US-Armee in Fort Benning (Georgia) analysiert. Dieser Bericht mit dem Titel: »Die Rolle des Obersten Otto Skorzeny und das Unternehmen *Greif* während des Zweiten Weltkriegs« trägt das Datum des 3. März 1972. Hauptmann Abdalla, der bei mir persönlich Erkundigungen einzog, hat über *Greif* interessante Beobachtungen gemacht. Über die Rechtsfrage schreibt er, was die deutsche Seite betrifft:

»Man diskutierte darüber, ob die Kommandos die Haager Konvention von 1907 verletzten. Aber Skorzeny erhielt die Versicherung, daß, solange die deutsche Uniform unter der amerikanischen getragen würde und die Soldaten sich nicht in Kampfhandlungen einließen, es sich nicht um einen Rechtsbruch handele. Die Bestimmungen des Landkriegsrechts sind wenig klar, was diesen Punkt betrifft, und in jedem zukünftigen Konflikt wird diese Art von Kriegslist wahrscheinlich dieselben Probleme aufwerfen.«

Im Kapitel über Erfolge, Bedingungen und Empfehlungen bemerkte der Hauptmann:

»Sondereinsätze wie *Greif* verdienen es, sorgfältig studiert zu werden. Kriegerische Konflikte werden zukünftig ebenso komplex sein, wie es der Gebrauch von Elektronenrechnern und eine fortschrittliche Technologie erlauben. Wie immer allerdings verlangt es die militärische Einsicht, daß die Infanterietruppen schließlich die Dinge vollbringen, das heißt, daß jede neue Überraschungstaktik einen gewissen Erfolg haben wird.«

Insgesamt bestätigte der Autor uns den psychologischen Effekt:

»Der psychologische Effekt des Unternehmens *Greif* war enorm, wenn man die schwachen Mittel ansieht, die dabei ins Spiel gebracht wurden. Man stelle sich ein Schlachtfeld vor, auf dem eine der Armeen nicht mehr weiß, wer Freund und wer Feind ist. Der psychologische Vorteil einer solchen Operation überschreitet bei weitem diejenigen, die sich durch Taktik und Nachrichtendienste erreichen lassen. Man braucht nur die amerikanischen Zeitungen jener Zeit anzusehen, um das Ausmaß zu ermessen, in dem die Alliierten durch Skorzeny und Greif beeindruckt wurden.«

Im Vorwort zu seinem Bericht veröffentlicht Hauptmann Abdalla den Brief, den ich ihm am 28. Februar 1972 geschrieben habe und von dem hier die wichtigsten Abschnitte wiedergegeben werden sollen:

»Nur 16 meiner Männer haben wirklich hinter den feindlichen Linien operiert und sind zurückgekommen. Man sagt, daß lediglich 4 weitere gefangengenommen wurden. Da sie feindliche Uniform trugen, wurden sie erschossen. Im Januar 1945 erfuhr ich allerdings durch Radio Calais, daß mehr als 100 Angehörige der *Brigade 150* gefangengenommen worden seien. Dagegen läßt sich aus der Verlustliste feststellen, daß nur 8 Angehörige der Kommandokompanie fehlten: die vier, die in der Nähe von Brüssel gefangengenommen und hingerichtet wurden, und die vier, die sich mit ihrem Jeep überschlagen hatten. Wenn Radio Calais also wahr gesprochen hat, muß man daraus schließen, daß die Alliierten eine große Zahl echter englischer und amerikanischer Soldaten festgenommen haben.«

Während meiner Inhaftierung in den Gefangenenlagern von Darmstadt und Dachau besuchten mich in der Tat mehrere amerikanische Offiziere, die unter dem Verdacht, Nazis zu sein, festgenommen worden waren.

Eine letzte Bemerkung: Es ist selbstverständlich klar, daß wir niemals die Absicht hatten, General Eisenhower gefangenzunehmen oder umzubringen. Dagegen hatte das britische Kommando in Beda Littoria im November 1941 unter der Führung von Oberst Laycock und Major Keyes zugegebenermaßen das Ziel, General Rommel zu entführen oder zu töten. Die vielen Angehörigen dieses Kommandos, die man gefangennahm, wurden weder vor Gericht gestellt, noch verurteilt, noch hingerichtet, sondern als Kriegsgefangene angesehen und so behandelt. Jeder Kommentar dazu scheint mir unnötig.

Hitler rief mich am 31. Dezember 1944 zu sich. Sein Hauptquartier befand sich noch an der Westfront in Ziegenberg. Als er mich mit verbundenem Kopf sah, wollte er von unserem Unternehmen nichts hören, bevor ich nicht von seinen Ärzten untersucht worden sei, unter anderen von Dr. Stumpfegger. Meine Wunde hatte sich infiziert, und ich wurde ordnungsgemäß versorgt. Hitler freute sich, daß mein Auge nicht verloren war, und unterhielt sich eine halbe Stunde lang mit mir. Er bedauerte es, daß die Offensive ihr Ziel nicht erreicht habe. Unsere Panzer, die an den beiden ersten Tagen steckengeblieben waren, während das schlechte Wetter die feindliche Luftwaffe blind gemacht hatte, konnten nicht schnell genug über die unmöglichen Straßen vorankommen. Infanteriedivisionen zu Fuß waren ebenso schnell vorangekommen wie unsere Panzerdivisionen! Immerhin hatte der Feind schwere Verluste hinnehmen müssen, und in jedem Fall hatte ihn unsere Offensive moralisch angeschlagen.

»Was das wichtigste ist«, sagt er, »der amerikanische oder britische Soldat hat geglaubt, daß es sich für ihn nur noch um einen militärischen Spaziergang handele. Seine Kommandeure hatten es ihm vorgegaukelt. Aber da erhebt sich der Todwunde und geht zum Angriff vor! Allein in der Schnee-Eifel haben wir am 17. 8000—10 000 Gefangene gemacht. Wir konnten nicht darauf warten, daß man uns den Hals abdrehte, Skorzeny! Die einzige Lösung für Deutschland ist der siegreiche Kampf. Eine andere gibt es nicht.«

Unglücklicherweise war ich der Meinung, daß die beiden Ziele von *Greif* nicht erreicht worden seien. Ich sagte es Hitler offen, und er erstaunte mich noch mehr:

»Ich habe Ihnen keine Vorwürfe zu machen, Skorzeny. Sie mußten alles improvisieren, mit geringen Mitteln, und Ihre Panzerbrigade konnte ihre Rolle in Verbindung mit der 6. Armee nicht spielen. Sie wären erfolgreich gewesen, wenn ich Sie an die Spitze der 5. gestellt hätte. Ihnen wäre es ohne weiteres möglich gewesen, Dinant hinter sich zu lassen. Vielleicht hätten Sie Brabant erreicht, und wer weiß, was daraus hätte entstehen können! Was Ihre Kommandos betrifft, habe ich den Eindruck, daß ihr psychologischer Effekt vielleicht viel größer gewesen ist, als Sie es vermuten konnten. Wir werden das später sehen.«

Er zeigte sich befriedigt über das Vorgehen unserer drei Kampfgruppen auf Malmedy seit dem 20. Dezember und verlieh den Führern der drei Gruppen X, Y und Z und mir die Ehrenblattspange des Heeres, das heißt, Ob.St.bann.-Fhr. Wolf, Hpt.St.Fhr. Scherff, Hpt.St.Fhr. v. Fölkersam und postum seinem Vorgänger Ob.St.bann.Fhr. Hardieck. Von diesem Augenblick an wurde diese Auszeichnung der Armee generell verliehen.

Als ich Hitler verließ, sagte er mir noch, »heute nacht beginnt eine Offensive im kleineren Rahmen weiter südlich am Oberrhein, an der Pfalzgrenze entlang.« Wir wissen dank der Niederschrift seiner Rede vom 28. Dezember 1944, mit der er die Kommandierenden Generale von dieser Operation unterrichtete, daß er zur Ardennenoffensive erklärte:

»Schließlich ist es das erste Mal seit dem Herbst 1939, das heißt, seit wir uns im Krieg befinden, daß wir eine Operation haben geheimhalten können.« Er irrte sich. Stalin wußte davon.

Man muß sich Stalins Spiel einmal ansehen. Die westlichen Alliierten landeten am 6. Juni 1944 in der Normandie; seine eigene Offensive im Osten ließ er erst am 24. Juni im Norden, am 26. im Mittelabschnitt und nach dem 20. Juli in Rumänien beginnen. Er hatte befürchtet, daß die westlichen Alliierten die deutsche Grenze sehr schnell erreichen würden. Aber er konnte sich bald eines anderen versichern und hielt seine Angriffe zurück, im Norden wie im Mittelabschnitt, von Mitte August bis Mitte Dezember: das erlaubte Hitler, seine Ardennenoffensive vorzubereiten und Stalin seine eigene. Eisenhower und Churchill protestierten vergeblich.

Als wir, die einen wie die anderen — Amerikaner, Briten, Deutsche und andere Europäer — mehr als 200 000 Mann in den Ardennen verloren hatten, da erst, am 11. Januar 1945, warf Stalin seine Armeen auf Berlin. Er hatte sich also gehütet, seinen »Verbündeten« zu sagen, was wir im Westen vorbereiteten. Anfang November 1945 legte Stalin in Jalta einen Besatzungs- und Vernichtungsplan Deutschlands vor, der dem Morgenthau-Plan merkwürdig ähnlich war, den Roosevelt und Churchill im September 1944 bereitwillig akzeptiert hatten. Tatsächlich waren beide Pläne von Stalin verfaßt. Der wirkliche Autor des ersten von Quebeck war ein hoher amerikanischer Beamter, der Kommunist Harry Dexter White, Mitglied des mächtigen sowjetischen Spionagenetzes, dirigiert von der Familie Silvermaster. Cordell Hull, erschreckt von diesem »blinden Racheplan«, fragte Roosevelt: »Warum haben Sie dieses Dokument unterzeichnet, das Deutschland auf einen Agrarstaat reduziert?«

»Ich war müde«, antwortete Roosevelt, »und ich unterzeichnete, ohne mich allzu viel darum zu kümmern, was Morgenthau geschrieben hatte.« Nicht Morgenthau. Stalin.

# Teil IV

# ERSTES KAPITEL

# Wlassow und Bandera
## Nicolai, Canaris und Gehlen

Wieder »Auge in Auge« mit General Wlassow – Sein Programm und seine europäischen Ideen – Die Gefahr, russische Freiwillige als Divisionen oder Korps zu verwenden – Im Mai 1945 in Prag wenden sie sich gegen uns – Die Engländer liefern die Kosaken des Atamans von Pannwitz an Stalin aus – Rosenberg und Koch – Das Unternehmen *Brauner Bär* in der Ukraine – Dieses Volk steht seit 1918 im Krieg gegen den Bolschewismus – Die hartnäckigen Kämpfe der UPA von 1945 bis 1952 – Der KGB ermordet Bandera in München – Die Affäre der Blausäurepistole – Eine Kugel mit rotem Kreis – Ich ziehe sie bei der Gerichtssitzung aus der Tasche – Es besucht mich Oberst Walter Nicolai, der ehemalige Chef des deutschen Nachrichtendienstes – Schellenberg will seine Dienste nicht in Anspruch nehmen – Charakterlich ist Nicolai das genaue Gegenteil von Canaris – Gespräche mit General Reinhard Gehlen – Die Bombardierung des OKH »Zeppelin« – Gehlen, Bormann und der mysteriöse *Werther*.

## »Nicht schießen!«

Der Mann, der eben diese Worte in schlechtem Deutsch ausrief, trat mit erhobenen Armen aus der Scheune. Er war ein großer Kerl mit Brille, er trug eine russische Offiziersjacke, war mager und ungekämmt. Seine Stiefel und seine Hose waren mit Schmutz bedeckt. Hauptmann v. Schwerdtner, der Nachrichtenoffizier des XXXVIII. Armeekorps, hatte sofort den Mann erkannt, nach dem er schon seit Monaten in den Wolchow-Sümpfen beim Ilmensee suchte. Er gab dem Dolmetscher ein Zeichen, und dieser sagte langsam auf russisch:

»General Andreij Andreijewitsch Wlassow, ergeben Sie sich. Hauptmann v. Schwerdtner bittet Sie, ihm Ihre Waffen und Militärausweise auszuhändigen.«

Der Riese wies mit dem Kopf auf die Scheunentür und sagte schnell auf russisch:

»Die Waffen sind da drin. Ich habe keine Munition mehr.«

So wurde General Wlassow gefangengenommen, der Chef der 2. Gardearmee: neun Schützendivisionen, eine Panzerbrigade und zwei Artillerieregimenter. Erbitterte Kämpfe gegen diese Armee wurden vom März bis Ende Mai in diesen Sumpfgebieten geführt. Wlassow ergab sich schließlich am 11. Juni 1942.

Ich lernte ihn erst zwei Jahre später kennen, kurz vor dem Unternehmen *Panzerfaust*. Adrian v. Fölkersam, der perfekt Russisch sprach, hatte ihn mit einigen seiner Stabsoffiziere nach Friedenthal eingeladen.

Über Wlassow und seine Bewegung ist viel geschrieben worden, aber nur selten entsprechen die gefällten Urteile dem wahren Sachverhalt. Man muß sich vor Augen halten, daß General Wlassow Berufssoldat war. Ich habe mich lange Zeit mit ihm unterhalten, in Deutsch, das er ziemlich schlecht sprach, oder mit Hilfe von Fölkersam.

Er war bäuerlicher Herkunft, wurde im Jahre 1900 geboren und diente in der Infanterie, bevor er die Akademie *Frunse,* die sowjetische Generalstabsakademie, 1930 absolvierte. Sehr wahrscheinlich wäre auch er 1937 liquidiert worden, als man die Marschälle Tuchatschewskij und Blücher verhaftete und beseitigte, sowie 30 000 andere Offiziere, die als Verräter betrachtet wurden, wenn er nicht zu dieser Zeit im Fernen Osten gedient hätte — genauer gesagt: 1937/38 unter Marschall Blücher, dessen Freund er war. Vermutlich warnte Blücher ihn noch rechtzeitig. Er kannte auch Konstantin Rokossowski, den ehemaligen Offiziersanwärter der kaiserlichen Armee, dessen Herkunft Wlassow bekannt war: er stammte aus einer alten Adelsfamilie und kam nicht »aus Warschau, aus einer armen Eisenbahnerfamilie«.

Wir hatten uns im November/Dezember 1941 vor Moskau gegenübergestanden: Wlassow kommandierte die 20. Armee, die uns daran hinderte, die Stadt zu nehmen, obwohl wir Istra und Wysokowo erobert hatten. Er berichtete mir interessante Einzelheiten über die überstürzte Flucht Stalins, über die Panik, die dann im Kreml herrschte, und den Arbeiteraufstand, der von Polizeieinheiten Berijas unterdrückt wurde. Wlassow wurde damals der »Retter Moskaus« genannt!

Fölkersam brachte mir das Manifest der Wlassow-Bewegung, das der General 1943 verfaßt hatte: »Das russische Komitee fordert folgende Grundsätze zur Neuorganisierung Rußlands:

— Ausrottung des Bolschewismus, Stalins und seiner Clique;

— einen ehrenvollen Friedensschluß mit Deutschland;

— Erschaffung eines neuen Rußlands, ohne Bolschewismus, aber auch ohne Kapitalismus, mit Hilfe aus Deutschland und durch andere Völker des neuen Europas.«

Für die Neuorganisierung Rußlands schlug das Komitee folgendes Programm vor:

1. Abschaffung der Zwangsarbeit, freies Recht auf Arbeit und gewerkschaftliche Organisation.

2. Abschaffung der Kolchosen und Rückgabe des Landes an die Bauern.

3. Wiederherstellung des Handels, des Handwerks und der Kleinindustrie.

4. Recht der Intellektuellen, frei im Interesse des Volkes zu arbeiten.

5. Soziale Gerechtigkeit und Schutz aller Arbeiter gegen Ausbeutung.

6. Anrecht auf Ausbildung und Sozialversicherung aller Arbeiter.

7. Abschaffung des Terrors und erneutes Inkrafttreten der Menschenrechte.

21 Am 24. Juni 1947 wurde dem ehemaligen SS-Obersturmbannführer Otto Skorzeny in Dachau die Anklageschrift überreicht. In diesem Verfahren wurden er und seine Mitange-klagten in allen Punkten freigesprochen. Unser Bild zeigt den Anklagevertreter US-Colonel Albert Rosenfeld, rechts daneben Skorzeny, dessen Beinkleider die Abkürzung für »Prisoner of War« (PW), d. h. Kriegsgefangener, tragen.

22 Als Untersuchungshäftling im Nürnberger Gefängnis. Die Anklagebehörde verdächtigte Skorzeny, die Entführung und Ermordung General Eisenhowers und anderer hoher Offiziere versucht zu haben.

8. Garantie der Freiheit für alle Völker Rußlands.
9. Straferlaß und Rückkehr nach Hause für alle politischen Häftlinge.
10. Wiederaufbau der Dörfer und Städte nach einem Plan der Regierung.
11. Wiederaufbau der Fabriken nach einem Plan der Regierung.
12. Streichung aller Schulden, die Rußland in Geheimen Verträgen zwischen Stalin und den Angelsachsen auf sich genommen hatte.
13. Garantie eines Lebensminimums für alle Kriegsversehrten und ihre Familien.

Dieses »Manifest von Smolensk« wurde am 14. November 1944 in Prag etwas verändert.

Ich hatte den Eindruck, daß Wlassow zu den Russen gehörte, die Rußland nicht als asiatisches Land betrachteten und ihr Land am Aufbau eines größeren, stärkeren Europas beteiligen wollten. Er kannte den Fernen Osten, und es wurde ihm klar, welch enorme Kraft, aber auch welche Gefahr das noch schlafende China für sein Land und für alle Europäer bildete.

Diese Theorie paßte kaum in gewisse rassistische Vorstellungen, die Reichsführer Himmler hatte und die ich immer für utopisch und auch für gefährlich hielt. Wlassow wies mich darauf hin, daß die Offiziere und Soldaten des zaristischen Garderegiments mindestens 1,80 m groß waren, blaue Augen und eine Stupsnase hatten, obwohl man sie nicht aus Preußen kommen ließ. Laut Wlassow mußten die Russen selbst den Bolschewismus besiegen. Dann würde die Verwünschung, die Dostojewskij Ende des letzten Jahrhunderts aussprach, nicht mehr länger Geltung haben.

Als Fölkersam und ich ihn trafen, vertrat er schon nicht mehr die großrussische Mentalität und verstand — wenn auch zögernd —, daß ein Land wie die Ukraine zum Beispiel, das eine recht alte, eigene Kultur besaß, ein Anrecht hatte, sich selbst zu regieren, und daß das Batikum niemals russisch war. »Sozialismus« war für die Kosaken ein anderer Begriff als für die anderen russischen Völker, die Neuverteilung des Bodens ein schwer zu lösendes Problem.

Wir hatten Krieg. Die Wehrmacht beschäftigte über 500 000 russische Gefangene als Hilfswillige (Hiwis), die uns im Hinterland große Dienste erwiesen. Wlassow wollte anfangs, daß ihm alle russischen Gefangenen, auch die »Hiwis«, unterstellt würden. Er hätte damit rund 30 Divisionen aufstellen können, was eine ganz erhebliche Gefahr darstellte — nicht nur für Deutschland, sondern für ganz Europa. Es war weiser, kleinere Ziele ins Auge zu fassen.

Ich glaube, daß Wlassow sehr von den Lobreden Stalins und der gesamten russischen und britischen Presse beeindruckt war. Sein Generalstab bestärkte ihn in seiner Meinung, zugleich ein außergewöhnlich guter Politiker und ein großer Taktiker und Stratege zu sein.

Man machte sehr starke Propaganda zugunsten seiner ROA (Russkaia Oswoboditelnaia Armia — Russische Befreiungsarmee), und zahlreiche russische Überläufer kamen zu unseren Truppen oder direkt zu den Bataillonen Wlassows. Unter diesen Flüchtlingen befanden sich selbstverständlich stalinistische Agenten, die sich in ihrer Kritik am bolschewistischen Regime am härtesten zeigten. In Prag wurde ein neues Komitee gegründet, das KONR (Komitet Oswobodjdenia Naradow Rossii — Befreiungskomitee der russischen Völker), wobei der Plural notwendig war.

Die Ideen und Ziele Wlassows waren, europäisch gesehen, äußerst interessant. Außerdem vertrat er die Ansicht, daß vom sozialen Gesichtspunkt her die marxistisch-leninistische Lehre völlig überholt sei. Hauptsache war für General Wlassow, mit Stalin und seinem Regime aufzuräumen, das das russische Volk in schlimmerer Sklaverei hielt als zu Zeiten der Zaren. Seine Armee mußte eine »sozialistische Befreiungsarmee« sein.

Wlassow machte auf mich den besten Eindruck, als er logisch und präzis seine Argumente erklärte. Er war weder Söldner, noch Fanatiker, er war Realist. »Wir brauchen Sie«, sagte er zu mir, »weil Sie die Waffen besitzen und Stalin bekämpfen — aber Sie brauchen uns auch!«

Stalin verurteilte er sehr hart. Er wußte, daß die STAVKA über erstklassige Informationen verfügte, die von ausgezeichneten Spionageorganisationen geliefert wurden.

»Wir waren nicht imstande«, sagte er uns, »aus allen diesen hervorragenden Informationen vollen Nutzen zu ziehen. Stalin, Woroschilow, Budjenny und sein Kreis sind mittelmäßige Strategen. Stalin hat Boris Schaposchnikow zum Generalstabschef ernannt, weil dieser Tuchatschewskij zum Tode verurteilen ließ. Aber er ist 1910 in den Generalstab gekommen und ein Offizier der alten zaristischen Schule. Für Stalin ist ein Regiment, eine Division und selbst eine Armee nur Kanonenfutter, um den Feind zu schwächen. Wichtig ist nur der ›Politruk‹ der Front, der die Herde nach vorn zwingt. Es ist immer eine Massenschlächterei. Unser Volk ist ausgeblutet. Unsere gefangenen Landsleute werden nicht durch die Abmachungen des Internationalen Roten Kreuzes geschützt, da Rußland diese Verträge niemals unterschrieben hat, und werden von der Partei als Verräter angesehen.«

Das Problem der russischen Gefangenen — wir hatten etwa 5 Millionen — war wirklich in vielen Fällen unlösbar. Für die deutschen Versorgungsstellen war es ungeheuer schwierig, diese Menschen an der Front zu verpflegen, da schon der Nachschub für unsere eigenen Truppen nicht regelmäßig funktionierte. Es war uns außerdem bekannt, daß unsere Gefangenen in der UdSSR brutal und mit systematischer Grausamkeit behandelt wurden, was Wlassow zutiefst bedauerte.

Er beklagte, daß man ihm noch immer kein volles Vertrauen schenke, obwohl er sich spontan erboten hatte, gegen Stalin zu kämpfen. Nach dieser langen Unterredung hörte ich von Zeit zu Zeit von Wlassow. Aber da meine eigene Tätigkeit mit seiner nicht viel Gemeinsames hatte, sah ich ihn persönlich nie wieder, wohl aber hatten meine Stabsoffiziere später noch verschiedene Besprechungen mit Wlassows Stab.

Meiner Ansicht nach hätte man die russischen antistalinistischen Gefangenen — es gab wirklich viele — als Soldaten einsetzen und Bataillone und Kompanien bilden sollen. Über Bataillonsstärke hinaus allerdings hätte die Verwendung der russischen Freiwilligen an der Front sehr gefährlich werden können.

Wlassow kommandierte gegen Kriegsende zwei Divisionen im Norden der Tschechoslowakei. Die 1. Division stand unter dem Befehl von General Bunitschenko und die andere unter General Truchin. Eine russische Jagdfliegerstaffel hatte Oberst Maltsew zum Kommandeur.

Man erinnert sich der plötzlichen Kehrtwendung, die diese beiden Divisionen am 1. Mai 1945 bei Prag gegen uns machten. Die Russen spielten dieselbe Rolle wie die Rumänen ein Jahr zuvor, und die Lage wäre sehr ernst geworden, wenn nicht der gerade zum Feldmarschall ernannte Schörner sofort energische Gegenmaßnahmen befohlen hätte.

Ich glaube nicht, daß der sehr realistische Wlassow allen Ernstes daran gedacht hatte, ein Umschwung »in extremis« könne ihn retten. Dafür kannte er Stalin allzu gut. Er wollte in der darauffolgenden Verwirrung einige Tage Zeit gewinnen und seinen Einheiten die Möglichkeit geben, sich nach dem Westen zu retten.

Ich selbst war auf dem laufenden über die Affäre von Prag, weil ich auf Bitte von FM Schörner, den ich am 10. April 1945 in seinem HQu bei Olmütz getroffen hatte, alles was noch von meinem *Jagdverband Ost II* übrigblieb — rund 100 Mann —, mit der Aufgabe betraute, eine Brücke auf der Autobahn bei Breslau, die schon in Feindeshand war, zu sprengen. Nach ausgeführtem Auftrag mußte sich unser Kommando einen Weg durch die russischen Linien bahnen. Vom 15. April — 15. Mai 1945 schlugen sich unsere »Jäger« ganz verbissen durch und waren unter den letzten Kämpfern in diesem großen Krieg. Sie wichen langsam zurück und lieferten vier bis fünf Tage nach der Kapitulation der Wehrmacht noch Panzerabwehrkämpfe, um den Rückzug eines Flüchtlingstrecks zu decken, der von der sowjetischen Soldateska verfolgt wurde, die nichts und niemanden verschonte — weder hier noch sonstwo.

Während des Rückzuges bis nach Eger und der tschechoslowakisch-deutschen Grenze sahen unsere Freiwilligen, wie sich Wlassows Leute in kleinen Gruppen und in deutscher Uniform nach dem Westen durchschlugen. Eine gewisse Anzahl kam durch und wurde nicht ausgeliefert.

Wlassow dagegen und sein Stab wurde von den Amerikanern an die Russen ausgeliefert. Es war ein persönlicher Befehl von General Eisenhower, der Washington konsultierte, nachdem General Patton Wlassow schon einen

Geleitbrief ausgestellt hatte. Stalin ließ Wlassow und seine Stabsoffiziere am 12. August 1946 hängen. Zahlreiche Soldaten Wlassows wurden in sibirische Arbeitslager geschickt. Einige davon waren im Gefangenenlager Leidensgenossen von Alexander Solschenizyn, der in seinem Buch *Archipel Gulag* das Elend dieser Männer schildert, die dem Stalinismus ein Ende hatten machen wollen. Solschenizyn gibt beiläufig zu, daß Massendeportationen und -vernichtungen seit 1920 von Lenin vorgenommen und von Stalin fortgesetzt wurden und daß immer noch Konzentrationslager in der Sowjetunion existieren. Wer kümmert sich heute schon darum?

Die Kosaken, seien es die vom Kuban, vom Terek, vom Don oder vom Ural, waren schon immer anti-sowjetisch eingestellt. Schon im Mai 1918 beriefen sich die Donkosaken auf den Schutz der Mittelmächte, die die Unabhängigkeit der Ukraine anerkannt hatten. GenOb v. Eichhorn errichtete dort ein Militärprotektorat, und man zog gegen die bolschewistischen Truppen zu Felde. Oberst v. Kreß hielt zu diesem Zeitpunkt die Eisenbahnlinie Batum — Tiflis — Baku besetzt, die Verkehrsverbindung zum Erdölgebiet des Kaukasus.

Das Volk der Kosaken lebte in Gemeinschaften, in Form eines »Stans« oder »Klans«. Die ganze Familie folgte immer den Soldaten. Etwa 30 000 Kosaken kämpften während des Zweiten Weltkriegs unter Befehl von General Helmuth v. Pannwitz, den sie von sich aus zum »Ataman« gewählt hatten. Diese tapferen Leute wurden von den Engländern nach der Kapitulation restlos betrogen. Sie ließen sich entwaffnen, in der Meinung, nach Italien geschickt zu werden. So wurden 50 000 Mann des Kosaken-»Stans« Ende Mai 1945 den Sowjets ausgeliefert. Die Pferde behielten die Engländer für sich.

General v. Pannwitz und die Kosakenführer kamen vor Gericht — kurz nach Wlassow und seinem Stab. Am 16. Januar 1947 gab Moskau bekannt, daß die Generale T. I. Domanow, S. N. Krasnow, Generaloberst A. B. Skuro, der »Ataman« P. N. Krasnow, der im Bürgerkrieg von 1918–1921 Chef der weißgardistischen Einheiten war, und General Sultan Girej Klytsch, der Kommandant der »Tollkühnen Division« und natürlich auch General v. Pannwitz hingerichtet worden seien.

Auf diese Weise beendeten die Engländer, was die Tschekatruppen 1919/20 begonnen hatten, als sie die Kosaken vom Don bis zum Ural dezimierten, massakrierten und verschleppten.

Etwa 130 000 Angehörige der verschiedenen russischen Volksstämme kämpften in den Reihen der Waffen-SS: Ukrainer, Russen, Turkmenen, Tartaren, Kirgisen, Krimtartaren, Georgier, Usbeken und so weiter. Aber Wlassow wurde nie von den Soldaten dieser verschiedenen Volksstämme als ihr militärisches Oberhaupt betrachtet, sonder nur von den Russen.

Sicher mit Recht hat man Hitler den Vorwurf gemacht, daß er der Ukraine nicht die Unabhängigkeit gab. Doch hätte es dazu zunächst einer seriösen ukrainischen Regierung bedurft. Als ich mich 1941 in Kiew aufhielt, bemühte sich ein Dutzend winzigkleiner Gruppen: jedes Grüppchen wollte allein regieren und gegen die anderen. Die einen wollten eine Monarchie und einen Romanow, die anderen eine »solide Republik«, die dritten eine Demokratie und so weiter. Unter den Emigranten, die aus dem Westen kamen, gab es sicher gute politische Köpfe, aber sie waren in der Ukraine unbekannt, wo ein Mann wie Gauleiter Koch – von Bormann unterstützt – sein Unwesen treiben konnte. Alfred Rosenberg setzte sich für einen freien ukrainischen Staat ein und wollte die ukrainische Sprache wieder einführen, die seit dem »Ukas« Alexanders II. aus dem Jahr 1876 aus Büchern, Zeitungen und dem Unterricht verbannt war. Himmler, Bormann und Koch waren dagegen. Der Reichsführer schlug nach langem Überlegen vor, daß Sewastopol von nun ab »Theoderichshafen« heißen müsse – nach dem Namen des ostgotischen Königs! Das waren seine Sorgen!

Ende 1943 bat mich Fölkersam um ein Gespräch mit Minister Rosenberg. Rosenberg war ebenfalls baltischer Herkunft und Reichsminister für die Verwaltung der Ostgebiete. Ihm wurden später alle Irrtümer und Fehler aufgebürdet, die Koch und andere dort begangen hatten. Er wurde in Nürnberg zum Tode durch den Strang verurteilt; seine Asche wurde in die Isar geworfen. – Fölkersam und ich wiesen Rosenberg darauf hin, daß die wirkliche Ursache der sowjetischen Partisanenbewegung niemand anders als Koch sei: er hatte durch sein »Kommissariat der Zentralukraine« (Kiew, Dnjepropetrowsk) über 200 000 Industrie- und 300 000 Landarbeiter für Deutschland zwangsrekrutiert! Auch in den baltischen Staaten brachte die deutsche Verwaltung kein Verständnis für die Mentalität der Bevölkerung auf. Rosenberg war ein Mann guten Willens. Er bat uns, ihm alle Fehler und Irrtümer, die uns bekannt wurden, zu melden, was wir auch taten. Aber leider war er kein guter Organisator, und sein Buch *Mythus des zwanzigsten Jahrhunderts* beweist, daß ihm jeder Sinn für Realität fehlte.

Es war ein großer Fehler, Koch, den Gauleiter von Ostpreußen, in die Ukraine zu schicken. Seltsamerweise kam er in Polen vor Gericht und soll 1959 hingerichtet worden sein. Anderseits hört man immer wieder, daß er in einem polnischen Gefängnis leben soll[1]!

Die Ukraine, in der Hauptsache Agrarland mit 601 000 km² und 49 Millionen Einwohnern, hatte sehr unter der »Sowjetisierung«, der sogenannten »Kollektivierung« ihrer Gebiete, gelitten. Erst hatte die Tscheka von Dserschinskij unter Lenin, dann die GPU Jagodas und Jeschows Millionen von »Kulaken«, Kleinbauern, liquidiert. Solschenizyn nennt die Zahl von 15 Millionen Bauern, die bei der »Kollektivierung« vertrieben wurden. Während

---

1 Die Richtigkeit dieser Vermutung wurde uns bestätigt (A. d. Red.).

der großen Mißernten in den Jahren 1932/33 verhungerten in der Ukraine rund 4 Millionen Bauern. Seit 1917 haben die Ukrainer kaum aufgehört, gegen den Bolschewismus und für ihre eigene Unabhängigkeit zu kämpfen. Wie 1918 hatten sie auch 1934 Unterstützung bei Deutschland gesucht, das dann die »Nationale Ukrainische Organisation« (OUN) unter Oberst Konowaletz unterstützte. Dieser leidenschaftliche Patriot geriet an den Falschen, als er Admiral Canaris vertraute. Er kam durch eine Bombe um: am 23. Mai 1938 übergab ihm »ein deutscher Geheimagent«, das heißt ein sowjetischer Agent, ein Paket, das eine Bombe enthielt.

Im November 1939 befreiten wir alle jungen ukrainischen Nationalisten, die in den polnischen Gefängnissen saßen. Unter ihnen befand sich Stefan Bandera, der erst von der polnischen Regierung zum Tode, dann zu lebenslänglichem Zuchthaus verurteilt wurde. Bandera war ungefähr dreißig Jahre alt und wurde bald darauf zum Führer der geheimen »Ukrainska Powstanka Armia« (Ukrainische Aufständische Armee). Logischerweise war die »Arbeitsweise« Kochs nicht nach seinem Geschmack. Er wurde zusammen mit einigen Kameraden im Juli 1941 von der deutschen Polizei verhaftet, nach Berlin gebracht und anschließend in das KZ Sachsenhausen. Zu Unrecht hat man geschrieben, daß Bandera ein Günstling von Canaris und Lahousen gewesen sei. Er wurde erst 1944 befreit, zum Zeitpunkt, an dem Canaris und Lahousen bereits entlarvt waren. Bandera übernahm die Führung der UPA und begann einen gnadenlosen Kampf gegen die sowjetischen Armeen.

Während des Sommers 1944, als die Ostfront unter der russischen Offensive zusammenbrach, meldete man uns in Friedenthal, daß bei dem entstehenden Chaos kleine und mittelgroße Einheiten keine Möglichkeit gehabt hätten, sich zurückzuziehen. Ohne Munition und Verpflegung wurden die meisten von ihnen vernichtet oder gefangengenommen. Nur kleinen, entschlossenen Kampfgruppen gelang es, unsere Linien zu erreichen: ungefähr 1000 von 12–15 000 Soldaten.

Die Gruppe, die den außergewöhnlichsten Rückzug wagte, war die des Feldwebels Johannes Diercks vom 36. Infanterieregiment, einer Einheit, die die Reste der 20. Panzerdivision unterstützte. Am 27. Juni 1944 verließ Diercks die Beresina, aufgeteilt in verschiedene Kampfgruppen, darunter die Besatzung einer abgeschossenen He 111 und eine Abteilung des 52. Mörserregiments, versteckte sich in den Wäldern und Sümpfen und kämpfte wie ein Besessener gegen die sowjetischen Truppen. Als Diercks im Gebiet der 107. deutschen Infanteriedivision in Ostpreußen ankam, hatte er nur noch vier Überlebende bei sich. Alle fünf waren sie verletzt, hatten aber ihre Waffen behalten. Es war der 14. August 1944.

Etwa zur selben Zeit informierte mich Generaloberst Jodl, daß noch eine beachtlich große deutsche Einheit in einem Wald nordwestlich von Minsk kämpfte, obwohl die Stadt schon am 3. Juli in Feindeshand gefallen war. Ich werde noch im nächsten Kapitel auf diese Einheit zu sprechen kommen. Die Heeresgruppe der Nordukraine wurde von Generalfeldmarschall Walter Model befehligt. Ihn hatte Hitler Anfang Juli 1944 außerdem mit dem Kommando über die Heeresgruppe Mitte betraut. Ich lernte Model während der Ardennenoffensive kennen. Er nahm sich am 21. April 1945 das Leben, um sich nicht den amerikanischen Truppen ergeben zu müssen, nachdem er erreicht hatte, daß seine an der Ruhr eingekesselten Offiziere und Soldaten Ende März den Kampf in ehrenvoller Weise beenden konnten. Model bewährte sich auch ausgezeichnet in der Defensive; er war in der Lage, unter den schlimmsten Bedingungen noch zu improvisieren. Aber er konnte die rote Welle nicht aufhalten, die die Ukraine überflutete.

Anfang Herbst 1944 wurden wir in Friedenthal davon unterrichtet, daß Gruppen deutscher Soldaten, die beim Rückzug abgeschnitten wurden, sich den Partisanen Banderas angeschlossen hatten. Unter den Überlebenden befanden sich auch Freiwillige der 14. Division der Waffen-SS *Galizien,* die 1943 aus Ukrainern und Ruthenen aufgestellt worden war. Als Abzeichen trugen sie den galizischen Löwen mit drei Kronen – den Dreizack des heiligen Wladimir. Im August 1944 schlug sich die Division *Galizien* mutig im Kessel von Tarnow, an der Seite der Waffen-SS-Division *Horst Wessel* und einer französischen Kampfgruppe der Waffen-SS-Division *Charlemagne,* die alle tapfer ihre Pflicht erfüllten[1].

Ich entschied, ein Kommando aufzustellen, dessen Aufgabe es sein sollte, Bandera zu finden und mit ihm zu verhandeln. Unsere Idee war, die deut-

---

1 Die Kampfgruppe der Division *Charlemagne,* die vom Ausbildungslager Neweklau in Böhmen kam, hatte vom 15. bis 25. August folgende Verluste: von 19 Offizieren wurden 7 getötet und 9 verwundet; von den 1 112 Soldaten wurden 132 getötet, 601 verwundet und 59 als vermißt gemeldet. In Gefangenschaft gerieten 41. Im Juni 1944 kämpften die letzten Einheiten der französischen Freiwilligen-Legion (LVF), die sich schon im November und Dezember 1941 vor Moskau hervorgetan hatte; sie wurde in Mogilew geschlagen und zogen sich bis Borissow an der Beresina zurück, wo 132 Jahre vorher Napoleons Soldaten während ihres berühmten Rückzugs eine tragische Schlacht geliefert hatten. Es war das II. Bataillon der LVF, das sich an der Verteidigung der Brücke von Borissow beteiligte, über die sich die Flüchtlinge, verwundete und zurückweichende Soldaten drängten. Selbstverständlich hatten sich die sowjetische Artillerie und Luftwaffe Borissow als Zielscheibe ausgesucht. Diesem II. Bataillon wurde daher der Befehl erteilt, die Brücke, sowie zwei Munitionslager zu sprengen. Es konnte zum Rest der LVF stoßen und sich einen Weg durch die Straßen von Minsk bahnen, wo schon die ersten sowjetischen Truppen eingedrungen waren. Nach erbitterten, Tag und Nacht geführten Kämpfen gelang es ihm schließlich, Greifenberg in Ostpreußen zu erreichen. (A. d. Red.)

schen Soldaten in kleine Gruppen zu fassen, die ihr Möglichstes tun sollten, um die deutsche Frontlinie zu erreichen. Auf jeden Fall würde die UPA von uns Arzneimittel, Waffen und Munition erhalten, und von provisorischen Flugpisten könnten die Schwerverwundeten ausgeflogen werden.

Als Führer des Kommandos bestimmte ich Hauptmann Kern, der vom Heer kam und bei der Division *Brandenburg* gedient hatte. Kern sprach Russisch und Polnisch. Seine Mannschaft bestand aus einem Dutzend Unteroffizieren und deutschen Soldaten und rund zwanzig bewährten antistalinistischen Russen aus meinem *Jagdverband Ost.* Insgesamt etwa dreißig gutausgebildete, zu allem entschlossene Freiwillige, die mit russischer Uniform, Stiefeln, Tabak und falschen Papieren ausgerüstet wurden. Mit ihren rasierten Köpfen und ihrem Zwei-Wochen-Bart sahen sie wie echte russische Soldaten aus. Wir tauften diese Operation *Brauner Bär.*

Das Kommando Kerns überschritt unsere Frontlinien im Dezember 1944 in der Ost-Tschechoslowakei. Zwei Wochen später kam die erste verschlüsselte Funkmeldung von Kern. Er hatte Bandera getroffen. Dieser hielt ein ziemlich großes Wald- und Gebirgsgebiet von etwa 50×20 km fest besetzt. Er hatte seinen Hinterhalt sehr schnell organisiert — dank den Kadern, die er einsetzte (unter ihnen befanden sich zahlreiche Offiziere der Division *Galizien)* und dank der Sympathie der Bevölkerung, die ausgesprochen antirussisch und noch mehr antikommunistisch eingestellt war. Ich hatte einen Wiener Freund unter diesen Offizieren, einen Bataillonschef der Division *Galizien.* Leider konnte Kern nicht in Verbindung mit ihm treten, und so ist mir sein weiteres Schicksal unbekannt geblieben.

Bandera weigerte sich, unsere Soldaten freizugeben und nach Westen zu unseren Linien durchstoßen zu lassen: er brauchte sie. Der »Oberste Rat der Ukrainischen Unabhängigkeitsbewegung« (Ukrainska Holovna Vyzvolna Rada), der aus 25 Mitgliedern bestand, die die verschiedenen politischen ukrainischen Tendenzen vertraten, hatte bereits im Juni 1944 entschieden, daß die Ausbildungslager und Offiziersschulen unter Leitung deutscher Offiziere stehen sollten. Fast allen unseren Unteroffizieren wurde ihrerseits das Kommando einer »sotnia« oder Kompanie übertragen.

Dagegen erklärte sich Bandera bereit, unsere Verwundeten evakuieren zu lassen. Seine Leute schlugen eine Landepiste in den Wald. Aber als sie fertiggestellt war, besaß die mir zur Verfügung stehende Luftwaffeneinheit *Kampfgeschwader 200* kein Benzin mehr! Das einzige, was wir noch tun konnten war: Ärzte mit Sanitätsmaterial, Arzneimitteln, Waffen und Munition abzusetzen. Ich wies Kern und sein Kommando an, zurückzukehren. Der *Braune Bär* kehrte Mitte März 1945 unter sehr schwierigen Umständen zurück, denn das Kommando mußte ein Kampfgebiet durchqueren, das von den Armeen Petrows gehalten wurde. Kern verlor jedoch nur fünf Mann. Kein einziger Russe desertierte. Selbstverständlich versorgten wir am Ende des Krieges unsere ausländischen Freiwilligen mit den erforderlichen Papieren für Zwangsarbeiter, um sie nicht der Gefahr auszusetzen, von den Alliierten an die Russen ausgeliefert zu werden.

Wer wird eines Tages die Geschichte der UPA und Stefan Banderas schreiben? Nach meiner Auffassung hatte die UPA eine sehr viel schwierigere Aufgabe zu lösen als Tito in Jugoslawien, der alle materielle Unterstützung von den Angelsachsen erhielt. Bandera unterstanden in der Blütezeit seiner Bewegung — in den Jahren 1946—1948 — über 80 000 Soldaten, davon waren 10 000—12 000 Deutsche. Aber er war völlig isoliert: die Waffen, Munition und Medikamente, die wir ihm zukommen ließen, existierten nicht mehr. Die UPA beschaffte sich neue, indem sie sowjetische Konvois angriff. Diese echte Armee, ohne jede Hoffnung auf Hilfe aus dem Westen, kämpfte bis 1952.

Die ukrainischen Bauern bearbeiten eine sehr fruchtbare Erde im »Schwarzerdegebiet«, dessen 1,50 m dicke Humusschicht, das »Tschernosem«, sich von den Karpaten bis zum Ural erstreckt. Diese »schwarze Erde« wurde nach der Eiszeit durch Anschwemmungen am Rande der zurückgehenden großen Gletscher gebildet. Die ukrainischen Bauern wurden zu »Kolchosen-Funktionären«, nachdem man in den Jahren 1922—1937 ständig aufflammende Unruhen blutig unterdrückt hatte; sie gewannen aber eine gewisse Freiheit unter der deutschen Besetzung — sogar in der Zentralukraine unter Kochs Verwaltung! Eine wirkliche Agrarreform war aber in Kriegszeiten undenkbar; die Probleme waren nicht nur landwirtschaftlicher Art. Dort jedoch, wo Koch seine Autorität nicht ausüben konnte und wohin auch die Phantasien Himmlers nicht reichten — er hatte nicht die blasseste Ahnung von der Ukraine —, fand man vernünftige, lokale Lösungen der Probleme: in der Nordbukowina und in der Südukraine (Odessa), die unter rumänischer Verwaltung standen, in der Westukraine (Lemberg), die unter Frank dem Generalgouvernement Polen einverleibt wurde und vor allem in der Ostukraine (Charkow), dank unserer Militärverwaltung.

Das vollkommene Versagen des Kolchosensystems steht einwandfrei fest: die Vereinigten Staaten zum Beispiel mit ihren 7 Millionen Landwirten produzieren mehr als die 40 Millionen »Bauern-Arbeiter« der Sowjetunion. Tatsache ist, daß erstere manchmal die UdSSR ernähren müssen. Tatsache ist aber auch, daß die sowjetischen Bauern-Arbeiter jetzt ein Anrecht auf ein Stückchen Erde »für ihren Hausgebrauch« haben. Heutzutage können Großstädte wie Kiew, Charkow und Moskau dank diesen kleinen »Privatgrundstücken« auf dem Luftwege mit Frischgemüse versorgt werden.

Die Ukrainer wollten nur ihr »Land« erobern, das sie schon seit Generationen bewirtschafteten und das ihnen zu Zeiten der österreichisch-ungarischen Monarchie und des Reichs der Romanows sogar teilweise gehört hatte. Das war ihr Verbrechen! Sie wollten ihre eigene Sprache sprechen, ihre eigene Religion ausüben und ihre alten Gebräuche pflegen. Das ukrainische Volk konnte nur als unabhängiges Land überleben. Darum kämpfte es, in dem Bewußtsein, daß es durch die russische aber auch die polnische Regierung gnadenlos unterdrückt werden würde. Was auch geschah! Der Kampf Banderas und seiner Partisanen, der eine der traurigsten und schrecklichsten Episoden dieser unbekannten Seite des Krieges darstellt, bleibt unverständlich, wenn man diese Wahrheiten zu ignorieren versucht. Bandera verfügte 1946/47 über mehr als 200 000 Partisanen. Wenn nicht alle gekämpft haben, so aus dem Grund, weil es ihnen an Waffen und Munition mangelte. Aber viele Männer — und auch Frauen — zogen Kampf und Tod dem Gefängnis oder dem Konzentrationslager vor.

Die Presse der westlichen Siegermächte widmete der ukrainischen Landbevölkerung nur ein paar knappe Zeilen, als diese vom Mai 1945 — August 1951 der Massenvernichtung der russischen und polnischen Militärpolizei zum Opfer fiel, und den total zerstörten Dörfern, den verbrannten Bauernhöfen und den anderen Schandtaten — ausgeführt durch sowjetische Truppen. Diese grausamen Maßnahmen erklärten auch den verzweifelten Widerstand der UPA. Wer nicht in Rußland gekämpft hat, wird das schwerlich verstehen können.

Erst 1954 wurde ein Teil der Wahrheit bekannt, als ein Komitee in New York ein erstes Dokument veröffentlichte: *The Ukrainian Insurgent Army in Fight for Freedom* (Die Ukrainische Aufstandsarmee im Kampf für die Freiheit).

Die Verfolgung der ruthenisch-katholischen Kirche erreichte ihren Höhepunkt im Mai/Juni 1946, als nach einer unter Zwang einberufenen Synode durch die Stimmen von 216 Priestern — von insgesamt 2 714 — der Anschluß an die orthodoxe Kirche beschlossen wurde. Die übrigen 2 489 Priester waren verhaftet oder getötet worden oder hatten den militärischen Widerstand mit Bandera gewählt.

Am 29. Januar 1944 griff eine starke UPA-Einheit einen sowjetischen Panzerzug bei Kiew an. Der Befehlshaber des Wehrkreises, General Watutin, kam bei den Kämpfen ums Leben. Er wurde durch General Schukow ersetzt, Swierczewskij, ein anderer sowjetischer General und Adjutant von Marschall Rokossowski im polnischen Kriegsministerium, durch die Unterdrückung der polnischen Nationalisten in negativer Weise berühmt, wurde ebenfalls am 28. März getötet. Swierczewskij kommandierte während des Spanischen Bürgerkrieges die Internationale Brigade unter dem Namen »General Walter«. Sein Adjutant war ein Franzose namens Marty, alias »der Schlächter von Albacete«. Die Grausamkeit dieser beiden Männer richtete sich nicht nur gegen Francos Truppen und die zivilen spanischen Nationalisten, sondern auch gegen die Milizsoldaten der Internationalen Brigade und gegen die Republikaner, die »vom Kurs Moskaus abwichen«.

Die UPA kämpfte nicht nur gegen die sowjetischen Truppen, sondern auch gegen die Militärs und die Polizei der kommunistischen polnischen Regierung, die gegen Bandera mit der 7., 8. und 9. Infanteriedivision, einer Division Polizisten des KBW (Korpus Bezpieczeustwa Wewanetrznego = Inneres Sicherheitskorps), Panzern und Luftwaffe zu Felde zogen. Ohne großen Erfolg (Juli 1947). Stalin hatte schon Ende 1945 mit neun Infanteriedivisionen eingegriffen, einer Panzerbrigade und einer motorisierten Division des NKWD. Die UPA lieferte von Mai bis September 1945 über 80 Gefechte und verlor 5000 Mann (Tote und Verletzte); die Verluste der Sowjets jedoch betrugen 7 400 Gefallene und über 9000 Verwundete. In der Nacht des 31. Oktobers 1945 eroberte die UPA die frühere Hauptstadt von Wolhynien, Stanislawow.

Vom ukrainischen Weihnachtstag, dem 7. Januar, bis Oktober 1946 hatte die UPA über 1000 Gefechte zu bestehen: die Verluste der Bolschewiken beliefen sich auf über 15 000 Tote. 1947 schickte Stalin zwei neue Polizeidivisionen gegen Bandera vor. Die Lage wurde so ernst, daß die drei sowjetischen Regierungen — die russische, die polnische und die tschechische — zu einem Vertrag gegen die Bewegung Banderas gezwungen wurden. Man entschied, gemeinsam einen neuen Kriegsplan zu entwerfen, um diese mutigen Ukrainer, die sich dem Bolschewismus verweigerten, endgültig und vernichtend zu schlagen. Der rote Terror verstärkte sich noch mehr. Aber der Westen rührte sich kaum. Die letzten Kämpfe der UPA fanden im Juli 1952 in der Gegend der podolischen Sümpfe statt: Stalin hatte erneut zwei Polizeidivisionen und eine Flammenwerferbrigade geschickt.


Am 15. Oktober 1959 gegen 15 Uhr geht der Mieter der Kreittmayrstraße Nr. 7 in München die Treppe hinauf, die zu seiner Wohnung im ersten Stock führt. Es ist Herr Stefan Popel, ein sehr ruhiger Mann. Als er eben seine Türe aufschließen will, bemerkt er, daß der Schlüssel nicht mehr in das Türschloß geht. Ein Individuum kommt hinter ihm die Treppe heraufgelaufen, erreicht den Treppenabsatz und sagt:
»Sie täten besser daran, einen Schlosser zu holen!«
Herr Popel wendet sich um, und schon hält ihm der Mann eine Pistole unter die Nase. Ein leichtes Zischen, und Popel fällt die Treppe hinunter, ohne daß er auch nur eine Hand zur Verteidigung erheben konnte.
Eine Stunde später wurde er tot aufgefunden. Sein Körper trug keine Spur von Verletzungen, und der Amtsarzt folgerte daraus einen Tod durch Embolie. Aber die Polizei wußte, daß Herr Stefan Popel kein anderer war als der politische Flüchtling Stefan Bandera. Man sprach von Vergiftung und sogar von Selbstmord bis zum Jahr 1961. In diesem Jahr »wählte ein Agent des KGB den Weg in die Freiheit«. Er nannte sich Stachinskij und gestand,

mindestens zwei ukrainische Nationalistenführer ermordet zu haben: Lew Rebet und Bandera, denen dasselbe Los beschieden war wie Konowaletz. Stachinskij benutzte eine Blausäurepistole.

Er kam vor eine Strafkammer, wo er als Grund seiner Taten anführte, »er habe auf Befehl gehandelt«, und wurde zu acht Jahren Zuchthaus verurteilt. Viele deutsche Angeklagte in Nürnberg und vor anderen westalliierten Militärgerichten, die ebenfalls auf Befehl gehandelt hatten, wurden zum Tode verurteilt und hingerichtet. Aber sie waren ja noch nicht Mitglieder des KGB! Nach siebenjährigem Kampf gegen die UPA, mit Militär- und Polizei-Einheiten, gelang es den Sowjets, die ukrainischen Patrioten zu besiegen. Sie ließen Konowaletz und Bandera umbringen, aber das ukrainische Volk auszurotten gelang ihnen nicht. Gewiß, die Weltpresse schwieg dazu, aber Jahr für Jahr werden seit 1952 weiterhin Tausende Ukrainer verhaftet und deportiert. In der Südukraine kam es im Juni und September 1972 zu blutigen Aufständen. Im Juni streikten in Dnjeprodserschinsk mehrere tausend Arbeiter. Sie griffen die Parteigebäude an, den Sitz der Komsomol (kommunistische Jugend) und des KGB, und der MVD (Sicherheitspolizei), die sie in Brand setzten. Die Menschenmenge sang die Hymne der UPA. Im September und Oktober desselben Jahres: weitere, äußerst gewalttätige Kundgebungen in Dnjepropetrowsk, einem der wichtigsten Industriegebiete der Zentralukraine. Die Aufständischen bemächtigten sich mehrerer Stadtviertel; die Polizeitruppen gaben Feuer: über 50 Tote. Die innerhalb des Komsomol rekrutierte Hilfspolizei, die »Drujniks« mußte mobilisiert werden.

1973 aufs neue Manifestationen – diesmal von den Bauern der südukrainischen Kolchosen. Die Weltpresse schweigt.

Dafür klagte mich die kommunistische Presse 1963 an, während des Krieges »eine lautlose Pistole besessen zu haben, die vergiftete Nadeln abschoß«. Ich brauche nicht zu erwähnen, daß eine solche Pistole in Deutschland nie existierte. Ich hatte, hieß es, die Absicht, damit »Stalin zu erschießen«. Dutzende von Zeitungen im Ostblock behaupteten außerdem, daß ich diese »Nadelpistole« bei Gefangenen des Konzentrationslagers Sachsenhausen ausprobiert hätte. Zu welcher moralischen Kategorie gehören wohl Leute, die sich vorstellen, daß meine Kameraden und ich fähig gewesen sein sollten, auf wehrlose Menschen zu schießen? Während dieses Krieges, den wir geführt haben, habe ich mich ständig bemüht, Blutvergießen auf beiden Seiten zu vermeiden, was mir durch volle Ausnutzung des Überraschungsmoments auch teilweise gelang. An der Front stand ich, wie meine Kameraden, dem Feind gegenüber. Ich möchte an dieser Stelle wiederholen, daß unsere Gegner sehr tapfer waren: sowohl Titos Partisanen als auch die russischen und amerikanischen Soldaten.

Ist es denn möglich, daß die Menschen, die versuchen, mir üble Taten anzuhängen, nicht merken, daß sie damit nur ihre eigene Niederträchtigkeit hervorheben? Haben denn diese Menschen je gekämpft? Standen sie auf dem Schlachtfeld dem Tod gegenüber? Ich glaube kaum. In Wahrheit hatten die Sensationsjournalisten Anklagen gegen mich hervorgeholt und verfälscht, die sechzehn Jahre zuvor der gute Mr. Rosenfeld, der amerikanische Staatsanwalt, in Dachau gegen mich vorbrachte, wobei er sich sehr bemühte, mich verurteilen zu lassen – aber ohne Erfolg!

Dieser Staatsanwalt Rosenfeld verhörte wieder und wieder einen sehr jungen Soldaten, der in meinen Einheiten gedient hatte und schließlich »gestand«: »Man hat an uns auch vergiftete Munition ausgeteilt.«

Ich bat meinen Verteidiger, den amerikanischen Oberst Durst, den Zeugen genau angeben zu lassen, woran er die vergiftete Munition erkannt haben wollte.

»Das ist sehr leicht«, antwortete der junge Soldat, »zwischen Patronenhülse und Geschoß befand sich ein roter Ring.«

Oberstleutnant Durst sprach kurz mit mir und erklärte dann dem Gericht, daß er sich vorbehalte, den Zeugen am nächsten Tag selbst zu verhören. Diese Patrone mit dem roten Ring kannte ich gut und konnte dem Jungen nicht böse sein wegen einer Aussage, deren Gewicht und Konsequenzen für mich und meine Kameraden ihm sicher nicht bewußt waren.

Es lag jedoch an mir, dem Angeklagten, den Beweis zu erbringen, daß die Beschuldigungen des Herrn Rosenfeld falsch waren. Es mußte sehr schnell gehandelt werden. In Dachau verließen manche Gefangene das Lager unter Bewachung zum täglichen Arbeitsdienst; meine Freunde leiteten die Anweisungen weiter. Bei der Gerichtssitzung am nächsten Tag ließ Oberstleutnant Durst den jungen Soldaten wieder vorführen. Da zog ich die mir in einem Stück Brot hereingeschmuggelte rotberingte Patrone aus der Tasche. Es gab einen Moment der Überraschung, und Mr. Rosenfeld stellte entrüstete Fragen. Oberstleutnant Durst unterbrach ihn:

»Es ist völlig belanglos zu wissen, *wie* dieses Geschoß in unseren Besitz kam. Wichtig ist nur, daß das Gericht über die Eigenschaften dieser Patrone unterrichtet wird. Ich bitte das Hohe Gericht, dem Zeugen zu gestatten, sich dieses Geschoß genauestens anzusehen und uns zu sagen, ob es sich dabei tatsächlich um eine der Patronen handelt, die an die Offiziere und Soldaten auf Befehl des Obersten Skorzeny von Zeit zu Zeit ausgeteilt wurden.«

Der Zeuge bestätigte dies sofort.

»Ja. Das ist eine der vergifteten Patronen, die wir in Friedenthal erhielten.«

»Zeuge«, begann Durst von neuem, »Ihre Erklärung ist sehr wichtig. Bitte sehen Sie sich noch einmal das Geschoß an und sagen dann, ob Sie ganz sicher sind, sich nicht geirrt zu haben. Es ist also wirklich eines der Spezialgeschosse, von denen Sie sagen, daß sie Gift enthielten und an Sie ausgegeben wurden?«

»Ich bin absolut sicher.«

»Sehr gut! Ich danke Ihnen. Ich bitte das Hohe Gericht, dem Angeklagten zu gestatten, einige Erläuterungen dazu zu geben.«

Ich erklärte, daß diese Art Geschosse keineswegs vergiftet sei und es sich nur um eine sogenannte »water-proof«-Patrone handle, die wir, weil völlig wasserdicht, den Teilnehmern der Kommandos gaben, die bei ihrem Einsatz höchstwahrscheinlich naß wurden. Was die von meinem Verteidiger und dem Gericht angeforderte Analyse bestätigte. Durch die Markierung mit dem roten Kreis konnte diese Munition nicht mit der anderen, normalen, verwechselt werden. Ich möchte an dieser Stelle noch bemerken, daß keine Einheit der Wehrmacht je Blausäurepistolen in Gebrauch hatte, noch andere Waffen dieser Art.

1941/42 fanden wir allerdings bei einem russischen Partisanen Blausäurekugeln. Es waren Revolverkugeln, die an der Spitze in vier Teile aufgeschlitzt waren und im Innern Blausäure enthielten. Der bereits erwähnte Arthur Nebe, der Chef des Amtes V des RSHA, ließ mehrere hundert dieser Kugeln in den Labors der Kripo herstellen, und ich erhielt rund zweihundert davon. Meine Offiziere erhielten *eine* dieser Patronen, wenn sie Missionen zu erfüllen hatten, bei denen sie gefangen oder gefoltert werden konnten. Diese Kugel war sehr leicht zu erkennen, zwar nicht durch einen roten Ring, sondern durch ein Kreuz, mit dem die Kugel an der Spitze markiert war. Ich selbst besaß eine, die letzte im Magazin. Als ich mich am 22. Mai 1945 der US-Army freiwillig stellte und meine Pistole auf den Tisch des amerikanischen Offiziers legte, warnte ich ihn:

»Vorsicht! Sie ist geladen, und die letzte Kugel ist gefährlich!«

Ich erklärte ihm, weshalb.

Der Fortschritt ist nicht aufzuhalten. Erst *nach dem Kriege* haben die Sowjets eine lautlose, mit elektrischen Batterien funktionierende Pistole hergestellt und perfektioniert, die unter starkem Druck eine pulverisierte Ladung eines Zyanidgiftes abschießt. Dieses Gift wird von den Schleimhäuten und der Haut absorbiert und vom Blut in einigen Minuten im Körper verteilt; die Blutgefäße ziehen sich zusammen und verursachen den Tod. Auf diese Weise wurde Bandera getötet.

Stachinskij hatte vorsichtshalber vor dem Mord Atropin-Pillen eingenommen, ein wirksames Gegengift. All das kommt leider nicht in einem Roman von Ian Fleming vor.

Der sowjetische Nachrichtendienst wendet seit langem ein Verfahren an, das nun doch allzu bekannt ist: erst läßt man drucken, das Opfer habe Selbstmord begangen; noch schlauer ist aber, zu erklären, das Opfer sei von einem politischen Gegner der Sowjets ermordet worden. Seit 1942 steht fest, daß die polnischen Offiziere, die in Katyn einer Massenexekution zum Opfer fielen, von den Sowjets hingerichtet wurden. Jedoch haben es die sowjetischen Ankläger in Nürnberg nicht versäumt, diesen Massenmord den Deutschen zu unterschieben, und internationale Historiker haben bis vor wenigen Jahren nur »Zweifel gehegt«. Wahrscheinlich wollten sie nicht die offiziellen Berichte zu diesem Massenmord lesen und wiedergeben (insbesondere die polnischen, amerikanischen, englischen[1] und schweizerischen Dokumente.

Nach der Ermordung Banderas und ehe Stachinskij vor das Schwurgericht kam, wurde der Nachrichtendienst des Generals Reinhard Gehlen (Chef des BND = Bundesnachrichtendienst) dieses Verbrechens beschuldigt, was doch etwas zu stark war, so daß niemand dieser Anklage viel Glauben schenkte.

Bevor ich einige Erinnerungen wachrufe, möchte ich von einem erstaunlichen Besuch erzählen, den ich im Januar 1944 in Friedenthal erhielt: dem Besuch des Generals z. b. V. Walter Nicolai.

Als man mir die Ankunft von »General Nicolai« meldete, war mir nicht sofort klar, daß es sich um den Obersten Nicolai handelte, den ehemaligen Abwehrchef der deutschen Armee während des Ersten Weltkrieges. Ich glaubte, er wäre schon tot.

Aber er war nicht tot. Er war kein Phantom, sondern ein Gespenst. Ich sehe ihn heute noch vor mir, mit seinen blauen Augen und seinen weißen Haaren im Bürstenschnitt und seinem äußerst lebhaften Blick. Als er mir gegenübersaß, fiel mir ein Detail auf: er trug die zwanzig Jahre zuvor modern gewesenen Gamaschen über seinen Schuhen, wie sie auch mein Vater getragen hatte. Wir sprachen über die Mussolini-Befreiung.

»Ich glaube«, sagte er, »daß bevor Sie den Duce befreiten, eine der Hauptschwierigkeiten war, zu wissen, wo er steckte. Ich habe mir sagen lassen, daß die Italiener lange Zeit versucht haben, Sie auf falsche Fährten zu bringen.«

Ich mußte gestehen, daß ich tatsächlich Hitler hatte überzeugen müssen, da man auch ihm falsche Informationen gegeben hatte.

»Falsch informiert werden«, meinte er lächelnd, »das kann vorkommen. Aber es darf nicht allzuoft passieren . . .«

Ich war derselben Meinung, verstand aber nicht: Canaris war noch nicht entlarvt. Ich erklärte ihm, was unsere Ziele in Friedenthal waren: einfallsreiche und überraschende Kommandounternehmungen innerhalb der normalen Kriegsgesetze. Nicolai, der damals um die siebzig Jahre alt war,

---

1 Im Juli 1972 wurde der Geheimbericht, den der damalige englische Botschafter in der Sowjetunion Sir Owen O'Malley am 24. Mai 1943 aus Moskau an Churchill sandte, von den britischen Staatsarchiven der Öffentlichkeit freigegeben. In diesem Bericht steht, daß das Massaker an den polnischen Offizieren in Katyn eindeutig von den Russen begangen wurde. Als Randbemerkung stehen von der Hand Anthony Edens die Buchstaben »KCD«. Das heißt, daß der Bericht von Sir Owen dem König, dem Kriegskabinett und den Dominions bekanntgegeben werden müsse. Letztere erhielten nie Kenntnis davon, und die anderen taten, als ob sie ihn nicht gelesen hätten. (A. d. Red.)

folgte meinem Vortrag mit begeisterter Aufmerksamkeit und warf ein, daß unsere Aktivität völlig exakte Informationen als Grundlage benötige. Zu meinem Erstaunen sagte er noch, daß er sich freuen werde, wenn er mir in irgendeiner Weise nützlich sein könne, und gerne bei mir mitarbeiten wolle. Schellenberg, dem ich das erzählte, zog die Nase hoch und meinte: »Man sieht schon, daß Sie noch ein Neuling sind. Nicolai ist ein viel zu großer Happen! Admiral Canaris kann ihn nicht riechen und der Reichsführer nebenbei auch nicht. Er weiß zu viel über den Westen und noch mehr über den Osten!«

»Ein Grund mehr«, sagte ich, »seine Dienste nicht abzulehnen. Warum sollten wir auf seine Erfahrung verzichten?«

»Seine früheren Verbindungen zum Osten, zu Zeiten als der Friede von Brest-Litowsk geschlossen wurde, machen ihn gewissermaßen verdächtig!«

Auf meine Bitte hielt General Nicolai zwei oder drei Vorträge vor den Offizieren von Friedenthal. Er erinnerte an frühere Erlebnisse, sprach in geistreicher Form über seine Erfahrungen und seine Ansichten und über die Wichtigkeit der strategischen Informationen, sei es militärischer, politischer, wirtschaftlicher oder psychologischer Natur und die Notwendigkeit der taktischen Nachrichten, die sich auf jedes einzelne Unternehmen bezieht und sich später eventuell auf die allgemeine Strategie auswirkt. Diese Informationen müßten eine Zusammenfassung vieler, auch unterschiedlicher Auskünfte sein, daher müsse die Synthese so schnell und so richtig wie möglich gemacht werden. Er betrachtete die Information als wichtigstes Element in einem modernen Krieg. Für ihn lag der Hauptwert einer Auskunft in ihrer Zuverlässigkeit und in ihrer Klarheit. Jedoch könnten auch solche Informationen nur während einer bestimmten Zeit und innerhalb eines gewissen Raumes verwendet werden. Es sei gefährlicher, falsche Informationen zu verwenden, als überhaupt keine zu bekommen.

Nicolai bemerkte, daß ein überraschender Vorstoß, der nach genauer Überlegung und mit Phantasie geplant wurde — was bei einer großen Schlacht nicht zu bewerkstelligen sei —, auch beim Gegner großen Eindruck erweckt. Das sei eine neue Art der Kriegführung, die die Generalstäbe leider nur am Rand in Betracht zögen.

Wenn ich heute lese, daß General Nicolai Admiral Canaris hoch einschätzte, kann ich nur mit den Achseln zucken: er war viel zu vornehm, um Canaris persönlich zur beschuldigen. Aber im Laufe eines Gesprächs sagte er mir: »Wissen Sie, Skorzeny, ein Offizier dient nicht einem Regime. Er dient seinem Vaterland, was auch immer dessen politische Form sein möge. Das existierende Regime in Kriegszeiten anzugreifen, ist einwandfreier Verrat.«

Für mich war das so evident, daß ich mich im Januar 1944 fragte, weshalb Nicolai davon sprach. Ich kann versichern, daß ich nie auf die Idee gekommen wäre, Nicolai könne mit dem Bolschewismus sympathisieren; ganz im

Gegenteil. Er war ein tadelloser Offizier »der alten Schule«. Ich fand in ihm immer einen aufrichtigen Menschen, dessen Charakter in seltsamem Kontrast zu der ausweichenden und zweideutigen Natur eines Canaris und den Winkelzügen eines Schellenberg stand. In den (unechten) Memoiren Schellenbergs, der sich voll und ganz in den Dienst der Engländer stellte, steht zu lesen, daß das »kleine Büro Nicolais, am Potsdamer Platz, eines der wichtigsten Zentren war, das für den sowjetischen Nachrichtendienst arbeitete« — und das 1943! Warum hat man dann General Nicolai niemals verhaftet?

Im Laufe der drei oder vier Gespräche, die ich mit ihm führte, hatte ich Gelegenheit festzustellen, daß er hochintelligent war. Und was seinen Ruf betrifft, den er bei den internationalen Nachrichtendiensten noch heute hat, kann ich nur sagen, daß dieser weltweit und größer ist als der von Canaris. Abgesehen davon hatte ich während des Krieges anderes zu tun, als mich um Spione und Spionageabwehr zu kümmern. Eines jedoch muß ich feststellen: wenn jemand wie Schellenberg behauptet, Nicolai habe während des Krieges mitten auf dem Potsdamer Platz ein pro-sowjetisches Spionagenetz organisiert, so ist das völlig absurd. Und wenn Schellenberg hinzufügt, daß der »Gestapochef Müller Nicolai und sein pro-sowjetisches Netz überwachen ließ«, dann ist das einfach zum Lachen. Ich glaube, dann hätte man auch Müller überwachen müssen!

»Zeppelin« war nicht nur der Name einer Massenbefragung, die die Abteilung C des Amts VI des RSHA unter den 5 Millionen russischen Gefangenen durchführte, wie ich schon (Teil II, Kap. 6) schrieb, sondern auch Ende 1944 ein Tarnname für den Hauptsitz des OKH in Zossen, etwa 20 km südlich von Berlin.

Dies war eine kleine versteckte Stadt, mit gleichartigen, niedrigen Betongebäuden, die zwischen Rasen, Gärten und Bäumen versteckt lagen. Jedes Gebäude war nach demselben Muster gebaut: die Zimmerreihen hatten alle 10—12 Meter eine Türe, die auf einen Mittelgang führte, der wieder Stiegen zum Luftschutzbunker hatte.

Im »Zeppelin« waren ungefähr 3000 Offiziere unter dem Befehl von General Krebs beschäftigt, dem Vertreter des Generalobersten Guderian, den Hitler nach dem Attentat vom 20. Juli zum Generalstabschef des Heeres ernannt hatte.

Die Dienststelle von General Krebs belegte einen Teil des Gebäudes und die Dienststelle des Generals Gehlen (Fremde Heere Ost) den anderen. Mehrere hundert Offiziere arbeiteten in der Informationsabteilung für die Ostfront.

Reinhard Gehlen war nie ein sehr überzeugter Nationalsozialist. Obwohl er wie Heusinger als Abteilungsleiter im Genstb unter Halder gearbeitet hatte. nahm er Gespräche über einen möglichen Putsch nie wirklich ernst. Zu Recht

hielt General Guderian große Stücke auf seine Informationen über die Ost-
front. Trotzdem zog er den Verdacht Hitlers auf sich – der nach dem 20. Juli
äußerst mißtrauisch wurde –, nicht nur, weil er seine Karriere dem GenOb
Franz Halder zu verdanken hatte, sondern weil er 1931 Herta v. Seydlitz-
Kurtzbach geheiratet hatte, eine Verwandte des Generals v. Seydlitz. Das
Verhalten dieses Generals in Stalingrad ist bekannt. Er wurde mit General
Paulus in der Gefangenschaft einer der Führer des »Nationalkomitees Freies
Deutschland«, mit dem Sitz in Moskau.
Während der Vorbereitungen aller Unternehmen, die wir als Jagdverbände
im Osten planten, habe ich immer den späteren Chef des BND befragt und
immer gute Beziehungen zu ihm gehabt. Dazu möchte ich eine Anekdote
beitragen.
Am 13. März 1945 fuhr ich mit Oberstleutnant Walther, dem Nachfolger
Fölkersams, nach »Zeppelin«. Ich erinnere mich nicht mehr genau, welches
hinter den sowjetischen Linien vermißte Kommando uns Sorgen machte, ob es
der *Braune Bär* war oder ein Kommando der Operation *Freischütz*. Wir befanden uns allein mit General Gehlen in dessen großem Raum mit riesigen
Fenstern. Wir standen alle drei über die auf dem Tisch ausgebreitete Stabs-
karte der Ostfront gebeugt und überhörten wohl das Heulen der Sirenen
vor dem Luftalarm. Es war ungefähr 12 Uhr mittags.
Die erste Bombe schlug etwa 100 m von unserem Gebäude entfernt ein, und
wir drei verkrochen uns schnell unter dem Tisch. Einige Sekunden später
zerbrach der Luftdruck der nächsten Bombe alle Fenster; das Glas zer-
splitterte nach allen Seiten.
»Die war hier ganz nahe«, meinte Walther.
In diesem Moment sprang General Gehlen ohne ein Wort zu sagen auf, lief
zur Tür hinaus und verschwand. Wir erhoben uns ebenfalls, traten auf den
Flur und standen bald vor der verriegelten Panzertür des Bunkers. Nach
festem Klopfen wurde uns schließlich die Tür von einem Soldaten geöffnet.
Drinnen saß der General in aller Ruhe und fragte:
»Wo waren Sie denn, meine Herren?«
»Aber Herr General«, sagte Walther. »Wir sorgten uns um Sie und haben
Sie überall gesucht. Es freut uns, Sie hier gesund und munter anzutreffen.«
Mir ist aufgefallen, daß viele Stabsoffiziere ganz besonders allergisch gegen
Bombardierungen waren. Ich muß gestehen, daß ich sie auch nicht sonderlich
schätze. Nicht, daß ein Generalstäbler mehr Angst hätte als ein gewöhnlicher
Sterblicher oder ein Landser – und General Gehlen ist bestimmt ein mutiger
Mann. Ich will damit nur sagen, daß sich ein Generalstabsoffizier in gewisser
Weise beleidigt fühlt, wenn er wie ein gewöhnlicher Soldat zur Zielscheibe
wird. Wir lachten über diesen Zwischenfall, aber im anderen Flügel des
»Zeppelins« gab es Opfer. Auch General Krebs war darunter; er wurde
ziemlich schwer verwundet.

354

1971 publizierte Reinhard Gehlen ein Erinnerungsbuch unter dem Titel *Der Dienst*. Darin steht zu lesen, daß der mysteriöse Informant der *Roten Kapelle* niemand anderer war als ... Reichsleiter Martin Bormann, der Chef der Parteikanzlei. Diese These ist praktisch unhaltbar. Bormann hatte nicht die Möglichkeit, schnell genug an die militärischen Entscheidungen Hitlers heranzukommen und diese so rasch an Rößler zu übermitteln. Die STAVKA verwendete sicher dazu einen hochqualifizierten Militär, dessen Verrat Tausenden von Soldaten das Leben kostete — ohne von der getöteten und verschleppten Zivilbevölkerung zu sprechen.

Als Gehlen sein — nebenbei enttäuschendes — Buch schrieb, stand fest, daß Bormann tot war, obwohl man ihn noch 1973 in ganz Südamerika, auch bei den Eingeborenen im Amazonasgebiet, suchte. Heute haben die Gerichte der BRD anerkannt, daß der ehemalige Reichsleiter seit Mai 1945 nicht mehr unter den Lebenden weilt. Ich wußte diese Tatsache auch und habe dies immer wieder bei meinen Vernehmungen durch die Alliierten wiederholt. Ich hielt ihn immer für eine der unheilvollsten Persönlichkeiten in der Umgebung Hitlers. Friede seiner Asche.

Ich frage mich nur, weshalb Reinhard Gehlen behauptete, daß Bormann der »Kapellmeister« im OKW war?

# ZWEITES KAPITEL

# Unternehmen Freischütz

Die sowjetische Offensive Sommer 1944 – Warum Rokossowski 270 km in neun Tagen zurücklegen konnte – 21 deutsche Generale gefangen – Oberstleutnant Scherhorn will sich nicht ergeben und faßt 2000 Mann zusammen – »In einem Wald, nordwestlich von Minsk...« – Die vier Fallschirmjägergruppen der Operation *Freischütz* – Scherhorn gefunden! – Fähnrich R. speist in der sowjetischen Offiziersmesse – Der Einsatz des *Kampfgeschwaders 200* – U.St.Fhr. Linder wird mit dem Ritterkreuz ausgezeichnet – Der »Lange Marsch« der verlorenen Legion – Letzte Meldung von Linder: »Ich will nur eure Stimmen hören...« – Meine Befürchtungen – Dr. Zoltan v. Toth, ein Überlebender der sowjetischen Konzentrationslager, macht genauere Angaben – Das Verbrechen, Skorzeny zu heißen: 10 Jahre Straflager – Das traurige Schicksal des Dr. Heller.

Vor dem Unternehmen *Brauner Bär* beschäftigte uns noch ein anderer Einsatz hinter den sowjetischen Linien.

Ende August 1944 wurde ich dringend per Fernschreiben ins FHQu gerufen, wo mich Generaloberst Jodl zwei Stabsoffizieren vorstellte, die sich als Spezialisten der Ostfront erwiesen. Diese berichteten mir kurz von dem Drama, das sich zwischen Minsk und der Beresina abgespielt hatte, am Frontabschnitt, der von unserer Heeresgruppe Mitte verteidigt wurde.

Jodl konnte sich nicht erklären, wie es möglich war, daß Panzer und motorisierte Truppen der 1. und 2. weißrussischen Armee unter Sacharow und Rokossowski, die nördlich der Pripjetsümpfe vorgerückt waren, durch die Trennlinie zwischen der 4. und 9. deutschen Armee, am 2. Juli Stolpce erreichen konnten, 65 km westlich von Minsk, das am nächsten Tag fiel. Die motorisierten Truppen Rokossowskis waren in neun Tagen 270 km vorgestoßen und durchbrachen unsere Fronten.

Sir Basil Liddell Hart bemerkt in seiner *Geschichte des Zweiten Weltkrieges,* daß von den Verschwörern an die verschiedenen HQus einander widersprechende Informationen und Befehle gegeben wurden, und daß »an der Ostfront, wie im Westen, die Ereignisse des 20. Julis erhebliche Rückwirkungen hatten«.

Dann hatte die *Rote Kapelle* von Rado-Rößler unablässig die STAVKA informiert, die im Juni 1944 einen detaillierten Plan unseres mittleren Frontabschnitts in Händen hatte. Außerdem war nicht zu übersehen, daß die Bewegung der feindlichen Panzer, die durch eine Zangenbewegung der sowjetischen Generale beendet wurde und die todsicher an den schwächsten Punkten unserer Stellungen angriff, eine ganz erstaunliche Ähnlichkeit mit den Angriffen zeigte, die Hitler nach den Plänen von Manstein und Guderian im Juni 1941 befohlen hatte. Es war derselbe Plan — aber umgekehrt. Die russische Heeresführung hatte sehr rasch von uns gelernt.

Schon im Februar 1943 hatte Hitler General Model an die Ostfront befohlen, um die 22 Divisionen der 4. und 9. deutschen Armee zu retten, die dort im Brückenkopf von Rshew von der Einkesselung bedroht waren. Vom 1.—22. Februar ließ sie General Model 160 km zurückweichen, wobei er in einer Weise kämpfte, die die Verluste, trotz den pausenlosen Angriffen der zehn sowjetischen Armeen, auf ein Minimum reduzierte. Das war die sogenannte Operation *Büffel*.

Auch diesmal hatte Model die Aufgabe, zu retten, was es noch bei diesen beiden Armeen zu retten gab, und die Front zum Stehen zu bringen. Aber diesmal war die Situation wesentlich anders. Der Feldmarschall fand ein völliges Chaos vor, das nach dem 20. Juli vor allem auch moralischen Ursprungs war.

Trotzdem, und das möchte ich noch einmal betonen, gab es keine andere Lösung für uns, als weiterzukämpfen.

Selbst ein Verschwinden Hitlers und des nationalsozialistischen Regimes konnte nichts am Entschluß der Feinde ändern. Die Bemerkungen einiger Historiker, die die von Hitler erteilten Befehle, »äußersten Widerstand zu leisten«, immer als »kriminell« und »absurd« einstuften, stimmen wirklich nicht. Jeder deutsche Staatschef, der sich seiner Verantwortung vor der Geschichte bewußt war, hätte angesichts der feindlichen Forderung einer »bedingungslosen Kapitulation« dieselben Befehle erteilt.

Im FHQu teilte man mir mit, daß ein Teil der in Minsk eingekesselten 4. deutschen Armee ausbrechen könne. Eine Funkmeldung eines unserer Agenten, der hinter den feindlichen Linien geblieben war, wurde aufgefangen: »In einem Wald nordwestlich von Minsk liegen deutsche Truppenteile, die sich nicht ergeben haben.« Diese Information wurde uns von mehreren Überlebenden des Kessels von Minsk bestätigt. Schließlich erhielten wir von einer kleinen Gruppe, die sich über Wilna durchschlagen konnte, genauere Angaben. »Eine Kampfgruppe von ungefähr 2000 Mann, die wahrscheinlich von Oberstleutnant Scherhorn kommandiert wird, hat sich in einen Wald zurückgezogen und ist entschlossen, sich nicht zu ergeben und sich bis zu unseren Linien durchzukämpfen.«

»Skorzeny«, sagte GenOb Jodl zu mir, »leider ist uns nicht genau bekannt, wo sich Oberstleutnant Scherhorn und seine Gruppe befinden. Glauben Sie, daß wir dies herausfinden und mit der Gruppe Kontakt aufnehmen und sie retten können?«

»Herr Generaloberst«, antwortete ich ihm, »ich versichere Ihnen, daß wir das Menschenmögliche tun werden — mit den Mitteln, die uns zur Verfügung stehen.«

Das Ausmaß der Katastrophe kommt erst richtig zum Bewußtsein, wenn man weiß, daß von 47 Generalen der 4. und der 9. Armee und der 3. Panzerarmee 7 im Kampf getötet wurden, darunter befand sich General Pfeiffer, Komm.Gen. des VII. Armeekorps. Zwei Generale begingen Selbstmord, einer war vermißt, und 21 gerieten in Gefangenschaft. Aber Scherhorn hatte sich nicht ergeben. Leute seines Schlages, die imstande sind, inmitten eines Chaos 2000 Mann um sich zu sammeln, die alle bereit sind, ihr Leben teuer zu verkaufen, verdienen, daß man ihren Mut nicht nur mit Worten preist.

Ich hatte damals Gelegenheit, mich mit einem General zu unterhalten, dem es nach einem 700-km-Marsch gelang, in Ostpreußen unsere Linien mit dem Rest seiner Division zu erreichen, das heißt siebzig Mann.

Er sagte mir, daß seine Division, sowie zwei andere Divisionen südwestlich von Smolensk eingekesselt waren. Der ranghöchste General hatte kurzerhand erklärt, daß man nach seiner Meinung »kapitulieren und sich sofort den Sowjets ergeben solle«. Die beiden anderen Generale versuchten den ganzen Tag lang, ihn von dieser Ansicht abzubringen. Ergebnis: der Durchbruch wurde zu spät versucht, ohne die zum Erfolg notwendige Überzeugung des Gelingens. So konnten nur kleine Einheiten aus diesem Riesenkessel entkommen. Kein Zweifel, daß Scherhorn und seine Leute der Unschlüssigkeit und dem Zögern seiner Vorgesetzten zum Opfer fielen.

Wie hoch standen unsere Chancen, diese tapferen Soldaten aufzufinden, die bereits seit zwei Monaten »in einem Wald bei Minsk« kämpften? 15 oder 20 Prozent vielleicht. Aber diese geringe Chance mußte ausgenutzt werden. Ich machte mich sofort an die Arbeit, und wir gaben diesem Einsatz den Namen *Freischütz*. In Friedenthal legten alle dieselbe Energie und Begeisterung an den Tag, die man auch beim Anhören der Ouvertüre der berühmten Oper von Carl Maria v. Weber empfindet.

Das eben aufgestellte Bataillon *Jagdverband Ost 1* wurde mit der Durchführung dieses Unternehmens beauftragt[1]. Man bildete vier Gruppen zu fünf Mann, die jeweils aus zwei deutschen Freiwilligen und drei bewährten antistalinistischen Russen bestanden. Die acht deutschen Soldaten sprachen Russisch und rauchten die russischen »Machorka«-Zigaretten. Ihre Köpfe wurden geschoren. Jede Gruppe wurde mit einem Funkgerät ausgestattet.

Die 1. Gruppe stand unter dem Kommando des Oberscharführers der Waffen-SS P. und wurde Ende August 1944 von einer He 111 des mir zur Verfügung stehenden *Kampfgeschwaders 200* nach einem 500 km langen Flug im feindlichen Hinterland von Minsk bei Borissow und Gevenj mit Fall-

---

[1] Die folgende Schilderung weicht in wesentlichen Punkten ab von einem als absolut zuverlässig geltenden, noch während des Krieges verfaßten Bericht des damaligen Ic der HGr. Mitte Oberst Worgitzky (später BND / A. d. Red.).

schirmen abgesetzt. Ihr Auftrag war, auf der Suche nach Scherhorn in Richtung Westen zu marschieren.

In derselben Nacht konnten wir mit P. . . . Kontakt aufnehmen, der uns funkte: »Schwierige Landung. Wir versuchen, uns zu sammeln. Stehen unter MG-Beschuß.« Dann nichts mehr. Erst 6–8 Wochen später erfuhr ich, während des Unternehmens *Panzerfaust* in Budapest, daß P. . . . die Gruppe Scherhorn auffand, daß aber sein Funkgerät vom ersten Tag an ausfiel.

Die Gruppe 2 wurde Anfang September im selben Gebiet, aber weiter südlich abgesetzt. Sie stand unter Führung des Waffen-SS-Oberjunkers (Fähnrich) Linder und hatte dieselbe Aufgabe wie die 1. Gruppe, den Marsch Richtung Westen. In der vierten Nacht bekamen wir einen Funkspruch. Nach Austauschen der Erkennungsworte meldete Linder: »Gute Landung. Gruppe Scherhorn gefunden.« Man kann sich unsere Freude vorstellen — und erst die vom nächsten Tag, als Scherhorn persönlich Dankesworte durchgab. Die Gruppen 3 und 4 sprangen in den nächsten Tagen, bevor die Erfolgsmeldung von Linder durchkam, im Raum von Dserschinsk und Witejka ab. Sie hatten nach Osten hin zu marschieren.

Von der Gruppe 3, die unter Befehl von Feldwebel M. stand, hörten wir nichts mehr, obwohl wir wochenlang an unseren Funkgeräten warteten. Sie war in den unendlichen Weiten Rußlands verschwunden.

Das Schicksal der Gruppe 4, die den jungen Fähnrich R. zum Führer hatte, war so überraschend wie sensationell. Erst gute Nachrichten: ausgezeichnete Landung. R. meldete, daß alle fünf Mann zusammen seien. Dann gab er durch, daß sie auf russische Deserteure gestoßen waren, die sie für ihresgleichen hielten. Sie verstanden sich bestens mit ihren neuen Gefährten. So erfuhr R., daß Spezialeinheiten der russischen Militärpolizei das Gebiet um Minsk durchstreiften. Gleich am zweiten Tag benachrichtigte er uns, daß er gezwungen sei, einen anderen Weg einzuschlagen. Wir gaben unsere Zustimmung. Erneute Verbindung am dritten Tag: sie erhielten Hilfe von den Bauern. Die in diesem Gebiet kriegsmüde Bevölkerung Weißrußlands unterstützte ihr Vorhaben; am vierten Tag — nichts mehr.

Adrian v. Fölkersam als Baltendeutschem ging diese Aktion sehr zu Herzen. Er befürchtete das Schlimmste — und ich auch. Erst zwei Wochen später kam ein Telefonanruf einer Einheit durch, die an der litauischen Grenze lag: »Gruppe R. meldet sich ohne Verluste zurück.« Das Funkgerät war ausgefallen, und die 4. Gruppe hatte es geschafft, sich viele Hunderte von Kilometern zu unseren Linien durchzuschlagen.

Sie hatte Scherhorn nicht gefunden, aber die Informationen, die sie uns mitbrachte, waren von größter Bedeutung. Die Soldaten hatten über 300 km in einem besetzten Gebiet zurückgelegt, wo der Feind dabei war, eine neue Offensive vorzubereiten. Der Bericht R.s bewies, daß wir noch viel von den Russen lernen konnten: es war ihnen wirklich ernst mit dem totalen Krieg.

Und sie verfügten nicht nur über amerikanisches Kriegsmaterial, auch die gesamte russische Bevölkerung wurde mobilisiert. So konnte man sehen, wie Frauen und Kinder Benzinfässer an die Front rollten und Granaten von Hand zu Hand an die Artilleriestellungen weitergaben.

In der Uniform eines Leutnants der Roten Armee ließ sich R. ins Offizierskasino einladen. Das »Kasino« war kurz zuvor bei der Roten Armee wieder eingeführt worden, die nicht länger eine Armee des Proletariats war, sondern eine Armee der russischen Nation. Auch war die sowjetische Militärhymne nicht mehr die Internationale.

Zurück in Friedenthal, wurde R. einer der eifrigsten Helfer zur Rettung der Gruppe Scherhorn. Am dringendsten war, dem Oberst Sanitätsmaterial für seine zahlreichen Kranken und Verwundeten abzuwerfen. Der erste Absprung fiel schlecht aus: unser Freiwilligen-Arzt brach sich bei der Landung beide Beine. Einige Tage später wurde uns sein Tod gemeldet. Ein zweiter Arzt konnte die Gruppe mit Sanitätsmaterial erreichen.

Von nun an startete alle zwei bis drei Tage ein Flugzeug des *Kampfgeschwaders 200* nach Osten, um Lebensmittel, Medikamente und Munition für Handfeuerwaffen abzuwerfen. Diese Versorgungsflüge fanden immer nachts statt, und vorzugsweise bei bedecktem Himmel. Die Piloten hatten auf schwache Lichtsignale zu achten, die schon am Boden ein Risiko darstellten. Es war nicht zu verwundern, daß viele Versorgungsbehälter nicht ankamen.

Während dieser Zeit arbeiteten wir mit den Fachleuten des *Kampfgeschwaders 200* an einem Rettungsplan. Die einzige Möglichkeit war, eine Rollbahn in der Nähe des Waldes anzulegen, wo sich unsere Kameraden versteckt hielten. Die He 111 sollte landen und nach und nach Kranke, Verwundete und dann Soldaten abholen. Ein freiwilliger Ingenieur der Luftwaffe sprang ab, um die Bauarbeiten zu leiten. Nach einigen Tagen Begeisterung und gemeinsamer Hoffnung kam die enttäuschende Meldung, daß die Piste entdeckt worden sei und es durch die ständigen Angriffe Tote und Verwundete gegeben habe.

Dann vereinbarten wir mit Scherhorn, daß er versuchen solle, zur Seenplatte an der ehemaligen russisch-litauischen Grenze bei Dünaburg, etwa 250 km im Norden, zu marschieren. Wenn er dort Anfang Dezember ankäme, könnten wir die zugefrorenen Seen als Start- und Landebahnen benutzen. Erneuter Abwurf von warmer Kleidung, Lebensmitteln und wieder Munition — für 2000 Mann! Neun russische Freiwillige erklärten sich bereit, zu Scherhorn zu stoßen — jeder mit einem Funkgerät.

Ende November 1944 konnte ich Linder durchgeben, daß er zum U.St.Fhr. ernannt sei und das Ritterkreuz erhalte, das ich für ihn bewilligt bekam[1].

Es war völlig klar, daß der Marsch nach Norden einer 2000 Mann starken Einheit in feindlichem Land auffallen würde. Scherhorn sollte deshalb seine

»Legion« in zwei Teile gruppieren. Die Kranken und Verwundeten mußten in Bauernkarren transportiert werden; sie würden langsamer vorankommen und waren leichter anzugreifen. Sie bildeten also die Rückendeckung unter Leitung von Fähnrich P...., der nach wochenlangem Umherirren den Oberstleutnant und unsere Kameraden gefunden hatte und mit uns Verbindung aufnahm. Der Oberstleutnant und U.St.Fhr. Linder würden den Befehl über die noch kampffähige Vorausgruppe übernehmen und so schnell wie möglich marschieren.

Es war Winter geworden. Wir hatten mehr Befürchtungen als Hoffnungen, als wir den »Langen Marsch« unserer mutigen Kameraden verfolgten. Sie waren seit November unterwegs, wurden zeitweise entdeckt und von den sowjetischen Sondereinheiten angegriffen. Beide Gruppen mußten kämpfen, verschwanden dann, änderten ihre Marschrichtung, versteckten sich bei Tag und marschierten bei Nacht. Nachts, zu vereinbarter Stunde, versorgte sie das *Kampfgeschwader 200*. Wir versuchten im Prinzip ein Planquadrat festzulegen, innerhalb dessen die Versorgungsbehälter abgeworfen werden mußten. Aber die Gruppen rückten vor, wie sie konnten, kamen oft von der vorhergesehenen Route ab, und es war schwierig, sie wiederzufinden. Viele Nachschubabwürfe, die wir unter immer größeren Schwierigkeiten organisieren mußten, gingen verloren.

Die Gruppen marschierten ständig unter allen Vorsichtsmaßnahmen, durch Sümpfe und Wälder, kamen aber kaum mehr als vier bis fünf Kilometer pro Tag voran. Wir verfolgten ängstlich diesen täglichen Fortschritt, hatten aber bald das schreckliche Vorgefühl, daß unsere armen Kameraden nie wieder nach Deutschland zurückkehren würden. Wir sträubten uns gegen diesen Gedanken: solche Menschen verdienten am Leben zu bleiben.

Monatelang taten wir unser Bestes, um ihr Elend zu erleichtern und das für die Versorgungsflüge notwendige Benzin aufzutreiben. Bald gab es nur noch einen Flug in der Woche. Dann kam die Katastrophe über uns alle. Das *Kampfgeschwader 200* bekam kein Benzin mehr. Obwohl wir alles mögliche versuchten, mußten die Abwürfe eingestellt werden.

Im Februar 1945 erhielten wir einen Funkspruch von U.St.Fhr. Linder: »Seenplatte erreicht. Wir verhungern, wenn wir nicht bald Nachschub bekommen. Könnt ihr uns abholen?« Wir konnten nicht. Wir hatten keine Heinkel mehr und auch kein Benzin. Ich kommandierte damals eine Division, die aus zusammengewürfelten Soldaten bestand, in Schwedt/Oder. Ich bekam einen Wutanfall, wenn ich daran dachte, wieviel Benzin und Verpflegung fast täglich im Osten und Westen in Feindeshand fielen oder zer-

---

1 Offensichtlich ist Skorzeny hier eine Namensverwechslung unterlaufen. Aufgrund mehrerer bei Worgitzky im Wortlaut abgedruckter Funksprüche ist der von Sk. erwähnte Linder zweifelsfrei als Schiffer zu identifizieren (A. d. Red.).

stört wurden und niemandem nutzten. In Friedenthal saßen unsere Kameraden Nacht für Nacht am Funkgerät, nur um Nachrichten zu bekommen: sie konnten den Versprengten nicht einmal mehr Hoffnung machen.

Dann mußten wir Friedenthal verlassen und unseren Stab nach Süddeutschland verlegen. Die Funker horchten immer noch, wo sie sich auch befanden: die Funksprüche der verlorenen Legion kamen immer schwächer. Die letzte Meldung von Linder war herzzerreißend: er verlangte nichts, nur noch etwas Benzin, um die Akkumulatoren der Funkgeräte aufzuladen: »Ich will nur mit euch in Verbindung bleiben ... eure Stimmen hören.« Es war April 1945. Danach war Stille.

Im April und Mai 1945 und später in der Gefangenschaft dachte ich oft an Scherhorn und seine tapferen Soldaten und an unsere Freiwilligen, die sich geopfert hatten, um 2000 Kameraden zu retten. Was wurde aus ihnen? Bedenken kamen in mir auf. Gewiß, allen zwischen Scherhorn und unseren Funkern ausgewechselten Funksprüchen gingen Schlüsselworte voran, die nach unseren Vereinbarungen ständig gewechselt wurden. Alle aufgenommenen Funksprüche, sogar ganz am Schluß, stimmten mit diesen Abmachungen überein. Jedoch hatte ich im Gefängnis sehr viel über die Vernehmungsmethoden der Sieger gelernt, und ich fragte mich, ob nicht der russische Nachrichtendienst die ganze Zeit über mit uns ein sogenanntes »Funkspiel« geführt hatte. Als später die kommunistische Presse über Scherhorn große Reportagen mit dem Titel »Sowjets bluffen Skorzeny« veröffentlichte, war das für mich, der mit den sowjetischen Methoden vertraut war, der Beweis, daß meine Zweifel völlig unbegründet gewesen waren.

Anfang Januar 1973 erhielt ich von einem ungarischen Militärarzt, Dr. Zoltan v. Toth, einen Brief, von dem ich nachstehend Auszüge wiedergeben werde.

Dr. Zoltan v. Toth kam erst am 14. Februar 1945 in Budapest in russische Gefangenschaft und wurde von einem Standgericht zu fünfundzwanzig Jahren Zwangsarbeit verurteilt und in mehrere Lager geschickt. Im Februar 1946 kam er in das Lager von Pechora, etwa 200 km südlich von Workuta in Sibirien. In diesem Lager lebten rund 30 000 Gefangene — Deutsche, Ungarn, Bulgaren und so weiter. Er »behandelte« in einer Baracke ungefähr 600 Schwerkranke, die größtenteils zum Sterben verurteilt waren, denn er besaß keine Medikamente.

»Unter ihnen befand sich«, schrieb mir der Arzt, »dessen kann ich mich noch gut erinnern, »ein Offizier der Waffen-SS, Will Linder aus Magdeburg. Er war ungefähr sechsundzwanzig Jahre alt und litt an einer offenen Lungentuberkulose. Unter den damaligen Bedingungen war er verloren. Er war ein äußerst intelligenter Junge.«

Bevor er Ende März 1946 in Pechora starb, gab Linder dem Arzt einen Bericht, den Dr. Toth in seinem Brief wiedergab und der im wesentlichen wie folgt lautete:

»Sie standen tatsächlich bis Ende April 1945 mit Oberstleutnant Scherhorn in Verbindung und hatten die Gruppe verpflegt. Linder war mit Oberstleutnant Scherhorn in der 1. Kolonne, die die Seenplatte bei Dünaburg erreichte. Die 2. Kolonne, die ein Offizier einer Ihrer Kommandogruppen führte, dessen Namen ich leider vergessen habe«, schreibt der Arzt, »kam etwas später nach. Aber es war Februar 1945, und von der ganzen Kolonne Scherhorn waren nur 800 Mann übriggeblieben, die vergebens auf Abholung warteten, dann auf Verpflegung und schließlich nur noch auf ein paar Worte ...

Ende April 1945 wurden die 800 Offiziere und Soldaten von russischen Polizeieinheiten eingekesselt und angegriffen. Die Kämpfe zogen sich über mehrere Tage hin, mit hohen Verlusten auf beiden Seiten. Oberstleutnant Scherhorn wurde verwundet. Die sich am Schluß ergebenden Überlebenden wurden anfangs gut behandelt und dann global zu den üblichen fünfundzwanzig Jahren Zwangsarbeit verurteilt. Anschließend verteilte man sie auf verschiedene Lager: Scherhorn selbst hat die Verwundungen aus den letzten Kämpfen überlebt.«

Man sieht daraus, daß dieser Bericht dem entsprach, was wir schon aus den Funksprüchen erfahren hatten.

Dr. Zoltan v. Toth schreibt des weiteren:

»Es wird Sie wahrscheinlich auch interessieren, daß ich Generalmajor Lombart traf, der sich ebenfalls in Gefangenschaft befand. Er hatte zu Anfang des Krieges als Oberstleutnant im Stab des FHQu gedient. Er war es, der Hitler die Abreise Rudolf Hess' nach England meldete. Generalmajor Lombart hatte Oberstleutnant Scherhorn in einem der zahlreichen Gefangenenlager, durch die er kam, gesehen. General Lombart kehrte 1953 nach Deutschland zurück, und es ist anzunehmen, daß auch Oberstleutnant Scherhorn zurückgekehrt ist, sofern er die Gefangenschaft überstanden hat. Aber möglicherweise lebt er in Ostdeutschland. Ich erlaube Ihnen hiermit, Oberst Skorzeny, von diesem Brief Gebrauch zu machen.«

Ich habe Dr. Toth persönlich gesprochen: er wurde 1953 endlich aus der russischen Gefangenschaft entlassen. Er erzählte mir noch einmal von Will Linder, von der verlorenen Legion und von den schrecklichen Jahren der Gefangenschaft, die er mit anderen tapferen Soldaten geteilt hatte. Viele von ihnen waren vor seinen Augen gestorben, durch die schlechte Behandlung, vor Hunger und vor Kälte.

Was in den sowjetischen Kriegsgefangenenlagern in Sibirien, sagte er, über zehn Jahre lang vorging, ist unbeschreiblich. Ein bis zwei Jahre nach dem Tode Stalins (1953) ließ zwar der Eifer etwas nach, alle von uns zur

Strecke zu bringen, die diese schrecklichen Jahre überlebt hatten. Es blieben schließlich etwa 20 Prozent am Leben.

Manche europäischen Soldaten, die gegen den Bolschewismus gekämpft hatten, waren seit 1941 in Gefangenschaft. Mein Bruder wurde aus dem einfachen Grund, weil er Skorzeny hieß, im Jahr 1946 auf der Straße in Wien festgenommen und zehn Jahre in der Sowjetunion gefangengehalten. Bei seiner Entlassung 1954, als auch andere Überlebende der Vernichtungslager des Archipels Gulag befreit wurden, konnte er kaum stehen und hatte rund 30 kg Gewicht verloren. So durfte er nicht in Wien erscheinen, und die Sowjets schickten ihn aus Propagandagründen erst nach Jugoslawien, wo er in quasi-Freiheit gut behandelt und ernährt wurde. Er trug schwere Herz- und Lungenschäden davon und starb an deren Folgen zehn Jahre später.

Dr. Toth und ich unterhielten uns auch über den ungarischen Aufstand im Oktober und November 1956. Die Sowjets mußten sibirische Truppen einsetzen, die der Meinung waren, im Vorderen Orient zu kämpfen, und die Donau für den Suezkanal hielten! Während der Volkserhebung 1956 in Budapest gab es 25 000 Tote, 8000 waren Soldaten der Roten Armee. Zehntausende Ungarn wurden danach verhaftet und im Namen der »fortschrittlichen Demokratie« deportiert. Obwohl Stalin schon seit drei Jahren tot war! Aber viele derjenigen, die sich anmaßen, im Namen des »menschlichen Gewissens« zu sprechen, vergessen, über das Martyrium Ungarns unter dem bolschewistischen Joch zu berichten.

Wie viele Hunderttausende Ungarn mußte Dr. Toth sein Land verlassen. Er hat ein Buch geschrieben mit dem Titel *Gefangener in der UdSSR (1945 bis 1955)*. Dies ist ein wirklich schreckliches Beweisstück eines Arztes, dessen einziges Vergehen darin bestand, sein Land und seine Mitmenschen zu lieben. In den Jahren 1948/49, sagte er, lebten *über zehn Millionen* politischer Häftlinge in den sowjetischen Konzentrationslagern. Im übrigen traf Dr. Toth in einem der Lager auch Solschenizyn.

In seinem Buch erzählt Dr. Toth die Geschichte des Dr. Heller, eines seiner Kollegen, jüdischer Abstammung. Dr. Heller wurde 1943 in Budapest verhaftet und nach Mauthausen deportiert. Zur größten Überraschung Dr. Toths, der glaubte, Heller erfreue sich in Budapest einer glänzenden Situation, fand er diesen 1955 in einem sibirischen Straflager. Er wurde »irrtümlicherweise« 1945 in Wien verhaftet, wo man ihn als Agenten der Gestapo hinstellte und zu zwanzig Jahren Gefängnis verurteilte. Schließlich entlassen, pflegte Dr. Heller während der Volkserhebung vom Oktober 1956 mutig die Verwundeten in den Straßen von Budapest und verwandelte selbst sein eigenes Haus in ein Hospital. Als die Rote Armee die nationale Revolution niedergeschlagen hatte, ließ die kommunistische Regierung Dr. Heller verhaften. Er wurde der »aktiven Mitarbeit an der Konterrevolution« angeklagt, zum Tode verurteilt und im Januar 1957 gehängt.

# DRITTES KAPITEL

# Adrian von Fölkersam vermißt
## Walter Girg und sein letzter Einsatz

Wie Fölkersam das Ritterkreuz bekam – Der Auftrag seines Kommandos in Maikop – Seine Rede – Die vorgetäuschte Hinrichtung der Kosaken – »... Na endlich sind Sie hier!« – Mit dem General des NKWD zusammen – Die Nachrichtenzentrale der Armee wird gesprengt – Ein argwöhnischer General – Das große Risiko in der Fernsprechzentrale nach Nordkaukasien – Die 13. deutsche Panzerdivision rückt in Maikop ein – In Hohensalza eingekesselt – »Brechen Sie heute nacht aus!« – Walter Girg und seine Russen – 1 500 km hinter feindlichen Linien, mit dem Ritterkreuz unter dem Halstuch – »... Sie sind ein russischer Spion!« – Eine der schlimmsten Episoden dieses Krieges — Russisches Roulette mit fünf Kugeln in der Trommel.

Ich möchte hier von Adrian v. Fölkersam sprechen. Als die Panzerbrigade 150, deren Kampfgruppe Z er kommandierte, aufgelöst wurde, bat er mich dringend, ihm das Kommando des *Jagdverbandes* Ost zu übergeben. Ich wandte ein, daß er mich in diesem Falle ohne Stabschef lassen würde — in einem Augenblick, in dem wir schwierige Einsätze zur organisieren hatten. Das gab er zu. Aber dieses Argument zog nicht mehr, als 1800 freiwillige Offiziere und Soldaten der Division *Brandenburg* zu unseren SS-Jagdverbänden versetzt wurden — unter ihnen Oberstleutnant Walther, ein ausgezeichneter Stabschef.

So mußte ich wohl oder übel, und gegen meine innere Stimme, Fölkersam um den 12. Januar 1945 die Führung des *Jagdverbandes Ost I* übertragen. Diese Einheit konnte keinen besseren Führer bekommen. Ich hatte eine schlimme Vorahnung, und nur sehr widerwillig unterschrieb ich seine Ernennung zum Bataillonskommandeur.

Anfang Januar 1945 machten wir uns keine Illusionen mehr über den Ausgang des Krieges — es sei denn, es würde ein Wunder geschehen. Die Ardennenoffensive, der ein Angriff an der Saar und im Elsaß folgte (vom 1. bis 26. Januar) brachte nicht den gewünschten Erfolg. Wenigstens hielt sich die Westfront: 68 deutsche Divisionen standen 69 alliierten Divisionen gegenüber, und beide Seiten waren sehr geschwächt. Wie bekannt, überschritten die amerikanischen Streitkräfte die nicht gesprengte Remagenbrücke erst am 8. März. Zu diesem Zeitpunkt war die feindliche Überlegenheit, hauptsächlich in der Luft, erdrückend geworden, und 79 feindliche Divisionen stießen nur noch auf 30 deutsche Divisionen, die materiell und moralisch nicht in der Lage waren, mit der geringsten Aussicht auf Erfolg zu kämpfen. Aber seit dem 8. Januar 1945 war uns allen klar, daß die erbittertsten und entscheidendsten Schlachten im Osten ausgetragen werden würden.

Trotz der Forderung des »Unconditional surrender« und den Imperativen des Morgenthau-Planes (der durch die von Martin Bormann verfaßten und unterschriebenen »Führerbefehle«, die praktisch die vollständige Zerstörung der Industrie beabsichtigten, verschlimmert wurde) hofften wir, daß Deutschland im Westen weiter durchhalten würde. Wir wußten jedoch sicher, daß dies im Osten nicht der Fall sein konnte.

Die Russen wurden im Juli 1944 an der Weichsel gestoppt. Von diesem Zeitpunkt an stellten sie unzählige neue Divisionen auf und bekamen riesige Mengen Kriegsmaterial von den Westalliierten geliefert. Zwischen Roosevelt und Stalin wurde vereinbart, daß eine doppelte Offensive im Westen wie im Osten ab 20. Januar 1945 gestartet würde. Es hat sich gezeigt, daß Churchill Stalin bitten mußte, seinen Angriff zeitlich zu verschieben, da die deutsche Ardennenoffensive alle amerikanisch-englischen Pläne über den Haufen geworfen hatte.

Stalin trat erst am 12. und 14. Januar zum Angriff an — mit 225 Infanteriedivisionen und 22 Panzerkorps. Die sowjetische Überlegenheit wurde von General Guderian folgendermaßen eingeschätzt:

Infanterie:    11 : 1
Panzer:         7 : 1
Artillerie:     20 : 1
Luftwaffe:      20 : 1

Trotzdem hieß es: weiterkämpfen und durchhalten. Es ging um Leben und Tod. In seinen *Erinnerungen eines Soldaten* bemerkt Generaloberst Heinz Guderian, damals Chef des Generalstabs des Heeres und für die Operationen im Osten zuständig, daß schon die ersten sowjetischen Besetzungen einzelner Dörfer in Ostpreußen gezeigt hatten, wie sich das Schicksal des deutschen Volkes gestalten würde, wenn die Flut nicht aufgehalten werden konnte. Siebenhundert Jahre Arbeit und Zivilisation standen auf dem Spiel. Er folgerte daraus:

»... die Tatsache, vom deutschen Volk eine bedingungslose Kapitulation zu verlangen, ist ein Verbrechen gegen die Menschheit und eine Schande.«

St.bann.Fhr. Baron v. Fölkersam kam am 18. Januar in Hohensalza[1] nordöstlich von Posen an. Das war genau die russische Stoßrichtung im Mittelabschnitt einer 75 km langen Front zwischen Weichsel und Warthe. An diesem kleinen Frontabschnitt drangen 31 feindliche Infanteriedivisionen und 5 Panzerkorps ein, die von einer nahezu unbegrenzt starken Luftwaffe und Artillerie unterstützt wurden.

Mit Sorge verfolgte ich in Friedenthal durch die erhaltenen Funkmeldungen den Verlauf der Kämpfe. Da ich keine Truppen hatte, schickte ich Fölker-

---

1 Hermann von Salza war Hochmeister des Deutschen Ritterordens, der im 13. Jahrhundert die Heiden in diesem Gebiet christianisierte (A. d. Red.).

sam zwei Dutzend Lastwagen mit Munition und Verpflegung. Er hatte darum schon am 18. Januar gebeten. Am 20. hörte ich, daß die Stadt eingeschlossen sei. Ich bemühte mich, noch mehr über die Schlacht um Hohensalza zu erfahren. Ich vertraute Fölkersam und seiner taktischen Geschicklichkeit. Er hatte nun das Kommando über alle dort eingeschlossenen deutschen Einheiten übernommen. Aber die Informationen, die aus den anderen Frontabschnitten kamen, bewiesen, daß die russische Dampfwalze wirklich erdrückend war. Es war nur ein Häuflein deutscher Soldaten gegen eine Riesenmasse: der *Jagdverband Ost* und Reste anderer Einheiten. So war ich entschlossen, die Verantwortung eines Ungehorsams auf mich zu nehmen und dem *Jagdverband Ost* den Befehl zu erteilen, den Ausbruch vorzubereiten und durchzuführen, sobald ich das Signal dazu gab.
Adrian v. Fölkersam war bestimmt der eleganteste und ruhigste Kriegsabenteurer: 1945 war er siebenundzwanzig Jahre alt. Er war groß und schlank und hatte graue Augen. Um ein wahrheitsgetreues Bild von ihm zu zeichnen, ist es das beste, wenn er seinen Einsatz, für den er mit dem Ritterkreuz ausgezeichnet wurde und den er mir eines Abends in Friedenthal schilderte, selbst erzählt:

»Es war Juli 1942, und wir befanden uns nördlich des Kaukasus. Ich war zwar Leutnant der Division *Brandenburg*, aber bei diesem Einsatz war ich Major Truchin vom NKWD, der mit Spezialanweisungen — die ich nur sehr geheimnisvoll erwähnte — und einem Trupp von 62 Mann direkt aus Stalingrad kam. Diese waren in der Hauptsache Balten, die fließend Russisch sprachen, und von mir persönlich ausgewählte Sudetendeutsche. Wir waren nicht gerade stolz, in der Uniform des NKWD zu stecken, aber die Notwendigkeit wird zum Gesetz, insbesondere wenn der Feind die Kriegsgesetze selbst nicht befolgt. Wir befanden uns an der Spitze der 17. Armee des Generals Ruoff, genauer gesagt der 13. Panzerdivision des Generals Heer, der eben in Armawir die Ölleitung Rostow-Kala-Baku erreicht hatte. Man führte uns nachts rund 50 km nordöstlich des großen Erdölzentrums Maikop, in Bieloretschenskaia über die Frontlinie. Wir hatten zwei Missionen: erstens, unseren Panzern die Besetzung Maikops so leicht wie möglich zu machen und zweitens, so gut es ging, zu verhindern, daß die Förderanlagen zerstört würden. Ich war Führer des Kommandos, und wir waren alle à la NKWD uniformiert und bewaffnet.
Ein Spähtrupp brachte mir die Nachricht, daß Überlebende der im Rückzug befindlichen sowjetischen Einheiten in einem nahen Dorf kampierten. Sie waren von ihren Einheiten abgeschnitten, und unter den verschiedenen Gruppen herrschten die größten Meinungsverschiedenheiten. Es gab Kosaken aus dem Kuban, durch den wir eben marschiert waren, Ukrainer, Kirgisentruppen, Tscherkessen und Turkmenen — alle muselmanisch —, Geor-

gier und schließlich Russen und sibirische Einheiten. Alles in allem etwa sieben- bis achthundert Mann. Nur die Russen und die Sibirier wollten zu ihren Einheiten zurück, aber sie waren in der Minderheit; ihre Offiziere packte die Unruhe. Sehr interessant war, daß es abgesehen von den Kamelen und Pferden auch Lastwagen und Benzin gab. So stand mein Plan bald fest.

Beim Morgengrauen umzingelten wir das Dorf und griffen mit Schüssen in die Luft an, weckten alle Leute auf, entwaffneten sie und stießen sie — ›Dawai! Dawai!‹ auf den Hauptplatz. Dort stieg ich auf die Kühlerhaube eines Lastwagens. Meine treuen Kameraden des NKWD umstellten die Rednerbühne zu meinem Schutz, und ich improvisierte eine Ansprache.

Nachdem ich festgestellt hatte, daß wir alle Mann schlafend angetroffen hätten, wo doch das sowjetische Vaterland die Wachsamkeit jedes einzelnen Verteidigers erfordere, brüllte ich:

›Was ist denn hier los! Man will hier desertieren?! Man will hier verraten! Versteht ihr nicht, daß unser großer Genosse Stalin, der geniale Vater unserer Völker, alles vorhergesehen hat? Warum sind wohl die Faschisten bis zum Kaukasus gekommen? Ich werde es euch sagen! Weil sie hier alle bis zum Letzten sterben werden! Diese Berge werden zu ihrem Grab! . . .‹

In diesem Augenblick machten einige Kosaken ein paar sarkastische Bemerkungen, und einer von ihnen mußte lachen. Auf ein Zeichen von mir hielten zwei meiner NKWDs den Mann fest:

›Sollen wir ihn an Ort und Stelle hinrichten, Genosse Kommandant?‹

›Später, Genossen. Er soll ruhig warten. Laßt ihn wegführen!‹

Meine Strafpredigt ging weiter, und am Schluß befahl ich:

›Die meisten von euch verdienen den Tod! Ich möchte zwar unterstellen, daß viele von euch sich von ein paar schmierigen Schlangen überreden ließen: ich kenne sie, denn wir sind gut informiert. Ihr seid uns zu Dank verpflichtet, daß ihr hier noch nicht einen schmutzigen Verrat gegen unser sowjetisches Vaterland begangen habt! Die Kosaken — alle nach rechts heraustreten! Die Turkmenen, Georgier und die anderen nach links! Die Ukrainer dorthin! Alle anderen bleiben hier, bis ich zurück bin. Kosaken vortreten!«

Meine gehorsamen NKWDs fingen sofort an, die Gruppen auszusortieren. Ich ließ ungefähr 30 Mann zurück, bestieg mit meinen übrigen NKWDs die Lastwagen, eignete mir zwei weitere Autos an und schob die Kosaken vor mir her. Nach dreiviertel Stunden Gewaltmarsch kamen wir an eine Schlucht. Ich stieg aus dem Auto und rief den Ataman.

›Du willst zu den Deutschen überlaufen‹, sagte ich zu ihm. ›Das weiß ich. Du weißt auch, daß manche Kosakeneinheiten schon bei ihnen dienen? Sag die Wahrheit!‹

›Warum fragst du mich das, Genosse Major?‹
›Glaubst du, daß dir deine Leute folgen werden?‹
Keine Antwort.
›Hör zu. Bleib hier ein bis zwei Stunden versteckt. Dann sind nur die Ukrainer im Dorf. Dann marschierst du in Richtung Anapa. Misch dich unter die Flüchtlinge der Roten Armee, und du wirst die Deutschen finden.‹
›Was für ein Spiel treibt ihr denn?‹
›In kurzer Zeit wirst du hier in der Nähe eine wilde Schießerei hören. Du rührst dich nicht, und du wirst nur denken: Na, das ist ja der NKWD, der uns erschießt! — Hast du jetzt kapiert?‹
Ich kehrte ins Dorf zurück, wo man die Schießerei gehört hatte und erklärte den russischen und sibirischen Offizieren, daß sie besser die Kaukasier und die Ukrainer zurückließen: eine andere Einheit des NKWD würde ›sich um sie kümmern‹. Die Russen und Sibirier stiegen auf die Lastwagen, und ich folgte ihnen mit meinem von nun ab motorisierten Kommando.
Am Morgen des 2. Augusts stieß meine Kolonne auf die Hauptstraße und reihte sich in die in Richtung Süden bewegende Autoschlange ein. Es herrschte ein wüstes Durcheinander. An der Stelle, wo sich die Straße mit der Bahnlinie Armawir-Tuapse kreuzt, versuchten echte NKWD-Einheiten vergebens die Panik zu bewältigen. Ich stellte mich ihrem ausgesprochen schlecht gelaunten Kommandeur, einem Oberstleutnant, vor:
›Wer sind Sie?‹ fragte er.
›Major Truchin von der Brigade Schdanow, Genosse Oberst.‹
›Wo kommen Sie her? Welche Mission haben Sie auszuführen?‹
›Wir kommen aus Stalingrad mit Sonderaufträgen, Genosse. Brigade 124.‹
Das Gesicht des Obersten hellte sich auf. Er wußte bisher weder von einer Brigade 124, noch von Sonderaufträgen; aber die Erfahrung hatte ihn gelehrt, vorsichtig zu sein.
›Na, endlich sind Sie hier! Wir warten schon seit gestern auf Sie! Wie Sie sehen, schicken wir die Kavallerie und die Panzer nach Tuapse und die Fahrzeuge nach Maikop. Auch die Infanterie wird dort neu gruppiert. Fahren Sie mit Ihrer Kolonne nach Maikop, aber, bitte sehen Sie sich die Infanteristen genau an! Es könnte sein, daß sich faschistische Spione darunter befinden! Ich verlasse mich auf Sie!‹
›Sie können sich auf mich verlassen, Genosse!‹
In Maikop ließ ich meine Gruppe vor dem Stabsquartier des NKWD anhalten. Auf der Treppe traf ich einen der russischen Offiziere, der das eben erwähnte Dorf schon vor mir verlassen hatte. ›Ich habe schon darüber Bericht erstattet‹, sagte er zu mir im Vorbeigehen. ›Man erwartet Sie.‹
Der General des NKWD empfing mich infolgedessen besonders herzlich.

Ich genoß einen solchen Ruf, daß er weder meine Papiere noch den Sonderauftragsbefehl sehen wollte. Ich zeigte sie ihm trotzdem. Mit einer Handbewegung gab er mir zu verstehen, daß dies nicht notwendig sei. ›Sie hatten recht‹, sagte er. ›Diese Kosaken sind seit jeher Verräter. Sie haben ein für andere lehrreiches Beispiel gegeben. Heute abend sind Sie mein Gast, und jetzt werde ich Sie einquartieren, wie sich das gehört.‹ Bei diesen Worten glaubte ich, erkannt zu sein. Aber nein! Der General beschlagnahmte für uns eine große, komfortable Villa und eine Garage. Das war ein Glück, denn es war keine einzige Wohnung in Maikop frei, es war vollgestopft von Flüchtlingen. So konnten wir unsere Pläne mitten unter dem Feind vorbereiten. Sechs bis sieben Tage lagen noch vor uns, ehe unsere Panzer ankommen würden. Diese Zeit mußte so gut wie möglich ausgenutzt werden.

Eine genaue Untersuchung der Villa überzeugte uns, daß keine Mikrofone versteckt waren; trotzdem sprachen wir nur von unserem Vorhaben, wenn das Radiogerät genügend Lärm machte. Meine beiden Vertreter, Fähnrich Franz Koudele, alias Leutnant Protoff, und Feldwebel Landowsky, alias Leutnant Oktschakow, spielten ihre Rollen vollendet. In Maikop herrschte die schönste Unordnung. Man hielt uns für gefährlich und sah uns besser gar nicht an; jedoch konnte die geringste Unvorsichtigkeit unserer Leute die ganze Sache auffliegen lassen. An den ersten beiden Tagen mußte ich mir einige meiner Soldaten vorknöpfen, die sich nicht genügend in acht nahmen:

›Habt ihr denn vergessen, was ihr in der Sonderschule Allenstein gelernt habt? Genosse Wuischkin, schauen Sie nicht immer so sanftmütig drein! Das kann Ihnen und uns zum Verhängnis werden! Sie sind ein Mitglied des ›Narodny Kommissaria Wnutrenny Diel‹, vergessen Sie das niemals! Und Sie, Genosse Lebedew, hören Sie endlich auf, hinter den Mädchen des Kaufhauses Univermag herzulaufen: das ist nicht Ihre Aufgabe! Genosse Balamontow, Ihnen habe ich schon x-mal gesagt, daß Sie das Wort ›Faschist‹ nur zusammen mit ›stinkende Ratte‹ oder etwas Ähnlichem aussprechen dürfen. Von einigen Ausnahmen abgesehen, sagen Sie immer ›Faschist‹, als ob Sie ›Schuster‹ oder ›Autowerkstatt‹ sagen würden. So geht das nicht! Wenn Sie das Wort ›Faschist‹ sagen, haben Sie erst ganz bösartig zu grinsen. Dann müssen Sie Ihrem Gesprächspartner scharf in die Augen blicken und ihn argwöhnisch anschauen. Er wird um so mehr zittern, da er gar nicht genau weiß, was ein Faschist eigentlich ist. Er wird sich schuldig fühlen und klein beigeben.‹

Nach zwei nächtlichen Einladungen bei General Perscholl und einer großen Anzahl gemeinsam geleerter Wodkagläser stand ich mit ihm auf bestem Fuße. Wir inspizierten die Gefechtsstellungen. Der einzig gefährliche Punkt war diese Kreuzung zwischen Straße und Bahnlinie. Die gesamte Artillerie stand hier in Stellung, in drei Linien gestaffelt. Außerdem wurden noch Panzerabwehrgräben ausgehoben. Der General fragte mich, was ich ehrlich von diesen Vorbereitungen hielte. ›Genosse, die Verteidigungsstellung ist ausgezeichnet. Vorausgesetzt, daß die faschistischen Panzer auf dieser Straße und aufgereiht hintereinander anrücken. Aber was ist, wenn sie hinter den Sonnenblumenfeldern fächerförmig auftauchen, oder da und dort hinter diesem Hügel?‹ Der General dachte einen Augenblick nach und meinte dann: ›Genau dasselbe habe ich den Führern der Panzerabwehr auch gesagt!‹ ›Die Faschisten konnten Taganrog und Rostow passieren, eben weil wir sie nur auf einer Hauptstraße erwartet hatten, Genosse General! Was geschah aber? Die Faschisten drangen mit mehreren Angriffsspitzen auf breiter Front vor. Das können sie hier genausogut tun. Hier eine Spitze, dort eine und dort noch eine, und sie treffen sich hinter unserem Rücken. Man muß mit allem rechnen, Genosse! Ein gestaffelter Angriff ist immer gefährlich!‹ ›Sie haben recht! Da ich nun Ihre Meinung kenne, wird es mir leichter fallen, meinen eigenen Standpunkt zu verteidigen. Heute nacht noch müssen die entsprechenden Vorkehrungen getroffen werden.‹ Er freute sich ganz offensichtlich, nicht allein irgendeine Verantwortung übernehmen zu müssen. Auch wir trafen unsere entsprechenden Vorkehrungen. Bis zum Morgen des 7. Augusts hatten wir alle wichtigen Auskünfte eingeholt und unsere Pläne danach entworfen. Bis zum Tagesende war alles vorbereitet.

Ich fuhr zum Sitz des NKWD: Perscholl war weg — ich sah ihn niemals wieder. Die Archive waren weggeschafft worden. In der Stadt waren schon Plünderer am Werk, heilloses Chaos herrschte überall. Wir teilten uns in drei Gruppen. Die erste und größte wurde von Feldwebel Landowsky geführt. Seine Aufgabe war, so gut es ging zu verhindern, daß die Förderanlagen gesprengt würden. Es war nichts demontiert worden. Lastwagen fehlten, und die Bahnlinie Armawir-Tuapse bildete die Frontlinie. Das Kommando über die zweite Gruppe gab ich Koudele-Protoff; er hatte in der Stadt zu bleiben und die Telefonzentrale und Telegrafenverbindung mit dem Nordkaukasus zu zerstören.

Ich wollte das Kommando der ersten Gruppe selbst übernehmen, aber in der Nacht vom 8./9. August erfuhr ich, daß zwei Brigaden der Roten Garde aus Tiflis und Baku angekommen waren und an der Bahn- und Straßenkreuzung Stellung bezogen. Das war dumm. Frühmorgens am 9. August erhielt ich den Funkspruch, daß Spähtrupps der 13. Panzerdivision nurmehr 20 km entfernt wären und in kürzester Zeit die Kreuzung angreifen würden. So setzte ich vier Wagen in Marsch; mit bewaffneten Soldaten auf dem Trittbrett gelang es mir, gegen den Strom der vorbeiziehenden Flüchtlinge einen Weg durch die Straßen frei zu machen. Schließlich war ich aus der Stadt, ließ die Autos in der Nähe eines frei stehenden Gebäudes parken, das von Militär bewacht wurde: die Nachrichtenvermittlungszentrale der Armee. An manchen Stellen schlugen schon Granaten unserer 15-cm-Haubitzen ein. Es war leerer auf der Straße geworden. Man hörte die Abschüsse der russischen Geschütze. Sechs unserer Leute schlichen sich mit Sprengpaketen unter den Armen in die Zentrale. Als sie zurückkamen, rasten wir sofort zwischen Granateinschlägen in Richtung Front. Ein paar Minuten später hörten wir eine starke Detonation: die Vermittlungszentrale war in die Luft geflogen.

Bei der russischen Artillerie angekommen, ließ ich deren Kommandeur rufen, einen Oberstleutnant, den mir Perscholl während unserer ersten Inspektion vorgestellt hatte. Ich fragte ihn, auf was und auf wen er denn seiner Meinung nach mit seinen Kanonen schieße.

›Auf die Germanskis natürlich!‹

›Die Faschisten haben eine andere Richtung eingeschlagen, und die Frontlinie liegt jetzt hinter Maikop. Rufen Sie doch an!‹

Er versuchte es — vergeblich natürlich. Dann gab er den Befehl, das Feuer einzustellen und so rasch wie möglich den Rückzug anzutreten.

›Kommen Sie mit?‹ wollte er wissen.

›Pflicht ist Pflicht, Genosse. Ich werde unseren tapferen Infanteristen Bescheid geben, damit sich die Falle nicht hinter ihnen schließt.‹

›Genosse Major, wissen Sie, was Sie dabei riskieren?‹

›Dessen bin ich mir schon seit einiger Zeit bewußt!‹

Wir erreichten die Stellungen, die von einer Infanteriedivision der Roten Garde gehalten wurden. Ich stellte mich dem General vor und meldete ihm, daß er fast abgeschnitten sei. Die Faschisten seien schon über Maikop hinaus. Er war ein pedantischer und argwöhnischer General; der NKWD war ihm offensichtlich nicht sehr sympathisch. Ich ›drehte‹ sofort wieder ›das Ding‹ mit dem Telefon und bemerkte nebenbei, daß sich die Artillerie schon auf dem Rückzug befinde. Vergeblich versuchte er zu telefonieren und fing nun an, mir unangenehme Fragen zu stellen. Stille trat ein. Wir schauten uns in die Augen. Ich hätte nicht gerne meine Pistole gezogen. In diesem Moment erschien, völlig außer Atem, ein Verbindungsoffizier und meldet den Rückzug der Artillerie. Ich wandte mich um. Erst dann befahl der russische General den Rückzug. Die benachbarten Einheiten bemerkten den Abmarsch und schickten Offiziere, um zu fragen, ob neue Befehle eingetroffen seien, was mir eine peinliche Diskussion ersparte, die recht unangenehme Folgen für mich hätte haben können.

In der Zwischenzeit, zur vereinbarten X-Zeit, betraten Koudele-Protoff und seine Leute die Nachrichtenzentrale Nordkaukasus. Sie taten, als ob sie dort hinbefohlen wären. Sie redeten laut und stießen auf einen Kommandanten, der ihnen von oben herab erklärte: ›Wenn der NKWD abgehauen ist, brauche ich nicht das gleiche zu tun!‹

›Wie!‹ schimpfte Koudele-Protoff. ›Ich bin Leutnant des NKWD und bitte Sie, gefälligst zurückzunehmen, was Sie eben gesagt haben!‹

Der Genosse Major wurde etwas kleinlaut und erklärte, daß er noch keinen Befehl zum Rückzug erhalten habe:

›Dann bekommen Sie auch keinen mehr! Die neue Frontlinie formiert sich gerade bei Apschetousk. Erkundigen Sie sich!‹

Anruf bei der Zentralstelle. Keine Antwort – natürlich.

›Ich habe Befehl, dieses Gebäude zu sprengen‹, sagte Koudele.

›Und ich habe denselben Befehl, im Falle . . .‹

›Gut, bleiben Sie doch mit Ihrer Mannschaft, wenn Ihnen nichts Besseres einfällt, und Sie gehen mit in die Luft! In weniger als 15 Minuten wird die Verbindungszentrale zum Nordkaukasus nicht mehr existieren. Die Faschisten können jeden Augenblick auftauchen!‹

Der Kommandant und seine Untergebenen zogen mit erstaunlicher Geschwindigkeit ab. Dann kam die große Nummer: Koudele und seine Leute setzten sich an die Plätze der Funker und antworteten auf alle Fragen: ›. . . unmöglich, Sie mit X, Y oder Z zu verbinden. Die Stadt wird evakuiert, und die Truppen marschieren in Richtung Tuapse. Wir haben Befehl, die Zentrale in einigen Minuten zu sprengen.«

Alle noch einsatzfähigen Dienststellen in Maikop flüchteten schnellstens nach Süden. Koudele und sein kleines Kommando hielten an diesem Morgen des 9. Augusts 1942 die Zentrale Nordkaukasus, solange sie konnten. Aber es kamen chiffrierte Meldungen, auf die sie nicht antworten konnten. Man fragte sie, wer sie seien. Das beste war, alles sofort zu sprengen. Aber dieser Entschluß sollte das dritte Kommando Landowsky ganz beträchtlich bei der Ausführung seines Auftrages stören.

Die Russen hatten das Erscheinen deutscher Truppen in Maikop einkalkuliert, und man hatte Vorkehrungen getroffen – selbst für den Fall eines Fallschirmjägereinsatzes. Landowsky verfügte über das zahlenmäßig stärkste Kommando, das er in kleine Gruppen falscher NKWD-Soldaten aufteilte. Er benutzte ein Feldtelefon, das er an das echte Telefonkabel anschloß, und rief die Nachrichtenzentrale der Armee an. Da auch bei einer Funknachfrage keine Antwort mehr kam, schickte er seine Gruppen in allen Richtungen zu den Erdölförderungsanlagen. Sie gingen planmäßig vor: sie kamen im Laufschritt an und ließen sich zu den Posten der Werkspolizei führen. Dort behaupteten sie, auf Befehl ›von oben‹ hätten sie sofort die Aufgaben der Werkspolizei zu übernehmen und bei Annäherung der Nazitruppen alle Einrichtungen der Ölfelder zu zerstören.

Der Trick gelang nicht in allen Fällen: in Makdse kamen sie zu spät. Der wachhabende Sicherheitschef hatte bereits die Armeezentrale angerufen, dann die Zentrale Nordkaukasus. Als er von beiden Stellen keine Antwort bekam, ließ er sofort alle Maschinen und Bohrstellen sprengen. Die Explosionswolke alarmierte sofort andere Sicherheitseinheiten, die dann diesem Beispiel folgten. Die Vorhut der 13. Panzerdivision jedoch, die Maikop im Norden angriff, stieß nur auf schwachen Widerstand kleiner Infanterie-Einheiten, die die Nachhut bildeten. Die ersten Panzer General Heers rollten am selben 9. August 1942 um die Mittagszeit in die Vororte Maikops ein.« Das war und so kämpfte Adrian v. Fölkersam. Für diesen Einsatz wurde er mit dem Ritterkreuz ausgezeichnet. Er war an meiner Seite, als wir die Burg in Budapest stürmten, und ich hatte ihn in den Ardennen in den Kampf ziehen sehen. Weshalb sollte ein Mann wie er in Hohensalza sterben?

Ein Offizier, der die Aufgabe hat, eine Einheit im Gefecht zu führen, hat nur einen Willen: das ihm befohlene Ziel zu erreichen. Er sollte aber auch eine, wenn auch nur kleine Möglichkeit haben, dem Glück nachzuhelfen. Wenn aus taktischer Sicht der Gegner alle Chancen für sich hat, dann hilft der beste Wille nichts mehr. Im Laufe der letzten Kriegsmonate spielten Intelligenz und Ideenreichtum des Soldaten im Osten wie im Westen nur noch dann eine Rolle, wenn er handeln konnte, bevor er in der Lawine unterging.

Der Sturmbannführer der Waffen-SS v. Fölkersam, an der Spitze eines Bataillons und der Reste anderer Einheiten, wurde, wie viele andere von der Sturmflut eingeholt und überrollt. Die Nachrichten, die von der Front kamen, bewiesen mir ausreichend, daß es ihm trotz größter Geschicklichkeit und höchstem Mut nicht möglich sein würde, den feindlichen Angriff noch aufzuhalten. Die sowjetische Artillerie hatte schon in einem Kreis um Hohensalza über vierzig Geschütze je Kilometer aufgestellt und überschüttete unsere eingeschlossenen Truppen mit intensivstem Trommelfeuer. Ich wußte, daß Fölkersam sein Möglichstes tun würde, aber ich befürchtete, daß er mir nicht mitteilen würde, wie aussichtslos selbst die größte Tapferkeit seiner Kampfgruppe war.

Fölkersam war mein bester Kamerad und mein treuster Freund. Ihn bei einer derartigen hoffnungslosen Lage zu opfern, wäre zu hart für mich gewesen. Ihn einfach und unnötigerweise mit dem *Jagdverband Ost* untergehen zu lassen, war zu viel für mich. Als dann am 21. Januar 1945 mittags sein kurzer Funkspruch kam: »Lage unhaltbar. Soll ich Durchbruch versuchen? F.« nahm ich die Verantwortung auf mich, selbst den Rückzugsbefehl zu erteilen: »Heute nacht ausbrechen!« Es war schon zu spät. Am Nachmittag kam die schon von Major Heinz gefunkte Hiobsbotschaft:

»Fölkersam bei einem von ihm selbst angeführten Erkundungsvorstoß schwer verwundet. Kopfschuß. Habe Führung der Kampfgruppe übernommen. Ausbruchsversuch heute nacht.«

Vom *Jagdverband Ost* kamen einige Wochen später nur 2 Offiziere (Balten) und 13 Mann zurück nach Friedenthal — von insgesamt 800 Mann. Der nächtliche Durchbruch in zwei Gruppen ging zuerst mit Erfolg vonstatten. St.bann.Fhr. Fölkersam, noch ohne Besinnung, war notdürftig verbunden auf den Schlepper eines Artilleriegeschützes gelegt worden. Dieses Halbkettenfahrzeug sollte der Gruppe folgen, deren Durchbruchsstelle am günstigsten eingeschätzt wurde. Nach erfolgreichem Ausbruch teilte ein Funkspruch mit, daß die kleine Schutzgruppe für Fölkersam mit dem Schlepper durchgekommen war. Von dem Zeitpunkt an gab es keine weitere Nachrichten von dieser Gruppe. In der Nacht vom 22./23. Januar wurde der Großteil des Bataillons überraschend angegriffen und nach erbitterten Kämpfen aufgerieben. Die 15 Überlebenden irrten drei Wochen lang zwischen den feindlichen Linien herum und konnten uns nach der Rückkehr keine genauen Angaben mehr über das Schicksal der anderen Kameraden machen.

Fölkersams Frau und seine neugeborene Tochter befanden sich in Posen, rund 140 km westlich von Hohensalza. Als ich am 20. Januar sah, daß sich die Lage an der Ostfront stündlich verschlechterte, beorderte ich den Divisionsarzt, Dr. Slama, nach Posen, der Mutter und Kind eben noch in den Westen bringen konnte. Fölkersam hatte einen jüngeren Bruder, der ebenfalls bei der Division *Brandenburg* war. Als Gefangener in der Sowjetunion soll er 1947 erfahren haben, daß Adrian seine Verletzungen überlebt habe und sich auch in Gefangenschaft befinde. Man sagte mir, er glaube bis heute daran.

Für alle, die Adrian v. Fölkersam gekannt haben, ist er nicht tot: er verachtete viel zu sehr den Tod, um jemals zu sterben und vergessen zu werden.

Unter den Offizieren aus Friedenthal, deren Handeln durch Mißachtung jeder Gefahr gekennzeichnet war, ist auch U.St.Fhr. Walter Girg hervorzuheben. Er war es, der Ende August 1944 an der Spitze eines Stoßtrupps in rumänischer Uniform die drei wichtigsten Karpatenpässe sperrte.

Ende 1944 und Anfang 1945 organisierten wir in Friedenthal, auf Befehl des OKH und mit Hilfe des Amtes »Fremde Heere Ost« General Gehlens, zahlreiche Einsätze des *Jagdverbandes Ost*, aber auch der Frontaufklärungstruppen II, die mir jetzt unterstellt waren, hinter den sowjetischen Linien. Durch diese weiten Aufklärungsunternehmen in den von Russen besetzten Gebieten konnte sich das OKH ein besseres Bild davon machen, wo die starken und wo die schwachen Stellen des Gegners lagen. Die Sowjets waren jetzt ausschließlich auf »Offensive um jeden Preis« eingestellt. Dies bedeutete für sie ein großes Risiko, da ihre Nachschublinien sich immer mehr ausdehnten. Kein Zweifel: wenn die Ardennenoffensive im November gestartet worden wäre, wie dies Hitler ursprünglich beabsichtigte, und nicht im Dezember, und wenn sie Erfolg gehabt hätte, wäre die Westfront mindestens bis zum April stabilisiert gewesen. Hätte Stalin dann am 12. Januar so leichtsinnig angegriffen, wie er es tat, hätte seine Offensive ein schlimmes Ende finden können.

Unsere Einsätze lieferten den Beweis, daß der Feind die von ihm eroberten Gebiete keineswegs kontrollierte. Oft konnte über die intakt gebliebenen Telefonleitungen Verbindung mit Städten, Dörfern, Fabriken oder Dienststellen aufgenommen werden, die weit im Hinterland des Feindes lagen. So telefonierte mit mir zum Beispiel die Leitung einer wichtigen deutschen Fabrik in Litzmannstadt — dem heutigen Lodz — und fragte an, ob sie die Arbeit wieder aufnehmen sollten! Der Feind zog an der Stadt vorüber, ohne sie besetzt zu halten, oder sich wirklich um sie zu kümmern.

Man wird verstehen, daß unsere Einsätze für das OKW interessante Details erbrachten, die vom OKH ausgewertet wurden.

Anfang Januar 1945 fiel Obersturmführer Girg die Aufgabe zu, ins Gebiet des ehemaligen Generalgouvernements Polen vorzustoßen. Seine Gruppe bestand aus zwölf deutschen Soldaten und zwölf russischen Freiwilligen. Sie wurden per Schiff nach Ostpreußen gebracht, das sich noch in unseren Händen befand, aber vom übrigen Deutschland abgeschnitten war. Das Kommando wurde mit einigen russischen Beutepanzern ausgestattet und stieß in Richtung Südpolen vor. Einige Tage lang bestand Funkverbindung: dann riß sie ab. Wochen vergingen ohne Nachricht, und ich hielt schon das Kommando für verloren.

Zum Glück war es anders: Girgs Einheit tarnte sich als Inspektionsabteilung der Roten Armee, deren offizielle Aufgabe es angeblich war, nachzuprüfen, ob die für den Nachschub verantwortlichen Stellen korrekt funktionierten. Im Gegensatz zu Fölkersam jedoch sprach Girg kein Wort Russisch. Infolgedessen waren alle offen auftretenden Offiziere und Unteroffiziere Russen, die alles genauestens inspizierten und nachts wieder erschienen, um Telefonkabel und die Signaleinrichtungen der Bahnlinien zu zerstören und gegebenenfalls Brücken, Elektrizitätswerke, Proviant- und Munitionslager zu sprengen.

Sie sammelten natürlich auch interessante Nachrichten. Wenn ihnen eine starke Einheit entgegenmarschierte, hielten sie an, täuschten eine Panne vor und informierten kurz danach Friedenthal, bis zu dem Augenblick, an dem der Funker — ein deutscher Feldwebel — samt seinem Material beim Überqueren der zugefrorenen Weichsel, deren Eis unter dem Gewicht des Lastwagens brach, versank. Girg und der Rest des Kommandos setzten ihren Weg weiter fort und schliefen und erholten sich des öfteren bei den Dorfbewohnern, die sie um so besser aufnahmen, desto »verdächtiger« ihnen das Kommando vorkam.

Sie hatten während der sechs Wochen ein recht wechselhaftes Glück. Nicht nur unsere russischen, auch ins Kasino eingeladenen »Offiziere«, die Kritiken zahlreicher sowjetischer, kriegsmüder Offiziere zu hören bekamen, die die Massenopfer der stalinistischen Taktik ablehnten, sondern auch das ganze Kommando verdankte manchmal sein Schicksal den antibolschewistischen Partisanen, in deren Mitte sie zeitweise fliehen mußten.

Nach einem Vorstoß von 1500 km ins feindliche Hinterland gelang es Girg, zur Festung Kolberg an der Ostsee zurückzukehren. Die Stadt war schon von den Russen eingeschlossen, und der dort kommandierende deutsche General glaubte kein Wort vom Bericht unseres Kameraden. Das einzige Erkennungszeichen, das Girg mit sich führte, war das Ritterkreuz, das er unter seinem Halstuch trug.

Erbittert sagte ihm der General:

»Sie sind nicht nur ein sowjetischer Spion, sondern Sie halten mich dazu noch für einen Idioten!«

Leider konnte ich den Namen dieses Generals nicht mehr wiederfinden, der mich allerdings gut kannte: als ich ihm Girg vorstellte, kam er von der Oder, wo er einige Tage mein Vorgesetzter als Komm.Gen. gewesen war, und zwar, als ich Kommandant des Brückenkopfes in Schwedt/Oder war, worauf ich im nächsten Kapitel noch zu sprechen komme.

»Sie behaupten also, daß Sie zum *Jagdverband Mitte* aus Friedenthal gehören«, sagte der General zu Girg. »Na gut. Wer ist denn Ihr Chef?«

»St.bann.Fhr. Otto Skorzeny, Herr General.«

»Gut. Wo ist er denn zur Zeit?«

»In Friedenthal wahrscheinlich, Herr General.«

»Es ist ganz eindeutig, daß Sie ein Spion des Nationalkomitees Freies Deutschland sind, denn ich habe mit Ihrem Chef vor drei Wochen an der Ostfront gesprochen. Da haben Sie Pech!«

Girg wandte ein, daß ich noch in Friedenthal gewesen sei, als ich ihm diesen Einsatz befahl.

»Möglich. Dann kennen Sie bestimmt die Wellenlänge und die besonderen Funkzeichen, um sich mit Friedenthal in Verbindung zu setzen?«

»Leider nein. Mein Funker ist mit seinem ganzen Material schon zu Beginn unseres Einsatzes in der Weichsel ertrunken.«

»Wirklich? In der Weichsel! Sie hätten sich etwas Originelleres einfallen lassen können!«

Girg und seine Kameraden mußten es erleben, von den eigenen Landsleuten zum Tode verurteilt zu werden. Erst ein Einfall Girgs brachte die Kameraden, die ihn schon exekutieren wollten, zur Besinnung.

»Sterben oder nicht sterben — ist mir gleichgültig. Was mich aber ärgert, ist, von Freunden erschossen zu werden, obwohl es so vielen Feinden bisher nicht gelungen ist, mich zu kriegen!«

Er machte einen letzten Vorschlag: man solle General Jüttner in der Bendlerstraße in Berlin funken und Wellenlänge und Kennwort von Friedenthal ermitteln. Der Kommandant der Festung Kolberg könne sich dann selbst von Friedenthal über Funk die Bestätigung geben lassen.

So erfuhr Karl Radl, daß die deutschen Soldaten in Kolberg Girg und andere Kameraden erschießen wollten! Man kann sich ausmalen, mit welcher Blitzgeschwindigkeit Radl die Situation aufklärte! Der General war dann froh, daß er Girg und sein Kommando einsetzen konnte: er ließ sie Spähtrupps durchführen und bestimmte sie als Nachhut, während die Festung mit Hilfe der Marine geräumt wurde. Er selbst verließ mit ihnen als letzter die Festung.

In seinem *Commando extraordinary* schreibt Charles Foley über das phantastische Abenteuer Walter Girgs:

»Die Belagerung der Festung Kolberg durch die Russen war eine der schlimmsten Episoden in diesem Krieg. Die Franzosen, Freiwillige der Waffen-SS-Division *Charlemagne,* kämpften mehrere Wochen, um einen dünnen Schlauch offenzuhalten, durch den deutsche Flüchtlinge nach Westen fliehen konnten, während gleichzeitig die ›roten‹ Deutschen, die in der Division *Seydlitz* rekrutierten Kriegsgefangenen, alles taten, um ihren eigenen Landsleuten den Fluchtweg zu versperren und abzuschneiden.

Drei französische Bataillone verteidigten unter dem Befehl des Oberführers Puaux die Stadt Küstrin, und eine Kampfgruppe der Division *Charlemagne* stand bis zum 6. März 1945 in Kolberg. Später beteiligte sich ein anderes Bataillon der französischen Waffen-SS an den letzten Kämpfen um Berlin bei der Reichskanzlei bis zum 1. Mai 1945.

Was Walter Girg während seines letzten Einsatzes am meisten überraschte, war die Treue und der Opfermut der deutschen Bevölkerung in den von den Roten bereits besetzten Gebieten. ›Besonders Frauen waren es‹, sagte er, ›die jedes Risiko auf sich nahmen, um uns zu helfen‹.«

Bei seinem ganzen Einsatz verlor er mit dem Funker nur drei Mann. Die Russen waren überzeugt, daß der Funker einer der Ihrigen war, und begruben ihn mit militärischen Ehren im nächsten Friedhof an der Weichsel. Kein einziger Russe dieses Kommandos beging Verrat. Girg wurde auf meinen Vorschlag zum Hpt.St.Fhr. befördert und mit dem Eichenlaub zum Ritterkreuz des Eisernen Kreuzes als 814. deutscher Soldat ausgezeichnet. Er war ein außergewöhnlich kühner Offizier, der das Schicksal geradezu herausforderte.

»Das schwarze Schaf« aus Friedenthal lebt noch und hat bestimmt inzwischen vergessen, wie viele Male er durch die sowjetischen Linien ging. Karl Radl meinte, daß er einen ganz persönlichen Stil gehabt habe, »russisches Roulette« zu spielen: und zwar mit fünf Kugeln in der Trommel, statt nur mit einer. Es hieß, er habe »eben Glück gehabt«. Allerdings, um Einsätze wie die des Walter Girg erfolgreich durchzuführen und lebend zu überstehen, muß man dem Glück ziemlich nachhelfen!

# VIERTES KAPITEL

# Schwedt an der Oder
## Letztes Wiedersehen mit Wien

Ein bedauerlicher Entschluß Hitlers: Himmler wird OB der Heeresgruppe Weichsel – Organisation des Brückenkopfes in Schwedt – »Die Roten kommen hier nie herein!« – Unsere schwimmenden Batterien und Kanonen mit Selbstfahrlafetten – Taktische Verwendung – zeitlich und räumlich begrenzt – Krasnows Kosaken »bringen Stimmen« – Eine europäische Division – Die Kämpfe – Himmlers Zornanfälle – Reichsleiter Martin Bormann gerät vor Wut außer sich – Grabow geht verloren und wird wiedergewonnen – Wilschers Scharfschützen – Speer: »Was unsere neuen Waffen betrifft, wird bald die Entscheidung fallen!« – In der Reichskanzlei – Eva Braun – Fliegeroberst Rudel – In Wien, einer toten Stadt – Zwei alte Polizisten, um die Russen zu umzingeln – Baldur v. Schirachs unterirdischer Salon – Neu-Starhemberg 1683 – Ein Lebewohl an meine Geburtsstadt.

Unsere Aufklärungsunternehmen hinter den sowjetischen Linien erlaubten es dem Generalstabschef des Heeres, GenOb Guderian, sich ein genaues Bild dessen zu machen, was aus dem Osten an uns herankam. Hitler wollte es jedoch bis zum 12. Januar 1945 nicht glauben. Er wurde sehr schlecht informiert — von Himmler, der behauptete, daß »die sowjetischen Vorbereitungen zu einer Großoffensive nur ein riesiger Bluff« seien.

Am 23. Januar erhielt Hitler die Nachricht, daß die Festung Lötzen in Ostpreußen, der stärkste Stützpunkt der Ostfront, sich ohne Kampf ergeben hatte. »Eine schreckliche Nachricht«, schreibt Guderian, »die der Führer als Verrat bezeichnete.« GenOb Reinhardt, der OB der Heeresgruppe Mitte, wurde durch GenOb Rendulic ersetzt, einen meiner Landsleute, einen General des Heeres und sehr fähigen Mann, den ich später kennenlernte, als er die Heeresgruppe Süd kommandierte. Es bestand bei Kriegsende ein Oberkommando Süd, dessen Befehlshaber GFM Kesselring war und dessen Generalstabschef Generaloberst Winter.

Die Wahl Rendulics war gut. Aber die Kapitulation von Lötzen hatte zur Folge, daß Hitler einigen Generalen gegenüber immer mißtrauischer wurde. Und er traf eine bedauerliche Entscheidung: er ernannte Himmler zum OB der Heeresgruppe Weichsel.

Wie bekannt, hatte der Reichsführer nach dem 20. Juli die Stelle GenOb Fromms als Chef des Ersatzheeres eingenommen. In Wahrheit war es General Jüttner, sein Stabschef, der die ganze Arbeit in die Hand nahm und gut erledigte. Dabei war Himmler auch noch der Chef des Reichssicherheitsamtes und Innenminister. Die Ausübung einer einzigen dieser Aufgaben hätte bei weitem genügt, einen Menschen mit großer Arbeitsinitiative voll zu beschäftigen. Außerdem war Himmler weder Taktiker noch Stratege. Zu seinem Stabschef ernannte er den SS-GenMaj Lammerding, einen rechtschaffenen Offizier, der seinem Posten gewachsen war. Guderian gelang es, Hitler von der Notwendigkeit zu überzeugen, vorläufig General Wenck an Himmlers Seite zu stellen. Leider fiel Wenck am 17. Februar abends einem schweren Autounfall zum Opfer, und so wurde General Krebs Himmler zugeteilt, der schließlich an der Spitze der Heeresgruppe Weichsel durch den ausgezeichneten General Heinrici ersetzt werden mußte, den Chef der 1. Panzerarmee, der bisher in den Karpaten gekämpft hatte (20. März). Aber es war schon zu spät[1].

Es war also Himmler, der OB der Heeresgruppe Weichsel, der mir am 30. Januar 1945 den Befehl erteilte, mit allen meinen verfügbaren Einheiten sofort nach Schwedt an der Oder zu marschieren. Mein Auftrag war, auf dem rechten Ufer des Flusses einen Brückenkopf zu bilden »von wo später eine Gegenoffensive erfolgen würde« und Stadt und Brückenkopf um jeden Preis zu verteidigen. In dem Befehl hieß es außerdem, daß wir »während des Vormarsches« das schon »von den Russen besetzte Städtchen Freienwalde freikämpfen« sollten.

Himmler schien zu ignorieren, wo sich eigentlich der Feind befand, und fand es selbstverständlich, eine Stadt »im Vorübergehen« zu erobern. Ein Telefongespräch mit dem HQu bewies mir, daß man tatsächlich nicht viel über die Lage an der Ostfront wußte.

In der Nacht vom 28. auf den 29. Januar entwickelte sich die Lage im Osten in beängstigender Weise. Der sowjetische Marschall Schukow, der die 1. weißrussische Heeresgruppe kommandierte, ließ die 1. und 2. Panzerarmee der Roten Garde, die 8. Armee der Garde, die 5. Elite- und die 61. Armee in Richtung Oder vorstoßen. Die vordersten Spitzen der 2. Panzer- und der 5. Elitearmee hatten die Vororte von Landsberg (Gorzow) erreicht, und es kam zu harten Kämpfen vor Lüben. Es stand zu befürchten, daß der Feind die zugefrorene Oder zwischen Stettin im Norden und Küstrin im Süden — eben bei Schwedt, in Fluglinie rund 60 km von Berlin — überschreiten würde. Die alte Stadt Schwedt, die sogenannte »Perle der Uckermark« war durch ihr Schloß und ihr Kavallerieregiment berühmt, in dem die pommersche Aristokratie diente. Rund 50 000 Menschen bevölkerten die Stadt, zu denen jetzt noch die zahlreichen Ostflüchtlinge zu rechnen waren.

Am 30. Januar 1945 gegen 17 Uhr erhielt ich den Befehl, dort einen Brük-

---

1 Himmler manövrierte und intrigierte, um an der Spitze der Heeresgruppe Weichsel zu stehen und zu bleiben. Guderian sagt aus, daß Himmler die ehrgeizige Hoffnung hatte, auch seinerseits Träger des Ritterkreuzes zu werden, mit dem schon viele Offiziere der Waffen-SS ausgezeichnet worden waren. Er wollte sogar das Ritterkreuz mit Eichenlaub, doch er hoffte vergebens. (A. d. Red.)

kenkopf zu bilden. Ich benachrichtigte sofort Friedenthal und Neustrelitz, wo mein Fallschirmjägerbataillon einquartiert war, und um 3 Uhr morgens sandte ich zwei Aufklärungstrupps nach Schwedt, da ich noch nicht wußte, bis wohin die Russen gekommen waren. Auf dem Marsch meldete mir mein Verbindungsoffizier, daß der Weg bis Schwedt frei sei.
Es muß gegen 7 Uhr früh gewesen sein, als ich am 31. Januar in Schwedt einrückte. Meine Aufklärungstrupps warteten in der Nähe der großen Oderbrücke beim parallel gelegenen Kanal. Ich schickte sie sofort nach Königsberg/ Neumark, dem an der Bahnlinie Stettin-Küstrin etwa 17 km östlich der Oder liegenden Ort, um auszukundschaften, wo der Feind sei.
In Friedenthal hatten wir die ganze Nacht damit verbracht, die Einheiten aufzustellen und zu motorisieren: den *Jagdverband Mitte,* das Bataillon unter Befehl des SS-Hauptsturmführers Fucker, die Scharfschützenkompanie, die Oberleutnant Wilscher führte, den auf zwei Kompanien reduzierten *Jagdverband Nordwest* unter Leitung von Hauptmann Appel; schließlich als Reserve eine Sturmkompanie mit leichten Panzern, deren Kommando Ober-St.Fhr. Schwerdt, ein Kamerad vom Gran Sasso, übernahm. In Neustrelitz stand an der Spitze meines Fallschirmjägerbataillons SS-Hauptsturmführer Milius. Zu diesen Einheiten kamen noch der Stab und die Stabskompanie unter Oberstleutnant Walther, dem Nachfolger Fölkersams, mit unserem »Chinesen«, Hpt.St.Fhr. Werner Hunke, und zwei Nachrichtenzüge und Abhördienst und eine Versorgungskompanie, die die Verbindung mit Friedenthal aufrecht erhielt, wo nur die wichtigsten Posten besetzt blieben und eine Wachkompanie der Waffen-SS, bestehend aus rumänischen Volksdeutschen unter Befehl des treuen Radl, zurückblieb. Normalerweise versorgte uns Friedenthal, aber wir stießen auf zusätzliche Quellen.
In Schwedt fand ich nur drei Infantrie-Reservebataillone vor und ein Reservebataillon Pioniere – alle vier waren sehr unvollständig, dazu mit Kranken und Genesenden. Aber der Kommandeur des Pionierbataillons erwies sich als sehr ideenreich und energisch und sollte mir bald eine große Hilfe sein.
Gleich am ersten Tag richtete ich meinen Kommandoposten auf dem rechten Ufer der Oder in Niederkrönig ein und fuhr bis Königsberg/Neumark, das voll von Flüchtlingen aus dem Osten und versprengten Soldaten steckte. Ich gab sogleich die notwendigen Befehle, daß sich alle auf dem Rückzug versprengten Soldaten in einer Kaserne in Schwedt sammeln müßten, wo sie verpflegt, wieder ausgerüstet und einem der vier Bataillone zugeteilt wurden, die nach kurzer Zeit nicht allzu schlecht aussahen. Die Flut der zivilen Flüchtlinge, die im Süden aus Königsberg und im Norden aus Stettin kamen, wurde kanalisiert. Diese armen Menschen waren sehr mitgenommen, und ich sah zu, daß die Frauen, Kinder und alten Leute nach und nach per Bahn evakuiert wurden. Dabei halfen mir der Stadtkomman-

dant von Schwedt, ein schwerkriegsverletzter Oberst, und vor allem der Bürgermeister, ein intelligenter Reserveoffizier.

Nichts steckt mehr an als die Angst, der immer das größte Chaos folgt. In fünfzig Kilometer Umkreis herrschte, soweit ich das beurteilen konnte, ein völliges Durcheinander. Wären zwei oder drei sowjetische Panzer vor unserer Ankunft vor Schwedt aufgefahren, hätten die Russen den Fluß ohne Widerstand überqueren können.

Ich hatte den Plan für den Brückenkopf entworfen und versammelte am 1. Februar die politischen, zivilen und militärischen Autoritäten und richtete folgende Worte an sie:

»Ich habe einige von Ihnen sagen oder murmeln hören: ›Wozu dies alles? Es ist so oder so alles verloren. Morgen sind die Russen hier!‹ Aber ich will Ihnen eines sagen: solange ich hier in Schwedt bin, sind die Russen weder morgen noch sonst wann hier, sondern sie werden überhaupt nie hier sein! Sie, die Herren Ortsgruppenleiter der NSDAP, werden jetzt den männlichen Einwohnern befehlen, sie sollen Schaufel und Hacke holen und Schützengräben ausheben. Sie selbst werden auch Hacke und Schaufel packen und ihnen ein Beispiel geben. Und Sie werden ein weiteres Beispiel liefern, wenn Sie nach dem Ausheben ein Gewehr zur Hand nehmen. Dann werden Sie sehen, wie Ihr Beispiel nachgeahmt und Schwedt deutsch bleiben wird.«

Die ersten vier Tage verbrachte ich damit, den Brückenkopf auszubauen, die Versprengten zusammenzufassen, neue Einheiten zu bilden und aufzustellen, Verstärkung zu beschaffen, Material, Waffen und Munition ausfindig zu machen und durch stark bewaffnete Spähtrupps den Feind pausenlos zu beunruhigen. Ich forderte gute Stabsoffiziere an, um meine neuaufgestellten Bataillone zu führen; die Heeresgruppe schickte mir ein paar ausgezeichnete, fronterfahrene Hauptleute und Majore.

Der Pioniermajor half mir, den Brückenkopf auf dem rechten Oderufer in einem äußeren Halbkreis mit einem Radius von etwa 8 km anzulegen, der von der Oder bis zu einem kleinen Nebenfluß, der Rörike, lief. An dieser Frontlinie wurden die Schützengräben und Stützpunkte von einem Stettiner Regiment des Arbeitsdienstes und der männlichen Bevölkerung Schwedts ausgehoben. Innerhalb dieses Halbkreises wurde eine zweite Befestigungslinie angelegt, mit Stützpunkten, Maschinengewehrnestern, Laufgräben und kleinen Igelstellungen. Der dritte Ring wurde in einem Halbkreis von etwa einem Kilometer rund um das Ostende der Oderbrücke angelegt, und war zum Schutze der Stadt und Niederkrönigs gedacht. Dann wurden noch ein paar Dörfer außerhalb des ersten Stellungsgürtels besetzt, um Überraschungen zu vermeiden. Vom OB der Heeresgruppe Weichsel kamen immer wieder unverständliche und sich widersprechende Befehle; ich antwortete immer nur mit einer Bitte um Verstärkung und mehr Waffen.

Schwere MGs fehlten uns. Bei Frankfurt/Oder entdeckte mein Ib, der Versorgungsoffizier meines Stabes, ein Lager neuer MGs des Modells 42 und Munition. Keine Artillerie? Der Chef unserer Versorgungskompanie fand heraus, daß rund 50 km südwestlich eine Fabrik für 7,5-cm-Panzerabwehrkanonen lag. Es gab dort etwa 40 einsatzfähige Kanonen, plus Munition. Göring schickte mir zwei Flakabteilungen mit 8,8-cm- und 10,5-cm-Kanonen. Sechs dieser Geschütze ließ ich auf Lastwagen montieren – denn wir hatten auch LKWs und Benzin gefunden – und ließ diese schwer anzupeilenden »fliegenden« Batterien einen 20 km langen Frontabschnitt abfahren und die Stellungen des Feindes beschießen, der somit den Eindruck gewann, einer starken feindlichen Einheit mit gefährlicher Artillerie gegenüberzustehen.

Die Oder und der Kanal waren zugefroren. Der Kommandeur des Pionierbataillons ließ die Eisschicht sprengen, wodurch der Fluß wieder zu einem natürlichen Hindernis wurde und auch Oderkähne wieder flottgemacht wurden. Auf drei dieser Schiffe ließ ich ebenfalls eine Flakbatterie montieren, womit meine »fliegende« Artillerie auch vom Oderkanal aus mit ständigem Stellungswechsel operieren konnte. Dies brachte ausgezeichnete Resultate, und in einem Bericht an das OKW schlug ich die Anwendung derselben Mittel für Berlin vor, wo es zahlreiche Wasserwege gibt und es nicht an Flak, dafür aber an Artillerie mangelte. Diesem Vorschlag wurde jedoch keine Beachtung geschenkt.

Während der ersten Zeit schickte ich jeden Tag mehrere Kommandos so weit wie möglich nach Osten. Diese starken Patrouillen drangen bis zu 50–60 Kilometer hinter die feindlichen Linien und stifteten Unruhe bei den gegnerischen Einheiten. Die sowjetischen Divisionsstäbe waren überrascht. Unsere 10,5-Granaten detonierten bis zu 15 km hinter ihren Linien. Weiter östlich kam es zu ernsthaften kleinen Gefechten. Nun waren die Russen aus der Fassung. Die faschistischen Truppen befanden sich also nicht auf dem Rückzug, wie es hieß? Waren dies nicht die Vorboten einer deutschen Gegenoffensive?

Von bewaffneten Stoßtruppunternehmen brachten wir Gefangene und Informationen zurück, was mir erlaubte, weitere Einsätze auf schwach geschützte Stellungen zu planen.

Ich möchte erwähnen, daß ab dem 3. Februar 1945 der äußere Ring im Norden vom ersten unserer neuaufgestellten Bataillone verteidigt wurde, während ich das zweite Bataillon für die Verteidigung im Süden bestimmte. Die Mitte hielten der *Jagdverband Mitte* und mein Fallschirmjägerbataillon. Das im Osten in Stellung gegangene Fallschirmjägerbataillon mußte sozusagen als Stoßdämpfer dienen, um den erwarteten Angriff aufzufangen und zu bremsen. Der *Jagdverband Mitte* übernahm die Verteidigung des zweiten inneren Ringes im Brückenkopf.

Durch diese taktische Gliederung konnte ich jede meiner Stellungen in kürzester Zeit und auf kürzestem Weg verstärken. Wahrscheinlich wäre dies nicht möglich gewesen, wenn es mir nicht gelungen wäre, den Feind mit unseren tief ins feindliche Hinterland vorstoßenden Kommandounternehmen und dem Beschuß mit 8,8- und 10,5-Flak-Geschützen über unsere Stärke zu täuschen.

Der Brückenkopf von Schwedt/Oder bildete sicher nur eine winzige Episode in der Schlußgeschichte des Zweiten Weltkriegs. Es ist jedoch zu bedenken, daß wir in kürzester Zeit alles improvisieren mußten und durch unsere frechen Kommandounternehmen weit hinter die Front und unsere »bewegliche Artillerie« den Feind, der uns fünffach überlegen war, über unsere wirkliche Stärke einige Wochen lang täuschen konnten. Durch diese Taktik gewannen wir Zeit. Aus der Nähe betrachtet, sah das folgendermaßen aus: Im Osten von Königsberg fand das Fallschirmjägerbataillon bald Unterstützung von zwei Bataillonen des Volkssturms. Zuerst durch das vom Kreisleiter persönlich kommandierte und hauptsächlich aus Bauern aufgestellte Bataillon aus Königsberg; dann durch ein vollständig ausgerüstetes und bewaffnetes Bataillon des Volkssturms aus Hamburg. Es handelte sich dabei fast ausschließlich um Hafenarbeiter. Die meisten von ihnen waren früher Sozialisten oder Kommunisten gewesen, aber ich habe nie entschlossenere und zähere Soldaten kennengelernt.

In der ersten Woche erhielt ich zusätzliche Verstärkung von einem Bataillon der Division *Hermann Göring;* es setzte sich aus Piloten ohne Flugzeug und Schülern der Luftwaffenschulen zusammen. Sie wurden unter die Einheiten verteilt und standen zwei Wochen später ihren Mann. Es stimmt, nebenbei gesagt, daß ich auch das Stammpersonal der Offiziersschule auf die neuen Einheiten verteilt habe.

Eine vom FHQu zugewiesene Funkabteilung stellte eine direkte Telefon- und Funkverbindung mit der Reichskanzlei her. Eine Schwadron Kavalleristen des 8. Regiments, ein Kosakenbataillon unter Hauptmann Krasnow, dem Sohn des berühmten Generals, und ein Regiment Rumäniendeutscher erhöhten unsere Kampfstärke. Ich muß zugeben, daß die Leute Krasnows bei ihren Spähtrupps wahre Meister darin waren, »Stimmen zu bringen« — gefangene russische Offiziere und Unteroffiziere, die gesprächig wurden. Die so erhaltenen Auskünfte waren uns von großem Nutzen.

Mein *Jagdverband Nordwest* bestand aus Norwegern, Dänen, Holländern, Belgiern und Franzosen. Zusammen mit den versprengten Soldaten stand ich also am 7. Februar an der Spitze einer 15 000 Mann starken Division, die ich — nicht ganz ohne Stolz — meine »europäische Division« nennen möchte. Am 30. Januar, bei meiner Ankunft, war in Schwedt kaum ein Soldat zu finden gewesen, der wirklich imstande gewesen wäre, zu kämpfen. Aus meiner Kampfgruppe wurde die *Division Schwedt;* man bildete ein

23 Im POW-Camp Darmstadt: Skorzeny mit seinem Adjutanten Radl.

24 Skorzeny privat. Das aus dem Jahr 1950 stammende Foto zeigt ihn mit seiner Tochter Waltraut.

25 Wieder Zivilist, erwarb Otto Skorzeny (49) ein Gut in Curragh/Irland, wo er die eine Hälfte des Jahres Schafzucht betrieb. Die andere Hälfte verbrachte er jeweils in Madrid, wo er als Diplomingenieur u. a. auch Stahlgeschäften nachging.

Korps aus einer Division der Kriegsmarine, die zu unserer Rechten im Süden kämpfte. Ein Komm.Gen. mit Stab wurde ernannt; ich werde noch darauf zurückkommen.

Die ersten Kämpfe erfolgten am 1. Februar bei Zusammenstößen unserer Aufklärungszüge in Bad Schönfließ, 8 km östlich von Königsberg, das heißt etwa 25 km von Schwedt entfernt. Während der ersten Woche kam es zu mehr und mehr Kampfhandlungen gegen feindliche Einheiten, die unablässig verstärkt wurden. Die Informationen der russischen Gefangenen und andere sichere Nachrichten bestätigten uns, daß die Russen eine Großoffensive auf den Brückenkopf planten und unsere Kampfstärke abtasten wollten. Ab 5. Februar waren unsere Aufklärungsvorstöße weit ins Hinterland nicht mehr möglich: sie stießen auf einen immer dichter werdenden Ring der Sowjets. Bad Schönfließ wurde angegriffen. Ich fuhr zur Aufklärung mit einer Gruppe meines *Jagdverbands Mitte* — alles ehemalige Kameraden vom Gran Sasso. Auf der Straße lagen zwei tote Zivilisten. Todesstille. Ein Mann konnte es kaum glauben, daß wir Deutsche seien, und gab uns dann Auskunft: die Russen hätten ihr Stabsquartier beim Bahnhof aufgeschlagen, und dort befänden sich auch Panzeransammlungen. Die Bahn sei wieder in Betrieb genommen worden, und laufend kämen Züge mit Nachschub und neuen Truppen an.

Meine Dreier-Spähtrupps bestätigten diese Information und berichteten, daß sie tatsächlich etwa dreißig Panzer am Bahnhofsplatz gesehen hätten. Die russischen Truppen befanden sich im Süden und Osten der Stadt. Wir sahen noch mehr Leichen von Zivilisten in den Straßen, darunter war eine fast unbekleidete Frau. Nach und nach wagten sich einige Einwohner aus ihren Häusern hervor. Sie waren völlig verstört. Wir hatten nur zwei Wagen, und ich konnte also nur zwei Frauen und deren beide Kinder evakuieren. Ich ließ sofort Königsberg von meinem Fallschirmjägerbataillon, einem Bataillon des Heeres und zwei Bataillonen des Volkssturms besetzen. Nachmittags erfolgte der feindliche Angriff. In den Straßen kam es zu harten Kämpfen. Unsere Landser schossen elf Panzer mit der Panzerfaust ab. Erst nach Mitternacht konnte der Gegner, der nun auch vom Norden und Süden kam, in die Stadt eindringen. Ich befahl unsere Truppen an den äußeren Befestigungsring zurück, und wir hatten erstaunlicherweise keine zu großen Verluste.

Dieser erste nächtliche Großkampf bewies, daß die neuaufgestellten Einheiten zusammenhielten. Den ersten Stoß hatte eine Kompanie Fallschirmjäger unter starken Verlusten zurückgewiesen. Dem Volkssturmbataillon aus Königsberg war der Kommandeur, der Kreisleiter, davongelaufen. Ich werde noch näher darauf eingehen.

Die Russen setzten täglich zum Angriff auf den Brückenkopf an. Aus Friedenthal erhielt ich noch Verstärkung in Form einer Kompanie Panzerspähtruppen, die unter dem Kommando O.St.Fhr. Schwerdts stand. In den nächsten Wochen bildete diese Einheit meine beste, letzte Reserve. Vom 7. Februar an war uns der Feind derart überlegen, daß wir alle außerhalb des Brückenkopfes gelegenen Dörfer evakuieren mußten, außer Nipperwiese im Norden. Jeden Tag erfolgten mehrere Angriffe auf drei verschiedene Stellen — immer dieselben — durch die russischen Sturmbataillone, die von verbesserten T-34-Panzern und US-Panzern unterstützt wurden. Die Russen kämpften tapfer, machten aber den Fehler, mit Gewalt durchbrechen zu wollen. Alle ihre Versuche kamen sie teuer zu stehen und wurden abgeschlagen. Wir gingen dann jeweils sofort zum Gegenangriff über.

Trotzdem gelang es ihnen, ins Innere des ersten Befestigungsgürtels einzudringen, und zwar in Grabow, das von uns verteidigt wurde. An diesem Tag wurde ich um 16 Uhr ins HQu der Heeresgruppe Weichsel befohlen. Es kam für mich gar nicht in Frage, meine Soldaten mitten im Kampf allein zu lassen und zu Himmler zu fahren. Ich kam in Hohenlychen erst gegen 20.30 Uhr an, nachdem der Feind endgültig aus unserem Brückenkopf zurückgeworfen war; verschmutzt und im Kampfanzug stand ich nun im HQu. Himmlers Speichellecker empfingen mich wie einen zum Tode Verurteilten. Die einen zeigten Mitleid, die anderen Genugtuung. Himmler war tatsächlich übelster Laune:

»... Mich vier Stunden warten zu lassen!... Unglaubliche Frechheit!... Sie haben einem Befehl nicht gehorcht!... Degradierung... Kriegsgericht!« hörte ich heraus.

Aber sein größter Vorwurf war, daß ich mich weigerte, einen jungen Luftwaffenoffizier, den Leiter der Verteidigung von Nipperwiese, aburteilen zu lassen, weil er sich in den eigentlichen Brückenkopf zurückgezogen hatte. »Reichsführer«, sagte ich, »diese Einheit hat sich auf meinen Befehl zurückgezogen. Der Offizier hat nur seine Pflicht erfüllt.«

Himmler stimmte mir schließlich zu. Ich wies ihn noch darauf hin, daß ich vom Stab des mir vorgesetzten Korps zwar eine Menge unsinniger Befehle bekommen, daß man aber vergessen hätte, uns ein Minimum an Nachschub zukommen zu lassen. Wir hätten alles selbst improvisieren müssen. Dann lud mich der Reichsführer zum Abendessen ein — zum großen Erstaunen derjenigen, die mich eben noch so von oben herab empfangen hatten. Die »Hofschranzen« änderten unverzüglich ihre Haltung. Das Ganze war so widerlich, daß ich mich beeilte, nach Schwedt zurückzukommen.

Ich war mir vollkommen bewußt, daß diese armselige Geschichte von einem Mann aufgezogen war, der mir schon seit Budapest übelwollte: dem Polizeigeneral von dem Bach-Zelewski, der sich damals besonders hervorheben und die Burg mit den »Thor«-Mörsern hatte zerstören wollen. Leider war er nun mein Komm.Gen., da sein für nur knapp ein paar Tage ernannter Vorgänger das Kommando in der Festung Kolberg übernommen hatte; drei Wochen später hatte dieser ein paar gute Gründe, Walter Girg für einen sowjetischen Spion zu halten.

Himmler beruhigte sich und versprach mir sogar eine Sturmgeschützabteilung, eine Verstärkung, die man mir allerdings nach zehn Tagen wieder wegnahm. Über die geplante Offensive, der der Brückenkopf Schwedt als Sprungbrett dienen sollte, fiel kein einziges Wort. Ich fuhr in derselben Nacht nach Schwedt zurück.

Der Vollständigkeit halber muß ich hinzufügen, daß ich mir auch in der Reichskanzlei einen ebenso zähen wie mächtigen Feind gemacht hatte: Martin Bormann. Ehe wir zur Aufklärung nach Bad Schönfließ vorstießen, erhielt ich den Befehl, in dieser Richtung »wichtige Staatspapiere« zu suchen, die Parteigenossen in zwei Lastwagen mitten in einem Wald stehengelassen hatten. Nach einigen Nachfragen erfuhr ich, daß es sich dabei nicht um »Staatspapiere« handelte, sondern um Bormanns Papiere aus der Staatskanzlei. Ich bat also die Kanzlei, mir die beiden Beamten nach Schwedt zu schicken, die in ihrer Eile, nach Westen zu kommen, die beiden Lastwagen hatten stehenlassen, damit sie uns bei der Suche behilflich wären, da uns der genaue Standort nicht mitgeteilt werden konnte. Die Herren hielten es aber nicht für nötig, zu erscheinen, und die Russen standen in Schönfließ. So ließ ich zurückmelden, daß ich nicht das Leben eines einzigen meiner Soldaten riskieren würde, um diese Akten wiederzubekommen. Wir hatten Wichtigeres zu tun.

Dann kam die Geschichte mit Königsberg. Nach dem Absetzen meiner Truppen im Brückenkopf kam ich in meinen Gefechtsstand zurück und fand den Kreisleiter vor: er hatte einfach seine Stadt und sein Volkssturmbataillon als erster verlassen. Die Erklärungen, die er dafür fand, waren jämmerlich und, bedauerlicherweise für ihn, überall bekannt. Nach seiner Flucht aus Königsberg kam unter den Bauern eine gewisse Panikstimmung auf — das wußte ich nur allzu gut: bei den beiden Gruppen, die regellos flohen, gab es Verluste — Gefallene und Verwundete —, denn vor einem Feind kopflos zu fliehen, heißt fast immer, schwerste Verluste erleiden. Zum Glück brachten meine Fallschirmjäger und die Hamburger Hafenarbeiter die Situation wieder unter Kontrolle. Aber mir blieb nichts anderes übrig, als den armen Mann, der seinen Leuten ein Beispiel an Mut und Kaltblütigkeit hätte geben müssen, wegen Fahnenflucht und Feigheit vor dem Feind vor ein Kriegsgericht der Division zu stellen. Das Gericht fällte das Todesurteil, und zwei Tage später wurde er öffentlich hingerichtet.

Martin Bormann war Gift und Galle: vom Dienstgrad eines Kreisleiters an waren alle Parteiführer unantastbar. Sie könnten nur von einem Parteigericht verurteilt werden, hieß es. Ich antwortete Gauleiter Stürtz, der mich

im Auftrag Bormanns besuchte, daß der Kreisleiter nicht als Parteiführer verurteilt worden sei, sondern als verantwortlicher Kommandeur einer militärischen Einheit, die unter meinem Befehl stand, und fügte hinzu:
»Ich bitte, mir ganz eindeutig die Frage zu beantworten: wird Fahnenflucht und Feigheit vor dem Feind bei den Parteiführern nicht bestraft?«
Von der Reichskanzlei kam niemals Antwort auf diese Frage. Wenigstens konnte ich mit der Sturmgeschützabteilung und dem *Jagdverband Mitte* einen überraschenden Gegenangriff im Süden nach Hauseberg vornehmen. Dabei wurden ein feindliches Bataillon Flammenwerfer aufgerieben und sein Kommandeur gefangengenommen. Außerdem machten wir mächtige Beute: Mörser, Panzerabwehrkanonen, schwere MGs mit Munition. Alles mehr als willkommen in Schwedt!
Die Überlegenheit des Gegners in bezug auf Soldaten, Panzer, Artillerie und Luftwaffe betrug etwa 12 bis 15 zu 1. Nach mehreren Tagen erbitterter Kämpfe wurde Grabow zum zweitenmal erstürmt, und die Russen standen vor Hohenkrönig, ungefähr 2 km von der Oder entfernt. Die Lage wurde kritisch, um nicht zu sagen: verzweifelt. Wenn wir überrollt wurden und der Gegner den Fluß überquerte, dann mochte Gott wissen, was passierte! Ich war sicher, daß meine tapferen Kameraden eine übermenschliche Anstrengung machen würden. Ob.St.Fhr. — und bald darauf Hauptsturmführer — Schwerdt nahm nach einem überraschenden Gegenangriff aus der Flanke, Grabow wieder. Vier alte Kumpel vom Gran Sasso fanden dabei den Tod. Schwerdt ließ sie vor die Kirche tragen, und wir bestatteten sie mit militärischen Ehren.
Im Gefechtsstand in Schwedt fand ich überraschenderweise Reichsmarschall Göring vor. Sein Stab hatte regelmäßig angerufen, um sich zu erkundigen, »wie die Sache lief«. Er komme, sagte er, »als Nachbar«; sein berühmt gewordenes Gut Karinhall lag etwas weiter im Westen.
Der Marschall kam ohne glitzernde Uniform und trug keine Auszeichnung auf seiner grauen Jacke. Er wollte an die Front; dem stand meiner Ansicht nach nichts entgegen. Ein General aus seinem Gefolge raunte mir allerdings zu: »Das geht auf Ihre Verantwortung!...«
Bei Einbruch der Dunkelheit ließ ich die Wagen auf der Straße nach Niederkrönig halten, und wir setzten den Weg nebeneinander zu Fuß fort. Manchmal mußten wir uns auf den gefrorenen Boden werfen, wenn ein feindliches Artilleriegeschoß nicht weit von uns einschlug. Der Reichsmarschall interessierte sich hauptsächlich für die feindlichen Panzer, die noch vereinzelt brennend herumstanden. Er wollte unbedingt eine in vorderster Linie liegende 8,8 Flak der Luftwaffe besuchen, die als Panzerabwehrkanone eingesetzt worden war, und der Mannschaft gratulieren. Außer Händedrücken verteilte er auch Schnaps, Zigaretten und Zigarren, womit er großzügig versorgt war. Dieselbe Verteilung gab es im Gefechtsstand unserer

Fallschirmjäger. Es war völlig dunkel, als ich Hermann Göring zur großen Oderbrücke begleitete:

»Hier werden sie nicht schon morgen die Oder überschreiten!« sagte er. »Nie, solange wir sie verteidigen können, Reichsmarschall!«

Er hatte noch ein paar begeisterte Worte für die »aus der Erde gestampfte Division«. Unser nächstes Wiedersehen gab es im Gefängnis in Nürnberg.

Wenn Piloten und Artilleristen der Luftwaffe in Schwedt sehr tapfer gekämpft hatten, so spielte die Luftwaffe selbst als Waffengattung dort eine eher negative Rolle. Während meines ersten Aufklärungsvorstoßes nach Königsberg fiel mir das seltsame Aussehen eines kleinen, verlassenen Militärflugplatzes auf: ein paar leicht beschädigte Flugzeuge standen am Rand der Rollbahn. Ich stieg aus dem Panzerwagen und entdeckte in den Flugzeughallen und dem Funkraum eine Menge Waffen und Material — alles in ausgezeichnetem Zustand. Alles wies darauf hin, daß man hier wie auch anderswo in panischem Schrecken davongelaufen war. Wir nahmen alles Brauchbare mit und zerstörten den Rest. Als ich nach Schwedt zurückkam, wartete schon der Kommandant dieses Flugplatzes, ein Oberstleutnant der Luftwaffe, auf mich. Sein schlechtes Gewissen hatte ihn geplagt, er war zurückgekehrt und erklärte mir nun, daß er keine Verbindung mehr mit seinen vorgesetzten Dienststellen gehabt und daher auch vergebens um Befehle gebeten habe. Sein vorgesetzter General sei verschwunden.

»Mein Lieber«, sagte ich ihm, »das ist natürlich eine dumme Sache, daß Sie unter diesen Bedingungen so kopflos gehandelt haben. Sie kennen wie ich das Militärstrafgesetzbuch, und ich befürchte, daß Sie ein Kriegsgericht wegen Verlassens Ihres Postens verurteilen wird. Ich sehe mich leider gezwungen, Generaloberst v. Greim, den OB der Luftwaffe, zu benachrichtigen. In der Zwischenzeit dürfen Sie Schwedt nicht verlassen.«

Als der Oberstleutnant den Flugplatz von Königsberg verließ, befehligte ich noch nicht den Brückenkopf. Die Geschichte war also Angelegenheit der Luftwaffe. Aber ich war überrascht, am nächsten Morgen einen Fieseler Storch auf dem Kasernengelände landen zu sehen, dem GenOb Ritter v. Greim entstieg. Er ließ den Oberstleutnant vor ein Gericht der Luftwaffe stellen. Bei der Verhandlung ergab sich, daß der Hauptschuldige der verschwundene General war. Der Oberstleutnant wurde zu einer Haftstrafe mit gleichzeitiger Frontbewährung verurteilt. Er wurde sofort der Kampfgruppe Schwedt eingegliedert, schlug sich gut und tapfer und überstand alles.

Am 28. Februar 1945 hielt der Brückenkopf von Schwedt immer noch. Von den 25 Monaten als Chef der Sonderverbände Friedenthal z.b.V. verbrachte ich 14 Monate an der Front oder in Einsätzen, und ich kann sagen: wir hatten wirklich Kämpfe unterschiedlichster Art zu bestehen. Anfangs wurde der Brückenkopf zu einem strategischen Zweck gebildet, der aber nur in der Vorstellung Himmlers existierte, nämlich einen bestimmten Raum für eine bestimmte Zeit besetzt zu halten, um die Gegenoffensive eines Heereskorps zu ermöglichen. Die Kampfgruppe, dann *Division Schwedt* hat zwar eine taktische, defensive Rolle gespielt, aber diese stand nicht auf dem Plan der Heeresgruppe Weichsel. Den sowjetischen Armeen gelang es nicht, den Fluß zu überqueren; die ersten Panzerdivisionen Schukows gewannen tatsächlich den Eindruck, daß eine deutsche Gegenoffensive in Vorbereitung sei — ungefähr 60 km von Berlin, und zwar in Schwedt.

Was die innerhalb und außerhalb geführten taktischen Operationen anlangt, so waren es natürlich die eines konventionellen Krieges. Jedoch wäre es uns mit den spärlichen Mitteln, über die wir verfügten, niemals gelungen, den Feind so lange zu täuschen, wie wir es taten, ohne die Ausbildung und ohne die Kampfkraft meiner eigenen Einheit als Rückgrat der Verteidigung, ohne die beweglichen, auf Lastwagen und Boote montierten Flakkanonen und ohne eine weitere Einheit, die den Gegner ganz beträchtlich schwächte: ich meine die Kompanie der Scharfschützen aus Friedenthal, die Odo Wilscher unterstand.

Am Gran Sasso und bei der Erstürmung des Burgbergs in Budapest sollte nicht geschossen werden. Aber in Schwedt mußte geschossen werden — und außerdem gut gezielt. Ich habe oft verantwortungsvollen Generalen in den Ohren gelegen: »Warum«, fragte ich, »setzt man denn nicht systematisch die Scharfschützenzüge ein, die es in jeder Division gibt?« Wir konnten seit den ersten Tagen des Rußlandfeldzuges im Juni 1941 beobachten, wie die russischen Scharfschützen ans Werk gingen. Sie waren gefährlich und waren gefürchtet, denn ihre Zielscheibe waren Offiziere und Unteroffiziere.

In Schwedt versteckte Wilscher seine Schützen nachts in Zweiergruppen im »no man's land« (Niemandsland). Ich erwähnte schon, daß wir die Eisdecke der Oder gesprengt hatten. Abgesehen davon gab es Anfang Februar eine Art Tauwetter; riesige Eisblöcke kamen angeschwommen, die halb mit Holz und Ästen bedeckt waren. Die schwimmenden Inseln boten Wilschers Schützen eine natürliche und bewegliche Tarnung. Ich schätze, daß der Erfolg unserer Verteidigung zu guten 25 Prozent den Scharfschützen zu verdanken ist.

Im Laufe des Monats Februar bekam ich noch einmal Himmler zu sehen, zusammen mit Oberst Baumbach, dem Kommandeur des mir zugeteilten *Kampfgeschwaders 200,* und mit Rüstungsminister Albert Speer.

Letzterer, der immer sehr viel Verständnis für meine Wünsche aufbrachte, war sehr optimistisch — im Gegensatz zu dem, was er in seinen Memoiren behauptet: »In dieser Nacht (Anfang Februar 1945) faßte ich den Entschluß, Hitler zu beseitigen« ... Ganz plötzlich kam ihm zum Bewußtsein: »Zwölf Jahre hatte ich im Grunde *gedankenlos* unter Mördern gelebt« ... Wie kann man unter Mördern leben, ohne den leisesten Verdacht zu schöpfen, vor allem, wenn man als Hitlers Günstling seit 1933 an den Gipfel der Macht gestellt wurde und einen der verantwortungsvollsten Posten dieses Krieges innehatte? (Speer a. a. O. S. 437). Gewisse Führer des nationalsozialistischen Staates wurden in den ersten Maitagen von 1945 vom sogenannten »Widerstandskomplex« ergriffen. Sie waren nicht zahlreich, aber es gab sie.

Das einzige, was ich bestätigen kann, ist, daß Mitte Februar 1945 Albert Speer weit davon entfernt war, sich wie ein »Widerständler« aufzuführen, sondern eher wie ein eifriger Reichsminister. Kein Zweifel, wird man sagen, er wollte sich nicht in die Karten sehen lassen. Dann hatte er aber seine Karten sehr gut verdeckt! Für ihn war Heinrich Himmler eine ehrwürdige Person. Ich selbst wurde ins HQu befohlen, um von einer Aktivierung des Luftkriegs im Osten unterrichtet zu werden. Minister Speer versprach dem Reichsführer in meiner Gegenwart neue Flugzeuge und neue Bomben für Anfang April. Heute versichert uns Speer, daß er damals jede Hoffnung für illusorisch hielt. Jedoch konnte ich mich an jenem Februartag einen Augenblick mit ihm allein unterhalten. Ich wollte Genaueres über die berühmten »Geheimwaffen« wissen, von denen man uns schon seit Oktober 1944 die Ohren vollredete. Er hätte mir gut raten können, jede Hoffnung in dieser Hinsicht aufzugeben. Er begnügte sich jedoch, mir zu erklären: »Die Entscheidung wird bald fallen!«

Das war ein Satz, den alle Soldaten sehr oft gehört hatten. Es wundert mich nicht, daß Speer vergaß, ihn in seine Memoiren aufzunehmen. Was mich dagegen erstaunt, ist, daß der überdurchschnittlich intelligente Albert Speer im selben Moment, im Februar 1945, ernsthaft daran dachte, Hitler zu töten. Das behauptet er wenigstens jetzt. Angenommen, er hätte tatsächlich die Absicht gehabt, alle im Bunker lebenden Personen der Reichskanzlei zu vergasen, hätte er wissen müssen, daß das einzige Resultat ein Chaos gewesen wäre. Großadmiral Dönitz hat das feierlich festgestellt – und andere auch.

Auch ohne Hitler hätte das deutsche Volk bedingungslos kapitulieren müssen. Diese Forderung Roosevelts, Stalins und Churchills verlängerte den Krieg um zwei lange Jahre. Wer zog den Nutzen daraus?

Am 28. Februar abends wurde ich ins FHQu nach Berlin gerufen. Ein anderer Kommandeur der Waffen-SS übernahm die Führung im Brückenkopf. Diesmal ging es um die Westfront. Aber die Organisation zusammenhängender Operationen erwies sich als immer schwieriger. Friedenthal wurde schwer bombardiert, und die BBC hatte dreimal die Meldung gebracht, daß »das HQu des Mussolini-Entführers Skorzeny völlig zerstört« sei. Meine wichtigsten Dienststellen waren jedoch schon nach Hof in Bayern verlegt worden, was mir die Arbeit nicht gerade erleichterte, als ich den schon bekannten Einsatz gegen die Remagenbrücke improvisieren mußte.

Der Abhördienst gab mir eine weitere Meldung der BBC bekannt, wonach mich Hitler zum Generalmajor ernannt, mich mit einem wichtigen Posten bei der Verteidigung Berlins betraut und ich schon mit einer Säuberungsaktion begonnen hätte. In Wahrheit hatte mich Hitler für die Verteidigung Schwedts mit dem Eichenlaub zum Ritterkreuz ausgezeichnet und mir persönlich gratuliert. Ich kam eben die große Treppe der Reichskanzlei herab, als er den Lageraum verließ. Sein Aussehen war erschreckend: gebeugt, mit grauen Haaren — ein Bild des Jammers. Wir schrieben den 29. oder 30. März 1945.

»Skorzeny«, sagte er. »Ich möchte mich noch einmal für die Leistungen bedanken, die Sie an der Oder erzielt haben.«

Der Brückenkopf wurde am 3. März aufgegeben!

»Wir sehen uns bald wieder«, sagte er noch. Aber ich sollte Hitler nie wiedersehen.

Später erfuhr ich, daß Generaloberst Jodl tatsächlich meinen Namen ausgesprochen hatte: er wollte mich in der Verteidigung Berlins verwenden. Aber wie konnte die Auskunft zur BBC kommen, wenn nicht einmal ich selbst über diese Pläne Bescheid wußte?

Während des schrecklichen Monats März 1945 fuhr ich dienstlich sehr oft in die Reichskanzlei. Meine Verletzung am Auge schmerzte, und Dr. Stumpfegger wollte sie untersuchen.

Die Untersuchung fand im Sekretariatsraum Hitlers statt. An diesem Tag wurde ich Eva Braun vorgestellt, die noch kurz vor dem Tode Hitlers Frau werden sollte. Sie war eine junge, sehr einfache und äußerst sympathische Frau, von deren Existenz mir bis dahin nichts bekannt gewesen war. Ich unterhielt mich lange mit ihr. Sie freute sich, mich kennenzulernen, und lud mich für einen anderen Tag zu einem Abendessen ein. Dieser Einladung leistete ich aber keine Folge, denn Dr. Stumpfegger erzählte mir, daß bei solchen Empfängen Fegelein, der mit der Schwester Eva Brauns verheiratet war, immer dabei sei. Ich habe von Fegelein schon in einem vorigen Kapitel gesprochen. Seine Aufschneiderei und seine Überheblichkeit waren in der Waffen-SS wohlbekannt. Ich hatte schon während der Vorbereitung des Unternehmens *Greif* mit ihm zu tun gehabt und wollte ihn nicht genauer kennenlernen.

Die Wochen, die ich in dem in Trümmern liegenden Berlin verbrachte — einem Schatten dessen, das ich gekannt hatte — und das Hitler 1940 total umbauen wollte, sind für mich wie ein Albtraum.

Eines Abends war Fliegeralarm gegeben worden, und als die 2000-kg-Bomben immer dichter fielen, flüchtete ich in den großen Bunker beim Zoologischen Garten. In diesem außergewöhnlichen Bau, den die alliierten Besatzer nach dem Krieg nur mit Schwierigkeiten sprengen konnten, hatte man das

Feldlazarett der Luftwaffe untergebracht. Ich benutzte die Gelegenheit, um unseren »Chinesen« Werner Hunke und den in Schwedt verwundeten Leutnant Holle, die beide dort lagen, zu besuchen. Auch Flugkapitän Hanna Reitsch befand sich — in schlechter Verfassung — dort, und der Oberst der Luftwaffe Hans-Ulrich Rudel, der berühmte Stukapilot, dem gerade ein Fuß amputiert worden war.

Mein Kamerad und Freund Rudel hatte über 2530 Feindflüge gemacht, 519 Panzer zerstört und in Kronstadt den sowjetischen Schlachtkreuzer *Marat* von 23 000 t versenkt. Für diesen deutschen Soldaten mußte Hitler eine Extraauszeichnung schaffen: das Ritterkreuz in Gold mit Eichenlaub, Schwertern und Brillanten. Trotz seiner Verletzung und dem strikten Führerverbot flog er weiterhin bis zum 8. Mai 1945.

An diesem Tag stellten sich Rudel und was noch von seinem Geschwader übriggeblieben war, freiwillig der US-Air Force und landeten auf dem bayrischen Flugplatz Kitzingen. Die Piloten zerstörten nach der Landung ihre Maschinen. Sie wurden in die Offiziersmesse geführt; Rudel kam ins Lazarett, wo man ihm seinen blutenden Beinstumpf oberflächlich verband. Dann erschien auch Hans-Ulrich in der Messe. Bei seinem Eintreten standen seine Kameraden auf und salutierten mit dem Hitlergruß, der seit dem 20. Juli 1944 auch der Gruß der Wehrmacht war. Ein Dolmetscher gab Rudel zu verstehen, daß der amerikanische Kommandant solche Demonstrationen nicht mehr wünsche, und daß ihm dieser Gruß mißfalle. Ich zitiere nun John Toland, der in *The last 100 days* schreibt:

»Wir haben den Befehl erhalten, so zu grüßen. Und da wir Soldaten sind, gehorchen wir diesem Befehl, ob Ihnen das gefällt oder nicht!«

Er erklärte noch, daß der deutsche Soldat nicht durch »menschlich überlegene Gegner« besiegt worden sei, sondern durch überwältigende Materialmassen, und sagte:

»Wir sind hier auf deutschem Boden gelandet, weil wir nicht in der sowjetischen Zone bleiben wollten. Wir sind Gefangene und wollen nicht weiter diskutieren, sondern uns waschen — wenn das möglich ist.«

Der amerikanische Kommandant hatte anschließend eine sehr freundschaftliche Unterredung mit dem Oberst. Aber ebenso wie man mir die Uhr weggenommen hat, die ich vom Duce verehrt bekam, so hat man Rudel das Ritterkreuz in Gold, während er schlief, entwendet. Es gab davon nur ein einziges Exemplar.

Wie in Balzacs Roman *Peau de chagrin* verringerte sich das Gebiet, auf dem wir kämpften, im Osten wie im Westen von Tag zu Tag. Am 30. März 1945 erhielt ich vom OKW den Befehl, meinen Stab in die Alpenfestung zu verlegen, wo prinzipiell sich auch das FHQu einrichten sollte. Offenbar sollten sich in diesem Reduit die letzten Schlachten dieses Krieges abspielen. Man hatte mir beim OKW bestätigt, daß die »Festung« voll verteidigungsbereit sei.

Wir, Radl und ich, fanden zwar die Berge, die Gletscher, die Wälder, die Wildbäche an »ihrem Platz«, aber keine Spur von militärischer Vorbereitung noch von Befestigung. Ich begriff, daß einmal mehr alles improvisiert werden mußte. Jedoch meine Einheiten waren verstreut, mehr als dezimiert oder vernichtet. Es war schwierig, einige meiner Soldaten zusammenzufassen, die Gebirgserfahrung besaßen. Ich schaffte es, daß der Kommandeur des *Jagdbataillons Mitte* und 250 Soldaten uns zugeteilt wurden.

Danach suchte ich FM Schörner nördlich von Olmütz auf und stellte etwa 100 Soldaten des *Jagdverbandes Ost II* zu seiner Verfügung. Die Einheit I dieses Verbandes war bei Hohensalza vernichtet worden. Ich habe an anderer Stelle dieses Buches über die Taten der Soldaten dieses Kommandos berichtet.

Am Morgen des 10. Aprils erfuhr ich beim Stab von Schörner, daß Wien schon bedroht sei, genauer gesagt, daß die Reste des *Jagdverbandes Süd-Ost* und die Kampfgruppe *Donau* die Stadt hatten verlassen müssen, um die sogenannte Alpenfestung zu verteidigen. Wien war jedoch meine Geburtsstadt, meine Mutter, meine Frau und meine Tochter mußten sich noch dort befinden, und vielleicht konnte ich ihnen helfen, aus der Kampfzone herauszukommen.

Ich fuhr in diese Richtung und erreichte Wien am Nachmittag, und zwar in Begleitung meines Adjutanten, U.St.Fhr. Gallent, meines Fahrers Anton Gfoelner — der schon beim Gran Sasso dabeigewesen war — und eines Funkers, der vom OKW abkommandiert war. Ich hatte nämlich von GenOb Jodl den Befehl, daß ich regelmäßig das OKW über die Lage an der von uns abgefahrenen Südfront informieren sollte.

Ehe wir noch über die Florisdorfer Brücke fuhren, bot sich uns ein Schauspiel, dessen Anblick mir bewies, daß nun wirklich das Ende gekommen war. Eben hatten wir ein Panzerhindernis passiert. Rechts und links im Straßengraben saßen Verwundete. Auf der Straße ein sechsspänniger Konvoi von Pferdefuhrwerken; ein dicker Feldwebel in Begleitung eines jungen Mädchens thronte auf dem ersten Karren. Ein einziger Blick genügte: dieser Mann war Möbelpacker. Die sechs Fuhrwerke waren mit Möbeln und Wäsche vollgestopft. Ich versuchte, nicht die Ruhe zu verlieren, und forderte den Feldwebel auf, einige Verwundete mitzunehmen.

»Geht nicht«, sagte er. »Alles voll.«

Dann ging alles ganz schnell vonstatten. Wir entwaffneten den Feldwebel und die anderen Fahrer. Ich verteilte die Waffen an die leichter Verletzten. Die Karren wurden sofort abgeladen und die Schwerverwundeten daraufgehoben. Die anderen setzten sich an den Platz der Möbeltransporteure. Einen am Arm verletzten Feldwebel wies ich an:

»Fahren Sie in westlicher Richtung bis zum nächsten Lazarett und nehmen Sie noch so viele Verwundete mit, wie Sie können!«

Und zum Feldwebel, der seine Möbel retten wollte:

»Sie sind ein richtiges Dreckschwein. Hauen Sie ab mit Ihren Leuten, und wenn Sie schon nicht kämpfen wollen, geben Sie sich in Zukunft wenigstens Mühe, weniger zu klauen und kameradschaftlicher zu sein!«

Bei Einbruch der Dunkelheit kamen wir in Wien an. Kanonenschüsse fielen. Wo lag die Front? Die Stadt war wie tot. Hier und da brannten Häuser. Wir fuhren weiter bis zum Stubenring und am ehemaligen Kriegsministerium vorbei: es stand leer. Eine Wache erklärte, daß der Gefechtsstand in die Hofburg verlegt worden sei, den Palast, den der alte Kaiser im Stadtzentrum bewohnt hatte.

Wo waren bloß unsere Truppen? Wer verteidigte jetzt, und wer würde Wien verteidigen? Am Schwedenplatz mußte ich wenden: die Trümmer des Hauses, in dem mein zum Wehrdienst eingezogener Bruder gewohnt hatte, versperrten den Weg zum Donaukai. Schließlich kam ich zur Dienststelle des *Jagdverbandes Süd-Ost*. Der Rest der Einheit hatte sich nachmittags in die Gegend nördlich von Krems zurückgezogen; der *Jagdeinsatz Donau* hatte ebenfalls sein Trainingsquartier im Dianabad geräumt. Diese Soldaten fand ich in den nächsten Tagen auf meinem Weg zur Alpenfestung und befahl sie nach Salzburg.

Der Hof des ehemaligen Kaiserpalastes stand voll von Fahrzeugen. Im Keller berichtete mir ein Offizier, daß die Russen anscheinend bereits in die Stadt eingesickert seien, aber »überall angehalten und bekämpft« wurden. Von wem? Mysterium. Ich wollte es genau wissen und entschloß mich, meinen Weg fortzusetzen, und erreichte den Matzleindorfer Gürtel. Es war schon Mitternacht geworden. Von links her kam Gefechtslärm. Vor mir eine Barrikade. Ich stieg aus dem Wagen. Zwei alte Wiener Polizisten erschienen:

»Wir sind die Besatzung der Barrikade hier«, erklärten sie mir. »Wenn die Russen hier auftauchen, kesseln wir sie ein, und sie müssen sich ergeben.«

In Wien hat man immer Sinn für Humor — und wenn es nur Galgenhumor ist!

Ich kam durch die wie ausgestorbenen Straßen zur Hofburg zurück und sprach kurz mit Oberstleutnant H. Kurz, dem Adjutanten des Gauleiters und ehemaligen Reichsjugendführers Baldur v. Schirach. Mein Bericht ließ Kurz sehr skeptisch.

»Die uns vorliegenden Meldungen«, sagte er, »beweisen im Gegenteil, daß die Front zum Stehen kam. Im übrigen werden Sie den Gauleiter selbst sprechen.«

In seinem Buch *Ich glaubte an Hitler* (1967) behauptet Schirach, daß er seinen Stab ab 6. April »in den Kellern der Hofburg« untergebracht habe. Stimmt, aber er hatte für sich einen Kellerraum zu einem kerzenerhellten Salon gemacht; auf dem Boden lagen prachtvolle Teppiche, an den Wänden hingen Schlachtenbilder und Porträts von Generalen aus dem achtzehnten Jahrhundert. Im Vorzimmer wurde gegessen, getrunken und gelärmt. Ich mußte den

Gauleiter aufklären, daß ich in der Stadt keinen einzigen deutschen Soldaten zu Gesicht bekommen hätte und daß die Barrikaden unbesetzt seien. Ich lud ihn ein, mit mir eine Erkundungsfahrt zu unternehmen. Er lehnte diese Einladung jedoch ab und erklärte mir, über seine Landkarte gebeugt, wie man Wien retten würde: zwei Elitedivisionen stünden zum Angriff bereit. Eine würde vom Norden her angreifen und die andere vom Westen: der Feind müsse kapitulieren.

»Durch ein ähnliches Manöver«, meinte er, »zwang Fürst Starhemberg 1683 die Türken, die Belagerung Wiens aufzuheben.«

Jede weitere Diskussion war sinnlos. Ich verabschiedete mich. Schirach sah mich an:

»Skorzeny, meine Pflicht ist in drei Worten ausgedrückt: siegen oder sterben!«

Zweifellos wollte er sagen: »siegen oder mich absetzen«, denn der Verteidigungskommissar des Gaues Wien verließ fünf Stunden später Wien, so schnell er konnte.

Ich fand das Haus meiner Mutter halb in Trümmern. Ein Nachbar, der aus seinem Keller kroch, versicherte mir jedoch, daß meine Mutter mit meiner Frau und Tochter am Vortag Wien verlassen habe. Ich fuhr zu meiner Wohnung in Döbling. Zu Hause war alles unberührt. Schnell suchte ich einige Jagdwaffen zusammen und warf einen letzten Blick auf die Wohnung, die ich nun dem Feind oder den Plünderern bezugsfertig überlassen würde.

Ich verließ die Stadt über die Florisdorfer Brücke und drehte mich noch einmal um: »Auf Wiedersehen, Wien.« Dann ging es nach Oberösterreich über den Waldviertler Weg. In Ausführung des Auftrags, mit dem mich GenOb Jodl betraut hatte, gab ich folgende Funkmeldung durch:

*»Alles deutet darauf hin, daß Wien heute, den 11. April 1945, fallen wird.«*

FÜNFTES KAPITEL

# Nürnberg

Großadmiral Dönitz: »Unser Führer ist tot. ...« – Späte Enthüllungen Churchills – General Rendulic macht General Walker Vorschläge – Die Verteidigung der Südtiroler Pässe war unmöglich – Wir gehen freiwillig in Gefangenschaft – »Heben Sie einen: heute abend werden Sie gehängt!« – Handschellen – »Wohin haben Sie Hitler gebracht?« – Colonel Andrus – Selbstmorde und eigenartige Vorfälle – Das Nürnberger Tribunal – Das Gefängnis im Belagerungszustand: man befürchtet einen Überfall durch Skorzeny und seine Truppen! – »Wie eine Kobra bewacht« – In Dachau – »Der wilde Jakob« – Sowjetische Angebote – Unser Prozeß – Generöse Zeugenaussage des Wing Commanders Yeo-Thomas – Freigesprochen! – Ich verlasse das Lager Darmstadt.

Am Nachmittag des 30. Aprils 1945 erfuhr ich vom Tod Hitlers in Berlin. Die Stadt war von den Russen eingeschlossen und nur noch ein einziges Trümmerfeld. Unter den letzten Truppen, die verteidigten, was noch von der Reichskanzlei übriggeblieben war, hob sich ganz besonders ein Bataillon der französischen Waffen-SS-Division *Charlemagne* hervor.

Hitler tot! Nach dem ersten Schock hielten wir diese Nachricht für unwahrscheinlich. Adolf Hitler sollte doch in die Alpenfestung kommen. Es gab noch Truppen, die bereit waren, zu kämpfen. Nein! Das war unmöglich! Man log uns an. Vielleicht würde er doch noch kommen.

Die Meldung wurde mir jedoch bald offiziell bestätigt. Als wir am nächsten Tag die 7. Symphonie von Anton Bruckner im deutschen Rundfunk hörten, wußten wir, was geschehen war. Vor seinem Tode hatte er Karl Dönitz zum deutschen Staatschef ernannt. Der Großadmiral wandte sich am 1. Mai mit folgenden Worten an das deutsche Volk:

»Unser Führer, Adolf Hitler, ist gefallen ... Sein Leben war ein einziger Dienst für Deutschland. Sein Einsatz im Kampf gegen die bolschewistische Sturmflut galt darüber hinaus Europa und der gesamten Kulturwelt ... Der Führer hat mich zu seinem Nachfolger bestimmt ... Meine erste Aufgabe ist es, deutsche Menschen vor der Vernichtung durch den vordrängenden bolschewistischen Feind zu retten. Soweit und solange die Erreichung dieses Zieles durch die Briten und Amerikaner behindert wird, werden wir uns auch gegen jene weiter verteidigen und weiterkämpfen müssen ... Haltet Ordnung und Disziplin in Stadt und Land aufrecht, tue jeder an seiner Stelle seine Pflicht ...«

Ich ließ alle meine Offiziere und Mannschaften längsseits meines Kommandozuges antreten. Ihnen eine Rede zu halten, war unnötig. Ich sagte ihnen nur: »Der Führer ist tot. Es lebe Deutschland!« Dann stimmten meine

397

deutschen Soldaten die Nationalhymne »Deutschland über alles« an, und mit den europäischen Freiwilligen sangen alle gemeinsam »Ich hatt' einen Kameraden«.

Wir fühlten alle, daß der neue Reichspräsident recht hatte und daß der Kampf weitergeführt werden mußte, um wenigstens so vielen Frauen, Kindern und Soldaten wie möglich den Weg nach Westen offenzuhalten. Trotz fehlender Vorbereitung mußte und konnte die Alpenfestung vielen Menschen Zuflucht bieten. Das war mein Plan, seit Radl mit zweihundertfünfzig Mann in Radstadt zu mir gestoßen war. Der Wirtschaftsminister und Reichsbankpräsident Funk hatte mir auch zwei seiner Adjutanten geschickt und mich gebeten, ich solle mich um den Schatz der Reichsbank kümmern. Ich gab ihnen, mit der notwendigen Höflichkeit, zu verstehen, daß ich kein Panzerschrankbewacher sei, sondern ein Soldat und sie bei mir an die falsche Adresse gekommen seien. Theoretisch hätte die Alpenfestung zu einem befestigten Gelände von 350 km Länge auf 75 km Breite ausgebaut werden sollen, das sich von Bregenz im Westen bis Bad Aussee im Osten ausdehnte, im Norden über Füssen, Traunstein nach Salzburg reichte und im Süden über Glurns, Bozen, Cortina d'Ampezzo und Lienz lief. Die letztgenannte Linie wurde nach der Kapitulation der deutschen Streitkräfte in Italien bis zum Brennerpaß zurückgenommen. Aber ich hatte mich nach einigen Tagen vergewissert, daß diese genannte Befestigung nicht existierte und auch nie existieren würde. War nun jetzt, wo Hitler nicht mehr lebte und der nationalsozialistische Staat zusammengebrochen war, eine Auflösung des Alliierten Bündnisses möglich? Ich zweifelte daran. Doch Winston Churchill erklärte am 23. November 1954 vor seinen Wählern in Woodford folgendes, und es war ein erstaunliches Geständnis:

»Schon vor Kriegsende, als sich die Deutschen zu Hunderttausenden ergaben, habe ich Lord Montgomery telegrafiert, er solle gewissenhaft die deutschen Waffen sammeln und lagern, damit sie wieder leicht an die deutschen Soldaten ausgegeben werden könnten, wenn wir im Falle eines weiteren russischen Vorstoßes in Europa zur Zusammenarbeit mit Deutschland gezwungen wären. Mein Mißtrauen in bezug auf Stalin war beachtlich groß, denn er tat alles, um Rußland und dem Kommunismus die Weltherrschaft zu sichern.«

Man glaubt zu träumen! . . . »im Falle eines weiteren russischen Vorstoßes.« Aber wer hatte denn diesen Vorstoß in Europa erlaubt? Man könnte heute darüber lächeln, wenn man liest, daß »der deutsche Soldat verhinderte, daß ganz Europa bolschewistisch wurde«. Wenn wir allerdings im Osten nicht so gekämpft hätten, wie wir das taten, hätten viele von denen, die uns seit 1945 kritisieren und die Waffen-SS als verbrecherische Organisation bezeichnen, heute nicht die Möglichkeit, die Freiheit zu genießen; sie würden sehr wahrscheinlich gar nicht mehr leben und wenn, dann könnten sie schweigend alles erdulden oder bei Werchojansk Steine klopfen.

Es war klar, daß das rasche Vordringen der sowjetischen Armeen ins Herz Europas eine immense Gefahr darstellte, nicht nur für die Völker des alten Kontinents, sondern auch für Großbritannien und die Vereinigten Staaten. Die späten Erkenntnisse des britischen Premiers bewiesen das zur Genüge. General Guderian hat mir versichert, daß die Wehrmacht noch Anfang Februar 1945 den sowjetischen Armeen, deren Nachschublinien bereits zu lang waren, eine blutige und katastrophale Niederlage hätte bereiten können – unter der Voraussetzung, daß die Westmächte der Wehrmacht im Osten Handlungsfreiheit ließen. Das war aber leider nicht der Fall.

Ich habe damals auch Generaloberst Rendulic kennengelernt. Er kommandierte unsere Heeresgruppe Süd und hielt am Schluß eine von Mittelösterreich bis zur tschechoslowakischen Grenze reichende Front gegen die Rote Armee.

Generaloberst Rendulic, der gleichzeitig auch Historiker war, wollte Geschichte nicht nur schreiben, sondern auch machen. Nach dem Tode Hitlers träumte er davon, daß die vier von ihm befehligten Armeen nicht nur Malinowskij und Tolbuchin in ihrem Marsch nach Westen stoppen, sondern sie weit hinter die Donaulinie zurückwerfen könnten. Er schickte also einen Unterhändler, der Generalmajor Walton H. Walker, dem Chef des II. US-Armeekorps, folgende Erklärung unterbreitete:

1. Selbst wenn man in den Vereinigten Staaten im Jahre 1941 der Ansicht gewesen sei, Deutschland bedrohe die USA, müsse man nun zugeben, daß diese Bedrohung nicht mehr bestehe.

2. Hitler sei tot; die deutschen Armeen kämpften mit letzter Kraft, und die Westalliierten könnten nicht abstreiten, daß die wirkliche Bedrohung vom Bolschewismus komme – in Europa wie überall.

3. Bei einer solchen Gefahr müßten die direkt oder indirekt bedrohten Mächte ihre Solidarität beweisen. Folglich bitte Rendulic General Walker, die noch vorhandenen deutschen Reservetruppen passieren zu lassen, damit er seine vier Armeen verstärken und im Osten zum Gegenangriff übergehen könne.

General Walker antwortete sarkastisch und negativ. Rendulic war der in Washington im April 1949 gegründeten NATO (North Atlantic Treaty Organisation) um vier Jahre voraus.


Nach den Anweisungen des am Königsee liegenden Oberkommandos Süd hatte ich alle überlebenden und versprengten Soldaten meiner Einheiten in einem neuen Verband zusammengefaßt, der *Alpenschutzkorps* getauft wurde – von einem Armeekorps aber nicht mehr als den Namen besaß.

Am 1. Mai 1945 erhielt ich den letzten Befehl vom Oberkommando Süd:

ich sollte die Verteidigung der Südtiroler Pässe organisieren, damit sich die Truppen General Vietinghoffs — des Nachfolgers von GFM Kesselring in Italien zurückziehen könnten, und gleichzeitig sollte ich verhindern, daß die amerikanisch-britischen Truppen nach Österreich eindrängen. Aber es war zu spät. Unsere Italien-Armee hatte schon kapituliert, ohne daß sogar FM Kesselring benachrichtigt wurde. Die Offiziere des *Alpenschutzkorps*, die ich sofort an die italienische Grenze befohlen hatte, waren klug genug, bei Erkennen der Lage unverzüglich zu mir zurückzukehren.

Als am 6. Mai Großadmiral Dönitz den Befehl erteilte, am 8. Mai 1945 um Mitternacht an allen Fronten die Waffen niederzulegen, zog ich mich mit meinen engsten Mitarbeitern in die Berge zurück, um abzuwarten. Meine Truppen befanden sich in kleine Einheiten aufgeteilt in den naheliegenden Tälern und warteten auf meine letzten Befehle.

Deutschland hatte trotz dem Mut seiner Soldaten den Zweiten Weltkrieg verloren. Wir hatten wirklich unser Möglichstes getan, um dies zu verhindern.

Ich hätte Selbstmord begehen können; viele unserer Kameraden suchten in den letzten Kämpfen den Tod oder setzten ihrem Leben freiwillig ein Ende. Ich hätte auch — und zwar ganz leicht — an Bord einer Ju 88 ins neutrale Ausland fliegen könne. Aber ich weigerte mich, mein Land, meine Familie und meine Kameraden im Stich zu lassen. Ich hatte nichts zu verbergen, hatte nichts unternommen und nichts getan und nichts befohlen, dessen sich ein wirklicher Soldat zu schämen hätte. Ich entschloß mich, freiwillig in Gefangenschaft zu gehen, und schickte dem amerikanischen Divisionsstab in Salzburg zwei Botschaften. In diesen Botschaften schlug ich vor, daß Offiziere und Mannschaft des *Alpenschutzkorps* zusammengefaßt und gemeinsam den Weg in die Gefangenschaft antreten sollten. Ich erhielt keine Antwort darauf. Später erfuhr ich, daß der US-Stab aus meinen Vorschlägen den Schluß zog, es handle sich um einen neuen Trick von mir; ich konnte nie herausbringen, wie diese, meine letzte »Kriegslist« aussehen sollte.

Was ich nicht wußte war, daß ich eifrig gesucht wurde und daß die alliierte Presse und der alliierte Rundfunk mich als »den teuflisch intelligentesten Mann Deutschlands« bezeichneten. Ich hatte wirklich keine Ahnung von der Legende, die damals schon meinen Namen umgab.

Am 20. Mai 1945 stiegen Radl, Hunke, der Offiziersanwärter und Dolmetscher Peter und ich bewaffnet und in Felduniform ins Tal hinunter. Wir hatten gebeten, uns an eine bestimmte Brücke bei Annaberg einen Jeep zu schicken. Der Jeep mit Fahrer war tatsächlich zur Stelle, um uns nach Salzburg zu fahren.

Unser Fahrer, ein Mann aus Texas, zeigte ein sehr starkes Interesse an uns. Auf der Straße hielt er vor einem Gasthaus. Ich stieg mit ihm aus. Er ver-

langte eine Flasche guten Weines, die ich bezahlte. Während der Weiterfahrt wandte sich der Texaner zu mir und sagte:
»Spaß beiseite, sind Sie tatsächlich Skorzeny?«
»Natürlich.«
»Na, dann heben Sie einen mit Ihren Kerlen, denn heute abend werden Sie sicher gehängt!«
Ich trank also »auf unsere Gesundheit«. Gegen Mittag kamen wir in Salzburg an; unser Fahrer konnte oder wollte den Divisionsstab nicht finden. Er setzte uns vor einem Hotel ab, das amerikanische Einquartierung hatte, salutierte freundlich und verschwand. Vor dem Hotel schauten uns einige deutsche Verbindungsoffiziere verblüfft an: wir trugen noch Waffen! Ein US-Major nahm sich schließlich die Mühe, uns anzuhören. Er schickte uns mit einem anderen Jeep nach Sankt Johann im Pongau zurück, um dort von der deutschen Dienststelle im Kriegsgefangenenlager und den amerikanischen Einheiten Fahrzeuge und LKWs für das *Alpenschutzkorps* zu besorgen. Ein deutscher General schickte uns dann zu einem in Werfen stationierten US-Bataillon. Hunke beauftragte ich, in St. Johann zu bleiben: wenn wir in drei Stunden nicht zurück wären, würde das heißen, daß wir in Gefangenschaft seien. In diesem Falle solle Hunke unsere Leute verständigen, und dann gelte das Motto: »jeder sorgt für sich – und Gott für alle.«
Der US-Bataillonsstab von Werfen war in einer komfortablen Villa am Abhang eines Hügels etabliert. Ich diskutierte mit einem Captain. Radl und Peter mußten am Eingang stehenbleiben. Statt den Passierschein zu unterschreiben, den ich brauchte, um mein *Alpenschutzkorps* nach Salzburg in Gefangenschaft zu bringen, führte mich der Captain ins Eßzimmer, wo ich vier amerikanische Offiziere und einen Dolmetscher antraf. Als ich eben auf der Karte zeigte, wo meine Leute warteten, wurden die drei Türen und Fenster aufgerissen. Ein Dutzend MPs wurden auf mich gerichtet, und der Dolmetscher bat mich, ihm meine Pistole auszuhändigen, was ich tat. Dabei sagte ich zu ihm:
»Vorsicht, sie ist geladen, und die letzte Kugel ist gefährlich.«
Dann wurde ich gefilzt und nackt ausgezogen. Meine Mussolini-Uhr wurde gestohlen; ich ließ sie mir zurückerstatten, und dann verschwand sie endgültig. Schließlich wurden Radl, Peter und ich in vier Jeeps untergebracht und zwischen zwei Panzerwagen abgefahren. In der Nacht erreichten wir Salzburg. Man ließ uns im Garten einer Villa aussteigen, und ich zündete mir eben eine Zigarette an, als sich ein paar MPs (US-Militärpolizisten) von hinten auf uns stürzten und uns mit den Händen auf dem Rücken Handschellen anlegten. Dann wurde ich in ein Zimmer gestoßen, wo ein Dutzend Personen hinter zwei oder drei Tischen saßen. Mehrere Fotografen und Reporter waren unter ihnen. Ein Offizier wollte mich verhören. Ich erklärte ihm, daß ich kein einziges Wort sagen würde, solange man mir die Hand-

schellen nicht abnehme, was man dann tat. Danach ging ich zum Fenster — die Maschinenpistolen gingen nicht los — und rief in den Garten:
»Radl, Peter, seid ihr noch gefesselt?«
»Ja«, kam es von Radl. »So eine Schweinerei!«
Ich wandte mich an den Major:
»Solange meine Kameraden Handschellen tragen, gebe ich keine Antwot.«
Ich blieb beim Fenster stehen. Nach langer Zeit ertönte die Stimme Radls:
»Ist in Ordnung. Danke!«
Dann setzte ich mich vor den US-Major und erklärte mich bereit, auf seine Fragen zu antworten. Die erste, die er stellte, war:
»Sie hatten den Plan, General Eisenhower zu ermorden, nicht wahr?«
Ich verneinte das. Weitere Fragen folgten, die mir in den drei Jahren Gefangenschaft von amerikanischen, britischen und sogar französischen Nachrichtenoffizieren wieder und wieder gestellt werden sollten:
»Wenn Sie Eisenhower nicht ermorden wollten, so hatten Sie die Absicht ihn zu entführen? Es steht doch fest, daß Sie General Bradley töten oder entführen wollten! Warum haben die italienischen und ungarischen Streitkräfte auf dem Gran Sasso und in Budapest nicht auf Sie geschossen? Was haben Sie Ende April 1945 in Berlin gemacht? Wohin haben Sie Hitler gebracht? Wir wissen aus sicherer Quelle, daß Sie mit Hitler im Flugzeug frühmorgens am Montag, dem 30. April 1945, weggeflogen sind. Wo hält er sich versteckt? Sie können doch fliegen, nicht wahr? Sie haben die Maschine geflogen; Hitler saß neben Ihnen im Cockpit; da können Sie sehen, wie wir informiert sind!... Sie brauchen es gar nicht abzustreiten: Sie wollten das HQu von Marschall Montgomery in die Luft sprengen, dafür haben wir Beweise! Woher wollen Sie wissen, daß sich Hitler in Berlin umgebracht hat, wenn Sie Ende April nicht in Berlin waren? Hat Ihnen Hitler den Befehl erteilt, General Eisenhower zu ermorden? Wer dann? Und so weiter und so fort.
Nach einigen Tagen gelang es mir, Oberst Henry Gordon Sheen, einen der Chefs des amerikanischen Nachrichtendienstes, zu überzeugen:
»Wenn ich Adolf Hitler an einen sicheren Ort gebracht hätte«, sagte ich ihm, »wäre ich auch dort geblieben und hätte mich nicht mit meinen Kameraden gefangengegeben.«
»Das ist eine Masche«, erklärten die Journalisten. »Skorzeny will die Spuren verwischen.« Die Reporter der *New York Times* und des *Christian Science Monitor* standen mit ihrer Skepsis allen voran. In seinem Buch *Commando Extraordinary* stellt Charles Foley fest, daß »Skorzeny ein zu allem fähiges Wesen der modernen Mythologie geworden ist«.
General Walter Bedell Smith, der Stabschef des Oberkommandos, rief alle Korrespondenten der alliierten Presse im Hotel Scribe in Paris zusammen. Foley schreibt:

»Der General erklärte, daß es nie ein Komplott gegen das Leben und die Freiheit des Generals Dwight D. Eisenhower gegeben hat. Die Abwehr wurde durch widersprüchliche Befehle irregeführt.«

Die unzufriedenen Journalisten stellten dem General peinliche Fragen über den »Belagerungszustand«, in den Eisenhowers HQu Ende 1944 und Anfang 1945 versetzt war, den Doppelgänger General Eisenhowers und die Tatsache, daß letzterer praktisch als Gefangener seiner eigenen Truppen in Versailles gehalten wurde. General Bedell Smith gab zu, daß es sich um »Irrtümer« handelte, die aufgrund falscher Nachrichten zustande gekommen waren. Die Journalisten blieben skeptisch, und nach langen Nachforschungen und Gegen-Nachforschungen kamen die alliierten Nachrichtendienste zu dem Schluß, daß etwas dabei faul sei: meine »Alibis« waren allzu überzeugend.

Ich wurde von einem Gefängnis ins andere gebracht. Im sechsten teilte ich die Zelle mit GFM Kesselring. Am 29. Mai 1945 wurde ich in Wiesbaden mit Dr. Kaltenbrunner in einer mit Mikrofonen vollgestopften Bretterbude untergebracht. Wir sprachen von unserer Studentenzeit; der Abhördienst muß sehr enttäuscht gewesen sein. Dr. Kaltenbrunner hatte das Pech, die Stelle des 1942 in Prag ermordeten Chefs des RSHA Reinhard Heydrich übernommen zu haben. Er wurde nach London befördert und anfangs ein paar Wochen lang in sehr korrekter Weise vernommen. Dann schloß man ihn sieben Wochen lang in den London Tower ein.

Bei völliger Dunkelheit hatte er Tag und Nacht Foltern zu ertragen, wie sie den ehemaligen russischen Gefangenen der Festung Peter und Paul vorbehalten waren: das Wasser stieg bis über einen Meter hoch langsam in seiner Zelle an und floß wieder zurück. Dann kamen eine kalte Dusche und Schläge.

Wegen dreier aufeinanderfolgender Gehirnhautentzündungen konnte er oft beim Prozeß in Nürnberg nicht anwesend sein. Ich sah ihn zum letzten Mal im Juli 1946; er war ruhig und gefaßt, obwohl er wußte, daß man ihn zum Tode verurteilen und hinrichten würde.

Ein anderer Mitgefangener war der Reichsleiter Dr. Ley, den man in himmelblauem Schlafanzug und Pantoffeln verhaftet hatte. Beim Weggehen griff er wahllos nach einem Lodenmantel; man setzte ihm einen Tirolerhut dazu auf. Er hielt die Behandlung im Gefängnis nicht durch und beging kurz nach seiner Einlieferung ins Nürnberger Gefängnis Selbstmord.

Im Lager Oberursel traf ich Radl, der die Erlaubnis erhielt, die Zelle mit mir zu teilen. Aber am 10. September 1945 legte man mir erneut Handschellen an, um mich zu einem Flugzeug zu bringen, das uns nach Nürnberg flog. Im Flugzeug befanden sich auch Großadmiral Dönitz, GFM Keitel, Generaloberst Jodl, Generaloberst Guderian, Dr. Ley — immer noch im Pyjama — und sogar ... Baldur v. Schirach.

Bei unserer Ankunft im Nürnberger Gefängnis bekam der Kommandant dieser Strafanstalt, der US-Colonel Andrus — er trug einen Kneifer und sah Heinrich Himmler zum Verwechseln ähnlich — fast einen Schlaganfall. Zu seinem Schrecken stellte er fest, daß Großadmiral Dönitz und auch ich noch die komplette Uniform und Dienstgradabzeichen trugen. Colonel Andrus erklärte, daß unsere Uniform nicht zulässig und dies eine echte Provokation sei. Durch sein Geschrei angelockt, kamen mehrere schwarze Militärpolizisten angelaufen. Aber ich hatte den Großadmiral schon militärisch gegrüßt. Er hatte meinen Gruß verstanden und nickte zustimmend mit dem Kopf.

Wir degradierten uns gegenseitig, ohne ein Wort zu sagen. Dann grüßten wir kurz, und der letzte Staatschef des Dritten Reiches drückte mir die Hand.

Das Nürnberger Gefängnis war ein großes, wie ein fünfzackiger Stern gegliedertes Gebäude. Zahlreiche schwarze Soldaten bewachten uns; unser Kerkermeister, Colonel Andrus, glaubte uns so zu demütigen. Ich habe mich mit diesen Schwarzen immer gut verstanden, die sich viel menschlicher zeigten als die Weißen. Ein Riesenkerl, ein schwarzer Feldwebel, der außerordentlich sympathisch war, wurde mein Freund und steckte mir mehr als einmal Zigaretten und Schokolade zu.

Während der ersten Wochen wurden wir ziemlich gut verpflegt. Ältere deutsche Gefangene, Landser, die zum Küchendienst eingeteilt wurden, taten ihr Bestes für uns — zum Verdruß von Colonel Andrus. Er war litauischen Ursprungs, erst seit kurzem amerikanischer Staatsbürger und haßte alles, was deutsch war. »Ich weiß«, sagte er uns eines Tages, »daß man Euch die ›krauts‹ nennt, weil euch das so gut schmeckt. Infolgedessen werdet ihr jeden Tag davon zu essen kriegen.« Er sorgte dafür, daß die Verpflegung eintönig und auch sehr schlecht wurde.

Einem jungen österreichischen Ingenieur aus dem Rüstungsministerium gelang es, sich für den Küchendienst einteilen zu lassen. Er hieß, glaube ich, Raffelsberger und ließ mir Knödel bringen. Er war der einzige Häftling, dem es gelang, aus dem Nürnberger Gefängnis zu fliehen, als er mit einigen GIs in die Stadt fuhr, um Proviant zu holen. Er gelangte nach Südamerika. Zu Beginn war ich im Flügel der Angeklagten inhaftiert. Meine Zelle lag der des Reichsmarschalls Göring gegenüber. Wir verständigten uns mit Zeichen, denn Sprechen war strikt untersagt. Dann, kurz vor Weihnachten 1945, wurde ich in den Zeugenflügel verlegt. Unsere Zellen waren nachts verschlossen und tagsüber offen. Andrus hatte eine drakonische Verordnung erlassen, derzufolge jeder Häftling bei seinem Erscheinen auf der Zellenschwelle stillzustehen und zu grüßen hatte, fünfzehn Schritte bevor er vorbeiging und zwölf hinterher. Ich fand diese Anmaßung lächerlich und verschwand jedesmal in der nächstbesten Zelle, wenn seine erlauchte Person zu sehen war. Er bemerkte das und ließ mich rufen:

»Sie weigern sich also, mich zu grüßen?«

»Ich werde Sie grüßen, wenn ich hier wie ein kriegsgefangener Soldat behandelt werde. Ich weigere mich, Sie auf dienerische Weise zu grüßen. Ich bin ein Offizier desselben Ranges wie Sie und kein Lakai!«

»Ich kann Sie mit einem Monat Einzelhaft bestrafen wegen Gehorsamsverweigerung!«

»Sie können machen, was Sie wollen!«

Ich glaube, daß die Andrus unterstellten amerikanischen Offiziere ihn noch mehr haßten als er uns. Bei einer Flugreise vor ein paar Jahren traf ich einen dieser Offiziere, der mich erkannte und mir sagte, daß mein Benehmen gegenüber Colonel Andrus für ihn und seine Kameraden eine reine Genugtuung gewesen sei.

Die amerikanische Haltung war nach außen hin »korrekt«. So ließ uns Colonel Andrus wissen, daß jeder das Recht hätte, sich zu beschweren. In Wirklichkeit wurde nie eine einzige Beschwerde positiv erledigt. Der bei den Amerikanern beliebte Generaloberst Halder mußte eine eigenartige Erfahrung machen. Als er sich unseren Kerkermeistern gegenüber die Bemerkung gestattete, er sei im deutschen Konzentrationslager besser behandelt worden als in Nürnberg, bekam er zwei Wochen »Knast«.

Manche konnten dies nicht durchhalten. Außer Dr. Ley erhängte sich der zu Unrecht angeklagte, gute und tapfere Dr. Conti, der Reichsgesundheitsführer in der nächsten Zelle. GenOb Blaskowitz stürzte sich aus dem Gang des 3. Stockwerks in die Tiefe. Und Generalfeldmarschall v. Blomberg starb in der Krankenstation, wohin man ihn im letzten Augenblick brachte. Bei meinem wöchentlichen Gang zur Dusche gelang es mir einmal, drei Leintücher »mitgehen« zu lassen, von denen ich eines dem ständig kranken v. Blomberg zukommen ließ. Das andere hatte ich dem österreichischen General v. Glaise-Horstenau gegeben, der Adjutant des Kaisers Franz-Josef gewesen war. Das dritte behielt ich für mich selbst. Wir machten saubere Schlafsäcke daraus.

Aufgrund dieser Selbstmorde konnte Colonel Andrus noch strengere Maßnahmen einführen. Tag und Nacht gab es überraschende Durchsuchungen der Zellen. Wir mußten bei Licht schlafen, durften den Kopf nicht zudecken und hatten das Gesicht in Richtung Glühbirne zu halten. Wenn wir je während des Schlafens die Augen mit der Decke abschirmten, wurden wir von der Wache brutal geweckt.

Als sich später Reichsmarschall Göring mit Zyankali vergiftete, fand eine Großuntersuchung in allen Zellen statt. Bei GenOb Jodl entdeckte man 30 cm Draht, zwei geschliffene Nieten und eine Rasierklinge bei GFM Keitel und eine abgebrochene Flasche bei Ribbentrop.

Das Schlimmste jedoch, wenigstens für mich, war die moralische Atmosphäre, die in den Gefängnissen lastete. Die pausenlose Spioniererei, der Handel, den man den Schwächsten vorschlug, die Spitzeleien, die Denunziationen, die falschen Anklagen, die kriecherische Haltung gewisser Angeklagter und Zeugen, die sich auf diese Art besser aus der Affäre ziehen wollten — man machte ihnen Versprechungen und hielt gelegentlich auch Wort, wenn sie sich kooperativ zeigten —, all das hatte beinahe schlimme Auswirkungen auf meine Moral. Ich war nahe daran, so zu reagieren, daß Colonel Andrus Grund gefunden hätte, mich hart zu bestrafen. Es gab nichts, was nicht gegen uns verwendet werden konnte und wurde. So wurden wir von den sogenannten Psychologen »getestet«. M. Coldenson und »Prof.« G. M. Gilbert knöpften mich mehrere Male vor. Wir hatten uns einem Intelligenztest zu unterziehen. Als große Sieger gingen Dr. Seyss-Inquart, Dr. Schacht und Göring hervor. Die Amerikaner waren sehr erstaunt, als sie feststellten, daß sich nach ihrem eigenen Kriterium unser Intelligenzquotient als »sehr überdurchschnittlich« erwies.

Aber die Hauptarbeit dieser »Psychologen« bestand darin, die Staatsanwälte zu unterrichten und Uneinigkeit unter die Häftlinge zu bringen. So wurde mir glaubhaft erzählt, X. hätte sehr schlecht über mich gesprochen — in der Hoffnung, daß ich meinerseits schlecht von ihm sprechen und Enthüllungen machen würde, die von der Anklage oder wenigstens von der Presse ausgeschlachtet werden könnten. Dieser Trick hatte bei mir keinen Erfolg, aber die Naiveren und Schwächeren fielen darauf herein.

Die Journalisten waren auf Sensationsnachrichten begierig, und es ist nicht erstaunlich, wenn die internationale Presse damals solche »Sensationsmeldungen« veröffentlichte, denn je phantastischer eine Information war, um so besser wurde sie bezahlt. Verlagsverträge wurden über Mittelspersonen abgeschlossen. Man bat mich um »druckreife« Texte. Ich lehnte ab. Viele Häftlinge tippten jedoch fast den ganzen Tag, entweder für die Presse oder für die Anklage — was auf das gleiche herauskam.

General Warlimont und der »schillernde« Höttl, alias Walter Hagen, arbeiteten — an ihrer Verteidigung zweifellos — von morgens bis abends.

Der Kommentator von Radio Nürnberg besaß ebenfalls ein Nachrichtennetz innerhalb des Gefängnisses. Er gab sich als Gaston Oulman aus und kam angeblich aus einer südamerikanischen Republik. In Wahrheit hieß er schlicht und einfach Ullmann und hatte vor dem Krieg mit den deutschen Gerichten auf gespanntem Fuß gelebt.

Der Autogrammhandel war in vollem Gange. Ohne mich zu schämen, verlangte ich ein Päckchen Zigaretten pro Unterschrift. Aber je »gefährlicher« man war, desto höher war der Tarif; ich kannte mehr als einen Häftling, der sich als ganz gefährlichen Verbrecher ausgab, um sich so seinen Aufenthalt angenehmer zu gestalten. Ich weiß nicht, ob die falsche Vertraulichkeit gegenüber der Wache sich später in seiner Anklageschrift wiederfand. Die Freundlichkeit des katholischen Gefängnisgeistlichen Pater Sixtus

O'Connor, die ebenfalls in gewisser Weise hätte gefährlich sein können, war jedenfalls echt. Obwohl der Augustinerorden, dem er angehörte, von einer Eremitengemeinschaft abstammte, hatte der Pater nichts von einem Büßer-mönch — ganz im Gegenteil. Er unterhielt sich lange mit den Häftlingen, zeigte sich versöhnlich, freundschaftlich und verteidigte die Gefangenen, so-weit es die Anordnungen Colonel Andrus' zuließen. Er war Ire, seine Mutter war deutscher Abstammung, und manche Gefängnisinsassen machten ihm fleißig den Hof. Gauleiter Frank, v. d. Bach-Zelewski, General Warlimont, Gauleiter Bohle, Schellenberg und der talentierte Höttl waren unter den eif-rigsten.

Die Predigten Pater Sixtus' steckten voller Anspielungen, die jedermann verstehen konnte, denn er hielt nicht mit seiner Kritik am Nürnberger Tribunal zurück. Im November 1945 predigte er am Totensonntag über das Opfer der Millionen deutscher Soldaten, die ehrenhaft vor dem Feind gefallen waren.

Sieger, die sich selbst als Richter einsetzten und denen die Besiegten auf Gedeih und Verderb ausgeliefert sind, verfügen über gewaltige Druck-mittel. So wurde uns erst ab Februar 1946 gestattet, mit unseren Familien zu korrespondieren. Obwohl die Freude für viele unter uns nur von kurzer Dauer war: die Bombenangriffe, die letzten Gefechte, die Besetzung durch drei, dann vier feindliche Armeen hatten viele Opfer gefordert.

Die in Nürnberg gemachten »Geständnisse« und ganz allgemein die Aus-sagen eines von der feindlichen politisch-militärischen Polizei verhörten Gefangenen müssen vom Historiker mit viel Skepsis gelesen werden. Manche Häftlinge lieferten falsche Zeugenaussagen, um freigelassen zu werden; ich mache ihnen deshalb Vorwürfe. Einer vor allen zeigte eine klägliche Hal-tung: »Ich habe eine Frau und Kinder«, sagte er mir. »Ich konnte nicht anders handeln.« Als ob wir nicht alle an unsere Familien hätten denken müssen!

Ich wurde dreimal im Nürnberger Gefängnis gefangengehalten: von Ok-tober 1945 bis Mai 1946, im Juli und August 1946 und im Februar und März 1948. Beim drittenmal entschloß ich mich, einen Job anzunehmen. In allen Zellen hatte man die Scheiben durch transparente Plastikfolien ersetzt, die mit kleinen Holzleisten an den Fensterrahmen befestigt waren und sich ziemlich oft lösten. Ich meldete mich freiwillig, um die Fenster wieder in Ordnung zu bringen.

Abgesehen davon, daß man mich für diese Mühe mit einem Päckchen Ziga-rettentabak pro Woche belohnte, war mir so die Möglichkeit gegeben, in die Zellen zu gehen und mit meinen Kameraden zu sprechen, interessante Verbindungen herzustellen und diejenigen zu ermuntern, deren Moral auf den Nullpunkt gesunken war. Gleichzeitig ermutigte ich mich selbst. Kamen die Wachen dazwischen, behauptete ich, nach der Familie des Sträflings gefragt zu haben und dergleichen. Im übrigen, möchte ich wiederholen, bestand zwischen den schwarzen Wächtern und uns, den Parias, eine echte Solidarität. Die Psychologen begingen einen großen Fehler, als sie uns durch Schwarze bewachen ließen, die sich weigerten, uns wie Tiere zu behandeln, und somit Colonel Andrus Lektionen in humanitärer Haltung erteilten.

Es war die Zeit der »Kriegsverbrecherprozesse«. In der britischen Besatzungszone wurden langwierige Untersuchungen bei über 700 000 Offizieren und deutschen Soldaten angestellt. Am Ende entdeckte man 937 Gefangene, die im Verdacht standen, die Kriegsgesetze verletzt zu haben. Die britischen Militärgerichte verurteilten sie wie folgt:

| | |
|---|---|
| Todesstrafen | 230 |
| Lebenslängliches Gefängnis | 24 |
| Gefängnis (mit Bewährung) | 423 |
| | 677 |
| Freisprüche | 260 |

677 Menschen hatten also den Krieg in einer Weise geführt, die die Sieger als unkorrekt ansahen, das heißt, weniger als einer unter zehntausend Soldaten.

In der amerikanischen Besatzungszone wurden nach dem Schlußbericht des Brigadiers General Telford Taylor schließlich nur 570 deutsche Militärs von dem berühmten Gesetz Nr. 10 betroffen[1]. Nur 177 wurden vor die amerikanischen Spezialgerichte gestellt, mit folgendem Ergebnis:

| | |
|---|---|
| Todesurteile | 24 |
| Lebenslängliche Haft oder Gefängnis | 118 |
| | 142 |
| Freisprüche | 35 |

In der französischen Besatzungszone wurden mehrere Tausend Personen verhaftet. An Ort und Stelle wurden folgende Urteile gefällt:

---

[1] Dieses Gesetz erlaubte den alliierten Militärbefehlshabern, Tribunale einzusetzen, die die Verantwortlichen für »Kriegsverbrechen, Verbrechen gegen den Frieden und Verbrechen gegen die Menschlichkeit« zu richten hatten in der Form, wie sie die Nürnberger Charta definierte. (A. d. Red.)

| Todesurteile | 104 | (vollstreckte Urteile) |
|---|---|---|
| Lebenslängliche Haft | 44 | |
| Gefängnis (mit Bewährung) | 1 475 | |

| | 1 623 | |
|---|---|---|
| Freisprüche | 404 | |

Das heißt: 2 442 Verurteilte von über 10 Millionen Soldaten oder 0,024 %[2]. In der sowjetischen Besatzungszone überstiegen die summarischen Hinrichtungen die Zahl von 185 000. Von den vier Millionen deutscher Gefangener in der Sowjetunion kehrten ab 1955 knapp 30 Prozent zurück.

Anfang März fiel uns auf, daß in Nürnberg etwas Seltsames vorging. Colonel Andrus stellte den Justizpalast unter Alarmbereitschaft. Die Wachen wurden verdreifacht. Man hatte Panzerabwehrbarrikaden an den Haupteingängen errichtet; fast an jeder Ecke waren Sandsäcke und starke Bleche, geschützte Maschinengewehrnester aufgebaut. In den Gefängnisgängen hatte man kleine Schützenstände mit Panzerverkleidung errichtet, hinter denen unsere Wachen Deckung finden und den Feind abweisen konnten. Aber welcher Feind war im Anmarsch?

Vergebens suchten wir nach einer Erklärung für die kriegerischen Vorbereitungen, als mich Pater Sixtus, aus der Offiziersmesse kommend, aufklärte. Ein amerikanischer General, dessen Namen mir der Pater nicht verraten wollte — denn er war, wenn es sein mußte, die Verschwiegenheit in Person —, hatte ihm folgendes erzählt: motorisierte Einheiten deutscher Freischärler seien in der Nähe Nürnbergs beobachtet worden. Ihr Ziel sei, in die Stadt zu marschieren, das Gefängnis zu stürmen und alle Häftlinge zu befreien. Diese Leute seien um so gefährlicher, als sie von Oberst Otto Skorzeny befehligt würden, demjenigen, der schon Mussolini entführt und beinahe General Eisenhower gekidnapt hatte.

»Aber«, wandte Pater Sixtus dem General gegenüber ein, »Oberst Skorzeny ist hier im Gefängnis, schon seit September letzten Jahres. Ich habe erst gestern mit ihm gesprochen! . . .«

»In diesem Fall«, meinte der General, »können Sie versichert sein, daß es sich um einen falschen Skorzeny handelt, denn meine Informationen stammen aus bester Quelle. Wir werden diese Geschichte klarstellen.«

Für mich ergaben sich daraus schwere Verhöre, die manchmal zu einer richtigen Farce ausarten. Schließlich gelang es mir zu beweisen, daß ich — ich selbst war.

---

2 Prof. J. A. Martinez *Die Kriegsverbrecherprozesse der Nachkriegszeit*, Paris 1958. (A. d. Red.)

Als ich einige Monate später ins Lager Regensburg in Bayern verlegt wurde, traf ich meinen ehemaligen Funkoffizier, der mir eine Erklärung für diese Geschichte lieferte. Bei der Auflösung des *Alpenschutzkorps* hatte er sich selbst demobilisiert. Er gelangte zu seiner Familie, die in Nürnberg wohnte. Als er durch die Presse erfuhr, daß ich dort im Gefängnis inhaftiert sei, entschloß er sich, mich zu befreien, und wenn möglich, mir zur Flucht zu verhelfen. Ein Plan wurde ausgearbeitet — der nebenbei völlig unrealisierbar war —, aber durch das Gerede eines Verschwörers wurde die ganze Gruppe verhaftet. Wahrscheinlich glaubten die Polizeispitzel mich zu erkennen, wie ich frei in Deutschland herumlief; daher der Großalarm im Gefängnis, der noch Monate nach den Verhören aufrechterhalten wurde.

*Stars and Stripes,* die Truppenzeitung der amerikanischen Besatzung, interessierte sich sehr für meine Person. Unter der Überschrift »Guarded like a cobra« (Wie eine Kobra bewacht) informierte mich eines Tages ein bebilderter Artikel mit meinem Foto darüber, daß mir vier- oder fünfmal die Flucht gelungen, ich aber jedesmal wieder aufgegriffen worden sei. Diesen Artikel las ich im Bett der Krankenstation von Dachau, wo man mich einer Gallenblasenoperation unterzogen hatte und wo ich tatsächlich »wie eine Kobra bewacht« wurde, denn Tag und Nacht teilte eine Wache mit mir das Krankenzimmer.

Im Mai 1946 wurde ich in das alte Konzentrationslager von Dachau überstellt. Bald danach befand ich mich im Lager Darmstadt, dann wieder in Nürnberg, dann erneut in Dachau, wo ich in einen Hungerstreik trat, um gegen meine Einzelhaft zu protestieren und gegen die Behandlung der deutschen Gefangenen im allgemeinen.

Wenn man vom alten KZ Dachau spricht, muß man sich über eines im klaren sein: Für Einzelhäftlinge waren die Einrichtungen des Lagers verhältnismäßig komfortabel; jeder zur Einzelhaft Verurteilte verfügte über einen ziemlich großen Raum (etwa $3,5 \times 2,5 \times 3$ m), mit großem, vergittertem Fenster, Waschbecken und eigener Toilette. Die Amerikaner bauten innerhalb des Lagers einen neuen Bunker mit Zellen für je zwei Häftlinge in den Ausmaßen von 2,5 m Länge auf 1,4 m Breite und 2,2 m Höhe, die ein winzigkleines, vergittertes Fenster besaßen und wo wir uns in der Toilette zu waschen hatten. Man erwies mir sogar die außerordentliche Freundlichkeit und gab mir als Zellengenossen einen ewig rückfälligen Gewohnheitsverbrecher, dem ich sofort klarmachte, daß er klein beigeben müsse. Ich weiß nicht, in welchem Lager sie ihn ausfindig gemacht hatten, aber ich mußte ihm erst beibringen, sich zu waschen.

Allerdings hatte mein ziviler Gewohnheitsverbrecher nicht den Ruf Jakob Gröschners, des »wilden Jakob«, der sich, wie er es nannte, »im guten alten Dachau« befand und den Verrückten spielte. Er war stark wie Herkules und schlug aus heiterem Himmel alles kaputt, was ihm unter die Finger kam, setzte sein Bett in Brand, verbog die Gitterstäbe, stieg auf die Dächer und so weiter. Ich weiß nicht, weshalb, aber ich war ihm sympathisch. Schon von weitem, wenn er mich erblickte, schrie er: »Immer die Ohren steif, Herr Oberst!... Keinen Fingerbreit nachgeben!... Sie haben recht!... Vorwärts!...« und dergleichen.

Ich habe schon unseren Prozeß in Dachau erwähnt, bei dem alle Angeklagten freigesprochen wurden. Einer meiner Nachschuboffiziere hatte sich während der Verhöre sehr schlecht benommen. Da erklärte der »wilde Jakob«, daß »diese Leute alle Verräter« seien und »schwerstens bestraft« werden müßten. Man schenkte dieser Bemerkung keine Beachtung bis zu dem Tage, an dem Gröschner mit einem Knüppel auf den armen Intendanten losschlug und ihn in ziemlich schlechter Verfassung zurückließ. Ich hatte die größte Mühe, den amerikanischen Autoritäten zu beweisen, daß der »wilde Jakob« aus eigenem Antrieb gehandelt hatte.

Schließlich schickten ihn die Amerikaner in eine Klinik. Als er von dort als geistesgestört entlassen worden war, trat in Hannover ein tschechischer Nachrichtendienst an ihn heran, der die Absicht verfolgte, mich zu »kidnappen«. Gröschner konnte mich davon benachrichtigen — obwohl ich mein Gefängnis inzwischen wieder gewechselt hatte —, daß die Sowjets durch einen Spezialeinsatz mit Gewalt erreichen wollten, was ihnen durch Überredung nicht gelungen war.

In der Tat wurde ich im November 1945 in Nürnberg zwei- oder dreimal von einem russischen Staatsanwalt verhört, der, nebenbei gesagt, ausgesprochen korrekt war. Im Laufe der letzten Vernehmung entstand zwischen ihm und mir ein interessanter Dialog:

»Es ist doch eigentlich erstaunlich«, sagte er, »daß Sie Ihre Beförderung zum Generalmajor nicht erhalten haben. Sie müßten doch mindestens General sein!«

»Ich bin Ingenieur und kein Berufsmilitär, wissen Sie. Und Intrigen sind nicht meine Stärke.«

»Ich weiß. Gefällt es ihnen hier? Dieses Gefängnis ist keine freundliche Umgebung.«

»Ein Gefängnis ist nie ein angenehmer Aufenthaltsort.«

»Wie ich sehe, verstehen wir uns. Es wäre mir ein Leichtes, Sie in zwei oder drei Tagen durch unsere Kommandostellen nach Berlin rufen zu lassen. Dort könnten Sie sich bei uns eine Beschäftigung aussuchen, die Ihren großen Fähigkeiten entspricht.«

»Ihr Vorschlag ist sehr gut gemeint. Aber obwohl Deutschland diesen Krieg verloren hat, ist er für mich noch nicht zu Ende. Ich habe nicht allein gekämpft. Ich habe Befehle erhalten und habe diese von meinen Kameraden ausführen lassen, die ich jetzt verteidigen muß. Ich kann sie nach unserer Niederlage nicht im Stich lassen.«

»Ich glaube, Sie haben genug gesehen und gehört, um zu verstehen. Viele Persönlichkeiten, die über Ihnen standen, kamen erst gar nicht hierher, um Sie jetzt vielleicht sitzen zu lassen!«

»Das ist die Angelegenheit dieser Vorgesetzten und nicht meine!«

Er fragte nicht weiter, und die Amerikaner, die mich dann vernahmen, auch nicht mehr. Ich muß allerdings sagen, daß ich nach meiner Flucht im Juli 1948 aus dem Lager Darmstadt gewarnt wurde, daß ein zweiter sowjetischer Versuch, mich auf die andere Seite zu bringen, vorbereitet würde. Bei dieser Gelegenheit zeigte sich ein Offizier der US-Army als wirklich prächtiger Kerl. Das habe ich nie vergessen.

Ich hegte die feste Hoffnung, im Sommer 1947 entlassen zu werden. Aber ich machte mir keine Illusionen: Ende Juli gab mir ein gewisser Colonel Rosenfeld, ein Ankläger, eine unglaubliche Anklageschrift bekannt: ich wurde beschuldigt, »rund hundert amerikanische Kriegsgefangene mißhandelt, gefoltert und getötet zu haben«!

Erneut begann der Kampf zwischen Verzweiflung und Tod. Unter dem Einfluß einer maßlosen Propaganda waren die Sieger überzeugt, daß wir alle abscheuliche Verbrecher, regelrechte Monstren, seien. Überall stießen wir auf Lügen, Haß und Rachegefühl, auch auf Dummheit – gegen die nicht leicht anzukämpfen war.

Wir waren zehn Offiziere der Panzerbrigade 150, fünf kamen aus dem Heer, drei aus der Kriegsmarine und zwei von der Waffen-SS. Sechs davon hatte ich kaum einmal gesehen.

Die deutsche und internationale Presse nahm sich dieser Sensation an, die ganz gut inszeniert wurde. Sofort erklärte sich ein halbes Dutzend deutscher Rechtsanwälte bereit, uns zu verteidigen. Einer von ihnen, ein Landsmann von mir, der bekannte Rechtsanwalt Dr. Peyer-Angermann aus Salzburg, ließ sich sogar verhaften, um mit einem Konvoi deutscher Gefangener ins Lager Dachau zu kommen, denn die deutsch-österreichische Grenze war wieder geschlossen und man konnte sie nicht überschreiten. Keiner dieser Anwälte hatte auch nur die geringste Aussicht auf das bescheidenste Honorar: wir besaßen überhaupt nichts mehr. Ich dankte ihnen von ganzem Herzen. Dr. Peyer-Angermann brachte eine vollständige Mappe meiner Aktivitäten in Österreich von 1930–1939 mit, und man konnte fühlen, daß er bereit war, seinen Ruf und seine Karriere aufs Spiel zu setzen, um eine Sache zu vertreten, die er als gerecht empfand.

Davon abgesehen, hatte das Tribunal als Verteidiger drei Offiziere der amerikanischen Armee eingesetzt. Unsere Anwälte waren Oberstleutnant Robert Dr. Durst aus Springfield (Missouri), Oberstleutnant Donald McLure aus Oakland (Kalifornien) und Major Lewis I. Horowitz aus New York. Letzterer war, das möchte ich betonen, jüdischen Glaubens. Die drei

Offiziere stellten erst genaue Ermittlungen und Vernehmungen über meine Herkunft, mein Wiener Dasein und meine Laufbahn während des Krieges an und erwiesen sich dann als perfekte Verteidiger. Unsere deutschen Rechtsanwälte kannten ja gar nicht die »anderen Spielregeln« in einem amerikanischen Prozeß.

Die Verhandlung, die sich über einen Monat hinzog, begann am 5. August 1947.

Vorher, während der drei ersten, endlos langen Tage, hatte mich der mit den vom Ankläger Rosenfeld stammenden Akten ausgerüstete Oberstleutnant Durst ausgefragt und verhört.

»Ich möchte Sie darauf aufmerksam machen«, sagte er, »daß ich Ihre Verteidigung nur übernehmen werde, wenn ich Ihr Leben und Ihre Aktivitäten vor und während des Krieges aufs genaueste kenne.«

Ich hatte nichts zu verbergen, und am Ende des dritten Tages reichte er mir zum erstenmal die Hand und sagte:

»Jetzt bin ich überzeugt, daß Sie völlig unschuldig sind, und ich werde Sie wie meinen eigenen Bruder verteidigen. Allerdings kann ich Ihnen keinen günstigen Ausgang des Prozesses garantieren, wenn die Führung der Verteidigung nicht einem ›team leader‹, *einem* Verteidiger, nämlich mir, anvertraut wird. Außerdem scheint mir wichtig, daß nur Sie allein das Wort zu Ihrer Verteidigung ergreifen, in Ihrem eigenen Namen und im Namen Ihrer Kameraden.«

Das so oft kritisierte »Führerprinzip«, das zu guter Letzt so viel Unglück über Deutschland brachte, wurde also wieder angewendet — hier aber mit vollem Erfolg.

Gerichtspräsident war Colonel Gardner, genannt »the hanging Gardner«, denn bis zu diesem Zeitpunkt hatte er nur Todesstrafen durch Erhängen ausgesprochen. Oberst Durst erreichte jedoch, daß von den neun Mitgliedern des Militärgerichts, die alle den Dienstgrad eines Obersten besaßen, fünf durch andere Offiziere ersetzt wurden — alles bewährte Frontsoldaten, sagte mir Durst.

Etwa in der Mitte des Prozesses mußte der Ankläger Rosenfeld schließlich seine Mordanklage gegen uns zurückziehen; als einziger Anklagepunkt blieb ihm nur noch: Tragen feindlicher Uniform außerhalb des eigentlichen Kampfgeschehens. Oberstleutnant Durst lagen keine Beweismittel für die Tatsache vor, daß Engländer und Amerikaner deutsche Uniformen benutzten, wie ich in diesem Buch schon gezeigt habe. Aber es war schon bekannt, daß der Befehlshaber der polnischen Aufständischen deutsche Uniform getragen hatte. Man wußte, daß die Amerikaner nach Aachen in deutscher Uniform eindrangen und darin kämpften. General Bradley schrieb dem Gericht deshalb einen Brief, in dem er versicherte, daß er »nie von diesem Geschehen Kenntnis gehabt« habe; aber die Tatsache konnte nicht geleugnet werden.

Anscheinend war General Bradley nicht ganz auf dem laufenden, was innerhalb der Armee vorging, an deren Spitze er stand. Vielleicht war es auch
die Erinnerung an seine Verhaftung durch die MP, die ihn verdächtigte,
»ein verkleideter Deutscher zu sein«, die bei ihm eine für uns höchst unangenehme Gedächtnislücke verursachte.

Dann kam der Knalleffekt. Im Zeugenstand erschien der Wing Commander der RAF Forest Yeo-Thomas, eine der brillantesten Persönlichkeiten,
deren sich der britische Nachrichtendienst rühmen konnte. Die Auszeichnungen, die er an seiner Jacke trug, sprachen für sich; er brauchte dem Gericht
nicht vorgestellt zu werden. Die französischen Widerstandskämpfer kannten
ihn unter dem Namen »das weiße Kaninchen«.

Colonel Rosenfeld wurde durch die Aussagen des RAF-Colonels völlig verwirrt, von dem Eugen Kogon in seinem Buch *Der SS-Staat* behauptete, er
sei von den Deutschen in Buchenwald liquidiert worden. Er erklärte, daß die
Angehörigen seiner eigenen Kommandos deutsche Uniformen und deutsche
Fahrzeuge in Benutzung gehabt hätten und daß seine Kommandos unter
gewissen Umständen »keine Gefangenen machen konnten«.

Oberstleutnant Durst fragte ihn, ob er manchmal gezwungen war, »die
Papiere deutscher Kriegsgefangener zu nehmen und zu gebrauchen«.
»Selbstverständlich! Ein Gefangener darf keine Ausweise besitzen. Und wenn
er trotzdem welche besitzt — um so schlimmer für ihn!«

Er fügte hinzu:

»Als Führer englischer Kommandos hatte ich selbst gründlich die Einsätze
des Oberst Skorzeny und seiner Einheiten zu studieren. Deshalb kann ich
Ihnen versichern, daß der Oberst, seine Offiziere und Soldaten bei allen
Gelegenheiten wie echte Gentlemen gehandelt haben.«

Einen Augenblick lang glaubte ich, daß Rosenfeld eine Herzattacke bekäme.
Leider war es mir nicht erlaubt, diesem ehrlichen und großzügigen RAF-
Offizier die Hand zu drücken. Er stand auf, und ich flüsterte meinen
Kameraden ein paar Worte zu: um ihm zu salutieren, standen wir stramm.

Oberstleutnant Durst gab dem Tribunal bekannt, daß sich drei amerikanische Offiziere der Verteidigung zur Verfügung gestellt hätten. Ihre Aussagen
wurden nach der von Yeo-Thomas als überflüssig angesehen. Der Präsident
erteilte mir das Wort, und anhand einer Landkarte erklärte ich so einfach
wie möglich den Ablauf des Unternehmens *Greif*. Oberst Rosenfeld stellte
mir noch als Staatsanwalt einige Fragen — aber in höflicherem Ton. Was ihn
nicht davon abhielt, in seinem Strafantrag die Todesstrafe für uns zu for-
dern, obwohl er uns keine Schuld nachweisen konnte; die Vertreter von
Presse und Funk staunten nur.

Oberstleutnant Durst hielt eine reich dokumentierte und in jeder Hinsicht
bemerkenswerte Verteidigungsrede und wunderte sich, daß nach diesem
schlechten Beweisergebnis der Ankläger noch auf irgendeiner Bestrafung

bestand. Zum Abschluß wandte sich Oberstleutnant McLure an das Gericht und erklärte:

»Meine Herren, wenn ich die Ehre gehabt hätte, solche Männer zu befehligen, wäre ich stolz darauf! Wir verlangen einen ganz einfachen Freispruch.«

Während der Beweisaufnahme unterstützte der Gerichtspräsident ganz offensichtlich die Anklage. Der Freispruch war zu erwarten, wurde aber erst am 9. September 1947 ausgesprochen — vor einem brechend vollen Saal und nach mehrständiger Beratung. Die Journalisten, Fotografen und Radioreporter stürzten sich in einem unwahrscheinlichen Gewühl auf uns Angeklagte.

Ich wollte zu meinen Verteidigern, um mich bei ihnen zu bedanken, als mir Oberst Rosenfeld mit ausgestreckter Hand entgegenkam. Ich bin nicht nachtragend und hätte gerne die Hand meines Anklägers gedrückt. Aber ich glaubte nicht an den guten Willen Oberst Rosenfelds. Er wußte sehr gut, daß wir amerikanische oder andere Soldaten weder gefoltert noch ermordet und nicht geplant hatten, das HQu Eisenhowers anzugreifen und den General oder irgendeinen anderen zu liquidieren. Trotzdem hatte er versucht, die Aktion der 150. Panzerbrigade mit dem angeblich »bewiesenen Massaker« von Malmedy zu vermischen. Auch hatte er eine falsche Zeugenaussage bewirkt — über die Verwendung von Zyanidkugeln durch meine Einheiten bei der Ardennenoffensive. Die Anklage hatte sogar den treuen Radl und Hunke als Belastungszeugen auftreten lassen! Oberstleutnant Durst hatte vergebens Protest eingelegt:

»Man will also demonstrieren, daß die Adjutanten des Hauptangeklagten mit ihrem Chef nicht einverstanden waren!«

In Wahrheit waren Radl und Hunke nur widerwillig und gezwungenermaßen im Zeugenstand erschienen. Radl antwortete nur einsilbig und wenig kooperativ auf die Fragen der Anklage. Und was unseren »Chinesen« Hunke betraf, so schwieg er beharrlich. Während ihn Oberst Rosenfeld mit Fragen überhäufte, schien er sich tatsächlich in Peking oder Tientsin zu befinden.

Aber ohne die eisernen Bemühungen unserer Verteidiger, ohne die ehrliche und großzügige Aussage von Yeo-Thomas wären wir zum Tod verurteilt worden. Das Urteil wäre aber wohl kaum vollstreckt worden, wie auch im berüchtigten »Malmedy-Prozeß« nicht eines der siebenundvierzig Todesurteile vollstreckt worden ist.

»Die besiegten deutschen Generale wurden verurteilt und beseitigt. Sollte erneut ein Krieg ausbrechen«, erklärte Marschall Montgomery am 8. Juli 1948 in Paris, »würde er mit noch mehr Grausamkeit geführt werden, denn keiner will besiegt, das heißt gehängt werden!«

Wir waren freigesprochen, aber wir waren noch nicht frei — wir von der Waffen-SS. Wir fielen unter die Verordnung des Siegers, die unter der Bezeichnung »automatischer Arrest« bekannt ist. Ich glaube, es war am

11. September 1947, als die Weltpresse die Erklärung Oberst Rosenfelds veröffentlichte:

»Skorzeny ist der gefährlichste Mann Europas!«

Am nächsten Tag, am 12. September, erfuhr ich, daß Dänemark und die Tschechoslowakei meine Auslieferung verlangten. Nach zwei Wochen bemerkte man, daß es sich um »Irrtümer handelte«. Weitere falsche Zeugen wurden entlarvt. Ich wurde jedoch nach Nürnberg zurückgeschickt, dann ins Lager Darmstadt, zur »Entnazifizierung«.

Man hatte mir nicht einmal erlaubt, mich kurz mit Oberst Yeo-Thomas zu unterhalten, um ihm zu danken, was ich dann brieflich tat. Schließlich kam von ihm eine Botschaft:

»You did a jolly good job during the war!... (Sie haben im Krieg verdammt gute Arbeit geleistet!...) Wenn Sie einen Unterschlupf suchen, habe ich eine Wohnung in Paris... Flüchten Sie!«

Das war auch meine Absicht. Drei Jahre und zwei Monate Haft schienen mir ausreichend. Ich warnte den amerikanischen Oberst und Kommandanten des Lagers in Darmstadt, daß ich mich entschlossen hätte, wegzugehen. Er glaubte mir nicht. Aber zwei Stunden später, am 27. Juli 1948, installierte ich mich — mit einiger Mühe — im Kofferraum seines Wagens. Der deutsche Fahrer, der für den Lagerkommandanten Besorgungen machte, fuhr mich ahnungslos durch alle Absperrungen. Auch ich hatte die Freiheit gewählt.

# SECHSTES KAPITEL

# Der gefährlichste Mann Europas

Ich habe es darauf abgesehen, meinen Lebensunterhalt zu verdienen – »In absentia« entnazifiziert – Gespräche mit General Peron, Oberst Nasser, König Hussein von Jordanien und den Präsidenten Verwoerd und Vorster – Der *Daily Scetch* wird wegen Verleumdung veruteilt – Eine absurde Erfindung: »die Spinne« – Imaginäre Entführungen – Meine Geheimarmee in der Sahara – Der Angriff auf das Spandauer Gefängnis! – Der Zug nach Glasgow – Ich bin General Dayan! – Sir Basil Liddell Hart: der unnötige Krieg – Die wahren Helden des Zweiten Weltkriegs – Die UNO vor einer unlösbaren Aufgabe – Die militärischen Konflikte gehen weiter – Aufstände in den Ostblockstaaten – Atomkrieg = Selbstmord – Das deutsche Dechiffriergerät in britischer Hand – Sonderkommandos kombiniert mit konventionellem Krieg.

Die Journalisten beeilten sich, dem »gefährlichsten Mann Europas« die märchenhaftesten Abenteuer anzudichten, die für meinen Ruf manchmal wenig erfreulich waren.

Zuerst war ich scheinbar der Chef eines internationalen Komplotts. In Wahrheit dachte ich darüber nach, wovon ich leben sollte; wie die große Mehrheit meiner Landsleute, die ihre weltlichen Güter durch den Krieg verloren hatten, mußte ich wieder bei Null anfangen.

Aber bevor ich meinen Lebensunterhalt verdienen konnte, mußte ich »entnazifiziert« sein. Bekanntlich wurden 3 300 000 Deutsche vor die »Entnazifizierungsgerichte« geladen und von dieser »Säuberungsaktion« betroffen. Im Lager Darmstadt (20 000 Häftlinge) stand ein gutes Dutzend dieser Zivilkammern in Betrieb, die von echten oder angeblichen »Widerständlern« geleitet wurden. Einer dieser »Richter«, vor dessen Tribunal ich theoretisch hätte erscheinen sollen, zeichnete sich durch ganz besondere Härte aus. Das war nicht erstaunlich, denn er hatte seinerzeit manche Mitbürger bei Müllers Gestapo denunziert.

Diese Maßnahmen wurden uns von den Besatzungsmächten aufgezwungen. Man hatte die Deutschen in fünf Kategorien von Schuldigen eingeordnet. Zur ersten Gruppe gehörten diejenigen, die Mitglieder der Nationalsozialistischen Deutschen Arbeiterpartei waren, oder deren Nebenorganisationen: Arbeitsfront, Berufsverbände, weibliche oder männliche Jugendorganisationen usw. ... Bürger, die innerhalb dieser Organisationen irgendwelche Verantwortung trugen, wurden in zwei weitere Gruppen (2 und 3 – minderbelastet) eingestuft. Jeder ehemalige Offizier gehörte automatisch zur vierten Gruppe (belastet). Gruppe fünf bildeten die »Hauptschuldigen«, wie Minister Dr. Hjalmar Schacht, der jedoch in Nürnberg freigesprochen worden war.

Mit einem schlauen Rechtsanwalt und drei guten Zeugen, die bestätigten, daß der Angeklagte »hinreichenden Widerstand geleistet« hatte, konnte man sich aus der Affäre ziehen.

Ich selbst wurde schließlich 1952 »in absentia entnazifiziert« und als »minderbelastet« eingestuft.

Nach zwei in Deutschland und Frankreich verbrachten Jahren fand ich in Spanien, einem ritterlichen Land, die Möglichkeit, meinem Beruf als Ingenieur frei nachzugehen. Da ich nicht über den »SS-Schatz« verfügte — im Gegensatz zu dem, was manche Chronisten behaupten —, war das nicht immer leicht. Mit der Hilfe einiger treuer Freunde — darunter befand sich auch ein Studienkamerad, der ebenfalls Ingenieur war und zu seinem Glück nie der Nationalsozialistischen Partei angehört hatte — brachte ich genügend Geld zusammen, um in Madrid ein kleines technisches Büro zu eröffnen.

1953 lachte mir das Glück: ich bekam den Auftrag für einen großen Posten Eisenbahnmaterial und Werkzeugmaschinen. Ich konnte meine Anleihen zurückzahlen. Ich kenne nur eine Art, anständig zu leben: das ist arbeiten. Das tat ich und tue es immer noch. Natürlich »entdeckte« man, daß ich unter anderem deutsche Firmen repräsentierte und ihre Produkte verkaufte. Erstaunlich wäre es gewesen, wenn ich sowjetische Firmen vertreten würde. Es ist richtig, daß mich meine Geschäftsreisen nach Argentinien führten, wo mich der verstorbene General Peron empfing, und nach Kairo, wo mir Präsident Gamal Abd el-Nasser erklärte, daß er gerne Ägypten mit Hilfe des Westens, und insbesondere der USA, industriell und wirtschaftlich entwickeln würde...

In Kairo befand sich 1951 eine deutsche Militärmission, deren Chef der auch nach dem Sturz in Ägypten gebliebene General Wilhelm Fahrmbacher war und eine Zivilmission, unter Leitung von Dr. Voss, eines ehemaligen Leiters der Skoda-Fabriken, und unter ihm gute Raketenspezialisten. Fahrmbacher wie Voss waren äußerst vorsichtig und wollten um keinen Preis, daß ehemalige Angehörige der Waffen-SS zu ihren Gruppen kämen. Bei meiner zweiten Reise nach Kairo gab mir Nasser ein dickes Heft mit rund hundert maschinengeschriebenen Seiten zu lesen. Ich hatte kaum ein paar Seiten überflogen, da sagte ich zu Nasser, der damals schon Staatschef war:

»Aber es handelt sich hier um sehr geheime Papiere der ägyptischen Regierung!«

»Lesen Sie bitte alles!«

Es war der Text der russischen — sehr günstigen — Vorschläge für den Assuan-Staudamm und für eine beträchtliche Militärhilfe.

Nach Beendigung der Lektüre sagte Nasser in etwa zu mir:

»Wir Araber haben es nicht eilig. Wir können warten. Ich glaube absolut nicht, daß unsere arabischen Völker dem Marxismus-Leninismus gegenüber anfällig sind; er widerspricht unserer Religion. Ich persönlich bin pro-westlich eingestellt. Aber in dem Maße, indem uns der Westen seine Hife verweigert, sehe ich mich gezwungen, die des Ostens zu akzeptieren. Die Vorschläge, die Sie gelesen haben, werde ich jedoch nicht annehmen, weder in einem Monat, noch in einem halben Jahr.«

Ich fragte dann Nasser, ob er mich autorisiere, gegebenenfalls in groben Umrissen über diese Unterhaltung zu sprechen. Er war einverstanden. Ich wußte nur allzugut, daß ich in Kairo den amerikanischen und den britischen Geheimdienst auf den Fersen hatte. So war ich kaum überrascht, als mir nach meiner Rückkehr ins Hotel Semiramis eine charmante Person griechischer Nationalität, aber amerikanischen Geistes eine Einladung für einen Empfang des amerikanischen Militärattachés überbrachte, den dieser am selben Abend gab.

Ich fuhr hin, und nach einer Stunde allgemeiner Unterhaltung fragte mich der Oberst, ob er mit mir unter vier Augen sprechen könne. Wir gingen in sein Büro.

»Entschuldigen Sie bitte, daß ich mir die Freiheit gestatte«, sagte er, »aber wir sind unter Soldaten, und es ist besser, offen zu sprechen: Ich weiß, daß Sie heute vormittag bei Präsident Nasser waren und daß die Audienz über zwei Stunden gedauert hat! Ich möchte natürlich nicht indiskret sein, aber darf ich fragen, worüber Sie gesprochen haben?...«

»Ihre Neugier ist verständlich, und ich habe auch Genehmigung, sie zu befriedigen. Ich habe wenig gesprochen, habe gelesen und zugehört.«

Es ergab sich, daß der Oberst schon seit Wochen dem Pentagon gemeldet hatte, daß eine baldige Entscheidung über die Hilfe an Ägypten nötig sei. Er wollte noch in der Nacht ein Blitztelegramm schicken und bat, meinen Namen erwähnen zu dürfen. Ich hatte nichts dagegen einzuwenden.

Aber die Politik bezüglich Nasser erfuhr kaum Änderungen. Manche hielten ihn für einen Kommunisten, und so wurde die arabische Welt zum sowjetischen Block gezwungen. Vierzehn Monate nach unserer Unterredung unterzeichnete Nasser mit der Sowjetunion den mir bekannten Hilfsvertrag.

1969 habe ich Ibn Talal Hussein, den König von Jordanien, kennengelernt, einen Herrscher, der gefährlich lebt. Wie viele Attentate auf ihn sind schon fehlgeschlagen!

1965 habe ich in Südafrika mit Dr. Hendrik Verwoerd gesprochen, den Dimitri Tsafendas, ein Saalordner, mitten im Parlament am 6. September 1966 ermordete. Bei dieser Reise traf ich auch den jetzigen Präsidenten B. J. Vorster, damals Justizminister, der während des letzten Krieges im Konzentrationslager Koffiefontein mit der Nummer 2229342 interniert war, dann unter Hausarrest stand, weil er einer der Aktivsten im Kampf für die Freiheit seines Landes war. Die Unabhängigkeitsbewegung nannte sich »Brandwacht«, und achtzig Prozent der Buren im Alter zwischen Zwanzig und Fünfzig blieben bis zum Ende der Feindseligkeiten im Gefängnis oder im Straflager oder standen unter Hausarrest. Nach dem Referendum vom 5. 10. 1960 erlangte Südafrika seine Unabhängigkeit und trat aus dem Commonwealth aus. Die Buren, deren Gebiete 1877 ganz einfach der britischen Krone angegliedert worden waren, hatten auf diesen Tag seit über achtzig Jahren gewartet.

Ich unternahm auch Geschäftsreisen nach Portugal, in den Kongo — lernte jedoch den armen Präsidenten Moïse Tschombe erst später in Madrid kennen, wo er im Exil lebte —, nach Angola, Kenia, Griechenland, Paraguay und Irland, wo ich Schafe züchten wollte. Aber keiner glaubte diesen friedlichen Absichten.

Seit dreißig Jahren existiert eine Art »Skorzenylegende«. Es ist unmöglich, auch nur einen Bruchteil dieser Hirngespinste zu zitieren, die über meine vermutlichen Aktivitäten gedruckt wurden. Ich muß gestehen, daß ich in den sechziger Jahren dieser Art von Journalismus eine gewisse Aufmerksamkeit geschenkt habe. Ich habe sogar mehrere Tausend Zeitungs- und Magazinausschnitte aufbewahrt, die über meine frei erfundenen Abenteuer berichten. Nicht daß die phantasievollen Schreiberlinge nun genug bekommen hätten, aber ihre Märchen werden jetzt schon langweilig.

Sehen wir uns einmal an, wie meine angeblichen Beschäftigungen seit 1950 ausgesehen haben.

Erst, und sogar zwei Jahre bevor ich Argentinien besuchte, war ich OB des Heeres dieser Republik, während General Galland, der ehemalige General der Jagdflieger, und Oberst Rudel dort die Luftstreitkräfte kommandierten!

Nach meinem zweiwöchigen Aufenthalt in Kairo beschuldigte mich der *Daily Sketch* 1954, ich unterrichte seit Jahren ägyptische Sonderkommandos »in der Kunst, britische Offiziere und Soldaten zu ›killen‹«. In London gibt es wirklich noch Richter und ein strenges Pressegesetz. Ich machte dem *Daily Sketch* einen Prozeß. Er wurde zu zehntausend Pfund Sterling Schadenersatz und zur Übernahme der Kosten verurteilt. Ich ließ 5000 Pfund dem englischen Roten Kreuz für die britischen Schwerkriegsbeschädigten überweisen und 5000 Pfund an die deutschen Schwerkriegsversehrten.

Nach den Enthüllungen des Paters Sixtus in Nürnberg hatte ich mir schon gedacht, daß es mindestens zwei Skorzenys geben müsse. Dasselbe erzählte die Wochenzeitschrift *Wochenend* im Juni 1950. Seit 1944 hatte ich einen Doppelgänger, der fast genauso groß wie ich und dessen wirklicher oder erfundener Name Vohwinkel war. Ein Arzt hatte ihm die Narben auf der Wange gemacht — ausgeschlossen, uns zu unterscheiden. Der Autor dieses Berichtes wollte ein Foto auftreiben, auf dem »Vohwinkel« und ich gemeinsam zu sehen waren. Er scheint es nicht gefunden zu haben. Das Dumme daran war nur, daß man nicht mehr wußte, wer von beiden durch die Welt fuhr.

Aber in der Zeit der kalten und warmen Kriege war der Weltpresse nicht unbekannt, daß ich mal hier, mal da ein paar Revolutionen vorbereitete und die »Nazi-Internationale« (oder: »die Spinne«) organisierte, eine geheimnisvolle Mafia mit vielseitigen, stets kriminellen und subversiven Aktivitäten.

Ende 1950 veröffentlichten die *Reynolds News* und die *Münchener Illustrierte,* daß die Chefs der »Spinne« keine anderen waren als Serrano Suñer in Spanien, Fürst Junio-Valerio Borghese in Italien, der Großmufti von Jerusalem in Nordafrika, Strasser in Kanada, Sir Oswald Mosley in Großbritannien, Rudel in Argentinien, General de Gaulle in Frankreich und so weiter und ich selbst mit Martin Bormann, der aber in Wirklichkeit schon 1945 in Berlin gestorben war. Erst nach langwierigen Ermittlungen zog das deutsche Bundesinnenministerium den Schluß, daß die »Spinne« niemals existiert hat, wie ein hier wiedergegebenes Dokument vom 30. August 1972 beweist.

Ich habe nicht nur den »SS-Schatz« versenkt und wieder aus dem — je nach Wahl — Toplitz- oder Hintersee oder sogar aus dem Neusiedler See mehrere Male herausgefischt — man hat es gesehen! —, was nicht nur die Presse mobilisierte, sondern auch das Fernsehen — ich habe auch die Geheimkorrespondenz zwischen Mussolini und dem britischen Premier Winston Churchill wiedergefunden, da mich der Duce »ins Vertrauen zog«. Bedauerlicherweise weiß ich nur nicht, in welcher Sache.

Im August 1953 setzte die französische Regierung den Sultan von Marokko, Mohammed Ben Jussuf, ab und deportierte den aus der seit dem 18. Jahrhundert regierenden Dynastie der Aluiten stammenden Herrscher mit seiner Familie nach Korsika. Nach kurzer Zeit fanden die französischen Autoritäten, daß er dort nicht in Sicherheit sei. Zahlreiche französische und Schweizer Zeitungen versicherten, daß ich von der Arabischen Liga beauftragt worden sei, den Sultan und seine Familie zu entführen. Aus sicherer Quelle wußte man sogar, daß mir für dieses Unternehmen eine Million Dollar bezahlt wurde. So brachte man den Monarchen nach Fort Lamy und dann nach Madagaskar. Die Regierung Laniel war aufs höchste alarmiert. Dazu bestand kein Anlaß, denn ich hatte niemals die Absicht, den berühmten erlauchten Gefangenen und seine Familie zu befreien. Mir wäre auch kaum Zeit dazu geblieben, denn Mohammed V. kehrte 1955 triumphierend nach Rabat zurück und wurde zwei Jahre später zum König von Marokko ausgerufen.

In gleicher Weise mußte ich dementieren, daß ich nie den algerischen Führer Ben Bella und Fidel Castro in Kuba entführen wollte. Jedoch bevor der Chef der Revolutionsbewegung des sogenannten »27. Juli« im Februar die

Macht ergriff, gaben gewisse amerikanische Reporter bekannt, daß ich sein Berater beim Guerillakrieg gegen Battista sei.

Es stellte sich bald heraus, daß ich, wollte ich alle »Informationen«, die von der Weltpresse über mich veröffentlicht wurden, dementieren und alle Verleumder verfolgen, fast meine ganze Zeit dafür opfern müßte. Das war nicht möglich. Außerdem konnte ich feststellen, daß das einzige Land, dessen Gesetze es ermöglichen, sich wirksam gegen Lüge, Verleumdung und systematische Diffamierung zu wehren, Großbritannien ist. Das ist auch das Land, in dem die Chefredakteure der Zeitungen die Pressegesetze am besten kennen.

Im Laufe der fünfziger Jahre beging der *Sunday Graphic* nicht denselben Fehler wie der *Daily Sketch*. Er ließ mich überall von zwei ehemaligen oder angeblichen Offizieren des Intelligence Service verfolgen: Major Stanley Moss und Hauptmann Michael Luke. Ihre Mission bestand darin, mich aufzufinden, — was nicht leicht war, denn »ich bewegte mich blitzschnell« — und mich anschließend persönlich meine Abenteuer erzählen zu lassen.

Selbstverständlich hatten Moss und Luke ein Flugzeug zur Verfügung. Glücklicherweise stießen sie auf meine Fährte in Schweden, Bayern, Frankreich, Italien, Ägypten, in Bagdad und so weiter. Aber durch einen dummen Zufall fuhr ich immer zwei Stunden früher ab, als sie am Bestimmungsort ankamen. Das war wohl deshalb möglich, weil die berühmte »Spinne« mich immer rechtzeitig gewarnt hatte.

An meinem Schreibtisch in Madrid verfolgte ich mit großem Interesse meine vermeintlichen Abenteuer, und ich bin sicher, daß sie Ian Fleming auch gelesen hat. Ich lebe ausschließlich in den außergewöhnlichsten Palästen der Welt, von rasanten Blondinen oder mysteriösen dunkelhaarigen Frauen umgeben, die ihren Charme in den Dienst meiner gefährlichen Aktivitäten stellen.

Ich höre auch, daß ich der OB einer Geheimarmee bin, deren Garnison »bei Mursuk« in der Libyschen Wüste »viertausend Kilometer von jeglicher Zivilisation entfernt« auf einer felsigen Hochebene, »wo manche Gipfel 3000 m Höhe übersteigen« liegt. Die Wochenzeitschrift *Samstag* veröffentlichte am 13. 10. 1956 den Abenteuerbericht eines alten Jesuitenmissionars, Monseigneur Jean Baptiste de la Gravaires. Da er die »Sahara wie seine Westentasche« kannte, war der Pater im Laufe seiner Erkundigungen Gast in der geheimnisvollen »Stadt« in der Wüste. Diese weiße Stadt ist die Hauptstadt einer Art Militärreiches, dessen Herrscher ich bin.

»Monsieur de la Gravaire« gibt zu, daß ich ihn sehr gut behandelt habe. Ich habe übriggebliebene Einheiten des Afrikakorps Rommels unter meinen Befehl gebracht — etwa 10 000 Mann —, sie organisiert und ausgerüstet. Ich verfüge über Panzer und Flugzeuge, die »wie Beutevögel aus dem stahlblauen Himmel stoßen und in diesem zerklüfteten Gebiet auf der kleinsten Fläche landen können«.

Meine Hauptstadt wird durch einen Gürtel »modernster Alarmanlagen« geschützt, infrarote Strahlgeräte inbegriffen, die die Gegend nachts bewachen und jede verdächtige Annäherung entdecken würden. Dorthin eine Expedition zu organisieren, bemerkte *Samstag*, käme sehr teuer, und es gäbe wahrscheinlich Kämpfe. Der französische Nachrichtendienst (Le Deuxième Bureau Parisien) mußte darum auf diese Expedition verzichten... Nebenbei, »wenn diese Phantomstadt bis heute unbekannt blieb, so, weil Frauen der Zutritt untersagt ist«. Schade!

Von dieser Mischung aus Jules Verne und dem Roman von Pierre Benoît *L'Atlantide* kommen wir 1959 zum Raub des Schmucks der Begum: der Anstifter soll ich gewesen sein. Zur gleichen Zeit bemerkten gewisse Zeitungen, daß ich schon im Juli 1940 den Herzog und die Herzogin von Windsor, die sich in Lissabon befanden, hatte entführen sollen. Wenn sich die Zeitungen um etwas Information bemüht hätten, so hätten sie feststellen können, daß wir 1940 mit der Division *Das Reich* ganz einfach darüber nachdachten, wie wir die Britischen Inseln besetzen könnten! Aber auch diese Invasion fand leider nicht statt!

Anscheinend stehe ich in ständiger Verbindung mit Martin Bormann. Ich treffe ihn mal in einem Wald an der tschechisch-bayerischen Grenze, mal im Amazonasgebiet oder... in Israel, was natürlich noch origineller ist.

Ich lebe natürlich auf großem Fuß, besitze verschiedene Schlösser, eine Villa an der Riviera, eine Jacht und spritzige Autos...

Aber leider sind es nur Schlösser auf dem Mond! Wenn das Telefon in meinem Madrider Büro klingelt, verlangen meine Geschäftsfreunde, wie immer, spiralgeschweißte Röhren, Bleche, Zement, einen Kostenvoranschlag für eine Werkzeugmaschine und dergleichen.

1962 ist es jedoch für die *American Weekly* offensichtlich, daß ich das Gefängnis von Spandau erstürmen und Rudolf Hess befreien will. Im folgenden Jahr, am 8. August 1963, fand das »Hold-up des Jahrhunderts« statt. Der Zug Glasgow-London wurde durch ein falsches Rotlicht bei einer Brücke gestoppt. Der Postwagen wurde ausgeraubt. Beute: über zweieinhalb Millionen Pfund Sterling! Die Geschichte wurde von einem »genialen Kopf« bis ins kleinste vorbereitet und perfekt ausgeführt.

»Wer kann wohl dieser Kopf sein?« fragt die französische Wochenzeitung *Noir et Blanc*, wenn nicht Otto Skorzeny? Das ist doch sonnenklar! Ich muß einräumen, daß diese Zeitschrift umgehend meinen eingesandten Protestbrief druckte.

Von 1957 bis 1960 habe ich gleichzeitig eine Armee in Indien organisiert und eine andere im Kongo, habe gleichzeitig die algerische FLN und die französische OAS beliefert und beraten, und dank meinen irischen Schafen konnte ich mich auch noch für die Aktivitäten der IRA interessieren.

Gewiß, seit sechs, acht Jahren zeigt sich die Presse objektiver, was mich betrifft. Die BBC und das französische Fernsehen spielten wirklich »fair play«, und ich möchte hiermit ihre Verdienste an einer gerechten Beurteilung meiner Person anerkennen.

Die überspannteste Information? Sie wurde 1967 vom polnischen Blatt *Glos Robotniczy* veröffentlicht und sofort von einer deutschen Zeitung aufgenommen: in Wirklichkeit sind der israelische General Moshe Dayan und Otto Skorzeny ein und dieselbe Person!

Was beweist, daß der menschlichen Dummheit keine Grenzen gesetzt sind.

# Epilog

Als Schlußfolgerung seines gigantischen Werks über den Zweiten Weltkrieg bemerkt Sir Basil Liddell Hart, daß die Forderung nach bedingungsloser Kapitulation, das Todesurteil des deutschen Volkes, dumm und gefährlich war. Er stellte fest, daß »dieser unnötige Krieg somit unnötig verlängert wurde«, und daß der erreichte Friede »schließlich nur den Interessen Stalins diente und Mitteleuropa der kommunistischen Herrschaft auslieferte«. Leider hat dieser »unnötige Krieg« stattgefunden. Ich habe die wahren Ursachen und die wichtigsten Schicksalsschläge, die Deutschland hinnehmen mußte, aufzuzeigen versucht. Ich möchte vor allem die Soldaten hervorheben, die diese Kämpfe mit größtem Mut durchgestanden haben: den einfachen russischen und den deutschen Landser.

Ersterer hat 1941 den Ansturm der deutschen Armeen mit Standhaftigkeit und beispielhafter Tapferkeit aufgefangen. Schlecht ernährt und unter schlechter Divisionsführung, hat er Widerstand geleistet und ist oft in kritischen Situationen zum Gegenangriff übergegangen; seine Zähigkeit und seine Energie waren geradezu bewundernswert. Zusammen mit seinem Gegner, dem deutschen Soldaten, ist er der unbekannte Held dieses großen Krieges.

Wer nicht in Rußland gekämpft hat, bei glühender Hitze oder bei 40° Celsius unter Null in den Ebenen, in den Wäldern, Sümpfen, im Schmutz, im Schnee, im Eis, kann sich schlecht ein Bild von der Tapferkeit des russischen und deutschen Soldaten machen. Letzterer hat fünf Jahre und acht Monate gekämpft; vom Juli 1944 bis April 1945 schlug er sich, obwohl er wußte, daß er verraten worden war.

Man darf auch nicht vergessen: während dreier langer Jahre lebten Millionen deutscher Frauen mit ihren Kindern und Greise unter fast pausenlosen Bombenangriffen. Stoisch und mit früher unbekannter Seelenruhe ertrugen diese Frauen Tag und Nacht den Terror, ohne zu klagen. Auch diese Geschichte des stillen Heldentums der deutschen Zivilbevölkerung und ihrer schrecklichen Verluste muß noch geschrieben werden.

Hitlers Drittes Reich wurde am 28. Juni 1919 in Versailles geboren. Welches Monstrum wurde am 30. September 1946 geboren? Keiner weiß es noch. Im Laufe des größten und seltsamsten Prozesses der Geschichte haben sich die Sieger als Richter eingesetzt, um die Besiegten zu bestrafen.

Wie konnte ich 1939 wissen, daß ich, indem ich mich freiwillig zur Waffen-SS meldete, ein Verbrechen beging? Ein ehemaliger Minister der britischen Krone, Lord Hankey, ein Mitglied des Kriegskabinetts, konnte in seinem Buch *Politics, Trials and Errors* (1949) schreiben, daß es für die Zukunft der Menschheit sehr gefährlich war, daß die »Sieger *nachträglich* Verbrechen erfanden« und rückwirkend Gesetze erließen, »was die Verneinung des Rechts selbst bedeutet«. Lord Hankey war auch einer der ersten, die erklärten, daß ein Richter nicht der Todfeind dessen sein dürfe, den er richtet. »Der Besiegte«, schreibt er, »kann nicht davon überzeugt werden, daß Verbrechen wie Deportation von Zivilbevölkerung, Plündern, Ermordung von Gefangenen und Verwüstungen ohne militärische Notwendigkeit zu Recht bestraft wurden, wenn er weiß, daß ähnliche Anklagen gegen einen oder mehrere der alliierten Sieger nie vorgebracht würden«.

Auch andere Persönlichkeiten haben sich mit gleichem Nachdruck gegen die Existenz des Nürnberger Tribunals und seiner Urteile gestellt: Sir Reginald Paget, der Verteidiger des FM v. Manstein, der US-Senator Taft, Prof. Gilbert Murray, der Herzog von Bedford, um nur die berühmtesten derer zu zitieren, die 1945—1949 protestierten.

Theoretisch sollte die Nürnberger Charta verhindern, daß in Zukunft Verbrechen gegen den Frieden, Kriegsverbrechen und Verbrechen gegen die Menschlichkeit begangen würden. Die UNO sollte, wie früher der Völkerbund, den Krieg in Acht und Bann tun und die Charta anwenden. Obwohl viele deutsche Soldaten Opfer von falschen Anklagen wurden, dachten wir, die anderen Gefangenen, anfangs, daß die UNO einen ehrenvollen Auftrag auf sich genommen hätte.

Hitler und Mussolini jedoch, die als die beiden Hauptschuldigen am Krieg bezeichnet wurden, sind tot. *Seit 1946* sind indessen *über fünfzig* größere und kleinere Kriege ausgetragen worden.

Frankreich, das sich 1896 Madagaskar einverleibt hatte, mußte dort 1946/47 einen schweren Aufstand niederschlagen. Die Unterdrückung erwies sich als schwierig, und schließlich wurde die Insel 1960 für unabhängig erklärt. Der Krieg in Indochina (1946—1954) kostete Frankreich 57 687 Tote, und es mußte diese Kolonie verlassen. 1961 nahmen die USA in Vietnam einen endlosen, material- und menschenverschlingenden Krieg wieder auf, der unsagbares Elend über die Bevölkerung brachte. Holland kämpfte ebenfalls um seine Kolonien in Indonesien (von 1946 bis 1963), mit gleich geringem Erfolg wie Frankreich oder Belgien, das den Kongo verlassen mußte.

Die Feindseligkeiten im Kongo wurden überaus brutal ausgetragen, genauso wie später in Nord-Angola, in Sansibar, im Sudan, in Uganda, Biafra, Burundi und so weiter. Die Aktion der »Blauhelme« der UNO wurde bitter, aber wahrscheinlich gerechterweise kritisiert. Stammesfehden, Judenverfolgungen, Ausweisungen von Bevölkerungsgruppen belasten noch immer den afrikanischen Kontinent, wo seit einem guten Dutzend Jahren Staatsstreich auf Staatsstreich folgt, ohne daß eine »Normalisierung« der bestehenden politischen und sozialen Systeme vorauszusehen wäre.

Der Koreakrieg (1950—1953) kostete die Vereinigten Staaten 54 246 Gefallene und 104 000 Verwundete. Frankreich hat im Algerienkrieg 30 000

Menschen verloren, und die Zahl der Verletzten übersteigt 55 000. Die algerische Befreiungsfront schätzt ihrerseits »daß sich der Gesamtverlust auf eine Million beläuft«. Die genaue Zahl der Opfer bei der Affäre der Quemoy-Inseln (1958), den Kriegen zwischen Israel und den arabischen Staaten, den Guerillakriegen in Syrien, im Irak, in Mozambique und so weiter und den blutigen religiösen und rassistischen Auseinandersetzungen, die seit 1947 in Indien stattfinden, ist unbekannt. In den meisten Fällen wurden diese Streitigkeiten trotz den Protesten und Anordnungen der UNO weitergeführt. Niemals wurde ein Kriegsverbrecher nach der Nürnberger Charta gerichtet, weder wegen Anschlags gegen den Frieden, noch wegen Kriegsverbrechen oder Völkermordes. Nur gewisse Offiziere der US-Army, die unter der Anklage standen, in Vietnam Massaker befohlen zu haben, wurden von gewöhnlichen Militärgerichten verurteilt — aber nicht gemäß der Nürnberger Charta.

In Afrika und Asien jedoch erlebt man die methodische Ausrottung von Volksgruppen durch andere, die besser bewaffnet sind und von mächtigen Nationen unterstützt werden. In Polen, Ostdeutschland, Ungarn, der Tschechoslowakei wurde die Erhebung dieser Völker gegen das sowjetische Joch blutig unterdrückt. Wie reagierten die Westmächte darauf? — Gar nicht. Die Sieger des Zweiten Weltkriegs haben denselben Fehler wie 1919 in Versailles begangen, mit dem Unterschied, daß sie auf der ganzen Welt die Ursachen der Konflikte vervielfacht haben; jeder für sich kann nun in einen Atomkrieg ausarten.

Man sagt, daß in einem zukünftigen Krieg, der Faktor »Mensch« *a priori* als nebensächlich zu betrachten sei. Das ist nicht meine Ansicht. Keine menschliche Gemeinschaft akzeptiert ihre eigene Zerstörung, ohne sich zu wehren. Eben dies Gefühl war 1944 und 1945 die Triebfeder für das deutsche Volk, das man zu einer »bedingungslosen Kapitulation« zwingen wollte. Die Mächte, die heute Atomwaffen besitzen — die USA, Großbritannien und sogar China, Frankreich und Indien — sind sich im klaren, daß ein Krieg, der mit allen modernen Mitteln der Zerstörung geführt würde, ein einwandfreier Selbstmord wäre. Der Einsatz eines Sonderkommandos könnte, allem Anschein nach, die Rolle einer Vorbeugungsmaßnahme spielen. Angenommen, sichere Informationen bestätigen, daß der Chef eines mächtigen Staates einen Atomkrieg auslösen will: ein Sondertrupp entführt ihn — der Friede ist gerettet. General Telford Taylor stellte sich schon 1955 vor, daß ein besonders ausgebildetes Kommando den Präsidenten der Vereinigten Staaten vom Golfspiel weg entführt. Das Unternehmen, zu dem man einen Senkrechtstarter verwendet, wird so rasch abgewickelt, daß man nicht feststellen kann, ob die Entführer Russen, Chinesen, Tschechen oder Deutsche sind. Meiner

Meinung nach könnten es auch Amerikaner sein, obwohl General Taylor eine solche Hypothese nicht aufgestellt hat.

Dagegen vermutet Charles Whiting, daß eines schönen Tages alle Mitglieder des Zentralkomitees der Kommunistischen Partei der Sowjetunion und die obersten Chefs des Warschauer Pakts verschwinden ...

Nichts beweist, daß ein Atomkrieg den Einsatz von Sonderkommandos erübrigen würde, wie manche behaupten. Die Kommandos könnten eine entscheidende Rolle spielen, während ein konventioneller Massenangriff zum Scheitern verurteilt wäre.

Die Generalstäbe, die nur auf die Präzision und die Zerstörungskraft ihrer »technischen Roboter« vertrauen, würden das bereuen.

Aus dem Zweiten Weltkrieg kommt gerade jetzt ein neues Beispiel für ein britisches Kommandounternehmen während des Polenfeldzugs ans Tageslicht. Group Captain Frederick Winterbotham war bis 1945 Chef der Luftaufklärung im britischen Geheimdienst.

Man hatte während des Polenfeldzugs in den ersten Tagen eine deutsche Chiffriermaschine »Ultra« erbeutet, und diese sofort aus Polen nach England gebracht. Durch diese Chiffriermaschine war es den Engländern möglich, viele der deutschen Aufmarschpläne zu erfahren und dadurch leichter Gegenmaßnahmen einzuleiten. Der obengenannte englische Secret-Service-Offizier schließt daraus in seinen Memoiren: bis heute sei die alliierte Propaganda falsch, daß der Zweite Weltkrieg »eine Art großes triumphales Heldenepos« gewesen und so gewonnen worden sei. Es wäre besser, wenn man darüber nachdenken würde, was geschehen wäre, wenn das Gerät »Ultra« *nicht* in britische Hände gefallen wäre.

Perfekt ausgerüstete und trainierte, entschlossene Kampfgruppen, die intelligent geführt werden, wären immer imstande, eine unerwartete Situation zu schaffen und die Entscheidung herbeizuführen, sogar vielleicht — wie gesagt, — *bevor* der Konflikt ausgelöst wird. Während der Auseinandersetzungen könnten Kommandos von Technikern und Propagandisten im feindlichen Lager Verwirrung stiften und vielleicht ein Chaos.

Selbstverständlich kann die Verwendung von Spezialeinheiten nur geplant werden, wenn deren perfekt koordinierte Einsätze in das Gesamtkriegsgeschehen eingegliedert werden.

Das Unternehmen von Laycock-Heyes in Beda-Littoria im November 1941 schlug, wie bekannt, aus mehreren Gründen fehl; wobei der Hauptgrund der war, daß General Rommel überhaupt nicht dort war. Aber dieses Unternehmen bildete nur einen Teil des folgenden Ganzen:

1. Sir Claude Auchinleck, der Oberkommandierende der britischen Streitkräfte, der General Wavell ablöste, besitzt den Plan der Offensive, die General Rommel am 23. November starten wird.

2. In der Nacht des 17. Novembers hat das Kommando Laycock-Heyes den Auftrag, Erwin Rommel verschwinden zu lassen.
3. Auchinleck greift am 18. November an, in der Meinung, daß General Rommel schon liquidiert worden sei.

Noch ein anderes Beispiel einer Kombinierung zwischen Sonderaktion und konventionellem Krieg:
1. Am 10. Juli 1943 landen alliierte Truppen in Italien und besetzen am 23. Palermo.
2. Am Samstag, dem 24. Juli: Versammlung des Großen Faschistischen Rates: Der Duce wird überstimmt. Am nächsten Tag *wird der König von Italien zum Chef des Sonderkommandos*, der seinem Regierungschef einen Hinterhalt legt. Am Ausgang des Königspalastes wird der Duce mit einem Ambulanzwagen entführt.
3. Hitler beauftragt General Student und mich, Mussolini aufzufinden und zu befreien. Es steht fest, daß die Verhaftung des Duce mit den westlichen Alliierten vereinbart wurde.

Was ist Mitte 1944 geschehen?
1. Die Engländer und Amerikaner landen am 6. Juni in der Normandie.
2. In der Nacht vom 19./20. Juni sabotierten Hunderte von russischen Sonderkommandos die Eisenbahnlinien, sprengen Brücken, zerstören Telefonlinien und so weiter im Gebiet unserer Heeresgruppe Mitte. Am 22. Juni beginnt die russische Offensive.
3. Die Westalliierten betreten Cherbourg am 27. Juni, Saint-Lô am 18. Juli; die russischen Armeen nehmen Pinsk am 15. Juli, Wilna im Norden am 16., Grodno im Zentrum am 17. Juli.
4. Am 20. Juli legt Stauffenberg seine Bombe. Seine Mitverschwörer geben den deutschen Heeresgruppenchefs bekannt – im Westen, sowohl als auch im Osten: »Der Führer ist tot.«

Kann man von einfachen Zufällen sprechen?
Hätten die Westalliierten tatsächlich die Gewißheit gehabt, daß das Attentat gegen Hitler wirklich am 20. Juli 1944 durchgeführt würde, hätten sie möglicherweise gehandelt – oder sie wären vielleicht tatenlos geblieben, trotz den wiederholten Aufforderungen von Dulles. Jedenfalls wurde das Attentat so häufig vertagt, daß sie nicht mehr daran glaubten. Engländer und Amerikaner reagierten nicht und ließen die Verschwörer im Stich.
Was mich betrifft, so hätte es mich nicht gewundert, in der Nacht vom 20. Juli in der Bendlerstraße die Nachricht zu erhalten, daß zwei oder drei angelsächsische Fallschirmjägerbataillone bei oder in Berlin abgesprungen seien. Einige deutsche Uniform tragende Einheiten hätten die Verwirrung zwei oder drei Tage lang auf ein Maximum gebracht. In der kritischen Lage, in der sich unsere Armeen im Westen befanden, hätten Amerikaner und

Engländer den Rhein. Ende August, Anfang September 1944 überschreiten können.

Die Sturheit des Feindes, bei seinem Entschluß, Deutschland müsse bedingungslos kapitulieren, zu bleiben, hinderte ihn daran, ausgezeichnete Sondertruppen im Rahmen eines strategischen Ganzen zu verwenden — was ihm sieben oder acht Monate früher zum Sieg verholfen hätte.

Am 8. März 1974 erfuhr ich durch eine deutsche Zeitung, daß ich einen Rivalen in Israels Armee besäße. Nicht General Dayan (diesmal), sondern General Ariel Sharon, den Kommandeur der Einheit 101. Erich Kern, der Autor des Artikels, bemerkt zuerst, daß »die Methoden Skorzenys vom israelischen Generalstab studiert wurden«. Folglicherweise »überquert Sharon nachts mit seinem Kommando den Suezkanal. Die Teilnehmer dieses Kommandos tragen ägyptische Uniform und verfügen über rund zwanzig ägyptische Panzer. So konnte Sharon eine ziemlich breite Bresche auf der ägyptischen Seite des Kanals schlagen«.

General Sharon und seine Spezialeinheit 101 hatten mehr Glück als wir mit unserer 150. *Brigade.* Er durchquerte den Kanal — wir konnten nicht einmal die Maas überschreiten. Aber dieses Beispiel zeigt, glaube ich, deutlich, daß in jedem Krieg die Aussicht besteht, einen Sondereinsatz erfolgreich durchzuführen und sich einen entscheidenden *politischen* Vorteil zu verschaffen.

Wir wissen, daß Hitler lange nachgedacht hat — wie Lenin übrigens auch — über die Antwort, die Clausewitz auf die berühmte Frage gab: »Was ist Krieg?«

Die Antwort ist bekannt:

»Der Krieg ist nur eine Fortsetzung der Politik mit anderen Mitteln.«

Wenn diese Mittel durch die Atombombe von Grund auf verändert worden sind, so bleibt nur ein Sondereinsatz übrig als der klarste Ausdruck der »Fortsetzung der Politik«. In den meisten Fällen ist ein solcher Einsatz mehr Sache der Politik oder der Wirtschaft als der eigentlichen Militärwissenschaft.

Ob man will oder nicht: ein neuer Typ des Soldaten ist entstanden. Es ist ein organisierter Abenteurer. Er muß etwas von einem Guerillero, einem Mann der Wissenschaft und einem Erfinder, von einem Wirtschaftler und von einem Psychologen haben.

Er kann aus dem Wasser auftauchen oder vom Himmel fallen, kann friedlich auf den Straßen der Hauptstadt des Feindes spazierengehen oder diesem falsche Befehle erteilen. In Wirklichkeit ist für ihn der Krieg ein Anachronismus. Die »traditionellen« Generale betrachten ihn vergeblich mit gut verständlichem Argwohn. Er existiert und kann nicht mehr vom Kriegsschauplatz verschwinden: *er* ist die authentische Geheimwaffe seines Vaterlandes.

# Zur deutschen Ausgabe

Dies Buch ist ein Dokument unserer jüngsten Vergangenheit, um deren Verständnis sich zunehmend gerade die junge Generation bemüht. Otto Skorzeny war Handelnder und Augenzeuge dieser Zeit. Um seine Taten und Haltung spannen Freund und Feind Legenden. Hier spricht er selbst, der Mann der für viele Symbolgestalt einer Generation war, der Mann, der Partei war. So erhebt dies Buch auch keinen Anspruch auf Objektivität, sondern ist Zeugnis eines Engagierten, der zu seiner Überzeugung stand, auch nachdem das Urteil der Geschichte bereits deutlich erkennbar war. Gleichwohl ist es wichtig als Dokument zur Zeit des Dritten Reiches und seines Untergangs.

*Marguerite Schlüter*

# Abkürzungen

| | |
|---|---|
| FHQu | Führerhauptquartier |
| FM | Feldmarschall |
| Gen. | General |
| GenMaj | Generalmajor |
| GenLt | Generalleutnant |
| GenOb | Generaloberst |
| Genst. | Generalstab |
| GFM | Generalfeldmarschall |
| Grp.Fhr. | Gruppenführer |
| HGr. | Heeresgruppe |
| HKL | Hauptkampflinie |
| Hptm. | Hauptmann |
| Hpt.St.Fhr. | Hauptsturmführer |
| i.G. | im Generalstab |
| Komm.Gen. | Kommandierender General |
| Lt. | Leutnant |
| Maj. | Major |
| OB | Oberbefehlshaber |
| Ob.Grp.Fhr. | Obergruppenführer |
| Oblt. | Oberleutnant |
| Ob.St.bannFhr. | Obersturmbannführer |
| Ob.St.Fhr. | Obersturmführer |
| Obstlt. | Oberstleutnant |
| OHL | Oberste Heeresleitung |
| OKH | Oberkommando des Heeres |
| OKM | Oberkommando der Kriegsmarine |
| OKW | Oberkommando der Wehrmacht |
| SA | Sturmabteilung |
| SD | Sicherheitsdienst |
| SS | Schutzstaffel |
| Stand.Fhr. | Standartenführer |
| STAVKA | sowj. großes Hauptquartier |
| St.bannFhr. | Sturmbannführer |
| St.Fhr. | Sturmführer |
| U.ScharFhr. | Unterscharführer |
| U.St.Fhr. | Untersturmführer |

| WFSt | Wehrmachtführungsstab |
| z.b.V. | zur besonderen Verwendung |
| I a | 1. Generalstabsoffizier, zuständig für Führung, Organisation und Ausbildung |
| I b | 2. Generalstabsoffizier, zuständig für Versorgung |
| I c | 3. Generalstabsoffizier, zuständig für Nachrichtengewinnung und -auswertung |
| I d | 4. Generalstabsoffizier (in höheren Stäben), zuständig für die Heerestruppen |

# Personenregister

Abdalla, Steven, amerik. Hauptmann 328

Abel, Rudolf, russ. Agent 96, 113

Abetz, Otto, Botschafter 49, 52

Acquarone, ital. Minister 218

Adam, amerik. Oberst 78

Adenauer, Konrad 300, 319

Aldrin, amerik. Astronaut 157

Alexander, Lord Harold, brit. Marschall 47, 171

Alexander, II, Zar 341

Almaszy, Graf 138

Ambrosio, ital. General 172, 173, 216

Amé, Cesare, ital. General 223, 225, 236

Andrus, amerik. Oberst 397, 404, 405, 406, 407, 408, 409

Ansböck, Rudolf 20

Antonescu, rum. Staatschef u. Marschall 74, 75, 284

Antonius, röm. Triumvir 12

Appel, Hauptmann 381

Ardenne, Manfred von, Physiker 149

Armstrong, amerik. Astronaut 157

Arnim, General von 103, 170

Assmann, Kapitän z. See 266

Auchinleck, Sir Claude, brit. Oberkommand. 139

Audisio, alias Valerio 264

Axter, Oberst 156

Bach-Zelewski, von dem, Polizeigeneral 281, 291, 292, 310, 386, 407

Badoglio, ital. Marschall 213, 216, 218, 219, 220, 221, 223, 225, 226, 227, 228, 229, 230, 239, 242, 260, 288, 326

Bagration, russ. General 103

Balfour, Lord 197

Bandera, Stefan 335, 342, 343, 344, 345, 346, 347, 348, 350, 351

Barclay de Tolly, russ. General 103

Batow, russ. General 126

Baumbach, Oberst 390

Bayerlein, Fritz, General 98, 314

Bazna, Eylesa, alias Cicéron 84, 189

Beaverbrook, Lord 64, 67

Beck, Ludwig, GenOberst 43, 77, 80, 81, 82, 89, 97, 265, 272

Beck, Major 187, 203, 204, 205, 263

Bedell Smith, Walter, brit. General 218, 402, 403

Bedford, Herzog von 426

Behr, Baron von 315

Below, von, Oberst 144, 276

Ben Bella 421

Benesch, Eduard, tschech. Präsident 22, 85

Benoist-Méchin, Jacques 22, 54, 64, 80, 246, 284

Benoit, Pierre 423

Bentivegni, General von 134

Benzer, Unterscharführer 249

Bereghfy, ungar. Präsident 298

Berger, Oberst 266

Berger, Dr. 206

Berija, Lawrentij 190, 191, 193, 336

Berlepsch, Leutnant von 241, 243, 250

Bersim, russ. General 114

Bezougly, russ. General 78

Bittrich, Wilhelm, Obergruppenführer 178

Blaich, Theo, Hauptmann 138

Blaskowitz, Johannes von, Oberst 405

Blomberg, von GFM 405

Blücher, russ. Marschall 86, 336

Bock, von, GFM 75, 97, 98, 101, 125

Bodenschatz, General der Luftwaffe 266

Boehm-Tettelbach, Hans, Oberstleutnant 43

Bohle, Ernst-Wilhelm, Gauleiter, 60, 63, 65, 407

Bolbrinker, Oberst 265 267, 268, 269, 270, 272, 273

Bombacci, Niccolò 259, 260

Bonnet, Georges, franz. Minister 89

Bonnier de la Chapelle 170

Borghese, Fürst Valerio 11, 12, 32, 38, 162, 177, 261, 421

Bor-Komorowski, poln. General 69, 287

438

443

Dieses im Vorjahr in Frankreich mit großem Erfolg veröffentlichte Buch ist ein Dokument im vollen Wortsinne. Otto Skorzeny, den die Fama heute noch als den „gefährlichsten Mann Europas" betrachtet, war nicht nur der deutsche Offizier, der dadurch berühmt wurde, daß er 1943 Mussolini am Gran Sasso befreite. Er ist auch der Erfinder einer neuen Strategie – einer Strategie, die insbesondere an der Kriegsschule in Jerusalem gelehrt wird.

Unter diesem Gesichtspunkt haben vier Generalstabsoffiziere der westalliierten Streitkräfte die Tätigkeit Skorzenys und seiner Kommandotrupps während des Zweiten Weltkriegs untersucht. Alle vier haben Bewunderung für die Leistung eines Mannes bekundet, der weit mehr war als ein „großer Abenteurer". Jedenfalls verdient dieser Krieg, von dem uns Skorzeny hier selbst berichtet – zugleich als Handelnder wie als Zeuge –, durchaus als der unbekannte Krieg ohne Fronten bezeichnet zu werden. Denn wenn er im ersten Teil des Buches von dem klassischen Krieg spricht, wie er ihn bis vor Moskau erlebt hat, so schildert er im folgenden – im Licht bestimmter Unternehmen (Ulm, Forelle, Franz, Greif, Panzerfaust usw.) – die Anwendung einer neuen strategischen Konzeption, die über die Theorien von Clausewitz hinausgeht.